Direito
Penal

PARTE GERAL

O GEN | Grupo Editorial Nacional – maior plataforma editorial brasileira no segmento científico, técnico e profissional – publica conteúdos nas áreas de concursos, ciências jurídicas, humanas, exatas, da saúde e sociais aplicadas, além de prover serviços direcionados à educação continuada.

As editoras que integram o GEN, das mais respeitadas no mercado editorial, construíram catálogos inigualáveis, com obras decisivas para a formação acadêmica e o aperfeiçoamento de várias gerações de profissionais e estudantes, tendo se tornado sinônimo de qualidade e seriedade.

A missão do GEN e dos núcleos de conteúdo que o compõem é prover a melhor informação científica e distribuí-la de maneira flexível e conveniente, a preços justos, gerando benefícios e servindo a autores, docentes, livreiros, funcionários, colaboradores e acionistas.

Nosso comportamento ético incondicional e nossa responsabilidade social e ambiental são reforçados pela natureza educacional de nossa atividade e dão sustentabilidade ao crescimento contínuo e à rentabilidade do grupo.

Augusta Diniz &
Ruth Araújo Viana

Direito Penal

PARTE GERAL

- As autoras deste livro e a editora empenharam seus melhores esforços para assegurar que as informações e os procedimentos apresentados no texto estejam em acordo com os padrões aceitos à época da publicação, e todos os dados foram atualizados pelas autoras até a data de fechamento do livro. Entretanto, tendo em conta a evolução das ciências, as atualizações legislativas, as mudanças regulamentares governamentais e o constante fluxo de novas informações sobre os temas que constam do livro, recomendamos enfaticamente que os leitores consultem sempre outras fontes fidedignas, de modo a se certificarem de que as informações contidas no texto estão corretas e de que não houve alterações nas recomendações ou na legislação regulamentadora.

- Fechamento desta edição: *14.11.2023*

- As Autoras e a editora se empenharam para citar adequadamente e dar o devido crédito a todos os detentores de direitos autorais de qualquer material utilizado neste livro, dispondo-se a possíveis acertos posteriores caso, inadvertida e involuntariamente, a identificação de algum deles tenha sido omitida.

- **Atendimento ao cliente:** (11) 5080-0751 | faleconosco@grupogen.com.br

- Direitos exclusivos para a língua portuguesa
  Copyright © 2024 by
  Editora Forense Ltda.
  Uma editora integrante do GEN | Grupo Editorial Nacional
  Travessa do Ouvidor, 11 – Térreo e 6º andar
  Rio de Janeiro – RJ – 20040-040
  www.grupogen.com.br

- Reservados todos os direitos. É proibida a duplicação ou reprodução deste volume, no todo ou em parte, em quaisquer formas ou por quaisquer meios (eletrônico, mecânico, gravação, fotocópia, distribuição pela Internet ou outros), sem permissão, por escrito, da Editora Forense Ltda.

- Capa: Bruno Zorzetto

- **CIP – BRASIL. CATALOGAÇÃO NA FONTE.
  SINDICATO NACIONAL DOS EDITORES DE LIVROS, RJ.**

D612d
Diniz, Maria Augusta

Direito penal : parte geral / Maria Augusta Diniz, Ruth Araújo Viana. - 1. ed. - Rio de Janeiro : Forense, 2024.

Inclui bibliografia
ISBN 978-65-5964-933-4

1. Direito penal - Brasil. I. Viana, Ruth Araújo. II. Título.

23-87016　　　　　　　　　　CDU: 343.2(81)

Meri Gleice Rodrigues de Souza – Bibliotecária – CRB-7/6439

Dedico esta obra a minha saudosa mainha, Ângela Diniz, que nunca mediu esforços para propiciar-me os instrumentos e suporte necessários para que eu tivesse acesso à educação de qualidade e, assim, alçasse voos cada vez mais altos.
À minha querida irmã Carol e ao meu amado sobrinho Pedro, que suportam, não sem dor, a ausência acarretada pelas minhas escolhas profissionais.

Augusta Diniz

A Deus, que, sem dúvidas, é o maior propulsor de minhas forças. Aos meus filhos, que aceitaram pacientemente a minha dedicação à docência.

Ruth Viana

Agradecimentos

Toda a minha gratidão a Deus, que sempre me deu forças e permitiu que eu chegasse até aqui, mesmo quando tudo parecia impossível.

Meu sincero agradecimento à coautora Ruth Araújo Viana, não só por ter compartilhado este grande sonho comigo, mas pela sua linda e sincera amizade.

Ao Tribunal de Justiça do Distrito Federal e Territórios, por ter me proporcionado, sempre de forma muito acolhedora, o exercício dessa atividade que tanto amo, que é a magistratura.

Augusta Diniz

***

Sempre paro para pensar sobre os frutos do meu esforço, do meu trabalho e da minha dedicação. Certamente, não cheguei aqui sozinha. Há muitos familiares e amigos que me incentivaram a crescer.

Assim, não posso deixar de agradecer a todos que me cercam na atividade jurisdicional. Nesse sentido, meu sincero agradecimento à coautora Maria Augusta Diniz, que trouxe a esta obra seu conhecimento no Direito Penal, e ao Tribunal de Justiça do Estado do Rio Grande do Norte, que me acolheu como magistrada e docente.

Por fim, é sempre necessário agradecer a todos os meus alunos. São vocês o motivo desta obra.

Ruth Viana

Sumário

CAPÍTULO 1 – NOÇÕES GERAIS DE DIREITO PENAL 1
Ruth Araújo Viana

  1. Introdução 1
  2. Categorias ou classificações do direito penal 1
  3. Velocidades do direito penal 5
  4. Questões de concursos 6

CAPÍTULO 2 – PRINCÍPIOS DO DIREITO PENAL 11
Ruth Araújo Viana

  1. Introdução 11
  2. Princípios expressos na Constituição Federal 11
    2.1 Princípio da legalidade 11
    2.2 Princípio da retroatividade da lei penal mais benéfica 15
    2.3 Princípio da intranscendência ou personalidade ou pessoalidade ... 17
    2.4 Princípio da individualização da pena 17
    2.5 Princípio da humanidade 19
    2.6 Princípio da presunção de inocência ou da não culpa 20
  3. Outros princípios do direito penal 22
    3.1 Intervenção mínima 22
    3.2 Princípio da culpabilidade 23
    3.3 Princípio da adequação social 23
    3.4 Princípio da proporcionalidade 24
    3.5 Princípio da lesividade ou ofensividade 26
    3.6 Princípio da alteridade ou transcendentalidade 26
    3.7 Princípio da confiança 27
    3.8 Princípio da insignificância ou bagatela própria 27
  4. Questões de concursos 30

CAPÍTULO 3 – FONTES E INTERPRETAÇÃO DO DIREITO PENAL... 33
Ruth Araújo Viana

1. Fontes do direito penal 33
   1.1 Introdução 33
   1.2 Fonte material do direito penal 33
   1.3 Fonte formal do direito penal 34
       1.3.1 Costumes 34
   1.4 Características da lei penal 34
2. Interpretação da lei penal 34
   2.1 Introdução 34
   2.2 Intérprete 35
   2.3 Meios de interpretação 35
   2.4 Interpretação extensiva, restritiva e declarativa 35
   2.5 Interpretação analógica e analogia 36
3. Questões de concursos 38

CAPÍTULO 4 – LEI PENAL NO ESPAÇO 41
Ruth Araújo Viana

1. Introdução 41
2. O lugar do crime 41
3. Territorialidade 42
4. Extraterritorialidade 43
   4.1 Princípios que orientam a extraterritorialidade 45
5. Pena cumprida no estrangeiro 46
6. Questões de concursos 48

CAPÍTULO 5 – LEI PENAL NO TEMPO 51
Ruth Araújo Viana

1. Introdução 51
2. O tempo do crime 51
3. Sucessão de leis no tempo 52
4. Princípio da continuidade normativo-típica 57
5. Lei excepcional e lei temporária 57
6. Questões de concursos 57

CAPÍTULO 6 – LEI PENAL EM RELAÇÃO ÀS PESSOAS 61
Ruth Araújo Viana

1. Introdução 61

2. Imunidades diplomáticas e consulares 61
3. Imunidades parlamentares 63
   3.1 Imunidade parlamentar material ou substancial ou absoluta ou real ou inviolabilidade 64
   3.2 Imunidade parlamentar relativa ou formal ou processual adjetiva ou imunidade propriamente dita 68
4. Questões de concursos... 70

CAPÍTULO 7 – CONFLITO APARENTE DE NORMAS 73
Ruth Araújo Viana

1. Introdução 73
2. Conflito aparente de normas penais 73
3. Princípio da especialidade... 75
4. Princípio da subsidiariedade... 75
5. Princípio da consunção ou absorção 76
6. Questões de concursos... 78

CAPÍTULO 8 – EFICÁCIA DA SENTENÇA ESTRANGEIRA 81
Ruth Araújo Viana

1. Introdução 81
2. Homologação da sentença estrangeira 81
3. Questões de concursos... 83

CAPÍTULO 9 – CONTAGEM DO PRAZO NO DIREITO PENAL 85
Ruth Araújo Viana

1. Introdução 85
2. Frações não computáveis da pena 86
3. Questão de concurso.. 86

CAPÍTULO 10 – TEORIA DO CRIME 89
Maria Augusta Diniz

1. Conceito de crime 89
   1.1 Critério material ou substancial... 89
   1.2 Critério legal ou formal.. 89
   1.3 Critério analítico, formal ou dogmático 91
2. Crime e contravenção penal 94
3. Sujeitos do crime 96
   3.1 Sujeito ativo 97

3.2 Sujeito passivo	98
4. Objeto do crime	100
5. Questões de concursos	100

CAPÍTULO 11 - CLASSIFICAÇÃO DOUTRINÁRIA DOS TIPOS PENAIS 103

Maria Augusta Diniz

1. Introdução	103
2. Classificação doutrinária das infrações penais	103
2.1 Infrações materiais, formais e de mera conduta	103
2.2 Infrações comuns, próprias e de mão própria	105
2.3 Infrações instantâneas, permanentes, de efeitos permanentes e a prazo	107
2.4 Infração habitual	109
2.5 Infrações unissubjetivas e plurissubjetivas	110
2.6 Infrações de subjetividade passiva única e infrações de subjetividade passiva dupla	111
2.7 Infrações unissubsistentes e plurissubsistentes	111
2.8 Infrações comissivas, omissivas e de conduta mista	111
2.9 Infrações de dano e infrações de perigo	113
2.10 Infrações simples, complexas, qualificadas e privilegiadas	114
2.11 Infrações de ação única e infrações de ação múltipla	116
2.12 Infração progressiva	116
2.13 Infração principal e infração acessória	117
2.14 Infração de execução livre e infração de execução vinculada	117
2.15 Infração mono-ofensiva e infração pluriofensiva	117
2.16 Infração de fato permanente e infração de fato transeunte	118
2.17 Tipo remetido	118
2.18 Infração dolosa, culposa e preterdolosa	118
2.19 Infração consumada e infração tentada	119
2.20 Crime de expressão, crime de opinião, crime de intenção, crime de tendência e crime mutilado de dois atos	119
2.21 Infração vaga	121
2.22 Crime à distância (ou de espaço máximo), crime plurilocal e crime em trânsito	121
2.23 Infrações de mínimo, de menor, de médio, de elevado e de máximo potencial ofensivo	122
2.24 Crime hediondo e crime equiparado a hediondo	123

2.25	Infração multitudinária	124
2.26	Infração de atentado ou de empreendimento	124
2.27	Crime falho	125
2.28	Quase crime	125
2.29	Crime putativo (imaginário ou erroneamente suposto)	125
2.30	Crime consunto e crime consuntivo	126
2.31	Crime obstáculo	126
2.32	Crime de catálogo	126
2.33	Crime de impressão	126
2.34	Crime parcelar	126
2.35	Crime anão, liliputiano ou vagabundo	127
2.36	Infração natural e infração de plástico	127
2.37	Infração gratuita	127
2.38	Infração de ímpeto	127
2.39	Crime de acumulação ou cumulativo	128
2.40	Infração violenta	129
2.41	Infração de ação astuciosa	130
2.42	Infração condicionada e incondicionada	130
2.43	Crime de olvido	130
2.44	Crime funcional ou *delicta in officio*	130
2.45	Infração de mera suspeita	131
2.46	Infração de colarinho-branco, de paletó e gravata ou de escritório e infração de rua ou de colarinho azul	131
2.47	Infração cibernéticas	132
2.48	Crime falimentar	132
2.49	Crime organizado	132
2.50	Crime de ódio	133
3.	Questões de concursos	133

CAPÍTULO 12 – FATO TÍPICO 137

Maria Augusta Diniz

1.	Introdução	137
2.	Conduta	138
	2.1 Conceito	138
	2.2 Teorias da ação	139
	2.2.1 Teorias causalistas	139
	2.2.2 Teoria final ou finalista	140
	2.2.3 Teoria social da ação	141

2.2.4 Teorias funcionalistas.. 141
    2.2.4.1 Funcionalismo teleológico, teleológico-racional, dualista ou moderado.. 142
    2.2.4.2 Funcionalismo radical ou sistêmico 142
2.2.5 Teoria da ação significativa (significatismo).......................... 143
2.3 Espécies de conduta... 144
2.4 Elementos da conduta.. 146
2.5 Exclusão da conduta... 146
3. Resultado 147
4. Nexo de causalidade... 147
4.1 Teorias 148
    4.1.1 Teoria da Equivalência das Condições (Teoria da Equivalência dos Antecedentes Causais, Teoria da Condição Simples ou Generalizadora ou Teoria da *Conditio Sine Qua Non*).................. 148
    4.1.2 Teoria da Causalidade Adequada (Teoria da Condição Qualificada ou Teoria Individualizadora) 151
    4.1.3 Teorias da Imputação Objetiva 152
        4.1.3.1 Pressupostos para a configuração da causalidade normativa 153
        4.1.3.2 Exclusão da imputação na teoria da imputação objetiva de Claus Roxin 155
        4.1.3.3 A Teoria dos Papéis de Günther Jakobs........................ 157
4.2 Superveniência causal (concausas)... 159
4.3 Relevância da omissão 164
    4.3.1 Hipóteses de dever de agir... 166
5. Tipicidade.. 167
5.1 Adequação típica... 170
5.2 Tipo penal.. 171
5.3 Estrutura do tipo 172
6. Questões de concursos 174

CAPÍTULO 13 – CRIME DOLOSO 177
Maria Augusta Diniz

1. Introdução 177
2. Teorias do dolo 179
3. Espécies de dolo.. 179
3.1 Dolo direto e dolo indireto 179
3.2 Dolo geral... 183

    3.3   Dolo de propósito e dolo de ímpeto 184

    3.4   Dolo genérico e dolo específico 184

    3.5   Dolo de dano e dolo de perigo 184

    3.6   Dolo abandonado 185

    3.7   Dolo unitário ou global 185

    3.8   Dolo cumulativo 185

4.   Questão de concurso 186

CAPÍTULO 14 – CRIME CULPOSO 187

Maria Augusta Diniz

1.   Introdução 187

2.   Elementos do crime culposo 188

    2.1   Conduta voluntária 189

    2.2   Violação do dever objetivo de cuidado 190

    2.3   Previsibilidade objetiva do resultado 190

    2.4   Resultado naturalístico não querido ou não assumido 191

    2.5   Nexo causal entre conduta e resultado 193

    2.6   Tipicidade 193

3.   Modalidades de culpa 193

4.   Espécies de culpa 194

5.   Graus de culpa 196

6.   Compensação e concorrência de culpas 196

7.   Questões de concursos 197

CAPÍTULO 15 – CRIME PRETERDOLOSO 201

Maria Augusta Diniz

1.   Introdução 201

2.   Previsão legal 202

3.   Crimes qualificados pelo resultado 203

4.   Questões de concursos 204

CAPÍTULO 16 – *ITER CRIMINIS* 207

Maria Augusta Diniz

1.   Introdução 207

2.   Fase interna: cogitação 207

3.   Fase externa 208

    3.1   Atos preparatórios 208

  3.2 Atos executórios 209

  3.3 Distinção entre atos preparatórios e atos executórios 209

  3.4 Consumação 211

  3.5 Exaurimento 212

 4. Questão de concurso 212

CAPÍTULO 17 – TENTATIVA 215
Maria Augusta Diniz

 1. Conceito 215

 2. Elementos e natureza jurídica 216

 3. Espécies de tentativa 216

 4. Punibilidade da tentativa: teorias 218

 5. Critério para a redução da pena no caso de tentativa 219

 6. Crimes que não comportam a modalidade tentada 219

 7. Tentativa de crime complexo 221

 8. Tentativa e dolo eventual 222

 9. Questão de concurso 224

CAPÍTULO 18 – DESISTÊNCIA E ARREPENDIMENTO 225
Maria Augusta Diniz

 1. Desistência voluntária e arrependimento eficaz 225

  1.1 Introdução 225

  1.2 Previsão legal 226

  1.3 Desistência voluntária 226

  1.4 Arrependimento eficaz 228

  1.5 Efeitos e natureza jurídica da desistência voluntária e do arrependimento eficaz 229

  1.6 Comunicabilidade da desistência voluntária e do arrependimento eficaz ... 229

 2. Arrependimento posterior 231

  2.1 Introdução 231

  2.2 Requisitos 232

  2.3 Comunicabilidade do arrependimento posterior aos coautores e partícipes 234

  2.4 Critério para redução da pena 234

  2.5 Disposições especiais 235

 3. Questões de concursos 236

CAPÍTULO 19 – CRIME IMPOSSÍVEL 239
Maria Augusta Diniz

1. Introdução 239
2. Meio absoluta e relativamente ineficaz 239
3. Objeto absoluta e relativamente impróprio 240
4. Teorias referentes ao crime impossível 241
5. Espécies de crime impossível 242
6. Pressupostos do crime impossível 242
7. Crime impossível e crime putativo 242
8. Questões de concursos 244

CAPÍTULO 20 – ILICITUDE 249
Maria Augusta Diniz

1. Introdução 249
2. Ilicitude formal e ilicitude material 249
3. Classificação doutrinária da ilicitude 250
4. Causas de exclusão da ilicitude 251
5. Elemento subjetivo nas causas de exclusão da ilicitude 252
6. Excesso nas causas de exclusão da ilicitude 253
7. Questão de concurso 256

CAPÍTULO 21 – ESTADO DE NECESSIDADE 257
Maria Augusta Diniz

1. Introdução 257
2. Requisitos 258
   - 2.1 Perigo atual e inevitável por outro modo menos gravoso 259
   - 2.2 Perigo não provocado voluntariamente pelo agente 260
   - 2.3 Ameaça a direito próprio ou alheio 261
   - 2.4 Proporcionalidade (razoabilidade do sacrifício) 262
   - 2.5 Ausência de dever legal de enfrentar o perigo 262
3. Espécies ou formas de estado de necessidade 263
   - 3.1 Quanto à titularidade do bem sacrificado 263
   - 3.2 Quanto ao bem sacrificado 264
   - 3.3 Quanto à origem da situação de perigo 264
   - 3.4 Quanto ao elemento subjetivo do agente 264
   - 3.5 Estado de necessidade recíproco 264
4. Excesso 264

5. Casos específicos de estado de necessidade 265
6. Questões de concursos 265

CAPÍTULO 22 – LEGÍTIMA DEFESA 269
Maria Augusta Diniz

1. Introdução 269
2. Requisitos da legítima defesa 269
3. Espécies de legítima defesa 273
   - 3.1 Quanto à titularidade do bem jurídico ameaçado 273
   - 3.2 Quanto à forma de reação 273
   - 3.3 Quanto ao aspecto subjetivo do agente 273
4. Legítima defesa da honra 274
5. Legítima defesa por omissão 276
6. Excesso 276
7. Relação entre legítima defesa e outras causas de exclusão da ilicitude 278
8. Legítima defesa em favor de vítima mantida refém 279
9. Questões de concursos 280

CAPÍTULO 23 – ESTRITO CUMPRIMENTO DO DEVER LEGAL E EXERCÍCIO REGULAR DE DIREITO 283
Maria Augusta Diniz

1. Estrito cumprimento do dever legal 283
   - 1.1 Elementos 284
   - 1.2 Destinatários da excludente 284
2. Exercício regular do direito 285
   - 2.1 Intervenções médicas e cirúrgicas 286
   - 2.2 Ofendículas e defesas mecânicas predispostas 287
3. Causas de justificação e teoria da tipicidade conglobante 288
4. Questões de concursos 291

CAPÍTULO 24 – CAUSAS SUPRALEGAIS DE EXCLUSÃO DA ILICITUDE 295
Maria Augusta Diniz

1. Introdução 295
2. Assentimento social (princípio da adequação social) 295
3. Princípio da insignificância ou da bagatela 296
4. Direito de resistência e desobediência civil 296

5. Consentimento do ofendido 298
   5.1 Consentimento do ofendido e crime de estupro 300
   5.2 A questão da tatuagem nos menores de idade 301
   5.3 Consentimento do ofendido e crimes culposos.. 301
6. Questão de concurso.. 302

CAPÍTULO 25 – CULPABILIDADE 303
Maria Augusta Diniz

1. Introdução 303
2. Teorias da culpabilidade 304
   2.1 Teoria psicológica 304
   2.2 Teoria normativa ou psicológico-normativa... 306
   2.3 Teoria normativa pura, extrema ou estrita.. 307
      2.3.1 Teorias extremada e limitada da culpabilidade 308
3. Culpabilidade formal e culpabilidade material 309
4. Teoria da coculpabilidade 309
5. Questão de concurso.. 310

CAPÍTULO 26 – IMPUTABILIDADE, POTENCIAL CONSCIÊNCIA DA ILICITUDE E EXIGIBILIDADE DE CONDUTA DIVERSA 311
Maria Augusta Diniz

1. introdução 311
   1.1 Imputabilidade 311
   1.2 Critérios para aferição da inimputabilidade 312
   1.3 Causas de inimputabilidade 313
      1.3.1 Menoridade penal.. 313
      1.3.2 Inimputabilidade por doença mental ou semi-imputabilidade por perturbação da saúde mental... 315
      1.3.3 Inimputabilidade ou semi-imputabilidade por desenvolvimento mental incompleto ou retardado 317
   1.4 Consequências da inimputabilidade e da semi-imputabilidade................. 318
   1.5 Emoção e paixão 320
   1.6 Embriaguez... 321
      1.6.1 Espécies de embriaguez 321
      1.6.2 Embriaguez não acidental. Teoria da *actio libera in causa*............. 323
      1.6.3 Embriaguez acidental... 325
2. Potencial consciência da ilicitude.. 325

    2.1   Introdução 325

    2.2   Desconhecimento da lei e erro sobre a ilicitude do fato 326

    2.3   Objeto do conhecimento 327

    2.4   Exclusão 328

3. Exigibilidade de conduta diversa.. 328

    3.1   Introdução 328

    3.2   Hipóteses legais de inexigibilidade de conduta diversa 329

           3.2.1   Coação moral irresistível 329

           3.2.2   Obediência hierárquica 331

           3.2.3   Abortamento quando a gravidez é proveniente de estupro, com relação à gestante (aborto sentimental) 333

    3.3   Excesso exculpante na legítima defesa 335

4. Questões de concursos 336

CAPÍTULO 27 – TEORIA DO ERRO 339
Maria Augusta Diniz

1. Introdução 339

2. Erro de tipo 340

    2.1   Espécies de erro de tipo 342

           2.1.1   Erro de tipo essencial 342

           2.1.2   Erro de tipo acidental 343

                    2.1.2.1   Erro sobre o objeto ou *error in objecto* 343

                    2.1.2.2   Erro sobre a pessoa ou *error in persona* 344

                    2.1.2.3   Erro na execução, erro no golpe ou *aberratio ictus* 345

                    2.1.2.4   Resultado diverso do pretendido, *aberratio delicti* ou *aberratio criminis* 346

                    2.1.2.5   Erro sobre o nexo causal: em sentido estrito e erro sucessivo ou *aberratio causae* 347

3. Erro de proibição 349

    3.1   Espécies de erro de proibição 351

    3.2   Erro de proibição culturalmente condicionado 354

4. Erro sobre os pressupostos fáticos de uma causa de justificação 355

5. Questões de concursos 357

CAPÍTULO 28 – CONCURSO DE CRIMES 361
Ruth Araújo Viana

1. Introdução 361

2. Concurso material ou concurso real.. 362
3. Concurso formal ou concurso ideal... 365
4. Continuidade delitiva 368
5. Crime continuado específico 373
6. Questões de concursos.. 374

CAPÍTULO 29 – APLICAÇÃO DA PENA PRIVATIVA DE LIBERDADE 377

Maria Augusta Diniz

1. Introdução 377
2. Determinação da pena.. 377
3. Sistemas de determinação judicial da pena 378
4. Primeira fase da dosimetria: a pena-base.. 379
    4.1 Culpabilidade do agente.. 382
    4.2 Antecedentes penais 383
    4.3 Conduta social... 384
    4.4 Personalidade do agente 386
    4.5 Motivos do crime... 387
    4.6 Circunstâncias do crime 387
    4.7 Consequências do crime.. 388
    4.8 Comportamento da vítima 389
5. Influência das circunstâncias judiciais em relação à reprimenda 389
6. Segunda fase da dosimetria: a pena intermediária 390
    6.1 Circunstâncias agravantes 394
        6.1.1 Reincidência ou recidiva (art. 61, I, do Código Penal)................ 395
            6.1.1.1 Constitucionalidade do instituto da reincidência........... 397
            6.1.1.2 Natureza jurídica 398
            6.1.1.3 Espécies de reincidência.. 398
            6.1.1.4 Extinção da punibilidade do crime anterior................... 402
            6.1.1.5 Período depurador ou caducidade da condenação anterior para efeitos de reincidência................................ 402
            6.1.1.6 Crimes militares próprios e políticos e reincidência 403
            6.1.1.7 Efeitos da reincidência... 404
        6.1.2 Ter o agente cometido o crime (art. 61, II, do Código Penal) 405
            6.1.2.1 Por motivo fútil ou torpe (art. 61, II, *a*, do Código Penal) 405
            6.1.2.2 Para facilitar ou assegurar a execução, a ocultação, a impunidade ou a vantagem de outro crime (art. 61, II, *b*, do Código Penal)... 406

6.1.2.3   À traição, de emboscada, ou mediante dissimulação ou outro recurso que dificultou ou tornou impossível a defesa do ofendido (art. 61, II, c, do Código Penal) 407

6.1.2.4   Com emprego de veneno, fogo, explosivo, tortura ou outro meio insidioso ou cruel, ou de que podia resultar perigo comum (art. 61, II, d, do Código Penal) 407

6.1.2.5   Contra ascendente, descendente, irmão ou cônjuge (art. 61, II, e, do Código Penal) 408

6.1.2.6   Com abuso de autoridade ou prevalecendo-se de relações domésticas, de coabitação ou de hospitalidade, ou com violência contra a mulher na forma da lei específica (art. 61, II, f, do Código Penal) 408

6.1.2.7   Com abuso de poder ou violação de dever inerente a cargo, ofício, ministério ou profissão (art. 61, II, g, do Código Penal) 409

6.1.2.8   Contra criança, maior de 60 anos, enfermo ou mulher grávida (art. 61, II, h, do Código Penal) 410

6.1.2.9   Quando o ofendido estava sob a imediata proteção da autoridade (art. 61, II, i, do Código Penal) 410

6.1.2.10   Em ocasião de incêndio, naufrágio, inundação ou qualquer calamidade pública ou de desgraça particular do ofendido (art. 61, II, j, do Código Penal) 410

6.1.2.11   Em estado de embriaguez preordenada (art. 61, II, l, do Código Penal) 411

6.1.3   Agravantes no concurso de pessoas (art. 62 do Código Penal)...... 411

6.2   Circunstâncias atenuantes 412

6.2.1   Ser o agente menor de 21, na data do fato, ou maior de 70 anos, na data da sentença (art. 65, I, do Código Penal) 412

6.2.2   O desconhecimento da lei (art. 65, II, do Código Penal) 413

6.2.3   Ter o agente cometido o crime por motivo de relevante valor social ou moral (art. 65, III, a, do Código Penal) 413

6.2.4   Ter o agente procurado, por sua espontânea vontade e com eficiência, logo após o crime, evitar-lhe ou minorar-lhe as consequências, ou ter, antes do julgamento, reparado o dano (art. 65, III, b, do Código Penal) 414

6.2.5   Ter o agente cometido o crime sob coação a que podia resistir, ou em cumprimento de ordem de autoridade superior, ou sob a influência de violenta emoção, provocada por ato injusto da vítima (art. 65, III, c, do Código Penal) 414

6.2.6   Ter o agente confessado espontaneamente, perante a autoridade, a autoria do crime (art. 65, III, d, do Código Penal) 415

  6.2.7 Ter o agente cometido o crime sob a influência de multidão em tumulto, se não a provocou (art. 65, III, *e*, do Código Penal).......... 417

  6.2.8 Atenuantes inominadas (art. 66 do Código Penal)......................... 417

 6.3 Concurso de circunstâncias agravantes e atenuantes................................. 420

7. Terceira fase da dosimetria: a pena definitiva 421
8. Questões de concursos.. 424

CAPÍTULO 30 – PENAS RESTRITIVAS DE DIREITOS............................ 427
Ruth Araújo Viana

1. Conceito.. 427
2. Características das penas alternativas... 428
3. Da substituição da pena privativa de liberdade por restritiva de direitos.......... 429
4. Da perda do benefício... 435
5. Espécies de penas restritivas 435
 5.1 Prestação pecuniária 435
 5.2 Perda de bens e valores 437
 5.3 Prestação de serviços à comunidade ou a entidades públicas 438
 5.4 Interdição temporária de direitos 439
 5.5 Limitação de fim de semana... 440
6. Questões de concursos.. 440

CAPÍTULO 31 – PENA DE MULTA 443
Ruth Araújo Viana

1. Conceito.. 443
2. Aplicação da pena de multa 444
3. Execução da pena de multa... 445
4. Concurso de crimes e a pena de multa 451
5. Diferença da pena de multa para a prestação pecuniária 452
6. Da prescrição da pena de multa 453
7. Questões de concursos.. 453

CAPÍTULO 32 – SUSPENSÃO CONDICIONAL DA PENA....................... 455
Ruth Araújo Viana

1. Conceito.. 455
2. Sistemas da suspensão condicional da pena 456
3. Requisitos e espécies de *sursis* da pena 457
4. Diferenças entre o *sursis* penal e o *sursis* processual... 460

5. Das hipóteses de revogação do *sursis* 460
6. Da cassação do *sursis* 461
7. Da extinção do *sursis*... 462
8. Questões de concursos... 462

CAPÍTULO 33 – LIVRAMENTO CONDICIONAL 465
Ruth Araújo Viana

1. Conceito.. 465
2. Requisitos objetivos e subjetivos 467
   2.1 Requisitos objetivos.. 467
   2.2 Requisitos subjetivos.. 470
3. Condições para o livramento condicional 472
4. Carta e cerimônia de livramento 473
5. Liberação do condenado e formalidades... 474
6. Concessão do livramento condicional.. 474
7. Tempo de duração do livramento 475
8. Revogação do livramento condicional 476
9. Efeitos da revogação... 477
10. Extinção da pena pelo livramento condicional... 477
11. Questões de concursos... 477

CAPÍTULO 34 – EFEITOS DA CONDENAÇÃO 481
Ruth Araújo Viana

1. Introdução 481
2. Efeitos extrapenais genéricos... 481
   2.1 Do confisco alargado.. 485
   2.2 Diferença entre o confisco alargado do Código Penal e o previsto na Lei de Drogas 487
3. Efeitos extrapenais específicos... 488
4. Questões de concursos... 493

CAPÍTULO 35 – REABILITAÇÃO 495
Maria Augusta Diniz

1. Introdução 495
2. Previsão legal... 496
3. Consequências... 497
4. Requisitos 498

    5. Revogação da reabilitação 499
    6. Questão de concurso 500

CAPÍTULO 36 – DAS MEDIDAS DE SEGURANÇA 501
Ruth Araújo Viana

    1. Introdução 501
    2. Espécies de medidas de segurança 503
    3. Do procedimento necessário para a aplicação da medida de segurança 504
    4. Da aplicação da medida de segurança 506
    5. Duração da medida de segurança 508
    6. Prescrição da pretensão punitiva da medida de segurança 509
    7. Desinternação e reinternação do agente 510
    8. Extinção da punibilidade 510
    9. Questões de concursos 511

CAPÍTULO 37 – DA AÇÃO PENAL 515
Ruth Araújo Viana

    1. Introdução 515
    2. Condições da ação 515
    3. Classificação da ação penal 520
        3.1 Princípios norteadores da ação penal pública 521
        3.2 Da ação penal pública incondicionada e condicionada à representação ou requisição do Ministro de Justiça 524
        3.3 Da ação penal privada 526
    4. Questões de concursos 531

CAPÍTULO 38 – PUNIBILIDADE 533
Ruth Araújo Viana

    1. Conceito 533
    2. Causas de extinção da punibilidade 533
        2.1 Morte do agente 535
        2.2 Anistia, graça e indulto 537
            2.2.1 A anistia 537
            2.2.2 Graça e indulto 537
        2.3 *Abolitio criminis* 541
        2.4 Decadência 542
        2.5 Perempção 543

2.6 Prescrição 544
    2.6.1 Crimes imprescritíveis 544
    2.6.2 Espécies de prescrição 546
        2.6.2.1 Da prescrição da pretensão punitiva 546
        2.6.2.2 Prescrição da pretensão punitiva propriamente dita ou em abstrato 547
        2.6.2.3 Prescrição da pretensão punitiva superveniente ou intercorrente 549
        2.6.2.4 Prescrição da pretensão punitiva retroativa 550
    2.6.3 Prescrição da pretensão punitiva em perspectiva, virtual, por prognose ou antecipada 550
    2.6.4 Termo inicial da prescrição da pretensão punitiva 551
    2.6.5 Termo inicial da prescrição da pretensão executória 552
    2.6.6 Causas interruptivas da prescrição 553
    2.6.7 Causas impeditivas da prescrição 555
    2.6.8 A prescrição da pena de multa 559
2.7 Da renúncia do direito de queixa 559
2.8 Do perdão aceito 560
2.9 Da retratação 561
2.10 Do perdão judicial 562
3. Questões de concursos 565

REFERÊNCIAS 567

CAPÍTULO 1

Noções gerais de direito penal

Ruth Araújo Viana

1. INTRODUÇÃO

O direito penal é o conjunto de normas que regula e delimita o poder punitivo do Estado, determinando as infrações penais, sejam elas crimes ou contravenções penais, e suas respectivas sanções, seja por meio de pena ou imposição de medidas de segurança.

O objetivo do direito penal é proteger bens jurídicos, valores de grande importância social que também foram valorados juridicamente diante da sua relevância para admitir a criminalização de determinadas condutas.

Segundo Rogério Sanches, o direito penal possui três aspectos: um aspecto formal ou estático, um aspecto material e um aspecto sociológico. Sob o aspecto formal, ele é um conjunto de normas que determina quais comportamentos e condutas humanas serão consideradas infrações penais, assim como determina quais sanções serão aplicadas contra essas condutas. No aspecto material, o direito penal se dirige a compreender quais são os comportamentos reprováveis e que afetam bens jurídicos essenciais. Sob o aspecto sociológico, também conhecido como aspecto dinâmico, trata-se de um instrumento de controle social para assegurar a convivência harmoniosa na sociedade[1].

2. CATEGORIAS OU CLASSIFICAÇÕES DO DIREITO PENAL

É possível dividir o direito penal nas seguintes categorias ou classificações:

a) Direito penal material ou substantivo e direito penal formal ou adjetivo: o direito penal substantivo é o direito penal material e, portanto, corresponde aos ilíci-

---

[1] CUNHA, Rogério Sanches. *Manual de direito penal*: parte geral. Salvador: Juspodivm, 2022. p. 33-34.

tos criminais, as figuras criminosas, sejam elas crimes ou contravenção penal. Já o direito penal adjetivo é o direito processual e versa sobre normas instrumentais, ou seja, a regulação processual para as infrações penais, o direito processual penal.

b) Direito penal objetivo e direito penal subjetivo: aquele consiste no conjunto de leis penais em vigor no País em estrita obediência ao princípio da legalidade, e este consiste no direito de punir do Estado para fins de concretização do *jus puniendi*, possuindo uma face positiva, pois é o Estado quem cria e executa as normas penais, e outra negativa, consistente na capacidade do Estado de derrogar ou restringir o alcance das infrações penais[2].

Tal natureza bipartida, no entanto, não torna o direito penal subjetivo incondicionado, pois há limites expostos na Constituição Federal que determinam que o **modo de punir** deve respeitar direitos e garantias fundamentais. É por essa razão, por exemplo, que não são admitidas penas de caráter cruel. O **espaço** para o exercício do poder punitivo também é delimitado pelo limite territorial da soberania brasileira, como regra, e o **tempo** para o exercício do direito de punir não é infinito, sendo limitado pela prescrição.

O direito penal subjetivo é de **titularidade exclusiva do Estado**, assim, é proibida a justiça privada, sob pena de prática de crime consistente no exercício arbitrário das próprias razões (art. 345 do CP), existindo apenas uma exceção, descrita no art. 57 do Estatuto do Índio, que informa que será tolerada a aplicação, pelos grupos tribais, de acordo com as instituições próprias, de sanções penais ou disciplinares contra os seus membros, desde que não revistam caráter cruel ou infamante, proibida em qualquer caso a pena de morte.

É importante mencionar que o Estatuto de Roma, que foi incorporado no ordenamento jurídico brasileiro através do Decreto n. 4.388, de 2002, e criou o Tribunal Penal Internacional, que tem competência subsidiária em relação à jurisdição exercida em âmbito nacional, não se trata de uma exceção à titularidade exclusiva do estado do direito de punir, mas uma complementação (**princípio da complementaridade**).

c) Direito penal de emergência: consiste na criminalização de novas condutas para fins de reprimir a insegurança social. Possui característica punitivista e, muitas vezes, incompatível com o caráter subsidiário do direito penal.

d) Direito penal promocional: também conhecido como direito penal político ou demagogo, pois tem como finalidade alcançar objetivos políticos e utiliza o direito penal como instrumento para a promoção dos seus interesses, novamente se desviando do princípio da intervenção mínima.

e) Direito penal simbólico: consiste em um direito penal simulado ou aparente, ou seja, que indica que serão utilizados os instrumentos de controle penal quando existir a prática de uma infração penal, porém a eles não é conferida eficácia material. Tem íntima relação com o direito penal de emergência,

---

[2] CUNHA, Rogério Sanches. *Manual de direito penal*: parte geral. Salvador: Juspodivm, 2022. p. 38.

pois a resposta rápida e não refletida criminaliza condutas desnecessárias apenas para acalmar os anseios sociais.

De acordo com Marcelo André de Azevedo e Alexandre Salim[3]:

> Verifica-se que o Brasil vem seguindo a tendência de vários países no sentido de utilizar o Direito Penal como função simbólica e promocional, o que contribui para a chamada expansão do Direito Penal (hipertrofia penal), com a criação de novos tipos, muitos de perigo abstrato, com o agravamento de várias penas já existentes, sem a mínima preocupação com as finalidades destas, e, ainda, com a flexibilização de várias garantias penais e processuais penais.

Movimento Lei e Ordem ou Teoria da Tolerância Zero

O Movimento Lei e Ordem, também chamado de Teoria da Tolerância Zero, surgiu nos Estados Unidos e decorre da teoria das "janelas quebradas" (*broken windows theory*), inspirada pela escola de Chicago, dando caráter de proteção preventiva e geral aos espaços públicos[4]. Também é denominada de realismo de direita ou neorretribucionismo.

Em 1982, foi publicada na revista *The Atlantic Monthly* uma teoria elaborada por dois criminólogos americanos, James Wilson e George Kelling, denominada de Teoria das Janelas Quebradas (*Broken Windows Theory*). Essa teoria parte da premissa de que existe uma relação de causalidade entre a desordem e a criminalidade, assim, os pequenos delitos devem ser rechaçados, para inibir os mais graves[5].

A teoria foi baseada em um experimento prático com um automóvel deixado em um bairro de classe alta de Palo Alto, na Califórnia, e outro deixado no Bronx, em Nova York. No Bronx, o veículo foi depredado em poucos minutos, já em Palo Alto, o carro ficou incólume por cerca de sete dias. Porém, após a quebra proposital de uma das janelas do carro no bairro nobre, ele foi completamente roubado em poucas horas.

A ideia construída a partir do experimento é que, uma vez realizado um dano contra um bem e ele não sendo imediatamente reparado, aquela situação gera uma permissão implícita para ilícitos, por ausência de imposição de ordem e segurança no local, criando um terreno fértil para a criminalidade.

O experimento concluiu que a omissão do Estado é a causa para o crime, reforçando a necessidade de repressão imediata da conduta criminal transgressora para fins de manutenção da ordem. Em outras palavras, a Teoria das Janelas Quebradas trouxe uma nova compreensão no estudo da criminalidade, pois demonstrou que a relação de causalidade entre a desordem e a criminalidade

---

[3] AZEVEDO, Marcelo André de; SALIM, Alexandre. *Direito penal*: parte geral. 8. ed. Salvador: Juspodivm, 2018. p. 36.
[4] KELLING, George L.; WILSON, James Q. Broken Windows. The police and neighborhood safety. The Atlantic, mar. 1982. Disponível em: https://www.theatlantic.com/magazine/archive/1982/03/broken-windows/304465/.
[5] PENTEADO FILHO, Nestor Sampaio. *Manual esquemático de criminologia*. 3. ed. São Paulo: Saraiva, 2012. p. 98-99.

é tão importante quanto a relação de causalidade de outros fatores sociais com o crime, como a pobreza.

f) Direito de intervenção: infere-se que o direito penal deve ser utilizado apenas para a proteção de bens jurídicos individuais e daqueles que causam perigo concreto, assim, as infrações difusas ou coletivas e até mesmo de perigo abstrato seriam tuteláveis pela administração pública, que não resultaria em risco da privação de liberdade do infrator. Seria um campo de repressão entre o direito penal e o direito administrativo.

g) Direito penal como proteção de contextos da vida da sociedade: tem enfoque para a proteção dos interesses da coletividade, protegendo, inclusive, futuras gerações, assim, a noção de proteção de bem jurídico é substituída pela tutela direta de relações ou contextos de vida.

h) Direito penal garantista: preconizado por Luigi Ferrajoli na obra *Direito e razão*[6], indica que a Constituição é o fundamento de validade de todas as normas infraconstitucionais, assim elas deverão respeitar os direitos fundamentais que lá estão previstos.

Os axiomas do garantismo proposto por Luigi Ferrajoli consistem em:

1. não existência de pena sem crime, pois a pena é uma consequência do delito, apresenta, portanto, o princípio da retributividade (*Nulla poena sine crimine*);

2. não existência de crime sem lei, expressa o princípio da legalidade (*Nullum crimen sine lege*);

3. não existência de lei penal sem necessidade (*Nulla lex poenalis sine necessitate*);

4. não existência de lei penal sem perigo ou lesão, expressa o princípio da lesividade ou ofensividade do fato criminoso (*Nulla necessitas sine injuria*);

5. não existência de crime sem ação, expressa o princípio da exteriorização da ação (*Nulla injuria sine actione*);

6. não existência da ação criminosa quando não há culpa, expressa o princípio da responsabilidade pessoal (*Nulla actio sine culpa*);

7. não existência da culpa sem processo judicial, expressa o princípio da jurisdicionariedade (*Nulla culpa sine judicio*);

8. não existência de processo judicial sem uma acusação, expressa o princípio acusatório, separando a função de julgador e acusador (*Nullum judicium sine accusatione*);

9. não existência de acusação sem provas, expressa a imposição do ônus da prova para acusação (*Nulla accusatio sine probatione*); e

10. não existência de provas sem defesa, expressa a garantia ao contraditório (*Nulla probatio sine defensione*).

i) Direito penal subterrâneo e direito penal paralelo: aquele consiste na aplicação do direito penal por **agências do Estado** às margens da lei, ou seja, de maneira arbitrária, com aplicação de tortura, execução sumária e outras modali-

---
[6] FERRAJOLI, Luigi. *Direito e razão*: teoria do garantismo penal. São Paulo: Revista dos Tribunais, 2002.

dades de violência. O direito penal paralelo, no entanto, consiste na aplicação de punições por **agências não estatais**, ou seja, que exercerão uma parcela punitiva que "sobrou", pois nem tudo é criminalizado e punido no sistema penal formal, por exemplo, internação forçada de pacientes[7].

3. VELOCIDADES DO DIREITO PENAL

Na obra *A expansão do direito penal: aspectos da política criminal nas sociedades pós-industriais*, Jesús-María Silva Sánchez[8] trabalha as velocidades do direito penal. Uma análise que considera o tempo que o Estado leva para responsabilizar o autor de uma infração penal. Segundo ele, na **primeira velocidade** o Estado pune infrações mais graves com penas privativas de liberdade, por essa razão, exige-se um procedimento de mais longa observância de todas as garantias penais e processuais penais.

Já na **segunda velocidade** há uma flexibilização de direitos e garantias fundamentais, permitindo um procedimento mais célere, mais curto, porém não haverá pena privativa de liberdade. Tem como fundamento a relativização dos direitos fundamentais para a aplicação de penas alternativas ou de multa, ou seja, está ligada à ideia de um direito penal de mínima intervenção. Encontra amparo no ordenamento penal brasileiro, por exemplo, na Lei n. 9.099/1995.

Na **terceira velocidade** do direito penal, há aplicação da pena privativa de liberdade e, ainda, a permissão para que alguns crimes graves sejam punidos sem o devido respeito às garantias e aos direitos constitucionais. Ela está associada ao Direito Penal do Inimigo, que tem como expoente Gunther Jakobs,[9] ou seja, tem como proposição a aplicação de um direito penal máximo, com penas privativas de liberdades e sem respeito aos direitos e garantias fundamentais do cidadão.

Por fim, o **direito penal de quarta velocidade** consiste em nomenclatura mais recente, desenvolvida na Itália e relacionada ao neopunitivismo, e decorre da internacionalização do direito penal.

Relaciona-se ao direito internacional e à punição de chefes de Estado, pelo Tribunal Penal Internacional, quando da violação de tratados internacionais de tutela de direitos humanos. Estão sob a jurisdição do Tribunal Penal Internacional, conforme o Estatuto de Roma, os seguintes crimes:

Artigo 5º
Crimes da Competência do Tribunal

1. A competência do Tribunal restringir-se-á aos crimes mais graves, que afetam a comunidade internacional no seu conjunto. Nos termos do presente Estatuto, o Tribunal terá competência para julgar os seguintes crimes:

---

[7] ZAFFARONI, Eugenio Raúl; ALAGIA, Alejandro; SLOKAR, Alejandro. *Derecho penal*: parte general. 2. ed. Buenos Aires: Ediar, 2002. p. 25.
[8] SILVA SÁNCHEZ, Jesús-María. *A expansão do direito penal*: aspectos da política criminal nas sociedades pós-industriais. 3. ed. São Paulo: Revista dos Tribunais, 2013.
[9] JAKOBS, Gunther; MELIÁ, Manuel Cancio. *Direito Penal do inimigo*: noções e críticas. Porto Alegre: Livraria do Advogado, 2005.

a) O crime de genocídio;
b) Crimes contra a humanidade;
c) Crimes de guerra;
d) O crime de agressão.

2. O Tribunal poderá exercer a sua competência em relação ao crime de agressão desde que, nos termos dos artigos 121 e 123, seja aprovada uma disposição em que se defina o crime e se enunciem as condições em que o Tribunal terá competência relativamente a este crime. Tal disposição deve ser compatível com as disposições pertinentes da Carta das Nações Unidas.

Assim, a quarta velocidade do direito penal refere-se ao neopunitivismo, abrangendo aquelas pessoas que violaram tratados e convenções internacionais de direitos humanos, ostentando a condição de chefes de Estado, devendo sofrer a incidência de normas internacionais.

4. QUESTÕES DE CONCURSOS

Questão 1

(PUC-PR – 2012 – TJMS – Juiz) Marque a alternativa CORRETA sobre as teorias das velocidades do direito penal:

A) A teoria da primeira velocidade do direito penal é ligada à ideia do direito penal do inimigo, ou seja, tem como proposição a aplicação de um direito penal máximo, com penas privativas de liberdades e de caráter perpétuo.

B) A teoria da segunda velocidade do direito penal é ligada à ideia do direito penal do inimigo, ou seja, tem como proposição a aplicação de um direito penal máximo, com penas privativas de liberdades e de caráter perpétuo.

C) A teoria da terceira velocidade do direito penal tem como fundamento a aplicação de penas alternativas ou de multa, ou seja, está ligada à ideia de um direito penal de mínima intervenção.

D) A teoria da quarta velocidade do direito penal está ligada à ideia do neopunitivismo.

E) A terceira velocidade do direito penal, idealizada por Jesus María Silva Sánchez, está ligada à ideia do Tribunal Penal Internacional, ou seja, à proposição de um direito penal para julgar crimes de guerra, de agressão, genocídio e de lesa humanidade.

Questão 2

(MPE-MS – 2018 – MPE-MS – Promotor de Justiça Substituto) Assinale a alternativa correta.

A) O denominado direito penal do inimigo, que tem como expoente Günther Jakobs, pode ser entendido como um direito penal de segunda velocidade, restringindo garantias penais e processuais.

B) A terceira velocidade do direito penal, ligada à ideia de aplicação de penas alternativas, encontra amparo no ordenamento penal brasileiro na Lei n. 9.099/1995.

C) A quarta velocidade do direito penal refere-se ao neopunitivismo, abrangendo aquelas pessoas que violaram tratados e convenções internacionais de direitos humanos, ostentando a condição de Chefes de Estado, devendo sofrer a incidência de normas internacionais.

D) A teoria da primeira velocidade do direito penal, fundada no respeito às garantias individuais, tinha a ideia de um direito penal de mínima intervenção e sanções não privativas de liberdade.

E) A ideia de velocidades do direito penal foi concebida e sistematizada pelo professor Manuel Cancio Meliá.

Questão 3

(CESPE/CEBRASPE – 2022 – PC-RO – Delegado de Polícia) Ao tratar de determinada função do direito penal, Cleber Masson esclarece que esta é "inerente a todas as leis, não dizendo respeito somente às de cunho penal. Não produz efeitos externos, mas somente na mente dos governantes e dos cidadãos. (...) Manifesta-se, comumente, no direito penal do terror, que se verifica com a inflação legislativa (direito penal de emergência), criando-se exageradamente figuras penais desnecessárias, ou então com o aumento desproporcional e injustificado das penas para os casos pontuais (hipertrofia do direito penal)". O autor ainda conclui que a função deve ser afastada, pois cumpre funções governamentais, ou seja, tarefas que não podem ser atribuídas ao direito penal.

No texto apresentado anteriormente, Cleber Masson está se referindo à função denominada:

A) ético-social.
B) simbólica.
C) instrumento de controle social.
D) motivadora.
E) promocional.

Questão 4

(NUCEPE – 2014 – PC-PI – Delegado de Polícia) O Brasil insere-se no contexto de uma "sociedade da insegurança" ou "sociedade do medo", pautada no que Silva Sànches denomina de "cultura de emergência" ou reclamo popular por uma maior presença e eficácia das instâncias de controle social. Nesse sentido, o Direito Penal e as instituições do sistema punitivo são eleitos instrumentos privilegiados para responder de forma eficaz os anseios da sociedade, gerando, segundo Díaz Ripollés, o entendimento de que sua contundência e capacidade socializadora são mais eficazes na prevenção aos novos tipos de delitos do que as medidas de política social ou econômica, ou de medidas do Direito Civil ou Administrativo. Trata-se, segundo o mesmo autor, de uma canalização das demandas sociais por mais proteção como demandas por punição, daí a busca por elementos de orientação normativa, onde o Direito Penal assume especial relevância.

A partir das informações do texto, NÃO se pode concluir que:

A) os crimes de perigo abstrato não se amoldam à ideia de "sociedade do medo".

B) a intimidação em face da prática de crimes contra a dignidade sexual fora reforçada pelo Direito Penal pátrio.

C) o tipo penal incriminador previsto no art. 288 do Código Penal brasileiro – Associação criminosa – pode ser considerado um exemplo dessa nova política criminal.

D) a alteração do termo inicial da prescrição, antes de transitar em julgado a sentença final, nos crimes contra a dignidade sexual de crianças e adolescentes, amolda-se à ideia preconizada no texto.

E) a majoração da pena do delito previsto no parágrafo 9º do art. 129 do Código Penal brasileiro – Violência doméstica – amolda-se à ideia preconizada no texto.

Questão 5

(VUNESP – 2014 – PC-SP – Escrivão de Polícia Civil) A teoria do neorretribucionismo, com origem nos Estados Unidos, também conhecida por "lei e ordem" ou "tolerância zero", é decorrente da teoria

A) "positiva".
B) "janelas quebradas".
C) "clássica".
D) "cidade limpa".
E) "diferencial".

Questão 6

(FCC – 2015 – DPE-SP – Defensor Público) "As provas indicam que a polícia decidiu 'partir para cima' da população de forma abusiva e indiscriminada, matando mais de 100 pessoas, grande parte em circunstâncias que pouco tinha a ver com legítima defesa. Ademais, policiais encapuzados, integrantes de grupos de extermínio, mataram outras centenas de pessoas. Esses policiais realizaram 'caças' aleatórias de homens jovens pobres, alguns em função de seus antecedentes criminais ou de tatuagens (tidas como sinais de ligação com a criminalidade) e muitos outros com base em mero preconceito. Identificamos 122 homicídios contendo indícios de terem sido execuções praticadas por policiais naquele período."

(São Paulo sob achaque: corrupção, crime organizado e violência institucional em maio de 2006. Human Rights Program at Harward University e Justiça Global)

O relato sobre os "crimes de maio de 2006 em São Paulo" é exemplo de:

A) criminalização primária.
B) direito penal subterrâneo.
C) criminalização dos movimentos sociais.
D) direito penal do inimigo.
E) encarceramento em massa da pobreza.

GABARITO: 1. D; 2. C; 3. B; 4. A; 5. B; 6. B.

Capítulo 2

Princípios do direito penal

Ruth Araújo Viana

1. INTRODUÇÃO

Princípios são verdades ou juízos fundamentais, que servem de alicerce ou de garantia de certeza a um conjunto de juízos, ordenados em um sistema de conceitos relativos a dada porção da realidade. Às vezes também se denominam princípios certas proposições, que, apesar de não serem evidentes ou resultantes de evidências, são assumidas como fundantes da validez de um sistema particular de conhecimentos, como seus pressupostos necessários[1].

Nesse sentido, alguns alicerces principiológicos do direito penal estão previstos expressamente na Constituição Federal, enquanto outros são implícitos.

2. PRINCÍPIOS EXPRESSOS NA CONSTITUIÇÃO FEDERAL

Os princípios expressos na Constituição Federal de 1988 são os seguintes: da legalidade, da reserva legal, da anterioridade, da irretroatividade da lei penal mais severa, da retroatividade da lei penal mais benéfica, da intranscendência, da individualização da pena, da humanização da pena e da presunção de inocência.

Agora passaremos a estudar cada um deles.

2.1 Princípio da legalidade

O princípio da legalidade consiste em informar que não há crime sem lei anterior que o defina nem pena sem prévia cominação legal. Ele está previsto expressamente na Constituição Federal. Vejamos:

---

[1] REALE, Miguel. *Filosofia do direito*. 11. ed. São Paulo: Saraiva, 1986. p. 60.

Art. 5º (...) XXXIX – não há crime sem lei anterior que o defina, nem pena sem prévia cominação legal;

Trata-se de uma **cláusula pétrea**[2]. O princípio da legalidade também está previsto na Convenção Americana de Direitos Humanos[3]. Vejamos:

Art. 9º
Princípio da Legalidade e da Retroatividade
Ninguém pode ser condenado por ações ou omissões que, no momento em que forem cometidas, não sejam delituosas, de acordo com o direito aplicável. Tampouco se pode impor pena mais grave que a aplicável no momento da perpetração do delito. Se depois da perpetração do delito a lei dispuser a imposição de pena mais leve, o delinquente será por isso beneficiado. (grifo nosso)

Esse princípio constitucional também está previsto no Código Penal:

Anterioridade da Lei
Art. 1º Não há crime sem lei anterior que o defina. Não há pena sem prévia cominação legal.

Em outras palavras, as **normas penais incriminadoras dependem de previsão em lei**. Sem a previsão legal não é possível falar em fato criminoso. Por essa razão, pode-se afirmar que o princípio da legalidade veda o uso dos costumes e da analogia para criar tipos penais incriminadores ou piorar as infrações já existentes.

A origem histórica do princípio da legalidade, segundo Rogério Greco[4], surgiu na Magna Carta Inglesa, em 1215, previsto no art. 39 daquela Constituição:

Art. 39. Nenhum homem livre será detido, nem preso, nem despojado de sua propriedade, de suas liberdades ou livres usos, nem posto fora da lei, nem exilado, nem perturbado de maneira alguma; e não poderemos, nem faremos pôr a mão sobre ele, a não ser em virtude de um juízo legal de seus pares e segundo as leis do País.

---

[2] Segundo Luigi Ferrajoli, de todos os princípios garantistas – ou garantias – expressos pelos dez axiomas do garantismo penal, aquele que caracteriza especificamente o sistema cognitivo do sistema de garantias é o princípio da legalidade estrita. Luigi Ferrajoli denomina garantista, cognitivo ou de legalidade estrita o sistema penal garantista. Trata-se de um modelo-limite, apenas tendencialmente e jamais perfeitamente satisfatível. Sua axiomatização resulta da adoção de dez axiomas ou princípios axiológicos fundamentais:
A1 *Nulla poena sine crimine*; A2 *Nullum crimen sine lege*; A3 *Nulla lex (poenalis) sine necessitate*; A4 *Nulla necessitas sine injuria*; A5 *Nulla injuria sine actione*; A6 *Nulla actio sine culpa*; A7 *Nulla culpa sine judicio*; A8 *Nullum judieium sine accusatione*; A9 *Nulla accusatio sine probatione*; A10 *Nulla probatio sine defensione*. Para Ferrajoli, o princípio da legalidade estrita distingue-se do princípio de mera ou lata legalidade. Enquanto o axioma de mera legalidade se limita a exigir a lei como condição necessária da pena e do delito (*nulla poena, nullum crimen sine lege*), o princípio da legalidade estrita exige todas as demais garantias como condições necessárias da legalidade penal (*nulla lex poenalis sine necessitate, sine injuria, sine actione, sine culpa, sine judicio, sine accusatione, sine probatione, sine defensione*). Graças ao primeiro princípio, a lei é condicionante; graças ao segundo, é condicionada (FERRAJOLI, Luigi. *Direito e razão*: teoria do garantismo penal. São Paulo: Revista dos Tribunais, 2002. p. 75).

[3] Art. 9º da CADH.

[4] GRECO, Rogério. *Curso de direito penal*: parte geral. 15. ed. Niterói: Impetus, 2013.

Porém, conforme Fernando Capez[5], foi só no final do século XVIII, já sob influência do Iluminismo, que o princípio ganhou força e efetividade, passando a ser aplicado com o objetivo de garantir segurança jurídica e conter o arbítrio. Em 1762, com a Teoria do Contrato Social, de Rousseau, o cidadão só aceitaria sair de seu estado natural e celebrar um pacto com o Estado para viver em sociedade se tivesse garantias mínimas contra o arbítrio. Essas garantias mínimas foram conferidas pelo princípio da legalidade.

Portanto, o princípio da legalidade possui **sentido político**, uma vez que denota a garantia constitucional dos direitos do homem a fim de evitar arbitrariedades por parte do Estado. O princípio da legalidade traz, portanto, as garantias de que haverá uma **lei certa**, ou seja, uma lei clara e objetiva sobre um fato incriminador para que não existam dúvidas sobre a aplicação da lei penal.

Também traz a garantia de que a lei penal sempre será **prévia**, ou seja, aplicada de forma anterior ao fato. Além disso, apresenta a garantia de **lei estrita** com impossibilidade de analogia *in malam partem* ou analogia contra o réu, bem como que toda a lei deve ser **escrita** para que tenha validade.

É fácil concluir, então, que é do princípio da legalidade que decorrem os **princípios da reserva legal**, da **anterioridade** e da **irretroatividade da lei penal maléfica**.

a) **Princípio da reserva legal:** consiste em afirmar que somente a lei pode criar crimes e cominar penas. Além da previsão constitucional descrita no art. 5º, XXXIX, da CF/1988 já mencionada nesta doutrina, o princípio da reserva legal também pode ser extraído do art. 1º do CP.

Em outras palavras, o princípio da reserva leal decorre do princípio da legalidade e anuncia que somente a Lei pode criar crimes e cominar penas, portanto, não é possível que Medida Provisória e Lei Delegada tragam novas hipóteses delitivas ou punitivas. Para incriminar, é preciso lei.

É possível, no entanto, que medida provisória regule direito não incriminador. O Supremo Tribunal Federal, no Recurso Extraordinário n. 254.818/PR, discutiu os efeitos benéficos trazidos pela MP n. 1.571/1997, que permitiu o parcelamento de débitos tributários e previdenciários com efeitos extintivos da punibilidade e proclamou a sua admissibilidade em favor do réu. Vejamos:

> I. Medida provisória: sua inadmissibilidade em matéria penal – extraída pela doutrina consensual – da interpretação sistemática da Constituição –, **não compreende a de normas penais benéficas, assim, as que abolem crimes ou lhes restringem o alcance, extingam ou abrandem penas ou ampliam os casos de isenção de pena ou de extinção de punibilidade**[6]. (grifo nosso)

---

[5] CAPEZ, Fernando. *Curso de direito penal*: parte geral. 24. ed. São Paulo: Saraiva, 2020.
[6] STF, RE n. 254.818-9/PR, Rel. Min. Sepúlveda Pertence, j. 08.11.2000.

Quanto aos tratados e convenções internacionais, Rogério Sanches[7] explica que não são instrumentos hábeis à criação de crimes ou cominação de penas para o direito interno. Apenas servem para o direito internacional.

Segundo o doutrinador, podemos ter como exemplo o fato de que, antes do advento das Leis n. 12.694/2012 e n. 12.850/2013, que definiram, sucessivamente, organização criminosa, o Supremo Tribunal Federal já havia se manifestado pela inadmissibilidade da utilização do conceito de organização criminosa dado pela Convenção de Palermo, trancando a ação penal que havia dado origem à impetração, em face da atipicidade da conduta. Vejamos os fundamentos do caso:

> Não desconheço o entendimento de parte da doutrina e da jurisprudência (Nesse sentido, o Inquérito n. 2.786, Rel. Min. Ricardo Lewandowski, DJ 6.6.2011), que, para tentar tipificar a "organização criminosa", admite o empréstimo a) da Convenção das Nações Unidas contra o Crime Organizado Transnacional (Convenção de Palermo), que conceituou o "grupo criminoso organizado" como "grupo estruturado de três ou mais pessoas, existente há algum tempo e atuando concertadamente com o propósito de cometer uma ou mais infrações graves ou enunciadas na presente Convenção, com a intenção de obter, direta ou indiretamente, um benefício econômico ou outro benefício material" (art. 2º, "a"); b) do Código Penal, que definiu o crime de quadrilha ou bando (art. 288); e c) da Lei n. 9.034/95, que dispõe sobre a utilização de meios operacionais para a prevenção e repressão de ações praticadas por organizações criminosas. Todavia, a doutrina majoritária, inspirada por alguns dos mais importantes princípios orientadores do Direito Penal (notadamente pelos princípios da reserva legal, da anterioridade e da proibição do excesso) defende ser atípica a organização criminosa (...) A definição emprestada de "organização criminosa" acrescenta à norma penal elementos inexistentes, numa intolerável tentativa de substituir o legislador que não se expressou adequadamente, o que é defeso em Direito Penal[8].

O Superior Tribunal de Justiça também teve a oportunidade de apreciar a temática no REsp n. 1.798.903/RJ[9]. Vejamos:

> Mérito: O conceito de crime contra a humanidade se encontra positivado no art. 7º do Estatuto de Roma do Tribunal Penal Internacional, o qual foi adotado em 17/7/1998, porém apenas passou a vigorar em 1º/7/2002, sendo internalizado por meio do Decreto n. 4.388, de 25/9/2002. No Brasil, no entanto, ainda não há lei que tipifique os crimes contra a humanidade, embora esteja em tramitação o Projeto de Lei n. 4.038/2008. Diante da ausência de lei interna tipificando os crimes contra a humanidade, rememoro que o STF já teve a oportunidade de se manifestar no sentido de que não é possível utilizar tipo penal descrito em tratado internacional para tipificar condutas internamente, sob pena de se violar o princípio da legalidade – art. 5º, XXXIX, da CF (exemplo: tipo penal de organização criminosa trazido na Convenção de Palermo). Dessa maneira, não se mostra possível internalizar a tipificação do crime contra a humanidade trazida

---

[7] SANCHES, Rogério. Manual de direito penal: parte geral. Salvador: Juspodivm, 2022.
[8] STF, HC n. 96.007, 1ª Turma, Rel. Min. Dias Toffoli, unânime, 12.06.2012.
[9] STJ, REsp 1.798.903/RJ (2015/0256723-4), 3ª Seção, Rel. Min. Rogerio Schietti Cruz, por maioria, j. 25.09.2019.

pelo Estatuto de Roma, mesmo se cuidando de Tratado internalizado por meio do Decreto n. 4.388, porquanto não há lei em sentido formal tipificando referida conduta. Ademais, cuidando-se de tratado que apenas passou a vigorar no Brasil em 25/9/2002, tem-se igualmente, na hipótese, o óbice à aplicação retroativa de lei penal em prejuízo do réu, haja vista o princípio constitucional da irretroatividade, previsto no art. 5º, XL, da CF.

Portanto, entende-se que o princípio da reserva legal impõe a previsão legal incriminadora em **lei interna.**

b) Princípio da anterioridade: também pode ser extraído da Carta Magna, no mesmo dispositivo do princípio da legalidade, que afirma que não há crime sem lei anterior que o defina nem pena sem prévia cominação legal. Basicamente, o princípio da anterioridade denota que a existência de lei deve ser sempre anterior ao fato para que se possa falar em crime e possa existir a aplicação de pena. Cleber Masson[10] explica que a lei penal produz efeitos a partir de sua entrada em vigor, daí deriva a sua irretroatividade, salvo se beneficiar o réu.

c) Princípio da irretroatividade da lei penal maléfica: informa que a lei não poderá retroagir para prejudicar o réu. Também se trata de um desdobramento do princípio da legalidade, pois a lei que previu fato incriminador não pode ser utilizada pelo Estado da maneira que lhe é conveniente. Deverá, portanto, ser aplicada a lei prévia que estabeleceu o fato como crime ao tempo do delito.

2.2 Princípio da retroatividade da lei penal mais benéfica

A lei penal não poderá retroagir, salvo para beneficiar o réu. Esse é um princípio constitucional que permitirá que norma mais benéfica retroaja no tempo e alcance fatos anteriores a sua vigência. Vejamos:

Art. 5º (...) XL - a lei penal não retroagirá, salvo para beneficiar o réu;

Esse princípio constitucional também está previsto no Código Penal:

Lei penal no tempo
Art. 2º Ninguém pode ser punido por fato que lei posterior deixa de considerar crime, cessando em virtude dela a execução e os efeitos penais da sentença condenatória.
Parágrafo único. A lei posterior, que de qualquer modo favorecer o agente, aplica-se aos fatos anteriores, ainda que decididos por sentença condenatória transitada em julgado. (grifo nosso)

Porém, existe **exceção** quanto à aplicação do princípio da retroatividade da lei penal mais benéfica quando se tratar de lei temporária ou excepcional, já que estas são ultrativas, nos termos do art. 3º do Código Penal. Esse assunto será aprofundado no capítulo de lei penal no tempo.

---

[10] MASSON, Cleber. *Direito penal*: parte geral (arts. 1º a 120). 14. ed. São Paulo: Método, 2020. p. 24.

Por fim, vale ressaltar que não é possível a combinação de leis para favorecer o réu. O Supremo Tribunal Federal teve a oportunidade de se posicionar sobre a temática quando os crimes envolvendo drogas, que se encontram previstos na Lei n. 6.368/1976, passaram a vigorar na Lei n. 11.343/2006, que entrou em vigor no dia 8 de outubro de 2006.

Quando da mudança da Lei, a pena mínima do crime de tráfico de drogas foi aumentada de 3 para 5 anos. Porém, esse aumento somente pode ser aplicado a partir da entrada em vigor da Lei n. 11.343/2006, por se tratar de *novatio legis in pejus*.

Ocorre que a Lei n. 11.343/2006 também trouxe uma nova causa de diminuição de pena aplicável ao tráfico de drogas e às figuras equiparadas, o chamado tráfico privilegiado previsto no § 4º do art. 33, autorizando que as penas possam ser reduzidas de um sexto a dois terços, desde que o agente seja primário, de bons antecedentes, não se dedique às atividades criminosas nem integre organização criminosa. Trata-se de uma inovação legislativa benéfica. Assim, construiu-se pela defesa, a tese da combinação de leis para ser aplicada a pena mínima prevista no art. 12, *caput*, da Lei n. 6.368/1976, e, do mesmo modo, ser aplicada, a causa de diminuição de pena do § 4º do art. 33 da Lei n. 11.343/2006.

O Supremo Tribunal Federal, então, decidiu que não era possível a combinação de leis, sob pena de criação de uma terceira lei (*lex tertia*) pelo Poder Judiciário. Vejamos:

> Recurso extraordinário com repercussão geral reconhecida. Penal. Processual penal. Tráfico ilícito de entorpecentes. Crime cometido na vigência da Lei 6.368/1976. Aplicação retroativa do § 4º do art. 33 da Lei 11.343/2006. Combinação de leis. Inadmissibilidade. Precedentes. Recurso parcialmente provido. I – É inadmissível a aplicação da causa de diminuição prevista no art. 33, § 4º, da Lei 11.343/2006 à pena relativa à condenação por crime cometido na vigência da Lei 6.368/1976. Precedentes. II – Não é possível a conjugação de partes mais benéficas das referidas normas, para criar-se uma terceira lei, sob pena de violação aos princípios da legalidade e da separação de Poderes. III – O juiz, contudo, deverá, no caso concreto, avaliar qual das mencionadas leis é mais favorável ao réu e aplicá-la em sua integralidade. IV – Recurso parcialmente provido[11].

A tese fixada pela maioria da Suprema Corte decidiu que é inadmissível a aplicação da causa de diminuição prevista no art. 33, § 4º, da Lei n. 11.343/2006 à pena relativa à condenação por crime cometido na vigência da Lei n. 6.368/1976. Do mesmo modo, não é possível a conjugação de partes mais benéficas das referidas normas para criar-se uma terceira lei, sob pena de violação aos princípios da legalidade e da separação de poderes. Porém, é possível, ao julgador, no caso concreto, avaliar qual das mencionadas leis é mais favorável ao réu e aplicá-la em sua integralidade.

---

[11] RE n. 600.817, Tema 169, repercussão geral, Rel. Min. Ricardo Lewandowski, j. 07.11.2013.

No mesmo sentido compreendeu o Superior Tribunal de Justiça, e assim foi fixada a Súmula n. 501:

> **Súmula n. 501:** É cabível a aplicação retroativa da Lei 11.343/2006, desde que o resultado da incidência das suas disposições, na íntegra, seja mais favorável ao réu do que o advindo da aplicação da Lei 6.368/1976, sendo vedada a combinação de leis. (Aprovada em 23.10.2013, *DJe* 28.10.2013)

2.3 Princípio da intranscendência ou personalidade ou pessoalidade

Este princípio também é conhecido como princípio da personalidade, da responsabilidade pessoal ou da intranscendência, e informa que a pena não poderá passar da pessoa do condenado.

Trata-se de princípio constitucional descrito no art. 5º, XLV, da CF/1988:

> Art. 5º (...) XLV – nenhuma pena passará da pessoa do condenado, podendo a obrigação de reparar o dano e a decretação do perdimento de bens ser, nos termos da lei, estendidas aos sucessores e contra eles executadas, até o limite do valor do patrimônio transferido;

Do mesmo modo, está previsto na Convenção Americana de Direitos Humanos:

> Art. 5
> Direito à Integridade Pessoal
> (...)
> 3. A pena não pode passar da pessoa do delinquente.

É importante mencionar que a obrigação de reparar o dano não se confunde com a pena. Trata-se de reestabelecimento do direito violado, de modo que não deve ser confundida com hipótese de exceção a essa garantia constitucional. Já o perdimento de bens não é pena, mas efeito da sentença, uma obrigação[12].

2.4 Princípio da individualização da pena

O princípio da individualização da pena consiste em aplicar a pena de acordo com o caso concreto. O art. 5º, XLVI, primeira parte, da Constituição Federal dispõe que "a lei regulará a individualização da pena". A pena passará, portanto, por um processo de individualização no Poder Legislativo e no Poder Judiciário.

O primeiro momento da individualização é realizado pelo legislador, quando determina quais condutas serão consideradas criminosas e a respectiva pena inerente a cada uma dessas condutas. Há, portanto, uma valoração inicial em

---

[12] CUNHA, Rogério Sanches. *Manual de Direito Penal – Parte Geral (arts. 1º ao 120)*. Volume único. 10. ed. rev. atual. e ampl. Salvador: Juspodivm, 2021.

que devem ser cominadas penas suficientes e proporcionais à importância do bem a ser tutelado. Assim, consegue-se compreender, por exemplo, por que o crime de homicídio simples tem pena de reclusão de 6 a 20 anos e o homicídio qualificado tem pena de reclusão de 12 a 30 anos, enquanto o crime de ameaça tem pena de detenção de 1 a 6 meses ou multa, tratando-se de crime de menor potencial ofensivo.

Vale observar que não é possível ao Poder Judiciário alterar as balizas iniciais determinadas pelo Poder Legislativo sob o fundamento da proporcionalidade e correta individualização da pena. Isso porque a legitimidade da opção legislativa para a quantificação da pena é do Poder Legislativo inicialmente, portanto, não compete ao Poder Judiciário alterá-la com fundamento nos princípios da proporcionalidade, da isonomia e da individualização da pena.

O Supremo Tribunal Federal teve a oportunidade de se manifestar sobre essa situação na Repercussão Geral no Recurso Extraordinário n. 1.347.158, em que se questionou a constitucionalidade da pena de multa fixada na Lei de Drogas.

O argumento era de que havia ofensa flagrante ao princípio da individualização da pena, que não é, em momento algum, considerado pelo legislador ao fixar a pena mínima de quinhentos dias-multa, pois, desse modo, não deixou qualquer discricionariedade ao julgador para fixar, segundo a condição econômica do acusado, a pena de multa que, ao mesmo tempo que servisse como resposta penal ao crime praticado, estivesse dentro de parâmetros possíveis de serem cumpridos pelo condenado.

Para o STF, no entanto, é constitucional a multa mínima prevista no art. 33 da Lei n. 11.343/2006, pois cabe ao legislador ordinário a previsão e dosagem, qualitativa e quantitativa, da resposta penal. Em outras palavras, impende assinalar que o legislador detém ampla margem para selecionar quais condutas carregam repugnância suficiente a legitimar o tratamento penal mais gravoso.

A individualização judicial é realizada pelo juiz ou tribunal, que analisará as peculiaridades do caso concreto e determinará a pena a ser aplicada na sentença condenatória.

Após a reforma da parte geral do Código Penal de 1984, foi adotado o **Sistema Trifásico de Aplicação da Pena** de Nélson Hungria, expressamente prevista no art. 68 do Código Penal:

Cálculo da pena
Art. 68. A pena-base será fixada atendendo-se ao critério do art. 59 deste Código; em seguida serão consideradas as circunstâncias atenuantes e agravantes; por último, as causas de diminuição e de aumento.

Na fase de execução da pena, novamente, será realizada a individualização da pena pelo Poder Judiciário, tal como descrevem os arts. 5º e 6º da Lei n. 7.210/1984:

Art. 5º Os condenados serão classificados, segundo os seus antecedentes e personalidade, para orientar a individualização da execução penal.

Art. 6º A classificação será feita por Comissão Técnica de Classificação que elaborará o programa individualizador da pena privativa de liberdade adequada ao condenado ou preso provisório.

Registre-se, então, que a execução penal não será igual para todos os condenados. Será o juiz da execução criminal competente para adequar a pena aplicada nesta fase. Assim, serão possíveis, por exemplo, a progressão de regime, a remição, entre outros dosadores de cumprimento de pena.

Segundo o Supremo Tribunal Federal, a **individualização da pena afasta violação ao princípio da isonomia** na hipótese de **divergência entre a pena aplicada**, por exemplo, na instância atraída por prerrogativa do foro e a pena aplicada a corréu em instância diversa[13].

2.5 Princípio da humanidade

O princípio da humanidade da pena está previsto no art. 5º, XLVII, da CF:

Art. 5º (...) XLVII – não haverá penas:
a) de morte, salvo em caso de guerra declarada, nos termos do art. 84, XIX;
b) de caráter perpétuo;
c) de trabalhos forçados;
d) de banimento;
e) cruéis;

Ele informa, basicamente, que a pessoa humana deve ser respeitada e, portanto, o limite da pena é aquele que não viola a dignidade da pessoa humana. Portanto, não é possível a aplicação de penas cruéis, de caráter perpétuo, de trabalhos forçados e de banimento.

No mesmo sentido, a Convenção Americana de Direitos Humanos informa que ninguém deve ser submetido a torturas, nem a penas ou tratos cruéis, desumanos ou degradantes. Toda pessoa privada da liberdade deve ser tratada com o respeito devido à dignidade inerente ao ser humano[14].

Nesse sentido, o STF editou a Súmula Vinculante n. 56, ao afirmar que "a falta de estabelecimento penal adequado não autoriza a manutenção do condenado em regime prisional mais gravoso, devendo-se observar, nessa hipótese, os parâmetros fixados no RE 641.320/RS". Vejamos, então, algumas premissas básicas para o cumprimento de pena quando não existir estabelecimento penal adequado[15]:

---

[13] RvC n. 5.437, Rel. Min. Teori Zavascki, j. 17.12.2014, DJE 18.03.2015.
[14] Art. 5º, 2, da CADH.
[15] Tese definida no RE n. 641.320, Rel. Min. Gilmar Mendes, j. 11.05.2016, DJE 159, de 01.08.2016, Tema 423.

a) a falta de estabelecimento penal adequado não autoriza a manutenção do condenado em regime prisional mais gravoso;

b) os juízes da execução penal poderão avaliar os estabelecimentos destinados aos regimes semiaberto e aberto, para qualificação como adequados a tais regimes. São aceitáveis estabelecimentos que não se qualifiquem como "colônia agrícola, industrial" (regime semiaberto) ou "casa de albergado ou estabelecimento adequado" (regime aberto) (art. 33, § 1º, *b* e *c*);

c) havendo déficit de vagas, deverá determinar-se:

c.1) a saída antecipada de sentenciado no regime com falta de vagas;

c.2) a liberdade eletronicamente monitorada ao sentenciado que sai antecipadamente ou é posto em prisão domiciliar por falta de vagas;

c.3) o cumprimento de penas restritivas de direito e/ou estudo ao sentenciado que progride ao regime aberto. Até que sejam estruturadas as medidas alternativas propostas, poderá ser deferida a prisão domiciliar ao sentenciado.

É importante registrar que, em 22 de maio de 2015, as Nações Unidas oficializaram novo quadro de normas, incorporando novas doutrinas de direitos humanos para tomá-las como parâmetros na reestruturação do atual modelo de sistema penal e percepção do papel do encarceramento para a sociedade. Editaram-se, pois, as chamadas **Regras de Mandela**, com o objetivo de estabelecer os bons princípios e práticas no tratamento de presos e na gestão prisional[16].

2.6 Princípio da presunção de inocência ou da não culpa

Trata-se de princípio explícito na Constituição Federal que informa que "ninguém será considerado culpado até o trânsito em julgado de sentença penal condenatória"[17].

Para fins penais, somente é possível definir culpa quando houver o trânsito em julgado da sentença penal condenatória. Este é o entendimento sumulado do Superior Tribunal de Justiça:

> Súmula n. 444: É vedada a utilização de inquéritos policiais e ações penais em curso para agravar a pena-base.

Nesse sentido, em respeito a esse princípio constitucional, o Superior Tribunal de Justiça entende que é vedada a utilização de inquéritos e ações penais em curso para impedir a aplicação do tráfico privilegiado da Lei de Drogas, por exemplo[18].

---

[16] CONSELHO NACIONAL DE JUSTIÇA. *Regras de Mandela: regras mínimas das Nações Unidas para o tratamento de presos*. Coord. Luís Geraldo Sant'Ana Lanfredi. Brasília: CNJ, 2016.
[17] Art. 5º, LVII, da CF/1988.
[18] STJ, REsp n. 1.977.027/PR, 3ª Seção, Rel. Min. Laurita Vaz, j. 10.08.2022 (Recurso Repetitivo – Tema 1.139) (Info 745).

Do mesmo modo, expressa-se a Suprema Corte[19]:

> A jurisprudência deste Supremo Tribunal Federal é no sentido de que a existência de inquéritos ou ações penais em andamento não é, por si só, fundamento idôneo para afastamento da minorante do art. 33, § 4º, da Lei 11.343/2006.

Observe que a existência do princípio da não culpabilidade não impede a sua flexibilização quando necessária ao bom andamento processual. Assim, é possível a imposição de medidas coercitivas ou constritivas aos direitos dos acusados, no decorrer de inquérito ou processo penal, desde que seja amparada em requisitos concretos que sustentam a fundamentação da decisão judicial. Por exemplo, a Lei de Organização Criminosa admite o afastamento cautelar de servidor público por meio de decisão judicial devidamente fundamentada:

> Art. 2º (...) § 5º Se houver indícios suficientes de que o funcionário público integra organização criminosa, **poderá o juiz** determinar seu afastamento cautelar do cargo, emprego ou função, sem prejuízo da remuneração, **quando a medida se fizer necessária à investigação ou instrução processual.** (grifos nossos)

Não são admitidos, por outro lado, efeitos cautelares automáticos, mesmo que por lei, sob pena de afronta ao princípio constitucional. Nesse sentido, o STF já se pronunciou através da Ação Direta de Inconstitucionalidade n. 4.911 do Distrito Federal[20]:

> Ação direta de inconstitucionalidade. Direito processual penal. Lei 9.613/1998. Art. 17-D. Afastamento automático de servidor público indiciado em inquérito que apura crimes de lavagem ou ocultação de bens, direitos e valores. Violação ao princípio da proporcionalidade. Ausência de necessidade da medida cautelar. Presunção de inocência. Medidas coercitivas ou constritivas de direitos a exigir decisão fundamentada no concreto. Princípio da igualdade. Tratamento desigual a investigados em situações similares por força de imputação facultativa à autoridade policial. Ação direta procedente para declarar a inconstitucionalidade do dispositivo. 1. **Inconstitucionalidade do afastamento automático do servidor público investigado por crimes de lavagem ou ocultação de bens, direitos e valores em decorrência de atividade discricionária da autoridade policial, nos termos do art. 17-D da Lei 9.613/1998**, consistente em indiciamento e independentemente de início da ação penal e análise dos requisitos necessários para a efetivação dessa grave medida restritiva de direitos. 2. **A determinação do afastamento automático do servidor investigado, por consequência única e direta do indiciamento pela autoridade policial, não se coaduna com o texto constitucional, uma vez que o afastamento do servidor, em caso de necessidade para a investigação ou instrução processual, somente se justifica quando demonstrado nos autos o risco da continuidade do desempenho de suas funções e a medida ser eficaz e proporcional à tutela da investigação e da própria administração pública,**

---

[19] STF, RHC n. 205.080 AgR, 1ª Turma, Rel. Min. Rosa Weber, j. 04.10.2021; STF, HC n. 206.143 AgR, 2ª Turma, Rel. p/ acórdão Min. Gilmar Mendes, j. 14.12.2021.
[20] STF, ADI n. 4.911, Rel. Min. Edson Fachin, j. 23.11.2020.

circunstâncias a serem apreciadas pelo Poder Judiciário. 3. Reputa-se violado o princípio da proporcionalidade quando não se observar a necessidade concreta da norma para tutelar o bem jurídico a que se destina, já que o afastamento do servidor pode ocorrer a partir de representação da autoridade policial ou do Ministério Público, na forma de medida cautelar diversa da prisão, conforme os arts. 282, § 2º, e 319, VI, ambos do CPP. 4. **A presunção de inocência exige que a imposição de medidas coercitivas ou constritivas aos direitos dos acusados, no decorrer de inquérito ou processo penal, seja amparada em requisitos concretos que sustentam a fundamentação da decisão judicial impositiva, não se admitindo efeitos cautelares automáticos ou desprovidos de fundamentação idônea.** 5. Sendo o indiciamento ato dispensável para o ajuizamento de ação penal, a norma que determina o afastamento automático de servidores públicos, por força da *opinio delicti* da autoridade policial, quebra a isonomia entre acusados indiciados e não indiciados, ainda que denunciados nas mesmas circunstâncias. Ressalte-se, ainda, a possibilidade de promoção de arquivamento do inquérito policial mesmo nas hipóteses de indiciamento do investigado. 6. Ação direta julgada procedente. (grifos nossos)

3. OUTROS PRINCÍPIOS DO DIREITO PENAL

3.1 Intervenção mínima

Trata-se de princípio que declara que o direito penal somente deve ser utilizado para tutelar os bens jurídicos mais caros à sociedade, já que ele é a maior medida de repressão utilizada pelo Estado.

Desse princípio é possível extrair outros dois subprincípios: a **fragmentariedade** e a **subsidiariedade**.

a) Fragmentariedade: consiste em informar que o direito penal somente irá tutelar alguns fatos, dessa forma, ele deve ser utilizado para tutelar ataques a bens jurídicos relevantes. Portanto, ele não tratará de todas as condutas e situações possíveis na vida social, mas somente de um **fragmento dos fatos** sobre o qual ele entendeu ser necessário agir.

b) Subsidiariedade: informa que o direito penal deve ser utilizado como último recurso, não sendo cabível, portanto, a utilização do direito penal quando existirem outros instrumentos de tutela estatal ou social, como o uso de sanções administrativas ou cíveis. É daí que surge a expressão: o direito penal é a *ultima ratio*.

O princípio da intervenção mínima e seus subprincípios já são criticados pela doutrina, pois não têm sido observados pelo legislador. Há um extenso rol de condutas criminalizadoras, inclusive inefetivas, que precisam ser revistas.

É importante mencionar que existem alguns princípios que decorrem diretamente do princípio da intervenção mínima. São eles: o princípio da lesividade ou ofensividade, o princípio da insignificância ou bagatela e o princípio da adequação social. Iremos estudar cada um deles daqui a pouco.

3.2 Princípio da culpabilidade

O princípio da culpabilidade é um princípio constitucional implícito, que informa que ninguém deve ser punido se não tiver agido com dolo ou culpa. Em outras palavras, é vedada a responsabilidade penal objetiva, ou seja, sem dolo ou culpa. Trata-se de uma garantia fundamental que norteia a atividade estatal, de modo a impedir que o ser humano seja responsabilizado sem que tenha praticado ato com dolo ou culpa. Não existe responsabilidade objetiva do ser humano no campo penal.

3.3 Princípio da adequação social

Trata-se de princípio idealizado por Hans Welzel[21] e informa que, apesar de uma conduta descrita em algum tipo penal, não deve ser considerada típica quando é socialmente adequada ou reconhecida. É causa supralegal de exclusão da tipicidade, por ausência de tipicidade material.

Observe-se que o princípio da adequação social também restringe o campo de incidência do direito penal e é um **vetor geral de hermenêutica**, já que a natureza subsidiária e fragmentária do direito penal impede que se repute como criminosa uma ação ou omissão aceita e tolerada pela sociedade, ainda que formalmente subsumida a um tipo legal incriminador.

Recorde-se que, embora sirva de norte para o julgador, que deverá ter a sensibilidade de distinguir as condutas consideradas socialmente adequadas daquelas que estão a merecer a repriminda do direito penal, o princípio da adequação social, por si só, não tem o condão de revogar tipos penais.

Alguns casos, no entanto, já foram julgados pelo Superior Tribunal de Justiça, não admitindo a aplicação do princípio da adequação social. Vejamos:

> Inviável a aplicação do princípio da adequação social na conduta do agravante de fornecer bebida alcoólica a adolescentes, pois, com o advento da Lei n. 13.106/2015, configura crime previsto no art. 243 do Estatuto da Criança e do Adolescente o fornecimento de bebida alcóolica a menores de idade[22].
>
> Súmula n. 502 do STJ: Presentes a materialidade e a autoria, afigura-se típica, em relação ao crime previsto no artigo 184, parágrafo 2º[23], do Código Penal, a conduta de expor à venda CDs e DVDs piratas.

---

[21] "Lo injusto abarca las acciones que están al margen de los órdenes morales de la vida social activa (p. ej., el engaño en los órdenes del intercambio comercial leal) . Por eso, se debe comprender también el carácter de lo injusto, siempre y solamente a través de una referencia a los órdenes morales de la vida social activa. Acciones que se mueven dentro del marco de los órdenes sociales, nunca están comprendidas dentro de los tipos de delito, ni aun cuando se las pudiera subsumir en un tipo interpretado a la letra; son las llamadas acciones socialmente adecuadas. Socialmente adecuadas son todas las actividades que se mueven dentro del marco de los órdenes ético-sociales de la vida social, establecidos a través de la historia." (WELZEL, Hans. *Derecho penal*: parte general. Traducción de Carlos Fontán Balestra. Buenos Aires: Roque Depalma, 1956. p. 63).

[22] STJ, AgRg no AREsp n. 2.004.887/DF, 5ª Turma, Rel. Min. Joel Ilan Paciornik, j. 02.08.2022.

[23] Código Penal: "Art. 184. Violar direitos de autor e os que lhe são conexos: (...) § 2º Na mesma pena do § 1º incorre quem, com o intuito de lucro direto ou indireto, distribui, vende, expõe à venda, aluga, introduz no País,

3.4 Princípio da proporcionalidade

Trata-se de um limite da atuação do Poder Legislativo para a criação e conformação dos tipos penais incriminadores e limite de atuação do Poder Judicial para a aplicação desses preceitos do tipo penal.

O princípio da proporcionalidade tem tríplice dimensão: adequação, necessidade e proporcionalidade em sentido estrito.

a) **Adequação:** exige a pertinência do meio adotado pelo Estado para a realização do fim almejado. Em outras palavras, se o direito penal tem como objetivo tutelar bens jurídicos, deve ficar o Estado atento para pertinente aplicação da criminalização de condutas adequadas e pertinentes.

b) **Necessidade:** atua como um subprincípio limitador a exigir a não existência de outro meio menos gravoso para se alcançar o fim pretendido.

c) **Proporcionalidade em sentido estrito:** requer que seja feita uma ponderação entre a restrição do direito fundamental imposto e a importância do fim almejado, de maneira a justificar que a persecução penal realizada pelo Estado somente seja aplicada quando não for mais danosa do que a conduta que se busca reprimir ou coibir.

Quando do julgamento, por exemplo, do Recurso Especial n. 1.672.654/SP, de relatoria da Ministra Maria Thereza de Assis Moura, a Sexta Turma do STJ, à unanimidade, passou a adotar o entendimento de que a consideração de condenação anterior com fundamento no art. 28 da Lei n. 11.343/2006, para fins de caracterização da reincidência, viola o princípio constitucional da proporcionalidade. Utilizou-se o parâmetro estabelecido pelo art. 63 do Código Penal, que exige a prática de novo crime para a configuração da reincidência, de modo que a condenação anterior por contravenção penal não gera reincidência, assim, sendo a contravenção penal, punível com pena de prisão simples e não configuradora da reincidência, para o STJ resta inequivocamente desproporcional a consideração, para fins de reincidência, da posse de droga para consumo próprio, que, conquanto seja crime, é punida apenas com "advertência sobre os efeitos das drogas", "prestação de serviços à comunidade" e "medida educativa de comparecimento a programa ou curso educativo".

Com base nessa compreensão, a Segunda Turma do Supremo Tribunal Federal também entendeu, no Agravo Regimental no Recurso Ordinário em *Habeas Corpus* n. 178.512/SP, que não se afigura razoável permitir que uma conduta que possui vedação legal quanto à imposição de prisão, a fim de evitar a estigmatização do usuário de drogas, possa dar azo à posterior configuração de reincidência[24].

---

adquire, oculta, tem em depósito, original ou cópia de obra intelectual ou fonograma reproduzido com violação do direito de autor, do direito de artista intérprete ou executante ou do direito do produtor de fonograma, ou, ainda, aluga original ou cópia de obra intelectual ou fonograma, sem a expressa autorização dos titulares dos direitos ou de quem os represente".

[24] STF, AgRg no RO em HC n. 178.512/SP, 2ª Turma, j. 22.03.2022.

O princípio da proporcionalidade por vezes é utilizado para analisar também a ponderação entre o tipo delitivo e o seu preceito secundário. A título de exemplo, na ADI n. 6.225/DF[25] com requerimento de medida cautelar, ajuizada em 11 de setembro de 2019 pelo Partido Social Liberal – PSL contra o § 3º do art. 326-A do Código Eleitoral, acrescentado pela Lei n. 13.834/2019, pelo qual instituído o crime de divulgação de ato objeto de denunciação caluniosa eleitoral foi alegado que "referido dispositivo viola, entre outros, o princípio da proporcionalidade entre a infração penal cometida e a pena cominada, que possui *status* constitucional por força do parágrafo 2º, do art. 5º da CF/88".

Para o Supremo Tribunal Federal, no entanto, a pena cominada ao delito do § 3º do art. 326-A do Código Eleitoral não se comprova desproporcional aos bens jurídicos tutelados em face das consequências da conduta. Em seu patamar mínimo, a reclusão é de dois anos. Não há como equiparar a reprovabilidade do delito em questão com as infrações contra a honra previstas no Código Penal ou no Código Eleitoral, pois o objeto jurídico tutelado pelo § 3º do art. 326-A não se refere apenas à honra subjetiva ou objetiva do acusado, abrangendo principalmente a legitimidade do processo eleitoral. Assim, a partir da gravidade e do desvalor da conduta prevista no § 3º do art. 326-A do Código Eleitoral, a sanção abstratamente estabelecida não se mostra em conflito com o princípio da proporcionalidade.

Nesse campo da análise do princípio da proporcionalidade, é importante também destacar o princípio da proibição do excesso e proteção deficiente.

Trata-se de princípio que quer evitar o excesso de punição, assim como a proteção deficiente. Em resumo, o Estado tem o dever de proibir o excesso estatal na persecução penal, mas também tem o dever de tutelar os direitos fundamentais suficientemente. De acordo com a Segunda Turma do Supremo Tribunal Federal[26], os direitos fundamentais não podem ser considerados apenas como proibições de intervenção (*Eingriffsverbote*), expressando também um postulado de proteção (*Schutzgebote*). Pode-se dizer que os direitos fundamentais expressam não apenas uma proibição do excesso (*Übermassverbote*), mas também podem ser traduzidos em proibições de proteção insuficiente ou imperativos de tutela (*Untermassverbote*). Os mandatos constitucionais de criminalização, portanto, impõem ao legislador, para seu devido cumprimento, **o dever de observância do princípio da proporcionalidade como proibição de excesso e proibição de proteção insuficiente.**

Para fins de compreensão, registre-se que a própria Constituição de 1988 contém um elenco de normas que determinam a criminalização de condutas, por exemplo, art. 5º, XLI, XLII, XLIII e XLIV[27]. Nessas normas, é possível

---

[25] STF, ADI n. 6.225/DF, Plenário, j. 23.08.2021.
[26] STF, HC n. 106.163/RJ, j. 06.03.2012.
[27] "Art. 5º (...) XLI – a lei punirá qualquer discriminação atentatória dos direitos e liberdades fundamentais; XLII – a prática do racismo constitui crime inafiançável e imprescritível, sujeito à pena de reclusão, nos termos da lei;

identificar um mandato de criminalização expresso, de modo a exigir do legislador um cuidado específico para a devida repressão desses delitos.

3.5 Princípio da lesividade ou ofensividade

Trata-se de princípio que impõe lesão ou perigo de lesão ao bem jurídico para que possa existir uma repressão penal. Ele será levado em consideração tanto pelo Poder Legislativo, quando do seu papel de criador da lei incriminadora, como pelo Poder Judiciário, quando da aplicação da lei penal ao caso concreto, uma vez demonstrado que o fato foi inofensivo e não merece a repressão estatal.

Os crimes de perigo abstrato não são inconstitucionais em razão da necessidade de ofensa aos bens jurídicos. Apesar de existir corrente que defende que os crimes de perigo abstrato são inconstitucionais, pois violariam o princípio da ofensividade, os Tribunais Superiores possuem entendimento pacífico quanto à constitucionalidade dos crimes de perigo abstrato. Vejamos:

> *Habeas corpus*. Penal. Delito de embriaguez ao volante. Art. 306 do Código de Trânsito Brasileiro. Alegação de inconstitucionalidade do referido tipo penal por tratar-se de crime de perigo abstrato. Improcedência. Ordem denegada. I – A objetividade jurídica do delito tipificado na mencionada norma transcende a mera proteção da incolumidade pessoal, para alcançar também a tutela da proteção de todo corpo social, asseguradas ambas pelo incremento dos níveis de segurança nas vias públicas. II – Mostra-se irrelevante, nesse contexto, indagar se o comportamento do agente atingiu, ou não, concretamente, o bem jurídico tutelado pela norma, porque a hipótese é de crime de perigo abstrato, para o qual não importa o resultado. Precedente. III – No tipo penal sob análise, basta que se comprove que o acusado conduzia veículo automotor, na via pública, apresentando concentração de álcool no sangue igual ou superior a 6 decigramas por litro para que esteja caracterizado o perigo ao bem jurídico tutelado e, portanto, configurado o crime. IV – Por opção legislativa, não se faz necessária a prova do risco potencial de dano causado pela conduta do agente que dirige embriagado, inexistindo qualquer inconstitucionalidade em tal previsão legal. V – Ordem denegada[28].

3.6 Princípio da alteridade ou transcendentalidade

Trata-se de princípio que informa a impossibilidade de responsabilizar um comportamento que somente atinge a esfera individual do autor. Em outras palavras, o fato típico exige que o comportamento seja capaz de atingir terceiro. O bem jurídico exposto a lesão ou perigo de lesão deve atingir outra pessoa, pois não haverá punição para quem faz um mal a si.

XLIII – a lei considerará crimes inafiançáveis e insuscetíveis de graça ou anistia a prática da tortura, o tráfico ilícito de entorpecentes e drogas afins, o terrorismo e os definidos como crimes hediondos, por eles respondendo os mandantes, os executores e os que, podendo evitá-los, se omitirem; XLIV – constitui crime inafiançável e imprescritível a ação de grupos armados, civis ou militares, contra a ordem constitucional e o Estado Democrático."

[28] STF, HC n. 109.269/MG, 2ª Turma, Rel. Min. Ricardo Lewandowski, j. 27.09.2011.

Fernando Capez[29] explica que, por essa razão, a autolesão não é crime, salvo quando houver intenção de prejudicar terceiros, como na autoagressão cometida com o fim de fraude ao seguro, em que a instituição seguradora será vítima de estelionato (CP, art. 171, § 2º, V).

3.7 Princípio da confiança

Trata-se de princípio a ser observado quando da análise do fato típico, a fim de que a pessoa não seja responsabilizada por uma conduta omissiva ou comissiva quando existir a confiança de que outras pessoas deverão agir de acordo com as normas sociais estipuladas.

Consiste em um princípio que precisa ser observado pela perspectiva do sujeito que realiza a conduta, porém que tem legítima expectativa nos cumprimentos dos deveres inerentes a todos os envolvidos. Fernando Capez[30] exemplifica da seguinte maneira:

> (...) nas intervenções médico-cirúrgicas, o cirurgião tem de confiar na assistência correta que costuma receber dos seus auxiliares, de maneira que, se a enfermeira lhe passa uma injeção com medicamento trocado e, em face disso, o paciente vem a falecer, não haverá conduta culposa por parte do médico, pois não foi sua ação, mas sim a de sua auxiliar que violou o dever objetivo de cuidado. O médico ministrou a droga fatal impelido pela natural e esperada confiança depositada em sua funcionária.

Outro exemplo é o do motorista que, trafegando pela preferencial, passa por um cruzamento, na confiança de que o veículo da via secundária aguardará sua passagem. No caso de um acidente, não terá agido com culpa.

3.8 Princípio da insignificância ou bagatela própria

Trata-se de princípio que informa que o direito penal não deve se preocupar com bagatelas ou situações insignificantes. Foi Claus Roxin,[31] em 1964, que abordou esse princípio que tem raízes no brocardo *de minimis non curat praetor*, o qual indica que o julgador não deve cuidar de coisas sem importância. Segundo Cleber Masson[32], esse princípio é fundamentado em valores de política criminal, ou seja, a aplicação do direito penal em conformidade com os anseios sociais, portanto, destina-se a realizar uma interpretação restritiva da lei penal.

O princípio da insignificância é uma **causa supralegal de exclusão da tipicidade material**. A tipicidade material ou substancial nada mais é do que

---

[29] CAPEZ, Fernando. *Curso de direito penal*: parte geral. 24. ed. São Paulo: Saraiva, 2020.
[30] CAPEZ, Fernando. *Curso de direito penal*: parte geral. 24. ed. São Paulo: Saraiva, 2020.
[31] "El llamado principio de la insignificancia, que permite en la mayoría de los tipos excluir desde un principio daños de poca importancia. Este criterio ha sido puesto de relieve por mí, como un principio de validez general para la determinación del injusto. Maltrato no es cualquier tipo de daño de la integridad corporal, sino solamente uno relevante; análogamente deshonesto en el sentido del Código Penal." (ROXIN, Claus. *Política criminal y sistema del derecho penal*. Trad. Francisco Muñoz Conde. 2. ed. Buenos Aires: Hamurabi, 2002. p. 73-74).
[32] MASSON, Cleber. *Direito penal*: parte geral (arts. 1º a 120). 14. ed. São Paulo: Método, 2020. p. 25.

a lesão ou perigo de lesão ao bem jurídico protegido pelo tipo penal, assim, consiste em analisar se essa conduta praticada pelo agente e prevista como crime produziu efetivamente lesão ou perigo de lesão ao bem jurídico protegido pelo tipo penal, caso contrário, será atípica.

O princípio da insignificância deve ser analisado em **conexão com os postulados da fragmentariedade e da intervenção mínima** do Estado em matéria penal, pois tem como finalidade afastar a própria tipicidade penal.

Alguns **vetores** são exigidos para a caracterização do princípio da insignificância[33]:

a) mínima ofensividade da conduta do agente;

b) nenhuma periculosidade social da ação;

c) reduzidíssimo grau de reprovabilidade do comportamento;

d) inexpressividade da lesão jurídica provocada.

Segundo Fernando Capez[34], o princípio da insignificância não existe no plano abstrato e, portanto, ele será sempre analisado de acordo com o caso em concreto. Daí por que não se pode afirmar, por exemplo, que todas as contravenções penais são insignificantes.

O Supremo Tribunal Federal considera, ainda, alguns crimes como incompatíveis com o princípio da insignificância. São eles: os crimes praticados com **violência ou grave ameaça à pessoa, tráfico de drogas e crimes de falsificação**.

Apontam-se também alguns julgados importantes sobre o princípio da insignificância:

> a) A despeito da presença de qualificadora no crime de furto possa, à primeira vista, impedir o reconhecimento da atipicidade material da conduta, a análise conjunta das circunstâncias pode demonstrar a ausência de lesividade do fato imputado, recomendando a aplicação do princípio da insignificância (STJ, HC n. 553.872/SP, 5ª Turma, Rel. Min. Reynaldo Soares da Fonseca, j. 11.02.2020, Info 665).
>
> b) É possível aplicar o princípio da insignificância para o furto de mercadorias avaliadas em R$ 29,15, mesmo que a subtração tenha ocorrido durante o período de repouso noturno e mesmo que o agente seja reincidente (STF, HC n. 181.389 AgR/SP, 2ª Turma, Rel. Min. Gilmar Mendes, j. 14.04.2020, Info 973).
>
> c) Não se tem admitido, nos casos de prática de estelionato "qualificado", a incidência do princípio da insignificância diante da maior reprovabilidade da conduta delitiva. Não é possível o trancamento da ação penal sob o fundamento de inexistência de prejuízo expressivo para a vítima, considerando que, em se tratando de hospital universitário, os pagamentos aos médicos são provenientes de verbas federais (STJ, AgRg no HC n. 548.869/RS, 5ª Turma, Rel. Min. Joel Ilan Paciornik, j. 12.05.2020, Info 672).
>
> d) Não se reconhece a incidência excepcional do princípio da insignificância ao crime de posse ou porte ilegal de munição, quando acompanhado de outros

---

[33] STF, HC n. 84.412/SP, 2ª Turma, Rel. Min. Celso de Mello, j. 19.10.2004.
[34] CAPEZ, Fernando. *Curso de direito penal*: parte geral. 24. ed. São Paulo: Saraiva, 2020.

delitos, tais como o tráfico de drogas (STF, HC n. 206.977 AgR, 1ª Turma, Rel. Min. Roberto Barroso, j. 18.12.2021).

e) Não é possível aplicar o princípio da insignificância, mesmo que a arma de ar comprimido importada seja de calibre inferior a 6 mm, já que este postulado é incabível para contrabando (STJ, REsp n. 1.428.628/RS, 5ª Turma, Rel. Min. Gurgel de Faria, j. 28.04.2015).

f) Na hipótese da *res furtiva* se constituir em uma lata de tinta, trata-se de réu que possui maus antecedentes, além de ser reincidente específico, que invadiu a propriedade por meio de escalada, circunstâncias que demonstram maior reprovabilidade da conduta. Assim, nos termos da jurisprudência deste Superior Tribunal de Justiça, não se aplica o princípio da insignificância (STJ, AgRg no HC n. 605.459/MG, 5ª Turma, j. 30.04.2021).

Registre também alguns entendimentos sumulados sobre a temática:

Súmula n. 589 do STJ: É inaplicável o princípio da insignificância nos crimes ou contravenções penais praticadas contra a mulher no âmbito das relações domésticas.
Súmula n. 599 do STJ: O princípio da insignificância é inaplicável aos crimes contra a administração pública.

Segundo Rogério Sanches[35], é aplicável **o princípio da bagatela imprópria** quando se evidencia conduta típica formal e materialmente, antijurídica e culpável, contudo, a aplicação da pena torna-se desnecessária, considerando as circunstâncias do caso concreto, em especial o histórico do autor do fato. Parte-se da premissa de que a função da pena/sanção não pode ser meramente retributiva, mas, acima de tudo, preventiva. Assim, a pena, enquanto resposta jurídico-estatal ao crime, pode não ser aplicada desde que presentes fatores que comprovam a sua inocuidade ou contraproducência.

Por fim, vale lembrar que, como regra, o Supremo Tribunal Federal e o Superior Tribunal de Justiça afastam a aplicação do princípio da insignificância aos **acusados reincidentes** ou de **habitualidade delitiva comprovada**. No entanto, a reincidência não impede, por si só, que o juiz da causa reconheça a insignificância penal da conduta, considerando os **elementos do caso concreto**. Vejamos:

Penal. Princípio da insignificância. Crime de furto simples. Reincidência. 1. A aplicação do princípio da insignificância envolve um juízo amplo ("conglobante"), que vai além da simples aferição do resultado material da conduta, abrangendo também a reincidência ou contumácia do agente, elementos que, embora não determinantes, devem ser considerados. 2. Por maioria, foram também acolhidas as seguintes teses: (i) a reincidência não impede, por si só, que o juiz da causa reconheça a insignificância penal da conduta, à luz dos elementos do caso concreto; e (ii) na hipótese de o juiz da causa considerar penal ou socialmente indesejável a aplicação do princípio da insignificância por furto, em situações em que tal enquadramento seja cogitável, eventual sanção privativa de liberdade

---

[35] CUNHA, Rogério Sanches. *Manual de Direito Penal – Parte Geral (arts. 1º ao 120). Volume único.* 10. ed. rev. atual. e ampl. Salvador: Juspodivm, 2021. p. 103.

deverá ser fixada, como regra geral, em regime inicial aberto, paralisando-se a incidência do art. 33, § 2º, c, do CP no caso concreto, com base no princípio da proporcionalidade. 3. No caso concreto, a maioria entendeu por não aplicar o princípio da insignificância, reconhecendo, porém, a necessidade de abrandar o regime inicial de cumprimento da pena. 4. Ordem concedida de ofício, para alterar de semiaberto para aberto o regime inicial de cumprimento da pena imposta ao paciente[36].

4. QUESTÕES DE CONCURSOS

Questão 1

(CESPE – 2020 – MPE-CE – Promotor de Justiça de Entrância Inicial) Com relação aos princípios e às garantias penais, assinale a opção correta.

A) A proibição da previsão de tipos penais vagos decorre do princípio da reserva legal em matéria penal.

B) Em nome da proibição do caráter perpétuo da pena, conforme entendimento do STJ, o cumprimento de medida de segurança se sujeita ao limite máximo de trinta anos.

C) O princípio da culpabilidade afasta a responsabilização objetiva em matéria penal, de modo que a punição penal exige a demonstração de conduta dolosa ou culposa.

D) O princípio da adequação social serve de parâmetro fundamental ao julgador, que, à luz das condutas formalmente típicas, deve decidir quais sejam merecedoras de punição criminal.

E) Conforme o princípio da subsidiariedade, o direito penal somente tutela uma pequena fração dos bens jurídicos protegidos nas hipóteses em que se verifica uma lesão ou ameaça de lesão mais intensa aos bens de maior relevância.

Questão 2

(NC-UFPR – 2021 – PC-PR – Delegado de Polícia) Se uma conduta não representa uma ofensa relevante ao bem jurídico contemplado no tipo penal, entende-se que ela é materialmente atípica em razão do princípio da insignificância. Um exemplo de situação que poderia ser abrangida pelo princípio seria a subtração de um pacote de batatas de um supermercado. São requisitos estabelecidos pela jurisprudência do Supremo Tribunal Federal para a incidência do princípio da insignificância, EXCETO:

A) mínima ofensividade da conduta do agente.

B) nenhuma periculosidade social da ação.

C) reduzido grau de reprovabilidade do comportamento.

---

[36] STF, HC n. 123.108/MG, Plenário, Rel. Min. Roberto Barroso, j. 03.08.2015.

D) inexpressividade da lesão jurídica provocada.
E) ausência de interesse da vítima na persecução penal.

Questão 3

(NC-UFPR – 2021 – PC-PR – Delegado de Polícia) A Constituição da República proíbe as penas de morte (salvo em caso de guerra declarada) e as consideradas cruéis (art. 5º, inc. XLVII, alíneas 'a' e 'e', respectivamente), além de assegurar às pessoas presas o respeito à integridade física e moral (art. 5º, inc. XLIX). Tais preceitos constitucionais expressam o princípio penal da:

A) humanidade.
B) intervenção mínima.
C) insignificância.
D) adequação social.
E) lesividade.

GABARITO: 1. C; 2. E; 3. A.

CAPÍTULO 3

Fontes e interpretação do direito penal

Ruth Araújo Viana

1. FONTES DO DIREITO PENAL

1.1 Introdução

A fonte do direito consiste em buscar a origem de algo. Nesse sentido, as normas penais também possuem uma procedência. É, por essa razão, que se busca estudar dentro do ambiente de fontes do direito penal as informações sobre como ela surgiu.

1.2 Fonte material do direito penal

A fonte material do direito penal é quem produz as normas penais. Segundo a Constituição Federal, a fonte material do direito penal é a União. Vejamos:

> Art. 22. Compete **privativamente à União** legislar sobre:
> I – direito civil, comercial, **penal**, processual, eleitoral, agrário, marítimo, aeronáutico, espacial e do trabalho;

Há, porém, a possibilidade de os Estados-membros legislarem sobre direito penal. Trata-se de exceção prevista pela própria Lei Maior. É permitido aos Estados-membros legislar sobre questões específicas de direito penal desde que autorizados por lei complementar:

> Art. 22. (...) Parágrafo único. Lei complementar poderá autorizar os Estados a legislar sobre questões específicas das matérias relacionadas neste artigo.

Nesse sentido, explica Rogério Saches[1] que questões específicas dizem respeito a questões locais e nunca temas de interesse fundamental. Apresenta-se como possível, a partir dessa interpretação, a legislação sobre a previsão do período noturno de determinada localidade.

1.3 Fonte formal do direito penal

Trata-se da fonte de conhecimento, de cognição do direito penal, e é através dela que as regras são exteriorizadas. Ela se divide em fonte formal imediata e mediata.

Para a **doutrina tradicional**, a fonte formal imediata é a lei, enquanto a fonte formal mediata abrange os costumes e os princípios gerais do direito.

1.3.1 Costumes

Os costumes se apresentam como elementos de interpretação, sendo condutas reiteradas pela convicção de sua obrigação. O costume é um hábito que será praticado porque se acredita na necessidade ou importância de sua prática.

É vedado o costume incriminador, pois costume não é lei e, portanto, não pode criar normas penais. Do mesmo modo, costume não revoga a lei penal.

De acordo com a doutrina moderna, a exemplo de Rogério Sanches Cunha[2], as fontes formais do direito penal exigem uma nova releitura. Segundo o autor, são fontes formais imediatas: a lei, a Constituição Federal, os Tratados e Convenções Internacionais de Direitos Humanos, a jurisprudência, e os princípios e complementos das normas penais em branco; enquanto resta como única fonte formal mediata a doutrina. Para Rogério Sanches, os costumes se enquadram em um tipo de fonte informal do direito penal.

1.4 Características da lei penal

A lei penal é exclusiva, pois somente ela definirá que infrações penais sejam crimes ou contravenções, assim como somente ela poderá cominar sanções penais, seja pena ou medida de segurança; é imperativa, pois é imposta contra todos, independente dá vontade de cada um; é geral, visto que todos devem obedecê-la; e, por fim, é impessoal, pois se dirige a fatos e não a pessoas[3].

2. INTERPRETAÇÃO DA LEI PENAL

2.1 Introdução

A interpretação do direito nada mais é do que a busca do significado da norma. A norma pode ter um conceito aberto/amplo (como os princípios) ou fechado (como as regras).

---

[1] CUNHA, Rogério Sanches. *Manual de Direito Penal – Parte Geral (arts. 1º ao 120). Volume único.* 10. ed. rev. atual. e ampl. Salvador: Juspodivm, 2021.

[2] CUNHA, Rogério Sanches. *Manual de Direito Penal – Parte Geral (arts. 1º ao 120). Volume único.* 10. ed. rev. atual. e ampl. Salvador: Juspodivm, 2021.

[3] CUNHA, Rogério Sanches. *Manual de Direito Penal – Parte Geral (arts. 1º ao 120). Volume único.* 10. ed. rev. atual. e ampl. Salvador: Juspodivm, 2021

A interpretação não é um jogo para fins de decisão, ela pode ter busca histórica, deve ser adequada ao momento da aplicação da norma e levar em consideração que a norma integra um sistema de ordenação jurídica, e pode exigir que o intérprete leve em consideração contextos sociais para formar a sua decisão.

Nesse sentido, interpretar a norma penal também deve seguir um padrão racional que se apoie em fundamentos jurídicos e no contexto em que é integrada aquela norma, lembrando que a Constituição Federal é a disciplina vinculante para fins de interpretação do direito penal.

2.2 Intérprete

Quanto ao **sujeito** que pode interpretar a norma, existe a interpretação **legislativa ou autêntica**, que é realizada pelo legislador; a interpretação **judiciária ou jurisprudencial**, que é realizada pelos juízes e tribunais, quando aplicam a lei ao julgar casos concretos; e a interpretação **doutrinária ou científica**, realizada pelos estudiosos do direito. Esta última não tem força obrigatória.

2.3 Meios de interpretação

Quanto aos meios de interpretação, podem ser **gramatical ou literal, lógico, teleológico, sistemático, histórico e progressivo ou adaptativo ou evolutivo**.

A interpretação gramatical ou literal utiliza o sentido literal das palavras contidas na norma; a interpretação lógica busca extrair o sentido da lei por meio de um raciocínio dedutivo; a interpretação teleológica utiliza a finalidade da lei como parâmetro para a decisão; a interpretação sistemática leva em consideração o sistema jurídico como um todo; a interpretação histórica considera os antecedentes da lei, os motivos que levaram a sua aprovação; e, por fim, a interpretação progressiva ou adaptativa ou evolutiva utiliza a evolução científica jurídica e social para buscar o sentido da norma.

2.4 Interpretação extensiva, restritiva e declarativa

A interpretação, quanto ao **resultado**, pode ser **extensiva, restritiva e declarativa**. Será restritiva quando restringir o alcance da lei; será extensiva quando ampliar o alcance da lei; e será declarativa sempre que a letra da lei corresponder exatamente àquilo que o legislador disse na norma.

A respeito da possibilidade de interpretação extensiva das normas de direito penal contra o acusado, há duas correntes. A primeira entende pela possibilidade da interpretação extensiva, mesmo que contra o acusado. Assim entende Guilherme de Souza Nucci[4]. Vejamos:

---

[4] NUCCI, Guilherme de Sousa. *Manual de direito penal*: volume único. 19. ed. Rio de Janeiro: Forense, 2023.

A extensiva é o processo de extração do autêntico significado da norma, ampliando-se o alcance das palavras legais, a fim de se atender à real finalidade do texto. (...) Como exemplos de interpretação extensiva encontrados no Código Penal, podem-se citar os seguintes:

a) art. 172 (duplicata simulada), que preceitua ser crime "emitir fatura, duplicata ou nota de venda que não corresponda à mercadoria vendida, em quantidade ou qualidade, ou ao serviço prestado". Ora, é natural supor que a emissão de duplicata quando o comerciante não efetuou venda alguma também é crime, pois seria logicamente inconsistente punir quem emite o documento em desacordo com a venda efetiva realizada, mas não quando faz o mesmo, sem nada ter comercializado. Assim, onde se lê, no tipo penal, "venda que não corresponda à mercadoria vendida", leia-se ainda "venda inexistente";

b) no caso do art. 176 (outras fraudes), pune-se a conduta de quem "tomar refeição em restaurante (...) sem dispor de recursos para efetuar o pagamento", ampliando-se o conteúdo do termo "restaurante" para abranger, também, boates, bares, pensões, entre outros estabelecimentos similares. Evita-se, com isso, que o sujeito faça uma refeição em uma pensão, sem dispor de recursos para pagar, sendo punido por estelionato, cuja pena é mais elevada;

c) na hipótese do art. 235 (bigamia), até mesmo pela rubrica do crime, percebe-se ser delituosa a conduta de quem se casa duas vezes. Valendo-se da interpretação extensiva, por uma questão lógica, pune-se, ainda, aquele que se casa várias vezes (poligamia).

Nas hipóteses mencionadas nas letras a e c, a interpretação extensiva pode prejudicar o réu, enquanto na situação descrita na letra b pode beneficiá-lo. Mas isso é indiferente, pois a tarefa do intérprete é conferir aplicação lógica ao sistema normativo, evitando-se contradições e injustiças.

Para essa corrente, a interpretação é um meio para ajustar o conteúdo da norma, de modo que, sendo ela insuficiente para regular o caso concreto, o intérprete deverá se utilizar de interpretação extensiva.

A segunda corrente entende que não é possível a utilização da interpretação extensiva contra o acusado, pois, sempre que a lei penal for incriminadora, ela somente poderá ser interpretada para declarar o conteúdo da norma ou para restringir o seu alcance. Nesse sentido, o Superior Tribunal de Justiça já se pronunciou[5]:

(...) 6. Em direito penal não é permitido o uso de interpretação extensiva, para prejudicar o réu, devendo a integração da norma se operar mediante a analogia *in bonam partem*. Princípios aplicáveis: Legalidade das penas, Retroatividade benéfica e *in dubio pro reo*. A lei penal deve ser interpretada restritivamente quando prejudicial ao réu, e extensivamente no caso contrário (*favorablia sunt amplianda, odiosa restringenda*).

2.5 Interpretação analógica e analogia

A interpretação analógica e a analogia não devem ser confundidas[6]. Enquanto aquela é uma interpretação que retira da norma o seu significado, a analogia não extrai nenhuma previsão na norma.

---

[5] STJ, AgRg no HC n. 668.096/SP (2021/0154938-9), Rel. Min. Reynaldo Soares da Fonseca, j. 09.02.2021.
[6] Cumpre ressaltar, no entanto, que há doutrina, a exemplo de Eugênio Pacelli e André Callegari (2018), que ensina que a interpretação analógica e a analogia não possuem distinção. Segundo os doutrinadores, a analogia

Em outras palavras, a interpretação analógica é realizada através de cláusula genérica colocada pelo legislador, tal como ocorre na previsão do homicídio qualificado pela torpeza (afinal, o que é torpeza?). Essa previsão normativa abre margem para que o intérprete entenda um fato como torpe ou não em outras hipóteses semelhantes. Veja que na interpretação analógica o legislador trouxe na norma a previsão de um conceito que precisa ser interpretado. Conforme Fernando Capez[7]:

> Após uma sequência casuística, segue-se uma formulação genérica, que deve ser interpretada de acordo com os casos anteriormente elencados (por exemplo, crime praticado mediante paga, promessa de recompensa ou outro motivo torpe; a expressão "ou outro motivo torpe" é interpretada analogicamente como qualquer motivo torpe equivalente aos casos mencionados). Na interpretação analógica, existe uma norma regulando a hipótese (o que não ocorre na analogia) expressamente (não é o caso da interpretação extensiva), mas de forma genérica, o que torna necessário o recurso à via interpretativa.

Na analogia, por outro lado, não há uma normatização. Há ausência da norma que disciplina aquele fato. Assim, a norma será integrada por meio de aplicação de uma norma que regula tratamento semelhante a outros casos. Segundo Juarez Cirino dos Santos[8]:

> A analogia, como método de pensamento comparativo de grupos de casos, significa aplicação da lei penal a fatos não previstos, mas semelhantes aos fatos previstos. O processo intelectual de analogia, fundado normalmente no chamado espírito da lei, configura significado idiossincrático que um Juiz atribuiria e outro Juiz não atribuiria ao mesmo fato concreto. A atribuição de significados fundados no espírito da lei encobre a criação judicial de direito novo, mediante juízos de probabilidade da psicologia individual, assim resolvidos no Direito Penal: se o significado concreto representar prejuízo para o réu, constitui analogia proibida; se o significado concreto representar benefício para o réu, constitui analogia permitida.

Sobre a temática, o Supremo Tribunal Federal se posicionou pela impossibilidade, por exemplo, de se equiparar o sinal de TV a cabo com a energia, hipótese do furto descrito no art. 155, § 3º, do CP[9]. Vejamos como decidiu a Suprema Corte[10]:

> *Habeas corpus.* Direito penal. Alegação de ilegitimidade recursal do assistente de acusação. Improcedência. Interceptação ou recepção não autorizada de sinal de

---

não deixa de significar também um processo de interpretação, na medida em que implica um juízo acerca da semelhança, ou, quando nada, da relação de pertinência entre a norma a ser manejada e a situação lacunosa. E não é outra coisa a interpretação analógica: recurso à norma que regula determinada situação para aplicação em outra (situação não regulada) (*Manual de direito penal:* parte geral).

7 CAPEZ, Fernando. *Curso de direito penal:* parte geral. 24. ed. São Paulo: Saraiva, 2020.
8 SANTOS, Juarez Cirino dos. *Direito penal:* parte geral. 6. ed. Curitiba: ICPC, 2014. p. 20-21.
9 Código Penal: "Art. 155. (...) § 3º Equipara-se à coisa móvel a energia elétrica ou qualquer outra que tenha valor econômico".
10 STF, HC n. 97.261/RS, Rel. Min. Joaquim Barbosa, j. 12.04.2011.

TV a cabo. Furto de energia (art. 155, § 3º, do Código Penal). Adequação típica não evidenciada. Conduta típica prevista no art. 35 da Lei 8.977/95. Inexistência de pena privativa de liberdade. Aplicação de analogia *in malam partem* para complementar a norma. Inadmissibilidade. Obediência ao princípio constitucional da estrita legalidade penal. Precedentes. O assistente de acusação tem legitimidade para recorrer de decisão absolutória nos casos em que o Ministério Público não interpõe recurso. Decorrência do enunciado da Súmula 210 do Supremo Tribunal Federal. O sinal de TV a cabo não é energia, e assim, não pode ser objeto material do delito previsto no art. 155, § 3º, do Código Penal. Daí a impossibilidade de se equiparar o desvio de sinal de TV a cabo ao delito descrito no referido dispositivo. Ademais, na esfera penal não se admite a aplicação da analogia para suprir lacunas, de modo a se criar penalidade não mencionada na lei (analogia *in malam partem*), sob pena de violação ao princípio constitucional da estrita legalidade. Precedentes. Ordem concedida.

Assim, é possível concluir que não será admitida analogia contra o réu (analogia *in malam partem*), pois existiria afronta aos princípios da legalidade e da reserva legal. Ou seja, a analogia prejudicial ao réu é totalmente proibida no direito penal. Já a analogia *in bonam partem*, como analogia favorável ao réu, é permitida pelo princípio da legalidade, sem nenhuma restrição. Conclui-se, portanto, que somente é possível a analogia em favor do réu.

3. QUESTÕES DE CONCURSOS

Questão 1

(PC-SP – 2011 – PC-SP – Delegado de Polícia) Com relação às fontes do Direito Penal, é correto dizer que as fontes formais são classificadas em

A) materiais e de cognição.

B) imediata e substancial.

C) mediata e de produção.

D) mediata e imediata.

E) exclusivamente de cognição.

Questão 2

(CESPE – 2011 – DPE-MA – Defensor Público) No que diz respeito às fontes do direito penal brasileiro, assinale a opção correta.

A) O complemento da norma penal em branco considerada em sentido estrito provém da mesma fonte formal, ao passo que o da norma penal em branco considerada em sentido lato provém de fonte formal diversa.

B) A analogia, método pelo qual se aplica a lei de algum caso semelhante ao que estiver sendo analisado, é classificada como fonte formal mediata do direito penal.

C) Na norma penal em branco ao avesso, o preceito secundário fica a cargo de norma complementar, que, de acordo com o ordenamento jurídico brasileiro, pode ser legal ou infralegal.

D) As fontes materiais revelam o direito; as formais são as de onde emanam as normas, que, no ordenamento jurídico brasileiro, referem-se ao Estado.

E) As fontes de cognição classificam-se em imediatas – representadas pelas leis – e mediatas – representadas pelos costumes e princípios gerais do direito.

Questão 3

(CESPE – 2009 – DETRAN-DF – Analista – Advocacia) Acerca do direito penal, julgue o item que se segue.

O Estado é a única fonte de produção do direito penal, já que compete privativamente à União legislar sobre normas gerais em matéria penal.

( ) Certo
( ) Errado

Questão 4

(FGV – 2021 – TJ-RO – Técnico Judiciário) Quanto à interpretação da norma penal incriminadora, fica vedada a realização de:

A) interpretação declarativa;
B) interpretação restritiva;
C) interpretação analógica;
D) interpretação extensiva;
E) analogia *in malam partem*.

Questão 5

(IBEG – 2016 – Prefeitura de Teixeira de Freitas/BA – Procurador Municipal) Sobre a analogia e a interpretação da lei penal, analise as assertivas e indique a alternativa correta:

I – A analogia consiste em aplicar-se a uma hipótese já regulada por lei uma disposição mais benéfica relativa a um caso semelhante.

II – Entende-se por analogia o processo de averiguação do sentido da norma jurídica, valendo-se de elementos fornecidos pela própria lei, através de método de semelhança.

III – Na interpretação analógica, existe uma norma regulando a hipótese expressamente, mas de forma genérica, o que torna necessário o recurso à via interpretativa.

IV – Não se admite o emprego de analogia para normas incriminadoras, uma vez que não se pode violar o princípio da reserva legal.

A) apenas as assertivas I e II são verdadeiras.
B) apenas as assertivas I e III são verdadeiras.
C) apenas as assertivas II e III são verdadeiras.
D) apenas as assertivas II e IV são verdadeiras.
E) apenas as assertivas III e IV são verdadeiras.

Questão 6

(CESPE/CEBRASPE – 2021 – DEPEN – Cargo 8 – Agente Federal de Execução Penal) A respeito da aplicação da lei penal, julgue o item a seguir.

O direito penal brasileiro proíbe a interpretação analógica, ainda que ela seja favorável ao réu.

(   ) Certo
(   ) Errado

Questão 7

(CESPE – 2018 – MPU – Analista do MPU – Direito (adaptada)) O item a seguir apresenta uma situação hipotética, a respeito da aplicação e da interpretação da lei penal.

"Um indivíduo, penalmente imputável, em continuidade delitiva, foi flagrado por autoridade policial no decorrer da prática criminosa de furtar sinal de TV a cabo".

Nessa situação, de acordo com o atual entendimento do Supremo Tribunal Federal, aplica-se a analogia ao caso concreto, no sentido de imputar ao agente a conduta típica do crime de furto de energia elétrica:

(   ) Certo
(   ) Errado

GABARITO: 1. D; 2. E; 3. Certo; 4. E; 5. E; 6. Errado; 7. Errado.

CAPÍTULO 4

Lei penal no espaço

Ruth Araújo Viana

1. INTRODUÇÃO

A definição do lugar do crime é de suma importância para aferir a legislação penal que será aplicada e a competência jurisdicional para a apreciação do fato delituoso.

2. O LUGAR DO CRIME

Existem três teorias que definem o lugar do crime: **a teoria da atividade, a teoria do resultado e a teoria da ubiquidade, mista ou híbrida**.

a) Teoria da atividade: considera-se praticado o crime no local da conduta comissiva ou omissiva, ainda que outro seja o momento do resultado.

b) Teoria do resultado: considera-se praticado o crime no momento do resultado.

c) Teoria da ubiquidade, mista ou híbrida: adotada pelo Código Penal, considera-se praticado o crime no local da conduta comissiva ou omissiva, bem como onde se produziu ou deveria produzir-se o resultado. Vejamos:

Lugar do crime
Art. 6º Considera-se praticado o crime no lugar em que ocorreu a ação ou omissão, no todo ou em parte, bem como onde se produziu ou deveria produzir-se o resultado.

Percebe-se que o Código Penal optou por adotar a teoria que engloba tanto o local em que ocorreu a ação ou omissão delitiva como o espaço em que se produziu ou deveria ter sido produzido o resultado.

Importante considerar, ainda, o **crime à distância ou de espaço máximo**, o **crime em trânsito** e o **crime plurilocal**.

a) Crime à distância ou de espaço máximo: percorre territórios de dois Estados soberanos e gera conflito internacional de jurisdição sobre qual país aplicará a lei punitiva, atraindo a aplicação do art. 6º supracitado.

b) Crime em trânsito: também gera conflito internacional, porém percorre territórios de mais de dois países soberanos.

c) Crime plurilocal: percorre dois ou mais territórios do **mesmo país soberano**, ou seja, gera conflito interno de competência e atrai como regra o art. 70 do CPP, que define que a competência será, de regra, determinada pelo lugar em que se consumar a infração, ou, no caso de tentativa, pelo lugar em que for praticado o último ato de execução.

Observe-se que, no caso de **passagem inocente**[1], que é direito reconhecido para os navios de todas as nacionalidades, ou seja, quando é uma passagem rápida e contínua, além de não ser prejudicial à paz, à boa ordem ou à segurança do Brasil, Rogério Sanches[2] prevê a possibilidade de não ser aplicada a lei territorial brasileira quando o crime for cometido a bordo de um navio privado que estiver passando pelo território nacional.

3. TERRITORIALIDADE

O princípio da territorialidade está previsto no art. 5º do Código Penal e prevê que será aplicada a lei brasileira, sem prejuízo de convenções, tratados e regras de direito internacional, ao crime cometido no território nacional. Vejamos:

> **Territorialidade**
> Art. 5º Aplica-se a lei brasileira, sem prejuízo de convenções, tratados e regras de direito internacional, ao crime cometido no território nacional.

Trata-se do **princípio da territorialidade mitigada ou temperada**, pois admite exceções quando existirem convenções, tratados e regras de direito internacional que determinem de maneira diversa. Em outras palavras, o crime praticado em território brasileiro, como regra, será apurado pelo Estado brasileiro.

O espaço geográfico do território nacional compreende todo o espaço terrestre, fluvial e marítimo (12 milhas) e aéreo (coluna atmosférica), onde o Estado brasileiro é soberano.

O art. 5º, § 1º, do CP determina que, para os efeitos penais, consideram-se como **extensão do território nacional** as embarcações e aeronaves brasilei-

---

[1] Lei n. 8.617. Art. 3º É reconhecido aos navios de todas as nacionalidades o direito de passagem inocente no mar territorial brasileiro.
§ 1º A passagem será considerada inocente desde que não seja prejudicial à paz, à boa ordem ou à segurança do Brasil, devendo ser contínua e rápida.
§ 2º A passagem inocente poderá compreender o parar e o fundear, mas apenas na medida em que tais procedimentos constituam incidentes comuns de navegação ou sejam impostos por motivos de força ou por dificuldade grave, ou tenham por fim prestar auxílio a pessoas a navios ou aeronaves em perigo ou em dificuldade grave.
[2] SANCHES, Rogério. *Manual de direito penal:* parte geral. Salvador: Juspodivm, 2022.

ras, de natureza pública ou a serviço do governo brasileiro onde quer que se encontrem, bem como as aeronaves e as embarcações brasileiras, mercantes ou de propriedade privada, que se achem, respectivamente, no espaço aéreo correspondente ou em alto-mar.

Também será aplicável a lei brasileira aos crimes cometidos a bordo de aeronaves ou embarcações estrangeiras de propriedade privada, achando-se aquelas em pouso no território nacional ou em voo no espaço aéreo correspondente, e estas em porto ou mar territorial do Brasil. Hipótese prevista no art. 5º, § 2º, do Código Penal.

Assim, o território nacional compreende tanto um espaço geográfico ou físico como o espaço jurídico, previsto na lei como hipótese de extensão do território nacional.

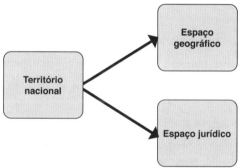

Observe que o Código Penal não incluiu a embaixada como extensão do território nacional do país que representa, de modo que o crime cometido em embaixada localizada no território nacional brasileiro será julgado pelas leis brasileiras.

Frise-se que a embaixada continua sendo inviolável nos termos do art. 22, I, do Decreto n. 56.435[3], de 8 de junho de 1965, que promulga a Convenção de Viena sobre Relações Diplomáticas, porém a inviolabilidade não deve ser confundida com o espaço territorial.

4. EXTRATERRITORIALIDADE

A extraterritorialidade é hipótese em que a lei brasileira prevê a possibilidade de aplicação da lei penal brasileira mesmo que o crime seja praticado em outro Estado soberano. Vejamos:

Extraterritorialidade

Art. 7º Ficam sujeitos à lei brasileira, embora cometidos no estrangeiro:

I – os crimes:

a) contra a vida ou a liberdade do Presidente da República;

b) contra o patrimônio ou a fé pública da União, do Distrito Federal, de Estado, de Território, de Município, de empresa pública, sociedade de economia mista, autarquia ou fundação instituída pelo Poder Público;

---

[3] Disponível em: http://www.planalto.gov.br/ccivil_03/decreto/antigos/d56435.htm.

c) contra a administração pública, por quem está a seu serviço;

d) de genocídio, quando o agente for brasileiro ou domiciliado no Brasil;

II – os crimes:

a) que, por tratado ou convenção, o Brasil se obrigou a reprimir;

b) praticados por brasileiro;

c) praticados em aeronaves ou embarcações brasileiras, mercantes ou de propriedade privada, quando em território estrangeiro e aí não sejam julgados.

§ 1º Nos casos do inciso I, o agente é punido segundo a lei brasileira, ainda que absolvido ou condenado no estrangeiro.

§ 2º Nos casos do inciso II, a aplicação da lei brasileira depende do concurso das seguintes condições:

a) entrar o agente no território nacional;

b) ser o fato punível também no país em que foi praticado;

c) estar o crime incluído entre aqueles pelos quais a lei brasileira autoriza a extradição;

d) não ter sido o agente absolvido no estrangeiro ou não ter aí cumprido a pena;

e) não ter sido o agente perdoado no estrangeiro ou, por outro motivo, não estar extinta a punibilidade, segundo a lei mais favorável.

§ 3º A lei brasileira aplica-se também ao crime cometido por estrangeiro contra brasileiro fora do Brasil, se, reunidas as condições previstas no parágrafo anterior:

a) não foi pedida ou foi negada a extradição;

b) houve requisição do Ministro da Justiça.

O dispositivo *supra* traz hipóteses de **extraterritorialidade incondicionada** (art. 7º, I e § 1º, do CP), **condicionada** (art. 7º, II e § 2º, do CP) **e hipercondicionada** (art. 7º, § 3º, do CP).

a) Extraterritorialidade incondicionada: não há condições prévias para a imposição da lei brasileira, mesmo quando o crime é cometido em território estrangeiro. Ela ocorrerá sempre que o crime for praticado contra a vida ou a liberdade do Presidente da República; contra o patrimônio ou a fé pública da União, do Distrito Federal, de Estado, de Território, de Município, de empresa pública, sociedade de economia mista, autarquia ou fundação instituída pelo Poder Público; contra a administração pública, por quem está a seu serviço; de genocídio, quando o agente for brasileiro ou domiciliado no Brasil.

b) Extraterritorialidade condicionada: é necessário conjugar algumas condições para ser aplicada a lei penal brasileira quando o crime foi praticado em território estrangeiro. Assim, será aplicada a extraterritorialidade condicionada sempre que os crimes que, por tratado ou convenção, o Brasil se obrigou a reprimir forem praticados por brasileiro ou praticados em aeronaves ou embarcações brasileiras, mercantes ou de propriedade privada, quando em território estrangeiro, e aí não sejam julgados e deverá existir o concurso das seguintes condições:

b.1) entrar o agente no território nacional;

b.2) ser o fato punível também no país em que foi praticado;

b.3) estar o crime incluído entre aqueles pelos quais a lei brasileira autoriza a extradição;

b.4) não ter sido o agente absolvido no estrangeiro ou não ter aí cumprido a pena;

b.5) não ter sido o agente perdoado no estrangeiro ou, por outro motivo, não estar extinta a punibilidade, segundo a lei mais favorável.

c) **Extraterritorialidade hipercondicionada:** aplicar-se-á a lei brasileira também ao crime cometido por estrangeiro contra brasileiro fora do Brasil, se reunidas as condições previstas no parágrafo anterior, conjugadas com mais dois requisitos:

c.1) não foi pedida ou foi negada a extradição;

c.2) requisição do Ministro da Justiça.

4.1 Princípios que orientam a extraterritorialidade

A extraterritorialidade é orientada pelos princípios da defesa ou da proteção ou real; da justiça universal ou cosmopolita; da personalidade ativa ou da nacionalidade; da nacionalidade ou da personalidade passiva; da bandeira, do pavilhão, da representação ou da substituição.

a) **Princípio da defesa ou da proteção ou real:** segundo Rogério Sanches[4], de acordo com esse princípio, será aplicada a lei penal da nacionalidade do bem jurídico lesado ou sujeito a perigo, não importando o local da infração penal ou a nacionalidade do sujeito ativo. É aplicado no caso da extraterritorialidade incondicionada (art. 7º, I, *a*, *b* e *c*, do CP).

b) **Princípio da justiça universal ou cosmopolita**[5]**:** informa que o agente fica sujeito à lei do país onde for encontrado, não importando a sua nacionalidade, do bem jurídico lesado ou do local do crime. É aplicado nos casos de extraterritorialidade incondicionada (art. 7º, I, *d*, do CP) e de extraterritorialidade condicionada (art. 7º, II, *a*, do CP).

c) **Princípio da personalidade ativa ou da nacionalidade:** aplica-se a lei do país a que pertence o agente, pouco importando o local do crime, a nacionalidade da vítima ou do bem jurídico violado[6]. É aplicado no caso de extraterritorialidade condicionada (art. 7º, II, *b*, do CP).

---

[4] CUNHA, Rogério Sanches. *Manual de direito penal*: volume único. 8. ed. Salvador: Juspodivm, 2020.
[5] CUNHA, Rogério Sanches. *Manual de direito penal*: volume único. 8. ed. Salvador: Juspodivm, 2020.
[6] CUNHA, Rogério Sanches. *Manual de direito penal*: volume único. 8. ed. Salvador: Juspodivm, 2020.

d) **Princípio da nacionalidade ou da personalidade passiva:** indica que será aplicada a lei penal da nacionalidade do ofendido[7]. É aplicado no caso de extraterritorialidade hipercondicionada, art. 7º, § 3º, do CP.

e) **Princípio da bandeira, do pavilhão, da representação ou da substituição:** indica que a lei penal nacional se aplica aos crimes cometidos em aeronaves e embarcações privadas, quando praticados no estrangeiro e aí não sejam julgados[8]. É aplicado no caso de extraterritorialidade condicionada (art. 7º, II, c, do CP).

5. PENA CUMPRIDA NO ESTRANGEIRO

É possível que o agente responda por um processo criminal no estrangeiro e no território Brasileiro, por causa da extraterritorialidade da lei brasileira. Nesse caso, a pena cumprida no estrangeiro atenua a pena imposta no Brasil pelo mesmo crime, quando diversas, ou nela é computada quando idênticas. Ou seja, caso "A" seja condenado nos Estados Unidos a cumprir pena de 10 anos por ter restringido a liberdade do presidente brasileiro, tendo "A" sido também condenado no Brasil a uma pena de 15 anos, será abatido o tempo de cumprimento de pena realizado nos Estados Unidos no tempo de cumprimento de pena da sentença brasileira, restando para cumprir somente 5 anos de pena.

É importante mencionar que se trata de uma exceção ao *ne bis in idem*[9]. Vejamos:

> Pena cumprida no estrangeiro
>
> Art. 8º A pena cumprida no estrangeiro atenua a pena imposta no Brasil pelo mesmo crime, quando diversas, ou nela é computada, quando idênticas.

Contudo, exige-se atenção ao dispositivo *supra*, pois a Segunda Turma do Supremo Tribunal Federal, no HC n. 171.118/SP, julgado em 12 de novembro de 2019, entendeu que esse dispositivo deve ser interpretado em conformidade com os direitos assegurados na Convenção Americana de Direitos Humanos e no Pacto Internacional de Direitos Civis e Políticos, pois ambos vedam de forma expressa a dupla persecução penal.

Esses dois diplomas internacionais tratam de forma expressa sobre a proibição da dupla persecução penal:

> Convenção Americana de Direitos Humanos
>
> Art. 8. Garantias judiciais
>
> (...)

---

[7] CUNHA, Rogério Sanches. *Manual de direito penal*: volume único. 8. ed. Salvador: Juspodivm, 2020.
[8] CUNHA, Rogério Sanches. *Manual de direito penal*: volume único. 8. ed. Salvador: Juspodivm, 2020.
[9] Segundo Rodolfo Tigre Maia (online), a expressão *ne bis in idem* é associada à proibição de que um Estado imponha a um indivíduo uma dupla sanção ou um duplo processo (*ne bis*) em razão da prática de um mesmo crime (*Boletim Científico da Escola Superior do Ministério Público da União*. Disponível em: https://escola.mpu.mp.br/publicacoes/boletim-cientifico/edicoes-do-boletim/boletim-cientifico-n-16-julho-setembro-2005/o--principio-do-ne-bis-in-idem-e-a-constituicao-brasileira-de-1988.

4. O acusado absolvido por sentença passada em julgado *não* poderá ser submetido a novo processo pelos mesmos fatos. (grifo nosso)

Pacto Internacional de Direitos Civis e Políticos

Art. 14

(...)

7. Ninguém poderá ser processado ou punido por um delito pelo qual já foi absorvido ou condenado por sentença passada em julgado, em conformidade com a lei e os procedimentos penais de cada país. (grifo nosso)

Assim, o Código Penal deve obediência aos diplomas supralegais, de modo a impedir que uma mesma pessoa possa responder à ação penal no Brasil caso já tenha sido processada criminalmente, pelos mesmos fatos, em um Estado estrangeiro.

Registre-se, no entanto, que a proibição de dupla persecução penal em âmbito internacional deve ser ponderada com a soberania dos Estados e com as obrigações processuais positivas impostas pela Comissão Interamericana de Direitos Humanos[10]. Segundo o STF, é possível que, em casos de violação de deveres de investigação e persecução efetiva, o julgamento em país estrangeiro possa ser considerado ilegítimo, como em precedentes em que a própria Corte Interamericana de Direitos Humanos determinou a reabertura de investigações em processos de Estados que não verificaram devidamente situações de violações de direitos humanos. Portanto, se houver a devida comprovação de que o julgamento em outro país sobre os mesmos fatos não se realizou de modo justo e legítimo, desrespeitando obrigações processuais positivas, a vedação de dupla persecução pode ser eventualmente ponderada para complementação em persecução interna.

É importante registrar que a Sexta Turma do Superior Tribunal de Justiça, quanto ao tema *supra*, entende que a pendência de julgamento de litígio no exterior não impede, por si só, o processamento da ação penal no Brasil, não configurando *bis in idem*[11].

---

[10] "Penal e Processual Penal. 2. Proibição de dupla persecução penal e ne bis in idem. 3. Parâmetro para controle de convencionalidade. Art. 14.7 do Pacto Internacional sobre Direitos Civis e Políticos. Art. 8.4 da Convenção Americana de Direitos Humanos. Precedentes da Corte Interamericana de Direitos Humanos no sentido de 'proteger os direitos dos cidadãos que tenham sido processados por determinados fatos para que não voltem a ser julgados pelos mesmos fatos' (Casos Loayza Tamayo vs. Perú de 1997; Mohamed vs. Argentina de 2012; J. vs. Perú de 2013). 4. Limitação ao art. 8º do Código Penal e interpretação conjunta com o art. 5º do CP. 5. Proibição de o Estado brasileiro instaurar persecução penal fundada nos mesmos fatos de ação penal já transitada em julgado sob a jurisdição de outro Estado. Precedente: Ext 1.223/DF, Rel. Min. Celso de Mello, Segunda Turma, DJe 28.2.2014. 6. Ordem de *habeas corpus* concedida para trancar o processo penal. Vistos, relatados e discutidos estes autos, acordam os Ministros do Supremo Tribunal Federal, em Segunda Turma, sob a presidência da Senhora Ministra Cármen Lúcia, na conformidade da ata de julgamento e das notas taquigráficas, por unanimidade de votos, conceder a ordem de habeas corpus para trancar o Processo Penal 0003112-82.2013.403.6181 em relação ao paciente, porque reconhecida a ocorrência de dupla persecução penal, nos termos do voto do Relator. Brasília, 12 de novembro de 2019" (STJ, HC n. 171.118/SP, Rel. Min. Gilmar Mendes).

[11] "Recurso em *habeas corpus*. Associação para o tráfico transnacional de drogas. Litispendência. Fatos apurados em distintos Estados soberanos. *Bis in idem*. Não ocorrência. Recurso não provido. 1. A litispendência guarda relação com a ideia de que ninguém pode ser processado quando está pendente de julgamento um litígio com

6. QUESTÕES DE CONCURSOS

Questão 1

(CESPE – 2020 – TJ-PA – Analista Judiciário – Direito) Com relação ao tempo e ao lugar do crime, o Código Penal brasileiro adotou, respectivamente, as teorias do(a)

A) resultado e da ação.
B) consumação e do resultado.
C) atividade e da ubiquidade.
D) ubiquidade e da atividade.
E) ação e da consumação.

Questão 2

(VUNESP – 2019 – Prefeitura de Osasco-SP – Fiscal Tributário) Tendo em vista as normas e regras de aplicação da lei penal, no tempo e no espaço, assinale a alternativa correta.

A) A regra da ultra-atividade decorre do princípio da legalidade e indica que a lei penal aplicável será a vigente ao tempo da prática do fato criminoso.
B) A lei excepcional aplica-se ao fato praticado durante sua vigência, desde que não cessadas as necessidades que a fizeram existir.
C) A regra da ultra-atividade decorre da característica da extra-atividade da lei penal e indica a possibilidade de a lei penal aplicar-se a determinado fato, ainda que já revogada.
D) Não existe extraterritorialidade da lei penal brasileira, exceto para crimes praticados contra o Presidente da República ou o patrimônio da União.
E) Para definir o lugar do crime, o Código Penal Brasileiro adotou a teoria da atividade, segundo a qual o crime é considerado praticado onde se deu a ação ou omissão.

---

as mesmas partes (*eadem personae*), sobre os mesmos fatos (*eadem res*), e com a mesma pretensão (*eadem petendi*), que é expressa por antiga máxima latina, o *ne bis in idem*. 2. Pela análise de normativa internacionais incorporada e vigentes no ordenamento jurídico brasileiro, constata-se a regra de que é a sentença definitiva oriunda de distintos Estados soberanos – e não a existência de litígio pendente de julgamento – que pode obstar a formação, a continuação ou a sobrevivência da relação jurídica processual que configuraria a litispendência. 3. Não há elementos suficientes nos autos para se afirmar, com certeza, que a investigação realizada no Uruguai envolveu exatamente as mesmas condutas. Ademais, caso se reconheça, na jurisdição ordinária, que o recorrente haja respondido, no Uruguai, pelos mesmos fatos delituosos a que veio a ser condenado no Brasil, dúvidas não há de que incidirá o art. 8º do Código Penal: 'A pena cumprida no estrangeiro atenua a pena imposta no Brasil pelo mesmo crime, quando diversas, ou nela é computada, quando idênticas'. Tal dispositivo, embora não cuide propriamente da proibição de dupla punição e persecução penais, dispõe sobre o modo como deve ser resolvida a situação de quem é punido por distintos Estados soberanos pela prática do mesmo delito. 4. Não se afigura possível, na via estreita do *habeas corpus*, avaliar a extensão das investigações realizadas numa e noutra ação penal, bem como os fatos delituosos objeto de um e de outro processo, para se concluir, com precisão, se há ou não bis in idem ou litispendência. 5. A questão da litispendência há de ser enfrentada e dirimida nas instâncias ordinárias, onde o maior âmbito da cognição – horizontal e vertical – permitirá a aferição da efetiva ocorrência do alegado pressuposto negativo da validade da relação processual. 6. Recurso em *habeas corpus* não provido (STJ, RHC n. 104.123/SP (2018/0267949-8), Rel. Min. Rogerio Schietti Cruz).

Questão 3

(INAZ do Pará – 2019 – CORE-SP – Assistente Jurídico) Marque a alternativa correta que representa o princípio da territorialidade:

A) Aplica-se a lei brasileira, sem prejuízo de convenções, tratados e regras de direito internacional, ao crime cometido no território internacional.

B) Aplica-se a lei estrangeira, sem prejuízo de convenções, tratados e regras de direito internacional, ao crime cometido no território nacional.

C) Aplica-se a lei brasileira, sem prejuízo de convenções, tratados e regras de direito internacional, ao crime cometido no território nacional.

D) Aplica-se a lei brasileira, com prejuízo de convenções, tratados e regras de direito internacional, ao crime cometido no território nacional.

E) Aplica-se a lei brasileira, sem prejuízo de convenções, tratados e regras de direito nacional, ao crime cometido no território nacional.

GABARITO: 1. C; 2. C; 3. C.

Capítulo 5

Lei penal no tempo

Ruth Araújo Viana

1. INTRODUÇÃO

Como regra, aplica-se a lei penal vigente do momento da prática do fato criminoso, é o que se chama *tempus regit actum*. De acordo com o princípio da legalidade, para que a lei penal possa produzir efeito, ela deve ser anterior à conduta criminosa. Essa é a regra. A Constituição Federal, por outro lado, autoriza que a lei penal alcance fatos passados se ela for mais benéfica para o réu. É o que se chama de **retroatividade**. Há também a possibilidade de a lei penal ser aplicada após sua revogação, é o que se chama de **ultratividade**.

2. O TEMPO DO CRIME

Sempre que existir uma conduta criminosa, será necessário determinar o tempo do crime, em outras palavras, quando a conduta foi praticada. O Código Penal brasileiro adota a **Teoria da atividade** e, portanto, considera-se praticado o crime no momento da ação ou omissão como regra, ainda que outro seja o momento do resultado. Vejamos:

Tempo do crime
Art. 4º Considera-se praticado o crime no momento da ação ou omissão, ainda que outro seja o momento do resultado.

A importância da definição do tempo do crime é crucial para o conhecimento da lei que será aplicado ao caso concreto.

As teorias que determinam quando se considera praticado o delito são a teoria da atividade, a teoria do resultado e a teoria mista.

A **teoria da atividade** foi adotada pelo Código Penal e já foi estudada; a **teoria do resultado** informa que se considera praticado o crime quando produzido o resultado; e a **teoria mista** considera praticado o crime tanto no momento da ação ou omissão quanto no momento da produção do resultado.

3. SUCESSÃO DE LEIS NO TEMPO

A sucessão de leis penais no tempo consiste no surgimento de uma ou mais leis penais desde o evento criminoso até o fim do cumprimento da pena. A regra será a aplicação da lei vigente à época do fato conhecido como *tempus regit actum*.

É de especial importância observar as regras da ultratividade e da retroatividade quando há no decurso do tempo alteração de lei. Ou seja, a possibilidade de **extratividade** da norma. A extratividade se desdobra em retroatividade e ultratividade.

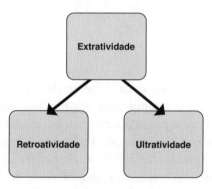

Observe que a modificação da lei penal também altera a consequência jurídica da prática delitiva, assim, é imprescindível analisar se passou a viger norma mais benéfica, uma vez que a Constituição Federal determina que, sempre que uma norma for mais benéfica para o réu, ela deverá retroagir. É o que se chama de **retroatividade da lei penal benéfica**.

Registre-se que a retroatividade da lei penal benéfica, além de estar prevista na Constituição Federal, também está prevista no Decreto n. 678, de 6 de novembro de 1992, que promulga a Convenção Americana sobre Direitos Humanos (Pacto de São José da Costa Rica), de 22 de novembro de 1969:

> Art. 9
> Princípio da Legalidade e da Retroatividade
> Ninguém pode ser condenado por ações ou omissões que, no momento em que forem cometidas, não sejam delituosas, de acordo com o direito aplicável. Tampouco se pode impor pena mais grave que a aplicável no momento da perpetração do delito. Se depois da perpetração do delito a lei dispuser a imposição de pena mais leve, o delinquente será por isso beneficiado.

Há também a hipótese de **lei intermediária**, que consiste na lei que surgiu após a prática do fato criminoso, mas é revogada antes da aplicação da sanção. Dessa maneira, deve ser aplicada a lei mais favorável que tenha tido vigência entre a data do fato e a da sentença[1].

É possível, então, que, no decorrer do processo, surja lei que torne o fato atípico ou que traga algum benefício para o réu, sendo imperiosa a retroatividade da lei para beneficiá-lo. Vejamos o que diz o Código Penal:

Lei penal no tempo
Art. 2º Ninguém pode ser punido por fato que lei posterior deixa de considerar crime, cessando em virtude dela a execução e os efeitos penais da sentença condenatória.
Parágrafo único. A lei posterior, que de qualquer modo favorecer o agente, aplica-se aos fatos anteriores, ainda que decididos por sentença condenatória transitada em julgado.

O art. 2º, *caput*, do Código Penal descreve a superação da figura criminosa, também conhecida como ***abolitio criminis***, que é causa de extinção da punibilidade[2]. Já o art. 2º, parágrafo único, do Código Penal descreve situação que beneficia de qualquer modo o réu e é conhecida como ***novatio legis in mellius***.

Quando há *abolitio criminis*, os **efeitos penais serão alcançados**, enquanto os **efeitos extrapenais (efeitos civis)**, descritos nos arts. 91 e 92 do Código Penal, **não serão afetados**[3].

---

[1] STF, RE n. 418.876/MT, Rel. Min. Sepúlveda Pertence, j. 30.03.2004.
[2] CP: "Art. 107. Extingue-se a punibilidade: (...) III – pela retroatividade de lei que não mais considera o fato como criminoso".
[3] CP: "Art. 91. São efeitos da condenação: I – tornar certa a obrigação de indenizar o dano causado pelo crime; II – a perda em favor da União, ressalvado o direito do lesado ou de terceiro de boa-fé: a) dos instrumentos do crime, desde que consistam em coisas cujo fabrico, alienação, uso, porte ou detenção constitua fato ilícito; b) do produto do crime ou de qualquer bem ou valor que constitua proveito auferido pelo agente com a prática do fato criminoso. § 1º Poderá ser decretada a perda de bens ou valores equivalentes ao produto ou proveito do crime quando estes não forem encontrados ou quando se localizarem no exterior. § 2º Na hipótese do § 1º, as medidas assecuratórias previstas na legislação processual poderão abranger bens ou valores equivalentes do investigado ou acusado para posterior decretação de perda.
Art. 91-A. Na hipótese de condenação por infrações às quais a lei comine pena máxima superior a 6 (seis) anos de reclusão, poderá ser decretada a perda, como produto ou proveito do crime, dos bens correspondentes à diferença entre o valor do patrimônio do condenado e aquele que seja compatível com o seu rendimento lícito. § 1º Para efeito da perda prevista no *caput* deste artigo, entende-se por patrimônio do condenado todos os bens: I – de sua titularidade, ou em relação aos quais ele tenha o domínio e o benefício direto ou indireto, na data da infração penal ou recebidos posteriormente; e II – transferidos a terceiros a título gratuito ou mediante contraprestação irrisória, a partir do início da atividade criminal. § 2º O condenado poderá demonstrar a inexistência da incompatibilidade ou a procedência lícita do patrimônio. § 3º A perda prevista neste artigo deverá ser requerida expressamente pelo Ministério Público, por ocasião do oferecimento da denúncia, com indicação da diferença apurada. § 4º Na sentença condenatória, o juiz deve declarar o valor da diferença apurada e especificar os bens cuja perda for decretada. § 5º Os instrumentos utilizados para a prática de crimes por organizações criminosas e milícias deverão ser declarados perdidos em favor da União ou do Estado, dependendo da Justiça onde tramita a ação penal, ainda que não ponham em perigo a segurança das pessoas, a moral ou a ordem pública, nem ofereçam sério risco de ser utilizados para o cometimento de novos crimes.
Art. 92. São também efeitos da condenação: I – a perda de cargo, função pública ou mandato eletivo: a) quando aplicada pena privativa de liberdade por tempo igual ou superior a um ano, nos crimes praticados com abuso de poder ou violação de dever para com a Administração Pública; b) quando for aplicada pena privativa de liberdade por tempo superior a 4 (quatro) anos nos demais casos. II – a incapacidade para o exercício do poder familiar,

A competência para a aplicação da lei penal mais benéfica será do juiz competente para análise do feito. Caso o processo esteja em fase de conhecimento, o juiz da fase de conhecimento será o competente. Caso esteja em grau de recurso, a competência será do Tribunal. Já se estiver em fase de execução, será competente o juiz da execução, nos termos da Súmula n. 611 do Supremo Tribunal Federal:

> **Súmula n. 611:** Transitada em julgado a sentença condenatória, compete ao juízo das execuções a aplicação de lei mais benigna.

Vejamos a jurisprudência específica sobre o tema:

> Com o advento da Lei 12.015/2009, como exposto, unificadas as condutas de estupro e de atentado violento ao pudor passaram a configurar crime único ou crime continuado, conforme as circunstâncias concretas do caso. No feito presente, o paciente foi condenado, em primeiro e segundo graus de jurisdição sob a égide da legislação anterior à Lei 12.015/2009. Apesar da elevada censurabilidade das condutas por ele praticadas, há em tese a possibilidade de considerar os abusos sexuais direcionados contra uma só vítima e em único contexto de tempo, lugar e maneira de execução, como crime único ou crime continuado, consideradas as circunstâncias concretas da hipótese. Estabelecidas essas premissas, vislumbro a necessidade da aplicação retroativa da Lei 12.015/2009. Compete ao Juízo da Execução Penal unificar as penas, nos termos da Súmula 611/STF ("Transitada em julgado a sentença condenatória, compete ao juízo das execuções a aplicação de lei mais benigna"). A ele caberá, ao exame das condutas criminosas, unificá-las considerando o crime como único ou como continuado. Não pode o Supremo Tribunal Federal interferir na escolha sob pena de supressão de instância, já que esse ponto específico da questão não foi submetido às instâncias ordinárias. Impõe-se, portanto, a concessão da ordem de ofício, para que o juízo da execução criminal competente proceda à aplicação retroativa da Lei n. 12.015/2009, afastando o concurso material entre os delitos sexuais, para redimensionar a pena[4].

Também é importante compreender que a sucessão de uma lei incriminadora, ou seja, que não existia quando do momento da prática criminosa, não retroagirá, pois é necessário que a lei exista antes do crime, tal como preconiza o **princípio da legalidade**:

Anterioridade da Lei
Art. 1º Não há crime sem lei anterior que o defina. Não há pena sem prévia cominação legal.

Por essa razão, a nova lei, que de qualquer modo prejudica (*lex gravior*) o réu, é irretroativa.

---

da tutela ou da curatela nos crimes dolosos sujeitos à pena de reclusão cometidos contra outrem igualmente titular do mesmo poder familiar, contra filho, filha ou outro descendente ou contra tutelado ou curatelado; III – a inabilitação para dirigir veículo, quando utilizado como meio para a prática de crime doloso. Parágrafo único. Os efeitos de que trata este artigo não são automáticos, devendo ser motivadamente declarados na sentença".

[4] STF, HC n. 106.454, 1ª Turma, Rel. Min. Rosa Weber, j. 02.04.2013, *DJE* 70, de 17.04.2013.

Há exceções, no entanto, quando se trata de crime permanente e de crime continuado. É o que prevê a Súmula n. 711 do Supremo Tribunal Federal:

> **Súmula n. 711:** A lei penal mais grave aplica-se ao crime continuado ou ao crime permanente, se a sua vigência é anterior à cessação da continuidade ou da permanência.

A seguir apresento jurisprudência abordando a temática:

> **A lei penal mais grave aplica-se ao crime continuado ou ao crime permanente, se a sua vigência é anterior à cessação da continuidade ou da permanência.** O próprio embargante reconhece que a causa dessa decisão foi a "existência de cinco crimes de corrupção ativa, praticados em continuidade delitiva e parcialmente na vigência da nova Lei". Portanto, está bem compreendido o fundamento do acórdão, que, aliás, está bem ancorado na Súmula 711 desta Corte (A lei penal mais grave aplica-se ao crime continuado ou ao crime permanente, se a vigência é anterior à cessão da continuidade ou da permanência). Esta também é a inteligência do art. 71 do Código Penal, que trata da regra a ser aplicada, pelo órgão julgador, da ficção jurídica da continuidade delitiva[5]. (grifo nosso)
>
> 1. A conduta imputada ao paciente é a de impedir o nascimento de nova vegetação (art. 48 da Lei 9.605/1998), e não a de meramente destruir a flora em local de preservação ambiental (art. 38 da Lei Ambiental). **A consumação não se dá instantaneamente, mas, ao contrário, se protrai no tempo, pois o bem jurídico tutelado é violado de forma contínua e duradoura, renovando-se, a cada momento, a consumação do delito. Trata-se, portanto, de crime permanente.** 2. Não houve violação ao princípio da legalidade ou tipicidade, pois a conduta do paciente já era prevista como crime pelo Código Florestal, anterior à Lei 9.605/1998. **Houve, apenas, uma sucessão de leis no tempo, perfeitamente legítima, nos termos da Súmula 711 do Supremo Tribunal Federal.** 3. Tratando-se de crime permanente, o lapso prescricional somente começa a fluir a partir do momento em que cessa a permanência. Prescrição não consumada[6]. (grifos nossos)

Portanto, quando a consumação se protrai no tempo, será possível aplicar lei penal mais grave.

A respeito da combinação de leis, ou seja, da possibilidade de o julgador combinar a lei anterior com a lei posterior, trazendo apenas os benefícios para aplicá-los ao caso concreto, é importante mencionar que já existe súmula do Superior Tribunal de Justiça sobre o assunto:

> **Súmula n. 501:** É cabível a aplicação retroativa da Lei 11.343/06, desde que o resultado da incidência das suas disposições, **na íntegra**, seja mais favorável ao réu do que o advindo da aplicação da Lei 6.368/76, sendo vedada a combinação de leis.

---

[5] AP n. 470 ED-décimos quartos, Rel. Min. Joaquim Barbosa, j. 05.09.2013, *DJE* 200, de 10.10.2013.
[6] RHC n. 83.437, 1ª Turma, Rel. Min. Joaquim Barbosa, j. 10.02.2004, *DJE* 70, de 18.04.2008.

Conforme a Terceira Seção do STJ, não é possível ao julgador criar uma terceira norma, *lex tertia*, não elaborada e jamais prevista pelo legislador. Vejamos:

Penal. Embargos de divergência. Tráfico de drogas. Art. 12, *caput*, da Lei n. 6.368/76 (antiga Lei de Tóxicos). Aplicação do art. 33, § 4º, da Lei n. 11.343/2006. Vedação à combinação de leis. Princípio da retroatividade da lei penal mais benéfica (art. 5º, inciso XL da CF/88) que impõe o exame, no caso concreto, de qual diploma legal, em sua integralidade, é mais favorável. Orientação prevalente no pretório excelso. Precedentes. Nova lei que se afigura, na integralidade, mais benéfica. I – A Constituição Federal reconhece, no art. 5º inciso XL, como garantia fundamental, o princípio da retroatividade da lei penal mais benéfica. Desse modo, o advento de lei penal mais favorável ao acusado impõe sua imediata aplicação, mesmo após o trânsito em julgado da condenação. Todavia, a verificação da *lex mitior*, no confronto de leis, é feita *in concreto*, visto que a norma aparentemente mais benéfica, num determinado caso, pode não ser. Assim, pode haver, conforme a situação, retroatividade da regra nova ou ultra-atividade da norma antiga. **II – A norma insculpida no art. 33, § 4º da Lei n. 11.343/06 inovou no ordenamento jurídico pátrio ao prever uma causa de diminuição de pena explicitamente vinculada ao novo apenamento previsto no *caput* do art. 33. III – Portanto, não há que se admitir sua aplicação em combinação ao conteúdo do preceito secundário do tipo referente ao tráfico na antiga lei (art. 12 da Lei n. 6.368/76) gerando daí uma terceira norma não elaborada e jamais prevista pelo legislador. IV – Dessa forma, a aplicação da referida minorante, inexoravelmente, deve incidir tão somente em relação à pena prevista no *caput* do artigo 33 da Lei n. 11.343/06.** V – Em homenagem ao princípio da extra-atividade (retroatividade ou ultra-atividade) da lei penal mais benéfica deve-se, caso a caso, verificar qual a situação mais vantajosa ao condenado: se a aplicação das penas insertas na antiga lei – em que a pena mínima é mais baixa – ou a aplicação da nova lei na qual há a possibilidade de incidência da causa de diminuição, recaindo sobre *quantum* mais elevado. Contudo, jamais a combinação dos textos que levaria a uma regra inédita. VI – O parágrafo único do art. 2º do CP, a toda evidência, diz com regra concretamente benéfica que seja desvinculada, inocorrendo, destarte, na sua incidência, a denominada combinação de leis. VII – A vedação à combinação de leis é sufragada por abalizada doutrina. No âmbito nacional, *v.g.*: Nelson Hungria, Aníbal Bruno e Heleno Cláudio Fragoso. Dentre os estrangeiros, *v.g.*: Jiménez de Asúa, Sebastián Soler, Reinhart Maurach, Edgardo Alberto Donna, Gonzalo Quintero Olivares, Francisco Muños Conde, Diego-Manuel Luzón Peña, Guillermo Fierro, José Cerezo Mir, Germano Marques da Silva e Antonio Garcia-Pablos de Molina. VIII – A orientação que prevalece atualmente na jurisprudência do Pretório Excelso – em ambas as Turmas – não admite a combinação de leis em referência (RHC 94.806/PR, 1ª Turma, Relatora Ministra Cármen Lúcia, DJe de 16/04/2010; HC 98766/MG, 2ª Turma, Relatora Min. Ellen Gracie, DJe de 05/03/2010 e HC 96844/MS, 2ª Turma, Rel. Min. Joaquim Barbosa, 05/02/2010). IX – No caso concreto, afigura-se mais benéfico ao embargado a aplicação da nova lei, aí incluída a incidência da minorante, reconhecida em seu favor e, neste ponto, transitada em julgado para a acusação, no patamar de 1/2 (metade), totalizando a pena 03 (três anos de reclusão). Embargos de divergência providos. Ordem de *habeas corpus* concedida de ofício para alterar a pena aplicada nos termos da Lei n. 11.343/2006.[7]

---

[7] Superior Tribunal de Justiça. Habeas Corpus 164.323 – SP (2010/0039340-8). Relator: Min. Felix Fischer, data: 20.09.2010.

4. PRINCÍPIO DA CONTINUIDADE NORMATIVO-TÍPICA

O princípio da continuidade normativo-típica consiste no deslocamento do conteúdo incriminador para o outro dispositivo, apesar da revogação de artigo anterior que previa a conduta incriminadora. Portanto, não há *abolitio criminis*.

Cezar Roberto Bitencourt[8] também explica:

> Aplica-se o *princípio da continuidade normativo típica* quando uma lei é revogada, mas a conduta nela incriminada é mantida em outro dispositivo legal da lei revogadora, não ocorrendo, via de regra, a conhecida figura da *abolitio criminis*, a qual extingue, simplesmente, o crime anterior. Em outros termos, o *princípio da continuidade normativo típica* significa a manutenção do caráter proibido da conduta, contudo, com o deslocamento do conteúdo criminoso para outro tipo penal.

A título de exemplo, o crime de atentado violento ao pudor, a partir da vigência da Lei n. 12.015/2009, deixou de estar descrito no art. 214 do Código Penal, mas todas as elementares passaram a integrar o tipo de estupro (art. 213 do CP).

5. LEI EXCEPCIONAL E LEI TEMPORÁRIA

São tipos de leis intermitentes, autorrevogáveis, pois idealizadas para terem curta duração. Vejamos o que diz o Código Penal:

> **Lei excepcional ou temporária**
> Art. 3º A lei excepcional ou temporária, embora decorrido o período de sua duração ou cessadas as circunstâncias que a determinaram, aplica-se ao fato praticado durante sua vigência.

A lei excepcional é um tipo de lei intermitente editada para ser aplicada durante um período de excepcionalidade, sem duração pré-definida, de modo que deverá perdurar enquanto presente a situação de excepcionalidade; enquanto que a lei temporária é um tipo de lei intermitente cujo prazo de vigência vem predeterminado no texto da lei. Tem-se como exemplo a Lei Geral da Copa[9]. Essas leis são **ultrativas**.

6. QUESTÕES DE CONCURSOS

Questão 1

(FUNCAB – 2016 – CODESA – Guarda Portuário) O art. 36 da Lei Geral da Copa (Lei n. 12.663, de 2012) informava que "os tipos penais previstos nesse

---

[8] BITENCOURT, Cezar Roberto. Princípio da continuidade normativo-típica e suas limitações. *Conjur*, 10 mar. 2022. Disponível em: https://www.conjur.com.br/2022-mar-10/cezar-bitencourt-irretroatividade-lei-penal-grave.
[9] O art. 36 da Lei Geral da Copa (Lei n. 12.663, de 2012) informa que "os tipos penais previstos nesse Capítulo terão vigência até o dia 31 de dezembro de 2014". Ou seja, decorrido esse prazo, as infrações penais previstas na lei deixaram de existir.

Capítulo terão vigência até o dia 31 de dezembro de 2014". Ou seja, decorrido esse prazo, as infrações penais previstas na lei deixaram de existir. Suponha-se, assim, que uma pessoa tenha cometido um dos crimes da Lei Geral da Copa em dezembro de 2014. Iniciado o ano de 2015, essa pessoa poderá ser penalmente responsabilizada pela conduta? Com base no que dispõe o Código Penal, assinale a resposta correta:

A) Não, pois a lei aplicável é sempre aquela existente à época do julgamento, não importando o momento da ação.
B) Sim, pois leis temporárias têm ultra-atividade.
C) Não, pois a lei penal sempre retroage para beneficiar o sujeito ativo.
D) Não, pois nesse caso ocorreu *abolitio criminis*.
E) Sim, pois leis excepcionais têm ultra-atividade.

Questão 2

(CESPE – 2019 – TJ-BA – Conciliador) A respeito da aplicação da retroatividade da lei no direito penal, assinale a opção correta:

A) A aplicação da retroatividade ocorre mesmo em caso de aumento de pena, como forma de garantir a justiça para o réu que tiver cometido o crime após a entrada em vigor da lei mais severa.
B) A retroatividade de lei mais benéfica não pode ser aplicada a medida de segurança.
C) A retroatividade de lei mais benéfica somente será cabível no caso de haver *abolitio criminis*.
D) A aplicação da retroatividade da lei é concebível, desde que em benefício do réu como medida de justiça.
E) A aplicação da retroatividade da lei é vedada constitucionalmente em qualquer circunstância, a fim de garantir a segurança jurídica.

Questão 3

(INSTITUTO AOCP – 2021 – PC-PA – Investigador de Polícia Civil) André cumpre pena em estabelecimento prisional em razão de condenação transitada em julgado pela prática do crime de peculato. Carlos, já condenado em primeira instância, responde em liberdade, em grau de recurso, perante o Tribunal de Justiça do Pará, pela suposta prática do crime de peculato. Advém que entrou em vigor nova lei penal que extirpou do ordenamento jurídico o crime de peculato, ocorrendo a *abolitio criminis*. Considerando as situações hipotéticas narradas, assinale a alternativa correta:

A) A inovação legislativa não poderá beneficiar André e Carlos, haja vista que não estava em vigor na data dos fatos.
B) A *abolitio criminis* beneficiará Carlos, mas não poderá ser aplicada a André, pois, nesse caso, já ocorreu o trânsito em julgado da sentença penal condenatória.

C) A *abolitio criminis* beneficiará André e Carlos, cessando, em virtude dela, a execução e os efeitos penais e civis da sentença penal condenatória.

D) A nova lei penal beneficiará André e Carlos e será aplicada, em ambos os casos, pelo juiz natural de 1º grau competente no caso concreto.

E) A *abolitio criminis* beneficiará André e Carlos, sendo que, para este, será aplicada pelo Tribunal de Justiça do Pará e, para aquele, tal mister compete ao Juízo das execuções.

Questão 4

(MPE-RJ – 2022 – Promotor de Justiça Substituto – Concurso XXXVI) No que concerne à Lei Penal no tempo, assinale a alternativa correta.

A) A lei excepcional regula fatos que não se sujeitam ao princípio da retroatividade da lei penal posterior mais benéfica.

B) A retroatividade de lei penal mais benéfica é princípio que não encontra exceção.

C) A irretroatividade de lei penal mais gravosa é princípio que encontra exceção.

D) O princípio *tempus regit actum* é excepcionado para fatos praticados sob vigência de lei temporária.

E) Os efeitos penais da sentença condenatória se mantêm íntegros em face da *abolitio criminis*.

Questão 5

(CESPE/CEBRASPE – 2022 – MPE-AC – Promotor de Justiça Substituto) Acerca da aplicação da lei penal, assinale a opção correta, de acordo com o entendimento doutrinário e jurisprudencial dominantes:

A) A lei penal mais grave retroagirá para atingir o crime permanente, se a sua vigência for anterior à cessação da permanência, mas esse entendimento não se aplicará ao crime continuado, pois se trata de ficção jurídica que incide sobre crimes já consumados.

B) A lei nova que proíba a extradição por determinada infração penal será retroativa.

C) A retroatividade da lei não se aplica à hipótese em que haja redução da pena de multa, pois sua natureza é extrapenal.

D) Não retroagirá a lei que, sem modificar o quantum da pena, altere a sua modalidade de detenção para prisão simples.

E) Não retroagirá a lei que inclua uma hipótese de inimputabilidade se essa inovação legislativa estabelecer a aplicação de medida de segurança para a mesma situação.

GABARITO: 1. B; 2. D; 3. E; 4. A; 5. B.

Capítulo 6

Lei penal em relação às pessoas

Ruth Araújo Viana

1. INTRODUÇÃO

Apesar de todos serem iguais perante a lei nos termos da Constituição Federal, algumas pessoas gozam de prerrogativas funcionais para que possam desempenhar as atribuições inerentes ao cargo ou à função de forma eficaz.

2. IMUNIDADES DIPLOMÁTICAS E CONSULARES

As **imunidades diplomáticas** estão previstas na **Convenção de Viena de 1961**, que foi promulgada no Brasil pelo Decreto n. 56.435, de 1965. Vejamos:

Art. 31
1. O agente diplomático gozará de **imunidade de jurisdição penal** do Estado acreditado. Gozará também da imunidade de jurisdição civil e administrativa, a não ser que se trate de:
a) uma ação real sobre imóvel privado situado no território do Estado acreditado, salvo se o agente diplomático o possuir por conta do Estado acreditado para os fins da missão.
b) uma ação sucessória na qual o agente diplomático figure, a título privado e não em nome do Estado, como executor testamentário, administrador, herdeiro ou legatário.
c) uma ação referente a qualquer profissão liberal ou atividade comercial exercida pelo agente diplomático no Estado acreditado fora de suas funções oficiais.
2. O agente diplomático não é obrigado a prestar depoimento como testemunha.
3. O agente diplomático não está sujeito a nenhuma medida de execução a não ser nos casos previstos nas alíneas "a", "b" e "c" do parágrafo 1 deste artigo e desde que a execução possa realizar-se sem afetar a inviolabilidade de sua pessoa ou residência.
4. A imunidade de jurisdição de um agente diplomático no Estado acreditado não o isenta da jurisdição do Estado acreditante. (grifo nosso)

Essa é uma imunidade que tem como objetivo garantir o exercício das missões diplomáticas a ser exercido pelo diplomata e pelos funcionários técnicos e administrativos em missões diplomáticas.

Os agentes diplomáticos fazem jus a privilégios e imunidades junto às autoridades locais quando cumprem missão junto a representações de seu país no exterior, mas não gozam de qualquer imunidade em seu próprio país.

Assim, agentes diplomáticos brasileiros gozam de imunidades quando exercem funções em embaixada do Brasil no exterior, mas não estão imunes à jurisdição das autoridades brasileiras.

Essa imunidade será estendida aos familiares do diplomata ou funcionário técnico e administrativo desde que registrados como dependentes.

Em resumo, durante missões diplomáticas, agentes diplomáticos e funcionários técnicos e administrativos brasileiros em missão no exterior não podem ser presos ou detidos, não podem ser processados criminalmente, não podem ter a residência violada, não podem ser obrigados a prestar depoimento como testemunha.

Os privilégios e imunidades dos **consulares** estão previstos na Convenção de Viena sobre Relações Consulares de 1963, que foi promulgada no Brasil pelo Decreto n. 61.078, de 1967. Vejamos:

Art. 43º
Imunidade de Jurisdição
1. Os funcionários consulares e os empregados consulares não estão sujeitos à Jurisdição das autoridades judiciárias e administrativas do Estado receptor pelos atos realizados no exercício das funções consulares.

No entanto, diferentemente da imunidade diplomática, a imunidade funcional do consular é **relativa**, pois é limitada aos atos de ofício, ou seja, vinculada ao exercício das funções. Dessa maneira, a imunidade conferida aos funcionários consulares não se estenderá aos familiares.

As imunidades diplomáticas podem ser retiradas pelo Estado acreditante, porém deverá ser feito de forma expressa:

Art. 32
1. O Estado acreditante pode renunciar à imunidade de jurisdição dos seus agentes diplomáticos e das pessoas que gozam de imunidade nos termos do artigo 37.
2. A renúncia será sempre expressa.
Art. 45
Renúncia aos privilégios e imunidades
1. O Estado que envia poderá renunciar, com relação a um membro da repartição consular, aos privilégios e imunidades previstos nos artigos 41, 43 e 44.
2. A renúncia será sempre expressa, exceto no caso do disposto no parágrafo 3 do presente artigo, e deve ser comunicada por escrito ao Estado receptor.

Assim, é possível que o país receptor solicite às autoridades do país de origem que retirem a imunidade de seus agentes diplomáticos ou membros do pessoal técnico-administrativo em casos de crimes graves.

> **ATENÇÃO!** No caso de agentes e empregados consulares, por terem imunidades apenas quanto aos atos praticados no exercício de sua função, estão sujeitos à jurisdição das autoridades locais no caso de crimes comuns ou de quaisquer atos não relacionados a suas atividades oficiais. Exemplo: crime de roubo.

Essa imunidade não pode ser renunciada. Lembre-se de que a imunidade não é um benefício pessoal, mas uma prerrogativa funcional, razão pela qual ela não pode ser renunciada. Portanto, apesar de ser possível ao Estado retirar a imunidade, não é possível que o funcionário público a renuncie.

3. IMUNIDADES PARLAMENTARES

A imunidade parlamentar assegura a deputados, senadores, congressistas, membros de câmaras e parlamentos prerrogativas para o melhor desempenho do cargo. A prerrogativa conferida ao Poder Legislativo assegura o livre exercício das funções parlamentares, garantindo a liberdade de voto e de opinião de seus integrantes, bem como protegendo-os contra ações judiciais e abusos dos demais Poderes.

A fundamentação legal está prevista na Constituição Federal:

Art. 53. Os Deputados e Senadores são invioláveis, civil e penalmente, por quaisquer de suas opiniões, palavras e votos.

§ 1º Os Deputados e Senadores, desde a expedição do diploma, serão submetidos a julgamento perante o Supremo Tribunal Federal.

§ 2º Desde a expedição do diploma, os membros do Congresso Nacional não poderão ser presos, salvo em flagrante de crime inafiançável. Nesse caso, os autos serão remetidos dentro de vinte e quatro horas à Casa respectiva, para que, pelo voto da maioria de seus membros, resolva sobre a prisão.

§ 3º Recebida a denúncia contra o Senador ou Deputado, por crime ocorrido após a diplomação, o Supremo Tribunal Federal dará ciência à Casa respectiva, que, por iniciativa de partido político nela representado e pelo voto da maioria de seus membros, poderá, até a decisão final, sustar o andamento da ação.

§ 4º O pedido de sustação será apreciado pela Casa respectiva no prazo improrrogável de quarenta e cinco dias do seu recebimento pela Mesa Diretora.

§ 5º A sustação do processo suspende a prescrição, enquanto durar o mandato.

§ 6º Os Deputados e Senadores não serão obrigados a testemunhar sobre informações recebidas ou prestadas em razão do exercício do mandato, nem sobre as pessoas que lhes confiaram ou deles receberam informações.

§ 7º A incorporação às Forças Armadas de Deputados e Senadores, embora militares e ainda que em tempo de guerra, dependerá de prévia licença da Casa respectiva.

§ 8º As imunidades de Deputados ou Senadores subsistirão durante o estado de sítio, só podendo ser suspensas mediante o voto de dois terços dos membros da Casa respectiva, nos casos de atos praticados fora do recinto do Congresso Nacional, que sejam incompatíveis com a execução da medida.

A criação das imunidades parlamentares como corolário da defesa da livre existência e independência do Parlamento remonta ao século XVII e tem no sistema constitucional inglês sua origem, por meio da proclamação do duplo princípio da *freedom of speech* (liberdade de palavra) e da *freedom from arrest* (imunidade à prisão arbitrária), no Bill of Rights de 1689.

São duas as espécies de imunidade parlamentar: 1) **a imunidade absoluta ou material ou substancial ou real ou inviolabilidade**; 2) **a imunidade relativa ou formal ou processual adjetiva ou imunidade propriamente dita**, que pode se dividir em relativa ao processo e relativa à prisão.

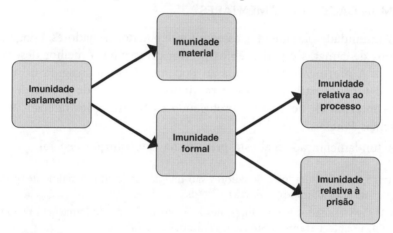

3.1 Imunidade parlamentar material ou substancial ou absoluta ou real ou inviolabilidade

Consiste em garantir que os deputados e senadores sejam invioláveis, civil e penalmente, por quaisquer de suas opiniões, palavras e votos. Consiste no *freedom of speech* (liberdade de palavra). Está prevista no art. 53, *caput*, da Constituição Federal:

> Art. 53. Os Deputados e Senadores são invioláveis, civil e penalmente, por quaisquer de suas opiniões, palavras e votos.

Assim, a imunidade material prevista no art. 53 da Constituição Federal expressa a inviolabilidade civil e penal dos deputados e senadores por suas opiniões, palavras e votos, constituindo-se em garantia inerente ao desempenho da função parlamentar.

As afirmações devem ser relacionadas ao exercício do mandato que será presumido sempre que o parlamentar estiver nas dependências da Casa Legislativa.

O Supremo Tribunal Federal possui sólido entendimento no sentido de que tal prerrogativa é absoluta quanto aos pronunciamentos efetuados no ambiente da respectiva Casa Legislativa[1], pela presença da **cláusula espacial ou cláusula geográfica** que consagra uma inviolabilidade absoluta.

Vale salientar que nem toda e qualquer manifestação de parlamentar será imune. De acordo com a jurisprudência da Corte Interamericana de Direitos Humanos e do Supremo Tribunal Federal, a liberdade de expressão não é um direito absoluto e, em casos de grave abuso, faz-se legítima a utilização do direito penal para a proteção de outros interesses e direitos relevantes[2].

Do mesmo modo, a garantia da imunidade parlamentar, que deve ser compreendida de forma extensiva para a garantia do adequado desempenho de mandatos parlamentares, não alcança os atos que sejam praticados sem claro nexo de vinculação recíproca do discurso com o desempenho das funções parlamentares (teoria funcional) ou nos casos em que for utilizada para a prática de flagrantes abusos, usos criminosos, fraudulentos ou ardilosos[3]. Vejamos decisão da Suprema Corte que expõe essa temática[4]:

> Ação penal originária. Deputado federal. Não incidência de liberdade de expressão ou de imunidade parlamentar (art. 53, *caput*, da Constituição Federal) nas hipóteses de propagação de discursos de ódio, ideias contrárias à ordem constitucional e ao estado de direito. Inexistência de *abolitio criminis*. Demonstração inequívoca da materialidade e da autoria delitivas. Condenação pelos delitos previstos no art. 18 da Lei 7.170/83 (ultratividade benéfica) – Continuidade Normativo-Típica Com O Art. 359-L do Código Penal – e art. 344 do Código Penal. Preliminares afastadas. Ação penal julgada parcialmente procedente. Suspensão dos direitos políticos enquanto durarem os efeitos da condenação (art. 15, III, da CF/88). Perda do mandato parlamentar (art. 55, VI e § 2º, da CF/88 e art. 92 do Código Penal). (...) 3. Inexistência do exercício do direito à liberdade de expressão e não incidência da imunidade parlamentar prevista no art. 53, *caput*, da Constituição Federal. Matérias anteriormente analisadas pela Corte no momento do recebimento da denúncia. Preclusão. 4. **A liberdade de expressão não permite a propagação de discursos de ódio e ideias contrárias à ordem constitucional e ao Estado de Direito.** Precedentes. 5. **A garantia constitucional da imunidade parlamentar material somente incide no caso de as manifestações guardarem conexão com o desempenho da função legislativa ou que sejam proferidas em razão desta, não sendo possível utilizá-la como verdadeiro escudo protetivo para a prática de atividades ilícitas.** Precedentes. (grifos nossos)

---

1 Pet n. 6.156, 2ª Turma, Rel. Min. Gilmar Mendes, DJ 28.09.2016; Inq n. 1.958/AC, Plenário, Rel. Min. Carlos Velloso, Rel. p/ o acórdão Min. Carlos Britto, DJ 18.02.2006; RE n. 576.074 AgR, 1ª Turma, Rel. Min. Luiz Fux, DJe 25.05.2011; Inq n. 3.814, 1ª Turma, Rel. Min. Rosa Weber, DJ 20.10.2014; RE n. 299.109 AgR, 1ª Turma, Rel. Min. Luiz Fux, DJ 01.06.2011.

2 ADPF n. 496/DF.

3 STF, Pet ns. 8.242, 8.259, 8.262, 8.263, 8.267 e 8.366 AgR/DF, 2ª Turma, Rel. Min. Celso de Mello, Red. do acórdão Min. Gilmar Mendes, j. 03.05.2022 (Info 1.053).

4 STF, Ap n. 1.044/DF. Disponível em: https://www.stf.jus.br/arquivo/cms/noticiaNoticiaStf/anexo/AP1044ementa.pdf.

Ainda, é importante registrar que a ofensa desvinculada do mandato parlamentar e realizada na Casa Legislativa, mas depois divulgada na internet, não será acobertada pela imunidade[5].

A **natureza jurídica da imunidade parlamentar**, segundo a Corte Suprema, trata-se de **excludente de tipicidade**[6]:

> Ação penal originária. Crimes contra a honra. Indivisibilidade da ação penal. Não incidência na hipótese. Vínculo entre as supostas ofensas proferidas e a função parlamentar exercida. Imunidade parlamentar. Excludente de tipicidade. Improcedência da acusação. 1. O afastamento da imunidade material prevista no art. 53, *caput*, da Constituição da República só se mostra cabível quando claramente ausente vínculo entre o conteúdo do ato praticado e a função pública parlamentar exercida ou quando as ofensas proferidas exorbitem manifestamente os limites da crítica política. Precedentes. 2. Configurada, no caso, hipótese de manifestação protegida por imunidade material, há ausência de tipicidade da conduta, o que leva à improcedência da acusação, a teor do art. 6º da Lei 8.038/1990. 3. Acusação improcedente.

A respeito da possibilidade de a imunidade parlamentar ser estendida ao corréu sem a prerrogativa, há súmula do Supremo Tribunal Federal que aborda a temática. Vejamos:

> **Súmula n. 245:** A imunidade parlamentar não se estende ao corréu sem essa prerrogativa.

Essa súmula é válida, porém merece análise cuidadosa, pois somente é cabível no caso da imunidade formal, já que, no caso de imunidade material (inviolabilidade parlamentar), prevista no *caput* do art. 53 da CF/1988, que tem natureza de causa de exclusão da tipicidade, a responsabilização do partícipe somente pode ser feita quando o autor tiver praticado o fato típico.

A imunidade parlamentar é mantida durante o **estado de sítio**. Contudo, poderá ser suspensa mediante o voto de 2/3 dos membros da casa respectiva nos casos de atos praticados fora do recinto do Congresso Nacional que sejam incompatíveis com a execução da medida. Vejamos:

> Art. 53. (...) § 8º As imunidades de Deputados ou Senadores **subsistirão durante o estado de sítio**, só podendo ser suspensas mediante o voto de dois terços dos membros da Casa respectiva, nos casos de atos praticados fora do recinto do Congresso Nacional, que sejam incompatíveis com a execução da medida. (Incluído pela Emenda Constitucional n. 35, de 2001) (grifo nosso)

---

[5] STF, Pet ns. 8.242, 8.259, 8.262, 8.263, 8.267 e 8.366 AgR/DF, 2ª Turma, Rel. Min. Celso de Mello, Red. do acórdão Min. Gilmar Mendes, j. 03.05.2022 (Info 1.053).
[6] STF, Inq n. 3.677/RJ, Plenário, Rel. Min. Cármen Lúcia, j. 27.03.2014.

A imunidade prevista no art. 53 da CF/1988 aplica-se tanto para **deputados federais e senadores** como para **deputados estaduais e distritais**. Vejamos o que dizem os arts. 27, § 1º, e 32, § 3º, da CF/1988:

> Art. 27. (...) § 1º Será de quatro anos o mandato dos Deputados Estaduais, **aplicando-se-lhes as regras desta Constituição** sobre sistema eleitoral, inviolabilidade, **imunidades,** remuneração, perda de mandato, licença, impedimentos e incorporação às Forças Armadas. (grifo nosso)
>
> Art. 32. (...) § 3º Aos Deputados Distritais e à Câmara Legislativa aplica-se o disposto no art. 27.

Segundo o Supremo Tribunal Federal, a Constituição Federal de 1988 veda a prisão de membros do Congresso Nacional, salvo em flagrante de crime inafiançável (art. 53, § 2º). Também estabelece o poder da Casa respectiva de sustar o andamento de eventual ação penal (art. 53, § 3º). Tais regras de inviolabilidade aplicam-se aos deputados estaduais (art. 27, § 1º) e distritais (art. 32, § 3º)[7].

Vale observar que os vereadores possuem imunidade material, mas de maneira limitada. A Constituição Federal afirma que há inviolabilidade dos vereadores por suas opiniões, palavras e votos no exercício do mandato e na circunscrição do Município (art. 29, VIII, da CF/1988).

A imunidade material do vereador restringe-se, portanto, aos **limites da circunscrição do município e deve ter pertinência com o exercício do mandato**. Vejamos[8]:

> Constitucional. Recurso extraordinário. Inviolabilidade civil das opiniões, palavras e votos de vereadores. Proteção adicional à liberdade de expressão. Afastamento da repreenda judicial por ofensas manifestadas no exercício do mandato e na circunscrição do município. Provimento do recurso. 1. Vereador que, em sessão da Câmara, teria se manifestado de forma a ofender ex-vereador, afirmando que este "apoiou a corrupção (...), a ladroeira, (...) a sem-vergonhice", sendo pessoa sem dignidade e sem moral. 2. Observância, no caso, dos limites previstos no **art. 29, VIII, da Constituição: manifestação proferida no exercício do mandato e na circunscrição do Município.** 3. A interpretação da locução "no exercício do mandato" deve prestigiar as diferentes vertentes da atuação parlamentar, dentre as quais se destaca a fiscalização dos outros Poderes e o debate político. 4. Embora indesejáveis, as ofensas pessoais proferidas no âmbito da discussão política, respeitados os limites trazidos pela própria Constituição, não são passíveis de repreenda judicial. Imunidade que se caracteriza como proteção adicional à liberdade de expressão, visando a assegurar a fluência do debate público e, em última análise, a própria democracia. 5. A ausência de controle judicial não imuniza completamente as manifestações dos parlamentares, que podem ser repreendidas pelo Legislativo. 6. Provimento do recurso, com fixação, em repercussão geral, da seguinte tese: **nos limites da circunscrição do Município e havendo pertinência**

---

[7] ADIn n. 5.526/DF.
[8] STF, RE n. 600.063, Plenário, Rel. p/ acórdão Min. Roberto Barroso, j. 25.02.2015.

com o exercício do mandato, os vereadores são imunes judicialmente por suas palavras, opiniões e votos. (grifos nossos)

Assim, nos limites da circunscrição do Município e havendo pertinência com o exercício do mandato, os vereadores são imunes judicialmente por suas palavras, opiniões e votos, ou seja, possuem imunidade material.

3.2 Imunidade parlamentar relativa ou formal ou processual adjetiva ou imunidade propriamente dita

A imunidade parlamentar relativa irá produzir efeitos em relação à **prisão e ao processo** (*freedom of arrest*) instaurado contra o parlamentar. **Quanto à prisão**, também conhecida pelo Supremo Tribunal Federal como *incoercibilidade pessoal dos congressistas*, está prevista no art. 53, § 2º, da Constituição Federal:

> Art. 53. (...) § 2º **Desde a expedição do diploma**, os membros do Congresso Nacional **não poderão ser presos, salvo em flagrante de crime inafiançável**. Nesse caso, os autos serão remetidos dentro de vinte e quatro horas à Casa respectiva, para que, pelo voto da maioria de seus membros, resolva sobre a prisão. (grifos nossos)

A única possibilidade de prisão dos membros do Congresso Nacional após a expedição do diploma será em caso de flagrante de crime inafiançável.

Não confunda a imunidade para não ser preso durante o curso processual com a possibilidade de prisão decorrente da sentença transitada em julgado, pois esta última é autorizada. Em outras palavras, a imunidade formal somente diz respeito à prisão cautelar ou provisória do parlamentar.

São cabíveis medidas cautelares diversas da prisão contra parlamentar. O Poder Judiciário dispõe de competência para impor aos parlamentares, por autoridade própria, as medidas cautelares a que se refere o art. 319 do Código de Processo Penal, seja em substituição de prisão em flagrante delito por crime inafiançável, por constituírem medidas individuais e específicas menos gravosas; seja autonomamente, em circunstâncias de excepcional gravidade[9].

> **ATENÇÃO!** Caso a imposição de medidas cautelares impossibilite, direta ou indiretamente, o pleno e regular exercício do mandato parlamentar e de suas funções legislativas, serão remetidos dentro de vinte e quatro horas a Casa respectiva, nos termos do § 2º do art. 53 da Constituição Federal, para que, pelo voto nominal e aberto da maioria de seus membros, resolva sobre a prisão ou a medida cautelar.

Nesse sentido, a jurisprudência da Suprema Corte Brasileira:

> Constitucional e processo penal. Inaplicabilidade de prisão preventiva prevista no artigo 312 do CPP aos parlamentares federais que, desde a expedição do diploma,

---

[9] STF, ADIn n. 5.526/DF.

somente poderão ser presos em flagrante delito por crime inafiançável. Competência plena do Poder Judiciário para imposição das medidas cautelares previstas no artigo 319 do CPP aos parlamentares, tanto em substituição à prisão em flagrante delito por crime inafiançável, quanto em graves e excepcionais circunstâncias. Incidência do § 2º, do artigo 53 da Constituição Federal sempre que as medidas aplicadas impossibilitem, direta ou indiretamente, o pleno e regular exercício do mandato parlamentar. Ação parcialmente procedente. 1. Na independência harmoniosa que rege o princípio da Separação de Poderes, as imunidades do Legislativo, assim como as garantias do Executivo, Judiciário e do Ministério Público, são previsões protetivas dos Poderes e Instituições de Estado contra influências, pressões, coações e ingerências internas e externas e devem ser asseguradas para o equilíbrio de um Governo Republicano democrático.2. Desde a Constituição do Império até a presente Constituição de 5 de outubro de 1988, as imunidades não dizem respeito à figura do parlamentar, mas às funções por ele exercidas, no intuito de preservar o Poder Legislativo de eventuais excessos ou abusos por parte do Executivo ou Judiciário, consagrando-se como garantia de sua independência perante os outros poderes constitucionais e mantendo sua representação popular. Em matéria de garantias e imunidades, necessidade de interpretação separando o CONTINENTE ("Poderes de Estado") e o CONTEÚDO ("eventuais membros que pratiquem ilícitos"), para fortalecimento das Instituições. 3. A imunidade formal prevista constitucionalmente somente permite a prisão de parlamentares em flagrante delito por crime inafiançável, sendo, portanto, incabível aos congressistas, desde a expedição do diploma, a aplicação de qualquer outra espécie de prisão cautelar, inclusive de prisão preventiva prevista no artigo 312 do Código de Processo Penal. 4. O Poder Judiciário dispõe de competência para impor aos parlamentares, por autoridade própria, as medidas cautelares a que se refere o art. 319 do Código de Processo Penal, seja em substituição de prisão em flagrante delito por crime inafiançável, por constituírem medidas individuais e específicas menos gravosas; seja autonomamente, em circunstâncias de excepcional gravidade. 5. Os autos da prisão em flagrante delito por crime inafiançável ou a decisão judicial de imposição de medidas cautelares que impossibilitem, direta ou indiretamente, o pleno e regular exercício do mandato parlamentar e de suas funções legislativas, serão remetidos dentro de vinte e quatro horas a Casa respectiva, nos termos do § 2º do artigo 53 da Constituição Federal, para que, pelo voto nominal e aberto da maioria de seus membros, resolva sobre a prisão ou a medida cautelar. 6. Ação direta de inconstitucionalidade julgada parcialmente procedente.[10]

Quanto ao processo, a imunidade relativa está descrita no art. 53, §§ 3º, 4º e 5º, da CF/1988:

Art. 53. (...)

§ 3º Recebida a denúncia contra o Senador ou Deputado, por crime ocorrido após a diplomação, **o Supremo Tribunal Federal dará ciência à Casa respectiva**, que, por **iniciativa de partido político nela representado** e pelo **voto da maioria de seus membros**, poderá, até a decisão final, **sustar o andamento da ação.**

§ 4º O pedido de sustação será apreciado pela Casa respectiva no prazo improrrogável de quarenta e cinco dias do seu recebimento pela Mesa Diretora.

§ 5º A sustação do processo suspende a prescrição, enquanto durar o mandato.

(grifos nossos)

---

[10] STF. Ação Direta de Inconstitucionalidade 5.526 – DF. Plenário. Publicado: 07.08.2018.

Essa imunidade formal quanto ao processo consiste em determinar que o Supremo Tribunal Federal, após receber a denúncia por crime praticado por parlamentar após a diplomação, dê ciência à Casa Legislativa respectiva que, por iniciativa de partido político nela representado e pela votação da maioria de seus membros, poderá sustar o andamento da ação.

O crime praticado antes da diplomação não é acobertado pela imunidade relativa ao processo, devendo ser recebida a denúncia contra o parlamentar, sendo desnecessária a comunicação à Casa Legislativa e, do mesmo modo, incabível a suspensão da ação por iniciativa do partido político.

4. QUESTÕES DE CONCURSOS

Questão 1

(FMP Concursos – 2014 – TJ-MT – Remoção) A imunidade material:
A) é limitada, no caso dos vereadores.
B) é limitada, no caso dos deputados federais.
C) é limitada, no caso dos deputados estaduais.
D) é limitada, no caso dos senadores.
E) é limitada, no caso dos deputados distritais.

Questão 2

(EJEF – 2008 – TJ-MG – Juiz) As imunidades parlamentares – material e formal – constituem garantia significativa para o exercício do mandato concedido pelo povo aos integrantes do Poder Legislativo.
A) As imunidades podem ser objeto de renúncia.
B) A imunidade parlamentar material obsta a propositura de ação penal ou indenizatória contra o membro do Poder Legislativo pelas opiniões, palavras e votos que proferir e exige relação de pertinência com o exercício da função.
C) A imunidade parlamentar formal somente garante ao integrante do Poder Legislativo a impossibilidade de ser ou de permanecer preso.
D) A imunidade parlamentar material será aplicável somente nos casos em que a manifestação do pensamento ocorrer dentro do recinto legislativo.

Questão 3

(CESPE – 2020 – TJ-PA – Auxiliar Judiciário) A possibilidade de exclusão de cometimento ilícito por parlamentares decorre do instituto denominado:
A) inviolabilidade.
B) irrenunciabilidade.

C) prerrogativa de foro.
D) extinção de punibilidade.
E) imunidade material.

GABARITO: 1. A; 2. B; 3. E.

CAPÍTULO 7

Conflito aparente de normas

Ruth Araújo Viana

1. INTRODUÇÃO

A importância de estudar o conflito aparente de normas dá-se para fins de averiguação no caso em concreto de qual norma deverá ser aplicada. A depender da norma, outras consequências jurídicas surgirão.

2. CONFLITO APARENTE DE NORMAS PENAIS

O conflito aparente de normas é uma ilusão de que mais de uma norma pode ser aplicada ao caso em concreto. Há, portanto, somente uma norma que será efetivamente aplicada. Juarez Cirino dos Santos explica[1]:

> Ao lado da autêntica concorrência material, formal e continuada de fatos puníveis, caracterizada por uma pluralidade real de tipos de injusto, existe uma concorrência aparente de leis penais, caracterizada por uma aparência de pluralidade de tipos de injusto. A solução desse aparente conflito de leis é conduzida pela seguinte ideia fundamental: o conteúdo de injusto de um tipo legal compreende o conteúdo de injusto de outro tipo legal e, assim, o tipo legal primário exclui o tipo legal secundário – que não contribui para o injusto típico, nem para a aplicação da pena. Apesar de grande controvérsia na literatura contemporânea, a opinião dominante coincide na utilização de alguns critérios para realizar a ideia daquele princípio geral e determinar o tipo legal adequável à ação concreta: os critérios da especialidade, da subsidiariedade e, com restrições, da consunção.

Observa-se que o conflito é aparente, pois, na verdade, não existe conflito. Assim, há a aparência de que se possa incidir duas ou mais normas sobre um fato criminoso em concreto, porém, na prática, será aplicada apenas uma delas.

---

[1] SANTOS, Juarez Cirino dos. *Direito Penal*: parte geral. 6. ed. Curitiba: ICPC, 2014. p. 415-416.

Com isso, na hipótese de conflito aparente de normas, o conflito será solucionado através dos **princípios da especialidade, da subsidiariedade e da consunção**.

> **ATENÇÃO!** Há doutrina que inclui também no conflito aparente de normas o critério da alternatividade e da sucessividade[2].

a) Critério da alternatividade: adota dois entendimentos pela doutrina e, portanto, divide-se em critério da alternatividade, que está relacionado aos denominados tipos mistos alternativos, de ação múltipla ou de conteúdo variado, que indica que nesses delitos, mesmo havendo a prática de mais de uma conduta criminosa, haverá apenas um crime, tal como ocorre no art. 33 da Lei de Drogas[3].

O segundo entendimento consiste em informar que o critério da alternatividade indica que deve ser aplicado a determinado fato um tipo penal de forma a excluir automaticamente a aplicação de outros que também o preveem como delito. Por exemplo, no crime de furto, será afastada a incidência de outro tipo penal, como o de roubo.

Eu, Ruth, não concordo com a inclusão do critério da alternatividade como uma solução para o conflito aparente de normas, pois não há conflito entre duas ou mais normas no primeiro entendimento, há uma só norma com mais de um tipo de conduta; já no segundo entendimento aborda-se exatamente o que é solucionado pelos princípios da especialidade, da subsidiariedade e da absorção.

b) Critério da sucessividade: é aplicado quando duas ou mais normas se sucedem no tempo, referindo-se ao mesmo fato. Jamil Chaim[4] entende que esse critério deve ser incluído como critério de conflito aparente de normas, pois, para ele, a sucessividade é um critério válido e necessário para resolver conflitos aparentes de normas. Eu não concordo com essa inclusão da sucessividade como conflito aparente de normas, pois ela nada mais é do que a hipótese de sucessão de leis penais no tempo, já estudada no capítulo de lei penal no tempo e que abordará a aplicação de norma vigente e revogada. A principal diferença é que no conflito aparente de normas ambas as normas são vigentes, já na sucessão de leis penais no tempo, não.

---

[2] DOTTI, René Ariel. *Curso de direito penal*. 8. ed. São Paulo: RT, 2022; NUCCI, Guilherme de Sousa. *Curso de direito penal*. 7. ed. Rio de Janeiro: Forense, 2023. v. 1, 2 e 3.

[3] "Art. 33. Importar, exportar, remeter, preparar, produzir, fabricar, adquirir, vender, expor à venda, oferecer, ter em depósito, transportar, trazer consigo, guardar, prescrever, ministrar, entregar a consumo ou fornecer drogas, ainda que gratuitamente, sem autorização ou em desacordo com determinação legal ou regulamentar: Pena – reclusão de 5 (cinco) a 15 (quinze) anos e pagamento de 500 (quinhentos) a 1.500 (mil e quinhentos) dias-multa."

[4] CHAIM, Jamil. *Manual de direito penal*: parte geral e parte especial. Salvador: JusPodivm, 2020.

3. PRINCÍPIO DA ESPECIALIDADE

O princípio da especialidade (*lex especialis derogat legi generali*) afirma que a norma especial tem preferência sobre a norma geral, ou seja, a norma que apresenta elementos especializados será utilizada em detrimento da norma geral, pois não prevê regras específicas. Segundo Juarez Cirino dos Santos[5]:

> O critério da especialidade resolve o conflito aparente entre tipo especial e tipo geral em favor do tipo especial: o tipo especial contém todos os caracteres do tipo geral e mais alguns caracteres especiais. O tipo especial exclui o tipo geral por uma relação lógica entre continente e conteúdo: o tipo especial contém o tipo geral, mas o tipo geral não contém o tipo especial (*lex specialis derogat legi generali*).

A título de exemplo, o crime de homicídio prevê normas gerais, porém, quando praticado pela mãe contra o próprio filho, sob a influência do estado puerperal, durante o parto ou logo após (art. 123 do CP[6]), há elementos especializantes, e o delito será de infanticídio, que é especial em relação ao crime de homicídio. Vejamos:

CRIME CONTRA A VIDA	
CRIME DE HOMICÍDIO	CRIME DE INFANTICÍDIO
Art. 121. Matar alguém: Pena – reclusão, de seis a vinte anos.	Art. 123. Matar, sob a influência do estado puerperal, o próprio filho, durante o parto ou logo após: Pena – detenção, de dois a seis anos.

Como se observa da tabela anterior, o princípio da especialidade será aplicado mesmo quando a norma especial for mais branda do que a norma geral. Assim, a mãe que mata o seu filho sob a influência do estado puerperal responderá pelo delito descrito no art. 123, com pena de detenção de 2 a 6 anos. Já a mãe que mata seu filho sem a influência do estado puerperal responderá pelo crime descrito no art. 121 do CP. Outrossim, o princípio da especialidade será aplicado mesmo quando a norma especial for mais rigorosa do que a norma geral. O tipo penal específico pode estar previsto dentro do texto do Código Penal ou em lei penal especial.

4. PRINCÍPIO DA SUBSIDIARIEDADE

No princípio da subsidiariedade (*lex primaria derogat legi subsidiariae*) há uma norma primária e uma norma subsidiária, de modo que somente será aplicada a norma subsidiária quando não for possível aplicar a norma primária. Segundo Juarez Cirino dos Santos[7]:

---

[5] SANTOS, Juarez Cirino dos. *Direito penal*: parte geral. 6. ed. Curitiba: ICPC, 2014. p. 416.
[6] "Infanticídio Art. 123. Matar, sob a influência do estado puerperal, o próprio filho, durante o parto ou logo após: Pena – detenção, de dois a seis anos."
[7] SANTOS, Juarez Cirino dos. *Direito penal*: parte geral. 6. ed. Curitiba: ICPC, 2014. p. 417.

O critério da subsidiariedade resolve o conflito aparente entre tipo subsidiário e tipo principal em favor do tipo principal: a aplicação do tipo subsidiário depende da não aplicação do tipo principal. O tipo principal exclui o tipo subsidiário por uma relação de interferência lógica ou de entrecruzamento estrutural porque diferentes normas penais protegem iguais bens jurídicos em diferentes estágios de agressão (*lex primaria derogat legi subsidiariae*).

Essa subsidiariedade pode ser **explícita ou expressa** quando prevista em lei. A título de exemplo, o art. 147-B (crime de violência psicológica contra a mulher), que afirma que o crime será apenado com reclusão de 6 meses a 2 anos e multa, salvo se a conduta não constituir crime mais grave.

A subsidiariedade também pode ser **implícita ou tácita** quando o fato previsto na norma subsidiária está previsto na norma primária, que é mais grave, tal como ocorre no crime de ameaça, que é subsidiário ao crime de constrangimento ilegal (norma primária), que consiste em constranger alguém mediante violência ou grave ameaça a não fazer o que a lei permite ou a fazer o que ela não manda (art. 146 do CP)[8].

CRIME CONTRA A LIBERDADE PESSOAL	
CRIME DE CONSTRANGIMENTO ILEGAL	CRIME DE AMEAÇA
Art. 146. Constranger alguém, mediante violência ou grave ameaça, ou depois de lhe haver reduzido, por qualquer outro meio, a capacidade de resistência, a não fazer o que a lei permite, ou a fazer o que ela não manda: Pena – detenção, de três meses a um ano, ou multa.	Art. 147. Ameaçar alguém, por palavra, escrito ou gesto, ou qualquer outro meio simbólico, de causar-lhe mal injusto e grave: Pena – detenção, de um a seis meses, ou multa.

Observe que na subsidiariedade, ao contrário do que ocorre no princípio da especialidade, o tipo subsidiário somente pode ser mais brando que o principal.

5. PRINCÍPIO DA CONSUNÇÃO OU ABSORÇÃO

Pelo princípio da consunção ou da absorção (*lex consumens derogat legi consumptae*), haverá a absorção do delito pelo crime mais abrangente quando

---

[8] Juarez Cirino dos Santos (*Direito penal*: parte geral. 6. ed. Curitiba: ICPC, 2014. p. 417) classifica, ainda, a subsidiariedade como formal ou material. Para o autor, "a subsidiariedade formal é expressa no texto da lei: 'se o fato não constitui elemento de crime mais grave' etc. (entre outros, artigos 238, 239, 337, CP); b) a subsidiariedade material é extraída da relação de sentido entre tipos legais, existindo sob duas formas: b1) tipos preparatórios para tipos de lesão: o tipo legal de 'petrechos para fabricação de moeda' (art. 29 1, CP) em relação ao tipo legal de 'moeda falsa' (art. 289 CP); b2) tipos de passagem de tipos legais de menor perigo/lesão para tipos legais de maior perigo/lesão do mesmo bem jurídico: a subsidiariedade material dos tipos de perigo concreto em relação aos tipos de lesão: a tentativa em face da consumação; a lesão corporal em face do homicídio".

aquele consiste em uma fase para a realização do crime abrangente ou constituiu seu exaurimento. Segundo Juarez Cirino dos Santos[9]:

> O critério da consunção resolve o conflito aparente entre tipo consumidor e tipo consumido: o conteúdo de injusto do tipo principal consome o conteúdo de injusto do tipo secundário porque o tipo consumido constitui meio regular (não necessário) de realização do tipo consumidor ou o tipo consumido não está em relação de necessidade lógica (como na especialidade ou na subsidiariedade), mas em relação de regularidade fenomenológica com o tipo consumidor (*lex consumens derogat legi consumptae*).

É o que ocorre no crime de falsidade, que será absorvido, como regra, pelo crime de estelionato:

> **Súmula n. 17 do STJ:** Quando o falso se exaure no estelionato, sem mais potencialidade lesiva, é por este absorvido.

Sobre a possibilidade de aplicação do princípio da consunção em caso envolvendo crimes ambientais, o STJ entende ser possível que o delito de causar dano em unidade de conservação (art. 40 da Lei n. 9.605/1998) possa ser absorvido pelo delito de construir em solo que, por seu valor ecológico, não é edificável (art. 64 da Lei n. 9.605/1998), pois o delito menor se encontra na cadeia causal do delito continente, como uma etapa do *iter criminis* – seja na preparação, consumação ou exaurimento do crime maior[10].

Porém, o Superior Tribunal de Justiça entende que o princípio da consunção **não pode ser aplicado quando os crimes forem praticados em momentos diversos e em contextos distintos.** Vejamos[11]:

> Penal. *Habeas corpus*. Uso de documento falso. Estelionato tentado. Pretensão de aplicação do princípio da consunção e da Súmula 17/STJ. Inviabilidade. Potencialidade lesiva do falso que não se exaure na fraude perpetrada. Ordem denegada. 1. Segundo dispõe o enunciado 17 da Súmula desta Corte, "quando o falso se exaure no estelionato, sem mais potencialidade lesiva, é por este absorvido". 2. Portanto, *a contrario sensu*, não haverá consunção entre crimes se o potencial lesivo da falsidade não se exaurir com implementação da conduta-fim, a fraude. 3. Na hipótese, o falso tinha fins outros que não apenas a fraude cuja consecução foi tentada com a apresentação de documentos contrafeitos. Sua potencialidade lesiva, portanto, não se exauriria não fosse a pronta interrupção da jornada delitiva, o que torna impossível a aplicação do princípio da consunção ou do enunciado sumular citado. 4. Ordem denegada, em conformidade com o parecer ministerial.

Por fim, segundo o STF, há **impossibilidade de um crime tipificado no Código Penal ser absorvido por uma infração tipificada na Lei de Contravenções Penais**[12]:

---

[9] SANTOS, Juarez Cirino dos. *Direito penal*: parte geral. 6. ed. Curitiba: ICPC, 2014. p. 418.
[10] REsp n. 1.925.717/SC, 5ª Turma, Rel. Min. Ribeiro Dantas, por unanimidade, j. 25.05.2021, *DJe* 28.05.2021.
[11] STJ, HC n. 221.660/DF 2011/0245493-8, Rel. Min. Marco Aurélio Bellizze, Data de publicação: 01.03.2012.
[12] HC n. 121.652/SC, Rel. Min. Dias Toffoli, j. 22.04.2014.

Habeas corpus. Penal. Princípio da consunção. Alegação de que o crime de falso (art. 304 do CP) constitui meio de execução para a consumação da infração de exercício ilegal da profissão (art. 47 do DL n. 3.688/41). Não ocorrência. Impossibilidade de um tipo penal previsto no Código Penal ser absolvido por uma infração tipificada na Lei de Contravenções Penais. Ordem denegada. 1. O princípio da consunção é aplicável quando um delito de alcance menos abrangente praticado pelo agente for meio necessário ou fase preparatória ou executória para a prática de um delito de alcance mais abrangente. 2. Com base nesse conceito, em regra geral, a consunção acaba por determinar que a conduta mais grave praticada pelo agente (crime-fim) absorve a conduta menos grave (crime-meio). 3. Na espécie, a aplicabilidade do princípio da consunção na forma pleiteada encontra óbice tanto no fato de o crime de uso de documento falso (art. 304 do CP) praticado pelo paciente não ter sido meio necessário nem fase para consecução da infração de exercício ilegal da profissão (art. 47 do DL n. 3.688/41) **quanto na impossibilidade de um crime tipificado no Código Penal ser absorvido por uma infração tipificada na Lei de Contravenções Penais**. 4. *Habeas corpus* denegado.

6. QUESTÕES DE CONCURSOS

Questão 1

(Instituto Consulplan – 2021 – TJ-MS – Titular de Serviços de Notas e de Registros – Provimento) São princípios aplicáveis na solução do conflito aparente de normas penais, EXCETO:

A) Exação.

B) Consunção.

C) Especialidade.

D) Subsidiariedade.

Questão 2

(FAPEC – 2021 – PC-MS – Delegado de Polícia) Para evitar a dupla punição por fato único, a doutrina e a jurisprudência admitem determinados princípios que foram elencados para resolver conflito de normas penais aparentemente aplicáveis à mesma hipótese. Com relação a esses princípios, assinale a alternativa correta.

A) São princípios do conflito aparente de normas: especialidade, subsidiariedade, consunção e alteridade.

B) São requisitos do conflito aparente de normas: pluralidade de condutas, relevância causal das condutas, liame subjetivo e identidade de crime, como regra para todos os envolvidos.

C) O conflito aparente de normas é também conhecido pela doutrina como conflito de leis penais no tempo.

D) O princípio da consunção pode ser aplicado exemplificativamente para hipóteses de crime progressivo, progressão criminosa, antefato impunível e pós-fato impunível.

E) Para ser reconhecido o princípio da consunção, é indispensável que o crime-fim tenha uma pena maior ou mais severa do que aquela prevista para o crime-meio, conforme decidido pelo Superior Tribunal de Justiça.

Questão 3

(FGV – 2022 – TJ-DFT – Analista Judiciário – Área Judiciária) Dentro dos critérios de solução do conflito aparente de normas, é correto afirmar que o princípio da:

A) subsidiariedade é presidido por mera análise lógica respeitante aos elementos constitutivos dos tipos penais decorrentes;

B) subsidiariedade estabelece que a incidência da norma principal, que tem uma sanção mais grave, afasta a incidência da norma subsidiária;

C) subsidiariedade é presidido por mera análise lógica referente a em que medida haveria uma relação de gênero e espécie essencialmente formal;

D) especialidade tem uma estrutura lógica de interferência, exigindo um juízo de valor do fato em relação às normas;

E) especialidade tem uma estrutura lógica de interferência, não de subordinação, exigindo uma verificação em concreto.

Questão 4

(FGV – 2018 – TJ-AL – Técnico Judiciário – Área Judiciária) Arlindo desferiu diversos golpes de faca no peito de Tom, sendo que, desde o início dos atos executórios, tinha a intenção de, com seus golpes, causar a morte do seu desafeto. No início, os primeiros golpes de faca causaram lesões leves em Tom. Na quarta facada, porém, as lesões se tornaram graves, e os últimos golpes de faca foram suficientes para alcançar o resultado morte pretendido.

Arlindo, para conseguir o resultado mais grave, praticou vários atos com crescentes violações ao bem jurídico, mas responderá apenas por um crime de homicídio por força do princípio da:

A) subsidiariedade, por se tratar de progressão criminosa;

B) alternatividade, por se tratar de crime progressivo;

C) consunção, por se tratar de progressão criminosa;

D) especialidade, por se tratar de progressão criminosa;

E) consunção, por se tratar de crime progressivo.

Questão 5

(Instituto AOCP – 2019 – PC-ES – Escrivão de Polícia) O crime de porte de arma de fogo é absorvido pelo crime de roubo quando estiver caracterizada a dependência ou subordinação entre as duas condutas. Para essa absorção, ainda, é necessário que os delitos sejam praticados no mesmo contexto fático. O enunciado refere-se ao

A) concurso formal de crimes.
B) crime continuado.
C) concurso material de crimes.
D) crime de mãos próprias.
E) princípio da consunção.

Questão 6

(CESPE – 2019 – TJ-PA – Juiz de Direito Substituto) Para se vingar de uma agressão pretérita, João, maior de idade, com vontade livre e consciente de matar, efetuou disparos de arma de fogo contra Pedro. Tendo se certificado de que apenas um projétil havia atingido Pedro, em local não letal, e de que ele ainda estava vivo, João, então, efetuou mais dois disparos. Esses dois disparos foram letais, e o homicídio se consumou. João possuía o porte e a posse legal da arma utilizada. Considerando essa situação, assinale a opção correta.

A) Trata-se de um crime progressivo, pois João praticou vários atos, tendo passado de um crime menos grave para outro de maior gravidade.
B) Em razão do princípio da consunção, que será aplicado ao caso, João responderá unicamente pelo homicídio.
C) O crime praticado por João é classificado como crime complexo.
D) João praticou duas condutas típicas e autônomas, pois dois bens jurídicos foram violados em um só contexto fático.
E) Em razão do princípio da subsidiariedade, João responderá apenas pelo crime de homicídio.

GABARITO: 1. A; 2. D; 3. B. 4. E; 5. E; 6. A.

CAPÍTULO 8

Eficácia da sentença estrangeira

Ruth Araújo Viana

1. INTRODUÇÃO

É possível que exista uma sentença penal condenatória no estrangeiro e que ela venha a ser homologada no Brasil. Por essa razão, é necessário compreender e estudar os impactos da homologação da sentença estrangeira.

2. HOMOLOGAÇÃO DA SENTENÇA ESTRANGEIRA

A partir de uma sentença condenatória no processo penal, o autor do delito poderá ser responsabilizado civilmente. É possível, inclusive, a fixação de valor mínimo indenizatório na sentença, nos termos do art. 387, IV, do Código Processo Penal:

> Art. 387. O juiz, ao proferir sentença condenatória:
> (...)
> **IV – fixará valor mínimo para reparação dos danos causados pela infração, considerando os prejuízos sofridos pelo ofendido**; (Redação dada pela Lei n. 11.719, de 2008) (grifo nosso)

Ocorre que também é possível que uma sentença criminal seja oriunda de um órgão jurisdicional estrangeiro. Nesse caso, essa sentença criminal estrangeira deverá ser homologada no Brasil e deve ter **transitado em julgado**. Esse e ó teor da Súmula n. 420 do STF:

> **Súmula n. 420:** Não se homologa sentença proferida no estrangeiro sem prova do trânsito em julgado.

A homologação de sentença estrangeira compete ao **Superior Tribunal de Justiça**, nos termos do art. 105, I, *i*, da Constituição Federal de 1988. Vejamos:

Art. 105. Compete ao Superior Tribunal de Justiça:
I – processar e julgar, originariamente:
(...)
i) a homologação de sentenças estrangeiras e a concessão de *exequatur* às cartas rogatórias;

Observa-se que se trata de uma inclusão da Emenda Constitucional n. 45, de 2004. Houve, portanto, deslocamento da competência do Supremo Tribunal Federal para o Superior Tribunal de Justiça após a referida Emenda, de modo que deve ser feita uma releitura do dispositivo descrito no art. 787 do CPP:

Art. 787. As sentenças estrangeiras deverão ser previamente homologadas pelo Supremo Tribunal Federal [sic][1] para que produzam os efeitos do art. 7º do Código Penal.

O Supremo Tribunal Federal manifestou que a Emenda Constitucional n. 45/2004 transferiu, do Supremo Tribunal Federal para o Superior Tribunal de Justiça, a competência para homologar sentenças estrangeiras. Considerando que um dos principais objetivos da Reforma do Judiciário foi promover a celeridade processual, seria um contrassenso imaginar que ela teria transformado esta Corte em uma nova instância nesta matéria, tornando ainda mais longo e complexo o processo[2].

Não há necessidade da homologação da sentença estrangeira pelo STJ para que seja verificada a reincidência. De acordo com o art. 63 do Código Penal, verifica-se a reincidência quando o agente comete novo crime, depois de transitar em julgado a sentença que, no país ou no estrangeiro, o tenha condenado por crime anterior. Assim, há necessidade apenas do trânsito em julgado da sentença, mesmo sendo ela estrangeira. Portanto, **não há necessidade de homologação da sentença estrangeira para caracterização da reincidência**.

Lembre-se de que o STJ **não irá analisar o mérito** da decisão estrangeira para realizar a sua homologação. Haverá apenas uma análise formal acerca dos requisitos enumerados no art. 788 do Código de Processo Penal, que consiste em analisar se a sentença está revestida das formalidades externas necessárias, segundo a legislação do país de origem; haver sido proferida por juiz competente, mediante citação regular, segundo a mesma legislação; ter passado em julgado; estar devidamente autenticada por cônsul brasileiro; estar acompanhada de tradução, feita por tradutor público[3].

A sentença estrangeira é homologada no Brasil para:
- obrigar o condenado à reparação do dano, a restituições e a outros efeitos civis;
- sujeitá-lo a medida de segurança.

---

[1] Leia-se Superior Tribunal de Justiça.
[2] RE 598.770, Rel. Min. Roberto Barroso, j. 12.02.2014, *DJE* 12.06.2014. Disponível em: https://portal.stf.jus.br/jurisprudencia/sumariosumulas.asp?base=30&sumula=4286.
[3] Art. 788 do CPP.

No caso de impor ao condenado a reparação do dano, a restituição e outros efeitos civis, é necessário **pedido da parte interessada**. Já para a imposição da medida de segurança é requisito que haja tratado de extradição com o país de cuja autoridade judiciária emanou a sentença, ou, na falta de tratado, de requisição do Ministro da Justiça.

3. QUESTÕES DE CONCURSOS

Questão 1

(FAPEC – 2021 – PC-MS – Delegado de Polícia) À luz do que dispõe a parte geral do Código Penal Brasileiro (Decreto-lei n. 2.848/1940), assinale a alternativa correta.

A) A sentença estrangeira, quando a aplicação da lei brasileira produz na espécie as mesmas consequências, pode ser homologada no Brasil, para obrigar o condenado à reparação do dano, a restituições e a outros efeitos civis e, ainda, sujeitá-lo à medida de segurança.

B) A sentença estrangeira, quando a aplicação da lei brasileira produz na espécie as mesmas consequências, pode ser homologada no Brasil, para, dentre outras hipóteses, sujeitar o condenado ao cumprimento de penas restritivas de direitos.

C) A pena cumprida no estrangeiro é computada na pena imposta no Brasil pelo mesmo crime, quando diversas, ou é atenuada, quando idênticas.

D) Considera-se praticado o crime no lugar onde se produziu ou deveria produzir-se o resultado. O Código Penal, quanto a essa regra, adotou a teoria do resultado.

E) A lei excepcional ou temporária, embora decorrido o período de sua duração ou cessadas as circunstâncias que a determinaram, aplica-se ao fato praticado durante sua vigência, salvo se vier norma posterior mais benéfica, tendo em vista o princípio da retroatividade da norma penal em benefício do réu.

Questão 2

(Instituto AOCP – 2021 – PC-PA – Delegado de Polícia Civil (adaptada)) Em relação ao Direito Penal, assinale a alternativa como certa ou errada:

No tocante aos efeitos de sentença estrangeira condenatória para a caracterização da reincidência no Brasil, é imprescindível a sua homologação pelo STJ, não bastando apenas a sua existência e eficácia no exterior.

( ) Certo
( ) Errado

GABARITO: 1. A; 2. Errado.

Capítulo 9

Contagem do prazo no direito penal

Ruth Araújo Viana

1. INTRODUÇÃO

Os **prazos penais** estão descritos no art. 10 do Código Penal:

Contagem de prazo
Art. 10. O dia do começo **inclui-se** no cômputo do prazo. Contam-se os dias, os meses e os anos pelo calendário comum. (grifo nosso)

O prazo penal **inclui o dia do começo**, que será aplicado, por exemplo, no caso das penas, do livramento condicional, da prescrição, da decadência, entre outros.

A intenção do prazo penal é favorecer o réu. Imagine que João é preso às 23h de uma sexta-feira, nesse caso, em que pese faltasse uma hora para completar o dia desta sexta-feira, será incluído este dia como o primeiro dia de cumprimento de prisão.

Eles **diferem** do **prazo processual penal**, que está descrito no art. 798, § 1º, do Código Processo Penal, que exclui o dia do começo e inclui o do vencimento, e, quando terminado o prazo em algum domingo ou feriado, é prorrogado até o imediato dia útil. Vejamos a regra do cômputo do prazo processual penal:

Art. 798. Todos os prazos correrão em cartório e **serão contínuos e peremptórios**, não se interrompendo por férias, domingo ou dia feriado.
§ 1º **Não** se computará no prazo o dia do começo, incluindo-se, porém, o do vencimento.

§ 2º A terminação dos prazos será certificada nos autos pelo escrivão; será, porém, considerado findo o prazo, ainda que omitida aquela formalidade, se feita a prova do dia em que começou a correr.

§ 3º O prazo que terminar em domingo ou dia feriado considerar-se-á prorrogado até o dia útil imediato. (grifos nossos)

É necessário ter muita atenção para não confundir o cômputo do prazo penal com o cômputo do prazo processual penal.

Ainda, é importante mencionar que, apesar de os prazos penais serem improrrogáveis, é possível que ele seja suspenso ou interrompido nos termos dos arts. 116 e 117 do Código Penal[1].

2. FRAÇÕES NÃO COMPUTÁVEIS DA PENA

Desprezam-se, nas penas privativas de liberdade e nas restritivas de direitos, as frações de dia, e, na pena de multa, as frações monetárias. Em outras palavras, se, ao final da pena, a operação prevista não for um número inteiro, o julgador deverá desprezar as frações. Vejamos:

Frações não computáveis da pena
Art. 11. **Desprezam-se**, nas penas privativas de liberdade e nas restritivas de direitos, as frações de dia, e, na pena de multa, as **frações** de cruzeiro. (grifos nossos)

3. QUESTÃO DE CONCURSO

Questão 1

(CESPE/CEBRASPE – 2022 – IBAMA – Analista Ambiental – Recuperação Ambiental, Monitoramento e Uso Sustentável da Biodiversidade, Controle e Fiscalização) Determinado indivíduo foi condenado a pena de reclusão, tendo a sentença transitado em julgado no dia 22/1/2021. Nessa mesma data, às 23 horas e 15 minutos, o condenado espontaneamente se apresentou à prisão.

Tendo como referência essa situação hipotética, julgue o próximo item, com base nas disposições penais relativas à contagem do prazo de cumprimento da pena.

---

[1] "Causas impeditivas da prescrição
Art. 116. Antes de passar em julgado a sentença final, a prescrição não corre: I – enquanto não resolvida, em outro processo, questão de que dependa o reconhecimento da existência do crime; II – enquanto o agente cumpre pena no exterior; III – na pendência de embargos de declaração ou de recursos aos Tribunais Superiores, quando inadmissíveis; e IV – enquanto não cumprido ou não rescindido o acordo de não persecução penal. Parágrafo único. Depois de passada em julgado a sentença condenatória, a prescrição não corre durante o tempo em que o condenado está preso por outro motivo.
Causas interruptivas da prescrição
Art. 117. O curso da prescrição interrompe-se: I – pelo recebimento da denúncia ou da queixa; II – pela pronúncia; III – pela decisão confirmatória da pronúncia; IV – pela publicação da sentença ou acórdão condenatórios recorríveis; V – pelo início ou continuação do cumprimento da pena; VI – pela reincidência."

Para efeitos penais, o dia inicial do prazo de cumprimento da pena, caso tivesse recaído em um domingo, não seria incluído no cálculo desse prazo, salvo se fosse comprovadamente favorável ao condenado.

( ) Certo
( ) Errado

GABARITO: 1. Errado.

CAPÍTULO 10

Teoria do crime

Maria Augusta Diniz

1. CONCEITO DE CRIME

Sabemos que o crime é um fato social que atinge bastante a sociedade moderna. Coloquialmente, diz-se que é crime toda ação que pode acarretar a prisão. Quando o leigo pensa em criminoso, já o associa à ideia de cadeia. Todavia, juridicamente, não é bem assim. Como se estudará neste e nos próximos capítulos, nem toda infração penal é crime; nem todo crime é punido com pena privativa de liberdade; um crime também pode ser cometido por meio de uma omissão (não ação).

Para que possamos entender o que é crime e quais são suas consequências, devemos partir de seu conceito jurídico, o qual é fornecido sob três enfoques: material, formal e analítico.

1.1 Critério material ou substancial

O critério material surge como *fator de legitimação* do direito penal, pois busca justificar por que um fato deve ser considerado criminoso ou não. Para isso, leva em consideração o *princípio da fragmentariedade* e, consequentemente, a relevância do mal produzido pelo comportamento praticado.

Dessa forma, sob o prisma material, crime é todo fato humano que lesa ou expõe a perigo bens jurídicos considerados fundamentais para a existência do ser humano e da sociedade. Parte, assim, do *conteúdo* da norma penal.

1.2 Critério legal ou formal

Para o critério legal ou formal, crime é todo comportamento definido na lei penal como tal, independentemente do conteúdo. Desconsidera, portanto, o princípio da lesividade.

Nesses passos, a Lei de Introdução do Código Penal e da Lei de Contravenções Penais (Decreto-lei n. 3.914/1941) estabelece que:

Art. 1º Considera-se crime a infração penal que a lei comina pena de reclusão ou de detenção, quer isoladamente, quer alternativa ou cumulativamente com a pena de multa; contravenção, a infração penal a que a lei comina, isoladamente, pena de prisão simples ou de multa, ou ambas, alternativa ou cumulativamente.

Doutrinariamente, crime e contravenção penal são espécies do gênero infração penal. O que o diferencia é o tipo de pena correspondente: se o artigo penal cominar (impor, determinar), para a conduta proibida, detenção ou reclusão, isolada, alternativa ou cumulativamente com a pena de multa, trata-se de crime; se a sanção destinada for prisão simples ou multa, alternativa ou cumulativamente, estaremos diante de uma contravenção penal.

O *caput* do art. 121 do Código Penal, por exemplo, comina a pena de "reclusão, de seis a vinte anos", para quem "matar alguém". O art. 123 do mesmo Estatuto, por sua vez, impõe a sanção de "detenção, de dois a seis anos", para aquele que "matar, sob a influência do estado puerperal, o próprio filho, durante o parto ou logo após". Estamos, pois, diante de dois crimes.

Já o art. 58 da Lei das Contravenções Penais prevê, para quem "explorar ou realizar a loteria denominada jogo do bicho, ou praticar qualquer ato relativo à sua realização ou exploração", a sanção de "prisão simples, de quatro meses a um ano, e multa". O art. 46 da mesma Lei prevê apenas multa para quem "usar, publicamente, de uniforme ou distintivo de função pública que não exerce" ou "usar, indevidamente, de sinal, distintivo ou denominação cujo emprego seja regulado por lei". Por meio das penas estabelecidas, verificamos que se trata, tais condutas, de contravenções penais.

Observe que o art. 1º da Lei de Introdução ao Código Penal e da Lei de Contravenções Penais não fez qualquer menção ao conteúdo da norma e, portanto, seguiu o critério legal, pois basta a vontade do legislador ao cominar as sanções mencionadas para quem praticar determinado fato.

Uma observação, porém, merece destaque. O art. 28 da Lei n. 11.343/2006 (Lei de Drogas), situado no Capítulo III (que trata "dos crimes e das penas"), proscreveu (proibiu) a conduta de adquirir, guardar, ter em depósito, transportar ou trazer consigo, para consumo pessoal, drogas, sem autorização ou em desacordo com determinação legal ou regulamentar, atribuindo, a quem a pratica, as penas de: a) advertência sobre os efeitos das drogas; b) prestação de serviços à comunidade; c) medida educativa de comparecimento a programa ou curso educativo.

Mencionada lei revogou a Lei n. 6.368/1976, cujo art. 16 atribuía, à mesma conduta, a pena de "detenção, de seis meses a dois anos, e multa".[1]

---

[1] Lei n. 6.368, de 1976. Art. 16. Adquirir, guardar ou trazer consigo, para o uso próprio, substância entorpecente ou que determine dependência física ou psíquica, sem autorização ou em desacordo com determinação legal ou regulamentar:
Pena – Detenção, de 6 (seis) meses a 2 (dois) anos, e pagamento de 20 (vinte) a 50 (cinquenta) dias-multa.

Quando o novel dispositivo entrou em vigor, iniciou-se grande discussão a respeito da natureza jurídica dessa infração, uma vez que ela não se enquadra nos critérios do art. 1º da Lei de Introdução do Código Penal da Lei das Contravenções Penais. O tema foi decidido pelo STF no julgamento da Questão de Ordem no RE n. 430.105/RJ[2].

A Corte Máxima entendeu que a Lei de Introdução em comento foi recebida, pela Constituição Federal de 1988, como legislação ordinária e que ela apenas estabelece um critério que permite distinguir quando se está diante de um crime ou de uma contravenção. Nada impede, entretanto, que lei ordinária superveniente adote outros critérios gerais de distinção ou estabeleça, como fez o art. 28 da Lei de Drogas, penas que não sejam privativas de liberdade ou de multa. Dessa forma, concluiu o STF que houve a despenalização, e não a descriminalização da conduta de porte e posse de drogas para consumo próprio.

Sendo assim, sob o aspecto formal ou legal, temos, atualmente, o conceito geral ou genérico de crime (tratado no art. 1º da Lei de Introdução ao Código Penal) e um conceito específico, relativo à infração prevista no art. 28 da Lei de Drogas.

1.3 Critério analítico, formal ou dogmático

Sob o enfoque dos princípios da reserva legal e da fragmentariedade, os critérios anteriores, por si sós, são insuficientes. Por essa razão, a doutrina entende que o crime também deve ser analisado sob o prisma analítico, formal ou dogmático, que busca estabelecer os seus elementos estruturais.

Para um melhor esclarecimento, imaginemos uma construção civil, cuja estrutura é formada por fundações, pilares, vigas e lajes. Se faltar quaisquer desses elementos, a construção desmorona. O mesmo ocorre com o crime, que tem seus elementos estruturais, formadores. Se um deles não estiver presente, a natureza criminosa da conduta "cai", podendo ela constituir um ilícito proibido por outro ramo do Direito (civil, administrativo, trabalhista) ou um fato indiferente juridicamente falando. O critério analítico busca sistematizar esses elementos, que deverão sempre ser analisados seguidamente (na ordem citada).

Dentro desse critério, localizamos três correntes, quais sejam: bipartida, tripartida e quadripartida.

a) Corrente bipartida: o crime é composto por dois elementos: tipicidade e ilicitude (ou antijuridicidade), sendo a culpabilidade o pressuposto para a imposição da pena.

b) Corrente tripartida: o crime é composto por três elementos estruturantes: tipicidade, ilicitude (ou antijuridicidade) e culpabilidade.

---

[2] RE n. 430.105 QO, 1ª Turma, Rel. Sepúlveda Pertence, j. 13.02.2007, DJe-004, Divulg. 26.04.2007, Public. 27.04.2007, DJ 27.04.2007, p. 69, *Ement.* vol-02273-04, p. 729, *RB* v. 19, n. 523, 2007, p. 17-21, *RT* v. 96, n. 863, 2007, p. 516-523.

c) Corrente quadripartida: o crime é formado por: tipicidade, ilicitude (ou antijuridicidade), culpabilidade e punibilidade.

Todos esses elementos serão explicados no decorrer dos próximos capítulos, mas, desde já, são oportunos alguns esclarecimentos.

Para a teoria clássica do delito, idealizada por Franz von Liszt, Ernest von Beling e Radbruch,[3] o crime seria formado por três elementos: tipicidade, ilicitude (ou antijuridicidade) e culpabilidade. A tipicidade, por sua vez, seria integrada por quatro elementos: conduta, resultado naturalístico, relação de causalidade e tipicidade. A ilicitude seria a mera contrariedade da conduta com o ordenamento jurídico e a culpabilidade teria, por pressuposto, a imputabilidade e, como elementos, o dolo ou culpa e a exigibilidade de conduta diversa.

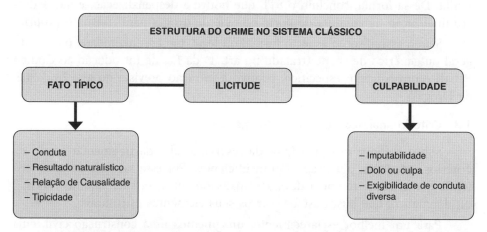

Com o finalismo preconizado por Welzel, o dolo e a culpa (elementos subjetivos do crime) saíram da culpabilidade e foram alocados na tipicidade, como se observa no esquema a seguir:

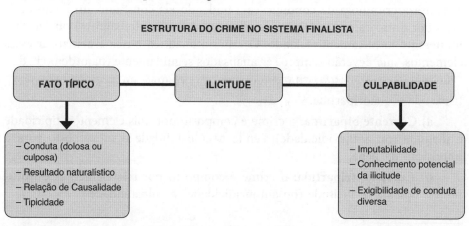

---

[3] MASSON, Cleber. *Direito Penal*: Parte Geral (arts. 1º a 120). 8. ed. Rio de Janeiro: Forense/Método, 2021. p. 196. v. 1.

A alocação, pela teoria finalista, do elemento subjetivo (dolo ou culpa) no fato típico propicia a adoção tanto do sistema bipartido quanto do tripartido. A mesma conclusão não se aplica caso adotada a teoria clássica de crime, pela seguinte razão: a adoção do sistema bipartido propiciaria a responsabilidade objetiva. Afinal, um fato seria considerado crime se fosse típico e antijurídico, independentemente de o agente ter atuado com dolo ou culpa (os quais estariam situados na culpabilidade). Ou seja, o sujeito, mesmo sem agir com dolo ou culpa, teria cometido um crime, não recebendo pena apenas em razão da exclusão da culpabilidade.

Portanto, todo penalista clássico deve adotar a concepção tripartida de crime, sob pena de admissão da responsabilidade objetiva, o que é inadmissível. Os finalistas, por sua vez, poderão se afiliar à posição bipartida, pois, com a transferência do dolo ou culpa para o tipo penal, restaram apenas elementos valorativos na culpabilidade, que passa a ser integrada por: imputabilidade, potencial consciência da ilicitude e exigibilidade de conduta diversa.

Neste tópico, as autoras deste livro têm entendimentos diferentes. Enquanto a professora Ruth Araújo Viana acolhe a posição tripartida, que é majoritária, eu, Augusta, entendo que a corrente bipartida é a mais adequada, pelas razões a seguir.

A tipicidade e a ilicitude dizem respeito unicamente ao fato, não se perquirindo, nesse momento, acerca das condições do agente. Constatado um fato típico e ilícito, passa-se à análise de quem o praticou. Caso seja uma pessoa imputável, que tinha condições de saber que seu comportamento era ilícito e que, mesmo lhe sendo exigível conduta diversa, decidiu-se por agir, ser-lhe-á aplicada uma sanção penal.

Somente a culpabilidade diz respeito ao sujeito, que deve ser punido penalmente por ter praticado um fato típico e ilícito, caso ele seja imputável, tenha agido com potencial consciência da ilicitude e lhe seja exigível conduta diversa. Separa-se, portanto, o crime (fato típico e ilícito) de seu autor (que pode ser culpável ou não).

O próprio Código Penal utiliza a expressão "não há crime" nos arts. 1º e 23, que se referem, respectivamente, à tipicidade e à antijuridicidade. Ao revés, ao tratar da exclusão da culpabilidade por inimputabilidade por doença mental ou desenvolvimento mental incompleto ou retardado, utiliza a expressão "é isento de pena" (art. 26). Nesse último caso, o sujeito receberá uma medida de segurança se, ao tempo da ação ou da omissão, era inteiramente incapaz de entender o caráter ilícito do fato ou de determinar-se de acordo com esse entendimento.

Quando um sujeito inimputável (nas condições supracitadas) comete um fato típico e ilícito (crime), será isento de pena, mas receberá uma medida de segurança. Seria inadmissível aplicar-se uma medida dessas a quem não cometeu uma infração penal. Portanto, a meu ver, é possível que haja crime (característica do fato) sem culpabilidade (atributo do sujeito).

Haveria, ainda, mais um argumento para que se adote a concepção bipartida: caso se eleja a posição tripartida, teremos que considerar atípica a conduta de quem adquire, de menor de idade, bem que sabe ser produto de crime.

Por exemplo: o adolescente "A", sozinho, cometeu um roubo, subtraindo uma bicicleta mediante violência. Em seguida, "A" vendeu o bem para "B", maior de idade, contando-lhe a origem da coisa. Como "A" não teria cometido um crime (mas sim um ato infracional), "B" não teria praticado receptação, restando impune.

Por fim, tem-se o § 4º do art. 180 do Código Penal, o qual estabelece que a receptação é punível ainda que desconhecido ou *isento de pena o autor do crime* de que proveio a coisa. Isso significaria que o autor de um crime pode ser isento de pena (justamente em razão da ausência da culpabilidade).

Destaque-se, porém, que a doutrina majoritária defende a posição tripartida, a qual deve ser adotada em concursos públicos.

2. CRIME E CONTRAVENÇÃO PENAL

Conforme já mencionado, a Lei de Introdução do Código Penal e da Lei de Contravenções Penais (Decreto-lei n. 3.914/1941) estabelece que se considera crime a infração penal que a lei comina pena de reclusão ou de detenção, quer isoladamente, quer alternativa ou cumulativamente com a pena de multa, e contravenção, a infração penal a que a lei comina, isoladamente, pena de prisão simples ou de multa, ou ambas, alternativa ou cumulativamente.

Esse critério foi quebrado quando da edição do art. 28 da Lei de Drogas (como explicado anteriormente), que prevê, como crime, a conduta de adquirir, guardar, ter em depósito, transportar ou trazer consigo, para consumo pessoal, drogas sem autorização ou em desacordo com determinação legal e regulamentar, sujeitando o agente às penas de advertência sobre os efeitos das drogas, prestação de serviços à comunidade e de medida educativa de comparecimento a programa ou curso educativo.

Temos, pois, os crimes (também chamados de delitos) e as contravenções penais como espécies do gênero infração penal. Isso porque o Direito Penal brasileiro adota o **sistema dicotômico ou bipartido**, considerando, como sinônimos, crime e delito. Há países, no entanto, a exemplo da França e da Espanha, que estabelecem distinções entre as figuras do crime, do delito e da contravenção penal, e que, portanto, adotam o **sistema tripartido**.

Não há, entre eles, diferenças ontológicas, substanciais, mas apenas distinções referentes às consequências penais. A critério do legislador e por razões de política criminal, o que hoje é tipificado como crime, amanhã poderá o ser como contravenção penal e vice-versa. Foi o que aconteceu com a contravenção penal de porte de arma prevista no art. 19 do Decreto-lei n. 3.688/1941, que passou a ser crime com a vigência da Lei n. 9.437/1997 (art. 10), natureza mantida pela Lei n. 10.826/2003.

São tipificadas como contravenções penais agressões menos graves a bens não tão valiosos quanto aqueles protegidos pelos dispositivos relativos aos crimes (ou delitos). Por isso, elas também são conhecidas como "crime-anão", o que é criticado por parcela da doutrina, uma vez que, como dito, não há diferença ontológica entre os institutos, não se podendo dizer que a contravenção penal é um "crime pequeno".

Além das penas cominadas (previstas), há outras distinções entre os institutos, a seguir expostas:

	CRIME	CONTRAVENÇÃO PENAL
Pena (critério formal genérico)	Reclusão ou detenção, isolada, alternativa ou cumulativamente com a pena de multa[4].	Prisão simples e/ou multa, isolada, alternativa ou cumulativamente.
Elemento subjetivo	Dolo ou culpa.	Para a existência da contravenção, basta a ação ou omissão voluntária. Deve-se, todavia, ter em conta o dolo ou a culpa, se a lei faz depender, de um ou de outra, qualquer efeito jurídico (art. 3º da LCP).
Limite de cumprimento da pena privativa de liberdade	40 anos.	5 anos.
Extraterritorialidade (aplicação da lei penal brasileira)	Em regra, aplica-se a lei penal brasileira aos crimes cometidos no território nacional (art. 5º do CP) e a crimes praticados no estrangeiro, quando presentes os pressupostos do art. 7º do CP.	A lei brasileira só é aplicável à contravenção praticada no território nacional (art. 2º da LCP).
Punição da tentativa	A tentativa de crimes é punível (art. 14, II, do CP).	Não se pune a tentativa de contravenção (art. 4º da LCP).

---

[4] No caso de posse de drogas para consumo pessoal, as penas são: advertência sobre os efeitos das drogas, prestação de serviços à comunidade e medida educativa de comparecimento a programa ou curso educativo.

	CRIME	CONTRAVENÇÃO PENAL
Espécies de ação penal	Ação penal pública (condicionada e incondicionada) e ação penal privada (art. 100 do CP).	Ação penal pública incondicionada (art. 17 da LCP).
Competência para processo e julgamento	Justiça Federal e Justiça Estadual.	Justiça Estadual (Súmula n. 38 do STJ[5]).
Ignorância ou errada compreensão da lei	O desconhecimento da lei é inescusável, mas, em determinadas situações, admite-se a exclusão da culpabilidade por erro de proibição (art. 21 do CP) ou a atenuação da pena (art. 65, II, do CP).	No caso de ignorância ou de errada compreensão da lei, quando escusáveis, a pena pode deixar de ser aplicada (art. 8º da LCP).
Período de prova do *sursis*	De dois a quatro anos e, de forma excepcional, de quatro a seis anos (art. 77, *caput* e § 2º, do CP).	De um a três anos (art. 11 da LCP).
Prazo mínimo da medida de segurança	Um a três anos (art. 97, § 1º, do CP).	Seis meses (art. 16 da LCP).
Possibilidade de confisco	São efeitos da condenação: a perda dos instrumentos do *crime*, desde que consistam em coisas cujo fabrico, alienação, uso, porte ou detenção constitua fato ilícito e do produto do *crime* ou de qualquer bem ou valor que constitua proveito auferido pelo agente com a prática do *fato criminoso* (art. 91, II, *a* e *b*, do CP).	Não há previsão legal para o confisco de instrumentos da contravenção.

3. SUJEITOS DO CRIME

Sujeitos do crime são as pessoas envolvidas na prática criminosa, seja como infratores, seja como vítimas.

---

[5] Súmula n. 38 do STJ: "Compete à Justiça Estadual Comum, na vigência da Constituição de 1988, o processo por contravenção penal, ainda que praticada em detrimento de bens, serviços ou interesse da União ou de suas entidades".

3.1 Sujeito ativo

Sujeito ativo é a pessoa que pratica a infração penal (seja na condição de autor ou de partícipe). Pode ser sujeito ativo qualquer pessoa maior de dezoito anos e que seja capaz de discernimento e autodeterminação (vale dizer, que seja imputável, como será estudado no capítulo referente à culpabilidade).

O sujeito ativo, a depender do momento processual, pode ser chamado de investigado (durante o inquérito policial), indiciado (após o indiciamento no inquérito policial), acusado (após o oferecimento da denúncia ou queixa), réu (após o recebimento da denúncia ou queixa), querelado (após o recebimento da queixa), sentenciado (após a prolação da sentença), condenado (após a condenação), reeducando ou socializando (durante o cumprimento da pena) e egresso (após a extinção da pena).

Quando a lei exigir uma qualidade ou condição especial do sujeito ativo, estamos diante do **sujeito ativo próprio**. É o caso do crime de infanticídio, previsto no art. 123 do Código Penal, que proíbe a conduta de matar o próprio filho, sob a influência do estado puerperal, durante o parto ou logo após. Perceba que somente a mãe (parturiente), que age sob a influência do estado puerperal, pode ser sujeito ativo desse delito. Estamos, pois, diante de um sujeito ativo próprio.

Não há dúvidas de que a pessoa física viva pode ser sujeito ativo de crimes. Todavia, o tema é controverso em relação às pessoas jurídicas, pois a Constituição Federal, em seu art. 225, § 3º, estabeleceu que "as condutas e atividades consideradas lesivas ao meio ambiente sujeitarão os infratores, pessoas físicas ou **jurídicas**, a **sanções penais** e administrativas, independentemente da obrigação de reparar os danos causados".

Regulamentando o mencionado dispositivo, a Lei n. 9.605/1998, que trata dos crimes ambientais, foi incisiva ao estabelecer, no art. 3º, *caput*, que "as pessoas jurídicas serão responsabilizadas administrativa, civil e **penalmente** conforme o disposto nesta Lei, nos casos em que a infração seja cometida por decisão de seu representante legal ou contratual, ou de seu órgão colegiado, no interesse ou benefício da sua entidade".

Com a entrada em vigor dessa lei, iniciou-se forte discussão doutrinária (que perdura até hoje) a respeito da possibilidade de a pessoa jurídica praticar crimes.

De um lado, há quem defenda que a pessoa jurídica, por ser uma ficção jurídica desprovida de consciência e vontade próprias, jamais poderia ser responsabilizada criminalmente. A teoria do delito seria incompatível com a apuração dessa responsabilidade. Ressaltam seus defensores que a redação do § 3º do art. 225 da Constituição Federal, na verdade, traz as responsabilidades de forma respectiva e, assim, a sanção penal dirigir-se-ia à pessoa física, enquanto a administrativa, às jurídicas.

De outro lado, existem aqueles que afirmam que a pessoa jurídica é um ente autônomo, com consciência e vontade próprias, razão pela qual poderá ser sujeito ativo de crimes. Essa corrente acrescenta que a pena criminal, por ter efeito estigmatizante, é bem mais eficaz na proteção do meio ambiente, ordem econômica e financeira e economia popular (bens difusos expressamente mencionados pela Carta Magna nos arts. 173, § 5º, e 225, § 3º). Uma condenação criminal dificulta os negócios da pessoa jurídica e, sabedores disso, seus dirigentes seriam mais cautelosos no que tange à obediência das normas ambientais, por exemplo.

O STF e o STJ pacificaram sua jurisprudência no sentido de que a pessoa jurídica pode ser sujeito passivo de crimes e, abandonando o entendimento anteriormente adotado, passaram a decidir que, "em crimes societários, não é indispensável a aplicação da teoria da dupla imputação ou imputação simultânea, podendo subsistir a ação proposta contra a pessoa jurídica, mesmo se afastando a pessoa física do polo passivo da ação"[6].

O tema é mais controverso no que tange à possibilidade de pessoa jurídica de direito público responder pela prática de crime ambiental. Os argumentos a favor são no sentido de que a Constituição Federal e a Lei n. 9.605/1998 não estabeleceram qualquer restrição e que, por isso, as pessoas jurídicas de direito público também podem violar o meio ambiente, conduta que merece a punição penal cabível. Todavia, ainda para essa corrente, nem todas as penalidades elencadas na Lei n. 9.605/1998 são aplicáveis à pessoa jurídica de direito público, como a de suspensão de atividades, a de interdição de estabelecimento e a de proibição de contratar com o Poder Público.

Os que advogam contra essa responsabilidade alegam que não é adequado que se tenha o Estado como delinquente, pois ele é o próprio titular do *jus puniendi* e seus fins devem pautar-se sempre na legalidade. Além disso, eventual punição recairia sobre a própria coletividade, que ficaria duplamente prejudicada pela lesão ao meio ambiente e pelo pagamento de multa.

3.2 Sujeito passivo

É o titular do bem ou interesse jurídico agredido ou exposto a perigo de lesão em razão da prática de uma infração penal. É chamado de **vítima**[7] ou **ofendido** e pode ser:

---

[6] STJ, AgRg no RMS n. 48.851/PA, 6ª Turma, Rel. Min. Nefi Cordeiro, j. 20.02.2018, DJe 26.02.2018.

[7] Rogério Saches explica que "vítima e sujeito passivo não se confundem porque *vítima* compreende uma definição mais abrangente que engloba tanto situações na qual existe crimes quanto aquelas nas quais não há crime nenhum. Mas, havendo o crime, tem-se que o sujeito passivo e vítima se reúnem na mesma pessoa". Em seguida, exemplifica com o caso do suicídio. O suicida é vítima, embora não seja sujeito passivo (pois não é crime). Porém o será no caso de alguém o ter auxiliado no suicídio, pois, nesse caso, estará caracterizado o delito previsto no art. 122 do Código Penal (CUNHA, Rogério Sanches. *Manual de Direito Penal – Parte Geral (arts. 1º ao 120)*. Volume único. 10. ed. rev. atual. e ampl. São Paulo: Juspodivm, 2021. p. 222-223.).

a) Sujeito passivo constante, mediato, formal, geral ou indireto: é o Estado, que é o responsável pela manutenção e garantia da ordem pública e da paz social. É ele o titular do *jus puniendi* e do Poder Legislativo, dele emergindo as leis e proibições penais. Por isso, sempre que uma infração penal (crime ou contravenção) for praticada, o Estado será lesado.

b) Sujeito passivo eventual, imediato, material, particular, acidental ou direto: é o titular direto do bem jurídico protegido que foi lesado no caso concreto. É, por exemplo, o proprietário do veículo roubado, a pessoa que foi assassinada, a que foi estuprada etc.

O sujeito passivo eventual, por sua vez, pode ser **comum** ou **próprio**.

b.1) Comum: se o tipo penal não exigir nenhuma qualidade fática ou jurídica específica (como ocorre no roubo e no homicídio).

b.2) Próprio: quando houver essa exigência de qualidade ou característica especial, como no caso do estupro de vulnerável (art. 217-A do Código Penal). Outro exemplo é o crime de omissão de socorro previsto no art. 135 do Código Penal, que pune a conduta de quem deixar de prestar assistência, quando possível fazê-lo sem risco pessoal, à criança abandonada e extraviada, ou à pessoa inválida ou ferida, ao desamparo ou iminente perigo; ou não pedir, nesses casos, o socorro da autoridade pública.

Há, ainda, os crimes de **dupla subjetividade passiva**, que são os que, obrigatoriamente, vitimam mais de uma pessoa (como no caso do art. 125 do Código Penal, que trata do aborto provocado por terceiro sem o consentimento da gestante, em que são sujeitos passivos tanto o nascituro quanto a gestante).

Como dito, o Estado sempre figurará como sujeito passivo (por isso, é chamado de constante) de toda e qualquer infração penal. Todavia, poderá *também* configurar sujeito passivo eventual, como ocorre nos crimes contra a Administração Pública.

O **nascituro (produto da concepção)**, conquanto ainda não detenha personalidade civil, pode ser sujeito passivo de crime, o que ocorre no aborto.

O mesmo não ocorre em relação às **pessoas já falecidas**, conquanto o § 2º do art. 138 do Código Penal disponha que é possível a calúnia contra os mortos. Nesse caso, as vítimas serão os familiares do caluniado, consoante tranquilo entendimento doutrinário.

Os **animais** também não são considerados sujeitos passivos de infrações penais. A tendência atual é a de que os animais não humanos sejam titulares de *interesses*, uma vez que são **seres sencientes** (capazes de sofrer e sentir prazer). Sua proteção, no âmbito penal, dá-se de forma reflexa, uma vez que são considerados objetos materiais de crimes patrimoniais (ocasião em que figurará, como vítima, seu proprietário) ou bens ambientais difusos (como ocorre na Lei n. 9.605/1998).

Por fim, destaque-se que, no caso dos chamados **crimes vagos**, que são aqueles que vitimam entes destituídos de personalidade jurídica, a exemplo da família ou da sociedade, o sujeito passivo é indeterminado, como ocorre no crime de tráfico de drogas (art. 33 da Lei n. 11.343/2006) e no de ato obsceno (art. 233 do Código Penal).

4. OBJETO DO CRIME

É o bem, objeto, interesse ou pessoa sobre o qual recai a conduta criminosa. Pode ser:

a) Objeto material: é a pessoa ou coisa sobre a qual recai a conduta criminosa no caso concreto. No furto, por exemplo, é a coisa que foi subtraída. A impropriedade absoluta do objeto dá azo à figura do crime impossível (art. 17 do Código Penal). Nem todos os crimes possuem objeto material, como ocorre com os delitos de mera conduta e nos omissivos próprios.

b) Objeto jurídico: é o bem jurídico, o interesse tutelado pela lei penal. No caso do homicídio, é a vida humana; no furto ou roubo, o patrimônio.

5. QUESTÕES DE CONCURSOS

Questão 1

(FGV – TJ/AM – 2013) Sobre a contravenção penal, assinale a afirmativa incorreta.

A) Em geral, a contravenção penal é espécie de infração penal menos grave do que o crime, sendo, por isso, chamada pela doutrina de crime-anão.

B) Assim como o Código Penal, a Lei de Contravenções Penais (DL n. 3.688) prevê hipóteses de extraterritorialidade em que a lei brasileira será aplicável à contravenção praticada fora do território nacional.

C) Como regra geral, o sujeito que pratica contravenção penal depois de transitado em julgado a sentença que o tenha condenado por crime no Brasil ou no exterior ou, no Brasil, por contravenção, é reincidente.

D) Não é punível a tentativa de contravenção.

E) Para a contravenção penal, nos termos da lei especial, as penas principais são multa e prisão simples.

Questão 2

(PC-SP – Atendente de necrotério – VUNESP – 2014) As contravenções penais se diferenciam dos crimes, pois aquelas não:

A) geram antecedentes criminais (LCP, art. 7º).

B) são punidas na forma tentada (LCP, art. 4º).

C) são processadas por ação penal de iniciativa pública (LCP, art. 17).

D) geram reincidência (LCP, art. 7º).

E) admitem pena de prisão, apenas multa (LCP, art. 9º).

Questão 3

(MPPI – Promotor de Justiça – CEBRASPE – 2019) Em relação à estrutura analítica do crime, o juízo da culpabilidade avalia:

A) prática da conduta.

B) as condições pessoais da vítima.

C) a existência do injusto penal.

D) a reprovabilidade da conduta.

E) a contrariedade do fato ao direito.

GABARITO: 1. B; 2. B; 3. E.

CAPÍTULO 11

Classificação doutrinária dos tipos penais

Maria Augusta Diniz

1. INTRODUÇÃO

Para uma melhor sistematização da matéria e aplicação das normais penais, a doutrina agrupa as infrações penais em diversas classes, de acordo com as características e especificidades de cada uma delas. A **classificação legal** é dada pela própria lei, a qual atribui um *nomen iuris* a cada um dos tipos penais, como: homicídio, estupro, roubo, extorsão etc.

Neste capítulo, vamos estudar a **classificação doutrinária** das infrações penais, que engloba tanto os crimes quanto as contravenções penais. No entanto, algumas dessas categorizações dizem respeito exclusivamente aos crimes e, por isso, a nomenclatura aqui utilizada poderá variar.

2. CLASSIFICAÇÃO DOUTRINÁRIA DAS INFRAÇÕES PENAIS

2.1 Infrações materiais, formais e de mera conduta

Essa categorização diz respeito ao resultado naturalístico e à necessidade de sua ocorrência para a configuração típica. Já sabemos que o resultado naturalístico é aquele que provoca uma mudança no mundo exterior perceptível pelos nossos sentidos (podemos ver, sentir ou ouvir o resultado da conduta). Tendo em vista tal conceito, as infrações penais podem ser:

a) Infrações materiais ou de resultado: são aquelas que descrevem não só a conduta, mas também o resultado naturalístico, o qual *deve necessariamente ocorrer* para que haja a consumação. Não alcançado o resultado naturalístico, a infração é apenas tentada. É o caso do homicídio, cujo tipo descreve a conduta de "matar alguém". Ora, a morte de alguém constitui o resultado naturalístico e, como se trata de infração material, sem ela, o crime é apenas tentado.

Destaque-se, por oportuno, que, nas contravenções penais, embora seja possível a tentativa, ela não é punível nos termos do art. 4º do Decreto-lei n. 3.688/1941[1]. Por isso, não será punido penalmente alguém que *tenta* fabricar gazua ou instrumento empregado usualmente na prática de crime de furto, mas que, por razões alheias à sua vontade, não completa a conduta. Haverá, nesse caso, tentativa da contravenção penal descrita no art. 24 do Decreto-lei n. 3.688/1941[2], a qual, todavia, não é punível.

b) Infrações formais, de consumação antecipada ou de resultado cortado: são aquelas que, embora descrevam o resultado naturalístico, não é ele imprescindível para a consumação. Uma vez realizada a conduta típica, haverá a consumação, independentemente de o agente ter alcançado, ou não, o resultado naturalístico por ele pretendido. Caso esse resultado ocorra, haverá o exaurimento da infração (a consumação se deu em momento anterior, com a prática da conduta).

Exemplo clássico de infração formal é o previsto no art. 159 do Código Penal (extorsão mediante sequestro), que proscreve (proíbe) a conduta de *sequestrar pessoa com o fim de obter, para si ou para outrem, qualquer vantagem, como condição ou preço do resgate*. Observe que o núcleo típico é **sequestrar** e que o sujeito deve visar, com essa conduta, à obtenção de qualquer vantagem como condição ou preço do resgate. Sendo assim, o crime se consuma com a privação da liberdade da vítima, sendo indiferente a obtenção da vantagem ilícita. Se ela ocorre, o crime restou exaurido e esse fato deve ser considerado, pelo juiz, quando da fixação da pena-base.

Também pode ser citado como formal o crime de extorsão, previsto no art. 158 do Código Penal, dispondo, inclusive, a Súmula n. 96 do STJ que "o crime de extorsão consuma-se independentemente da obtenção da vantagem ilícita".

Da mesma forma, o STJ entende que o delito de ameaça é formal, bastando que o agente queira intimidar a vítima e que sua conduta tenha potencial para tanto[3]. Portanto, para a consumação, não importa se a vítima efetivamente se sentiu intimidada.

c) Infrações de mera conduta ou de simples atividade: são as que descrevem apenas a conduta, bastando, para a consumação, a prática da ação ou a omissão voluntária. Em outras palavras, não há a descrição de qualquer resultado naturalístico. Como exemplo, temos os crimes de violação de domicílio (art. 150

---

[1] Lei das Contravenções Penais: "Art. 4º Não é punível a tentativa de contravenção".
[2] Lei das Contravenções Penais: "Art. 24. Fabricar, ceder ou vender gazua ou instrumento empregado usualmente na prática de crime de furto: Pena – prisão simples, de seis meses a dois anos, e multa".
[3] APn n. 943/DF, Corte Especial, Rel. Min. Jorge Mussi, j. 20.04.2022, *DJe* 12.05.2022.

do Código Penal), de ato obsceno (art. 233 do Código Penal), de posse irregular de arma de fogo de uso permitido (art. 12 da Lei n. 10.826/2003), de porte ilegal de arma de fogo de uso permitido (art. 14 da Lei n. 10.826/2003) e de posse ou porte ilegal de arma de fogo de uso restrito (art. 16 da Lei n. 10.826/2003).

Tomemos como exemplo o art. 150 do Código Penal, que proíbe: "entrar ou permanecer, clandestina ou astuciosamente, ou contra a vontade expressa ou tácita de quem de direito, em casa alheia ou em suas dependências". Como se percebe, apenas a conduta é descrita, não especificando o tipo qualquer resultado naturalístico. Portanto, para a consumação, basta que o agente entre ou permaneça em casa alheia contra a vontade de quem de direito.

Destaque-se, porém, que, conquanto se trate de crime de mera conduta, segundo a doutrina pátria, a violação de domicílio admite tentativa.

2.2 Infrações comuns, próprias e de mão própria

Busca-se, com essa classificação, categorizar as infrações de acordo com as características exigidas do sujeito ativo. Nesse jaez:

a) Infrações comuns ou gerais: são aquelas que podem ser praticadas por qualquer pessoa, independentemente de condição ou qualidade especial. Como exemplos, temos: homicídio (art. 121 do Código Penal), furto (art. 155 do Código Penal), roubo (art. 157 do Código Penal) etc.

b) Infrações próprias ou especiais: são as que exigem, do sujeito ativo, uma qualidade ou condição especial (que pode ser uma situação fática ou jurídica). O crime de peculato (art. 312 do Código Penal), por exemplo, só pode ser praticado por funcionário público (nos termos do art. 327 do Estatuto Repressivo). Nada obstante, essas infrações admitem coautoria e participação, desde que o coautor ou autor possuam a condição especial.

Os tipos próprios ou especiais, por sua vez, podem ser **puros** ou **impuros**, consistindo a diferença entre eles na consequência acarretada pela ausência da condição especial por parte do sujeito ativo.

b.1) Tipo próprio puro: ausente a qualidade especial descrita, a consequência será a **atipicidade** da conduta. Na prevaricação (art. 319 do Código Penal), por exemplo, se o sujeito ativo não for funcionário público, a conduta será atípica.

O mesmo ocorre com o delito de abandono de função (art. 323 do Código Penal) e com o de corrupção passiva (art. 317 do Código Penal). Neste último caso, se um particular (ou seja, uma pessoa que não é funcionária pública nos termos do art. 327, *caput* e § 1º, do Código Penal) solicita ou recebe, para si ou para outrem, direta ou indiretamente, vantagem indevida ou aceita promessa de tal vantagem, não praticará crime de corrupção passiva, dada a ausência da elementar funcionário público. Como não existe outro tipo em que essa conduta se enquadre, esse fato é atípico.

b.2) Tipo próprio impuro: a consequência não será a atipicidade, mas, sim, a *desclassificação* para outro tipo penal, como ocorre com o crime de peculato-furto (art. 312, § 1º, do Código Penal), uma vez que, se o sujeito ativo não for funcionário público, haverá a desclassificação para o tipo de furto (art. 155 do Código Penal). Perceba que, no tipo próprio impuro, existem duas condutas iguais sendo punidas de formas diversas, a depender de quem seja o sujeito ativo.

c) Infrações de mão própria, de atuação pessoal ou de conduta infungível: por fim, são aquelas que só podem ser praticadas pelo sujeito ativo descrito no correspondente tipo, sendo, portanto, **personalíssimas**. É o que ocorre com o delito de prevaricação (art. 319 do Código Penal), uma vez que apenas o funcionário público pode retardar ou deixar de praticar, indevidamente, ato de ofício (vale dizer, de sua atribuição) ou praticá-lo contra disposição expressa da lei, para satisfazer interesse ou sentimento pessoal.

Ora, apenas o funcionário público que tem atribuição para o ato é quem poderá retardá-lo ou deixar de praticá-lo, contra disposição expressa de lei, para satisfazer interesse ou sentimento pessoal. Essa é a razão de tais tipos não permitirem a coautoria nem a autoria mediata, mas apenas a participação[4].

Como exemplo, temos ainda o crime de falso testemunho (art. 342 do Código Penal), que pune a conduta de "fazer afirmação falsa, ou negar ou calar a verdade como testemunha, (...) em processo judicial ou administrativo, inquérito policial ou em juízo arbitral".

Como se verifica, o próprio tipo limita a pessoa que pode praticar a conduta criminosa (consistente em fazer afirmação falsa, negar ou calar a verdade), que é a testemunha. Apenas ela pode praticar o delito em comento, não podendo a execução ser "delegada" a outra pessoa. Por isso, diz-se que a atuação deve ser *pessoal* ou pela *própria mão do agente*. Afinal, em um depoimento judicial, por exemplo, apenas a testemunha poderá fazer uma afirmação falsa, não sendo possível que outra pessoa deponha falsamente em seu nome (no da testemunha) ou que duas testemunhas deponham conjuntamente.

Nada impede, noutro giro, que um sujeito instigue a testemunha a prestar declaração falsa em juízo, sendo, assim, partícipe.

Registre-se, no entanto, que a adoção da teoria do domínio final do fato aproxima os tipos próprios dos de mão própria, uma vez que admite a autoria sem a prática de atos de execução, como será estudado no capítulo referente ao concurso de agentes. Sendo assim, para essa teoria, é possível a coautoria em tipos de mão própria, bastando que aquele que não pratique a conduta tenha o domínio final do fato.

---

[4] Lembre-se de que o partícipe não pratica atos de execução, sendo-lhe possível, no entanto, prestar auxílio físico ou moral para o autor. É o caso do terceiro que convence um servidor público a não praticar ato de ofício determinado pela lei em razão de ser ele "trabalhoso".

Destaque-se ainda que tanto o STF quanto o STJ admitem a possibilidade de coautoria entre a testemunha que prestou depoimento falso e o advogado que a instruiu nesse sentido, mas por razões diversas das alinhadas no parágrafo anterior. No julgamento do RE n. 91.564[5], o STF entendeu que a conduta do advogado não é acessória, uma vez que constitui causa eficiente para o cometimento do crime e, por isso, é ele coautor e não partícipe.

Existem também tipos que exigem uma qualificação ou condição especial (fática ou jurídica) do **sujeito passivo**. Vejamos, por exemplo, a conduta proscrita no art. 123 do Código Penal, consistente em "matar, sob a influência do estado puerperal, o próprio filho, durante o parto ou logo após", caracterizadora do crime de infanticídio.

Para a perfeita subsunção, é necessário que a mãe, durante o parto ou logo após, sob a influência do estado puerperal, mate o próprio filho. Dada a limitação típica, o delito de infanticídio só pode ser cometido pela mãe em detrimento do filho. Ausentes quaisquer dessas condições fáticas, estará afastada a tipicidade do crime previsto no art. 123 do Estatuto Repressivo. Em razão da exigência de qualificação especial tanto do sujeito ativo quanto do sujeito passivo, diz-se que essa infração é **biprópria**.

Outro caso de infração biprópria é o crime de estupro previsto no art. 213 do Código Penal *antes da alteração promovida pela Lei n. 12.015/2019*. Até esse marco, apenas o homem podia ser sujeito ativo do crime e somente a mulher figurava como sujeito passivo. Com a alteração, esse crime passou a ser **bicomum** (qualquer pessoa pode ser sujeito ativo e passivo).

2.3 Infrações instantâneas, permanentes, de efeitos permanentes e a prazo

Essa classificação leva em consideração o momento da consumação.

a) Infrações instantâneas: são aquelas em que a consumação se dá em um momento determinado e imediato. Praticada a conduta, a ofensa é imediata; uma vez reunidas todas as elementares descritas, há a consumação. Não se chegando ao resultado naturalístico por circunstância alheia à vontade do agente, tem-se a modalidade tentada. São a regra em nosso ordenamento.

O crime de roubo (art. 157 do Código Penal), por exemplo, consuma-se com a subtração mediante emprego de violência, grave ameaça ou emprego de outro meio capaz de reduzir a resistência da vítima.

b) Infrações permanentes, duráveis ou de consumação prolongada: são aquelas cuja consumação se prolonga no tempo de acordo com a vontade do agente. Enquanto a conduta típica estiver sendo praticada, a consumação vai se protraindo no tempo.

---

[5] STF, RE n. 91.564, 2ª Turma, Rel. Djaci Falcão, j. 15.02.1980, *DJ* 21.03.1980, p. 01553, *Ement.* vol-01164-03, p. 815, *RTJ* vol-00097-01, p. 336.

Para exemplificar, temos o crime de violação de domicílio (art. 150 do Código Penal); enquanto o sujeito ativo permanecer na casa alheia ou em suas dependências contra a vontade expressa ou tácita de quem de direito (em outras palavras, enquanto ele estiver praticando a conduta típica), haverá consumação. No momento em que ele se retira do local (findando a conduta), a consumação cessa. Perceba que, nesta situação, a ofensa não se deu num momento determinado, mas sim durante todo o período em que se deu a permanência não autorizada.

Os tipos permanentes são divididos em:

b.1) Tipos necessariamente permanentes: exigem, para sua configuração, o prolongamento da conduta. No crime de sequestro (art. 148 do Código Penal), por exemplo, haverá a consumação enquanto o agente estiver privando a vítima de sua liberdade. Mas, para isso, é necessário que a conduta dure um tempo juridicamente relevante (caso contrário, haverá a tentativa).

b.2) Tipos eventualmente permanentes: neles, a consumação se dá de forma instantânea, imediata, não se exigindo um tempo juridicamente relevante. No entanto, a vontade do agente e o modo de execução escolhido fazem com que ela perdure enquanto houver conduta. É o caso do delito de tráfico de drogas nas modalidades expor à venda, ter em depósito e guardar (art. 33 da Lei n. 11.343/2006). Nelas, a consumação ocorre imediatamente, no momento em que o agente expõe à venda, tem em depósito ou guarda drogas sem autorização ou em desacordo com determinação legal ou regulamentar, mas permanece enquanto durar a conduta.

Se essa exposição à venda dura dois minutos ou dois anos, não importa, o delito está consumado (podendo a duração ser levada em consideração para fins de dosimetria de pena). Diferentemente, se a privação da liberdade da vítima perdura por apenas dois minutos, o crime de sequestro se deu na modalidade tentada, uma vez que não houve tempo juridicamente relevante para a consumação.

b.3) Tipos instantâneos de efeitos permanentes: existem, por outro lado, tipos que preveem que a consumação ocorre em um momento específico, embora acarrete efeitos permanentes independentemente da vontade do agente. São os chamados tipos instantâneos de efeitos permanentes, que são uma espécie dos tipos instantâneos[6]. No homicídio, por exemplo, a consumação se dá em um único momento (quando da morte), não se prolongando (protraindo) no tempo. O que vai perdurar após a consumação são os danos produzidos (morte).

Da mesma forma, o delito de bigamia (art. 235 do Código Penal) se consuma quando a pessoa casada contrai novo casamento. A partir daí se inicia a contagem do prazo prescricional, pois a consumação ocorreu em um único momento e já se encerrou. Os efeitos da infração (matrimônio proibido) é que

---

[6] E, por isso, aplicam-se as regras dele.

vão perdurar, independentemente da vontade do agente. Por isso que se diz que a consumação é imediata (instantânea), mas os efeitos são permanentes, independentemente da vontade do agente. Diferentemente, no tipo permanente, enquanto houver conduta (seja porque o autor a continua praticando, seja em razão da sua inércia em cumprir o ordenamento jurídico), haverá consumação.

A distinção entre os tipos instantâneos e os permanentes não é meramente teórica, apresentando consequências práticas. Com efeito, nos tipos permanentes, haverá consumação enquanto durar a conduta, sendo possível a prisão em flagrante (flagrante próprio). Demais disso, a prescrição da pretensão punitiva, nos crimes permanentes, somente começa a correr no dia em que cessou a permanência (art. 111, III, do Código Penal).

Registre-se, ainda, que a captação ambiental prevista no art. 8º-A da Lei n. 9.296/1996 só poderá ser renovada e exceder o prazo de quinze dias se comprovada a indispensabilidade do meio de prova ou *quando presente atividade criminal permanente*, habitual ou continuada[7].

Os tipos permanentes também admitem a coautoria e a participação por cumplicidade (material) enquanto durar a consumação, ao contrário daqueles que são instantâneos (salvo se o ajuste se deu antes desse momento).

Por fim, **infrações a prazo** são aquelas que apenas se consumam quando passado o prazo estabelecido na lei penal. É o que ocorre com as lesões corporais previstas no art. 129, § 1º, I, do Código Penal, que exigem a incapacidade da vítima para suas ocupações habituais por mais de 30 dias; com o sequestro tipificado no art. 148, § 1º, III, do Estatuto Repressivo, que só ocorre quando a privação de liberdade durar mais de 15 dias; e com a apropriação de coisa achada, delito previsto no art. 169, parágrafo único, II, do Código Penal, que exige a não restituição no prazo de 15 dias.

O tipo permanente não deve ser confundido com o tipo a prazo. Neste, enquanto não transcorrido o tempo estabelecido pelo legislador, não há que se falar em tipicidade (o fato é atípico); vencido o prazo, a consumação é imediata, não se protraindo no tempo.

2.4 Infração habitual

Essa classificação está relacionada com a exigência ou não de habitualidade para a configuração da infração.

Infração habitual é aquela que exige, para sua configuração (vale dizer, para que haja a própria tipicidade), a prática de vários atos que isoladamente são atípicos (indiferentes penais), mas que, praticados de forma reiterada, demonstram um estilo de vida do agente.

---
[7] Art. 8º-A, § 3º, da Lei n. 9.296/1996.

No caso do exercício ilegal da medicina, arte dentária ou farmacêutica (art. 282 do Código Penal), por exemplo, é necessário que o agente exerça a profissão com habitualidade. Um único atendimento caracterizará fato atípico, justamente porque não é capaz de demonstrar um estilo de vida. O mesmo ocorre com o delito de curandeirismo, previsto no art. 284 do Estatuto Repressivo, e com o de perseguição, descrito no art. 147-A do mesmo Código.

Se não fosse exigida a habitualidade, sendo cada ato um fato típico, estaria configurada a continuidade delitiva, nos moldes do art. 71 do Código Penal. Nesta, têm-se, na verdade, vários crimes praticados em concurso material, mas tratados, por razões de política criminal, como se fossem um único delito.

Perceba que o conjunto desses atos, demonstrando que se trata de uma prática habitual, é o que vai acarretar a consumação, diferentemente do tipo permanente, em que a própria consumação se inicia em momento determinado, prolongando-se no tempo enquanto houver conduta voluntária.

2.5 Infrações unissubjetivas e plurissubjetivas

Essa categorização considera o número de sujeitos ativos.

a) Infrações unissubjetivas, unilaterais ou monossubjetivas: são aquelas que podem ser cometidas por apenas um agente. Correspondem aos **tipos de concurso eventual** porque permitem a prática mediante concurso de agentes (art. 29 do Código Penal). É o que ocorre com o homicídio (art. 121 do Código Penal), que pode ser perpetrado por apenas uma pessoa ou por várias delas em conluio.

Como subespécie dos tipos unissubjetivos, temos:

a.1) Tipos eventualmente coletivos: podem ser praticados por uma única pessoa, mas, caso cometidos em concurso (o que se dá eventualmente), haverá a majoração da pena. Como exemplos, temos o furto qualificado, previsto no art. 155, § 4º, IV, do Código Penal, e o roubo circunstanciado, tipificado no art. 157, § 2º, II, do mesmo Estatuto.

b) Infrações plurissubjetivas ou plurilaterais: correspondentes aos **tipos de concurso necessário**, exigem, para sua configuração, a intervenção de mais de um agente. Uma única pessoa não comete uma infração plurissubjetiva. De acordo com *os interesses dos concorrentes*, esses tipos podem ser:

b.1) Tipos paralelos ou de conduta paralela: os interesses (objetivos) almejados pelos consortes são iguais e suas condutas caminham na direção desse resultado. É o que ocorre com a associação criminosa prevista no art. 288 do Código Penal.

b.2) Tipos convergentes ou bilaterais: embora as condutas praticadas partam de marcos diferentes (podendo, inclusive, ser movidas por elementos subjetivos diversos), elas se encontram, como ocorre no crime de bigamia (art. 235 do Código Penal).

b.3) Tipos divergentes ou de condutas contrapostas: os agentes dirigem suas condutas uns contra os outros, como ocorre no delito de rixa (art. 137 do Código Penal).

2.6 Infrações de subjetividade passiva única e infrações de subjetividade passiva dupla

Essa classificação leva em consideração o número de vítimas exigido para a caracterização da infração.

a) Infrações de subjetividade passiva única: basta que uma única pessoa tenha seu bem jurídico ofendido. É o que ocorre com os crimes de homicídio (art. 121 do Código Penal), estupro (art. 213 do Código Penal) e com a contravenção penal de vias de fato (art. 21 do Decreto-lei n. 3.688/1941).

b) Infrações de dupla subjetividade passiva: demandam a ofensa a bens jurídicos de duas pessoas diversas, como ocorre com o aborto sem o consentimento da gestante (art. 125 do Código Penal), em que são vítimas tanto a gestante quanto o feto, e com a violação de correspondência (art. 151 do Código Penal), que vitima o remetente e o destinatário[8].

2.7 Infrações unissubsistentes e plurissubsistentes

Essa categorização considera o número de atos executórios integrantes da conduta.

a) Infrações unissubsistentes: são aquelas em que um único ato de execução é suficiente para constituir a conduta apta à consumação. Em outras palavras: não é possível o fracionamento da conduta e, por isso, essas infrações não admitem tentativa (havendo a prática da conduta, há a consumação). É o que acontece com os crimes contra a honra cometidos oralmente.

b) Infrações plurissubsistentes: a conduta pode ser formada por mais de um ato executório, o que permite seu fracionamento e, consequentemente, a tentativa. Como exemplo, temos o homicídio (art. 121 do Código Penal), o furto (art. 155 do Código Penal), o estupro (art. 213 do Código Penal) etc.

2.8 Infrações comissivas, omissivas e de conduta mista

Essa classificação leva em consideração a forma da conduta.

a) Infrações comissivas: são praticadas por meio de uma ação (conduta positiva), sendo a regra em nosso ordenamento. São veiculadas por meio de *normas proibitivas* e se caracterizam quando o agente faz algo que a lei proíbe (matar, roubar, furtar, estuprar).

---

[8] MASSON, Cleber. *Direito penal*: parte geral (arts. 1º a 120). 15. ed. Rio de Janeiro: Forense/Método, 2021. v. 1, p. 177-178.

b) Infrações omissivas: ao contrário, são cometidas mediante uma omissão, uma inação do agente. Há uma determinação legal para que o sujeito ativo aja, mas ele permanece inerte. São veiculadas por meio de *normas mandamentais*, pois o indivíduo devia agir positivamente. Subdividem-se em:

b.1) Infrações omissivas próprias ou puras: nelas, há a descrição da omissão no próprio tipo penal e basta a inação para que a infração se consume, pouco importando se dela adveio o resultado danoso.

Um clássico exemplo de tipo omissivo próprio é o constante no art. 135 do Código Penal, o qual pune quem "deixar de prestar assistência, quando possível fazê-lo sem risco pessoal, à criança abandonada ou extraviada, ou à pessoa inválida ou ferida, ao desamparo ou em grave e iminente perigo; ou não pedir, nesses casos, o socorro da autoridade pública". Perceba que a própria omissão restou descrita no tipo, o qual não exige, para sua caracterização, a ocorrência de qualquer resultado naturalístico.

Nesses tipos, ou o agente age ou se omite, inexistindo meio-termo, e, por isso, são infrações unissubsistentes, não admitindo tentativa.

b.2) Infrações omissivas impróprias, espúrias, omissivas qualificadas ou comissivas por omissão: são aquelas que, embora descrevam uma conduta positiva (ação), são cometidas mediante a omissão de quem possuía o dever jurídico de agir (figurando, pois, como *garantidor* da não ocorrência do resultado).

O dever de agir, por sua vez, está descrito no art. 13, § 2º, do Código Penal, sendo inerente a quem: tenha, por lei, obrigação de cuidado, proteção e vigilância; de outra forma assumiu a responsabilidade de impedir o resultado; ou, com seu comportamento anterior, criou o risco da ocorrência do resultado.

Como exemplo, consideremos a situação da mãe que deixa de alimentar o filho recém-nascido, o qual vem a falecer por desnutrição. Nesse caso, o tipo penal não descreve uma conduta omissiva (deixar a mãe de alimentar filho menor e vulnerável, acarretando-lhe a morte), mas sim comissiva, positiva (matar alguém). No entanto, como essa mãe tinha o *dever legal* de agir para impedir o resultado, ou seja, ela tinha o dever de alimentar a criança para evitar sua morte, responderá como se tivesse praticado uma conduta positiva (a ação consistente em matar).

As infrações omissivas impróprias são **materiais**, exigindo a ocorrência do resultado naturalístico, e, dada essa condição, admitem a tentativa. Em nosso exemplo, o homicídio praticado pela mãe dar-se-ia na modalidade tentada caso um vizinho alimentasse a criança após escutar seu choro, impedindo o resultado morte.

c) Infrações de conduta mista: são compostas de duas fases diversas, uma positiva e outra negativa. No crime de apropriação de coisa achada (art. 169, parágrafo único, II, do Código Penal), por exemplo, exige-se que, em um primeiro momento, o agente encontre coisa alheia perdida (conduta positiva:

ação) e que não a restitua a quem de direito ou não a entregue à autoridade competente no prazo de quinze dias (conduta negativa: omissão). Não havendo a junção dessas duas condutas, não haverá a consumação.

2.9 Infrações de dano e infrações de perigo

Essa classificação diz respeito à intensidade da violação do bem jurídico protegido.

a) Infrações de dano ou de lesão: são aquelas em que a consumação ocorre com a efetiva lesão ao bem jurídico tutelado. Sem lesão, a infração é tentada. O homicídio (art. 121 do Código Penal), por exemplo, é um crime de dano, uma vez que só restará consumado com a morte da vítima (efetiva lesão ao bem jurídico protegido, que é a vida humana). Da mesma forma, no crime de dano (art. 163 do Código Penal), a consumação ocorrerá com a efetiva destruição, inutilização ou deterioração da coisa alheia.

b) Infrações de perigo: por outro lado, não se exige a efetiva lesão ao bem jurídico tutelado, sendo bastante, para a consumação, a exposição do bem jurídico a um risco juridicamente relevante, vale dizer: a sua colocação em situação de perigo com probabilidade de dano. Essas infrações podem ser:

b.1) Perigo abstrato, presumido ou de simples desobediência: a consumação se dá com a prática da conduta, sendo dispensável a efetiva produção do perigo no caso concreto. Não importa o resultado da ação ou omissão, uma vez que há a presunção absoluta (*juris et de iure*) de que a conduta, por si só, põe o bem jurídico tutelado em risco. Em outras palavras: leva-se em consideração apenas o *desvalor da ação*, não se perquirindo, no caso concreto, o *desvalor do resultado* acarretado no mundo real. Isso porque o tipo penal de perigo abstrato tem como objetivo evitar a prática da própria conduta, impedindo a exposição a risco de bens mais valiosos do ser humano, em especial aqueles supraindividuais. Essa antecipação da tutela penal seria necessária para garantir o estado de segurança, principalmente na atual *sociedade de risco* em que vivemos.

É o caso do tráfico de drogas; se, por exemplo, o indivíduo expõe à venda drogas sem autorização ou em desacordo com determinação legal ou regulamentar, incidirá nas penas do art. 33 da Lei n. 11.343/2006, sendo desnecessário que alguém as tenha adquirido. E, justamente por se tratar de crime de perigo abstrato, é irrelevante a quantidade da droga apreendida, não sendo aplicável o princípio da insignificância[9].

Da mesma forma, são de perigo abstrato os delitos previstos nos arts. 12, 14 e 16 da Lei n. 10.826/2003, não sendo necessário perquirir sobre a lesividade concreta da conduta. Afinal, o objeto jurídico tutelado por tais tipos é a

---

[9] STJ, AgRg no RHC n. 166.682/RS, 5ª Turma, Rel. Min. Jorge Mussi, j. 25.10.2022, *DJe* 28.10.2022.

segurança e a paz social, e não a incolumidade individual. Nada obstante, tanto o STF quanto o STJ admitem, de forma excepcional, a aplicação do princípio da insignificância na hipótese de apreensão de pequena quantidade de munição desacompanhada de armamento hábil a deflagrá-la[10].

Também é de perigo abstrato a contravenção penal prevista no art. 19 do Decreto-lei n. 3.688/1941, que tipifica a conduta de trazer consigo arma (branca) fora de casa ou de suas dependências, sem licença da autoridade.

b.2) Perigo concreto: para a consumação, exige-se que a conduta do agente tenha efetivamente acarretado risco aos bens jurídicos tutelados no caso concreto, devendo esse perigo ser comprovado. Pode ser:

b.2.1) Infração de perigo concreto determinado ou individual: quando, para a consumação, for necessária a prova da exposição a risco de bens jurídicos de pessoa certa e determinada. Como exemplos, podemos citar o crime de perigo de contágio venéreo (art. 130 do Código Penal) e o perigo para a vida ou saúde de outrem (art. 132 do Código Penal).

b.2.2) Infração de perigo concreto indeterminado, comum ou coletivo: quando, para a consumação, for necessária a prova da exposição a risco de bens jurídicos da coletividade, de um número indeterminado de pessoas. Como exemplo, temos o delito de explosão (art. 251 do Código Penal).

2.10 Infrações simples, complexas, qualificadas e privilegiadas

Essa classificação diz respeito à estrutura do tipo.

a) Infrações simples: são aquelas que descrevem a forma básica da infração penal, como ocorre no art. 129, *caput*, do Código Penal (as chamadas lesões corporais simples).

b) Infrações complexas: são aquelas formadas pela junção de dois ou mais tipos penais simples, como ocorre com os crimes de roubo (junção entre furto e constrangimento ilegal, furto e lesões corporais ou furto e homicídio) e de extorsão mediante sequestro (extorsão mais sequestro). Os tipos simples que se unem para formar o complexo são chamados de **famulativos**.

Há doutrinadores que diferenciam os **tipos complexos em sentido amplo** dos **tipos complexos em sentido estrito**. Os primeiros (complexos em sentido amplo) resultam da junção entre um *tipo penal* e uma *conduta atípica*, como ocorre com o estupro (art. 213 do Código Penal), formado pelo tipo do constrangimento ilegal (art. 146 do Código Penal) e pela prática de atos libidinosos (fato atípico). Os segundos (complexos em sentido estrito), por seu turno, são formados pela união de dois ou mais tipos penais (condutas típicas).

Quando se tratar de um *tipo complexo* que traz a previsão de outra conduta típica como *causa de aumento de pena*, temos o chamado **tipo ultracomplexo**

---

[10] STJ, AgRg no HC n. 766.465/SP, 5ª Turma, Rel. Min. Ribeiro Dantas, j. 11.10.2022, DJe 18.10.2022.

ou **supercomplexo**. É o caso do roubo (crime complexo) praticado com o emprego de arma de fogo (conduta que corresponde ao crime de porte ilegal de arma de fogo, tipo previsto no art. 14 da Lei n. 11.343/2006). Caso as condutas tenham sido cometidas no mesmo contexto fático, o porte ilegal restará absorvido pelo roubo, uma vez que figurou como meio de execução (princípio da consunção ou absorção).

c) **Infração qualificada:** é aquela que deriva de outro tipo (simples ou complexo), cominando o legislador novos patamares mínimo e máximo de pena em razão da maior gravidade da conduta. É o que acontece no art. 121, § 2º, do Código Penal. O *caput* do dispositivo descreve o tipo simples de homicídio, consistente em "matar alguém" e para o qual é cominada a pena de reclusão, de seis a vinte anos. As modalidades qualificadas estão previstas no § 2º, com novos limites mínimos e máximos de sanção, cominando-se, por exemplo, a pena de reclusão, de doze a trinta anos, para aquele que mata alguém mediante paga ou promessa de recompensa (inciso I) e a de reclusão, de doze a trinta anos, para quem mata alguém menor de 14 anos (inciso IX).

O tipo qualificado não deve ser confundido com o **tipo circunstanciado**, o qual também prevê elementares adicionais que agravam o tipo simples e, consequentemente, acarretam o aumento da pena. No entanto, esse agravamento não se dá por meio de novos limites de pena, mas sim pela aplicação de percentuais determinados pelo legislador.

Como exemplo, temos o § 2º-B do art. 121 do Código Penal, que estabelece que a pena de homicídio contra menor de 14 anos é aumentada de: um terço até a metade, se a vítima é pessoa com deficiência ou com doença que implique o aumento de sua vulnerabilidade; dois terços, se o autor é ascendente, padrasto ou madrasta, tio, irmão, cônjuge, companheiro, tutor, curador, preceptor ou empregador da vítima ou, por qualquer outro título, tiver autoridade sobre ela.

Tanto o tipo qualificado quanto o circunstanciado preveem condutas mais graves do que a descrita no tipo simples, mas a forma de majoração da reprimenda se dá por diferentes formas. No tipo qualificado, o juiz fixará a pena-base levando em consideração os novos patamares máximo e mínimo cominados (em nosso exemplo, art. 121, § 2º, do Código Penal); no circunstanciado, a pena-base será estabelecida dentro dos limites previstos no *tipo simples*, incidindo o aumento na terceira fase da dosimetria, de acordo com o *quantum* estabelecido no tipo agravador (art. 121, § 2º-B, do Código Penal).

d) **Infração privilegiada:** é aquela que prevê determinadas circunstâncias aptas a minorar a reprovabilidade da conduta e, consequentemente, a pena. Como exemplo, podemos citar o art. 121, § 1º, do Código Penal, o qual estabelece que, "se o agente comete o crime impelido por motivo de relevante valor social ou moral, ou sob o domínio de violenta emoção, logo em seguida a injusta provocação da vítima, o juiz *pode reduzir a pena de um sexto a um terço*".

2.11 Infrações de ação única e infrações de ação múltipla

Essa categorização se refere ao número de núcleos típicos.

a) Infrações de ação única: são aquelas que preveem apenas uma conduta nuclear, como ocorre com os crimes de furto (subtrair), de roubo (subtrair) e de extorsão (constranger), e com a contravenção penal prevista no art. 38 do Decreto-lei n. 3.688/1941.

b) Infrações de ação múltipla, de ação plurinuclear, de conteúdo variado ou mistas: por sua vez, correspondem aos tipos que abarcam mais de uma conduta (núcleo, verbo), podendo ser:

b.1) Tipo misto alternativo: a prática de apenas uma conduta, dentre as previstas, é suficiente para a tipicidade; caso o sujeito cometa mais de uma delas, responderá por crime único. Como exemplo, podemos citar o art. 33 da Lei n. 11.343/2006, que proscreve as seguintes condutas: "importar, exportar, remeter, preparar, produzir, fabricar, adquirir, vender, expor à venda, oferecer, ter em depósito, transportar, trazer consigo, guardar, prescrever, ministrar, entregar a consumo ou fornecer drogas, ainda que gratuitamente, sem autorização ou em desacordo com determinação legal ou regulamentar". Se o sujeito pratica mais de uma dessas condutas, terá cometido um único crime de tráfico de drogas, devendo a diversidade de ações ser levada em consideração para a fixação da reprimenda.

b.2) Tipo misto cumulativo: as condutas nele descritas não são fungíveis entre si e, por isso, a prática de cada uma delas configurará uma infração diversa. É o caso do crime previsto no *caput* do art. 242 do Código Penal, que lista três condutas típicas: a) dar parto alheio como próprio; b) registrar como seu filho de outrem; c) ocultar recém-nascido ou substituí-lo, suprimindo ou alterando direito inerente ao estado civil. Se o agente realiza mais de uma dessas ações, responderá por todas elas em concurso material[11].

2.12 Infração progressiva

Infração progressiva é aquela que abarca uma única infração penal, que, para ser praticada, deve o agente necessariamente cometer, como etapa obrigatória de execução, outra menos grave (chamada de **infração de ação de passagem**). Vale dizer, para que o sujeito alcance o fim por ele almejado (resultado da infração mais grave, prevista no tipo progressivo), é necessário que ele pratique outra infração, menos grave.

Para uma melhor explicação, tomemos o exemplo do homicídio (art. 121 do Código Penal). Para que se alcance o resultado morte, deverá o agente necessariamente praticar lesões corporais na vítima. Não há outra forma de alcançar esse intento (*animus necandi*), razão pela qual a infração mais grave absorverá a menos grave, que constituiu etapa obrigatória do homicídio.

---

[11] JESUS, Damásio E. de. *Direito penal*: parte especial. 24. ed. São Paulo: Saraiva, 2020. v. 3. *E-book*.

O tipo progressivo não se confunde com a **progressão criminosa**, que se dá quando o agente, após consumar a infração menos grave por ele visada inicialmente, decide praticar outra, mais grave, geralmente contra o mesmo bem jurídico. Aqui, um tipo não constitui etapa necessária para o outro, mas também será aplicado o princípio da consunção, respondendo o agente apenas pela infração mais grave.

Imagine que "A", querendo ofender a integridade corporal de "B", desfere-lhe socos e chutes. Após consumar as lesões corporais, quando estava prestes a deixar o local, "A" decide tirar a vida de "B" e, para tanto, prossegue nas agressões, matando-o. Ora, não há dúvidas de que o crime de homicídio é progressivo, uma vez que a ofensa à integridade corporal da vítima constitui meio necessário. No entanto, nesse exemplo hipotético, estaremos diante também da progressão criminosa, pois o dolo inicial de "A" era o de lesionar e, consumado esse delito, houve uma evolução no elemento subjetivo, que passou a ser o de matar.

2.13 Infração principal e infração acessória

Essa classificação considera a acessoriedade da conduta.

a) Infração principal: é aquela que corresponde a tipos que veiculam infrações penais que existem por si sós, independentemente da existência de outras, como ocorre com o homicídio (art. 121 do Código Penal), o furto (art. 155 do Código Penal) e o estupro (art. 213 do Código Penal).

b) Infração acessória ou parasitária: é a correspondentes a tipos que descrevem condutas integrativas de infrações que dependem, para sua caracterização, da existência de outras ocorridas previamente. Tomemos como exemplo o crime de receptação (art. 180 do Código Penal), que necessariamente pressupõe a prática anterior de outro delito.

2.14 Infração de execução livre e infração de execução vinculada

a) Infração de execução livre: é aquela que permite a prática da conduta descrita no tipo por diversas formas de execução. O crime de homicídio, por exemplo, pode ser cometido por meio de disparos de arma de fogo, lesões decorrentes de facadas ou de socos, envenenamento etc.

b) Infração de execução vinculada: corresponde a tipos que descrevem a forma de execução da infração penal nele contida. É o caso do crime de perigo de contágio venéreo (art. 130 do Código Penal), que só poderá ser cometido por meio de relações sexuais ou de qualquer ato libidinoso.

2.15 Infração mono-ofensiva e infração pluriofensiva

Essa classificação diz respeito ao número de bens jurídicos ofendidos.

a) Infração mono-ofensiva: é aquela que ofende apenas um bem jurídico. Os tipos simples são, em regra, mono-ofensivos, como é o caso do furto, que atenta contra o patrimônio.

b) Infração pluriofensiva: ofende mais de um bem jurídico, geralmente correspondendo aos tipos complexos, como ocorre no roubo, que viola tanto o patrimônio quanto a liberdade individual e/ou integridade física.

2.16 Infração de fato permanente e infração de fato transeunte

Essa classificação leva em consideração a existência de vestígios deixados pela infração.

a) Infração de fato permanente ou não transeunte: é aquela que deixa vestígios materiais.

b) Infração de fato transeunte: é a que não deixa tais resquícios. Exemplos da primeira espécie são o homicídio e as lesões corporais e, da segunda, os crimes contra a honra praticados verbalmente e não gravados.

A diferenciação é importante para efeito de aplicação da norma contida no art. 158 do Código de Processo Penal ("quando a infração deixar vestígios, será indispensável o exame de corpo de delito, direto ou indireto, não podendo supri-lo a confissão do acusado"). Nada obstante, não sendo possível o exame de corpo de delito, por haverem desaparecido os vestígios, a prova testemunhal poderá suprir-lhe a falta (art. 167 do Código de Processo Penal).

2.17 Tipo remetido

Essa classificação não diz respeito às infrações em si, mas sim ao tipo a que correspondem.

Tipo remetido é aquele que se reporta a outro, incorporando suas elementares, como ocorre com o correspondente ao crime de uso de documento falso, uma vez que o art. 304 do Código Penal proscreve a conduta de "fazer uso de qualquer dos papéis falsificados ou alterados a que se referem os arts. 297 a 302". Perceba que o tipo previsto no art. 304 do Código Penal faz remissão a elementares previstas em outros dispositivos, tomando-as para si.

2.18 Infração dolosa, culposa e preterdolosa

Essa classificação diz respeito ao elemento subjetivo.

a) Infração dolosa: é aquela em que o agente queria o resultado (dolo direto) ou assumiu o risco de produzi-lo (dolo eventual).

b) Infração culposa: é aquela em que o sujeito não queria o resultado, mas acabou produzindo-o por ter descumprido o dever objetivo de cuidado a todos imposto (incidindo em negligência, imprudência ou imperícia).

c) Infração preterdolosa: é uma espécie dos chamados crimes qualificados pelo resultado, em que o agente atua com dolo no fato antecedente e culpa em relação ao resultado mais grave do que aquele pretendido. É o caso da lesão corporal seguida de morte, prevista no art. 129, § 3º, do Código Penal.

2.19 Infração consumada e infração tentada

Essa classificação diz respeito à consumação da infração.

a) Infração consumada: é aquela que reuniu todos os elementos da sua definição legal, ou seja, todas as elementares descritas no tipo encontram-se realizadas (art. 14, I, do Código Penal).

b) Infração tentada: é a que, iniciada a execução, não reuniu todos os elementos de sua definição legal em razão de circunstâncias alheias à vontade do agente (art. 14, II, do Código Penal). Registre-se, por oportuno, que a tentativa das contravenções penais, conquanto possível, não é punível, a teor do art. 4º do Decreto-lei n. 3.688/1941.

O crime consumado não se confunde com o **crime exaurido**, que é aquele em que o agente chegou às últimas consequências, alcançando o fim por ele almejado, mas que não era necessário para a consumação. A extorsão, por exemplo, consuma-se quando o sujeito constrange alguém, mediante violência ou grave ameaça e *com o intuito* de obter, para si ou para outrem, indevida vantagem econômica, a fazer, tolerar que se faça ou deixar de fazer alguma coisa.

Como se percebe, a efetiva obtenção da vantagem indevida, fim pretendido pelo sujeito, não é necessária para a consumação e, caso aconteça, caracterizará o exaurimento da infração, circunstância que deverá ser considerada, pelo juiz, quando da dosimetria da pena.

2.20 Crime de expressão, crime de opinião, crime de intenção, crime de tendência e crime mutilado de dois atos

Essa classificação considera a intenção do agente.

a) Crime de expressão: é aquele que representa a manifestação de um pensamento, de uma atividade intelectiva (processo interno realizado na mente do sujeito), seja por meio de palavras, seja por meio de gestos. Nele, o agente *expressa* uma manifestação de pensamento *em desconformidade com o que ele realmente acredita ou sabe*.

Como exemplo, temos o crime de falso testemunho (art. 342 do Código Penal), que se caracteriza quando o indivíduo, em processo judicial ou administrativo, inquérito policial ou juízo arbitral, faz afirmação que sabe ser falta ou nega ou cala a verdade por ele conhecida. Perceba que não se trata de perquirir a veracidade ou falsidade da informação em relação ao ocorrido no mundo real, fenomenológico (concepção objetiva), mas sim da disparidade entre o externado e a convicção pessoal do emissor, o que ele realmente acreditava (concepção subjetiva).

b) Crime de opinião ou de palavra: é aquele em que o agente extrapola sua liberdade de expressão, abusando na manifestação do pensamento, como ocorre com os crimes contra a honra (arts. 138 a 140 do Código Penal).

c) **Crime de tendência ou de atitude pessoal:** é aquele que se caracteriza a depender da tendência interna subjetiva do agente, devendo ser levadas em consideração, para tanto, as circunstâncias em que a conduta ocorreu. Palavras duras dirigidas a alguém, por exemplo, podem caracterizar, a depender da intenção do agente, um crime contra a honra, exercício do direito de crítica ou mesmo uma brincadeira.

d) **Crime de intenção ou de tendência interna transcendente:** é aquele em que o sujeito pratica a conduta visando a um resultado que é dispensável para a consumação. Tais delitos exigem, além do elemento subjetivo genérico (dolo), intenções especiais expressas no próprio tipo.

Como exemplo, podemos citar a extorsão mediante sequestro (art. 159 do Código Penal), cuja tipicidade exige a presença de dois elementos subjetivos: a) dolo, consistente na vontade consciente de sequestrar (impedir que a vítima exerça seu direito de ir e vir); b) intenção de obter, para si ou para outrem, qualquer vantagem como condição ou preço do resgate (finalidade especial, transcendente).

Ora, a extorsão mediante sequestro se consuma no momento em que a vítima tem privada a sua liberdade, não importando se houve efetivo pagamento do resgate, o que constitui mero exaurimento do crime.

O crime de intenção divide-se em:

d.1) Crime de resultado cortado ou antecipado: é aquele em que a produção do resultado desejado (finalidade transcendente, desnecessária para a consumação) não depende da vontade, da esfera de decisão do agente. É o caso da extorsão mediante sequestro, pois o pagamento do resgate submete-se à vontade dos familiares ou de terceiros ligados à vítima.

d.2) Crime mutilado de dois atos ou tipos imperfeitos de dois atos: neste, a produção do resultado desejado (finalidade transcendente dispensável para a consumação) depende da vontade do agente, de um comportamento posterior seu. É o caso do crime de petrechos para falsificação de moeda (art. 291 do Código Penal), consistente em: "falsificar, adquirir, fornecer, a título oneroso ou gratuito, possuir ou guardar maquinismo, aparelho, instrumento ou qualquer objeto especialmente destinado à falsificação de moeda".

Interpretando esse dispositivo, o STJ entendeu que a expressão "especialmente destinado à falsificação de moeda" não se refere a uma característica do objeto, pois,

> (...) se assim fosse, só a posse ou guarda de maquinário exclusivamente voltado para a fabricação ou falsificação de moedas consubstanciaria o crime, o que implicaria a inviabilidade de sua consumação (crime impossível), pois nem mesmo o maquinário e insumos utilizados pela Casa da Moeda são direcionados exclusivamente para a fabricação de moedas[12].

---

[12] REsp n. 1.758.958/SP, 6ª Turma, Rel. Min. Sebastião Reis Júnior, j. 11.09.2018, DJe 25.09.2018.

Com base nessas premissas, o colendo Tribunal decidiu:

> A dicção legal está relacionada ao uso que o agente pretende dar ao objeto, ou seja, a consumação depende da análise do elemento subjetivo do tipo (dolo), de modo que, se o agente detém a posse de impressora, ainda que manufaturada visando ao uso doméstico, mas com o propósito de a utilizar precipuamente para contrafação de moeda, incorre no referido crime.

Ou, nas palavras de Guilherme de Souza Nucci:

> O termo *especialmente*, usado na parte final do tipo, é o maquinismo, aparelho, instrumento ou objeto que tem por finalidade *principal* falsificar moeda. Pode até ser utilizado para outros fins, embora se concentre na contrafação de moeda. BENTO DE FARIA, corretamente, demonstra que muitos aparelhos podem servir para outros fins, como prensas, metais etc., razão pela qual a destinação de tudo isso é *subjetiva*, dependendo da meta do agente. Se ele utilizar máquinas para cunhar moedas configura o delito[13].

Não basta, pois, a vontade consciente (dolo) de falsificar, adquirir, fornecer, possuir ou guardar tais objetos, sendo imprescindível que a finalidade do agente seja a falsificação de moeda, resultado, porém, dispensável para a consumação.

Por fim, registre-se que, enquanto a finalidade transcendente vem expressa no tipo de intenção, no de tendência, esse fim específico é implícito.

2.21 Infração vaga

Essa classificação leva em consideração a possibilidade de determinação e identificação do sujeito passivo.

Infração vaga é aquela em que o sujeito passivo não é determinado, sendo uma coletividade destituída de personalidade jurídica, como a sociedade e a família. É o caso dos crimes de tráfico de drogas (art. 33 da Lei n. 11.343/2006) e de ato obsceno (art. 233 do Código Penal).

2.22 Crime à distância (ou de espaço máximo), crime plurilocal e crime em trânsito

Essa classificação diz respeito ao local onde ocorre o resultado da conduta.

a) Crime à distância ou crime de espaço máximo: é aquele em que a conduta e o resultado ocorrem em *países* diferentes. Nosso Código Penal acolheu a *teoria mista ou da ubiquidade* no art. 6º e, por isso, considera o crime praticado tanto no lugar em que ocorreu a ação ou omissão, no todo ou em parte, quanto naquele em que se produziu ou deveria produzir-se o resultado.

---

[13] NUCCI, Guilherme de Souza. *Curso de direito penal*: parte especial – arts. 213 a 361 do Código Penal. 3. ed. Rio de Janeiro: Forense, 2019. v. 3. E-book.

O crime à distância deverá ser processado e julgado pela Justiça Federal quando preenchidos dois requisitos: a) existência de nexo de transnacionalidade; e b) ser o Brasil signatário de tratado ou convenção internacional para a repressão do crime em tese praticado (art. 109, V, da Constituição Federal).

b) Crime plurilocal: é aquele em que a conduta e o resultado ocorrem em diferentes comarcas de um mesmo país. Segundo o art. 70 do Código de Processo Penal, a competência para processamento e julgamento dos crimes plurilocais será, de regra, determinada pelo lugar em que se consumar a infração e, no caso de tentativa, pelo lugar em que foi praticado o último ato de execução.

c) Crime em trânsito: é o que envolve mais de dois países soberanos (ao contrário do crime à distância, que abrange somente dois países)[14]. Conceito diferente é apresentado por Cleber Masson, para quem crimes em trânsito "são aqueles em que somente uma parte da conduta ocorre em um país, sem lesionar ou expor a situação de perigo bens jurídicos de pessoas que nele vivem"[15].

2.23 Infrações de mínimo, de menor, de médio, de elevado e de máximo potencial ofensivo

Essa classificação leva em consideração a ofensividade da conduta e é relevante para que se verifique o tratamento penal (incluindo a forma de cumprimento da pena) e o processual a ser dado no caso.

a) Infrações de mínimo potencial ofensivo: são aquelas punidas com penas não privativas de liberdade. Em nosso ordenamento jurídico, temos apenas um tipo dessa espécie: o crime de posse ou porte de drogas para consumo, punível com as penas de advertência sobre os efeitos das drogas, prestação de serviços à comunidade e medida educativa de comparecimento a programa ou curso educativo.

b) Infrações de menor potencial ofensivo: são, por definição legal, "as contravenções penais e os crimes a que a lei comine pena máxima não superior a 2 (dois) anos, cumulada ou não com multa" (art. 61 da Lei n. 9.099/1995). Em razão dessa natureza, recebem tratamento mais favorável, sendo possíveis benesses como: composição civil dos danos (quando forem de ação privada ou pública condicionada) e transação penal. Ademais, são processadas por meio de procedimento sumaríssimo.

c) Infrações de médio potencial ofensivo: são aquelas a que se cominam penas privativas de liberdade mínimas iguais ou inferiores a um ano. Tais crimes admitem a suspensão condicional do processo (*sursis* processual), nos moldes do art. 89, *caput*, da Lei n. 9.099/1995.

---

[14] GOMES, Luiz Flávio. *Direito penal*: parte geral. São Paulo: Revista dos Tribunais, 2007. v. 2, p. 531.
[15] MASSON, Cleber. *Direito penal*: parte geral (arts. 1º a 120). 15. ed. Rio de Janeiro: Forense/Método, 2021. v. 1, p. 182.

d) Infrações de grave ou elevado potencial ofensivo: são as reprimidas com penas mínimas privativas de liberdade superiores a um ano. Para elas, não é cabível nenhuma das benesses previstas na Lei n. 9.099/1995.

e) Infrações de máximo potencial ofensivo: são as que recebem tratamento diferenciado pela Constituição Federal (crimes hediondos e equiparados a hediondos).

2.24 Crime hediondo e crime equiparado a hediondo

a) Crime hediondo: é aquele que causa repulsa e, por violar a dignidade humana, causando grande comoção e reprovação da sociedade, é inafiançável e insuscetível de graça, indulto e fiança. Tal delito está taxativamente elencado no art. 1º da Lei n. 8.072/1990, sendo:

> I – homicídio (art. 121), quando praticado em atividade típica de grupo de extermínio, ainda que cometido por um só agente, e homicídio qualificado (art. 121, § 2º, incisos I, II, III, IV, V, VI, VII, VIII e IX);
>
> I-A – lesão corporal dolosa de natureza gravíssima (art. 129, § 2º) e lesão corporal seguida de morte (art. 129, § 3º), quando praticadas contra autoridade ou agente descrito nos arts. 142 e 144 da Constituição Federal, integrantes do sistema prisional e da Força Nacional de Segurança Pública, no exercício da função ou em decorrência dela, ou contra seu cônjuge, companheiro ou parente consanguíneo até terceiro grau, em razão dessa condição;
>
> II – roubo:
>
> a) circunstanciado pela restrição de liberdade da vítima (art. 157, § 2º, inciso V);
>
> b) circunstanciado pelo emprego de arma de fogo (art. 157, § 2º-A, inciso I) ou pelo emprego de arma de fogo de uso proibido ou restrito (art. 157, § 2º-B);
>
> c) qualificado pelo resultado lesão corporal grave ou morte (art. 157, § 3º);
>
> III – extorsão qualificada pela restrição da liberdade da vítima, ocorrência de lesão corporal ou morte (art. 158, § 3º);
>
> IV – extorsão mediante sequestro e na forma qualificada (art. 159, *caput*, e §§ 1º, 2º e 3º);
>
> V – estupro (art. 213, *caput* e §§ 1º e 2º);
>
> VI – estupro de vulnerável (art. 217-A, *caput* e §§ 1º, 2º, 3º e 4º);
>
> VII – epidemia com resultado morte (art. 267, § 1º);
>
> VII-A – (VETADO);
>
> VII-B – falsificação, corrupção, adulteração ou alteração de produto destinado a fins terapêuticos ou medicinais (art. 273, *caput* e § 1º, § 1º-A e § 1º-B, com a redação dada pela Lei n. 9.677, de 2 de julho de 1998);
>
> VIII – favorecimento da prostituição ou de outra forma de exploração sexual de criança ou adolescente ou de vulnerável (art. 218-B, *caput*, e §§ 1º e 2º);
>
> IX – furto qualificado pelo emprego de explosivo ou de artefato análogo que cause perigo comum (art. 155, § 4º-A).

Parágrafo único. Consideram-se também hediondos, tentados ou consumados:

I – o crime de genocídio, previsto nos arts. 1º, 2º e 3º da Lei n. 2.889, de 1º de outubro de 1956;

II – o crime de posse ou porte ilegal de arma de fogo de uso proibido, previsto no art. 16 da Lei n. 10.826, de 22 de dezembro de 2003;

III – o crime de comércio ilegal de armas de fogo, previsto no art. 17 da Lei n. 10.826, de 22 de dezembro de 2003;

IV – o crime de tráfico internacional de arma de fogo, acessório ou munição, previsto no art. 18 da Lei n. 10.826, de 22 de dezembro de 2003;

V – o crime de organização criminosa, quando direcionado à prática de crime hediondo ou equiparado.

b) Crime equiparado a hediondo: é aquele que se sujeita às mesmas restrições impostas na Lei n. 8.072/1990 ao delito hediondo. Atualmente, nosso ordenamento prevê três crimes equiparados a hediondos, que são: tortura, tráfico ilícito de entorpecentes e drogas afins e terrorismo. Não são hediondos, porque a Constituição Federal os distinguiu ao estabelecer no art. 5º, XLIII, que: "a lei considerará crimes inafiançáveis e insuscetíveis de graça ou anistia a prática da tortura, o tráfico ilícito de entorpecentes e drogas afins, o terrorismo *e os definidos como hediondos*, por eles respondendo os mandantes, os executores e os que, podendo evita-los, se omitirem".

2.25 Infração multitudinária

Infração multitudinária é aquela, fora das hipóteses de associação criminosa, praticada por uma multidão, como vias de fato, linchamentos, saques, arrastões e depredações.

Se o agente comete a infração sob a influência de multidão em tumulto, não o tendo provocado, será beneficiado com a circunstância atenuante prevista no art. 65, III, *e*, do Código Penal.

2.26 Infração de atentado ou de empreendimento

Infração de atentado ou de empreendimento é aquela a que a lei comina a mesma pena para as modalidades tentada e consumada. A tentativa é descrita no próprio tipo, não havendo que se falar na redução prevista no art. 14, parágrafo único, do Código Penal, uma vez que presente *disposição em contrário*. E o parágrafo único do art. 14 do Código Penal estabelece que, "*salvo disposição em contrário*, pune-se a tentativa com a pena correspondente ao crime consumado, diminuída de um terço a dois terços".

Como exemplo, podemos citar o tipo previsto no art. 352 do Código Penal (crime de evasão mediante violência contra a pessoa), consistente em "evadir-se *ou tentar evadir-se* o preso ou o indivíduo submetido a medida de segurança detentiva, usando de violência contra a pessoa". O mesmo ocorre com o delito de afastamento de licitante (art. 337-K do Código Penal), que proíbe a conduta de "afastar *ou tentar afastar* licitante por meio de violência, grave ameaça, fraude ou oferecimento de vantagem de qualquer tipo" (grifo nosso).

Destaque-se que, no caso de o sujeito ativo tentar evadir-se ou tentar afastar licitante, nas circunstâncias descritas nos tipos mencionados, **a adequação típica será direta ou imediata** (*a tentativa está prevista no tipo*) e não de subordinação indireta ou mediata (não sendo, pois, necessário recorrer à norma do art. 14, II e parágrafo único, do Código Penal).

2.27 Crime falho

Crime falho é aquele decorrente da **tentativa perfeita ou acabada**, que é aquela em que, não obstante o agente tenha utilizado todos os meios executórios a seu dispor (de acordo com seu plano criminoso), o resultado não ocorre por circunstâncias alheias à sua vontade.

2.28 Quase crime

Quase crime é a nomenclatura atribuída tanto ao **crime impossível ou crime oco**, que é o decorrente da **tentativa inidônea** (art. 17 do Código Penal), quanto à **participação impunível** (art. 31 do Código Penal). Diz-se "quase crime" porque, na verdade, não existe crime.

2.29 Crime putativo (imaginário ou erroneamente suposto)

Crime putativo, imaginário ou erroneamente suposto é o indiferente penal praticado pelo sujeito que acredita estar cometendo um delito. Há três espécies de crime putativo:

a) Crime putativo por erro de tipo: o erro incide sobre as elementares do tipo penal. É o caso do sujeito que vende talco acreditando tratar-se de cocaína. Trata-se de fato atípico.

b) Crime putativo por erro de proibição: o equívoco recai sobre a proibição da conduta, como ocorre no caso do agente que mantém relação sexual com a irmã maior de idade e sem violência, embora acredite que o incesto é penalmente punível em nosso país. Também se trata de fato atípico.

c) Crime putativo por obra do agente provocador, crime de ensaio ou de experiência: ocorre quando o sujeito é induzido ardilosamente a praticar a conduta, sendo impossível a consumação em razão das providências adotadas pelo agente provocador. Decorre, pois, do flagrante preparado ou provocado, tratado na Súmula n. 145 do STF ("não há crime quando a preparação do flagrante pela polícia torna impossível a sua consumação").

2.30 Crime consunto e crime consuntivo

a) **Crime consunto:** é aquele absorvido nos casos de aplicação do princípio da consunção.

b) **Crime consuntivo:** é o que absorve o consunto.

2.31 Crime obstáculo

Crime obstáculo é aquele previsto em tipo penal autônomo que corresponde a atos preparatórios de outro delito. Por meio dele, o legislador antecipa a intervenção penal para momento anterior à realização do perigo real e, por isso, também é chamado de **delito de perigo**. É o caso dos crimes de associação criminosa (art. 288 do Código Penal) e de petrechos para a falsificação de moeda (art. 291 do Código Penal).

2.32 Crime de catálogo

Crime de catálogo é aquele que admite interceptação de comunicações telefônicas para prova em investigação criminal e em instrução processual penal, nos moldes da Lei n. 9.296/1996. A expressão foi utilizada pelo STF no julgamento do *Habeas Corpus* n. 100.524[16].

2.33 Crime de impressão

a) **Crime de impressão:** é aquele que provoca determinado estado de ânimo na vítima, podendo ser:

a.1) Crime de inteligência: a conduta do agente interfere nas faculdades cognitivas da vítima, que age enganada, como ocorre no estelionato (art. 171 do Código Penal).

a.2) Crime de vontade: aqui, a conduta do agente interfere na vontade da vítima, que fica impedida de exercer seu poder de autodeterminação, como ocorre no constrangimento ilegal (art. 146 do Código Penal) e no sequestro ou cárcere privado (art. 148 do Código Penal).

a.3) Crime de sentimento: nele, a conduta do agente interfere nas faculdades emocionais da vítima, como ocorre na injúria (art. 140 do Código Penal).

2.34 Crime parcelar

Crimes parcelares são aqueles que, por serem da mesma espécie e terem sido cometidos nas mesmas condições de tempo, lugar, maneira de execução e outras semelhantes, são considerados, ficticiamente, como um único delito, nos termos do art. 71 do Código Penal. Em outras palavras: são aqueles que, unidos, formam o crime continuado. Nesse caso, é aplicada a pena de só um

---

[16] HC n. 100.524, 2ª Turma, Rel. Joaquim Barbosa, j. 27.03.2012, *DJe*-102, Divulg. 24.05.2012, Public. 25.05.2012.

dos crimes parcelares, se idênticas, ou a mais grave, se diversas, aumentada, em qualquer caso, de um sexto a dois terços.

2.35 Crime anão, liliputiano ou vagabundo

Crime anão, liliputiano ou vagabundo é a designação doutrinária dada às contravenções penais. Na verdade, não se trata de crime (ou delito), mas a nomenclatura se deve ao fato de que se trata de uma infração penal que agride bens não tão importantes ou essenciais para a sociedade e, por isso, cominam sanções mais brandas.

2.36 Infração natural e infração de plástico

a) Infração natural: é aquela que abarca condutas proibidas penalmente, independentemente do momento histórico ou do ordenamento jurídico. Ou seja, sempre foi e sempre será tipificada como infração penal, uma vez que agride bens valiosos para a sociedade. É o caso do homicídio (art. 121 do Código Penal), das lesões corporais (art. 129 do Código Penal) e do roubo (art. 157 do Código Penal). Trata-se de conduta natural e intuitivamente criminosa em qualquer época histórica e em qualquer sociedade.

b) Infração de plástico: é aquela que só passou a ser tipificada em determinado momento histórico, de acordo com as peculiaridades e necessidades de cada sociedade. É o caso do art. 154-A do Código Penal (invasão de dispositivo informático), incluído pela Lei n. 14.155/2021, e do art. 147-A do mesmo Estatuto (perseguição), incluído pela Lei n. 14.132/2021.

2.37 Infração gratuita

Infração gratuita é aquela praticada sem nenhum motivo aparente. Como exemplo, podemos citar o caso do sujeito que está caminhando em via pública e decide danificar uma parada de ônibus apenas para se divertir. Não deve ser confundida com a **infração praticada por motivo fútil**, a qual foi motivada por uma causa boba, desproporcional, como ocorre quando o sujeito mata alguém que ofendeu sua honra ou das vias de fato praticadas contra alguém que ignorou o agente.

Discute-se se a ausência de motivo atrai a incidência da circunstância agravante prevista no art. 61, II, *a*, do Código Penal, uma vez que o dispositivo se refere apenas ao motivo fútil ou torpe, não englobando, assim, a infração gratuita.

2.38 Infração de ímpeto

Infração de ímpeto é aquela praticada com *dolo de ímpeto ou repentino*, que ocorre quando o agente pratica a conduta motivado por paixão violenta ou excessiva perturbação de ânimo. Nela, não há intervalo entre a cogitação e a execução, justamente porque o indivíduo é tomado por uma forte reação emocional. Essa infração não é premeditada, apresentando-se geralmente passional. É o caso do sujeito que mata o amante de sua mulher após flagrá-los ou do indivíduo que puxa os cabelos de quem o ofendeu moralmente imediatamente após a ofensa.

2.39 Crime de acumulação ou cumulativo

Crime de acumulação, cumulativo ou de dano cumulativo é aquele que, isoladamente, não apresenta lesividade, mas que, em conjunto e repetidamente, possui aptidão para ocasionar graves danos à sociedade. Aqui, os bens jurídicos tutelados não são considerados individualmente de acordo com uma filosofia mais liberal, mas sim de forma coletiva, transindividual, evidenciando uma perspectiva protetiva dos direitos humanos de terceira geração.

Tais infrações mostraram-se necessárias com o avanço das tecnologias e com a atual globalização, volatilidade e modernidade líquida que vivenciamos. Condutas individualmente insignificantes poderão acarretar danos irreparáveis à sociedade como um todo, caso praticadas de forma desenfreada e repetida.

Citemos o exemplo do delito previsto no art. 34 da Lei n. 9.605/1998, que tipifica a conduta de "pescar em período no qual a pesca seja proibida ou em lugares interditados por órgão competente". Ora, não se pode dizer que o bem jurídico tutelado (meio ambiente) foi ofendido caso um indivíduo pesque um ou poucos peixes no período de defeso. Pode-se, inclusive, dizer que essa conduta – individualmente considerada – não viola o princípio da ofensividade.

No entanto, caso diversas pessoas decidam praticar essa conduta no período em que a pesca está proibida, certamente o meio ambiente (bem jurídico coletivo e transnacional) restará gravemente violado. O mesmo ocorre se diversos indivíduos cortam árvores em floresta considerada de preservação permanente sem a permissão da autoridade competente, prática proibida pelo tipo previsto no art. 39 da Lei de Crimes Ambientais.

Nesses casos, não é a conduta individualmente considerada que irá causar danos ao meio ambiente e, consequentemente, a toda a sociedade, mas sim a soma delas. Em outras palavras: a ofensividade ao bem jurídico tutelado se dá com a cumulação de diversas condutas individuais, as quais deverão ser reprimidas para que haja a efetividade da tutela.

Isso não significa, entretanto, que não seja possível a aplicação do *princípio da insignificância* a tais delitos. No caso dos crimes ambientais, por exemplo, o STJ admite a aplicação do princípio da insignificância "quando demonstrada a ínfima ofensividade ao bem ambiental tutelado, conceito no qual se inserem não apenas questões jurídicas ou a dimensão econômica da conduta, mas o equilíbrio ecológico que faz possíveis as condições de vida do planeta"[17].

---

[17] AgRg no REsp n. 1.847.810/PR, 6ª Turma, Rel. Min. Nefi Cordeiro, j. 19.05.2020, DJe 25.05.2020.

Ocorre que, justamente por se tratar de crime cumulativo, não se pode levar em consideração, quando da consideração do grau de ofensividade da conduta, a quantidade de objetos materiais atingidos, pois, se assim fosse, o bem jurídico tutelado restaria desprotegido. Basta pensar na hipótese em que quinhentas pessoas cortassem, cada uma delas, uma árvore em floresta considerada de preservação permanente, sem permissão da autoridade competente. Seriam quinhentas árvores cortadas. Se cada uma dessas condutas fosse considerada insignificante, o meio ambiente estaria desprotegido.

Em caso julgado pelo STJ, dois indivíduos foram denunciados como incursos nas penas do art. 34, parágrafo único, II, da Lei n. 9.605/1998, por terem sido flagrados praticando atividade pesqueira com utilização de equipamentos proibidos pela Portaria SUDEPE n. 466/1972, a saber: uma rede de arrasto confeccionada em nylon e medindo cerca de cinquenta metros de comprimento por um metro e meio de altura e com malha de trinta e cinco milímetros.

O tribunal *a quo* reconheceu a atipicidade material da conduta, por entender inexistente lesão efetiva ao meio ambiente, já que não foi apreendida nenhuma quantidade de qualquer espécie animal e pelo fato de o réu não ser reincidente na prática do mesmo delito. O STJ, no entanto, consignou que a conduta não pode ser considerada insignificante, uma vez que, "não se pode negar, diante das dimensões e características do petrecho, o risco que a conduta representa ao ecossistema aquático, independentemente da quantidade de peixes que tenham sido pescados ou apreendidos"[18].

Em outro julgado, o STJ registrou que, embora não seja apreendido nenhum pescado, a pesca praticada com petrechos proibidos é dotada de significativo desvalor da conduta, uma vez que "é capaz de colocar em risco a fauna local, por alcançar, potencialmente, as espécimes indistintamente, nas diversas fases do ciclo vital". Consignou ainda que "a captura é mero exaurimento da figura típica em questão [art. 34, parágrafo único, II, da Lei n.º 9.605/1998], que se consuma com a simples utilização do petrecho não permitido", e que o dano causado pela pesca predatória não se resume às espécimes apreendidas[19].

2.40 Infração violenta

Infração violenta ou de ação violenta é a praticada mediante violência ou grave ameaça a pessoa, como ocorre com os crimes de homicídio (art. 121 do Código Penal) e de roubo (art. 157 do Código Penal).

---

[18] AgRg no AREsp n. 1.982.923/RJ, 6ª Turma, Rel. Min. Olindo Menezes (Desembargador convocado do TRF 1ª Região), j. 03.05.2022, *DJe* 06.05.2022.
[19] AgRg no REsp n. 1.651.092/SC, 6ª Turma, Rel. Min. Rogerio Schietti Cruz, j. 06.06.2017, *DJe* 13.06.2017.

2.41 Infração de ação astuciosa

Infração de ação astuciosa é aquela cometida por meio de fraude, dissimulação ou engodo, como ocorre no estelionato (art. 171 do Código Penal) e no furto mediante fraude (art. 155, § 4º, II, do Código Penal).

2.42 Infração condicionada e incondicionada

a) **Infração condicionada:** é aquela que depende, para sua configuração, de uma condição objetiva de procedibilidade. Como exemplos, temos o art. 1º da Lei n. 8.137/1990, que depende da constituição definitiva do crédito tributário, e os crimes falimentares, que dependem da prolação de sentença decretando falência, concedendo recuperação judicial ou homologando plano de recuperação extrajudicial.

b) **Infração incondicionada:** é aquela que não exige condições objetivas de procedibilidade para se caracterizar, como ocorre com o roubo (art. 157 do Código Penal), a apropriação indébita (art. 168 do Código Penal) e o estupro (art. 213 do Código Penal).

2.43 Crime de olvido

Crime de olvido é a nomenclatura doutrinariamente utilizada para o *crime omissivo impróprio culposo*. Ocorre quando o sujeito descumpre culposamente (por imprudência, negligência ou imperícia) seu dever de agir para impedir o resultado. É o caso do salva-vidas que, por estar no celular conversando com a namorada, não percebe que um banhista estava se afogando. Se esse banhista vem a falecer, responderá o salva-vidas pelo crime de homicídio culposo, considerado, nesta hipótese, crime de olvido.

2.44 Crime funcional ou *delicta in officio*

Crime funcional é a infração cometida por funcionário público contra a administração em geral. Ou, em outras palavras, para sua configuração, o tipo penal exige a condição de funcionário público no exercício da função, cargo ou emprego público.

Está previsto no Capítulo I do Título XI do Código Penal, que também traz a definição de funcionário público para efeitos penais como sendo quem, embora transitoriamente ou sem remuneração, exerce cargo, emprego ou função pública (art. 327, *caput*, do Código Penal). Funcionário público equiparado, por sua vez, é quem exerce cargo, emprego ou função em entidade paraestatal e quem trabalha para empresa prestadora de serviço contratada ou conveniada para a execução de atividade típica da administração pública (art. 327, § 1º, do Código Penal).

Os crimes funcionais se subdividem em:

a) Crime funcional próprio: é o que, ausente a condição de funcionário público, a consequência é a atipicidade da conduta. Como exemplos, podemos citar os crimes de corrupção passiva (art. 317 do Código Penal) e de prevaricação (art. 319 do Código Penal).

b) Crime funcional impróprio: é o que, ausente a condição de funcionário público, a consequência é a desclassificação para outra infração. É o caso do peculato-furto (art. 312, § 1º, do Código Penal).

2.45 Infração de mera suspeita

Infração de mera suspeita é aquela em que o sujeito é punido não pela prática de uma conduta potencialmente ofensiva, mas em razão de um estado individual, por meio do qual se consegue supor que ele possa vir a delinquir. Como exemplo, podemos citar a contravenção penal prevista no art. 25 do Decreto-lei n. 3.688/1941, consistente em "ter alguém em seu poder, depois de condenado, por crime de furto ou roubo, ou enquanto sujeito à liberdade vigiada ou quando conhecido como vadio ou mendigo, gazuas, chaves falsas ou alteradas ou instrumentos empregados usualmente na prática de crime de furto, desde que não prove destinação legítima".

Como se observa, são modalidades apregoadas no âmbito do direito penal do autor e, por isso, devem ser repelidas em nosso ordenamento penal. O STF, inclusive, após julgamento de recurso especial declarado de repercussão geral, firmou a tese no sentido de que o art. 25 da Lei de Contravenções Penais (supratranscrito) não foi recepcionado pela Constituição Federal, uma vez que viola os princípios da dignidade da pessoa humana (art. 1º, III, da Constituição Federal) e da isonomia (art. 5º, *caput* e inciso I, da Constituição Federal)[20].

2.46 Infração de colarinho-branco, de paletó e gravata ou de escritório e infração de rua ou de colarinho azul

a) Infração de colarinho-branco (*white colar crime*): também chamada de **infração de paletó e gravata** ou **de escritório**, é a praticada sem utilização de violência por parte de pessoas afortunadas que detenham poder econômico ou social ou que ocupem cargos públicos e que se utilizem dessas condições para cometer crimes.

b) Infração de rua ou **de colarinho azul:** é aquela cometida por pessoas desfavorecidas financeira e culturalmente, como roubos e furtos.

Perceba que a classificação não diz respeito à infração em si, mas à pessoa que a comete, aproveitando-se de sua posição vantajosa perante a sociedade.

---

[20] RE n. 583.523, Tribunal Pleno, Rel. Gilmar Mendes, j. 03.10.2013, *DJe*-208, Divulg. 21.10.2014, Public. 22.10.2014, *RTJ* vol-00229-01, p. 669.

2.47 Infração cibernéticas

a) **Infração cibernética:** é aquela que tem como alvo um computador, uma rede de computadores ou um dispositivo conectado à rede (por exemplo, *smartphones* e *tablets*) ou que é cometida por meio deles. Não necessariamente visa ao lucro, podendo ter fins pessoais ou políticos. Segundo Rogério Sanches Cunha[21], ela se subdivide em:

a.1) Própria: quando o objeto material e o meio utilizado pelo agente se inserem exclusivamente no sistema cibernético, como ocorre com o crime de invasão de dispositivo informático, previsto no art. 154-A do Código Penal e que tipifica a conduta de "invadir dispositivo informático de uso alheio, conectado ou não à rede de computadores, com o fim de obter, adulterar ou destruir dados ou informações sem autorização expressa ou tácita do usuário do dispositivo ou de instalar vulnerabilidades para obter vantagem ilícita".

Ora, não existe outra forma de execução desse delito que não seja por meio do sistema cibernético e, por isso, estamos diante de um crime cibernético próprio.

a.2) Imprópria: quando a utilização da informática é apenas uma das formas ou meios de execução da infração, como ocorre no caso de o agente se utilizar da internet para praticar um crime de calúnia.

2.48 Crime falimentar

Crime falimentar é aquele constante na Lei n. 11.101/2005, que se relaciona com os institutos da falência, da recuperação judicial e extrajudicial. Pode ser:

a) **Próprio:** quando praticado pelo falido.

b) **Impróprio:** quando cometido por outra pessoa, que não o falido.

2.49 Crime organizado

Crime organizado: a nomenclatura diz respeito às organizações criminosas, expressão utilizada pela Lei n. 9.035/1995 e pela Lei n. 12.850/2013, que a revogou. Tais crimes pode ser:

a) **Organizados por natureza ou propriamente dito:** referem-se à própria constituição da organização criminosa, conduta tipificada no art. 2º da Lei n. 12.850/2013 nos seguintes termos: "promover, constituir, financiar ou integrar, pessoalmente ou por interposta pessoa, organização criminosa".

b) **Organizados por extensão:** são todas as infrações cometidas por meio da organização criminosa, que é definida, pelo art. 1º, § 1º, da Lei n. 12.850/2013, como sendo: "a associação de 4 (quatro) ou mais pessoas estruturalmente or-

---

[21] CUNHA, Rogério Sanches. *Manual de direito penal - volume único. Parte especial (arts. 121 ao 361).* 14. ed. São Paulo: Juspodivm, 2021. p. 251.

denada e caracterizada pela divisão de tarefas, ainda que informalmente, com objetivo de obter, direta ou indiretamente, vantagem de qualquer natureza, mediante a prática de infrações penais cujas penas máximas sejam superiores a 4 (quatro) anos, ou que sejam de caráter transnacional".

2.50 Crime de ódio

Crime de ódio é aquele motivado pela completa aversão a um grupo, sendo as condutas movidas por ódio e desejo de eliminação. Nele, é empregada violência física, psicológica ou patrimonial. Como exemplos, temos os crimes previstos na Lei n. 7.716/1989 (decorrentes de discriminação ou preconceito de raça, cor, etnia, religião ou procedência nacional) e o feminicídio (art. 121, § 2º, VI, do Código Penal).

Demais disso, o STF, no julgamento da Ação Direta de Inconstitucionalidade por Omissão n. 26/DF, após declarar a mora inconstitucional do Congresso Nacional, deu enquadramento imediato das práticas de homofobia e de transfobia, mediante interpretação conforme, no conceito de racismo previsto na Lei n. 7.716/1989.

Por fim, destaque-se que a Lei n. 14.532/2023 trouxe duas novas causas de aumento em relação aos crimes previstos na Lei n. 7.716/1989, cujas penas serão majoradas de um terço até a metade quando ocorrerem em contexto ou com intuito de descontração, diversão ou recreação (**racismo recreativo**) ou quando forem praticados por funcionário público no exercício de suas funções ou a pretexto de exercê-las (arts. 20-A e 20-B da Lei n. 7.716/1989).

3. QUESTÕES DE CONCURSOS

Questão 1

(FGV – 2023 – SEFAZ-MG – Auditor Fiscal da Receita Estadual – Auditoria e Fiscalização (Manhã)) Acerca da classificação dos crimes, assinale a afirmativa correta.

A) O crime de falsificação de papéis públicos, se praticado por servidor público prevalecendo-se do cargo, é um crime especial impróprio, ao passo que, se praticado por particular, é um crime comum.

B) O crime de mão própria caracteriza-se por seu caráter personalíssimo, somente o agente pode praticá-lo. Por isso, o crime de auto aborto é um exemplo de crime de mão própria, insuscetível de coautoria ou participação.

C) Os crimes plurissubjetivos são aqueles em que há, além do agente, uma pessoa física ou jurídica no polo passivo, ocupando a posição de vítima direta do ilícito penal, ao passo que os crimes unissubjetivos se identificam pela inexistência de vítima identificável.

D) Os crimes omissivos impróprios são aqueles que, embora previstos como consequência de conduta comissiva, podem, eventualmente, serem praticados por omissão. É o caso do delito de omissão de socorro.

E) Os crimes de perigo abstrato são os delitos que causam efetiva exposição do bem jurídico tutelado a perigo, devendo haver indicação do risco, o qual não pode ser presumido.

Questão 2

(IDECAN – 2022 – TJ-PI – Oficial de Justiça e Avaliador) A classificação dos delitos é de suma importância para o estudo do Direito Penal, tendo em vista que permite ao estudante a compreensão das características de um determinado crime e, por consequência, facilitar o entendimento dos delitos em espécie. A doutrina possui uma classificação dos crimes quanto ao sujeito, que se divide em crimes comuns, crimes próprios e crimes de mão própria. As alternativas abaixo enumeram crimes próprios, à exceção de uma. Assinale-a.

A) abandono de incapaz (art. 133 do CP).
B) furto de coisa comum (art. 156 do CP).
C) prevaricação (art. 319 do CP).
D) infanticídio (art. 123 do CP).
E) aborto (art. 124 do CP).

Questão 3

(FGV – 2022 – PC-AM – Perito Legista) O conceito de tipo penal formulado pelo penalista alemão Hans Welzel consiste numa figura puramente conceitual com pretensões de descrição concreta da conduta proibida. Os tipos penais podem ser classificados de formas diversas pela dogmática jurídico-penal. Acerca do tema, assinale a afirmativa incorreta.

A) O crime plurissubsistente pressupõe concurso necessário, isto é, exige o concurso de, no mínimo, duas pessoas.
B) O crime omissivo próprio consiste no fato de o agente deixar de realizar determinada conduta, tendo a obrigação jurídica de fazê-lo.
C) O crime habitual é constituído de uma reiteração de atos, penalmente indiferentes de per si, porém, em seu conjunto caracterizam um delito único.
D) O crime permanente é aquele crime cuja consumação se prolonga no tempo.
E) O crime de mão própria é aquele que só pode ser praticado pelo agente pessoalmente, não podendo utilizar-se de interposta pessoa.

Questão 4

(Instituto Access – 2022 – TJ-PB – Juiz Leigo) Tício, funcionário público, praticou crime de peculato. Tício agiu em conjunto com Mévio, que, embora não fosse funcionário público, sabia da condição de Tício, de sua intenção delituosa e com ele colaborou para a prática do ilícito. Inclusive, a atuação de Mévio foi essencial ao sucesso da empreitada. Nesse sentido, assinale a afirmativa correta.

A) Apenas Tício deverá responder por peculato; Mévio responderá por outro delito, pois não é funcionário público.

B) Apenas Tício deverá ser considerado autor do delito de peculato, pois é o único que ostenta a condição de funcionário público. Mévio deverá ser considerado apenas partícipe.

C) Tício e Mévio deverão responder por peculato, pois referida circunstância, elementar do tipo, comunica-se ao outro autor do delito.

D) Apenas Tício deverá responder por peculato. Mévio, como não ostentava a condição de funcionário público, não deverá ser responsabilizado por nenhum delito, pois não cabe analogia prejudicial ao réu.

Questão 5

(IDECAN – 2023 – SEFAZ-RR – Técnico de Tributos Estaduais) Acerca do dolo e da culpa no âmbito penal, analise os itens abaixo:

I. O crime preterdoloso é aquele em que o agente age com o chamado dolo culposo.

II. Pelo resultado que agrava especialmente a pena, só responde o agente que o houver causado ao menos culposamente.

III. A depender do nexo de causalidade, se o agente der causa ao resultado por imperícia, é possível que o crime seja doloso ou culposo.

Está(ão) correto(s) o(s) item(ns):

A) apenas I.
B) apenas II.
C) apenas III.
D) apenas I e II.
E) I, II e III.

Questão 6

(FGV – 2022 – PC-AM – Perito Legista) Em relação ao aborto preterdoloso, é correto afirmar que

A) ocorre quando a mãe sofre algum tipo de violência em qualquer fase da gestação e o feto nasce morto por qualquer motivo.

B) o elemento dolo do crime corresponde a causar lesões na mãe, independente de ser conhecido seu estado gravídico.

C) ocorre quando o agressor não sabe da gestação e, portanto, não tem intenção de matar o feto.

D) ocorre quando o autor sabe da gravidez e tem intenção de matar o feto.

E) ocorre quando o autor sabe da gravidez e, mesmo não tendo intenção de matar o feto, assume o risco ao agredir uma gestante.

GABARITO: 1. A; 2. C; 3. A; 4. C; 5. B; 6. E.

CAPÍTULO 12

Fato típico

Maria Augusta Diniz

1. INTRODUÇÃO

Quando estudamos o conceito analítico, vimos que o crime é composto por três elementos ou substratos: fato típico, ilicitude e culpabilidade. Essa estrutura é adotada desde o século XIX e prevalece até hoje. O que varia, dentre os principais sistemas de delito (clássico, neoclássico e finalista), é o conteúdo de cada um desses elementos, como veremos a partir deste capítulo.

Para que cheguemos à conclusão de que um comportamento humano é criminoso e, por isso, será sancionado com uma pena, é necessário que passemos por toda essa estrutura, iniciando pela verificação do **fato típico**.

Por sua vez, para que digamos que um fato é típico, é necessário que haja uma **conduta** causadora de um **resultado**. Deve, portanto, haver um **nexo causal** ou **nexo de causalidade** entre o comportamento praticado e o evento que ele causou. E tanto essa conduta quanto esse resultado devem estar expressamente descritos em uma norma, em um tipo penal, o que se denomina **tipicidade**.

O fato típico, portanto, é dotado de quatro elementos: **conduta**, **resultado**, **nexo de causalidade** e **tipicidade**

Pode ocorrer, todavia, de o tipo penal não descrever um resultado naturalístico (que é aquele que modifica o mundo exterior e, por isso, pode ser percebido por nossos sentidos, como a visão). Nesse caso, não há que se falar em resultado e nexo de causalidade.

Ademais, existem, no Código Penal, tipos que ampliam a punibilidade de certos comportamentos, mesmo que eles não tenham causado o resultado previsto. É o que ocorre, por exemplo, com a tentativa. É o caso de alguém que, com intenção homicida, dispara arma de fogo contra seu inimigo, que não morre por ter recebido pronto e eficaz atendimento médico. Temos uma conduta (disparo), mas não o resultado (morte) previsto no tipo penal (art. 121 do Código Penal).

Se não fosse outro tipo penal (art. 14, II, do Código Penal) possibilitando a punição do agente que não obtém o resultado ilícito visado em razão de circunstâncias alheias à sua vontade, o atirador restaria impune. Afinal, só pode ser punido penalmente quem pratica um fato típico, ilícito e culpável. E, para que o fato seja típico, deve a conduta praticada se encaixar, com perfeição, àquela descrita no tipo penal.

Da mesma forma, existem tipos que não preveem a ocorrência de um resultado naturalístico para sua caracterização ou mesmo que o preveem, mas o dispensam para a consumação. Citemos, por exemplo, os crimes de mera conduta e os formais.

Por isso, podemos concluir que nem todos os crimes acarretarão um resultado perceptível, físico, descrito na norma. Quando isso ocorrer, a avaliação do fato típico, pelo operador do Direito, deve se restringir, no mundo real, ao exame da conduta e da tipicidade. O resultado e o nexo causal serão avaliados tão somente sob o prisma jurídico.

Passemos, então, à análise de cada um dos elementos do fato típico.

2. CONDUTA

2.1 Conceito

Conduta costuma ser definida como qualquer comportamento humano comissivo (por ação) ou omissivo (por omissão) penalmente relevante.

Embora se costume falar em comportamento *humano*, a jurisprudência dos nossos tribunais superiores aceita a possibilidade de a pessoa jurídica praticar crimes.

Dizemos que o comportamento é penalmente relevante quando dotado de tipicidade, antijuridicidade e culpabilidade (categorias estudadas mais à frente). Se faltar quaisquer desses elementos, estaremos diante de um indiferente penal. Não haverá crime, embora o comportamento possa ter importância para outros ramos do Direito (como o direito civil ou administrativo).

Verificar a caracterização da conduta é, portanto, o ponto de partida do operador do direito penal. No mundo natural, físico (não jurídico), existem ações e omissões que não correspondem a um tipo penal. É o exemplo do incesto, que, embora socialmente reprovável, não é descrito, em nenhuma norma penal, como proibido (não há nenhum tipo penal que o proíba).

O contrário, todavia, não é verdadeiro: todo tipo corresponde a uma conduta. Todos os tipos penais descrevem um *comportamento* penalmente proscrito ou prescrito. Para que alguém seja punido penalmente, deve praticar uma *conduta* previamente descrita e proibida em norma penal (ou deixar de praticar uma conduta determinada pela lei penal). Jamais poderá alguém ser penalizado por um modo de ser. Seria, por exemplo, inconstitucional um tipo penal que proibisse a pessoa ser homoafetiva.

Caso contrário, estaríamos diante do direito penal do autor, que proíbe certas formas de a pessoa manifestar sua personalidade, vale dizer, o agente é punido por seu modo de ser no presente ou no passado, independentemente de ter praticado um fato juridicamente relevante. Essa, inclusive, é a razão pela qual muitos doutrinadores repudiam a previsão, no art. 59 do Código Penal, da *conduta social* e da *personalidade* como circunstâncias aptas a majorar a pena-base.

Doutrinariamente, algumas teorias buscaram definir o conceito de ação, o que é necessário para que saibamos se determinado comportamento pode ser sancionado penalmente. É, inclusive, o primeiro questionamento que devemos fazer para saber se estamos ou não diante de um crime.

Caso cheguemos à conclusão de que determinado comportamento não é uma *conduta*, já eliminamos a possibilidade de ele ser criminoso. Caberá, então, verificar, nos demais ramos do Direito, se ele constitui um ilícito extrapenal.

Vamos, então, conferir as principais teorias que buscaram definir o conceito de *conduta*. Antes, porém, registremos que o termo conduta é o gênero do qual são espécies a **ação** e a **omissão**. Embora as teorias a seguir sejam conhecidas como teorias *da ação*, são, na verdade, teorias da conduta.

2.2 Teorias da ação

2.2.1 Teorias causalistas

As teorias causalistas foram propostas pelos partidários da teoria clássica de crime e tinham como pressuposto o conceito de ação com base na causalidade. Foram elaboradas no início do século XIX, que foi marcado pelo apogeu das ciências naturais (leis da física), as quais influenciaram fortemente o Direito.

Nessa época, que recebeu influência das Leis de Newton, procurou-se, no Direito, estabelecer relações de causalidade **físicas** entre ações e resultados proibidos. Determinado comportamento, para ser punido penalmente, deveria ter *causado* um evento típico visível no mundo exterior, perceptível por nossos sentidos.

A relação de causa e efeito das ciências naturais foi, então, aproveitada pelas ciências jurídicas. Sendo assim, utilizou-se a mesma relação de causalidade física para dizer que, da mesma forma que, se eu soltar um objeto no ar, a força da gravidade faz com que ele caia no chão e quebre (sendo meu ato a causa do resultado), se eu dou um soco em alguém, lesionando-o, sou a causadora desse evento lesivo.

Existem duas principais teorias causalistas:

a) **Teoria clássica, mecanicista, naturalista ou causal-naturalista:** idealizada por Liszt, Beling e Radbruch, conduta *é o movimento humano voluntário que produz uma modificação no mundo exterior*.[1] O ser humano, por meio de um movimento corpóreo, produz objetivamente uma modificação no mundo exterior.

Não importa, nesse momento, se ele agiu com dolo ou culpa, mas apenas se houve uma relação de causa e efeito. O elemento subjetivo, para essa teoria, está alocado na culpabilidade e, portanto, sua presença só será analisada após a verificação da tipicidade e da antijuridicidade. Por isso, não há que se falar em conduta dolosa ou culposa, mas apenas em conduta voluntária. O indivíduo praticou-a por vontade (porque quis), tendo o controle sobre ela, não importando qual seja a finalidade.

Tomemos o seguinte exemplo: "A" estava dirigindo seu veículo de forma prudente quando, repentinamente, uma criança passa correndo na frente e é atingida. Para a teoria causal-naturalista, houve um movimento (ato de conduzir o veículo) causador de uma modificação no mundo exterior (atropelamento). Há, portanto, conduta, devendo o elemento subjetivo (dolo ou culpa) ser avaliado em momento posterior (quando do estudo da culpabilidade). O que importa aqui é que o motorista teve a vontade (ele quis) de conduzir o veículo.

Como leva em consideração o resultado decorrente da ação, a teoria clássica não consegue explicar os crimes omissivos, formais, de mera conduta e tentados.

b) **Teoria causal-normativa, neokantista ou causal-valorativa:** surgiu em momento posterior, mas também baseada na lei da causalidade, idealizada por Edmund Mezger, no âmbito da *teoria neoclássica*, que conceituou a ação como *comportamento humano voluntário manifestado no mundo exterior*.[2] Adotando a ideia de comportamento (em vez de ação), buscou-se incluir, no conceito de conduta, a omissão.

2.2.2 Teoria final ou finalista

Criticando as teorias causalistas, por construir o conceito de ação com base em processos causais desencadeados por qualquer ato manifestado pela vontade do agente sem levar em consideração a sua finalidade, Welzel criou a teoria finalista da ação.[3]

Para ela, ação *é o exercício de uma atividade final*. É um comportamento humano consciente e voluntariamente dirigido a um fim. Não basta que o sujeito tenha a vontade de realizar o comportamento; a finalidade buscada deverá

---

[1] CUNHA, Rogério Sanches. *Manual de Direito Penal – Parte Geral (arts. 1º ao 120). Volume único.* São Paulo: Juspodivm, 2021. p. 258.
[2] CUNHA, Rogério Sanches. *Manual de Direito Penal – Parte Geral (arts. 1º ao 120). Volume único.* São Paulo: Juspodivm, 2021. p. 261.
[3] CUNHA, Rogério Sanches. *Manual de Direito Penal – Parte Geral (arts. 1º ao 120). Volume único.* São Paulo: Juspodivm, 2021. p. 265.

ser considerada, podendo ser ilícita (quando atua com dolo) ou lícita (quando causou um resultado típico não querido por culpa).

O elemento subjetivo (dolo ou culpa) foi, portanto, deslocado da culpabilidade para a conduta, que é elemento integrante da tipicidade. Por isso, a teoria finalista comporta tanto o conceito bipartido de delito (crime como fato típico e ilícito, sendo a culpabilidade um pressuposto da aplicação de pena) quanto o tripartido (crime como fato típico, ilícito e culpável).

2.2.3 Teoria social da ação

Idealizada por Johannes Wessels,[4] esta teoria define ação como sendo o comportamento jurídica e socialmente relevante, dominado ou dominável pela vontade. Como se percebe, foram agregados elementos das teorias causal e final, acrescentando a *relevância social*. A ideia é a de que uma conduta só pode ser considerada criminosa quando constitua um fenômeno socialmente danoso. Um fato jamais poderá ser considerado criminoso e, ao mesmo tempo, ser apoiado ou tolerado pela sociedade (teoria da adequação social).

Por isso, o direito penal só deveria se ocupar de condutas voluntárias que produzissem um resultado socialmente reprovado (com relevância social, por afrontar o sentimento de justiça, o senso de normalidade ou de adequação social da coletividade). A reprovabilidade social passa a integrar o conceito de conduta e, assim, busca-se aproximar a realidade jurídica da social.

Segundo essa teoria, por exemplo, a conduta do tatuador não é típica, pois as lesões corporais por ele praticadas são socialmente aceitas.

A aplicação desse conceito é bastante criticada, uma vez que acarretaria a derrogação do direito positivo pelo consuetudinário. Bastaria a aceitação social para que o comportamento, embora proibido pela norma penal, não pudesse mais ser punido.

Ora, o art. 2º da Lei de Introdução às Normas do Direito Brasileiro determina que, "não se destinando à vigência temporária, a lei terá vigor até que outra a modifique ou revogue". Isso significa que cabe ao legislador (e não ao juiz) retirar, do ordenamento jurídico, as normas que não mais se compatibilizam com a sensação de justiça da sociedade.

Ademais, o conceito de adequação social é demasiadamente vago, desprovido de precisão dogmática, e, por isso, pode levar à insegurança decorrente de subjetivismo excessivo.

2.2.4 Teorias funcionalistas

Podemos observar que as teorias supramencionadas tratam a conduta (comportamento humano) como ponto de partida da análise do crime. Para

---

[4] CUNHA, Rogério Sanches. *Manual de Direito Penal – Parte Geral (arts. 1º ao 120). Volume único.* São Paulo: Juspodivm, 2021. p. 268.

elas, o intérprete, em primeiro lugar, analisa se a ação ou a omissão praticada causou um resultado típico no mundo exterior ou se gerou perigo para um bem jurídico penalmente tutelado, qual a finalidade da conduta e se ela é socialmente relevante (a depender da teoria adotada). A partir daí, passará à pesquisa dos demais elementos do crime.

Ocorre que, na década de 1970, na Alemanha, começou-se a questionar a aplicação, em especial no direito penal, de realidades ontológicas preconcebidas e imutáveis (ação, causalidade etc.), o que o tornaria uma ciência hermética, fechada, distante da realidade social e da política criminal ora implementada. Surgiram, então, as chamadas *teorias funcionalistas*, que buscaram priorizar os fins do direito penal. Conquanto não se tratem de teorias específicas da conduta, elas propagam que todo e qualquer tratamento jurídico dispensado ao caso concreto deverá se dar sob as lentes das finalidades reitoras do direito penal. Quando da aplicação das normas penais, segundo as mencionadas teorias, devem ser cumpridas as missões e funções anteriormente definidas pelas políticas criminais em vigor.

São duas as principais teorias funcionalistas, a seguir explicadas.

2.2.4.1 Funcionalismo teleológico, teleológico-racional, dualista ou moderado

O funcionalismo teleológico foi desenvolvido por Claus Roxin[5] a partir da premissa de que a função maior do direito penal é proteger a sociedade. E, para isso, são tutelados os bens jurídicos essenciais à sua manutenção e desenvolvimento. Não basta, pois, que se realize uma conduta descrita em lei como crime; deve-se perquirir se o comportamento é apto a pôr em perigo os interesses protegidos pela norma penal.

Em outras palavras, se não há exposição do bem jurídico a risco, a conduta não desrespeitou os fins do direito penal e, portanto, é atípica (princípio da insignificância). Sendo assim, para o funcionalismo teleológico ou moderado, "conduta é o comportamento humano voluntário, causador de relevante e intolerável lesão ou perigo de lesão ao bem jurídico tutelado pela norma penal"[6].

Isso porque as proibições e determinações contidas nas normas penais devem servir para regular os comportamentos em sociedade, obrigando seus integrantes a exercer sua função social e, com isso, propiciando o regular funcionamento do sistema.

2.2.4.2 Funcionalismo radical ou sistêmico

Outra vertente do funcionalismo foi apresentada por Günther Jakobs,[7] que considera que a função da norma é reafirmar a autoridade do Direito, assegu-

---

[5] RAZABONI JUNIOR, Ricardo Bispo; LAZARI, Rafael José Nadim de. Sistema Penal Funcionalista e o Direito Penal do Inimigo. *Cadernos do Programa de Pós-Graduação em Direito UFRGS*, Porto Alegre, v. XII, n. 1, p. 379-398, 2017.

[6] CUNHA, Rogério Sanches. *Manual de direito penal*: parte geral (arts. 1º ao 120). Volume único. 10. ed. Salvador: Juspodivm, 2021. p. 271.

[7] RAZABONI JUNIOR, Ricardo Bispo; LAZARI, Rafael José Nadim de. Sistema Penal Funcionalista e o Direito Penal do Inimigo. *Cadernos do Programa de Pós-Graduação em Direito UFRGS*, Porto Alegre, v. XII, n. 1, p. 379-398, 2017.

rando a vigência e o funcionamento do sistema social. A prática criminosa não é vista sob a ótica da violação de bens jurídicos protegidos, mas como uma agressão à engrenagem, ao sistema social.

Cabe ao Estado regular comportamentos necessários para o funcionamento da sociedade a partir de conveniências do sistema e, para tanto, poderá incriminar condutas que causem perigo abstrato ou tipificar delitos de mera conduta. O que importa mesmo é a manutenção das ordens social e jurídica. O direito penal deverá garantir a obediência à norma e, consequentemente, do sistema estatal como um todo, punindo o infrator que o desrespeitar, independentemente de haver, ou não, lesão ou ameaça a bens jurídicos protegidos.

Ação, para Jakobs, é a expressão de um sentido que consiste na causação individualmente evitável, isto é, dolosa ou imprudente, de determinadas consequências. São evitáveis aquelas causas que não se produziriam se concorresse uma motivação dirigida a evitar as consequências.

A teoria em comento causa muita polêmica, pois dá azo a ações totalitárias por parte do Estado, legitimando, em última análise, ideias subjacentes ao direito penal do inimigo.

2.2.5 Teoria da ação significativa (significatismo)

O conceito significativo de teoria de delito foi proposto por Tomás Salvador Vives Antón na década de 1990, na busca de se oferecer um modelo mais adequado do que o proposto pelo finalismo e pelo funcionalismo.[8] Para tanto, substituiu-se o conceito de ação típica pelo de "tipo de ação", que seria o ponto de partida da organização do sistema de atribuição de responsabilidade penal. O tipo de ação representaria uma "pretensão conceitual de relevância", o que significa que o *operador do direito* deve identificar, na situação concreta, se a ação ou omissão realizada é uma daquelas que pertencem ao âmbito do interesse do direito penal (se houve relevância).

Para isso, ele deve desconsiderar a finalidade do agente, levando em conta o significado linguístico do comportamento de acordo com o direito posto (normas). Diferenciam-se fatos (que não têm significado linguístico e correspondem a meras descrições da realidade) de ações (que possuem sentido, significado). Um fato (realizado pelo homem no mundo do ser) será considerado ação ou omissão penalmente relevantes após o operador do direito dar-lhe esse significado, o que é feito a partir da interpretação da norma.

Em outras palavras: uma conduta (mero acontecimento) só é penalmente relevante porque recebeu um sentido, o que resultou do processo de interpretação em conformidade com a norma vigente. Para que se chegue a esse sentido, é necessário que se leve em consideração duas pretensões:

---

[8] MASSON, Cleber. *Direito penal: parte geral (arts. 1º a 120)*. 15. ed. Rio de Janeiro: Forense/Método, 2021. v. 1. p. 201.

a) pretensão conceitual de relevância, ou seja, é preciso que se conclua que a conduta praticada no plano ontológico (desenvolvida no mundo do ser e perceptível aos sentidos humanos) apresente um significado correspondente àquele descrito pela norma incriminadora; e

b) pretensão de ofensividade, pois o intérprete deve concluir que o bem jurídico digno de proteção penal foi atacado de modo grave o suficiente para que haja a intervenção do direito penal.

É como ocorre em relação à linguagem. Para que haja uma comunicação eficaz, é necessário que o contexto seja levado em consideração. O significado adequado de uma palavra ou frase depende do contexto em que ela é usada. Da mesma forma, um comportamento humano poderá apresentar vários significados, mas o que interessa para o direito penal é aquele resultante da interpretação da norma. E, para isso, é imprescindível que se tenha em mente o contexto em que ele ocorra.

No exemplo trazido por Paulo César Busato: "não se pode afirmar que um tapa no rosto seja uma lesão corporal, uma injúria, um cumprimento rude ou até mesmo um ato reflexo sem uma análise das circunstâncias em que ocorre, para verificação de como deve ser interpretado e compreendido referido tapa, até mesmo para a definição de se pode mesmo ser considerado um tapa"[9].

E, para a atribuição do significado, as ações dependem das regras e normas que a definam. Daí por que só existe a conduta de matar alguém porque uma norma a define como relevante para o Direito. O mesmo não ocorre em relação a matar um inseto, que constitui um fato, um mero acontecimento destituído de sentido jurídico.

2.3 Espécies de conduta

Conduta é um comportamento que pode ser exteriorizado por meio de uma **ação** ou de uma **omissão**. A ação tem um significado positivo, correspondendo a um movimento no mundo exterior, perceptível pelos sentidos humanos. É um fazer. São tipificadas como infrações penais por meio de **normas proibitivas**, as quais descrevem ações que, realizadas, poderão ensejar a punição de seu autor.

a) Omissão: é a ausência de uma ação, um não fazer aquilo que devia ter sido feito em razão de determinação do ordenamento jurídico penal. São tipificadas por intermédio de **normas preceptivas**, que são aquelas que exigem uma determinada ação, um fazer.

A omissão pode ensejar duas espécies de crime: os omissivos próprios ou puros e os omissivos impróprios (espúrios ou comissivos por omissão).

a.1) Crimes omissivos próprios ou puros: a omissão (conduta negativa) é descrita no tipo penal, como ocorre nos crimes de omissão de socorro e de omissão de notificação de doença, como se verifica a seguir:

---

[9] BUSATO, Paulo César. *Direito penal:* parte geral. 2. ed. São Paulo: Ed. Atlas, 2015. v. 1. *E-book.*

CP, Art. 135. **Deixar de prestar** assistência, quando possível fazê-lo sem risco pessoal, à criança abandonada ou extraviada, ou à pessoa inválida ou ferida, ao desamparo ou em grave e iminente perigo; ou *não pedir*, nesses casos, o socorro da autoridade pública. (grifo nosso)
CP, Art. 269. **Deixar** o médico **de denunciar** à autoridade pública doença cuja notificação é compulsória. (grifo nosso)

Como se percebe, os tipos transcritos narram condutas negativas (não fazer), o que significa que a norma impõe ao agente, diante das situações mencionadas, uma conduta positiva. No primeiro caso (omissão de socorro), há uma determinação geral, podendo qualquer pessoa praticar a conduta. No segundo, temos um caso de crime omissivo próprio que também é considerado próprio em relação à qualidade do sujeito ativo, pois só o médico poderá cometê-lo (exige-se uma qualificação especial do sujeito).

São delitos unissubsistentes, pois o sujeito ou age (atendendo a determinação legal) ou deixa de agir (em tempo considerado razoável de acordo com as condições do caso concreto), e, por isso, não admitem tentativa. Ademais, em regra, são crimes de mera conduta, não havendo previsão de resultado naturalístico.

a.2) Crimes omissivos impróprios, espúrios ou comissivos por omissão: são aqueles cometidos em razão da omissão de um agente que tinha o dever legal de agir para impedir o resultado. Decorrem da aplicação conjunta de uma norma proibitiva (descreve uma ação) com a norma de extensão prevista no art. 13, § 2º, do Código Penal. Esta determina que "a omissão é penalmente relevante quando o omitente *devia e podia* agir para *evitar o resultado*" e que o *dever de agir* incumbe a quem: a) tenha, por lei, obrigação de cuidado, proteção ou vigilância (dever legal); b) de outra forma, assumiu a responsabilidade de impedir o resultado (posição de garantidor); c) com seu comportamento anterior, criou o risco da ocorrência do resultado (ingerência).

Tragamos, como exemplo, o tipo previsto no art. 121 do Código Penal, que estabelece: "matar alguém – pena: reclusão, de seis a vinte anos". Como se percebe, há a descrição de uma conduta positiva (matar) e, por isso, trata-se de uma norma proibitiva (quem matar alguém poderá ser punido com a pena de reclusão de seis a vinte anos). É, pois, um crime comissivo ou de ação.

Ocorre que, em determinadas situações, a lei impõe que o sujeito atue, aja, manifeste um comportamento no mundo exterior para evitar um resultado possível de ocorrer. Tomemos o exemplo dos pais de uma criança. Eles têm o dever legal de alimentar o filho e, assim, manter a sua sobrevivência. Por isso, caso não o façam e o menor de idade venha a falecer em razão dessa omissão, eles poderão ser responsabilizados pelo resultado morte, como se tivessem dado causa.

Isso significa que um homicídio pode ser praticado por ação (se a mãe ou o pai, por exemplo, coloca veneno no alimento do infante) ou por omissão (quando os sujeitos, conquanto tenham o dever legal de agir para evitar o resultado, tenham se omitido de agir). Neste último caso, configurado o crime omissivo impróprio.

Os crimes omissivos espúrios são crimes materiais, exigindo, portanto, a ocorrência do resultado naturalístico. Por essa razão, admitem tentativa. Dessa forma, caso os pais não estejam dolosamente alimentando o filho pequeno, mas o resultado morte não ocorra em razão da atuação da avó da criança, estaremos diante de uma hipótese de homicídio tentado.

2.4 Elementos da conduta

Diante de todo o exposto e adotando, com a maioria, o conceito finalista de conduta, podemos concluir que a conduta é formada pelos seguintes elementos:

a) Conduta propriamente dita (atuação positiva ou negativa): praticada por um ser humano (ou por pessoa jurídica nos casos expressamente previstos em lei).

b) Vontade: apenas condutas voluntárias (decorrentes da vontade do agente) interessam ao direito penal (pois não se admite a responsabilidade objetiva). A vontade deve abranger não só o objetivo pretendido, mas também os meios usados na execução.

c) Finalidade: o ato (em sentido amplo) de vontade deve ser dirigido a um fim, que pode ser ilícito (no caso de dolo) ou lícito (não tendo o sujeito agido com o dever objetivo de cuidado, no caso de culpa).

d) Atuação no mundo exterior: pois o querer interno do agente não é idôneo a lesar ou expor a perigo os bens jurídicos protegidos.

2.5 Exclusão da conduta

Como visto anteriormente, a vontade é um dos elementos da conduta. Por isso, sendo o ato involuntário (ou seja, não decorrendo da vontade do sujeito), não há que se falar em conduta. Partindo dessa premissa, são hipóteses de ausência de conduta:

a) Caso fortuito e força maior: são acontecimentos *imprevistos e inevitáveis*, que fogem da alçada da vontade do sujeito. Embora não haja unanimidade doutrinária em relação aos conceitos, podemos considerar caso fortuito o acontecimento imprevisto ou inevitável decorrente da ação humana (a exemplo de greves, guerras) e força maior, o evento imprevisto e inevitável proveniente de força da natureza (como terremotos, enchentes).

b) Atos reflexos: são uma reação automática do organismo a certos estímulos sensitivos. É o caso do sujeito que chuta um objeto, danificando-o, após o médico bater com o martelinho em seu joelho. Trata-se do reflexo rotuliano, puramente fisiológico, que é automático, não sendo controlável pela vontade do sujeito.

O ato reflexo não se confunde com os atos automáticos, decorrentes da automatização do comportamento. Estes advêm de inúmeras repetições de ações, fazendo com que nosso cérebro repita modelos mesmo sem que o sujeito esteja intencionalmente (conscientemente) direcionando sua atenção. Cite-se, por exemplo, o ato de dirigir. Com a prática, passamos a conduzir veículos automotores de forma automática, sem prestar atenção aos comandos de acelerar, frear ou trocar marchas. Todavia, esse comportamento automatizado pode ser controlado pela vontade, após o direcionamento da atenção.

Da mesma forma, o ato reflexo não é o mesmo que as chamadas "ações de curto-circuito", as quais decorrem de um atuar impulsivo provindo de paixões ou emoções violentas. É o caso da mulher que desfere um soco no rosto do sujeito que passou a mão na sua nádega. A reação decorreu de raiva, mas era controlável pela vontade.

c) Coação física irresistível: ocorre quando a ação ou a omissão decorreu de uma força corporal exercida sobre o indivíduo. É também chamada de *vis absoluta*. Ocorre, por exemplo, quando alguém exerce força sobre a mão de outrem, fazendo com que ele pressione o gatilho de um revólver. Este nada mais é do que um instrumento nas mãos daquele que, efetivamente, foi quem praticou a conduta. Não há vontade (nem opção) por parte de quem agiu compelido fisicamente.

Não deve, no entanto, ser confundida com a coação moral irresistível, que pode excluir a culpabilidade em razão de inexigibilidade de conduta diversa. Nesse caso, o compelido mantém sua vontade, embora viciada, e, por isso, não há que se falar em exclusão da conduta.

d) Sonambulismo, hipnose e demais estados de inconsciência: nesses casos, não há vontade e, assim, ausente a conduta.

3. RESULTADO

Resultado é a consequência gerada pela conduta do agente. Existem, no direito penal, duas espécies de resultado, a saber:

a) Resultado naturalístico ou material: é a modificação ocorrida no mundo exterior perceptível pelos sentidos humanos. É um resultado exterior à ação, que está descrito na conduta proibida do tipo penal. É a morte, no caso do homicídio, ou a subtração, no furto. Está previsto nos tipos dos crimes materiais e formais.

b) Resultado jurídico ou normativo: é a lesão ou a exposição a perigo do bem jurídico tutelado, que causa uma modificação no mundo jurídico. Portanto, não existe infração penal sem resultado jurídico, o que é decorrência natural do princípio da ofensividade ou lesividade. Os crimes de mera conduta ou de simples atividade só são aptos a acarretar o resultado jurídico.

4. NEXO DE CAUSALIDADE

Nexo causal ou nexo de causalidade é o vínculo entre a conduta do agente e o resultado dela decorrente. Está disciplinado no art. 13 do Código Penal, o qual dispõe: "o resultado, de que depende a existência do crime, somente é imputável a quem lhe deu causa. Considera-se causa a ação ou omissão sem a qual o resultado não teria ocorrido".

Quando o dispositivo alude ao resultado *de que depende a existência do crime*, refere-se aos crimes materiais, pois os formais e os de mera conduta não dependem de resultado físico para existirem. Trata-se, pois, do **resultado naturalístico ou material**, que é a modificação no mundo exterior perceptível pelos sentidos humanos (resultado que é exterior à ação).

Perquirir a ocorrência do nexo de causalidade significa verificar se o resultado produzido no mundo exterior foi causado pela conduta (comissiva ou omissiva) do agente, para que seja considerado como *obra dele*. Caso contrário, o sujeito não pode responder pelo evento.

Para o direito penal, não há diferença entre causa (aquilo que faz com que algo exista ou aconteça), condição (o que permite, à causa, produzir o seu efeito) e ocasião (circunstância acidental que influencia na produção da causa). Todas elas são consideradas igualmente como caracterizadoras do nexo de causalidade.

4.1 Teorias

Existem várias teorias que buscam fixar critérios para a verificação do nexo de causalidade entre uma conduta e um resultado. As principais são:

4.1.1 Teoria da Equivalência das Condições (Teoria da Equivalência dos Antecedentes Causais, Teoria da Condição Simples ou Generalizadora ou Teoria da Conditio Sine Qua Non)

A Teoria da Equivalência das Condições foi idealizada por Julius Glaser no final do século XIX e preconiza que são causas de um resultado todas as condições que, de alguma forma, contribuíram para sua causação.[10] Não importa se a contribuição foi ou não importante, bastando que, de alguma forma, tenha influenciado no resultado. É a teoria adotada pelo *caput* do art. 13 do Código Penal brasileiro, o qual é expresso ao considerar causa *a ação ou omissão sem a qual o resultado não teria ocorrido*. Baseia-se, portanto, na relação de causa e efeito (causalidade natural).

Para que se saiba, no caso concreto, se há essa relação de causa e efeito, o sueco Thyrén, em 1894, propôs o chamado **método de eliminação hipotética**, que consiste na supressão mental da condição questionada, imaginando-se que ela não tenha ocorrido e verificando-se o resultado que adviria.[11] Se ele desaparecesse ou ocorresse de forma diversa, a condição suprimida seria considerada causa, existindo nexo causal. Caso contrário, a conduta deveria, desde logo, ser excluída.

---

[10] QUEIROZ, Paulo. *Direito Penal*: Parte Geral. 2. ed. São Paulo: Saraiva, 2005. p. 160.
[11] MASSON, Cleber. *Direito penal: parte geral (arts. 1º a 120)*. 15. ed. Rio de Janeiro: Forense/Método, 2021. v. 1. p. 209.

Esse método foi criticado, pois, se aplicado ao pé da letra, poderia acarretar um **regresso infinito**, como se percebe no exemplo a seguir: "A", após fumar um cigarro fornecido por um colega de trabalho, vai até a casa do seu amigo "B", que é policial militar, e, aproveitando-se da confiança mantida entre eles, furta o revólver que estava na gaveta de seu armário e, em seguida, vai ao encontro de seu inimigo "C" e, por vingança, efetua contra ele disparos, matando-o. Avaliando, com base no processo hipotético de eliminação de Thyrén, quais das condutas presentes na hipótese foram causas do resultado morte, chegaríamos a tais conclusões:

a) o comportamento do colega de trabalho, consistente em fornecer o cigarro, não é causa do resultado, pois em nada contribuiu para ele;

b) o comportamento do amigo "B", consistente em deixar a arma de fogo na gaveta do armário, é causa do resultado, uma vez que, se "A" não tivesse tido acesso ao artefato, o resultado não teria ocorrido;

c) o fabricante do revólver também é causador da morte de "C", que não teria ocorrido se a arma não tivesse sido confeccionada;

d) os pais de "A" também deram causa ao resultado, pois, se o filho não tivesse nascido, não teria praticado o crime.

Entendo, no entanto, que a crítica é legítima quando se opta pela adoção da perspectiva clássica de crime, que adota a teoria causalista de conduta e aloca o elemento subjetivo dolo/culpa na culpabilidade. Nela, o resultado seria imputado também a "B", ao fabricante da arma e aos pais de "A", que não seriam condenados por não terem agido com dolo ou culpa (espécies da culpabilidade).

Com o traslado do elemento subjetivo (dolo/culpa), pela perspectiva finalista, para a tipicidade (mais especificamente para a conduta), quaisquer ações ou omissões desprovidas de dolo ou culpa serão afastadas e, assim, não poderão ter uma relação (nexo causal) com o resultado.

Dessa forma, ao receber o caso hipotético proposto, o juiz, após constatar a ocorrência da causalidade natural ("utilizando o método hipotético de eliminação"), deverá perquirir quais comportamentos envolvidos caracterizam conduta, o que exige a investigação do dolo ou da culpa. Para que determinado sujeito responda pelo evento, não basta a causalidade física, sendo necessária a configuração também da **causalidade psíquica** (*imputatio delicti*), que se perfaz com a presença de dolo ou culpa na conduta. Afinal, a análise do nexo de causalidade é posterior à da existência da conduta dolosa ou culposa.

No exemplo citado, o amigo "B" não atuou com dolo ou culpa com relação ao resultado morte de "C". Assim, seu comportamento não é considerado conduta e, por isso, nem chega a integrar o rol de possíveis causas da morte. O mesmo ocorre com o fabricante de armas ou com os pais do sujeito ativo.

No entanto, não nego a dificuldade da aplicação da teoria da equivalência dos antecedentes quando se tratar de causalidade hipotética e causalidade alternativa.

a) **Causalidade hipotética:** ocorre quando o resultado foi antecipado pelo comportamento do sujeito, sendo que ele ocorreria de qualquer maneira. Pense, por exemplo, em uma guerra. Imaginemos que o comandante determine um fuzilamento ilícito e que seu subordinado o obedeça, mesmo sabendo da ilicitude de seu procedimento. Se excluirmos mentalmente a conduta desse subordinado, poderíamos pensar que, mesmo assim, o resultado teria ocorrido, pois o comportamento seria executado por outro subalterno.

Se esse outro subalterno não praticasse a conduta, um outro o faria e assim sucessivamente. Isso permitiria que chegássemos ao extremo de concluir que as mortes provocadas pelo fuzilamento ilícito não tiveram causa.

A mesma situação ocorreria na seguinte hipótese: alguém foi condenado à morte e, antes que o carrasco apertasse o botão que aciona a guilhotina, o pai da vítima o faz, por raiva. Caso o comportamento do pai da vítima fosse eliminado, a morte ocorreria de qualquer forma, razão pela qual não poderia ser considerado causa do resultado. De outra senda, o carrasco não agiu e, portanto, não há que se falar em causalidade do seu não comportamento. Haveria mais um caso de morte sem causa.

b) **Causalidade alternativa:** a crítica fica mais evidente em relação à causalidade alternativa, que ocorre quando duas ou mais causas ensejam o resultado, mas qualquer uma delas, por si só, seria apta para tanto. Imagine que "A" e "B" descobrem que "C" mantém relacionamento amoroso com as duas, simultaneamente e de forma clandestina. Irritadas, cada uma delas, sem que a outra saiba, decide matar o traidor. Determinado dia, "C" encontra "A" e toma o café por ela fornecido, que estava com uma grande quantidade de veneno. Em seguida, vai até a casa de "B", onde novamente toma chá, igualmente envenenado.

Partindo do pressuposto de que ambas as doses são capazes, por si sós, de causar a morte, a aplicação do método de eliminação hipotética levaria à conclusão de que a morte de "C" não teve causa. Afinal, retirada a conduta de "A", o evento dar-se-ia de qualquer forma em razão do comportamento de "B", e vice-versa. Isso resultaria na punição, de ambas as mulheres, por homicídio tentado, quando o correto seria a responsabilização pela forma consumada, porque cada uma, por si só, era suficiente para matar.

Além disso, em muitos casos, o reconhecimento da participação de menor importância poderia acarretar a absolvição do partícipe (art. 29, § 2º, do Código Penal), pois, excluída essa contribuição mínima, o resultado teria ocorrido quando e como ocorreu.

Por isso, para que tenhamos uma perfeita aplicação da teoria da equivalência dos antecedentes causais, é necessário que, ao se aplicar o método hipotético de eliminação, levemos em consideração que o resultado não teria ocorrido *quando e como ocorreu*.

4.1.2 Teoria da Causalidade Adequada (Teoria da Condição Qualificada ou Teoria Individualizadora)

A Teoria da Causalidade Adequada foi desenvolvida por Johannes von Kries e considera causa o antecedente **adequado** para produzir o resultado.[12] Não basta, pois, que a conduta tenha contribuído de qualquer forma com o resultado, devendo ela, de acordo com um juízo de probabilidade ou possibilidade, ser um antecedente adequado à produção do evento.

Esse juízo de probabilidade, por sua vez, é aferido com base na observação dos "fatos da vida", obtidos por **regularidade estatística**, a qual é verificada por meio de um juízo de observação objetiva do **"homem médio"** (com experiência comum e cautela normal). Para tanto, o juiz deve perquirir, de forma objetiva (ou seja, independentemente da análise de culpa ou dolo), se é normal (acontece com frequência) que determinado comportamento acarrete (cause) aquele resultado.

No exemplo *supra*, não é comum que o amigo de um policial adentre sua casa aproveitando-se da relação de confiança mantida entre eles e furte um revólver que estava guardado em local seguro. Da mesma forma, considerando a "regra da vida", não é razoável que se tenha o fabricante da arma ou os pais do homicida como causadores da morte.

Como se percebe, ao inserir, na ideia de causa, a *adequação* do antecedente, essa teoria propiciou a distinção entre as consequências normais daquelas fortuitas, anormais, extraordinárias, que estariam excluídas do nexo causal.

Essa teoria foi adotada, como exceção, pelo § 1º do art. 13 do Código Penal, que dispõe: "a superveniência de causa relativamente independente exclui a imputação quando, por si só, produziu o resultado; os fatos anteriores, entretanto, imputam-se a quem os praticou". O assunto será analisado mais adiante, em tópico próprio.

Não restou, todavia, indene de críticas. Primeiro, porque há doutrinadores que afirmam que essa teoria não trata exatamente da causalidade, mas sim da imputação do resultado ao agente. Uma coisa é a causalidade natural (mera relação de causa e efeito); outra, a causalidade adequada, jurídica, que leva em conta a adequação em se imputar determinado resultado ao agente.

Segundo, pois é possível que um comportamento apresente probabilidade mínima, mas seja, no caso concreto, efetivamente causador do resultado (como no caso de o infrator cometer o crime utilizando meios de execução anormais, incomuns). Para a teoria vertente, por apresentar probabilidade mínima, não seria causa do evento.

Terceiro, em razão do fato de que, ao trabalhar com o conceito de previsibilidade, a teoria estaria antecipando conceitos relacionados à tipicidade, como o do crime culposo.

---

[12] CUNHA, Rogério Sanches. *Manual de Direito Penal – Parte Geral (arts. 1º ao 120). Volume único.* São Paulo: Juspodivm, 2021. p. 325.

4.1.3 Teorias da Imputação Objetiva

As Teorias da Imputação Objetiva surgiram a partir dos estudos de Karl Larenz (em 1927) e Richard Honig (em 1930), e buscam limitar o alcance da Teoria da Equivalência das Condições e aprimorar a Teoria da Causalidade Adequada.[13] Conquanto a nomenclatura possa causar confusões, trata-se de teorias que buscam afastar a imputação do resultado com base em uma análise objetiva (ou seja, *independentemente da análise do dolo ou culpa*). Na atualidade, podemos identificar duas principais teorias da imputação objetiva, desenvolvidas por Claus Roxin (Escola de Munique) e por Günther Jokobs (Escola de Bonn).[14]

Tais teorias estão inseridas na perspectiva funcionalista (pós-finalista) de delito e têm, por finalidade, imputar um resultado a um agente apenas quando este, com seu comportamento, tiver, de fato, criado um *risco não tolerado ou não permitido* ao bem jurídico (repita-se: independentemente da análise de dolo ou culpa).

Como vimos anteriormente, segundo a Teoria da Equivalência dos Antecedentes Causais, se há mera relação de causa e efeito (causalidade natural), há nexo de causalidade. A Teoria da Condição Qualificada, por sua vez, apenas acrescenta uma exigência: que a condição seja adequada. Todavia, em ambos os casos, o executor do comportamento apenas não irá responder em razão da ausência do nexo psíquico (causalidade normativa, consistente do atuar com dolo ou culpa).

Pois bem, as Teorias da Imputação Objetiva também utilizam a Teoria da Equivalência dos Antecedentes (*conditio sine qua non*) como ponto de partida, estabelecendo o nexo causal, em um primeiro momento, com base na relação entre conduta e resultado. Contudo, antes de passar à análise do elemento subjetivo, deve-se verificar se a conduta do agente criou, para a vítima, um risco de lesão intolerável e não permitido, se foi ela quem provocou o resultado com seu comportamento e se houve consentimento. Sendo a primeira resposta positiva, e as demais negativas, imputa-se o resultado ao sujeito e, somente após, será perquirido o dolo ou a culpa (causalidade psíquica).

Expliquemos melhor: tanto para o finalismo quanto para teoria da imputação objetiva (vista como um todo), para que um comportamento seja considerado causa de um resultado, é necessária a configuração da **causalidade objetiva** (que gera a imputação objetiva do resultado) e da **causalidade subjetiva** (que acarreta a imputação subjetiva do resultado).

Para isso, o finalismo faz uso da teoria da equivalência dos antecedentes complementada pela teoria da eliminação: primeiro se investiga se houve **nexo**

---

[13] QUEIROZ, Paulo. *Direito Penal*: Parte Geral. 2. ed. São Paulo: Saraiva, 2005. p. 174.
[14] QUEIROZ, Paulo. *Direito Penal*: Parte Geral. 2. ed. São Paulo: Saraiva, 2005. p. 174.

físico (causalidade natural: mera relação de causa e efeito) para, em seguida, verificar a presença de dolo ou culpa.

A teoria da imputação objetiva, por sua vez, limita a própria causalidade objetiva (física), por entender que não basta o **nexo físico**, devendo estar caracterizado também o **nexo normativo**. Estando eles presentes, o operador passará à análise do elemento subjetivo.

Com isso, o **desvalor da ação**, que se baseava exclusivamente em aspectos subjetivos (desvalor em razão da atuação com dolo ou culpa), passa a apresentar aspectos objetivos (a conduta deverá ter criado ou aumentado um risco intolerável e proibido). Da mesma forma, para que se chegue ao **desvalor do resultado**, não mais bastam verificações objetivas (causa e efeito), exigindo-se também uma análise normativa (se o risco criado pelo agente acarretou o resultado).

Mais uma vez trazendo à baila o exemplo do homicídio de "C", podemos concluir que nem o amigo "B" nem o fabricante do revólver e, muito menos, os pais do assassino criaram um risco, um perigo proibido ou não tolerado à vida de "C", conquanto tenham, de fato, executado comportamentos sem os quais o resultado não teria ocorrido (causalidade natural).

Criou-se, pois, o conceito de **causalidade normativa**, aportando-se novas elementares no tipo objetivo, que serão a seguir analisadas.

4.1.3.1 Pressupostos para a configuração da causalidade normativa

Para que o resultado seja imputado a alguém, são necessárias:

a) A criação de um risco proibido pelo direito ou o incremento de um risco permitido juridicamente relevante

Como já estudado, o direito penal deve proteger os bens mais valiosos e necessários para a manutenção e o desenvolvimento da sociedade. Por outro lado, para que uma sociedade evolua, é imprescindível a criação de certos riscos, como no caso do tráfego viário. É inimaginável cogitarmos retroceder nesse âmbito, pois, sem os veículos automotores, a vida moderna restaria inviabilizada. Mas ninguém duvida de que o trânsito desses meios de transporte é perigoso, vitimando, inclusive, várias pessoas diariamente. Da mesma forma, não é factível uma sociedade sem armas de fogo, instrumentos necessários para o combate da criminalidade e para a própria defesa do território do país.

A vida social encontra-se, dessa forma, repleta de riscos permitidos (não proibidos pelo direito). Existem, ainda, certos riscos que são aceitos ou, pelo menos, tolerados pelas pessoas em prol do impulsionamento da sociedade. Esses riscos deverão ser considerados quando da análise da existência do nexo causal, evitando-se que se tenha como *causa* do resultado o comportamento de quem atuou dentro dos padrões.

Nesses termos, a confecção do revólver, pelo fabricante, não seria considerada causa do resultado morte pela ilícita utilização do artefato (embora o fosse para a teoria tradicional). Afinal, o risco por ele criado é permitido, encontrando-se em conformidade com o direito posto (a atividade foi exercida de forma regular). Não haveria necessidade de justificação (o que acarretaria a exclusão da ilicitude), pois o comportamento sequer seria típico.

A avaliação do risco, segundo a teoria da imputação objetiva, deve ser dar por meio de uma **prognose póstuma objetiva**, quando se questionará se a ação, no caso concreto, criou ou aumentou o risco juridicamente relevante.

Prognose é a suposição, baseada nos eventos e no cotidiano, do que irá acontecer. É como se fosse uma "previsão", no caso em concreto, do que está por vir no momento da ação. Deverá ser *póstuma*, porque o juiz a realizará em momento posterior ao da ocorrência do resultado (vale dizer, quando os fatos já aconteceram). E é *objetiva* por levar em consideração os conhecimentos de um homem prudente, cauteloso, cuidadoso naquela situação específica.

Assim, o operador se comportará como um observador dos fatos desde a execução do comportamento até a eclosão do resultado e raciocinará como um homem cauteloso, perquirindo se a conduta criou ou aumentou uma real possibilidade de dano para o bem jurídico.

b) Realização material do risco no resultado

Não basta a criação ou o aumento do risco. Por exemplo, "A", após o semáforo de pedestres ficar verde, inicia sua trajetória para cruzar a rua, momento em que "B", em seu veículo e do outro lado da via, fura o sinal vermelho em altíssima velocidade. "A" não é atingida por ter rapidamente retornado para a calçada, mas, nesse momento, sofre um roubo e é alvejada por um disparo de arma de fogo, vindo a falecer.

Não há dúvidas de que "B" criou, no caso concreto, risco à vida de "A", que estava atravessando a rua quando o semáforo vermelho foi desrespeitado em alta velocidade. Da mesma forma, fazendo-a retornar para a calçada, oportunizou a ação do ladrão. No entanto, o perigo causado nem indiretamente acarretou o resultado morte provocado por um ladrão quando a vítima já estava segura na calçada.

Outro exemplo é o da filha que, sabendo que um vendaval está por vir, convence o pai a dar uma volta no campo, na esperança de que ele seja atingido por um raio e venha a falecer, deixando-lhe toda sua herança. Se o pai, acatando o conselho, sai para passear e efetivamente é atingido pela descarga elétrica, o comportamento da filha não pode ser tido como causa do evento.

Não importa se o pai teria ficado seguro em casa caso não tivesse sido convencido a passear. O resultado deve ser uma *extensão natural do comportamento*, o que ocorre quando ele se insere na **linha de desdobramento causal normal da ação ou da omissão**.

Nos exemplos citados, não é natural que a ação de empreender alta velocidade em um veículo automotor enseje a morte de alguém por lesões perfurocontundentes (provocadas por disparo da arma de fogo). Da mesma forma, a morte resultante do choque produzido por um raio não consta na linha de desdobramento causal de quem vai dar um passeio no campo.

Para a teoria da equivalência dos antecedentes, por outro lado, ambas as condutas seriam causas da morte. Afinal, caso o veículo não tivesse furado o semáforo, "A" teria completado seu trajeto e não teria sido assaltada na calçada para onde retornara. Nem o pai teria saído para passear e, consequentemente, não teria sido atingido pelo raio. O afastamento da responsabilidade penal dar-se-ia em momento posterior, pela não configuração do tipo subjetivo.

A partir desses critérios, Claus Roxin desenvolveu hipóteses de exclusão da imputação ao tipo objetivo, que serão desenvolvidas no próximo tópico.[15]

4.1.3.2 Exclusão da imputação na teoria da imputação objetiva de Claus Roxin

Para Roxin, para que haja a imputação objetiva do resultado (crimes materiais) em relação a determinado sujeito, devem estar ausentes as situações a seguir listadas.[16]

a) Diminuição do risco

Considere o seguinte exemplo hipotético: "A" está atravessando a rua de forma desatenta, caminhando enquanto digita em seu telefone celular e escuta música por meio de fones de ouvido, não percebendo que um veículo vem em sua direção. Para evitar o atropelamento, "B" corre e empurra "A", que sai da rota do veículo, mas se desequilibra e cai ao chão, sofrendo escoriações nas mãos e joelhos.

Ora, olhando a situação de forma isolada, tem-se que, com o empurrão, "B" criou o risco em relação à queda e às escoriações (lesões corporais) sofridas por "A". Todavia, a cena deverá ser vista em sua integralidade e, nessa condição, não se duvida que, com o impulso, "B" reduziu outro risco (maior e que não foi por ele criado ou aumentado) sofrido por "A".

O comportamento fez foi *melhorar* o estado do bem jurídico e, por isso, não pode ser considerado causa do resultado danoso efetivamente sofrido (lesões). É, portanto, atípico (por ausência de causalidade normativa). Perceba que, pela doutrina tradicional, o caso seria resolvido por meio da excludente de ilicitude consubstanciada no estado de necessidade (sendo o fato típico).

b) Criação ou aumento de um risco juridicamente relevante

Essa é, como vimos, uma das bases da teoria da imputação objetiva. Mesmo que o agente apresente uma mente maliciosa no caso concreto, se seu

---

[15] QUEIROZ, Paulo. *Direito Penal:* Parte Geral. 2. ed. São Paulo: Saraiva, 2005. p. 176.
[16] GRECO, Rogério. *Curso de Direito Penal – Parte Geral.* 23. ed. rev., ampl. e atual. Niterói: Impetus, 2021. v. 1. p. 358.

comportamento não criou um risco proibido ou sequer majorou um já existente, não há que se falar em atribuição do resultado.

É o que ocorre no citado exemplo da filha que convence o pai a dar uma volta, sabedora de que uma tempestade estava por vir e com o desejo malicioso de que o genitor venha a ser atingido por uma descarga elétrica provinda de um raio.

Outra situação clássica é a do sobrinho que, almejando a morte do tio, presenteia-o com passagens aéreas para outro país, na esperança de que haja um acidente e o avião venha a cair. Caso isso ocorra, a morte do tio não lhe será atribuída, pois o ato de presentear passagens aéreas, conquanto tenha sido antecedente necessário para o resultado (está consubstanciada a causalidade natural), não foi apto a criar um *risco dominável por sua vontade*.

Imaginemos agora que, após uma briga, "D" efetua golpes de faca contra "E", matando-o. Ocorre que, antes da briga, "E" havia tomado um café fornecido por "F", a qual havia colocado, de forma proposital, veneno na bebida. A perícia detecta que a morte se daria de qualquer forma, pois a quantidade de veneno ingerida era fatal. Para Roxin, não houve um incremento do risco por parte de "D", pois a morte (por envenenamento) era certa e, por isso, não lhe pode ser imputada.

Por outro lado, se, de qualquer forma, houve a majoração do perigo em um curso causal subsequente, mas relacionado com o anterior, o resultado deverá ser imputado ao sujeito. É o exemplo de uma pessoa que agride outra, que vem a ser socorrida no hospital e falece em decorrência de infecção hospitalar. Para Roxin, a morte deve ser atribuída ao agressor, pois a infecção decorreu do risco criado inicialmente pelos ferimentos causados pelo agente.

c) **Aumento do risco permitido**

Significa que, **se não houve aumento do risco do resultado** de qualquer forma, não é cabível a imputação. É o caso, por exemplo, do empresário que entrega, a seus funcionários, pelos de cabra chineses, sem a devida desinfecção, como mandam os regulamentos, para a confecção de pincéis. Os operários, em contato com o material não esterilizado, contraem infecção decorrente dos bacilos de carbúnculo e morrem. Para Roxin, a morte não pode ser atribuída ao empresário caso fique constatado que a desinfecção dos pelos de cabra seria inócua em razão de os bacilos já estarem resistentes, pois o resultado ocorreria de qualquer jeito.

d) **Esfera de proteção da norma**

Como é sabido, as normas penais visam evitar a lesão ou o perigo de lesão a determinados bens jurídicos e, para isso, proíbem (ou impõem) condutas que desencadeiam (ou evitam) determinados cursos causais responsáveis pela eclosão do resultado. Há casos, contudo, em que a criação ou o aumento de um determinado risco não permitido majora o perigo de outro resultado que não seja protegido pelo preceito normativo. Expliquemos melhor.

Imaginemos que "A", após um desentendimento, venha a matar "B". A mãe deste, que é cardíaca, ao saber da notícia, passa mal e tem um infarto fulminante, vindo a falecer. Ora, é evidente que "A", com sua conduta (matar "B"), criou, indiretamente, um risco não permitido em relação à mãe da vítima, dada a repercussão da comoção psíquica. Contudo, a norma que proíbe o homicídio busca proteger possíveis vítimas dessa conduta e não, de forma indiscriminada, quaisquer pessoas que possam, indiretamente, sofrer danos secundários decorrentes da conduta principal.

Outro exemplo esclarecedor trazido por Roxin é explicado por Paulo Queiroz, nos seguintes termos:

> Considere-se o seguinte exemplo: dois ciclistas trafegam com bicicletas sem iluminação durante a noite por uma rodovia, um seguindo o outro. O ciclista da frente choca-se com um terceiro ciclista, que transitava no sentido contrário e não o viu, em face da falta de iluminação. Certamente, se o ciclista que vinha atrás estivesse iluminando o seu caminho, o terceiro ciclista teria evitado a colisão. Em tal hipótese, Roxin afirma que a impossibilidade de imputação se dá em virtude da inexistência da obrigação de iluminar bicicletas alheias, e que a norma que impõe o dever de trafegar com faróis acesos tem a finalidade de evitar sinistros com a pessoa do próprio condutor e não de terceiros. A não imputação do tipo de lesões ou homicídio decorreria, enfim, do fato de não se achar o resultado coberto pelo fim de proteção da norma[17].

4.1.3.3 A Teoria dos Papéis de Günther Jakobs

Jakobs, por sua vez, parte do pressuposto de que o ser humano, como ser social, está vinculado a determinados comportamentos necessários para a manutenção da sociedade.[18] Cada pessoa tem um papel social e, se o exercer de forma adequada, não poderá ser responsabilizada por eventuais resultados danosos que vierem a ocorrer. Quem viola seu papel social terá que arcar com as consequências, devendo o Direito assegurar a segurança das expectativas sociais, garantindo o regular desenvolvimento da sociedade.

Tendo em vista tais considerações, Jakobs menciona quatro critérios de imputação, todos eles decorrentes da ideia de adequação social:

a) Risco permitido

Da mesma forma que Roxin, Jakobs parte do pressuposto de que alguns riscos são necessários para a manutenção e o desenvolvimento da sociedade e, por isso, são *permitidos*.[19] Sendo assim, eventual resultado danoso não será imputado ao indivíduo que atuar de acordo com seu papel social, se não ul-

---
[17] QUEIROZ, Paulo. *Curso de direito penal*: parte geral. 11. ed. rev., ampl. e atual. Salvador: Juspodivm, 2015. v. 1, p. 235.
[18] GRECO, Rogério. *Curso de Direito Penal – Parte Geral*. 23. ed. rev., ampl. e atual. Niterói: Impetus, 2021. v. 1. p. 360.
[19] QUEIROZ, Paulo. *Direito Penal*: Parte Geral. 2. ed. São Paulo: Saraiva, 2005. p. 176.

trapassar os limites do *risco permitido socialmente*, mesmo que isso acarrete a criação de um risco ou aumente o perigo de lesão a bens jurídicos de terceiros. Se todos se comportam conforme seu papel, dentro do permitido, o ocorrido deve ser explicado como fatalidade ou acidente.

Guilherme de Souza Nucci apresenta o seguinte exemplo fornecido por Jakobs:

> Um estudante de biologia ganha um dinheiro extra trabalhando como garçom e, quando é encarregado de servir uma salada exótica, descobre nela uma fruta que sabe, por seus estudos, ser venenosa, mas, ainda assim, serve o prato e o cliente morre. Não deve sua conduta ser considerada causa do resultado, pois seus conhecimentos especiais de biologia não diziam respeito à atividade exercida, como garçom, de modo que seu comportamento não excedeu aos níveis do risco permitido. No máximo, responderia por omissão de socorro[20].

b) Princípio da confiança

O princípio da confiança é essencial para o exercício das atividades em sociedade. Significa que as pessoas, ao agirem, precisam confiar que todas as demais atuarão de acordo com seu papel social. No trânsito, por exemplo, partimos do pressuposto de que os veículos pararão diante do sinal vermelho, que os pedestres não se atirarão em frente aos carros em movimento, que as preferências nas rotatórias serão obedecidas etc. Caso contrário, a própria atividade de tráfego restaria inviável.

Dessa forma, quem agir dentro do seu papel, na confiança de que os outros também o farão, não poderá ser responsabilizado por eventuais resultados causados por descumprimentos dos demais.

c) Proibição do regresso

Essa vertente busca corrigir um desvio do método de eliminação hipotética de Thyrén. Como vimos, segundo a teoria do equivalente das condições, considera-se causa toda ação e omissão sem a qual o resultado não teria ocorrido. E, para que se saiba se determinado resultado teria, ou não, ocorrido sem um comportamento, devemos extrair mentalmente a conduta do curso causal. Se o evento deixasse de existir ou ocorresse de forma diversa, estamos diante de uma causa.

Por exemplo, o pão feito por um padeiro é utilizado como instrumento de um homicídio por envenenamento. Utilizando-se o método de eliminação hipotética, temos que o comportamento do padeiro foi causa do resultado (se o pão não tivesse sido feito, o assassino não colocaria veneno nele e a vítima não o comeria). A não incriminação se dará em razão da ausência do tipo subjetivo (dolo ou culpa). Se o padeiro soubesse da intenção do homicida e, mesmo assim, vendesse o alimento, pela teoria da equivalência dos antecedentes, poderia também ser responsabilizado pelo homicídio como partícipe.

---

[20] NUCCI, Guilherme de Souza. *Manual de direito penal*. 16. ed. rev. e atual. Rio de Janeiro: Forense, 2020.

Para Jakobs, todavia, sabendo ou não da intenção do homicida, o resultado morte não poderia ser atribuído ao padeiro. Afinal, ele se comportou dentro do seu papel social (fabricar e vender pães). Se nós nos comportamos de acordo com nosso papel social, mesmo que terminemos contribuindo com ações criminosas de terceiros, não responderemos por eventual resultado lesivo.

d) Competência ou capacidade da vítima

Jakobs também defende que, para que se conclua pela imputação de um resultado, devem ser considerados o *consentimento do ofendido* e as *ações a próprio risco*.[21]

Portanto, se o ofendido consente com o comportamento, e esse consentimento é válido, o agente não poderia ser responsabilizado pelo resultado. Demais disso, as pessoas teriam um *dever de autoproteção*. A infração a esse dever levaria à chamada *ação de próprio risco*. Se a vítima se propõe a participar de atividades perigosas, por exemplo, esportes radicais, e vem a se lesionar, o instrutor, que agiu dentro de suas capacidades, não poderá ser responsabilizado.

4.2 Superveniência causal (concausas)

Mencionamos anteriormente que o Código Penal brasileiro adotou, como regra, a teoria da equivalência dos antecedentes causais ou *conditio sine qua non* (art. 13, *caput*) e, como exceção, a teoria da causalidade adequada (art. 13, § 1º). A primeira se destina aos casos em que há um único curso causal, ou seja, em que uma ou mais condutas concorrem de forma direta para o resultado. Por exemplo, "A" dispara arma de fogo contra "B", que morre em razão das lesões. Temos aí um único curso causal, iniciado com a conduta de "A" e encerrado com a morte de "B", mesmo que esta se dê algum tempo depois.

Existem, todavia, situações em que outros comportamentos ou condições da natureza (as chamadas **concausas**) interferem no curso causal iniciado pela conduta do agente. As concausas são, portanto, *causas externas à vontade do autor da conduta*, mas que influenciam ou podem influenciar na produção do resultado naturalístico por ele visado. Estão *fora da linha normal de desdobramento do curso causal* iniciado pelo autor, mas, em um dado momento, cruzam esse percurso, podendo influenciar na ocorrência do evento.

Nosso Código Penal disciplina esses *cursos causais imprevisíveis* no § 1º do art. 13, o qual estabelece que *"a superveniência de causa relativamente independente exclui a imputação quando, por si só produziu o resultado; os fatos anteriores, entretanto, imputam-se a quem os praticou"*. Como se percebe, só há tratamento expresso em relação à causa relativamente independente que produziu, por si só, o resultado. Portanto, a disciplina das demais possibilidades – a seguir analisadas – é feita por interpretação *a contrario sensu*.

---

[21] GRECO, Rogério. *Curso de Direito Penal – Parte Geral*. 23. ed. rev., ampl. e atual. Niterói: Impetus, 2021. v. 1. p. 364.

Os cursos causais concorrentes (concausas) podem ser absoluta ou relativamente independentes da causa original. Da mesma forma, poderão ser antecedentes, concomitantes ou supervenientes a ela.

a) Causa dependente: é aquela que, como o próprio nome diz, depende da conduta do agente para produzir o resultado e, sozinha, não é apta a acarretar o evento. Há, em verdade, uma soma de fatores, mantendo a conduta a sua eficácia causal. Por isso, a causa dependente não exclui a relação de causalidade. Por exemplo, uma corda preparada para o enforcamento, por si só, não é capaz de causar a morte, sendo necessário que o agente, com seu comportamento, excute a ação. Somente a pressão exercida sobre o nó fará com que a vítima seja asfixiada.

É também o que acontece na *aberratio causae*, como no clássico exemplo do sujeito que empurra a vítima de uma ponte para que morra afogada, mas, durante a queda, ela bate com a cabeça em um pilar, falecendo de traumatismo craniano.

b) Causa independente: é aquela *capaz* de produzir sozinha (por si só) o resultado, independentemente da conduta do agente.

As **causas absolutamente independentes** são aquelas que surgem por força própria, "interrompendo" o curso causal já iniciado pelo agente e produzindo, sozinhas, o resultado. Elas não se originam da conduta do autor e não se inserem no processo causal por ele iniciado. Ou seja, têm curso causal próprio, o qual não tem relação com aquele posto em marcha pelo agente.

Por exemplo: "D" bebe o café com veneno fornecido por "E", mas, antes que a substância começasse a agir, é atingido por um raio e vem a falecer. Perceba que o raio nada tem a ver com o fornecimento da bebida com veneno (*absolutamente*) e que ele, sozinho, causou a morte (*independente*). É a chamada **causalidade antecipadora**, que "quebra" a relação de causalidade iniciada pelo agente.

As **causas relativamente independentes**, noutra senda, inserem-se no processo causal iniciado pelo agente, mas, por serem *independentes*, têm aptidão para produzir, por si sós, o resultado. É o caso do sujeito que sofre tentativa de homicídio e é socorrido, mas o hospital pega fogo e ele vem a falecer em razão das queimaduras.

A concausa é *independente* porque é capaz de, por si só, produzir o resultado; e é *relativamente* independente porque decorreu da conduta do agente (se ele não tivesse atentado contra a vida da vítima, esta não teria sido levada ao hospital e, portanto, não teria falecido em razão do incêndio).

Tanto as absolutas quanto as relativamente independentes poderão, cronologicamente, ser **preexistentes**, **concomitantes** ou **supervenientes**. Estudemos cada uma delas.

1) Causa absolutamente independente

a) Preexistente: é a que já existia quando da prática criminosa e foi a única responsável pelo evento (causou, por si só, o resultado). Imaginemos que

"A" coloque veneno no café de "B", o qual ingere a bebida desconhecendo a presença da substância mortífera. "B" deita em sua cama e adormece, momento em que chega "C" e o alveja com disparos de arma de fogo. A perícia constata que "B" morreu por envenenamento (e não pelas perfurações dos projéteis), sendo esta, portanto, uma *causa absolutamente* (produziu, por si só, o resultado) *independente* (nada tem a ver com a conduta de "C") *preexistente* (já existia quando da ação de "C").

Aplicando-se a teoria da equivalência das condições e o método hipotético de eliminação, tem-se que, se retirarmos mentalmente a conduta de "C", "B" teria morrido de qualquer forma. Como "C" não causou o resultado, não deve ser responsabilizado por ele. No caso citado, como "C" não deu causa ao resultado, o qual ocorreu por circunstâncias alheias à sua vontade, responderá por tentativa de homicídio.

b) Concomitante: é aquela que surge ao mesmo tempo da conduta do agente. Por exemplo: "A" dispara arma de fogo contra "B" no mesmo momento em que o teto da casa desaba, atingindo-o e matando-o por traumatismo craniano.

Como se verifica, a causa da morte foi alheia à conduta do agente (disparos de arma de fogo), que em nada contribuiu para o resultado. Ou seja, se eliminarmos a conduta de "A", o resultado ocorreria da forma e no momento em que ocorreu. Houve uma quebra da relação de causalidade (curso causal) e, por isso, "A" não responderá pela morte, mas sim pelos seus atos (tentativa de homicídio).

c) Superveniente: é a que se manifesta posteriormente à conduta do agente. Imagine que "A", sorrateiramente, coloque veneno no suco que vem a ser ingerido por "C". Todavia, antes que a substância comece a fazer efeito, "C" sofre um acidente de trânsito e vem a falecer. A perícia constata que, nada obstante a quantidade de veneno ingerida fosse letal, ainda não havia começado a fazer efeito no organismo de "C".

O acidente automobilístico é, portanto, uma causa absolutamente (causou, por si só, o resultado) independente (não decorreu da conduta de "A", não tendo qualquer relação com ela) superveniente (ocorreu posteriormente à conduta de "A"). Mais uma vez, ocorreu quebra da relação de causalidade iniciada pelo agente, provocando, sozinha, o resultado. Por isso, ao sujeito, não será atribuído o evento (por ele não causado), mas apenas os atos que ele praticou. "A", portanto, responderia por tentativa de homicídio.

2) Causa relativamente independente

a) Preexistente: é a que já existia antes da prática da conduta. A ação do sujeito se soma à causa preexistente, acarretando juntas o resultado. Cite-se o exemplo que alguém que leve um golpe de faca em região não legal (vital), mas que venha a falecer porque era portador de doença grave que agrava a lesão (por exemplo, diabetes).

Como já mencionado, a causa relativamente independente está relacionada com a conduta, inserindo-se no curso causal iniciado pelo agente. A diabetes, embora seja uma doença grave, capaz, sozinha, de causar a morte por agravar outras condições, em nosso exemplo foi associada à conduta criminosa (que, por si só, era incapaz de gerar o resultado), levando a vítima a óbito.

Aplicando-se a teoria da equivalência das condições e o método hipotético de eliminação, tem-se que, retirada a conduta (lesões), o resultado não teria ocorrido. Sendo assim, a ação foi causa do evento, o qual deve ser atribuído ao agente (que responderá pelo homicídio doloso ou por lesões corporais seguidas de morte, a depender do seu dolo).

b) Concomitante: é a que ocorre simultaneamente à conduta. Por exemplo: "A" dispara arma de fogo em direção a "V", que, assustado e amedrontado, sofre infarto e morre. Ora, sem o comportamento de "A", "V" não teria tido o ataque fulminante (causa relativamente independente). Por isso, o resultado morte deverá ser-lhe imputado.

c) Superveniente: é a que ocorre posteriormente à conduta do agente. Se é relativamente independente, é porque sua origem, de alguma forma, está relacionada com a conduta criminosa e porque ela, por si só, é capaz de causar o resultado.

Nesse caso, para que o resultado seja imputado ao agente, devemos averiguar se a concausa produziu sozinha o resultado (por si só) ou não. Isso porque o § 1º do art. 13 do Código Penal estabelece que "a superveniência de causa relativamente independente exclui a imputação quando, por si só, produziu o resultado; os fatos anteriores, entretanto, imputam-se a quem os praticou".

A causalidade natural permanece íntegra (eliminada mentalmente a conduta do autor, o resultado não teria ocorrido). Por isso, aplicada a teoria da *conditio sine qua non*, o resultado sempre seria imputado ao agente. Nada obstante, no caso das concausas relativamente independentes *supervenientes*, determina o Código Penal a aplicação da teoria da causalidade adequada, determinando que se verifique se a condição superveniente teve força suficiente para romper o nexo causal, provocando sozinha o resultado, conquanto sua origem tenha se dado em razão da conduta.

Suponhamos que "A", com dolo homicida (*animus necandi*), efetue golpes de faca contra "V", o qual é atendido no hospital. Durante a recuperação, "V" contrai septicemia (infecção generalizada) e vem a falecer. Não há dúvidas de que, sem as lesões (conduta), "V" não estaria se recuperando em um hospital, não teria contraído a infecção, nem teria falecido. Presente, pois, o nexo de *causalidade natural, física*.

Cabe, agora, verificar a *causalidade jurídica*, que se relaciona com o fato de a concausa ter, ou não, produzido o resultado por si só. Pois bem, a infecção não produziu sozinha o resultado morte; ela está intrinsecamente ligada à conduta criminosa. Aplicando-se, *a contrario sensu*, a regra do art. 13, § 1º, do Código Penal, não há rompimento do nexo causal, sendo a morte imputada ao agente.

Confira, por oportuno, outra hipótese, retirada da jurisprudência do TJDFT:

> A causa superveniente relativamente independente que pode ser imputada ao réu é aquela que se encontra na mesma linha do desdobramento físico da conduta inicial do réu e que não inova o processo causal. Se, após o roubo, as vítimas são colocadas dentro do porta-malas pelos meliantes e vêm abrir a porta e pular com o veículo ainda em movimento, a morte de uma delas em decorrência da queda deve ser atribuída ao réu. Razão pela qual responderá pelo crime de latrocínio, pois a morte foi produzida, ao menos, culposamente[22].

Imaginemos, agora, que "V", após ser alvejado por "A", estava sendo transportado para o hospital, quando a ambulância em que se encontrava colidiu com outro veículo, causando-lhe a morte. Não se duvida que se encontre presente a causalidade natural, estando a concausa superveniente inserida na linha do desdobramento físico iniciado pela conduta (se "A" não tivesse golpeado "V", este não estaria em uma ambulância, sendo transportado para o hospital).

Ocorre que o direito penal pátrio leva em consideração, nesses casos, a causalidade adequada, consistente na probabilidade estatística de o resultado ocorrer em razão da conduta praticada. Tem-se em mente que algumas concausas supervenientes são tão improváveis, tão imprevisíveis, que não seria justo atribuir, ao agente, o resultado por elas causado.

Qual a probabilidade de uma vítima de lesões morrer em um acidente de trânsito envolvendo a ambulância que o transportava? Ou mesmo de o teto do hospital desabar? Ou de o nosocômio pegar fogo, acarretando a morte dos pacientes que lá estavam internados? Em todos esses casos, as chances são baixas.

Observe-se, porém, que a expressão "por si só" pressupõe a quebra do curso causal iniciado pela conduta. A concausa, embora relacionada com o comportamento criminoso, surge de forma tão avassaladora, que interrompe o processo de causalidade, provocando, sozinha, o evento. É o que acontece no caso de a vítima de lesões morrer em razão de acidente envolvendo a ambulância em que estava sendo transportada. Se, por um lado, é certo que ela só estava lá por causa da conduta, por outro, não se questiona que o acidente mataria qualquer pessoa que estivesse no veículo, pois tem força e curso causal próprios. Por isso, o resultado não deve ser atribuído ao agente.

Outro exemplo extraído da jurisprudência do TJDFT: "no caso dos autos, não se pode precisar, com a certeza necessária, que a morte da vítima se deu em decorrência do agravamento dos ferimentos ocasionados pelo atropelamento, ou por causa superveniente relativamente independente, que por si só causou o

---

[22] TJDFT, Processo n. 0001589-83.1999.8.07.0004, 1ª Turma Criminal, Rel. Natanael Caetano, *DJU* 07.02.2001, p. 54.

resultado (queda da maca, durante a internação hospitalar da vítima), havendo a exclusão da responsabilidade do agente pelo resultado morte, devendo, contudo, responder pelos atos até então praticados, no caso, a lesão corporal culposa na direção do veículo automotor"[23].

4.3 Relevância da omissão

Em regra, o Código Penal penaliza determinadas ações que lesam ou expõem o bem jurídico tutelado a risco por meio das chamadas normas proibitivas. Todavia, em algumas situações, de forma excepcional, o Estatuto, por meio de normas perceptivas, determina uma conduta positiva do sujeito, sendo a omissão penalmente reprovável.

A omissão, por sua vez, é reprimida por meio dos crimes omissivos próprios ou puros e dos crimes omissivos impróprios ou espúrios (ou comissivos por omissão). Nos primeiros, o próprio tipo descreve um não fazer, como no caso da omissão de socorro (art. 135 do Código Penal), em que será atribuída uma pena de detenção de um a seis anos, ou multa, a quem "*deixar de* prestar assistência, quando possível fazê-lo sem risco pessoal, à criança abandonada ou extraviada, ou à pessoa inválida ou ferida, ao desamparo ou em grave e iminente perigo; ou *não pedir*, nesses casos, o socorro da autoridade pública". Perceba que a omissão figura como elementar típica.

Outro exemplo de crime omissivo próprio, *segundo minha opinião*, está previsto no art. 68 da Lei n. 9.605/1998, que pune, com a pena de detenção de um a três anos e multa, a conduta de "*deixar*, aquele que tiver o dever legal ou contratual de fazê-lo, de cumprir obrigação de relevante interesse ambiental". O tipo descreve uma omissão simples praticada por um sujeito qualificado (crime próprio). Ademais, trata-se de uma norma penal em branco, pois é necessário que se consulte outra norma ou o contrato para que se saiba quem possui o dever legal ou contratual mencionados no tipo. Nada obstante, segundo o STJ, trata-se de crime omissivo impróprio[24].

Os crimes omissivos próprios punem a violação ao *dever de agir* descrito na norma, que decorre da solidariedade geral entre as pessoas. Na situação concreta, o agente deveria ter atuado, mas nada fez e, por isso, será responsabilizado. Para tanto, é indiferente a ocorrência de qualquer resultado naturalístico. Não são, pois, tipos de resultado e, por isso, não há que se falar em nexo de causalidade.

Por outro lado, nos crimes omissivos impróprios, o sujeito tem não apenas o *dever de agir*, mas também o de fazer o que lhe for possível para *evitar o resultado*, pois o legislador o colocou na posição de **garante** da não ocorrência do evento. Caso o indivíduo se omita e o resultado se concretize, será responsa-

---

[23] TJDFT, Processo n. 0017779-13.2016.8.07.0009, 1ª Turma Criminal, Rel. Cruz Macedo, PJe 13.05.2021.
[24] REsp n. 1.618.975/PR, 6ª Turma, Rel. Min. Sebastião Reis Júnior, j. 07.03.2017, DJe 13.03.2017.

bilizado como se tivesse dado causa à lesão ao bem jurídico no caso concreto. Vale dizer, há a equiparação entre ação e omissão para fins de punição criminal.

Enquanto o dever de agir previsto nos tipos omissivos próprios é geral, dirigido a todos, os constantes nos omissivos impróprios é qualificado e encontra-se discriminado no § 2º do art. 13 do Código Penal, nos seguintes termos:

> Art. 13. (...)
> § 2º A omissão é penalmente relevante quando o omitente devia e podia agir para evitar o resultado. O dever de agir incumbe a quem:
> a) tenha por lei obrigação de cuidado, proteção ou vigilância;
> b) de outra forma, assumiu a responsabilidade de impedir o resultado;
> c) com seu comportamento anterior, criou o risco da ocorrência do resultado.

Pela interpretação do parágrafo, chega-se à conclusão de que (salvo se prevista como elementar em um tipo omissivo próprio) a omissão não é penalmente relevante, salvo se o sujeito *devia e podia* agir para evitar o resultado. As situações em que o indivíduo *deve* agir são elencadas pelo próprio dispositivo.

Isso significa que, se um popular assiste a um roubo sem nada fazer, não poderá ser responsabilizado pela subtração ilícita perpetrada por outrem. Afinal, ele não tem o dever de agir, podendo atuar apenas se desejar. O mesmo não se pode falar de um policial que assiste a um homicídio e nada faz após verificar que a vítima era seu inimigo.

Da mesma forma, se uma criança está se afogando em uma piscina e o sujeito (que não tem qualquer vínculo com ela) vê a cena e nada faz, assistindo à sua morte, incorrerá ele nas penas do delito de omissão de socorro previsto no art. 135 do Código Penal, pois, nesse caso, seu dever de agir é geral e está tipificado. Todavia, se quem omite o socorro é a mãe do infante ou mesmo um salva-vidas, a responsabilização se dará pelo delito de homicídio (art. 121 do Código Penal), uma vez que eles têm o *dever especial de agir para evitar o resultado*. Se a omissão foi dolosa, estaremos diante da figura do homicídio doloso; caso tenha decorrido de culpa (infração ao dever objetivo de cuidado), a modalidade será culposa.

Como se vê, nos crimes omissivos impróprios, *a causalidade não é natural, física* (não se pode dizer que a omissão causou a morte por afogamento), mas sim **normativa** (a norma de extensão prevista no § 2º do art. 13 do Código Penal equipara a omissão à ação). Não fosse isso, o resultado não poderia ser atribuído ao sujeito omisso (pois nada surge do não fazer).

A omissão será penalmente relevante quando o omitente devia e podia agir para evitar o resultado. Não basta a atribuição do dever qualificado de agir, sendo necessário que, nas circunstâncias concretas, estivesse presente a possibilidade de atuação, que é a capacidade de o agente atuar e evitar o evento danoso. Por isso, não se pode responsabilizar o bombeiro que se recusou a entrar no prédio em chamas, quando o fogo já atingira tal proporção que seria inviável a existência de sobreviventes. Não havia a possibilidade de evitar o resultado.

Ou, nas palavras do STJ, "só se tem por constituída a relação de causalidade se, baseado em elementos empíricos, puder se demonstrar, com certo grau de probabilidade, que o resultado não ocorreria caso a ação devida fosse efetivamente realizada, o que não se verificou na hipótese dos autos".[25]

4.3.1 Hipóteses de dever de agir

Estão previstas nas alíneas do § 2º do art. 13 do Código Penal, sendo:

a) Quem tem, por lei, obrigação de cuidado, proteção ou vigilância

Trata-se do chamado **dever legal**, decorrente de norma legal (leis em sentido estrito, decretos, regulamentos, portarias, sentenças judiciais etc.). É o caso dos pais, que têm o dever de assistir, criar e educar os filhos menores, assim como dos filhos maiores, que têm o dever de ajudar e amparar os pais na velhice, carência ou enfermidade (art. 229 da Constituição Federal). É também a hipótese dos agentes responsáveis pela segurança pública (art. 144 da Constituição Federal).

Acerca da responsabilidade dos irmãos mais velhos, oportuno trazer à baila o acertado entendimento do STJ:

> Muito embora uma irmã mais velha não possa ser enquadrada na alínea "a" do art. 13, § 2º, do CP, pois o mero parentesco não torna penalmente responsável um irmão para com o outro, caso caracterizada situação fática de assunção da figura do "garantidor" pela irmã, nos termos previstos nas duas alíneas seguintes do referido artigo ("b" e "c"), não há falar em atipicidade de sua conduta. Hipótese em que a acusada omitiu-se quanto aos abusos sexuais em tese praticados pelo seu marido na residência do casal contra suas irmãs menores durante anos. Assunção de responsabilidade ao levar as crianças para sua casa sem a companhia da genitora e criação de riscos ao não denunciar o agressor, mesmo ciente de suas condutas, bem como ao continuar deixando as meninas sozinhas em casa[26].

b) Quem, de outra forma, assumiu a responsabilidade de impedir o resultado

É aquela pessoa que, embora não tenha o dever legal, de qualquer outra forma (contratual ou não, escrita ou verbal etc.) assumiu a responsabilidade de agir para impedir o resultado. É o que a doutrina chama de **garante** ou **garantidor**.

Não se exige que a responsabilidade tenha sido assumida por meio contratual, podendo decorrer das diversas relações concretas da vida, como ocorre no caso tradicional do exímio nadador, que chama um amigo para fazer uma travessia,

---

[25] RHC n. 35.883/PE, 6ª Turma, Rel. Min. Og Fernandes, j. 01.10.2013, *DJe* 09.10.2013.
[26] HC n. 603.195/PR, 5ª Turma, Rel. Min. Ribeiro Dantas, j. 06.10.2020, *DJe* 16.10.2020.

prometendo-lhe ajuda, caso necessário, e também no do segurança privado, da babá ou até mesmo da vizinha que se disponibiliza a cuidar de uma criança.

c) Quem, com seu comportamento, criou o risco da ocorrência do resultado

Trata-se da **ingerência** ou **situação precedente**. Caracteriza-se quando o agente, com um comportamento anterior, cria uma situação de perigo para o bem jurídico protegido. Como bem lembra Paulo Queiroz, "embora a lei não o diga, é de concluir que a condição legal de garante pressupõe que o comportamento anterior seja ilícito, pois não seria razoável que condutas legítimas pudessem gerar semelhante dever, criando um ônus tão grave para o omitente"[27].

Como exemplo, citemos a hipótese de um indivíduo que, por brincadeira (de mau gosto), joga o amigo que não sabe nadar na piscina funda. Tem ele o dever de agir para evitar lesão aos bens jurídicos do amigo provocada por sua atitude anterior.

Por fim, interessante a transcrição da oportuna lição trazida por Guilherme de Souza Nucci:

> Deixar o agressor morrer depois de se defender constitui crime?
>
> "A", depois de rechaçar uma ação ilícita, lesionando seu agressor "B", permite que ele morra sangrando, responde por um delito de omissão imprópria (homicídio) ou somente por omissão de socorro?
>
> Ao se defender de uma agressão injusta, "A" praticou um ato lícito (desde que, valendo-se dos meios necessários, moderadamente). A partir disso, surge o dever de solidariedade, imposto pelo art. 135 do CP (omissão de socorro), para salvar vidas. Portanto, deve responder por omissão de socorro.
>
> Não cabe inserir "A" na figura do homicídio (doloso ou culposo), com base no art. 13, § 2º, *c*, do Código Penal (com seu comportamento anterior, criou o risco da ocorrência do resultado), pois quem se defende não está gerando um risco inaceitável (objeto do art. 13, § 2º, *c*, CP); ao contrário, produz um risco perfeitamente lícito, pois se encontra na defesa de seu direito[28].

5. TIPICIDADE

Já vimos que, segundo o conceito analítico (na corrente tripartida), crime é o fato típico, antijurídico e culpável. Cada um desses elementos estruturais tem uma disciplina própria, as quais deverão ser estudadas separadamente.

O ponto de partida é o fato típico. Uma vez caracterizado, perquire-se a presença da ilicitude (ou antijuridicidade) e, em seguida, da culpabilidade do agente. Iniciemos, pois, pelo estudo do fato típico.

---

[27] QUEIROZ, Paulo. *Curso de direito penal*: parte geral. 11. ed. rev., ampl. e atual. Salvador: Juspodivm, 2015. v. 1, p. 229.
[28] NUCCI, Guilherme de Souza. *Manual de direito penal*. 16. ed. rev. e atual. Rio de Janeiro: Forense, 2020.

Fato típico, consoante a doutrina finalista, é composto por quatro elementos: **conduta dolosa ou culposa, resultado, nexo de causalidade** e **tipicidade**. Os três primeiros já foram tratados nos tópicos anteriores. Passemos, então, ao estudo da tipicidade.

Tipicidade é a *subsunção* (encaixe, adequação) da conduta praticada pelo agente ao modelo descrito na lei penal. Sabemos que, segundo o princípio da reserva legal ou da estrita legalidade (que se trata de uma cláusula pétrea), somente por meio de lei formal pode o Estado criar infrações penais (crimes e contravenções) e cominar penas. Ele faz isso por meio de **tipos penais**, que são a descrição precisa, na lei, dos comportamentos criminosos e das respectivas sanções. Sendo assim, tem-se o tipo de homicídio no art. 121 do Código Penal e o tipo de furto no art. 155.

De acordo com a doutrina, a tipicidade pode ser **formal** ou **material**.

a) Tipicidade formal ou legal: é a adequação (**subsunção**) perfeita do fato concretamente praticado ao tipo penal. É a simetria entre o fato concreto (ocorrido no mundo real) e aquele abstratamente descrito na lei penal (mundo normativo). Essa adequação deve ser perfeita.

Por exemplo, o tipo de furto prevê que será punido, com reclusão de um a quatro anos e multa, quem "subtrair, para si ou para outrem, coisa alheia móvel". Se o sujeito subtrai um veículo apenas para passear, com a intenção de devolvê-lo em seguida e não a de ficar com a coisa para si ou dar para outrem, não praticará furto, pois não houve a perfeita subsunção do fato concreto ao tipo penal. O mesmo ocorre com o caso do indivíduo que invade uma casa e passa a habitá-la como se fosse sua. Como não se trata de coisa *móvel*, não houve subsunção perfeita, podendo haver em relação a outro tipo penal.

Todavia, alguns estudiosos, como Rogério Greco[29], ponderam que essa adequação típica não é suficiente, uma vez que é necessário que a conduta tenha, de fato, ocasionado lesão ou perigo de lesão ao bem jurídico tutelado. Imagine a seguinte situação: Ana, atrasada para um compromisso, aciona a marcha à ré de seu veículo e, sem perceber, atinge um pedestre que passava. O pedestre, em razão da batida, fica com o braço "roxo", uma equimose de três centímetros.

Ora, não há dúvidas de que a conduta desatenta de Ana ofendeu a integridade corporal do pedestre, havendo uma perfeita subsunção da conduta ao modelo descrito no tipo previsto no art. 129 do Código Penal. Todavia, a movimentação da máquina estatal e a punição da agente por ter causado esse insignificante resultado iriam de encontro aos ditames dos princípios da ofensividade ou lesividade e da intervenção mínima. O resultado foi insignificante, faltando, pois, tipicidade material à conduta.

---

[29] GRECO, Rogério. *Curso de direito penal*: parte geral. 23. ed. Niterói: Impetus, 2021. p. 268.

b) Tipicidade material ou substancial: é, portanto, a efetiva lesão ou perigo de lesão a bens jurídicos relevantes penalmente tutelados. No caso concreto, mesmo que haja a tipicidade formal (juízo de subsunção), deve-se averiguar a importância do bem atingido, para que se conclua se ele merece ser protegido pelo direito penal ou se os demais ramos do Direito são suficientes para sua tutela.

Entendendo que tais conceitos são insuficientes, o penalista argentino Eugenio Raúl Zaffaroni foi além, criando a **teoria da tipicidade conglobante**. Para ele, não basta que a conduta se encaixe ao descrito no tipo penal e que ela ofenda bens jurídicos relevantes.[30] Deve ela agredir o ordenamento jurídico como um todo (daí o termo conglobante). É necessário que o comportamento seja **antijurídico, antinormativo**.

Considere, por exemplo, a situação de um oficial de justiça que recebeu ordem de juiz competente, proferida em regular ação de execução, para penhorar e sequestrar um valioso quadro de propriedade de um devedor, o que é efetivamente feito. Segundo nosso Código Penal, a conduta do oficial de justiça, embora seja típica (tanto formal quanto materialmente), não é ilícita, pois a atuação se deu em razão do estrito cumprimento do dever legal (art. 23, III, do Código Penal).

Zaffaroni e Pierangeli, por outro lado, entendem que essa atuação sequer deve ser considerada típica, pois ela não é **antinormativa** (não desrespeitou o Direito como um todo). Afinal, um tipo não pode proibir o que o Direito ordena ou fomenta. Por isso, entendem que o juízo de tipicidade é formado pela **tipicidade legal** e pela **tipicidade conglobante**, "consistente na averiguação da proibição através da indagação do alcance proibitivo da norma, não considerada isoladamente, e sim *conglobada* na ordem normativa"[31].

A **tipicidade conglobante**, por sua vez, seria formada pela **tipicidade material** e pela **antinormatividade**. Isso significa que a conduta deve ofender bens relevantes e não ser imposta ou fomentada por qualquer norma jurídica. No caso do oficial de justiça, como a conduta é imposta pelo sistema jurídico, não é antinormativa, sendo, pois, atípica.

Portanto, o **juízo de tipicidade** seria formado pela junção da **tipicidade formal** com a **tipicidade conglobante (tipicidade material + antinormatividade)**.

O STJ já adotou essa teoria no caso em que um sujeito respondeu à ação penal por suposta prática de calúnia, por ter levado ao conhecimento do Ministério Público de Santa Catarina irregularidades no serviço público. Após concluir que o agente não atuou com *animus caluniandi* e levando em consideração

---

[30] ZAFFARONI, Eugenio Raúl; PIERANGELI, José Henrique. *Manual de Direito Penal Brasileiro*: Parte Geral. 14. ed. rev. e atual. São Paulo: Thomson Reuters Brasil, 2021. *E-book*.

[31] ZAFFARONI, Raúl Eugenio; PIERANGELI, José Henrique. *Manual de direito penal brasileiro*: parte geral. 14. ed. São Paulo: Thomson Reuters Brasil, 2021. v. 1. *E-book*.

que o Estado estimula todos os cidadãos a denunciar irregularidades, o STJ reconheceu a atipicidade da conduta em razão da falta de antinormatividade.

O ministro relator, inclusive, foi expresso ao afirmar que "o exercício regular de um direito deve ser considerado como verdadeira causa excludente da tipicidade, pois não pode ser considerada típica conduta incentivada pelo próprio Estado"[32]. Confira-se, por oportuno, trecho da ementa:

> 3. "A tipicidade conglobante surge quando comprovado, no caso concreto, que a conduta praticada pelo agente é considerada antinormativa, isto é, contrária à norma penal, e não imposta ou fomentada por ela, bem como ofensiva a bens de relevo para o Direito Penal (tipicidade material). Na lição de Zaffaroni e Pierangeli, não é possível que no ordenamento jurídico, que se entende como perfeito, uma norma proíba aquilo que outra imponha ou fomente. (...) Portanto, a antinomia existente deverá ser solucionada pelo próprio ordenamento jurídico" (GRECO, Rogério. *Curso de Direito Penal*: parte geral. 20. ed. Niterói/RJ: Impetus, 2018, p. 261/262).
>
> 4. Diante do mandamento estatal referente à notificação a respeito de irregularidades no setor público, verifica-se que a conduta do recorrente se encontra acobertada pelo exercício regular de um direito, nos termos do art. 23, III, do CP. Ademais, considerando a doutrina acima citada, tem-se que o exercício regular de um direito deve ser considerado como verdadeira causa excludente da tipicidade, pois não pode ser considerada típica conduta incentivada pelo próprio Estado.
>
> 5. Relevante consignar, por fim, ainda em observância ao parecer do MPF, que "o acusado não faz menção, em nenhum momento, do nome do Juiz apontado como vítima, fazendo referência tão somente a ato da Vara responsável pela condução do processo de falência", situação que vai ao encontro do exercício regular do direito de denunciar irregularidades. De fato, "o dolo específico (*animus calumniandi*), ou seja, a vontade de atingir a honra do sujeito passivo, é indispensável para a configuração do delito de calúnia" (Apn n. 473/DF, Corte Especial, Rel. Ministro Gilson Dipp, *DJe* de 8/9/2008).
>
> 6. Embargos de declaração rejeitados. Ordem concedida de ofício, para reconhecer a atipicidade da conduta, em virtude da ausência de tipicidade conglobante, no aspecto da antinormatividade, não havendo se falar, portanto, em *animus caluniandi*[33].

Em minha opinião, no entanto, a atipicidade deveu-se em razão da ausência de dolo (como a própria ementa explicita) e não em razão da ausência de antinormatividade.

5.1 Adequação típica

Adequação típica é o processo pelo qual se dá subsunção do fato ocorrido com o modelo descrito no tipo penal. Por meio dela, verifica-se se há tipicidade formal. A adequação típica pode se dar de duas formas:

---

[32] Disponível em: https://scon.stj.jus.br/SCON/GetInteiroTeorDoAcordao?num_registro=201803403517&dt_publicacao=19/05/2020. Acesso em: 17 mar. 2022.
[33] EDcl no AgRg nos EDcl no AREsp n. 1.421.747/SC, 5ª Turma, Rel. Min. Reynaldo Soares da Fonseca, j. 10.03.2020, *DJe* 19.05.2020.

a) Adequação típica de subordinação imediata ou direta: é o processo pelo qual a conduta se enquadra diretamente no tipo penal, sem necessidade de se recorrer a normas de extensão previstas em outro dispositivo legal. Por exemplo, a conduta de João, consistente em disparar arma de fogo em direção a José, matando-o, subsome-se diretamente ao tipo previsto no art. 121 do Código Penal, não sendo necessário que se recorra a outros dispositivos penais.

b) Adequação típica de subordinação mediata, ampliada ou por extensão: para que haja a perfeita subsunção do fato ao tipo, é necessário que se recorra a alguma **norma de extensão** ou **integrativa** prevista na Parte Geral do Código Penal, como ocorre com a tentativa, a participação e os crimes omissivos impróprios.

Para um melhor esclarecimento, tomemos o caso de um médico que deixa de denunciar à autoridade pública doença cuja notificação é compulsória. Essa conduta encaixa-se, com perfeição, ao comportamento descrito no tipo do art. 269 do Código Penal e, por isso, a adequação típica se dá diretamente.

O mesmo não ocorre no caso da mãe que deixa de alimentar o filho de tenra idade, o qual vem a falecer em razão dessa omissão. A omissão em prestar alimentos a filho menor de idade não está prevista em nenhum tipo penal e só será punida em razão da **norma de extensão ou integrativa** prevista no art. 13, § 2º, do Código Penal. Por isso, dizemos que a adequação típica se deu de forma mediata, indireta.

As normas de extensão ampliam, pois, o alcance do tipo, abrangendo situações não previstas expressamente.

No caso da tentativa, há a **ampliação temporal** do tipo, para que seja punida a conduta que não acarretou a consumação em razão de circunstâncias alheias à vontade do agente. Não fosse a regra de extensão prevista no art. 14, II, do Código Penal, a conduta seria atípica.

Na participação, ocorre a **ampliação espacial e pessoal** do tipo penal, para que haja a punição de pessoas que, conquanto não tenham praticado atos executórios, tenham, de qualquer forma, contribuído para a infração penal.

Por fim, nos crimes omissivos impróprios, há a **ampliação da própria conduta criminosa**, equiparando à ação a omissão de quem tinha o dever jurídico de agir para evitar o resultado.

5.2 Tipo penal

Tipo penal é a descrição abstrata, pela lei penal, da conduta proibida e de seu eventual resultado ou do comportamento autorizado pelo ordenamento jurídico. Por meio dele, é concretizado o princípio da reserva legal.

Tipo penal e tipicidade não se confundem. Tipo penal é o modelo de ação proibido ou permitido. Tipicidade é o juízo a que se chega após a verificação de que o comportamento em concreto se adéqua, com perfeição, à conduta abstratamente descrita no tipo. O tipo, portanto, é o modelo de conduta (permitida ou proibida) descrita na norma penal.

O operador do direito, diante de um caso concreto, verifica a presença da conduta, do resultado e do nexo de causalidade (os dois últimos, no caso de crimes materiais). Em seguida, compara o comportamento praticado no mundo dos fatos com aquele descrito no mundo jurídico (artigo de lei). Se houver coincidência, dizemos que resta presente a tipicidade.

Em um primeiro momento, o tipo tinha caráter meramente descritivo. Tinha a função exclusiva de detalhar, objetivamente, o comportamento proibido, independentemente de qualquer juízo de valor.

Em um momento posterior, o tipo passou a ter função indiciária da ilicitude, sendo considerado sua *ratio cognoscendi*. Isso significa que, se a conduta é típica, provavelmente ela será ilícita. Essa corrente é a preferida pela doutrina atual. Por isso, a acusação deverá provar a tipicidade da conduta e sua autoria, não sendo ônus seu demonstrar a ausência de eventuais causas excludentes da ilicitude, cuja comprovação caberá ao réu, por se tratar de fatos modificativos.

Em uma terceira fase, o tipo passou a constituir a própria razão de ser (*ratio essendi*) da ilicitude. Por esse entendimento, se o fato não é ilícito, resta afastada a própria tipicidade, pois a antijuridicidade integra o fato típico. Isso significa que, estando caracterizada alguma causa de justificação, a conduta passa a ser típica. Por exemplo, se alguém agiu em legítima defesa, sua conduta é não apenas lícita, como atípica, pois a justificante constitui um elemento negativo do tipo.

Fala-se, então, no âmbito dessa **teoria dos elementos negativos do tipo**, em um tipo total de injusto, que engloba a ilicitude.

Existem duas espécies de tipos penais: os **incriminadores ou legais** e os **permissivos ou justificadores**. Os primeiros descrevem as condutas típicas; os segundos preveem condutas que, mesmo sendo tipificadas na lei penal, são permitidas pelo ordenamento.

Todavia, o tipo penal não tem, como missão exclusiva, a descrição de condutas proibidas ou autorizadas, apresentando também **função de garantia**, por assegurar a aplicação prática do princípio da reserva legal ou da estrita legalidade.

5.3 Estrutura do tipo

Os tipos penais incriminadores são compostos por:

a) Título, rubrica marginal ou *nomen juris*: é o nome que o legislador atribuiu a cada um dos crimes. Por exemplo: homicídio simples, feminicídio, injúria, receptação.

b) Preceito primário: é a descrição da conduta proibida (tipo penal incriminador) ou da autorizada pelo ordenamento jurídico (tipo permissivo) na lei penal. Assim, o preceito primário do tipo de estupro (art. 213 do Código Penal) é "constranger alguém, mediante violência ou grave ameaça, a ter conjunção carnal ou a praticar ou permitir que com ele se pratique outro ato libidinoso".

c) Preceito secundário: é a parte que descreve as sanções aplicáveis a quem praticou a conduta descrita no preceito primário.

O preceito primário do tipo penal é formado por um **núcleo** e **elementos (ou elementares)**, podendo estar presentes as chamadas **circunstâncias**. O núcleo é o verbo que retrata a ação ou a omissão punível. No tipo de homicídio, por exemplo, o núcleo é "matar"; nos de roubo e furto, "subtrair".

As elementares são os dados que complementam o núcleo, proporcionando a descrição da conduta criminosa. Podem ser de natureza **objetiva** ou **subjetiva**. Os elementos objetivos, por sua vez, dividem-se em descritivos e normativos.

a) Elementos objetivos descritivos: como o próprio nome diz, descrevem os aspectos da conduta relacionados a vítima, objetos, tempo, lugar e forma de execução. São desprovidos de qualquer juízo de valor ou elemento anímico. Exprimem um juízo de certeza, justamente por não dependerem de interpretação, sendo perceptíveis pelos sentidos humanos. No caso do homicídio, por exemplo, é "alguém". Qualquer pessoa é apta a apontar o significado dessa elementar, pois ela não dá margem à divergência de interpretações.

b) Elementos normativos: são aqueles que dependem de interpretação, de juízo de valor por parte do operador do Direito. Variam, entre as pessoas, de acordo com seus sentimentos e opiniões. Como exemplos, temos: "honesto", "indevidamente", "sem justa causa", "cruel", que estão presentes em diversos tipos penais. Podem ser jurídicos ou culturais.

Os *elementos normativos jurídicos ou impróprios* são aqueles que exigem conhecimento jurídico para sua interpretação, pois dizem respeito a expressões ou conceitos jurídicos ("documento", "duplicata", "sem justa causa", "indevidamente", "alheio"). Os *elementos normativos culturais, morais ou extrajurídicos*, por sua vez, estão relacionados a conceitos próprios de outras disciplinas de conhecimento ("ato libidinoso").

c) Elementos subjetivos: são relacionados com vontades e intenções especiais do agente e estão previstos em alguns tipos penais. Já sabemos que, para que a conduta seja típica, é necessário que o agente tenha atuado com dolo ou culpa, que são os elementos subjetivos gerais, presentes em toda e qualquer infração penal. No entanto, alguns tipos vão além, exigindo, para a perfeita subsunção, que o sujeito tenha agido com um fim especial, o qual pode, ou não, estar descrito no tipo.

Confira, por exemplo, o tipo de furto simples, previsto no art. 155 do Código Penal: "subtrair, *para si ou para outrem*, coisa alheia móvel". Como podemos observar, para a perfeita subsunção do comportamento ao tipo, não basta que o indivíduo subtraia coisa alheia móvel, sendo imprescindível que ele almeje o bem para si ou para outrem. Por isso, não comete crime de furto quem subtrai um veículo apenas para passear (o furto de uso não é típico).

O mesmo ocorre nos delitos contra a honra, que exigem, embora de forma implícita, certas finalidades especiais. Assim, o tipo de injúria ("injuriar alguém, ofendendo-lhe a dignidade e o decoro") exige, para a perfeita subsunção, que o agente atue com *animus injuriandi*. O intento jocoso, por exemplo, não é suficiente para caracterizar a tipicidade.

Quando o elemento subjetivo especial estiver explícito no tipo, estamos diante de um **delito de intenção**; quando sua exigência for implícita, teremos um **delito de tendência**.

6. QUESTÕES DE CONCURSOS

Questão 1

(TJBA – Juiz – CEBRASPE – 2019) João, com a intenção de matar José, seu desafeto, efetuou disparos de arma de fogo contra ele. José foi atingido pelos projéteis e faleceu. Considere que, depois de feitos os exames necessários, se tenha constatado uma das seguintes hipóteses relativamente à causa da morte de José.

I – Apesar dos disparos sofridos pela vítima, a causa determinante da sua morte foi intoxicação devido ao fato de ela ter ingerido veneno minutos antes de ter sido alvejada.

II – A morte decorreu de ferimentos causados por disparos de arma de fogo efetuados por terceiro no mesmo momento em que João agiu e sem o conhecimento deste.

III – A vítima faleceu em razão dos ferimentos sofridos, os quais foram agravados por sua condição de hemofílica.

IV – A morte decorreu de uma infecção hospitalar que acometeu a vítima quando do tratamento dos ferimentos causados pelos tiros. Nessa situação hipotética, conforme a teoria dos antecedentes causais adotada pelo CP, João responderá pela morte de seu desafeto caso se enquadre em uma das hipóteses previstas nos itens:

A) I e II.
B) I e III.
C) III e IV.
D) I, II e IV.
E) II, III e IV.

Questão 2

(MPBA – Promotor de Justiça – Banca Própria – 2018) Assinale a alternativa correta.

A) A atipicidade conglobante aflora em função de permissões que a ordem jurídica regularmente estabelece.

B) A tipicidade penal como elemento essencial do delito não se satisfaz com a tipicidade legal, ou seja, a simples adequação da conduta a uma norma incriminadora.

C) A tipicidade penal exige a adequação da conduta a uma norma incriminadora, bem assim, a violação de um imperativo de comando ou de proibição. Esse contexto resulta na denominada tipicidade conglobante.

D) A teoria puramente normativa satisfaz as exigências jurídicas e éticas para justificar a omissão penalmente relevante.

E) As alternativas "b" e "c" estão corretas.

Questão 3

(Delegado/PE – 2016 – CESPE) A relação de causalidade, estudada no conceito estratificado de crime, consiste no elo entre a conduta e o resultado típico. Acerca dessa relação, assinale a opção correta.

A) Para os crimes omissivos impróprios, o estudo do nexo causal é relevante, porquanto o CP adotou a teoria naturalística da omissão, ao equiparar a inação do agente garantidor a uma ação.

B) A existência de concausa superveniente relativamente independente, quando necessária à produção do resultado naturalístico, não tem o condão de retirar a responsabilização penal da conduta do agente, uma vez que não exclui a imputação pela produção do resultado posterior.

C) O CP adota, como regra, a teoria da causalidade adequada, dada a afirmação nele constante de que "o resultado, de que depende a existência do crime, somente é imputável a quem lhe deu causa; causa é a ação ou omissão sem a qual o resultado não teria o corrido".

D) Segundo a teoria da imputação objetiva, cuja finalidade é limitar a responsabilidade penal, o resultado não pode ser atribuído à conduta do agente quando o seu agir decorre da prática de um risco permitido ou de uma conduta que diminua o risco proibido.

E) O estudo do nexo causal nos crimes de mera conduta é relevante, uma vez que se observa o elo entre a conduta humana propulsora do crime e o resultado naturalístico.

Questão 4

(Analista Jurídico – TCE/PR – 2016 – CESPE) Considerando a relação de causalidade prevista no Código Penal, assinale a opção correta.

A) As causas supervenientes relativamente independentes possuem relação de causalidade com a conduta do sujeito e não excluem a imputação do resultado.

B) As causas preexistentes relativamente independentes não possuem relação de causalidade com a conduta do sujeito e excluem a imputação do resultado.

C) As causas preexistentes absolutamente independentes possuem relação de causalidade com a conduta do sujeito e não excluem o nexo causal.

D) As causas concomitantes relativamente independentes não possuem relação de causalidade com a conduta do sujeito e não excluem a imputação do resultado.

E) As causas concomitantes absolutamente independentes não possuem relação de causalidade com a conduta do sujeito e excluem o nexo causal.

GABARITO: 1. C; 2. E; 3. D; 4. E.

Capítulo 13

Crime doloso

Maria Augusta Diniz

1. INTRODUÇÃO

O crime doloso está previsto no art. 18, I, do Código Penal e ocorre quando o agente quis o resultado ou assumiu o risco de produzi-lo. Há duas teorias sobre o crime: a clássica e a finalista.

a) Doutrina clássica de delito (que adotava a teoria causalista ou mecanicista da conduta): o crime é composto por três elementos estruturais: fato típico, ilicitude e culpabilidade. O fato típico seria integrado por conduta, resultado, nexo de causalidade e tipicidade. A ilicitude ou antijuridicidade consistiria na contrariedade da conduta típica com o ordenamento jurídico. A culpabilidade, por sua vez, teria a imputabilidade como pressuposto da culpabilidade e seria composta por dolo ou culpa e exigibilidade de conduta diversa. Dolo e culpa constituiriam, portanto, elementos da culpabilidade.

b) Sistema finalista (que professa a teoria final da conduta): trasladou o dolo e a culpa para o interior do fato típico, alocando-os como elementos subjetivos relacionados à conduta. A consciência da ilicitude, agora de forma potencial, foi mantida na culpabilidade.

Por isso, para a teoria clássica, o dolo é **normativo, colorido ou valorado**, pois consiste na vontade consciente de realizar a conduta típica e antijurídica. Abrange, dessa forma, a consciência não só da tipicidade, mas também da ilicitude. Por outro lado, na doutrina finalista, o dolo é **natural, incolor ou avalorado**, uma vez que corresponde à vontade e consciência de praticar a conduta descrita no tipo penal, sem qualquer valoração em relação à ilicitude da conduta (o que se dá no âmbito da culpabilidade). No dolo natural, o sujeito tem a consciência de que realiza uma conduta tipificada em lei penal, podendo ou não ter a compreensão de que seu comportamento é ilícito.

Assim, age com dolo quem dispara arma de fogo contra outrem, por acreditar que seria atacado e, assim, atuava acobertado pela justificante da legítima defesa. A sua responsabilização dependerá da evitabilidade ou não do erro, como estudaremos em capítulo próprio. Da mesma forma, age com dolo o turista holandês que fuma um cigarro de maconha em terreno brasileiro, por acreditar que a conduta é permitida em nosso país.

O dolo, segundo o sistema finalista (adotado majoritariamente em solo brasileiro), possui dois **elementos**: *vontade* e *consciência* de realizar a conduta descrita no tipo penal incriminador.

a) Consciência é o componente intelectual (cognitivo) do dolo, que deve abranger a *realidade fática* ocorrente quando da prática da conduta. O agente deve saber o que faz, ou seja, deve *representar* corretamente a realidade, abrangendo os elementos objetivos do tipo. A consciência deve abarcar todas as elementares e circunstâncias, envolvendo a conduta e o resultado. Pouco importa se o nexo causal se deu em conformidade com os planos do agente, bastando que esteja caracterizado. É por essa razão que a *aberratio causae* não influencia na punição.

b) Vontade, por sua vez, consiste na liberdade do sujeito para a prática da conduta. Caso ela esteja viciada (como ocorre na coação física irresistível), não há que se falar em dolo. A conduta do agente deve ser dominável por sua vontade.

Com base nesses pressupostos, podemos afirmar que o dolo deve ser *abrangente* (envolve todos os elementos objetivos do tipo), *atual* (deve estar presente no momento da ação) e *apto a acarretar o resultado*.

Em relação a esta última característica, consideremos o exemplo do filho herdeiro que, buscando a morte do pai rico, compra-lhe passagens de avião para o exterior, na esperança de que a aeronave caia. Caso isso realmente aconteça, temos a conduta (ato de presentear o pai com passagens aéreas), o resultado (morte) e, segundo as teorias da equivalência dos antecedentes causais e da eliminação, o nexo de causalidade (subtraída mentalmente a conduta do filho, o resultado não teria ocorrido). Todavia, não se pode dizer que o herdeiro agiu com dolo, pois sua vontade não era idônea a acarretar o resultado buscado. Houve, pois, um mero *desejo* de sua ocorrência.

Segundo o parágrafo único do art. 18 do Código Penal, "salvo os casos expressos em lei, ninguém pode ser punido por fato previsto como crime, senão quando o pratica dolosamente".

Isso significa que o dolo é a regra e a culpa é a exceção. Só haverá punição pela prática culposa de crime caso haja previsão expressa na lei. Se "A", não observando o dever objetivo de cuidado, desajeitadamente bate em um vaso de alto valor, quebrando-o, não responderá por dano culposo, pois não há nenhum tipo que abarque a conduta. O mesmo não ocorre se alguém, por culpa, atropela e mata um transeunte, haja vista que essa conduta está tipificada no art. 121, § 3º, do Código Penal.

2. TEORIAS DO DOLO

Existem quatro teorias que buscam explicar o dolo:

a) Teoria da vontade: dolo é a vontade consciente de produzir o resultado previsto no tipo incriminador.

b) Teoria do assentimento, do consentimento ou da anuência: dolo é a vontade de praticar a conduta mesmo quando o resultado típico foi previsto pelo agente, o qual assumiu o risco da produção do evento por não se importar com sua ocorrência. O sujeito, conquanto não queira diretamente o resultado, representou-o como possível e, nada obstante, decidiu praticar a conduta, conformando-se ou aceitando o risco de sua produção.

c) Teoria da representação: dolo é a vontade de praticar a conduta, mesmo quando o agente previu o resultado, não importando se o sujeito assumiu o risco da produção do evento ou mesmo se acreditou que ele não ocorreria. Não há, pois, diferença entre dolo eventual e culpa consciente.

d) Teoria da probabilidade: para a caracterização do dolo, é necessário que seja averiguado se, ao prever o resultado, o sujeito considerou provável a sua realização ou se o entendeu apenas como possível. No primeiro caso, haverá dolo eventual; no segundo, culpa consciente. Essa teoria trabalha com dados estatísticos.

O Código Penal adotou, no art. 18, I, as teorias da vontade e do assentimento ao estabelecer que o crime será doloso "quando o agente *quis o resultado* ou *assumiu o risco de produzi-lo*". Como se observa, não basta a mera previsão do resultado (consciência), sendo necessário que o sujeito o tenha quisto de forma direta (teoria da vontade) ou que tenha assumido o risco de sua ocorrência (teoria do assentimento).

3. ESPÉCIES DE DOLO

A doutrina aponta as seguintes espécies de dolo:

3.1 Dolo direto e dolo indireto

a) Dolo direto, determinado, imediato ou incondicionado: é a vontade consciente dirigida à produção do resultado típico. É o dolo por excelência, que deve abranger não só as elementares e circunstâncias do tipo, mas também os meios utilizados e as consequências decorrentes de sua utilização. Podemos, pois, distinguir duas espécies, a saber:

a.1) Dolo direito de primeiro grau: é a vontade consciente dirigida para o resultado almejado, abrangendo os meios utilizados. Age com dolo direto de primeiro grau o sujeito que, com o intento de matar seu desafeto, contra ele dispara arma de fogo.

a.2) Dolo direto de segundo grau, de consequências necessárias ou imediato: é a vontade do agente voltada para determinado resultado, com a consciência de que, em razão dos meios empregados, ocorrerão efeitos colaterais. O sujeito não deseja diretamente os efeitos colaterais, embora saiba que eles ocorrerão em razão dos meios escolhidos.

Tomemos um exemplo para maior esclarecimento: "A", querendo matar "B", instala uma bomba embaixo da cama do seu desafeto, programando-a para explodir de madrugada. "A" sabe que, no horário escolhido, estarão repousando na cama não só "B", mas também sua esposa, e, mesmo assim, prossegue com sua conduta. Na hora estabelecida, há a explosão e "B" e sua esposa morrem.

Diz-se que "A" agiu com dolo direto de primeiro grau em relação à morte de "B" (pois era seu intento) e com dolo direto de segundo grau no que tange à morte da esposa (uma vez que, com o meio empregado, a morte dela era certa, embora não fosse o objetivo principal do agente).

b) Dolo indireto: é aquele que não é diretamente voltado para um resultado determinado. É dividido entre:

b.1) Dolo eventual: ocorre quando o agente, embora não queira diretamente o resultado por ele previsto, prossegue na conduta, aceitando o risco da produção do evento, que pode ocorrer ou não. Nesse ponto, diferencia-se do dolo direto de segundo grau, cujas consequências colaterais são certas. No dolo eventual, o resultado não visado diretamente é possível, mas incerto e desnecessário para a eclosão do evento principal.

Imaginemos o exemplo do sujeito que, dentro de seu lote, que fica em área residencial de intenso trânsito de pessoas, efetua disparos de arma de fogo em direção ao muro, ciente de que, do lado de fora, transitam integrantes da comunidade. Ele não quer diretamente a morte de quem quer que seja, mas a prevê como possível e, mesmo assim, pratica a conduta, assumindo o risco do resultado, que pode vir a ocorrer ou não. Se alguma munição transpassar o muro e atingir alguém, o agente responderá por homicídio doloso consumado ou por tentativa dolosa de homicídio, a depender do resultado, pois está configurado o dolo eventual.

O dolo eventual muito se aproxima da culpa consciente (com previsão), mas com ela não se confunde. Na culpa consciente, o sujeito prevê o possível resultado, mas acredita, de forma sincera, que ele não ocorrerá. Mudemos um pouco as circunstâncias do exemplo anterior, partindo do pressuposto de que o lote fica em local mais afastado, com nenhum trânsito de pessoas naquele horário. O indivíduo até imagina que alguém poderá passar, mas acredita que isso não irá acontecer. No entanto, no momento dos disparos, passa um trabalhador que se perdera no local e estava buscando alguém para pedir informação. Se esse trabalhador é atingido, o agente responderá por lesões corporais culposas ou homicídio culposo, pois o agente não assumiu o risco do resultado.

Como se vê, tanto no dolo eventual quanto na culpa consciente há previsibilidade e efetiva previsão do resultado, mas, mesmo assim, o sujeito decide praticar a conduta. A diferença está no elemento subjetivo. No primeiro, o resultado é indiferente para o agente; tanto faz se ele ocorre ou não. Na segunda, o sujeito acredita levianamente que o evento não irá ocorrer, seja por valorar mal as circunstâncias, seja por confiar em suas habilidades.

Em regra, os delitos dolosos podem ser praticados em razão tanto de dolo direto quanto de dolo eventual (art. 18, I, do Código Penal). No entanto, existem tipos que exigem o dolo direto, como o de receptação simples e o de denunciação caluniosa, como se observa a seguir nos arts. 180 e 339 do Código Penal:

> Art. 180. Adquirir, receber, transportar, conduzir ou ocultar, em proveito próprio ou alheio, coisa **que sabe ser** produto de crime, ou influir para que terceiro, de boa-fé, a adquira, receba ou oculte. (grifo nosso)
> Art. 339. Dar causa à instauração de inquérito policial, de procedimento investigatório criminal, de processo judicial, de processo administrativo disciplinar, de inquérito civil ou de ação de improbidade administrativa contra alguém, imputando-lhe crime, infração ético-disciplinar ou ato ímprobo de **que o sabe** inocente. (grifo nosso)

b.2) Dolo alternativo: é aquele dirigido, de forma indistinta, a duas ou mais pessoas (alternatividade subjetiva) ou a mais de um resultado (alternatividade objetiva).

Como exemplo de dolo indireto alternativo subjetivo, temos o caso do sujeito que adentra um cinema e, com ânimo de matar, dispara arma de fogo contra os presentes, não lhe importando quem será atingido. Por sua vez, age com dolo alternativo objetivo aquele que dispara arma de fogo contra outrem, querendo matar ou ferir. Se a vítima vier a falecer, ele responderá por homicídio doloso consumado; caso sobreviva, a punição dar-se-á por tentativa de homicídio.

Em todos os casos de dolo indireto, a comprovação do elemento subjetivo deverá se dar por meio da análise das circunstâncias do caso, em especial, os meios empregados, a forma de atuação, a personalidade do agente etc.

Sobre a possibilidade de o homicídio qualificado ser praticado com dolo eventual, decidiu o STJ:

> 1. A jurisprudência desta Corte e do SUPREMO TRIBUNAL FEDERAL (STF) oscila a respeito da compatibilidade ou incompatibilidade do dolo eventual no homicídio com as qualificadoras objetivas (art. 121, § 2º, III e IV). Precedentes.
> 1.1. Aqueles que compreendem pela incompatibilidade do dolo eventual com as qualificadoras objetivas do art. 121, § 2º, III e IV, do CP, escoram tal posição na percepção de que o autor escolhe o meio e o modo de proceder com outra finalidade, lícita ou não, embora seja previsível e admitida a morte.
> 1.2. Tal posicionamento retira, definitivamente, do mundo jurídico, a possibilidade fática de existir um autor que opte por utilizar meio e modo específicos mais

reprováveis para alcançar fim diverso, mesmo sendo previsível o resultado morte e admissível a sua concretização. Ainda, a justificativa de incompatibilidade entre o dolo eventual e as qualificadoras objetivas, inexistência de dolo direto para o resultado morte, se contrapõe à admissão nesta Corte de compatibilidade entre o dolo eventual e o motivo específico e mais reprovável (art. 121, § 2º, I e II, do CP).

1.3. Com essas considerações, elege-se o posicionamento pela compatibilidade, em tese, do dolo eventual também com as qualificadoras objetivas (art. 121, § 2º, III e IV, do CP). Em resumo, as referidas qualificadoras serão devidas quando constatado que o autor delas se utilizou dolosamente como meio ou como modo específico mais reprovável para agir e alcançar outro resultado, mesmo sendo previsível e tendo admitido o resultado morte[1].

Como podemos observar, a controvérsia reside na compatibilidade entre o dolo eventual e as qualificadoras objetivas (art. 121, § 2º, III e IV, do Código Penal). No que tange às qualificadoras de ordem subjetiva (como as consistentes no motivo fútil e/ou torpe), tanto o STF quanto o STJ reconhecem a compatibilidade, porque o elemento subjetivo (dolo do agente, direto ou indireto) não se confunde com os motivos que ensejaram a conduta[2].

Esse consenso não impera em relação às qualificadoras objetivas. Parte da jurisprudência rechaça a coexistência entre elas e o dolo eventual, argumentando que o sujeito escolhe o meio e o modo de proceder não com a finalidade de matar (embora o resultado tenha sido previsto e assumido), mas com fim diverso. Sendo assim, o dolo não englobaria os meios de execução.

Demais disso, tais qualificadoras indicariam a ideia de premeditação, em que se exige do sujeito um empenho pessoal, por intermédio da utilização de meio hábil como forma de garantia da execução. E o agente que age movido pelo dolo eventual não atuaria de forma direcionada à obtenção de ofensa ao bem jurídico tutelado, embora, com sua conduta, tenha assumido o risco de produzir o resultado[3].

Outra parcela da jurisprudência dos Tribunais Superiores, contudo, admite o reconhecimento das qualificadoras objetivas, pois, se o resultado foi previsto e aceito pelo agente, que optou por praticar a conduta, empregando meios e modos específicos mais reprováveis para alcançar fim diverso, ele terminou assumindo o risco da produção do evento com a utilização de meios mais gravosos[4].

Outro questionamento comum consiste em: *crimes de trânsito serem sempre praticados com dolo eventual e a resposta ser não, conforme se observa a seguir.*

Pois bem, nada obstante as diversas campanhas educativas para evitar a direção perigosa, os acidentes de trânsito com vítimas fatais vêm alcançando níveis críticos. Em razão disso, iniciou-se um forte movimento que culminou

---

[1] AgRg no AgRg no REsp n. 1.836.556/PR, 5ª Turma, Rel. Min. Joel Ilan Paciornik, j. 15.06.2021, DJe 22.06.2021.
[2] AgRg no HC n. 504.202/RJ, 5ª Turma, Rel. Min. Joel Ilan Paciornik, j. 04.06.2019, DJe 25.06.2019.
[3] STJ, EDcl no REsp n. 1.848.841/MG, 6ª Turma, Rel. Min. Nefi Cordeiro, j. 02.02.2021, DJe 08.02.2021.
[4] REsp n. 1.829.601/PR, 6ª Turma, Rel. Min. Nefi Cordeiro, j. 04.02.2020, DJe 12.02.2020.

com a adoção, pelos Tribunais pátrios, de uma fórmula praticamente hermética: presente o binômio embriaguez e velocidade excessiva produzindo efeitos danosos, está caracterizado o dolo eventual.

Ocorre que a adoção indiscriminada desse pressuposto terminou por acarretar, em alguns casos, a responsabilização dolosa de um agente que não quis nem assumiu o risco da produção do resultado. Por isso, os Tribunais Superiores passaram a entender que, para que se chegue à conclusão de que o agente atuou com dolo eventual, as circunstâncias fáticas subjacentes ao comportamento delitivo deverão indicar que ele, além de ter previsto, anuiu com o resultado morte[5]. Ou seja, deve restar incontroverso que o sujeito assumiu o risco de provocar um acidente sem se importar com eventual resultado fatal de seu comportamento.

Nesses termos, para o STJ, "a embriaguez do agente condutor do automóvel, sem o acréscimo de outras peculiaridades que ultrapassem a violação do dever de cuidado objetivo, inerente ao tipo culposo, não pode servir de premissa bastante para a afirmação do dolo eventual. Conquanto tal circunstância contribua para a análise do elemento anímico que move o agente, não se ajusta ao melhor direito presumir o consentimento do agente com o resultado danoso apenas porque, sem outra peculiaridade excedente ao seu agir ilícito, estaria sob efeito de bebida alcoólica ao colidir seu veículo contra o automóvel conduzido pela vítima"[6].

Existem, porém, alguns indicativos do dolo eventual, presentes nas circunstâncias do evento, como embriaguez ao volante, direção perigosa (condução em zigue-zague e na contramão) em rodovia com grande movimentação de pessoas, prática de competições não autorizadas ("rachas"), evasão do local dos fatos etc.

Quando restar configurado que o sujeito, na direção de veículo automotor, causou culposamente a morte sob a influência de álcool ou de qualquer outra substância psicoativa que determine dependência, incorrerá nas penas do art. 302, § 3º, do Código de Trânsito Brasileiro. Se configurado o dolo eventual, a responsabilização dar-se-á pela modalidade prevista no art. 121 do Código Penal.

3.2 Dolo geral

O dolo geral está presente nas hipóteses de **erro sucessivo** ou *aberratio causae*, que ocorre quando o agente, acreditando já ter alcançado o resultado com sua conduta anterior, realiza novos atos, os quais são a verdadeira causa do evento. Trata-se de um erro quanto ao meio de execução do delito (erro sobre a causalidade). Por exemplo, "A" efetua três disparos de arma de fogo contra "V", o qual cai desfalecido. Acreditando que a vítima estava morta, "A"

---

[5] STJ, REsp n. 1.689.173/SC, 6ª Turma, Rel. Min. Rogerio Schietti Cruz, j. 21.11.2017, *DJe* 26.03.2018.
[6] REsp n. 1.689.173/SC, 6ª Turma, Rel. Min. Rogerio Schietti Cruz, j. 21.11.2017, *DJe* 26.03.2018. Dolo genérico e dolo específico.

a enterra, vindo a perícia a constatar que a real causa da morte foi a asfixia em razão do soterramento.

Nessa situação, poder-se-ia pensar que o sujeito responderia por dois delitos, sendo um homicídio tentado e um homicídio culposo. Todavia, segundo a doutrina majoritária, o dolo é geral, pois acompanha a conduta até a efetivação do resultado. Afinal, este se deu em razão do conjunto de atos praticados pelo agente, sendo indiferente se ele incidiu em erro quanto ao curso causal (há coincidência entre o que o sujeito fez e o que ele queria fazer).

3.3 Dolo de propósito e dolo de ímpeto

a) **Dolo de propósito** ou **refletido** corresponde à vontade pensada, premeditada, orientada para determinado resultado visado pelo agente. Está presente nos crimes premeditados, não se exigindo que o sujeito elabore um plano criminoso, mas apenas que ele aja de forma pensada. Por exemplo: o agente, percebendo que um indivíduo está passando sozinho com um aparelho celular na mão, analisa a melhor forma de abordagem para a prática do roubo e, após, pratica a conduta.

b) **Dolo de ímpeto** ou **repentino**, por sua vez, está relacionado a uma paixão violenta ou uma grande perturbação de ânimo sofrida pelo agente, que age por impulso diante de uma provocação, sem qualquer reflexão prévia sobre seus atos. É o caso do motorista que, durante discussão de trânsito, saca uma arma de fogo e atira. Atente-se, todavia, que, conquanto impulsiva, a conduta é controlável pela vontade. Ocorre, em regra, em crimes passionais.

3.4 Dolo genérico e dolo específico

a) **Dolo genérico:** é quando o agente não atua com nenhuma finalidade específica, como ocorre no homicídio.

b) **Dolo específico:** está previsto, de forma expressa ou implícita, em alguns tipos, como no caso do roubo (a finalidade especial está em subtrair a coisa *para si ou para outrem*) e nos delitos contra a honra (exige-se o *animus caluniandi, diffamandi vel injuriandi*).

Com a concepção finalista de crime, essa classificação não mais subsiste, devendo ser adotado o termo **dolo** para retratar a consciência e a vontade de praticar a conduta para obter o resultado proibido e a expressão **elemento subjetivo do tipo ou do injusto** para designar a finalidade especial exigida por determinados tipos penais.

3.5 Dolo de dano e dolo de perigo

a) **Dolo de dano ou de lesão:** o sujeito que quer ou assume o risco de causar lesão a um bem jurídico penalmente tutelado. Encontra-se presente nos crimes de dano.

b) Dolo de perigo: ocorre quando o agente quer ou assume o risco de expor a perigo bens penalmente tutelados. É o elemento subjetivo presente nos chamados crimes de perigo, cuja ofensa ao bem jurídico se dá com a simples probabilidade de dano, não havendo qualquer lesão. Se houver, a conduta poderá se subsumir a outro tipo mais grave.

Como exemplo, consideremos o delito de perigo de contágio venéreo, previsto no art. 130 do Código Penal:

> Art. 130. Expor alguém, por meio de relações sexuais ou qualquer ato libidinoso, a contágio de moléstia venérea, de que sabe ou deve saber que está contaminado:
> Pena: detenção, de três meses a um ano, ou multa.
> § 1º Se é intenção do agente transmitir a moléstia:
> Pena: reclusão, de um a quatro anos, e multa.

Como se percebe, a mera conduta de expor alguém a risco de dano (contágio de moléstia venérea) é suficiente para caracterizar o delito. Exige-se, pois, o dolo de perigo direto (quando o agente sabe que está contaminado) ou eventual (quando deve saber que está contaminado, embora parte da doutrina entenda que a expressão é indicativa de culpa).

Se o sujeito age com dolo de dano (tem a intenção de transmitir a moléstia), incidirá nas penas do § 1º do art. 130 do Código Penal. Caso não houvesse essa previsão, a responsabilização seria pela tentativa de lesões corporais (art. 129 do Código Penal). Por fim, caso a vítima seja efetivamente contaminada, o agente responderá pelo crime de lesões corporais.

3.6 Dolo abandonado

Dolo abandonado é aquele existente na desistência voluntária e no arrependimento eficaz, institutos previstos no art. 15 do Código Penal. Nesses casos, o agente, durante a prática dolosa de uma infração penal, voluntariamente, desiste de prosseguir na execução ou impede que o resultado se produza.

3.7 Dolo unitário ou global

O dolo **unitário** ou **global** é o elemento subjetivo presente no crime continuado previsto no art. 71 do Código Penal. Para a teoria mista ou objetivo-subjetiva, adotada pela jurisprudência pátria, para que seja reconhecida a continuidade delitiva, é necessário que o agente tenha atuado com unidade de desígnios em relação a toda a cadeia de crimes, os quais devem ser fruto de um plano elaborado pelo agente. Sendo assim, o dolo deve ser unitário em relação aos delitos parcelares.

3.8 Dolo cumulativo

Há **dolo cumulativo** quando o sujeito deseja dois ou mais resultados em sequência. É o elemento subjetivo presente na progressão criminosa: inicialmente, o agente quer o resultado menos grave, mas, durante a execução, passa a querer um evento mais grave. Existem dois dolos cumulados, um posterior ao outro. Por exemplo, o sujeito, querendo apenas lesionar, desfere disparos de arma de fogo contra a perna da vítima. No entanto, antes de deixar o local, muda de ideia e decide matá-la, o que é feito.

4. QUESTÃO DE CONCURSO

Questão 1

(PCPR – Delegado – UFPR – 2021) Examine o caso hipotético narrado a seguir: A.A. saiu de uma festa um pouco sonolento, pretendendo ir para casa conduzindo sua motocicleta. Na ocasião, foi advertido pelo sujeito B.B., que disse: "pilotando neste estado você pode matar alguém". A.A., porém, afirmou que estava em condições de evitar qualquer acidente, até porque as ruas estariam quase desertas e o vento no rosto o manteria acordado. Afirmou, ainda, que não se arriscaria a sofrer um acidente, porque de moto "o para-choque era ele mesmo". No trajeto para casa, porém, por estar com os reflexos mais lentos, A.A. não percebeu um pedestre que atravessava a rua e o atropelou, causando-lhe a morte. Embora tenha ficado bastante ferido, A.A. sobreviveu ao acidente e foi acusado de cometer crime. A partir das noções de dolo e culpa aplicadas ao caso, é correto afirmar que A.A. agiu com:

A) dolo eventual porque basta a previsibilidade do resultado para configurá-lo.

B) dolo eventual porque expressamente consentiu com a possibilidade de causar o resultado.

C) culpa inconsciente porque o resultado era imprevisível, mas cabe responsabilidade objetiva em delitos de trânsito.

D) culpa consciente porque levianamente subestimou o risco de causar o resultado e confiou que ele não ocorreria.

E) culpa imprópria, pois, embora não esperasse o resultado, tinha o dever de antecipá-lo e evitá-lo.

GABARITO: 1. D.

Capítulo 14

Crime culposo

Maria Augusta Diniz

1. INTRODUÇÃO

A convivência em sociedade, para que seja harmônica, exige que todos ajam de forma prudente e cautelosa, tomando o cuidado necessário para não causar danos aos demais. Caso o direito penal se ocupasse apenas das condutas dolosas, diversos bens jurídicos restariam sem a devida tutela. Por isso, a todos é imposto um dever objetivo de cuidado. Diz-se objetivo esse dever porque deve ser aferido a partir do comportamento de uma pessoa com discernimento e prudência normais, vale dizer, no meio-termo entre o leviano e o exacerbadamente cauteloso.

Por sua vez, para que se conclua que o **dever objetivo de cuidado** foi desrespeitado, devemos adotar um juízo de **previsibilidade objetiva**, segundo o qual o resultado deve ser previsível ao *homem médio*. Justamente por ser o resultado *previsível*, o sujeito deve se abster da ação, respeitando o *dever objetivo de cuidado*. A ausência de **previsibilidade subjetiva**, por sua vez, **não é apta a afastar a tipicidade da conduta**, devendo ser mensurada quando da análise da culpabilidade na dosimetria da pena (art. 59 do Código Penal).

Com base nessas premissas, podemos dizer que age com culpa aquele que, não observando o dever objetivo de cuidado a todos imposto, praticou uma conduta que deu causa a um resultado *não querido*, mas *objetivamente previsível*.

Segundo o art. 18, II, do Código Penal, o crime é culposo quando o agente deu causa ao resultado por imprudência, negligência ou imperícia. O parágrafo único do mencionado dispositivo, por sua vez, estabelece que, salvo nos casos previstos em lei, ninguém poderá ser punido por fato previsto como crime, senão quando o pratica dolosamente.

Vimos, no capítulo anterior, que pratica o delito na modalidade dolosa o agente que tem a *consciência* e a *vontade* de realizar os elementos previstos no tipo penal. Ele *sabia* o que estava fazendo e *queria* praticar a conduta para, no caso dos delitos materiais e formais, alcançar o resultado naturalístico.

No entanto, é possível que o sujeito cause o resultado proibido não por querê-lo, mas por ter agido levianamente, desatenciosamente, descuidadamente. Nessas situações, se houver previsão expressa na lei penal, será ele responsabilizado pela modalidade culposa do crime. Se não houver nenhum tipo penalizando a conduta culposa, não poderá haver punição no âmbito criminal.

Considere o seguinte exemplo: "A" se encontra em um museu de antiguidades e, ao perceber que esqueceu seu telefone celular em outro ambiente, sai em desabalada carreira para recuperá-lo. No caminho, termina por esbarrar em um vaso egípcio com valor inestimável, quebrando-o. Ora, "A" não agiu com vontade de destruir o vaso (coisa alheia) e, por isso, não pode ser responsabilizada pela prática dolosa do delito de dano, previsto no art. 163 do Código Penal. E, como não há a previsão da modalidade culposa desse crime, ela não responderá no âmbito criminal (podendo ser responsabilizada na seara cível). Isso porque a punição por culpa é exceção, só podendo existir quando a lei expressamente a previr.

Culpa e dolo são, portanto, os **elementos subjetivos do tipo**. Contudo, mais adequado é considerar a culpa como sendo um elemento **psicológico-normativo**. Psicológico, pois é o elemento subjetivo que liga o resultado à conduta voluntária realizada pelo agente, embora este não quisesse e não tenha assumido o risco da eclosão do evento. Normativo, pois deverá ser inferido após um *juízo de valor realizado no caso concreto*, consubstanciado na relação estabelecida, pelo operador do Direito, entre o querer do sujeito e o resultado produzido em razão da inobservância do dever objetivo de cuidado.

Os delitos culposos, por sua vez, podem vir definidos em tipos abertos ou fechados. No primeiro caso, o legislador limita-se a descrever, no preceito primário, a expressão "se o crime é culposo", cominando, em seguida, a pena. A conduta culposa também pode vir descrita expressamente no tipo, como ocorre no art. 180, § 3º, do Código Penal[1], que detalha o modo de execução adotado pelo agente que, por não adotar as cautelas necessárias, termina por acarretar o resultado.

2. ELEMENTOS DO CRIME CULPOSO

A partir do que foi explanado no tópico anterior, podemos chegar aos elementos do crime culposo, que são: conduta voluntária; violação do dever

---

[1] "Art. 180. (...) § 3º Adquirir ou receber coisa que, por sua natureza ou pela desproporção entre o valor e o preço, ou pela condição de quem a oferece, deve presumir-se obtida por meio criminoso: Pena – detenção, de um mês a um ano, ou multa, ou ambas as penas".

objetivo de cuidado; previsibilidade objetiva do resultado; resultado naturalístico não querido ou não assumido; nexo causal entre conduta e resultado; tipicidade.

2.1 Conduta voluntária

Como já estudamos, uma das características da conduta é a voluntariedade (que não se confunde com a finalidade). O atuar deve ser dar em razão do livre-arbítrio, devendo o sujeito ter o controle sobre seus atos. Ausente a voluntariedade, como nos casos de coação física irresistível, atos reflexos, hipnose e sonambulismo, afasta-se a própria tipicidade.

Para esclarecer a diferença entre voluntariedade e finalidade, vamos imaginar que estamos em uma praça, quando vemos uma mulher e um homem sentados em um banco. Repentinamente, essa mulher estica o braço e atinge o companheiro, machucando-o. Temos aí algumas situações possíveis:

a) A mulher teve um espasmo e, num ato reflexo, terminou por atingir o homem. Nesse caso, estaremos diante da ausência de conduta, pois faltou vontade à sua ação. Consequentemente, o fato não é típico.

b) A mulher atingiu o homem porque foi se espreguiçar e não o viu, atingindo-o *sem querer*. Nesse caso, a ação (espreguiçar-se) foi *voluntária*, mas a moça não agiu com a *finalidade* de lesionar.

c) A mulher agiu com dolo de lesionar, pois acabara de descobrir que foi traída. Atuou, assim, com *vontade* e *finalidade* de machucar.

d) A mulher atingiu o companheiro de propósito, mas se tratava de uma brincadeira entre eles. Sua conduta foi, portanto, *voluntária*, mas sua *finalidade* foi lícita.

e) A mulher agiu com a finalidade de ultrajar, humilhar o companheiro. A conduta foi, pois, *voluntária* e a *finalidade* foi ilícita. Só que, como o dolo não foi de lesionar, estaremos diante do delito de injúria real (art. 140, § 2º, do Código Penal).

Essa distinção é extremamente importante no direito penal, não só para a caracterização do elemento subjetivo (dolo e culpa), como também para que se saiba em qual tipo penal se subsome a conduta praticada.

No caso dos delitos dolosos, a *finalidade* perseguida pelo agente é ilícita, pois ele busca o resultado tipificado. Na culpa, por outro lado, o sujeito quer, com sua *conduta voluntária*, um **fim lícito**, mas termina causando o resultado naturalístico por ter atuado de maneira imprudente, negligente ou imperita. O agente elegeu **meios inadequados** ou fez **mal uso dos adequados**, mas, em nenhum momento, ele quis o resultado ou assumiu o risco de produzi-lo; muito pelo contrário, ou ele não previu a sua ocorrência (embora fosse previsível) ou ele acreditou que o evento não iria ocorrer.

Imagine que "M", médico que fazia atendimentos voluntários, deparou-se com um engarrafamento decorrente de um acidente de trânsito e, por estar atrasado para consultas gratuitas em uma comunidade carente, após calcular o espaço disponível, subiu, com seu veículo, no meio-fio, para fazer uma manobra proibida. Ocorre que, na calçada, havia intenso movimento de pessoas, tendo uma delas sido atingida pelo automóvel, caído e fraturado o braço.

Ora, a finalidade buscada por "M" (fornecer atendimentos médicos gratuitos em uma comunidade carente) é não só lícita, como nobre. Mas o meio utilizado (voluntariamente) para alcançá-la desobedeceu ao dever objetivo de cuidado a todos imposto. Afinal, era totalmente previsível que, ao subir com seu veículo em calçada onde havia intenso trânsito de pessoas, alguém poderia ser atingido, razão pela qual "M" responderá pelas lesões corporais causadas pela sua conduta, a título de culpa.

O mesmo se dá em relação à mãe que deixa o filho recém-nascido no interior de um veículo totalmente fechado enquanto realiza uma compra, acreditando que, por sua ausência ser por poucos instantes, nada acontecerá à criança. Caso o infante venha a falecer, essa mãe responderá por homicídio culposo.

2.2 Violação do dever objetivo de cuidado

Como já mencionado, o dever objetivo de cuidado é indispensável para que haja a convivência em sociedade. É certo que, para a manutenção, o desenvolvimento e, inclusive, o conforto da sociedade, é necessária a assunção de certos riscos, que são aceitos. No entanto, esses riscos não podem ir além do que a comunidade está disposta a tolerar e, por isso, todos devem atuar com atenção, cautela, prudência, em especial quando praticarem atividades perigosas aos demais.

Ninguém duvida de que o trânsito de veículos automotores é uma atividade perigosa, mas necessária à própria existência da sociedade atual. Por isso, todos que a desenvolvem têm o dever de obedecer às regras impostas, como limites de velocidade, trânsito na mão da via correta, parada quando o semáforo estiver vermelho etc., atuando de forma cuidadosa em relação aos demais.

Sendo assim, para que reste caracterizado o crime culposo, é necessário que o sujeito tenha desrespeitado esse dever objetivo de cuidado, causando uma lesão a outrem. Compara-se, pois, a conduta de um homem médio (com cautela e prudência normais) àquela praticada no caso concreto. Caso haja divergência, dizemos que o agente desrespeitou o dever objetivo de cuidado.

2.3 Previsibilidade objetiva do resultado

Previsibilidade objetiva do resultado é a possibilidade de o **homem médio (com cautela e prudência normais)**, exercendo um juízo de atenção padrão, antever a ocorrência do resultado nas condições em que se encontrava. Perceba que não se exige atenção extraordinária e prudência exacerbada, mas aquelas inerentes à média dos integrantes da sociedade.

Destaque-se, contudo, que, embora deva o resultado ser previsível, *não se exige que ele tenha sido previsto no caso concreto*. Basta que o agente pudesse alcançar esse juízo após mera atividade cognitiva e com base no que normalmente acontece.

No que tange a esse elemento, entende Nucci que o melhor critério de avaliação é o objetivo-subjetivo, devendo ser avaliado, no caso concreto, se a média da sociedade teria condições de prever o resultado, passando-se, em seguida, à análise do grau de visão do agente do delito (capacidade pessoal que o autor tinha para evitar o resultado)[2].

Todavia, *em meu entender*, quaisquer considerações acerca do autor do fato deverão se dar no âmbito do estudo da culpabilidade. *A ausência de previsibilidade subjetiva poderá acarretar o afastamento da potencial consciência da ilicitude, mas jamais da tipicidade*. Ademais, *ainda segundo minha opinião*, o modelo de "homem médio" deve ser traçado **de acordo com o grupo a que pertence e com as atividades desenvolvidas pelo sujeito**. Se um piloto de aeronaves decide voar em altura não recomendável, causando acidente aéreo, sua conduta deverá ser comparada com a normalmente praticada pelos condutores de avião. Nisso consiste a previsibilidade objetiva.

2.4 Resultado naturalístico não querido ou não assumido

Consoante estabelece o art. 18 do Código Penal, o crime é doloso quando o agente quis o resultado ou assumiu o risco de produzi-lo e será culposo quando ele deu causa ao evento por negligência, imprudência ou imperícia. O **resultado naturalístico**, pois, é **elemento do tipo penal** e deve ser **involuntário**.

Como sabemos, resultado naturalístico é a modificação no mundo exterior, perceptível pelos sentidos. Conseguimos ver, ouvir ou sentir o resultado da ação. Consequência disso é que o crime culposo é, em regra, delito material, embora não seja compatível com a tentativa (que ocorre justamente quando o resultado não é alcançado por razões alheias à **vontade** do agente). É ilógico afirmar que o sujeito não alcançou, por circunstâncias *alheias* à sua *vontade*, um resultado por ele não querido ou assumido. Se em nenhum momento ele quis o evento ou assumiu o risco de sua produção, *a não ocorrência deu-se em razão de **sua** vontade*.

Dessa forma, retornando ao exemplo da mãe que, acreditando que nada aconteceria, deixa o filho recém-nascido no veículo totalmente fechado enquanto faz uma compra, podemos ter duas situações: a) se a criança vem a falecer, a mãe responderá pelo crime de homicídio culposo; b) se não há a morte do infante, não há que se falar em tentativa de homicídio culposo, mas sim na

---

[2] NUCCI, Guilherme de Souza. *Manual de direito penal*. 16. ed. rev. e atual. Rio de Janeiro: Forense, 2020. [livro eletrônico]

configuração de outro delito, como o previsto no art. 132 do Código Penal (perigo para a vida ou saúde de outrem).

No entanto, convém ressaltar que, embora o Código Penal seja expresso ao exigir o resultado naturalístico no crime culposo, **na legislação extravagante encontramos crimes de mera conduta cometidos culposamente**, como se observa a seguir:

ECA, Art. 228. Deixar o encarregado de serviço ou o dirigente de estabelecimento de atenção à saúde de gestante de manter registro das atividades desenvolvidas, na forma e prazo referidos no art. 10 desta Lei, bem como de fornecer à parturiente ou a seu responsável, por ocasião da alta médica, declaração de nascimento, onde constem as intercorrências do parto e do desenvolvimento do neonato: Pena – detenção de seis meses a dois anos.

Parágrafo único. **Se o crime é culposo**:

Pena – detenção de dois a seis meses, ou multa. (grifo nosso)

ECA, Art. 229. Deixar o médico, enfermeiro ou dirigente de estabelecimento de atenção à saúde de gestante de identificar corretamente o neonato e a parturiente, por ocasião do parto, bem como deixar de proceder aos exames referidos no art. 10 desta Lei: Pena – detenção de seis meses a dois anos.

Parágrafo único. **Se o crime é culposo**:

Pena – detenção de dois a seis meses, ou multa. (grifo nosso)

Lei n. 11.343/2006, Art. 38. Prescrever ou ministrar, **culposamente**, drogas, sem que delas necessite o paciente, ou fazê-lo em doses excessivas ou em desacordo com determinação legal ou regulamentar:

Pena – detenção, de 6 (seis) meses a 2 (dois) anos, e pagamento de 50 (cinquenta) a 200 (duzentos) dias-multa. (grifo nosso)

Lei n. 9.605/1998, Art. 56. Produzir, processar, embalar, importar, exportar, comercializar, fornecer, transportar, armazenar, guardar, ter em depósito ou usar produto ou substância tóxica, perigosa ou nociva à saúde humana ou ao meio ambiente, em desacordo com as exigências estabelecidas em leis ou nos seus regulamentos: Pena – reclusão, de um a quatro anos, e multa.

( )

§ 3º **Se o crime é culposo**:

Pena – detenção, de seis meses a um ano, e multa. (grifo nosso)

Atente-se, de qualquer forma, que o fato de o sujeito não querer o resultado não significa que ele não o tenha previsto. Como será estudado mais à frente, temos duas espécies de culpa: a culpa inconsciente (ou sem previsão) e a culpa consciente (com previsão). Nesta última, o indivíduo prevê o resultado como possível consequência de sua conduta, mas acredita verdadeiramente que ele não ocorrerá, quer por ser bastante improvável, quer por confiar em suas habilidades.

2.5 Nexo causal entre conduta e resultado

A conduta voluntária culposa (negligente, imprudente, imperita) deverá ter sido a **causa** do resultado involuntário, sob pena de responsabilização objetiva. Para que se verifique se a conduta foi a causa do evento, aplica-se a regra prevista no art. 13 do Código Penal, a qual considera causa a ação ou omissão sem a qual o resultado não teria ocorrido.

Para que cheguemos à conclusão de que a conduta do indivíduo efetivamente causou o resultado por ele não querido ou assumido, no âmbito da teoria da equivalência dos antecedentes causais, devemos aplicar o método hipotético de eliminação. Se constatarmos que, suprimida hipoteticamente a conduta, o resultado não ocorreria ou aconteceria de forma diferente, temos que foi ela causa do evento. Em seguida, será analisado o elemento subjetivo. Verificado que o agente não quis ou assumiu o resultado (dolo), mas que desrespeitou o dever objetivo de cuidado a todos imposto (culpa), consubstanciado estará o nexo de causalidade.

2.6 Tipicidade

A tipicidade é elemento do fato típico presente em todo e qualquer crime, seja doloso ou culposo. Para que uma conduta seja penalmente relevante, é necessário que ela tenha causado um resultado proibido (querido ou não) e que haja sua perfeita subsunção àquela abstratamente narrada no tipo penal. Essa exigência é corolário do princípio da reserva legal ou da legalidade estrita.

Tomemos o exemplo de alguém que, calculando mal o espaço existente entre dois veículos, danifica um deles ao tentar estacionar sua motocicleta. Presentes a conduta voluntária, a finalidade lícita, a desobediência ao dever objetivo de cuidado, o resultado naturalístico e o nexo causal. No entanto, o sujeito não responderá penalmente, pois inexistente a figura (tipo penal) do dano culposo.

3. MODALIDADES DE CULPA

Modalidades de culpa são as formas pelas quais o agente poderá infringir o dever objetivo de cuidado e, assim, causar um resultado involuntário tipificado. Estão elencadas no art. 18, II, do Código Penal e consistem em:

a) Imprudência

É a ação (conduta positiva) perigosa, desatenciosa, inconsequente, insensata, violadora do dever objetivo de cuidado. É, por exemplo, a conduta do agente que dirige seu veículo em alta velocidade, na contramão ou ultrapassando os sinais vermelhos.

b) Negligência

É a omissão de cautela que deveria ser tomada para que o resultado lesivo fosse evitado. Enquanto possamos afirmar que a imprudência seja sempre praticada mediante uma ação positiva, nem sempre a negligência ocorrerá por meio de uma não ação (conduta negativa). Na negligência, o que se tem é a **omissão do cuidado**, da atenção que deveria ser observada naquela situação específica. Assim, se o agente deixa uma arma de fogo em local acessível a um menor de idade, pode-se afirmar que sua ação foi negligente, uma vez que ele não adotou as devidas cautelas, não sendo adequado dizer que não houve ação.

Da mesma forma, se o sujeito conduz veículo automotor cujos freios apresentam problema, tem-se que sua conduta (positiva) foi negligente, pois ele omitiu o cuidado que lhe era exigível. Ou seja, *a omissão não é necessariamente da conduta, mas sim da cautela.*

c) Imperícia

Também chamada de **culpa profissional**, a imperícia é a falta de aptidão para o exercício da arte, ofício ou profissão exercida pelo sujeito. Todo indivíduo que exerce uma dessas funções *tem o dever de ter aptidão teórica e prática para tanto.* Será imperito o indivíduo que não tenha conhecimentos técnicos suficientes para o exercício de determinada arte, função ou profissão por ele desempenhada.

Registre-se, porém, que nem todo comportamento desatento praticado no âmbito de uma dessas funções caracterizará a imperícia. Consideremos a seguinte hipótese: "M", médico cirurgião, realiza procedimento cirúrgico na paciente "P" sem, todavia, observar as regras técnicas de que tem conhecimento. "P" sofre complicações e vem a óbito. A conduta de "M" foi imprudente, pois ele não teve o cuidado devido, consistente no emprego das regras técnicas de que ele tinha conhecimento.

O quadro muda se "M" é médico recém-formado, ainda sem especialização, e realiza cirurgia plástica em uma paciente, deixando-a deformada. Nesse caso, "M" foi imperito, pois não detinha os conhecimentos teóricos e práticos para agir.

4. ESPÉCIES DE CULPA

A doutrina penal aponta as seguintes espécies de culpa:

a) Culpa inconsciente e culpa consciente

a.1) Culpa inconsciente, sem previsão ou *ex ignorantia* ocorre quando o agente, quando da conduta, não previu o resultado, embora ele fosse objetivamente previsível. Ou seja, bastava um mero esforço intelectual para que o sujeito supusesse o que poderia acontecer, mas ele não o fez.

a.2) Culpa consciente, com previsão ou *ex lascivia* é aquela em que ocorre a efetiva previsão do resultado por parte do agente, mas ele, por acreditar em sua não ocorrência, decide por prosseguir.

A culpa consciente não se confunde com o dolo eventual, embora, em ambos os casos, haja a previsão do resultado por parte do agente. Age com dolo eventual o indivíduo que, representando a possibilidade do resultado, aceita-o, pois, para ele, tanto faz se o evento acontecer ou não. O mesmo não ocorre na culpa consciente, quando o sujeito prevê a possibilidade do resultado, mas não assume seus riscos. A prática da conduta se dá porque ele acredita, levianamente, que a probabilidade de sua eclosão é mínima ou que possui habilidades suficientes para evitá-lo.

A prova do elemento subjetivo deverá se dar por meio das **circunstâncias no caso em concreto**, dada a impossibilidade de se atingir a consciência do agente.

b) Culpa própria e culpa imprópria

b.1) Culpa própria é a culpa por excelência, que ocorre quando o sujeito, por desatender o dever objetivo de cuidado, dá causa ao resultado naturalístico com sua conduta voluntária.

b.2) Culpa imprópria, por sua vez, é aquela na qual recai o agente que, *por avaliar erroneamente a realidade fática*, acredita estar em situação que o habilite a agir justificadamente (ou seja, acobertado por uma das causas de exclusão da ilicitude). Tome-se, por exemplo, o caso de um indivíduo que, ao verificar seu inimigo vindo em sua direção com a mão na cintura, saca uma arma de fogo e a dispara, matando o rival. Constatado que o ofendido sequer tinha visto o ofensor e que apenas estava de passagem, estamos diante de uma hipótese de descriminante putativa (legítima defesa putativa ou imaginária).

Deve-se, então, averiguar, por meio das circunstâncias, se o agente incidiu em erro inevitável ou evitável.

No caso de erro inevitável, incidirá a regra prevista na primeira parte do § 1º do art. 20 do Código Penal: "é isento de pena quem, por erro plenamente justificado pelas circunstâncias, supõe situação de fato que, se existisse, tornaria a ação legítima". Mas, se o erro era evitável, a segunda parte do dispositivo estabelece que "não há isenção de pena quando o erro deriva de culpa e o fato é punível como crime culposo".

Isso significa que, no caso das descriminantes putativas, se o erro em que incidiu o agente for evitável, ele responderá a título de culpa, uma vez que houve desatenção, descuido quando da análise da realidade (dos pressupostos fáticos da causa de justificação, como a ocorrência de agressão injusta e iminente). Porém, em relação à conduta em si, está presente o dolo, consistente na consciência e vontade de disparar arma de fogo contra outrem; o sujeito, de fato, quis a produção do resultado.

Trata-se, pois, de um crime doloso punido a título de culpa por razões de política criminal e, por isso, a culpa imprópria também é chamada de **culpa por extensão, por assimilação ou por equiparação**. Mas, *por se tratar de infração dolosa, é possível a tentativa*.

c) Culpa mediata ou indireta

Há **culpa mediata ou indireta** quando o sujeito, ao dar causa a um resultado, dolosa ou culposamente, provoca outro indiretamente.

Por exemplo, um perigoso estuprador tenta segurar uma moça, a qual, assustada e amedrontada, atravessa a rua correndo e é atingida por um veículo, vindo a falecer. Segundo as teorias da equivalência dos antecedentes causais e da eliminação hipotética, objetivamente, a conduta do estuprador foi causa do resultado morte. Para que se tenha configurado o nexo de causalidade, deve-se verificar se o sujeito atuou com dolo e culpa em relação a esse evento.

Ora, dolo de homicídio (*animus necandi*) não houve, pois sua vontade era a de constranger a vítima, mediante violência ou grave ameaça, a ter conjunção carnal ou a praticar ou permitir que com ele se pratique ato libidinoso. A caracterização da culpa, por sua vez, dependerá da *previsibilidade ou imprevisibilidade do segundo resultado*.

A mesma solução merece o caso se o primeiro resultado foi provocado a título de culpa. Nesses termos, podemos pensar na hipótese da mãe que é atropelada e morta ao tentar socorrer seu filho menor de idade que havia sido abalroado por um motorista imprudente que furou o sinal vermelho. Só haverá responsabilização do agente que causou o primeiro resultado culposamente se o segundo evento lhe for previsível.

5. GRAUS DE CULPA

Na vigência da redação original do Código Penal de 1940, quando da fixação da pena, o juiz deveria considerar os antecedentes e a personalidade do agente, a intensidade do dolo ou **grau de culpa**, os motivos, circunstâncias e consequências do crime (art. 42). A culpa, pois, era classificada por graus, podendo ser **grave, leve** e **levíssima**.

Culpa grave era aquela evitável por qualquer pessoa. A culpa leve estaria presente nos casos em que o homem médio (que atua com cautela e prudência normais) pudesse prever o resultado. Por fim, a culpa levíssima era aquela na qual o resultado só seria previsível pelo indivíduo extremamente cauteloso, com prudência e atenção acima da média.

Após a reforma do Código Penal, não se fala mais em graus de culpa e, por isso, a classificação não faz mais sentido.

6. COMPENSAÇÃO E CONCORRÊNCIA DE CULPAS

Imagine a seguinte situação: "A" atravessa via pública com a cabeça baixa, mexendo em seu celular, sem se atentar que o semáforo de pedestres estava fechado. "B", que conduzia seu veículo em velocidade acima da permitida, não consegue frear e atinge o transeunte desatento. Como se observa, ambos os envolvidos agiram imprudentemente. Todavia, em direito penal, ao contrário do direito privado, **não há compensação de culpas**, mas o comportamento da vítima deve ser considerado *em benefício do agente*, quando da fixação da pena-base (art. 59 do Código Penal).

A situação difere quando o resultado é causado em razão de **culpa exclusiva da vítima**, uma vez que, se esta foi a *única* culpada, é porque causou, sozinha, o resultado, não havendo que se falar em imprudência, negligência ou imperícia por parte do agente. Aqui, segundo a doutrina moderna, aplica-se o princípio da confiança (se eu respeito o dever objetivo de cuidado para com a sociedade, posso esperar que os demais também o atendam).

A compensação de culpas não se confunde com a hipótese de **concorrência de culpas**. Nesse caso, duas ou mais pessoas, culposamente, dão causa a um resultado relativo a bem alheio, *fora dos casos de concurso de pessoas*. Por exemplo: "A" conduz veículo automotor, em via pública, em velocidade acima da permitida e termina por abalroar o veículo de "B", que passou no semáforo vermelho. Com o choque, o veículo de "B" é arremessado e atinge "C", que estava transitando pela calçada.

Segundo Nucci[3], também haveria concorrência de culpas se, no exemplo citado, apenas "A" e "B" se lesionam.

Observe-se que, na *concorrência* de culpas, os sujeitos, sem atuarem ligados por vínculo subjetivo, desobedeceram ao dever objetivo de cuidado em relação às outras pessoas, enquanto, na *compensação* de culpas, a vítima desobedeceu ao dever de não se colocar em risco (dolosa ou culposamente). Como se percebe, a **concorrência de culpas** (admitida pelo nosso direito penal) caracteriza a **autoria colateral em crimes culposos**.

7. QUESTÕES DE CONCURSOS

Questão 1

(CESPE/CEBRASPE – 2022 – Prefeitura de Pires do Rio-GO – Procurador Jurídico do Município) A respeito dos crimes contra a administração pública, julgue o seguinte item.

"É cabível a extinção da punibilidade pelo crime de peculato culposo caso seja efetuada reparação do dano em momento anterior à sentença irrecorrível".

(   ) Certo
(   ) Errado

---

[3] NUCCI, Guilherme de Souza. *Manual de direito penal*. 16. ed. rev. e atual. Rio de Janeiro: Forense, 2020. [livro eletrônico]

Questão 2

(FGV – 2023 – TJ-MS – Juiz Substituto) Alberto, ao volante de um automóvel, recebe uma chamada de vídeo de seu patrão, circunstância que o leva a empunhar seu aparelho de telefonia celular e a travar conversa com ele, enquanto permanece dirigindo o veículo. Enquanto Alberto fala ao celular, a pedestre Bianca cruza a via pública, em local inapropriado, alguns metros à frente do veículo conduzido por Alberto, o qual, distraído com a chamada, não percebe a presença de Bianca na via pública, mantendo a velocidade e a trajetória do automóvel, vindo a atropelá-la. Ato seguido, temendo ser responsabilizado, Alberto deixa o local, não prestando socorro à vítima, que fica bastante ferida. Dois minutos depois, Bianca é socorrida por outro motorista, que a conduz a um hospital, onde ela é internada, tendo alta médica após três semanas. Diante do caso narrado, é correto afirmar que Alberto:

A) deverá responder pelos crimes de lesão corporal culposa na direção de veículo automotor, omissão de socorro no trânsito e fuga do local de acidente automobilístico;

B) não deverá responder por crime algum, pois os fatos decorreram de culpa exclusiva da vítima, que cruzou a via pública em local inadequado;

C) deverá responder pelos crimes de lesão corporal culposa na direção de veículo automotor e omissão de socorro no trânsito;

D) deverá responder pelos crimes de lesão corporal grave, pois agiu com dolo eventual, omissão de socorro no trânsito e fuga do local de acidente automobilístico;

E) deverá responder pelos crimes de lesão corporal culposa na direção de veículo automotor, com a pena aumentada, em decorrência da omissão de socorro à vítima, e fuga do local de acidente automobilístico.

Questão 3

(CESPE/CEBRASPE – 2023 – Prefeitura de São Cristóvão-SE – Guarda Municipal) Admite-se a modalidade culposa no crime de:

A) inutilização de edital ou de sinal.
B) peculato.
C) desobediência.
D) corrupção passiva.

Questão 4

(CESPE/CEBRASPE – 2022 – MPE-SE – Promotor de Justiça Substituto) Assinale a opção que apresenta os elementos do crime culposo:

A) conduta humana voluntária, violação de um dever objetivo de cuidado, resultado naturalístico involuntário e previsível, e nexo causal.

B) conduta humana involuntária, violação de um dever objetivo de cuidado, resultado naturalístico voluntário e previsível, e nexo causal.

C) conduta humana involuntária, representação clara da vontade do agente, resultado naturalístico previsível e nexo causal.

D) conduta humana involuntária, violação de um dever objetivo de cuidado, resultado naturalístico imprevisível e nexo causal.

E) conduta humana voluntária, violação de um dever objetivo de cuidado e assunção de um risco permitido que gera um resultado naturalístico previsível.

Questão 5

(IBFC – 2022 – TJ-MG – Analista Judiciário) Os crimes são em regra dolosos. Assinale a alternativa que admite a forma culposa em relação aos crimes contra a administração da justiça.

A) Peculato.
B) Comunicação falsa de crime ou de contravenção.
C) Autoacusação falsa.
D) Fuga de pessoa presa ou submetida a medida de segurança.
E) Favorecimento real.

Questão 6

(CESPE/CEBRASPE – 2022 – IBAMA – Analista Ambiental – Recuperação Ambiental, Monitoramento e Uso Sustentável da Biodiversidade, Controle e Fiscalização (adaptada)) Julgue o item a seguir:

"Os crimes culposos e os habituais não admitem a figura da tentativa delituosa".

(   ) Certo
(   ) Errado

GABARITO: 1. Certo; 2. E; 3. B; 4. A; 5. D; 6. Certo.

CAPÍTULO 15

Crime preterdoloso

Maria Augusta Diniz

1. INTRODUÇÃO

Considere a seguinte situação: no meio de uma discursão verbal, "A" desfere um forte soco contra "B", que se desequilibra e cai, batendo a cabeça no chão. Com a pancada, "B" sofre traumatismo craniano e vem a falecer.

Analisando os fatos, verifica-se que o dolo de "A" foi de lesionar e não de matar, embora, culposamente, ele tenha dado causa ao resultado mais gravoso. Temos, então, uma estrutura típica formada por um resultado culposo (morte) seguido de um evento causado a título de dolo (soco para lesionar). Produziu-se, pois, um *resultado diverso do pretendido*, mas previsível objetivamente diante das circunstâncias. Quando isso ocorre, estamos diante de um **crime preterdoloso ou preterintencional**.

O delito preterdoloso constitui uma figura híbrida, cuja parte anímica é formada por um elemento subjetivo (dolo) seguido de um elemento normativo (culpa). Como a punição a título de culpa exige tipicidade própria por ser exceção, essa espécie de crime exige **previsão legal expressa**.

Em nosso Código Penal, encontramos diversos casos de crimes preterdolosos, como os elencados a seguir:

> Art. 127. As penas cominadas nos dois artigos anteriores são aumentadas de um terço, se, em consequência do aborto ou dos meios empregados para provocá-lo, a gestante sofre lesão corporal de natureza grave; e são duplicadas, se, por qualquer dessas causas, lhe sobrevém a morte.
>
> Art. 129. Ofender a integridade corporal ou a saúde de outrem:
> Pena – detenção, de três meses a um ano.
> (...)

§ 2º Se resulta:
(...)
V – aborto:
Pena – reclusão, de dois a oito anos.
(...)
§ 3º Se resulta morte e as circunstâncias evidenciam que o agente não quis o resultado, nem assumiu o risco de produzi-lo:
Pena – reclusão, de quatro a doze anos.

Art. 135. Deixar de prestar assistência, quando possível fazê-lo sem risco pessoal, à criança abandonada ou extraviada, ou à pessoa inválida ou ferida, ao desamparo ou em grave e iminente perigo; ou não pedir, nesses casos, o socorro da autoridade pública:
Pena – detenção, de um a seis meses, ou multa.

Parágrafo único. A pena é aumentada de metade, se da omissão resulta lesão corporal de natureza grave, e triplicada, se resulta a morte.

Art. 264. Arremessar projétil contra veículo, em movimento, destinado ao transporte público por terra, por água ou pelo ar:
Pena – detenção, de um a seis meses.

Parágrafo único. Se do fato resulta lesão corporal, a pena é de detenção, de seis meses a dois anos; se resulta morte, a pena é a do art. 121, § 3º, aumentada de um terço.

Em todos esses tipos, o agente não quis ou assumiu o risco do resultado posterior (pois, nesse caso, o evento ser-lhe-ia imputado a título de dolo), mas, *criando a situação inicial de perigo*, acarretou outro evento, que era objetivamente previsível. Há **dolo na conduta antecedente e culpa no resultado subsequente**.

Sendo assim, podemos conceituar crime preterdoloso como sendo aquele em que a conduta dolosa do agente deu causa a um resultado por ele não querido ou assumido, mas que lhe era objetivamente previsível.

Em relação ao evento agravador, *por ser decorrente de culpa*, o tipo não admitirá a forma tentada, só se caracterizando se o resultado naturalístico vier a ocorrer.

2. PREVISÃO LEGAL

O art. 19 do Código Penal determina que, *pelo resultado que agrava especialmente a pena, só responde o agente que o houver causado ao menos culposamente*.

Isso significa que, se o resultado mais gravoso decorre de caso fortuito ou força maior, não pode ser atribuído ao agente. Esse evento deve decorrer se o sujeito o causou, *ao menos culposamente*, ou seja, a título de dolo ou culpa, tratando o dispositivo citado dos **crimes qualificados pelo resultado**.

Por sua vez, para que se diga que o evento mais grave foi causado por culpa, é necessário que ele seja previsível objetivamente, ou seja, uma pessoa de cautela e prudência normais (homem médio), nas condições em que o agente se encontrava, poderia antecipar as consequências da conduta.

Imagine que "A" desferiu um forte soco em "B" quando eles estavam em uma praia. "B" cai e bate a cabeça em uma pedra que estava escondida na areia, sofre traumatismo cranioencefálico e vem a falecer. Ora, é objetivamente previsível que haja uma pedra isolada escondida na imensidão da areia de uma praia? Entendo que não. Por isso, "A" não agiu com culpa em relação ao resultado agravador (a previsibilidade objetiva é um dos elementos do tipo culposo) e, portanto, por ele não responderá.

3. CRIMES QUALIFICADOS PELO RESULTADO

Mencionamos, no tópico anterior, que o art. 19 do Código Penal dispõe sobre os crimes qualificados pelo resultado, que são aqueles resultantes da junção de dois ou mais delitos, havendo combinação entre os elementos subjetivos referentes a cada um deles. Possuem três espécies:

a) Dolo na conduta antecedente e dolo no resultado agravador (dolo no antecedente + dolo no consequente): quando o agente quer ou assume o risco de produzir todos os resultados. É o caso do roubo seguido de morte ou latrocínio (art. 157, § 3º, II, do Código Penal), quando o resultado agravador (morte) ocorre a título de dolo. Quando a morte se der em razão de culpa (dolo no antecedente e culpa no consequente), estaremos diante de um crime preterdoloso.

Quando, no latrocínio, o sujeito agir com dolo no resultado consequente (morte), será admissível a tentativa desse crime qualificado pelo resultado. O *conatus* (tentativa) não será possível, todavia, quando o latrocínio se tratar de crime preterdoloso.

b) Culpa na conduta antecedente e culpa no resultado agravador (culpa no antecedente e culpa no consequente): tanto a conduta anterior quanto o resultado agravador dela decorrente advêm de culpa do agente. Por se tratar de tipo culposo, exige expressa previsão legal. Como exemplo, podemos citar as formas qualificadas dos crimes de perigo comum previstas no art. 258 do Código Penal.

c) Dolo na conduta antecedente e culpa no resultado agravador (dolo no antecedente e culpa no consequente): são os chamados crimes preterdolosos ou preterintencionais.

d) Culpa na conduta antecedente e dolo no resultado agravador (culpa no antecedente e dolo no consequente): após causar culposamente um resultado naturalístico, o agente emprega nova conduta dolosa produzindo outro resultado (que pode consistir no perigo de lesão), nas situações em que a lei trata esse conjunto como crime único.

Como exemplo, temos o art. 303, § 1º, c/c o art. 302, § 1º, III, ambos da Lei n. 9.503/1997 (Código de Trânsito Brasileiro), que tipifica a conduta de quem, após praticar lesão corporal culposa na direção de veículo automotor, deixa de prestar socorro, quando possível fazê-lo sem risco pessoal, à vítima do acidente.

4. QUESTÕES DE CONCURSOS

Questão 1

(FCC – 2021 – DPE-AM – Defensor Público) A tipicidade
A) preterdolosa enseja um crime qualificado pelo resultado em que o tipo-base é doloso e o resultado qualificador é culposo.
B) é excluída toda vez que se verificar o erro de proibição inevitável.
C) material é incompatível com a contravenção penal, dada sua menor gravidade e a fragmentariedade do direito penal.
D) na conformação do funcionalismo é avalorada para constituir garantia de restrição do âmbito de punição.
E) material é a adequação da conduta à norma incriminadora configurando um mecanismo de subsunção.

Questão 2

(CESPE – 2019 – TJ-DFT – Titular de Serviços de Notas e de Registros – Provimento (adaptada)) Acerca da classificação de crimes, assinale certo ou errado.
"O crime preterdoloso ocorre quando o agente atua com culpa na conduta antecedente, mas o resultado agrava a pena devido a uma conduta dolosa posterior".
( ) Certo
( ) Errado

Questão 3

(FGV – 2018 – TJ-AL – Técnico Judiciário – Área Judiciária (adaptada)) Leandro, pretendendo causar a morte de José, o empurra do alto de uma escada, caindo a vítima desacordada. Supondo já ter alcançado o resultado desejado, Leandro pratica nova ação, dessa vez realiza disparo de arma de fogo contra José, pois, acreditando que ele já estaria morto, desejava simular um ato de assalto. Ocorre que somente na segunda ocasião Leandro obteve o que pretendia desde o início, já que, diferentemente do que pensara, José não estava morto quando foram efetuados os disparos.

Em análise da situação narrada, prevalece o entendimento de que Leandro praticou crime preterdoloso.

Acerca da afirmação supra, assinale certo ou errado:

( ) Certo
( ) Errado

Questão 4

(VUNESP – 2018 – TJ-RS – Juiz de Direito Substituto (adaptada)) O feminicídio (CP, art. 121, § 2º , VI), admite a modalidade preterdolosa.

Acerca da afirmação *supra*, assinale certo ou errado:

( ) Certo
( ) Errado

GABARITO: 1. A; 2. Errado; 3. Errado; 4. Errado.

Capítulo 16

Iter criminis

MARIA AUGUSTA DINIZ

1. INTRODUÇÃO

Iter criminis é o "caminho do crime", ou seja, todo o processo percorrido pelo agente para a consumação do seu intento criminoso. Por isso, só tem aplicação em relação aos delitos dolosos. Afinal, nos crimes culposos, o sujeito não percorre um caminho até o resultado típico; pelo contrário, ele dirige sua conduta para uma finalidade lícita, mas, por não observar o dever objetivo de cuidado a todos dirigido, acaba por deflagrar o resultado previsto na lei penal, no caso, o evento naturalístico.

O caminho (percurso) do crime passa por várias etapas, desde um processo interno, em que o sujeito idealiza como irá agir, traçando um plano para tanto, até uma fase externa, quando ele modifica o mundo exterior, com a finalidade de alcançar o seu intento ilícito. Diz-se, assim, que o *iter criminis* é formado pelas seguintes fases:

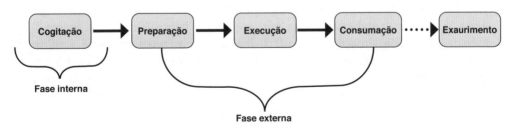

Estudemos, então, cada uma delas.

2. FASE INTERNA: COGITAÇÃO

Nesta etapa, o agente tem a ideia criminosa e avalia se deve ou não praticar a conduta típica. Não se confunde com **premeditação**, que é quando ele planeja detalhadamente a conduta, traçando um plano acerca do momento ideal ou da forma como ela será executada. A cogitação pode, inclusive, durar poucos segundos, como é o caso do sujeito que vê uma pessoa sozinha na rua falando pelo celular, aproveita a "oportunidade", a ela se dirige, arrebata-lhe o aparelho e foge em seguida. A cogitação pode ser dividida em três etapas:

a) **idealização:** o sujeito tem a ideia de praticar o crime;

b) **deliberação:** ele pondera se vale a pena praticar a conduta criminosa;

c) **resolução:** ele decide efetivamente pelo cometimento da infração penal.

Como não é apta a atingir qualquer bem jurídico, a cogitação é irrelevante para o direto penal, não podendo o sujeito ser punido por suas ideias ilícitas. Registre-se, porém, que a intenção não punida pelo legislador é aquela que não ingressou no mundo exterior do agente, ficando apenas em sua mente.

Os atos externalizados (que ultrapassaram o âmbito da cogitação) poderão caracterizar: a) atos preparatórios impuníveis; b) consumação; c) tentativa.

3. FASE EXTERNA

Ocorre quando o sujeito exterioriza seu intento criminoso.

A fase externa pode se iniciar com a própria **manifestação**, a outra pessoa, a respeito da deliberação delituosa. Em regra, a mera manifestação não é punível, exceto se a lei expressamente tipificar a conduta, como ocorre no crime de ameaça (art. 147 do Código Penal).

3.1 Atos preparatórios

São aqueles exteriorizados pelo sujeito, que ainda não constituem ataque ao bem jurídico tutelado, mas que viabilizam a prática criminosa. Por exemplo, a aquisição de uma faca afiada para a prática do homicídio ou a covagem em uma mata para o depósito do corpo.

Em regra, são impuníveis, pois o sujeito não iniciou a prática do verbo descrito no tipo penal e, por isso, não ofendeu o bem jurídico. Excepcionalmente, porém, há situações em que o legislador entendeu por bem tipificar ideias criminosas **exteriorizadas**, como é o caso dos tipos previstos no art. 286 do Código Penal, que pune quem *incita, publicamente, a prática de crime*, e no art. 288 do Estatuto Repressivo, que proíbe a *associação* de três ou mais pessoas para o fim específico de cometer crimes.

É também o caso do art. 291 do mesmo Diploma, que pune quem fabrica, adquire, fornece, a título oneroso ou gratuito, possui ou guarda maquinismo, aparelho, instrumento ou qualquer objeto especialmente destinado à falsificação de moeda.

Mais evidente é o art. 5º da Lei n. 13.260/2016, o qual atribui a pena do crime consumado, diminuída de um quarto até a metade, àquele que realiza *atos preparatórios de terrorismo com o propósito inequívoco de consumar tal delito*. Nas mesmas penas, incorre quem, com o propósito de praticar atos de terrorismo (§ 1º), *recruta, organiza, transporta ou municia indivíduos que viagem para país distinto daquele de sua residência ou nacionalidade* e quem *fornece ou recebe treinamento em país distinto daquele de sua residência ou nacionalidade*.

Em todos esses tipos, o legislador puniu atos que demonstram a intenção, o projeto criminoso exteriorizado, ainda que o agente não tenha dado início à prática criminosa. Vale dizer: atos que são considerados preparatórios de um determinado crime podem constituir atos executórios de outro tipo legal caso expressamente previstos como tal.

3.2 Atos executórios

São aqueles efetivamente direcionados à prática criminosa, aptos a pôr o bem jurídico em risco. Ocorre que nem sempre é fácil dizer, no *iter criminis*, quando um ato não é mais preparatório, mas sim executório.

Veja o seguinte exemplo: "H" cogita matar sua esposa "M" após descobrir que foi traído. Para tanto, adquiriu um revólver, guardando-o, por um tempo, em seu guarda-roupas, tendo refletido bastante se levaria seu intento adiante. Determinado dia, movido pela raiva e por não ter conseguido perdoar, pega a arma e senta-se no sofá, esperando a mulher retornar do trabalho. Quando ela entra em casa, "H" aponta o revólver na direção dela e, chorando, grita, por cerca de dez minutos, demonstrando o quanto está magoado. "M" tenta acalmá-lo, mas ele começa a pressionar o gatilho, desistindo em seguida. Vinte minutos depois, "H" não aguenta e dispara a arma de fogo, matando a esposa.

Pergunta-se: em qual momento a conduta de "H" deixou de ser ato preparatório, passando a configurar execução do crime de homicídio? Quando da aquisição da arma? Quando ele guardou o revólver dentro de casa, possibilitando o uso a qualquer momento? Quando ele apontou o artefato em direção à mulher? Quando começou a acionar o gatilho, mesmo tendo desistido em seguida? Ou quando, de fato, efetuou os disparos?

A distinção é importante, pois, como mencionado, em regra, os atos preparatórios não são puníveis. Demais disso, como estudaremos mais à frente, vários institutos poderão interferir na punição do agente, como é o caso da tentativa, da consumação, da desistência voluntária, do arrependimento eficaz etc.

3.3 Distinção entre atos preparatórios e atos executórios

Como mencionamos no tópico anterior, nem sempre é fácil precisar o momento em que o ato deixa de ser preparatório e ingressa na fase executória, existindo algumas teorias a respeito. São elas:

a) Teoria subjetiva: leva em consideração o *intento criminoso* e, por isso, não diferencia os atos preparatórios dos executórios. Por isso, o agente deve ser punido independentemente de ter praticado apenas atos preparatórios, vale dizer, por ter manifestado seu intento no mundo exterior.

No nosso exemplo, "H" teria dado início aos atos executórios (podendo, portanto, ser punido pelo homicídio) desde a aquisição da arma de fogo. Essa teoria deve ser afastada, por integrar o direito penal do autor.

b) Teorias objetivas: diferenciam atos preparatórios de executórios. São:

b.1) Teoria da hostilidade ao bem jurídico ou material: atos executórios são aqueles aptos a agredir o bem jurídico, como apontar a arma de fogo em direção à vítima.

b.2) Teoria objetivo-formal: entende que ato executório é aquele que consiste na conduta (verbo) prevista no tipo penal. As condutas anteriores ao núcleo do tipo são atos preparatórios. Em nosso exemplo, "H" deu início à execução do homicídio quando começou a acionar o gatilho.

É criticada (embora seja a preferida pela doutrina pátria) porque sua aplicação poderá acarretar a proteção deficiente de bens jurídicos. Os crimes de mera conduta, por exemplo, como o de violação de domicílio, não admitiriam a tentativa, pois a prática de qualquer ato que configurasse o núcleo típico (ou seja, a entrada ou permanência em casa alheia ou suas dependências, de forma clandestina, astuciosa ou contra a vontade de quem de direito) já acarretaria a consumação. Assim, aquele que fosse surpreendido pela polícia tentando pular o muro da casa de outra pessoa não poderia ser preso em flagrante, pois ainda não teria iniciado a prática do crime.

b.3) Teoria objetivo-material: atos executórios são não apenas os que integram o núcleo do tipo (verbo), mas todos aqueles imediatamente anteriores e que colocam o bem jurídico em perigo de acordo com a visão de um "terceiro observador". Em nosso exemplo, o apontar a arma em direção a "M".

b.4) Teoria objetivo-individual: atos executórios são não apenas os que integram o núcleo do tipo (verbo), mas todos aqueles imediatamente anteriores, *de acordo com o plano do agente*. Foi concebida como forma de aperfeiçoar a teoria objetivo-formal, evitando-se a proteção deficiente do bem jurídico.

Isso porque, em nosso exemplo, segundo a teoria objetivo-formal, "H" não teria dado início à execução enquanto não começasse a pressionar o gatilho. Por isso, caso tivesse sido rendido pela polícia enquanto apenas apontava a arma para Luciana, não teria passado de um ato preparatório. Para a teoria objetivo-individual, ele já teria iniciado a fase de execução, mas, como foi, por circunstâncias alheias à sua vontade, impedido de prosseguir, responderia pelo delito na modalidade tentada.

É a mesma hipótese do sujeito que é surpreendido rompendo o cadeado de um portão. Conquanto não tenha ele começado o ato de "subtrair", a quebra do cadeado era, de acordo com seu plano, o ato imediatamente anterior e, por isso, já se iniciou a execução do furto.

A essência dessa teoria foi bem sintetizada por Damásio de Jesus, nas seguintes palavras:

> Para ela, é necessário distinguir-se "começo de execução do crime" e "começo de execução da ação típica". Se o sujeito realiza atos que se amoldam ao núcleo do tipo, certamente está executando a ação típica e o crime. Mas, como começo de execução da conduta típica não é o mesmo que começo de execução do crime, o conceito deste último deve ser mais amplo. Por isso, o começo de execução do crime abrange os atos que, de acordo com o plano do sujeito, são imediatamente anteriores ao início de execução da conduta típica. Nosso CP, no art. 14, II, fala em início de execução do crime, não se referindo a início de execução da ação típica. Diante disso, é perfeitamente aceitável o entendimento de que também são atos executórios do crime aqueles imediatamente anteriores à conduta que se amolda ao verbo do tipo[1].

c) Teoria da impressão ou objetivo-subjetiva: busca limitar a teoria subjetiva, evitando a punição desarrazoada de atos preparatórios. Segundo essa corrente, a demonstração externa da intenção de praticar o crime será punida (já como ato executório) quando apta a perturbar a confiança existente na vigência da ordem jurídica e o sentimento de segurança daqueles que tomam conhecimento da conduta.

Nada obstante todas essas tentativas de diferenciar atos preparatórios (impuníveis) de atos executivos (puníveis), nem sempre essa tarefa é fácil. Se, no caso concreto, houver forte dúvida, deverá o juiz aplicar o princípio *in dubio pro reo*.

3.4 Consumação

Ocorre a consumação quando a conduta do agente concretiza todas as elementares previstas no tipo penal. Ou, como diz o art. 14, I, do Código Penal, o crime é consumado quando nele se reúnem todos os elementos de sua definição legal.

É importante que se determine o momento da consumação, pois é com base nela que se começa a correr o prazo prescricional e que se fixa a competência territorial.

No homicídio (art. 121 do Código Penal), há a consumação com a morte de alguém. Em relação ao delito de roubo, o STJ editou a Súmula 582, nos seguintes termos: "Consuma-se o crime de roubo com a inversão da posse do bem mediante emprego de violência ou grave ameaça, ainda que por breve tempo e em seguida à perseguição imediata ao agente e recuperação da coisa

---

[1] JESUS, Damásio de; atualização André Estefam. *Direito Penal*: Parte Geral. 37. ed. São Paulo: Saraiva Educação, 2020. 764 p. v. 1. *E-book*.

roubada, sendo prescindível a posse mansa e pacífica ou desvigiada". Isso, por entender que o verbo "subtrair" se dá com a inversão da posse, tendo o bem saído da esfera de disponibilidade da vítima, embora nem sempre de sua vigilância (teoria da *amotio* ou *apprehensio*).

O momento consumativo se dá de acordo com a natureza do crime. Assim, os **crimes materiais** se consumam com a modificação no mundo exterior ocasionada pela conduta, ou seja, com o resultado (evento) naturalístico. Os **crimes formais ou de consumação antecipada** consumam-se com a ação, sendo indiferente a ocorrência, ou não, do resultado naturalístico previsto no tipo (se ele ocorrer, há mero exaurimento, que será levado em consideração para a dosimetria da pena). Os **crimes de mera conduta ou de simples atividade** consumam-se no momento da prática da ação, já que são delitos sem resultado naturalístico previsto no tipo.

Nos **crimes permanentes**, a consumação se prolonga, se protrai no tempo, durante enquanto permanecer a conduta. Para a consumação dos **crimes habituais**, é necessário que haja a reiteração da conduta criminosa.

Os **crimes omissivos próprios** se consumam com a inação do sujeito por tempo juridicamente considerável (o que será analisado caso a caso). Por outro lado, para que haja a consumação dos **omissivos impróprios**, deve ocorrer a produção do resultado naturalístico.

Por fim, haverá a consumação dos **crimes qualificados pelo resultado** quando acontecer a produção do evento que qualifica o tipo básico.

3.5 Exaurimento

Crime exaurido ou crime esgotado é aquele que chegou às suas últimas consequências. O exaurimento não integra o *iter criminis* e é posterior à consumação. Haverá o exaurimento quando, mesmo após consumado, o crime continuar a produzir efeitos lesivos.

Por exemplo, o delito de extorsão mediante sequestro se consuma com a privação da liberdade da vítima, tendo o agente o intento de obter qualquer vantagem como condição ou preço do resgate. Não importa, para a consumação, se ele veio ou não a receber tais vantagens. Se isso ocorreu, diz-se que houve o exaurimento, o que interferirá na dosimetria da pena.

4. QUESTÃO DE CONCURSO

> **Questão 1**

(MPE/GO – FGV – 2022) Em relação ao *iter criminis*, nos termos das teorias objetiva e subjetiva, especialmente quanto ao delito de furto, é correto afirmar que:

A) o início dos atos executórios pode ser aferido por outros elementos que antecedem a própria subtração da coisa, tais como a pretensão do autor ou a realização de atos tendentes à ação típica, ainda que periféricos;

B) a idoneidade do ato para a realização da conduta típica não serve como elemento para aferir o início dos atos executórios que antecedem a própria subtração da coisa;

C) a probabilidade concreta de perigo ao bem jurídico tutelado não serve como elemento para aferir o início dos atos executórios que antecedem a própria subtração da coisa;

D) se a subtração não tiver sido efetivamente iniciada, mesmo que o agente seja surpreendido no interior da residência da vítima, não é possível a configuração do delito;

E) a realização de condutas periféricas indubitavelmente ligadas ao tipo penal do delito de furto não permite a configuração da conduta reprovável.

GABARITO: 1. A.

CAPÍTULO 17

Tentativa

MARIA AUGUSTA DINIZ

1. CONCEITO

Estudamos, no capítulo sobre o *iter criminis*, que o crime é consumado quando nele se reúnem todos os elementos de sua definição legal (art. 14, I, do Código Penal). Ou seja, quando a conduta do agente se encaixa, com perfeição, àquela descrita no tipo legal.

Ocorre que pode acontecer de o sujeito, mesmo empregando todos os esforços para a realização do seu intento criminoso (dolo), não alcançar o resultado em razão de circunstâncias alheias à sua vontade (como a reação da vítima ou a intervenção de terceiro). Nesse caso, o art. 14, II, do Código Penal diz que o crime foi tentado, conforme se observa a seguir:

Art. 14. Diz-se o crime:

(...)

II – tentado, quando, iniciada a execução, não se consuma por circunstâncias alheias à vontade do agente.

Pena de tentativa

Parágrafo único. Salvo disposição em contrário, pune-se a tentativa com a pena correspondente ao crime consumado, diminuída de um a dois terços.

Tentativa, assim, é a realização incompleta da conduta típica, a qual foi interrompida por circunstâncias alheias à vontade do agente. É também chamada de ***conatus*, crime imperfeito ou incompleto**. Será o elemento subjetivo que indicará se uma conduta corresponde à modalidade tentada de um tipo (homicídio tentado) ou à consumada de outro (lesões corporais).

2. ELEMENTOS E NATUREZA JURÍDICA

O crime tentado possui os seguintes elementos do delito consumado: a) **atos executórios**; b) **não ocorrência do resultado em razão de circunstâncias alheias à vontade do agente**; c) **dolo de consumação**.

O dolo do crime tentado é exatamente o mesmo dolo do crime consumado. Veja que o dispositivo mencionado fala em circunstâncias alheias à vontade do agente.

Citemos um exemplo: "A", com dolo homicida (*animus necandi*), efetua disparos de arma de fogo contra "B". Todavia, este é socorrido e a rápida intervenção cirúrgica salva-lhe a vida. Ora, o resultado morte, querido por "A", apenas não se consumou em razão do eficaz atendimento médico.

Agora, imaginemos outra situação: "A" quer chegar rápido em casa e, por isso, emprega alta velocidade em seu veículo. Em uma curva, termina por atropelar "B", o qual é socorrido e sobrevive. Não se pode dizer que o resultado morte não ocorreu por circunstâncias alheias à vontade do agente, que era lícita (chegar rapidamente em casa). Deu-se, isso sim, em razão da violação do dever objetivo de cuidado. Por isso, só há tentativa de crimes dolosos.

Partindo de tal premissa, voltemos ao primeiro exemplo: "A" atentou contra a vida de "B", mas o resultado naturalístico não ocorreu por razões alheias à sua vontade. Esse é o panorama. Só que o art. 121 do Código Penal pune aquele que "matar alguém". Como se percebe, a conduta praticada por "A" não se subsumiu àquela descrita abstratamente no tipo penal.

Para que haja a punição, é necessário que se recorra à **norma de extensão** prevista no art. 14, II, do Código Penal. Por isso, diz-se que se trata de um caso de **adequação típica de subordinação mediata, ampliada ou por extensão**, devendo o julgador integrar a norma proibitiva (art. 121 do Estatuto Repressivo) com a norma de extensão (art. 14, II), para que a conduta se encaixe, com perfeição, ao tipo.

Há uma **ampliação temporal da figura típica**, sendo a punição antecipada para **momento** anterior ao da consumação. Sem a norma de extensão, a conduta de tentar matar alguém seria atípica em razão do princípio da reserva legal (art. 1º do Código Penal).

No entanto, há quem entenda que a natureza jurídica da tentativa é de *delito autônomo, com estrutura complexa objetiva e subjetivamente* ou como *tipo acessório do principal*[1].

3. ESPÉCIES DE TENTATIVA

A doutrina apresenta as seguintes espécies de tentativa:

a) Tentativa perfeita, tentativa acabada, crime falho ou crime frustrado: o agente fez tudo o que estava ao seu alcance (de acordo com seu plano) para

---

[1] NUCCI, Guilherme de Souza. *Manual de direito penal*. 16. ed. rev. e atual. Rio de Janeiro: Forense, 2020. E-book.

a eclosão do resultado naturalístico, que não se deu por circunstâncias alheias à sua vontade. É o caso do sujeito que efetua disparos de arma de fogo contra seu inimigo e deixa o local acreditando que a morte era certa, mas o socorro chega e salva a vida da vítima.

b) Tentativa imperfeita ou propriamente dita: o agente é impedido, por circunstâncias alheias à sua vontade, de utilizar todos os meios executórios que estavam ao seu alcance. É o caso do agente que é imobilizado pela polícia quando estava efetuando disparos de arma de fogo contra seu algoz.

c) Tentativa cruenta ou vermelha: é quando, nos crimes contra a pessoa, a vítima é atingida.

d) Tentativa incruenta ou branca: ocorre quando, nos crimes contra a pessoa, a vítima não é atingida.

e) Tentativa abandonada ou qualificada: refere-se à desistência voluntária e ao arrependimento eficaz (art. 15 do Código Penal).

f) Tentativa inidônea: é aquela incapaz de alcançar a consumação, em razão da impropriedade absoluta do objeto ou da ineficácia absoluta do meio (está na seara do crime impossível).

Rogério Sanches apresenta mais uma espécie: a **tentativa supersticiosa ou irreal**, explicando:

> Entende-se por tentativa supersticiosa (ou irreal) aquela em que o agente acredita estar incurso numa situação típica que, na prática, não é realizável. Embora, num primeiro momento, possa se confundir com a tentativa inidônea por se encontrar na esfera do crime impossível, a supersticiosa dele se difere. Na tentativa inidônea, ao empregar meio absolutamente ineficaz ou visar a objeto absolutamente impróprio, o agente ignora esta circunstância e acredita no contrário, ou seja, que o meio eleito é apto a provocar o resultado ou que o objeto esteja em condições de sofrer os efeitos do resultado. Na tentativa supersticiosa, por outro lado, o agente tem plena consciência a respeito do meio que emprega ou do objeto visado e acredita que tanto num caso como noutro o resultado pode ser alcançado, embora, objetivamente, isso seja impossível. (...) "A" pretende matar "B" exercitando o poder do pensamento para que este seja atropelado por um automóvel. Neste caso, o crime é impossível não porque "A" tem uma impressão incorreta a respeito do meio ou objeto, mas porque acredita na eficácia de um meio que jamais poderia causar qualquer resultado lesivo[2].

É, portanto, a realização de uma conduta que jamais poderá atingir a consumação do crime pretendido, porque o sujeito utilizou meio absolutamente ineficaz ou agiu contra objeto absolutamente impróprio, *acreditando que a situação era realizável*, embora tivesse *representado a realidade de forma correta*.

---

[2] CUNHA, Rogério Sanches. *Manual de Direito Penal*: parte geral (arts. 1° ao 120). Volume único. 10. ed. São Paulo: Juspodivm, 2021. p. 473.

4. PUNIBILIDADE DA TENTATIVA: TEORIAS

Existem várias tentativas que buscam fornecer os fundamentos para a punibilidade da tentativa, dentre elas:

a) **Teoria subjetiva, voluntarística ou monista:** leva em consideração o dolo do agente (que, como visto, é o mesmo do crime consumado). O sujeito é punido por sua intenção criminosa, que foi manifestada, exteriorizada (desvalor da ação). E, como o intento ilícito pode ser manifestado por meio dos atos preparatórios, a partir deles já pode haver punição, não estando o juiz obrigado à redução de pena.

b) **Teoria sintomática:** leva em consideração a *periculosidade* revelada pelo sujeito com seus atos (desvalor da ação). Por isso, a pretensão punitiva do Estado se inicia com a prática, pelo sujeito, de atos preparatórios, como *solução preventiva*, e a redução de pena *não é obrigatória*.

c) **Teoria objetiva, dualística ou realística:** a tentativa deve ser punida por ter a conduta colocado o bem jurídico protegido em *risco*, o que ocorre com a prática dos atos executórios. Como se percebe, leva em consideração tanto o desvalor da ação quanto o do resultado, e, como este não ocorreu, a redução da pena, pelo juiz, é obrigatória.

d) **Teoria subjetivo-objetiva ou da impressão:** parte da teoria subjetiva, mas a limita, preconizando que, para que a tentativa seja punida, deve-se levar em consideração a vontade criminosa e a comoção que sua manifestação causou à sociedade, no sentido de *abalar a paz e a segurança jurídica*. De acordo com esses critérios, é facultado ao juiz reduzir a pena ou fixá-la no mesmo *quantum* que o seria se o delito houvesse restado consumado.

O Código Penal adotou, **como regra**, a teoria **objetiva, dualística ou realística**, uma vez que o parágrafo único do art. 14 estabelece que, *salvo disposição em contrário*, pune-se a tentativa com a pena correspondente ao crime consumado, diminuída de um a dois terços. A redução é obrigatória, sendo atribuída, ao delito tentado, uma sanção menor do que se o delito restasse consumado, em razão do menor desvalor do resultado.

No entanto, poderá haver *disposição de lei em contrário*, determinando que o delito tentado seja punido da mesma forma que o consumado (são os chamados **delitos de atentado ou de empreendimento**). É o que ocorre com os crimes de afastamento de licitante (art. 337-K do Código Penal) e de evasão mediante violência contra a pessoa (art. 352 do Código Penal)[3].

---

[3] "Afastamento de licitante
Art. 337-K. Afastar ou tentar afastar licitante por meio de violência, grave ameaça, fraude ou oferecimento de vantagem de qualquer tipo: Pena – reclusão, de 3 (três) anos a 5 (cinco) anos, e multa, além da pena correspondente à violência.
(...)

5. CRITÉRIO PARA A REDUÇÃO DA PENA NO CASO DE TENTATIVA

A tentativa será avaliada na terceira fase da dosimetria, pois caracteriza uma causa geral de diminuição de pena. O Código Penal estabeleceu que o delito tentado será punido com a pena do crime consumado diminuída de um a dois terços, mas não fixou critérios para tanto. A jurisprudência, então, firmou-se no sentido de que, na escolha do *quantum* de redução, o magistrado deverá levar em consideração somente o *iter criminis* percorrido, ou seja, quanto mais próxima a consumação do delito, menor será a diminuição[4].

No caso de homicídio, por exemplo, o **STJ** entende que, quando é atingida região vital da vítima, é devida a aplicação da fração redutora mínima, tendo em vista a proximidade máxima da consumação do delito[5].

6. CRIMES QUE NÃO COMPORTAM A MODALIDADE TENTADA

Os **crimes dolosos plurissubsistentes** (que são aqueles cuja conduta é composta por mais de um ato) admitem tentativa. Como exemplo, podemos citar o delito de violação de domicílio (art. 150 do Código Penal), o qual, embora seja de mera conduta, na modalidade *ingressar*, admite a execução por mais de um ato. Dessa forma, se o agente é flagrado tentando escalar o muro da casa da vítima, responderá pelo crime na modalidade tentada.

Como se percebe, a configuração da tentativa não diz respeito ao atingimento do resultado naturalístico. A assimilação só é verdadeira em relação aos *crimes materiais*. Nos formais e nos de mera conduta, haverá a tentativa quando o agente não preencher todas as elementares típicas.

Por outro lado, há crimes que não admitem a modalidade tentada, seja por incompatibilidade lógica, seja por expressa disposição legal. São eles:

a) Crimes culposos: esses crimes exigem, para sua existência, a ocorrência do resultado, o que é incompatível com a ideia de tentativa. Neles, o sujeito não age finalisticamente em direção do evento lesivo, nem assume o risco de sua ocorrência, que se deu por causa da desobediência do dever objetivo de cuidado. A doutrina, todavia, aceita a compatibilidade do *conatus* com a culpa imprópria, prevista no § 1º do art. 20 do Código Penal e referente às descriminantes putativas (erro inescusável quanto aos pressupostos da causa de justificação), pois, nesses casos, o agente age com dolo, sendo punido a título de culpa por razões de política criminal.

b) Crimes preterdolosos: também exigem a ocorrência do resultado agravador, ocorrido em razão de culpa do agente. Imagine o seguinte caso:

Evasão mediante violência contra a pessoa
Art. 352. Evadir-se ou tentar evadir-se o preso ou o indivíduo submetido a medida de segurança detentiva, usando de violência contra a pessoa: Pena – detenção, de três meses a um ano, além da pena correspondente à violência."

[4] STJ, AgRg no HC n. 710.290/SP, 5ª Turma, Rel. Min. Reynaldo Soares da Fonseca, j. 08.02.2022, DJe 15.02.2022.
[5] STJ, AgRg no HC n. 710.290/SP, 5ª Turma, Rel. Min. Reynaldo Soares da Fonseca, j. 08.02.2022, DJe 15.02.2022.

em uma via pública, João empurra José, querendo lesioná-lo. Se José, ao cair, bater a cabeça e morrer, o delito será consumado (não havendo que se falar em tentativa). Se isso não ocorrer, e como não houve dolo do resultado mais gravoso, não se podem fazer suposições de que ele poderia acontecer. Caso contrário, maculado estaria o princípio da culpabilidade.

c) Crimes de atentado ou de empreendimento: são aqueles em que a prática da tentativa é punida com as penas do delito consumado. Em verdade, poderá haver a tentativa, mas as reprimendas aplicadas serão as mesmas da modalidade consumada, sem a redução prevista no art. 14, parágrafo único, do Código Penal. É o que ocorre, como mencionado anteriormente, com os crimes de afastamento de licitante (art. 337-K do Código Penal) e de evasão mediante violência contra a pessoa (art. 352 do Código Penal).

d) Crimes unissubsistentes: esses delitos são cometidos por meio de um só ato, não sendo possível a divisão do *iter criminis*. Ou seja, ou o sujeito pratica o ato, consumando-se o delito, ou ele nada faz, não havendo o que se punir. É o caso da injúria verbal (art. 140 do Código Penal).

e) Crimes omissivos próprios ou puros: não é cabível a tentativa por se tratarem de crimes unissubsistentes. Rogério Greco, no entanto, em posição minoritária, admite a tentativa quando o *iter criminis* possa ser fracionado, citando, para tanto, as lições de Zaffaroni e Pierangeli, os quais explicam[6]:

> Se o agente encontra alguém que se acha dentro de um poço e não se lhe presta auxílio quando já se passara meia hora, estando o acidentado ileso e sendo o único perigo que possa morrer de sede se no poço ficar por vários dias (o que pode suceder se é um lugar isolado), veremos que não se consuma, ainda, a omissão de socorro. O ato é de tentativa, pois já estarão presentes todos os requisitos típicos e o perigo para o bem jurídico (se o agente segue em frente, talvez outro não o veja, senão depois de muitos dias). Acreditamos que o caso constitui uma *tentativa inacabada* de omissão de socorro.

f) Crimes de perigo abstrato: são crimes unissubsistentes.

g) Contravenções penais: o art. 4º do Decreto-lei n. 3.688/1941 (Lei de Contravenções Penais) determina que "não é punível a tentativa de contravenção". Na verdade, a tentativa é possível, mas não será punida.

h) Crimes punidos apenas na modalidade tentada: pois a própria tentativa acarreta a consumação típica. É o caso dos delitos previstos no art. 359-L (abolição violenta do Estado Democrático de Direito) e no art. 359-M (golpe de Estado), ambos do Código Penal:

> **Abolição violenta do Estado Democrático de Direito**
> Art. 359-L. Tentar, com emprego de violência ou grave ameaça, abolir o Estado Democrático de Direito, impedindo ou restringindo o exercício dos poderes constitucionais:

---

[6] GRECO, Rogério. *Curso de direito penal:* parte geral. 23. ed. Niterói: Impetus, 2021. v. 1, p. 378.

Pena – reclusão, de 4 (quatro) a 8 (oito) anos, além da pena correspondente à violência.

Golpe de Estado

Art. 359-M. Tentar depor, por meio de violência ou grave ameaça, o governo legitimamente constituído:

Pena – reclusão, de 4 (quatro) a 12 (doze) anos, além da pena correspondente à violência.

Há divergência em relação aos **crimes habituais**. Parte da doutrina entende que tais crimes não admitem tentativa, uma vez que são compostos por atos que, isoladamente considerados, são atípicos. Ocorre que, nesses crimes, pode haver a prática de atos que inequivocamente fazem parte do plano criminoso. É o caso daquele que constrói imóvel com toda a estrutura de um estabelecimento para exploração sexual (o que dá para ser notado em razão dos cômodos e da decoração dispensada, por exemplo). Não há dúvidas, nesse caso, de que o sujeito pretende manter casa de prostituição, conduta tipificada no art. 229 do Código Penal.

Da mesma forma, quem instala consultório médico ou odontológico, apondo seu nome na porta de entrada, mesmo sem ter a qualificação para tanto, é porque está prestes a praticar o exercício ilegal da medicina, arte dentária ou farmacêutica (delito previsto no art. 282 do Código Penal).

Em minha opinião, tais atos devem ser considerados mera preparação dos delitos citados, uma vez que ainda não há que se falar, respectivamente, em *manter* estabelecimento *em que ocorra* exploração sexual ou em *exercer* a profissão, sem autorização ou excedendo-lhe os limites.

No entanto, o início dos atendimentos integra a execução do plano criminoso, ou seja, verdadeiros atos executórios que, somados, demonstram a habitualidade e constituem a conduta criminosa. Ora, um atendimento isolado de exploração sexual ou uma solitária consulta proibida, embora não perfaçam, por si sós, os delitos em comento (que exigem, como dito, habitualidade), são, sem dúvidas, atos executórios. Se a interrupção da atividade se deu em razão de circunstâncias alheias à vontade do agente, presentes os pressupostos do art. 14, II, do Código Penal. Por isso, entendo que é possível, sim, a tentativa de crimes habituais.

7. TENTATIVA DE CRIME COMPLEXO

Crime complexo é aquele composto por duas ou mais figuras típicas. É o caso do roubo, formado pela fusão entre furto (art. 155 do Código Penal) e ameaça (art. 147 do Código Penal) ou lesões corporais (art. 129 do Estatuto Repressivo). Ora, se a conduta não preenche os elementares em razão de circunstâncias alheias à vontade do agente, o crime é tentado. Assim, exercida a violência ou grave ameaça, mas não lograda a subtração, temos uma tentativa de roubo.

Essa regra, todavia, foi excepcionada pelo **STF** no caso de roubo seguido de morte ou latrocínio (art. 157, § 3º, II, do Código Penal), que é composto, *grosso modo*, de furto (subtração) mais homicídio (morte). Se há a subtração e a morte, estamos diante de um latrocínio consumado. Da mesma maneira, se houve subtração tentada e morte tentada, há tentativa de latrocínio.

Por outro lado, segundo a regra geral prevista no art. 14 do Código Penal, em havendo subtração consumada e morte tentada ou subtração tentada e morte consumada, teríamos o latrocínio tentado, pois não se reuniram todos os elementos da definição legal do crime.

Em relação à primeira hipótese, não há grandes divergências doutrinárias. Contudo, se aplicarmos a segunda conclusão (latrocínio tentado quando houver subtração tentada e morte consumada), o agente receberia uma pena menor do que a do homicídio simples, sendo um caso de proteção deficiente da vida humana, bem jurídico de maior valor.

Por isso, o **STF** editou a Súmula n. 610, segundo a qual: "há crime de latrocínio quando o homicídio se consuma, ainda que não realize o agente a subtração de bens da vítima".

Assim, podemos resumir as hipóteses da seguinte forma:

Subtração consumada	Morte consumada	Latrocínio consumado
Subtração tentada	Morte tentada	Latrocínio tentado
Subtração consumada	Morte tentada	Latrocínio tentado
Subtração tentada	Morte consumada	Latrocínio consumado

8. TENTATIVA E DOLO EVENTUAL

Estudamos anteriormente que o dolo presente no crime tentado é o mesmo daquele constante na modalidade consumada. Vimos, também, que um dos requisitos da tentativa é que o resultado não tenha se consumado por circunstâncias alheias à vontade do agente. Por isso, parte da doutrina entende que o legislador limitou a compatibilidade da tentativa aos delitos praticados com dolo direto (que adota a teoria da vontade).

Por outro lado, há quem alegue ser a tentativa punível mesmo em se tratando de dolo eventual, pois a teoria **objetiva, dualística ou realística**, que é a adotada pelo Código Penal como regra para a punição da tentativa, leva em consideração tanto o desvalor da ação (praticada com dolo) quanto o desvalor do resultado. Não importa se o agente quis diretamente o resultado ou se ele assumiu o risco de sua produção (seu dolo estará íntegro). Sendo assim, caso o sujeito dispare reiteradamente sua arma de fogo contra um animal, mesmo sabendo que outrem estava ao lado e poderia ser atingido, responderá pelo homicídio tentado caso a morte deste não se consume por circunstâncias alheias à sua vontade.

Rogério Greco[7] aponta a dificuldade de se admitir a tentativa em crimes cometidos com dolo eventual nos casos em que a pessoa ou coisa sobre a qual recaia a conduta não for atingida (tentativa branca ou incruenta). Seria o caso do sujeito que dispara arma de fogo para matar um indivíduo que estava abraçando a namorada. Caso se aceite a compatibilidade entre a tentativa e o dolo eventual, e considerando-se a hipótese de apenas o indivíduo visado ser atingido, teria o sujeito que responder por dois delitos em concurso formal (um homicídio consumado em relação à vítima visada e um homicídio tentado em relação à namorada).

A situação se complicaria em crimes de trânsito. Por exemplo: se o agente, dirigindo embriagado e em alta velocidade, atingisse outro veículo, causando a morte de duas pessoas e deixando outras três feridas, ele responderia por dois homicídios consumados mais três tentados. E mais: estariam caracterizadas tantas tentativas de homicídio quantas fossem as possíveis vítimas que tiveram suas vidas expostas a risco com a passagem do motorista embriagado.

Noutro giro, é tranquila a aceitação da possibilidade de tentativa de homicídio praticado com dolo eventual. Aquele que desfere golpes de faca ou disparos de arma de fogo em zona vital do corpo humano da vítima age, no mínimo, com dolo eventual. Sendo assim, se o indivíduo, por exemplo, perfura, com dolo eventual, o tórax de outrem, que não vem a morrer em razão do eficaz atendimento médico, deverá responder pela tentativa de homicídio e não por lesões corporais. Afinal, resta presente o dolo (embora eventual) de matar. Esse, aliás, é o entendimento do **STJ**, como se verifica a seguir:

> Consoante o entendimento jurisprudencial desta Corte Superior, é compatível com a imputação de homicídio tentado o dolo eventual atribuído à conduta do acusado, hipótese na qual houve a demonstração do consentimento no resultado por parte do agente[8].
>
> Penal e processual penal. *Habeas corpus* substitutivo de recurso especial. Não cabimento. Homicídio qualificado tentado no trânsito. Embriaguez ao volante e sob efeito de substância tóxica. Fuga do local do acidente. Omissão de socorro e condução de automóvel com o direito de dirigir suspenso. Dolo eventual. Pedido de desclassificação. Impossibilidade. Dolo eventual. Incompatibilidade com a tentativa. Possibilidade. Qualificadora. Exclusão. Competência do Tribunal do Júri. *Habeas corpus* não conhecido. (...) VII – Não é incompatível o crime de homicídio tentado com o dolo eventual, neste sentido é iterativa a jurisprudência desta Corte: "No que concerne à alegada incompatibilidade entre o dolo eventual e o crime tentado, tem-se que o Superior Tribunal de Justiça possui jurisprudência no sentido de que 'a tentativa é compatível com o delito de homicídio praticado com dolo eventual, na direção de veículo automotor'" (AgRg no REsp 1.322.788/SC, Rel. Ministro Sebastião Reis Júnior, Sexta Turma, julgado em 18/06/2015, *DJe* 03/08/2015). (...) *Habeas corpus* não conhecido[9].

---

[7] GRECO, Rogério. *Curso de direito penal*: parte geral. 23. ed. Niterói: Impetus, 2021. v. 1, p. 384-386.
[8] AgRg no HC n. 678.195/SC, 5ª Turma, Rel. Min. Reynaldo Soares da Fonseca, j. 14.09.2021, *DJe* 20.09.2021.
[9] HC n. 503.796/RS, 5ª Turma, Rel. Min. Leopoldo de Arruda Raposo (Desembargador convocado do TJ/PE), j. 01.10.2019, *DJe* 11.10.2019.

Em minha opinião, em regra, o dolo eventual não é compatível com a tentativa, justamente porque esta pressupõe a não ocorrência do resultado em razão de circunstâncias alheias à **vontade** do agente, o que implica em dolo direto. Assumir o risco da produção do resultado não é o mesmo que dirigir a conduta finalisticamente (consciência e vontade) em direção a ele. Contudo, em se tratando de delitos de trânsito e de homicídio, dadas as suas particularidades, é plenamente possível a tentativa mesmo em se tratando de dolo eventual.

Porém, em concursos públicos, aconselho que se adote a tese da plena compatibilidade.

9. QUESTÃO DE CONCURSO

Questão 1

(PCPR – Delegado de Polícia – UFPR – 2021) Sobre tentativa e consumação, considere as seguintes afirmativas:

1. Parte da doutrina entende que a desistência voluntária deve ser também autônoma (determinada por decisão do próprio agente), pois se um fator externo levasse o agente a desistir da execução, a situação descrita no art. 15 do Código Penal não se caracterizaria.

2. O *iter criminis* corresponde ao desenvolvimento da conduta criminosa e pode ser dividido nas seguintes etapas: cogitação, preparação, execução, consumação e exaurimento, sendo que a cogitação e os atos preparatórios em regra não são puníveis, salvo quando manifestem claramente a intenção de cometer o crime.

3. O arrependimento eficaz se caracteriza quando o agente com eficiência impede o resultado inicialmente almejado, não respondendo, então, pelo crime que pretendia praticar, mas pelos atos já praticados (se por si constituírem crime).

4. A teoria material objetiva distingue os atos preparatórios do início da execução pelo início do ataque ao bem jurídico: tão logo se inicie uma situação de risco para o bem jurídico, a execução começa e a conduta passa a ser punível.

Assinale a alternativa correta.

A) Somente a afirmativa 2 é verdadeira.
B) Somente as afirmativas 1 e 3 são verdadeiras.
C) Somente as afirmativas 2 e 4 são verdadeiras.
D) Somente as afirmativas 1, 3 e 4 são verdadeiras.
E) As afirmativas 1, 2, 3 e 4 são verdadeiras.

GABARITO: 1. D.

CAPÍTULO 18

Desistência e arrependimento

Maria Augusta Diniz

1. DESISTÊNCIA VOLUNTÁRIA E ARREPENDIMENTO EFICAZ

1.1 Introdução

Estudamos, no capítulo anterior, que a tentativa se configura quando o resultado não é alcançado por circunstâncias alheias à vontade do agente, o que pode ocorrer por diversos motivos, por exemplo, em razão de reação ou fuga da vítima ou da intervenção de terceiros. Existem ainda outras razões para que o resultado não ocorra, como no caso de ineficácia relativa do meio empregado pelo sujeito ou da impropriedade relativa do objeto, como veremos no capítulo relativo ao crime impossível.

Outras vezes, porém, o sujeito pode, por sua própria vontade, interromper a execução do crime, cessando os atos que se dirigiam à realização do resultado. Ou, após esgotados os atos que seriam suficientes para a consumação, pode ele empregar diligências impedindo que o resultado ocorra.

Nesses últimos dois casos, dizemos que houve a **tentativa abandonada** e, para que atitudes assim sejam estimuladas, estabelece o Código Penal que o agente só responderá pelos atos praticados. O crime mais grave, visado inicialmente, será afastado, permanecendo o correspondente à conduta que foi consumada. Por isso, os institutos foram cunhados, por Von Liszt, como sendo a "ponte de ouro" por meio da qual o agente retorna para a licitude.[1]

Destaque-se ainda que a desistência voluntária e o arrependimento eficaz só podem ser aplicados quando se tratar de crimes dolosos, pois nos culposos (exceto no caso de culpa imprópria) o resultado não é querido e, portanto, dele não pode haver desistência.

---

[1] CUNHA, Rogério Sanches. *Manual de Direito Penal – Parte Geral (arts. 1º ao 120)*. Volume único. 10. ed. São Paulo: Juspodivm, 2021. p. 477.

1.2 Previsão legal

Segundo o art. 15 do Código Penal, "o agente que, voluntariamente, desiste de prosseguir na execução ou impede que o resultado se produza, só responde pelos atos praticados". A primeira parte do dispositivo se refere à desistência voluntária e, a segunda, ao arrependimento eficaz.

1.3 Desistência voluntária

A desistência voluntária ocorre quando o agente, de forma voluntária, desiste de prosseguir na execução, interrompendo os atos aptos a acarretar o resultado. Ou seja, ele ainda não tinha esgotado todos os meios que estavam à sua disposição, **de acordo com seu plano criminoso**. Essa última observação é importante, porque diferencia a desistência voluntária da tentativa. Para um melhor entendimento, analisemos os exemplos a seguir.

"A", com dolo homicida, efetua dois disparos de arma de fogo em direção a "B", atingindo-o, não havendo o resultado morte em razão da eficaz intervenção médica. Sabe-se tão somente que a arma de fogo utilizada estava com seis munições. Ora, os dados fornecidos não são suficientes para que se afirme se houve a tentativa de homicídio ou se "A" desistiu voluntariamente de prosseguir na execução (quando responderia por lesões corporais). Somente após a análise das circunstâncias e do plano do agente é que poderemos chegar a uma conclusão.

Analisando a cena mais detalhadamente, consideremos que "A" efetuou apenas dois disparos porque acreditou que eles seriam suficientes para acarretar a morte (*plano do agente*) ou porque foi contido pela polícia (intervenção de terceiro), o que acarretou, em ambas as hipóteses, o socorro médico. Ora, o resultado morte apenas não se consumou por circunstâncias alheias à vontade do sujeito e, por isso, configurada a tentativa de homicídio.

Suponhamos agora que, após os dois disparos, "A" cessa seus atos após súplica da vítima. Ele possuía, à sua disposição, outras munições (o meio de execução não havia se esgotado) e seu plano ainda não estava completo. Pelo contrário, ele sabia que os dois disparos não seriam suficientes para acarretar o evento morte (por exemplo, porque não atingiram região de letalidade imediata do ofendido). Mas ele desistiu, por sua própria vontade, de prosseguir na execução e, por isso, será punido apenas pelos atos já praticados (lesões corporais leves ou graves, a depender do caso).

Como se observa, a **voluntariedade** é requisito para que se configure a desistência voluntária. Não deve ser confundida, porém, com a **espontaneidade**, que ocorre quando a ideia de desistir surge do próprio sujeito. Pouco importa, assim, se a desistência se deu por causa de súplica da vítima ou após alguém convencer o agente a parar. Além disso, são indiferentes os motivos que o levaram à cessação dos atos, que podem decorrer de arrependimento, dó da vítima, melhor reflexão, medo de ser preso, intenção de se beneficiar com o instituto em comento etc.

É importante também que o sujeito ainda disponha de outros meios de execução para prosseguir na conduta. Se ele já utilizou tudo que estava ao seu alcance, não há que se falar em desistência (só se desiste daquilo que se pode prosseguir). Por isso, será hipótese de tentativa de homicídio e não de desistência voluntária caso o agente não tenha acertado seu alvo com a única munição de que dispunha.

Alguns autores costumam citar a conhecida **"Fórmula de Frank"** como critério de distinção entre voluntariedade da desistência e ocorrência de circunstâncias alheias à vontade. Assim, se, durante a execução, o raciocínio aplicado ao agente fosse "posso prosseguir, mas não quero", estaríamos diante da desistência voluntária. Se fosse, por outro lado, "quero prosseguir, mas não posso", configurada a tentativa.

Destaque-se, porém, que essa fórmula não é capaz de resolver todas as situações, pois, como já mencionado, o caso também deve ser analisado em conformidade com o plano do agente. Por isso, *ouso incluir*, na tentativa, uma terceira hipótese: **"poderia prosseguir, mas não é necessário"**, aplicável aos casos em que o sujeito interrompe os atos executórios não porque desistiu, mas sim por acreditar que os já praticados são aptos para a eclosão do resultado.

Uma hipótese possível de desistência voluntária é quando o agente desiste momentaneamente de prosseguir na execução por achar que o momento não é conveniente, reservando-se para repeti-la em outro que seja mais oportuno.

Por exemplo: o indivíduo começa a arrombar o portão do estabelecimento que pretende furtar, mas decide adiar a empreitada após se atentar que, no dia seguinte, a loja a ser subtraída receberá mercadorias novas. Nesse caso, embora tenha havido apenas o adiamento do crime para momento posterior mais oportuno, não há como se afastar o reconhecimento da desistência voluntária. Por isso, em relação a esse fato, a responsabilização dar-se-á tão somente pelo crime de dano.

A situação não se confunde, como bem lembra Guilherme de Souza Nucci, com a *pausa* na execução (a chamada **execução retomada**), que ocorre "quando o agente suspende a execução, aguardando momento mais propício para concluir o delito, com nítida proximidade de nexo temporal"[2]. É o caso do sujeito que, após iniciar o arrombamento do portão, interrompe a atividade por alguns instantes, esperando que o vigia noturno passe, após o que dará prosseguimento ao seu intento delituoso. Se ele for flagrado durante essa pausa, haverá tentativa de furto qualificado.

---

[2] NUCCI, Guilherme de Souza. *Manual de direito penal*. 16. ed. rev. e atual. Rio de Janeiro: Forense, 2020. *E-book*.

A desistência voluntária pode ocorrer nos delitos materiais e formais, mas, em regra, não nos de mera conduta, uma vez que, por serem unissubjetivos, consumam-se com a prática de apenas um ato, não havendo que se falar em interrupção dos atos de execução. Uma **exceção**, segundo a doutrina, é o crime de violação de domicílio na modalidade *ingressar*.

Por fim, lembremos que, nos crimes omissivos próprios, a desistência voluntária normalmente será efetivada por meio de uma ação, consistente na adoção da conduta descrita na norma preceptiva.

1.4 Arrependimento eficaz

Também chamado de **resipiscência**, ocorre quando o agente, após ter esgotado os atos executórios postos à sua disposição, arrepende-se e pratica nova conduta apta a evitar que o resultado ocorra. Aqui, a "desistência" do crime ocorre entre o *término dos atos de execução* e a *consumação*. Exemplo típico é o do agente que, com *animus necandi*, coloca sorrateiramente veneno no café de seu rival e, após ter este ingerido a bebida, arrepende-se e leva-o para o hospital, onde é ministrado o antídoto.

Como o próprio nome diz, o arrependimento deve ser eficaz. Se, mesmo com os esforços do sujeito, o resultado venha a acontecer, responderá ele pelo crime consumado. Pouco importa a razão de o arrependimento ter sido ineficaz, podendo, inclusive, dever-se à conduta da vítima.

Por isso, nesse exemplo, se o ofendido se recusa a tomar o antídoto e morre, nada obstante os esforços do agente para salvar-lhe a vida, haverá homicídio consumado. A recusa da vítima não rompe o nexo causal que se iniciou com a conduta do agente, o qual poderá, todavia, ser beneficiado na primeira fase da dosimetria da pena em razão da circunstância judicial consistente no "comportamento da vítima" ou mesmo na segunda etapa da individualização, por circunstância atenuante inominada.

Sobre esse tema, Juarez Cirino dos Santos ressalta que o arrependimento é eficaz quando consegue neutralizar os efeitos da ação realizada, excluindo o resultado, o que não ocorre quando se deixa a vítima em situação dependente da sorte ou do concurso de circunstâncias favoráveis. Seria o caso do "autor que deixa a vítima ferida com dolo de homicídio na entrada lateral do hospital, onde é encontrada desfalecida, socorrida e salva", ou do sujeito que "chama médico de urgência para atender vítima de envenenamento, sem informar sobre a administração do veneno"[3].

O arrependimento eficaz efetua-se por um comportamento ativo e somente é possível nos crimes materiais. Afinal, nos crimes formais, a prática da conduta acarreta a consumação delitiva, mesmo que o resultado previsto no tipo não venha a ocorrer. E os crimes de mera conduta ou de simples atividade não possuem resultado que possa ser impedido de acontecer.

---
[3] SANTOS, Juarez Cirino dos. *Direito penal*: parte geral. 9. ed. rev., atual. e ampl. São Paulo: Tirant lo Blanch, 2020. p. 403-404. *E-book*.

Da mesma forma que na desistência voluntária, o arrependimento eficaz deve ser voluntário (embora não seja espontâneo), sendo ainda irrelevantes os motivos considerados pelo agente.

1.5 Efeitos e natureza jurídica da desistência voluntária e do arrependimento eficaz

Configurados os institutos em comento, o agente responderá pelos atos praticados e não pela tentativa do delito inicialmente considerado. Ou seja, se os atos já praticados corresponderem à consumação de outro delito, por este responderá o agente. Essa hipótese é chamada, pela doutrina, de **tentativa qualificada**.

Cite-se, como exemplos, o caso do agente que, após atingir a vítima com uma facada como dolo homicida, desiste voluntariamente de efetuar novas investidas ou do sujeito que, após disparar todas as munições que possuía em seu revólver, arrepende-se da intenção homicida e leva a vítima para o hospital. Consumadas as lesões, por elas responderá o infrator (art. 129 do Código Penal), sendo afastada a tentativa de homicídio.

Caso não sejam praticados atos previstos como consumatórios de outro tipo penal, o sujeito ficará impune. É o caso do indivíduo que desiste do furto de um veículo que estava destrancado em via pública.

Tendo em vista tal consequência, surgiram três correntes a respeito da natureza jurídica desses institutos:

a) Causa pessoal de extinção da punibilidade (Aníbal Bruno, Zaffaroni, Pierangeli, Paulo José da Costa Júnior, Magalhães Noronha, Hungria, Nucci): praticados os atos executórios do delito pretendido, configuradas a tipicidade, a antijuridicidade e a culpabilidade. A não punição do agente pela prática desse crime se dá em razão da renúncia do *jus puniendi*, por razões de política criminal. A conduta posterior do sujeito não seria capaz de apagar retroativamente a tipicidade já configurada.

b) Causa de exclusão da culpabilidade (Hans Welzel e Claus Roxin): tendo o agente desistido de consumar o delito inicialmente pretendido, há a atenuação da reprovabilidade da sua conduta e, por isso, afasta-se a culpabilidade em relação a esse crime.

c) Causa de exclusão da tipicidade (Frederico Marques, Heleno Fragoso, Basileu Garcia, Damásio de Jesus): se a não ocorrência do resultado se deu em razão de circunstâncias decorrentes da vontade do agente, afasta-se a tipicidade da tentativa, configurando aquela correspondente aos atos praticados. É a posição jurisprudencial dominante.

1.6 Comunicabilidade da desistência voluntária e do arrependimento eficaz

Questão que suscita controvérsia doutrinária é se os efeitos dos institutos em comento são estendidos aos comparsas no caso de concurso de pessoas.

Inicialmente, ressalte-se que tanto a desistência voluntária quanto o arrependimento eficaz se referem a atos executórios e, por isso, só podem ser efetivados pelos autores. Afinal, os partícipes não praticam *atos de execução* e, portanto, não podem desistir ou se arrepender deles. Visto tal pressuposto, citemos um exemplo para melhor esclarecimento.

"C" induz "D" a invadir a casa de "E" durante o período em que ela estaria trabalhando, para subtrair bens. "D", acatando a ideia, pula o muro da casa e entra por uma porta que estava destrancada. Já no interior do imóvel, por remorso, desiste de prosseguir na execução e abandona o local sem nada levar.

Como vimos, em razão da desistência voluntária, "D" responderá apenas pelos atos já praticados, que caracterizam o delito de violação de domicílio (art. 150 do Código Penal). Indaga-se, então, por qual crime deverá responder "A".

Pois bem, parcela da doutrina entende que, uma vez iniciada a execução do delito inicialmente visado, nasce a possibilidade da punição do partícipe, sendo esta a inteligência do art. 31 do Código Penal ("o ajuste, a determinação ou instigação e o auxílio, salvo disposição expressa em contrário, não são puníveis se o crime não chega, pelo menos a ser tentado"). Dessa forma, eventuais modificações intencionais do autor seriam insuficientes para alterar a punição do partícipe, concretizada quando foi iniciada a execução.

Outros autores, em minha opinião de forma acertada, lembram que a participação é acessória, o que significa que a atipicidade da conduta inicial do autor acarretará a mesma consequência para o partícipe. Não podemos esquecer, outrossim, que o Código Penal, no art. 29, adota a teoria unitária, quando dispõe que "quem, de qualquer modo, concorre para o crime incide nas penas a este cominadas, na medida de sua culpabilidade".

É certo, por outro lado, que há exceções e, por isso, parte da doutrina afirma que a teoria adotada, em verdade, é a unitária mitigada. Todavia, quando o legislador quis excepcionar a regra, o fez expressamente, o que não ocorreu no caso da desistência voluntária e do arrependimento eficaz.

Portanto, se esses institutos constituem causa de exclusão da tipicidade em razão de comportamento posterior do autor, deverão alcançar o partícipe. Qualquer diferença entre a reprovabilidade individual dos consortes deverá ser considerada quando da aplicação da pena.

Por outro lado, é possível que o partícipe desista ou se arrependa de sua própria conduta. A desistência voluntária pode ocorrer quando ele começa a incutir, no autor, a ideia do crime, mas desiste antes que haja qualquer alteração no ânimo deste último. Ou mesmo quando o partícipe se disponibiliza a emprestar uma arma de fogo para o agente, mas desiste. Nesses casos, não haverá conduta já praticada a ser punida, por falta de tipicidade. Ora, não é típica a conduta de "começar a instigar" ou de "prometer prestar auxílio material".

Já o arrependimento eficaz ocorrerá quando o partícipe, após determinar, instigar ou prestar auxílio material, volta atrás e convence o autor a não praticar a infração ou, por exemplo, quando ele recupera a arma que emprestou, antes do seu uso. Sendo eficaz o arrependimento, ficará impune. Caso o autor dê prosseguimento à empreitada criminosa, o partícipe será normalmente punido.

2. ARREPENDIMENTO POSTERIOR

2.1 Introdução

O arrependimento posterior está previsto no art. 16 do Código Penal, que estabelece:

> Art. 16. Nos crimes cometidos sem violência ou grave ameaça à pessoa, reparado o dano ou restituída a coisa até o recebimento da denúncia ou da queixa, por ato voluntário do agente, a pena será reduzida de um a dois terços.

A leitura do dispositivo permite chegarmos à conclusão de que se trata de uma **causa pessoal de diminuição da pena** *prevista na parte Geral do Código Penal*. **Não tem o condão de interferir no delito praticado (apenas na reprimenda)** e, por isso, alguns autores criticam a alocação do instituto no Título que trata "do crime", afirmando que seria mais adequado que constasse no referente às "penas".

Esse arrependimento é chamado de *posterior* porque ocorre **após a consumação** do crime (ao contrário do arrependimento *eficaz*, que tem o condão de alterar a tipicidade da conduta).

Uma vez preenchidos seus pressupostos, deverá o juiz *obrigatoriamente* reduzir a pena na terceira fase da dosimetria, sendo, pois, um *direito subjetivo do réu*. Mas, segundo o item 15 da Exposição de Motivos da Parte Geral do Código Penal (Decreto-lei n. 2.848/1940), "essa inovação constitui providência de Política Criminal e é instituída menos em favor do agente do crime do que da **vítima**. Objetiva-se, com ela, instituir um *estímulo à reparação do dano*, nos crimes cometidos sem violência ou grave ameaça à pessoa". Por isso, embora perfaça um direito subjetivo do réu, foi o instituto pensado em favor da vítima.

Rogério Sanches, de forma bastante didática, explica:

> O arrependimento posterior foi denominado "ponte de prata" por Franzs Von Liszt, porque, ao contrário da desistência voluntária e do arrependimento eficaz, o agente não retorna à situação de licitude e, portanto, não é beneficiado pela extinção da punibilidade, mas tão somente pela redução da pena em virtude de sua iniciativa de reparar o dano causado pela conduta[4].

---

[4] CUNHA, Rogério Sanches. *Manual de direito penal*: parte geral (arts. 1º ao 120). Volume único. 14. ed. São Paulo: Juspodivm, 2021. p. 482.

Diferentemente da desistência voluntária, que é possível enquanto não finalizados os atos de execução, e do arrependimento eficaz, o qual ocorre entre o fim da execução e a consumação, o arrependimento posterior acontecerá após consumado o crime. De forma esquemática:

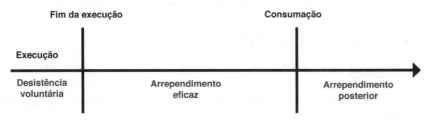

2.2 Requisitos

Por meio da leitura do art. 16 do Código Penal, supratranscrito, podemos estabelecer os requisitos para a aplicação do instituto, que são:

a) Prática de crime sem violência ou grave ameaça à pessoa: observe que o dispositivo *não* se restringe aos delitos contra o patrimônio. Por isso, qualquer crime que produza *efeitos patrimoniais* será compatível com a benesse em comento. É o caso, por exemplo, do peculato (art. 312 do Código Penal), delito que acarreta efeitos patrimoniais, mas que é infração contra a Administração Pública.

Destaque-se, também, que não se exige que o crime seja doloso. Há, inclusive, quem entenda que é possível a redução da pena em comento no caso de violência culposa contra a pessoa. Nucci, por exemplo, explica que a violência impeditiva da benesse é a dolosa, presente na conduta e não no resultado, pois o artigo menciona crimes *cometidos* sem violência ou grave ameaça[5].

Todavia, o **STJ** entendeu que *não* é possível o reconhecimento do instituto no caso de homicídio culposo na direção de veículo automotor[6]. No julgado, o Tribunal ressaltou que suas Turmas especializadas em matéria criminal firmaram a impossibilidade material do reconhecimento de arrependimento posterior nos crimes não patrimoniais ou que não possuam efeitos patrimoniais.

Nas mesmas pegadas, a jurisprudência do **STJ** é no sentido de que os crimes contra a fé pública, assim como os crimes não patrimoniais em geral, são incompatíveis com o instituto do arrependimento posterior, dada a impossibilidade material de haver reparação do dano causado ou restituição da coisa subtraída[7].

---

[5] NUCCI, Guilherme de Souza. *Manual de direito penal*. 16. ed. rev. e atual. Rio de Janeiro: Forense, 2020. E-book.
[6] REsp n. 1.561.276/BA, 6ª Turma, Rel. Min. Sebastião Reis Júnior, j. 28.06.2016, DJe 15.09.2016.
[7] REsp n. 1.242.294/PR, 6ª Turma, Rel. Min. Sebastião Reis Júnior, rel. p/ acórdão Min. Rogerio Schietti Cruz, j. 18.11.2014, DJe 03.02.2015.

Por outro lado, levando-se em consideração o intento do legislador de colocar os interesses da vítima em primeiro lugar, tem-se que o instituto *não será cabível* quando se tratar de *violência presumida*.

A violência à coisa, por sua vez, não impede o reconhecimento do instituto.

b) Reparação do dano ou restituição da coisa: deverão se dar de forma integral. Ou seja, se a coisa foi restituída danificada, deverá o agente também reparar o dano. Esse é o posicionamento do **STJ**[8], que entende que o índice de redução da pena deve variar em função da maior ou menor *celeridade* no ressarcimento do prejuízo à vítima[9].

Luiz Regis Prado, todavia, ensina que, aceitando a vítima o ressarcimento parcial, nada obsta o reconhecimento do arrependimento posterior[10]. O **STF** já entendeu nesse sentido no julgamento do HC n. 98.658. No voto vencedor, ressaltou-se que a pena deverá ser fixada de forma proporcional ao *ressarcimento*, devendo a redução se dar no patamar máximo (dois terços) quando a reparação for integral[11].

O **STF** também já decidiu que o arrependimento posterior é aplicável para o agente que fez o ressarcimento da dívida principal antes do recebimento da denúncia e somente depois pagou os juros e a correção monetária[12].

No caso de a vítima se recusar a receber a coisa, entendo que poderá o agente entregá-la à autoridade policial. Se a negativa for em receber indenização reparatória, Guilherme de Sousa Nucci sugere a interposição de ação de consignação em pagamento, complementando: "assim que o juiz autorizar o depósito, pode-se juntar prova no inquérito, antes do recebimento da denúncia ou da queixa, como exige o art. 16, e estará configurada a possibilidade de haver redução da pena em virtude do advento do arrependimento posterior"[13].

c) Limite temporal (elemento cronológico): até o *recebimento* da denúncia ou da queixa. O ressarcimento ou a restituição da coisa, se posteriores a esse marco, darão margem à redução da pena em razão da *circunstância atenuante* prevista no art. 65, III, *b*, do Código Penal.

d) Ato voluntário do agente (requisito subjetivo): o arrependimento não pode decorrer de coação física ou moral, nem ser decorrente da apreensão da coisa pela polícia. Pouco importa, porém, os seus motivos (remorso, aconselhamento por parte de parentes ou do advogado, intenção de se beneficiar com a redução etc.), sendo irrelevante a espontaneidade do ato (ou seja, se a ideia partiu do infrator).

---

[8] AgRg no AREsp n. 1.823.407/PR, 5ª Turma, Rel. Min. Reynaldo Soares da Fonseca, j. 22.06.2021, DJe 28.06.2021.
[9] HC n. 338.840/SC, 6ª Turma, Rel. Min. Maria Thereza de Assis Moura, j. 04.02.2016, DJe 19.02.2016.
[10] PRADO, Luiz Regis. *Curso de direito penal brasileiro*. 17. ed. Rio de Janeiro: Forense, 2019. E-book.
[11] HC n. 98.658, 1ª Turma, Rel. Min. Cármen Lúcia, Red. do acórdão Min. Marco Aurélio, j. 09.11.2010, Publicação: 15.02.2011.
[12] HC n. 165.312, 1ª Turma, Rel. Min. Marco Aurélio, j. 14.04.2020, DJe-118, Divulg. 12.05.2020, Public. 13.05.2020.
[13] NUCCI, Guilherme de Souza. *Manual de direito penal*. 16. ed. rev. e atual. Rio de Janeiro: Forense, 2020. E-book.

Para que se atenda ao requisito da voluntariedade, a doutrina exige que a devolução da coisa ou a reparação do dano sejam feitas *pessoalmente* pelo agente. Poderão, contudo, ser feitas por terceiros caso haja fortes razões para tanto, o que ocorre, por exemplo, quando o infrator estiver preso ou hospitalizado.

2.3 Comunicabilidade do arrependimento posterior aos coautores e partícipes

Há *divergência doutrinária* em relação à *natureza* desta causa de diminuição da pena. Para Nucci, trata-se de uma causa pessoal, que deve ser voluntariamente praticada por todos os coautores e partícipes para que eles obtenham o favor legal[14].

O **STJ**, no entanto, entende que, uma vez reparado o dano integralmente por um dos autores do delito, a causa de diminuição em comento estende-se aos demais coautores, por constituir circunstância de natureza objetiva, cabendo ao julgador avaliar a fração de redução que deve ser aplicada, dentro dos parâmetros máximo e mínimo, conforme a atuação de cada agente em relação à reparação efetuada[15].

De qualquer forma, no caso de *cooperação dolosamente distinta* (art. 29, § 2º, do Código Penal), será possível o reconhecimento do arrependimento posterior ao consorte que quis participar do crime menos grave. Por exemplo, "A" e "B" combinaram furtar um salão de beleza no período da madrugada, enquanto o estabelecimento estivesse vazio. Após quebrarem o cadeado do portão, "B" ingressa no imóvel, enquanto "A" fica à espreita, vigiando.

Ocorre que, no interior do estabelecimento, "B" se depara com uma manicure, que havia ficado no local porque perdera o ônibus. Assustado, desfere-lhe uma coronhada e, em seguida, foge com bens subtraídos. "A", que não concordou com a atitude de seu comparsa, devolve a *res* (coisas subtraídas). A hipótese se enquadra no art. 29, § 2º, do Código Penal e, por isso, "A" responderá pelo furto qualificado pelo repouso noturno e rompimento de obstáculo e terá a pena reduzida em razão do arrependimento posterior. "B", por sua vez, responderá pelo roubo e não fará jus à benesse do art. 16 do Código Penal, dada a violência empregada.

2.4 Critério para redução da pena

Como já mencionado, para o **STJ** (que exige a *reparação total*), a fração de redução variará em função da maior ou menor *celeridade no ressarcimento do prejuízo à vítima*. Por outro lado, o **STF** (que aceita a possibilidade de *reparação parcial, desde que aceita pela vítima*) entende que a pena deverá ser

---

[14] NUCCI, Guilherme de Souza. *Manual de direito penal.* 16. ed. rev. e atual. Rio de Janeiro: Forense, 2020. *E-book*.
[15] REsp n. 1.187.976/SP, 6ª Turma, Rel. Min. Sebastião Reis Júnior, j. 07.11.2013, DJe 26.11.2013.

fixada de forma proporcional ao *ressarcimento*, devendo a redução se dar no patamar máximo (dois terços) quando a reparação for integral.

2.5 Disposições especiais

a) A reparação dos danos na Súmula n. 554 do STF

Estabelece a Súmula n. 554 do STF: "O pagamento de cheque emitido sem suficiente provisão de fundos, após o recebimento da denúncia, não obsta ao prosseguimento da ação penal".

O enunciado foi elaborado antes da entrada em vigor da nova Parte Geral do Código Penal, que introduziu o arrependimento posterior no ordenamento pátrio. Surgiu, então, a dúvida se a inovação legislativa teria suplantado o entendimento sumulado.

Posta a questão, o próprio **STF** afirmou que o advento do art. 16 da Nova Parte Geral do Código Penal é compatível com a aplicação da Súmula n. 554, que deve ser entendida de forma complementar[16].

Interpretada a Súmula *a contrario sensu*, tem-se que o pagamento de cheque emitido sem suficiente provisão de fundos, antes do recebimento da denúncia, impede o ajuizamento ou prosseguimento da ação penal. O entendimento, destaque-se, é restrito ao estelionato na modalidade de emissão de cheques sem suficiente provisão de fundos, previsto no art. 171, § 2º, VI, do Código Penal[17].

A reparação dos danos prevista na Súmula acarreta a falta de justa causa para a denúncia, uma vez ausente a fraude.

Nas demais hipóteses (inclusive a do *caput*), terá lugar a regra do art. 16 do Estatuto Repressivo.

b) A reparação dos danos na Lei n. 9.099/1995

Quando se tratar de competência dos Juizados Especiais Criminais, a reparação dos danos (ou, como cita o art. 74, parágrafo único, da Lei n. 9.099/1995, a *composição civil dos danos*) nos crimes em que a ação penal seja de iniciativa privada ou pública condicionada à representação acarreta a *renúncia ao direito de queixa ou representação*. Extingue-se, assim, a punibilidade, nos moldes do art. 107, V, do Código Penal.

Confira-se, por oportuno, o parágrafo único do art. 74 da Lei n. 9.099/1995:

> Parágrafo único. Tratando-se de ação penal de iniciativa privada ou de ação penal pública condicionada à representação, o acordo homologado acarreta a renúncia ao direito de queixa ou representação.

---

[16] RHC n. 64.272, 1ª Turma, Rel. Min. Rafael Mayer, j. 14.10.1986, Publicação: 14.11.1986.
[17] STF, HC n. 280.089/SP, 5ª Turma, Rel. Min. Jorge Mussi, j. 18.02.2014, *DJe* 26.02.2014.

O dispositivo não restringe a benesse, de modo que não importa se a infração foi cometida com violência ou grave ameaça à pessoa, nem se a reparação foi total ou parcial.

c) Reparação dos danos no art. 312, § 3º, do Código Penal

O § 3º do art. 312 do Código Penal estabelece que, no caso de peculato culposo, a reparação do dano, se precede à sentença irrecorrível, extingue a punibilidade; se lhe é posterior, reduz de metade a pena imposta.

Portanto, por ser mais benéfica ao agente, a regra tem prioridade na aplicação, em detrimento do art. 16 do Estatuto Repressivo.

d) Reparação dos danos no art. 69 da Lei n. 11.941/2009

Estabelece o art. 69 da Lei n. 11.941/2009 que se extingue a punibilidade dos crimes previstos nos arts. 1º e 2º da Lei n. 8.137/1990 e nos arts. 168-A e 337-A do Código Penal quando a pessoa jurídica relacionada com o agente efetuar o pagamento integral dos débitos oriundos de tributos e contribuições sociais, inclusive acessórios, que tiverem sido objeto de concessão de parcelamento.

No caso da apropriação indébita previdenciária, aplica-se ainda, subsidiariamente, o § 2º do art. 168-A do Código Penal, que determina que a punibilidade do agente é extinta se ele, espontaneamente, declara, confessa e efetua o pagamento das contribuições, importâncias ou valores e presta as informações devidas à previdência social, na forma definida em lei ou regulamento, antes do início da ação fiscal.

3. QUESTÕES DE CONCURSOS

Questão 1

(PCMS – Delegado de Polícia – FAPEC – 2021) Nas lições de Miguel Reale Júnior (*Teoria do Delito*), se a não consumação do crime por circunstâncias alheias à vontade do agente torna típica a conduta tentada, funcionando o artigo 14, inciso II, do Código Penal como autêntica norma de extensão temporal do tipo penal, deve-se, pela mesma *ratio*, ter por atípica a tentativa quando o resultado não se concretiza em decorrência da vontade do próprio agente. Sob essa visão, independentemente da importância político-criminal desses institutos, a não punição da desistência voluntária e do arrependimento eficaz emana da atipicidade da conduta como modalidade tentada.

Sobre a desistência voluntária e o arrependimento eficaz, assinale a alternativa correta.

A) A desistência voluntária e o arrependimento eficaz podem ocorrer tanto nas hipóteses de crime falho quanto nos casos de tentativa imperfeita.

B) Uma vez reconhecido o arrependimento eficaz ou a desistência voluntária, o agente até poderá responder criminalmente pelos atos já praticados, mas não poderá ser responsabilizado pela tentativa do resultado que visava a alcançar antes de abandonar seu dolo inicial.

C) A desistência voluntária e o arrependimento eficaz possuem efeitos equivalentes, pois ambos funcionam como causa de atipicidade da conduta. A diferença entre os institutos consiste no momento de sua manifestação, pois enquanto a desistência voluntária deve ocorrer antes de o resultado típico se consumar, o arrependimento eficaz pode ser reconhecido mesmo após a consumação do crime.

D) Na desistência voluntária, o agente, após esgotar os meios executórios que tinha à sua disposição, pratica uma nova conduta para impedir o advento do resultado, razão pela qual ele somente responderá penalmente pelos atos até então praticados.

E) A desistência voluntária e o arrependimento eficaz são compatíveis com os crimes culposos próprios.

Questão 2

(TJAP – Juiz Substituto – FGV – 2022) Sobre os institutos da desistência voluntária, do arrependimento eficaz e do arrependimento posterior, é correto afirmar que:

A) a não consumação, por circunstâncias alheias à vontade do agente, é compatível com a desistência voluntária;

B) o reconhecimento da desistência voluntária dispensa o exame do *iter criminis*;

C) as circunstâncias inerentes à vontade do agente são irrelevantes para a configuração da desistência voluntária;

D) o arrependimento eficaz e a desistência voluntária somente são aplicáveis a delito que não tenha sido consumado;

E) o reconhecimento da desistência voluntária dispensa o exame do elemento subjetivo da conduta.

Questão 3

(MPGO – Juiz de Direito – FGV – 2022) A causa de diminuição do Art. 16 do Código Penal, referente ao arrependimento posterior, somente tem aplicação se houver:

A) a restituição da coisa antes do recebimento da denúncia, não possibilitada sua reparação, variando o índice de redução da pena em função da maior ou menor celeridade no ressarcimento do prejuízo à vítima;

B) a integral reparação do dano ou a restituição da coisa antes do recebimento da denúncia, variando o índice de redução da pena em função da maior ou menor celeridade no ressarcimento do prejuízo à vítima;

C) a restituição da coisa antes do recebimento da denúncia, não possibilitada sua reparação, variando o índice de redução da pena em função da integralidade e preservação do bem restituído;

D) a integral reparação do dano ou a restituição da coisa antes do recebimento da denúncia, variando o índice de redução da pena em função da integralidade do bem restituído;

E) a restituição da coisa antes do oferecimento da denúncia, não possibilitada sua reparação, variando o índice de redução da pena em função da integralidade e preservação do bem restituído.

Questão 4

(PCMS – Delegado de Polícia – FAPEC – 2021) O arrependimento posterior encontra-se previsto de forma expressa no artigo 16 do Código Penal. Sobre esse instituto e considerando a posição doutrinária e a jurisprudência dos Tribunais Superiores e a seu respeito, assinale a alternativa correta.

A) O arrependimento posterior consiste em causa *sui generis* de diminuição de pena a ser aplicada em benefício do agente que, de forma voluntária, reparar o dano causado pelo crime. Como essa reparação constitui a essência do instituto, o arrependimento posterior somente pode incidir nos crimes contra o patrimônio.

B) O arrependimento posterior foi criado para estimular a voluntária reparação do dano ou a restituição das coisas nos crimes não violentos, desde que efetivada até o oferecimento da denúncia ou queixa.

C) Apesar de parcela da doutrina entender que o reconhecimento do arrependimento posterior exige a integral reparação dos prejuízos criados pelo crime, o Supremo Tribunal Federal já se manifestou, em decisão sobre o tema, que para a incidência do instituto basta que a agente realize o ressarcimento do valor principal até o recebimento da denúncia, ainda que o pagamento dos juros e da correção monetária do prejuízo causado pelo crime se dê em momento posterior.

D) O Código Penal prevê de forma expressa que o *quantum* de diminuição do arrependimento posterior irá variar de acordo com o momento em que o agente realizar o ressarcimento. Assim, caso o ressarcimento ocorra nas primeiras 24 horas após o crime, o agente fará jus a uma diminuição de 2/3 de pena.

E) Não se admite a incidência do arrependimento posterior no crimes de lesão corporal culposa (artigo 129, § 6º, do Código Penal), haja vista o bem jurídico tutelado pela norma – integridade física – ser incompatível com o benefício.

GABARITO: 1. B; 2. D; 3. B; 4. C.

CAPÍTULO 19

Crime impossível

Maria Augusta Diniz

1. INTRODUÇÃO

Sabemos que o crime tentado é aquele que não se consuma por circunstâncias alheias à vontade do agente. O sujeito inicia os atos executórios, mas, por motivos alheios à sua vontade, o resultado não vem a ocorrer. Existe, contudo, uma particular espécie de tentativa na qual a consumação é impossível em qualquer circunstância, seja porque os meios empregados são absolutamente ineficazes, seja em razão da absoluta impropriedade do objeto material.

Disciplinando essa segunda espécie, o art. 17 do Código Penal estabelece que "não se pune a tentativa quando, por ineficácia absoluta do meio ou por absoluta impropriedade do objeto, é impossível consumar-se o crime". Trata-se do chamado **crime impossível**, também conhecido por **crime oco, tentativa inadequada, tentativa inidônea, tentativa irreal ou tentativa supersticiosa**.

A diferença em relação à tentativa prevista no art. 14, II, do Código Penal é que, nesta, há reais chances de haver a consumação do delito, o que não se dá na tentativa impunível prevista no art. 17 (crime impossível), pois, neste, o bem jurídico tutelado não sofre qualquer perigo de lesão.

2. MEIO ABSOLUTA E RELATIVAMENTE INEFICAZ

Meio é tudo aquilo que permite que o agente alcance seu fim criminoso (meio de execução). Por exemplo, em um homicídio praticado por facadas, a faca será o meio utilizado pelo sujeito. Em um roubo perpetrado mediante violência consubstanciada no emprego de arma de fogo, o revólver será o meio. Qualquer objeto capaz de causar lesão poderá ser utilizado como *meio* dos crimes cometidos com violência ou grave ameaça, podendo-se citar: canivete, pedaço de madeira, pedra, taco de beisebol, veneno, corda etc.

O meio empregado pelo agente para a prática criminosa pode ser absoluta ou relativamente ineficaz. Haverá a ineficácia absoluta do meio quando ele não for capaz, em nenhuma circunstância, de causar lesão ou perigo ao bem jurídico tutelado. Não há qualquer possibilidade de o resultado vir a ocorrer. Por outro lado, o meio será relativamente ineficaz quando, a depender das circunstâncias, puder ou não acarretar o evento.

Imagine que "A", com dolo de matar, acione o gatilho de seu revólver em direção a "V". Tendo em vista essa cena, analisemos as seguintes situações possíveis:

a) o revólver estava sem munição ou apresentava defeito que impossibilitava totalmente o artefato de funcionar e, por isso, a vida e a integridade física de "V" não restaram ameaçadas. Dizemos que ocorreu a absoluta ineficácia do meio, pois ele, da forma como se encontrava, não era apto a acarretar o resultado em nenhuma circunstância. Nesse caso, a tentativa de homicídio será impunível, nos moldes do art. 17 do Código Penal;

b) o revólver estava com munição bastante antiga e, por isso, não foi deflagrada, mas a perícia constata que, se o gatilho tivesse sido acionado com mais velocidade e força, a arma poderia efetuar disparos. A ineficácia aqui é relativa, pois o resultado não era absolutamente impossível; ele podia acontecer caso as circunstâncias fossem outras. A tentativa será, portanto, punível (art. 14, II, do Código Penal).

Da mesma forma, um documento falsificado pode ser absoluta ou relativamente eficaz para a prática de estelionato. Se a falsificação for grosseira, perceptível instantaneamente, estaremos diante de crime impossível por absoluta impropriedade do meio. No entanto, se, para a verificação do falso, for necessário um exame mais cauteloso, o meio será relativamente eficaz, pois apto a ludibriar.

A natureza da ineficácia – se absoluta ou relativa – deverá ser aferida no caso concreto, de acordo com as circunstâncias.

3. OBJETO ABSOLUTA E RELATIVAMENTE IMPRÓPRIO

Objeto material é a coisa ou a pessoa sobre a qual recai a conduta criminosa. Pode acontecer, contudo, de o objeto material ser impróprio (absoluta ou relativamente) de sofrer ofensa (lesão ou perigo de lesão).

O objeto será absolutamente impróprio quando, em nenhuma situação, pela sua própria natureza, for incapaz de sofrer lesão. Será relativamente impróprio quando essa possibilidade depender das circunstâncias. Neste último caso, o bem jurídico sofreu real perigo, mesmo que mínimo.

Imaginemos, por exemplo, uma mulher grávida que deseja eliminar o produto da concepção, mas, ao ingerir o medicamento abortivo, o feto já não apresentava batimentos cardíacos em razão de abortamento natural. Ora, embora o meio utilizado seja idôneo para causar o resultado, este não seria possível, pois a conduta incidiu sobre objeto material absolutamente impróprio, já que o feto já estava morto e a gravidez, interrompida. Diante da absoluta impropriedade do objeto, a tentativa não será punível, tratando-se de crime impossível.

O mesmo não ocorrerá no caso em que o sujeito tenta subtrair o celular de outrem e, para tanto, insere a mão no bolso direito da calça dela, nada encontrando, pois o bem estava no bolso esquerdo. Nesse caso, o patrimônio da vítima sofreu perigo de lesão, a qual, embora possível, não se consumou em razão de circunstâncias alheias à vontade do agente.

Podemos afirmar, assim, que haverá a impropriedade absoluta quando o objeto não existir ou quando, em razão das circunstâncias do caso concreto, não puder ser atingido. Destaque-se que a impropriedade será relativa caso o objeto esteja presente no momento inicial da conduta, ausentando-se no momento do ataque.

4. TEORIAS REFERENTES AO CRIME IMPOSSÍVEL

Várias teorias tentam explicar a (im)punibilidade do crime impossível, sendo as principais:

a) Teorias objetivas: preconizam que, para que a prática de uma conduta seja punível penalmente, é necessário que ela tenha colocado o bem jurídico tutelado em risco. Caso isso não ocorra, sendo o comportamento inidôneo para lesar (em razão da eficácia dos meios empregados ou das condições do objeto material), não resta configurada a tipicidade. Divide-se em:

a.1) Teoria objetiva pura: se a conduta, no caso concreto, era inidônea para macular o bem jurídico ou colocá-lo em perigo, a tentativa não será punível. Pouco importa que a inidoneidade seja absoluta ou relativa, bastando que se comprove, na situação concreta, que, da forma como os meios foram empregados ou como o objeto material se encontrava, a consumação era impossível.

a.2) Teoria objetiva intermediária ou temperada: para que a conduta seja classificada como crime impossível, é necessário que, em toda e qualquer situação, os meios sejam absolutamente inidôneos e/ou o objeto material seja impróprio, de forma absoluta, para acarretar o resultado. Caso a ineficácia seja relativa, a tentativa será punível nos termos do art. 14, II e parágrafo único, do Código Penal. Foi a teoria adotada pelo art. 17 do Código Penal.

b) Teoria subjetiva: leva em consideração a vontade do agente, sendo indiferente que os meios e o objeto sejam ineficazes ou impróprios. Com a prática da conduta, o sujeito manifestou uma intenção delituosa, o que é bastante para a punição na modalidade tentada.

c) Teoria sintomática: entende que, com a conduta dolosa, o agente manifestou sua periculosidade, motivo pelo qual deve ser punido, mesmo que haja ineficácia absoluta do meio ou impropriedade absoluta do objeto. Está diretamente relacionada com o direito penal do autor.

5. ESPÉCIES DE CRIME IMPOSSÍVEL

As espécies de crime impossível estão descritas no art. 17 do Código Penal, sendo: **crime impossível por ineficácia absoluta do meio** e **crime impossível por impropriedade absoluta do objeto**.

6. PRESSUPOSTOS DO CRIME IMPOSSÍVEL

Para que o crime impossível reste caracterizado, são necessários quatro pressupostos ou elementos:

a) **início da execução**;

b) **não consumação em razão de circunstâncias alheias à vontade do agente**;

c) **dolo de consumação**. O dolo do agente é o mesmo presente no delito consumado e no tentado. A não caracterização do crime dá-se em razão de elementos objetivos;

d) **resultado absolutamente impossível de ser alcançado**. Nesse ponto, o crime impossível difere da tentativa punível (art. 14, II, do Código Penal), pois, nesta, o resultado é possível e o bem tutelado sofreu risco real.

7. CRIME IMPOSSÍVEL E CRIME PUTATIVO

Delito putativo é aquele que só ocorre na mente do sujeito. O indivíduo acredita que seu comportamento é criminoso, quando, na verdade, não é. Existem três espécies de crime putativo:

a) **Crime putativo por erro de tipo:** o sujeito quer praticar o delito, mas, por erro, comete conduta que não se subsome ao tipo penal, por faltar alguma elementar. Por exemplo, a mulher, acreditando estar grávida (sem estar), ingere medicação abortiva com a finalidade de interromper o produto da concepção. Ela queria cometer o crime, o que não ocorreu em razão da impropriedade absoluta do objeto.

Trata-se da situação inversa ao erro de tipo, que ocorre quando o sujeito pratica crime sem ter essa consciência. Seria o caso da mulher que, sem saber que está grávida, ingere medicação que tem como efeito colateral o aborto, causando o abortamento. Aqui, ela não queria cometer nenhuma infração penal, mas acabou dando causa ao resultado por ter incidido em erro quanto à elementar típica.

Por isso, concordo com a doutrina que entende que o crime impossível nada mais é do que uma espécie do delito putativo por erro de tipo. O agente quer o resultado, mas, por erro, dirige sua conduta contra objeto absolutamente impróprio ou utiliza meio de execução absolutamente ineficaz.

b) Crime putativo por erro de proibição: o sujeito acredita estar cometendo um crime, porém sua conduta é atípica ou lícita e, por isso, é também conhecido como **delito de alucinação** ou **crime de loucura**. Tome-se, por exemplo, o caso do pai que mantém relações sexuais com a filha acreditando que comete crime de incesto, conduta atípica em nosso ordenamento.

É a face oposta do erro de proibição, que ocorre quando o agente comete fato típico e ilícito sem ter consciência disso. Assim, se um turista holandês fuma um cigarro de maconha em território brasileiro, acreditando que não há essa proibição, pois viu um grupo de jovens fazendo uso dessa droga, podemos dizer que ele incidiu em erro de proibição.

c) Crime putativo por obra do agente provocador: ocorre quando alguém induz outrem à prática criminosa ao mesmo tempo que adota providências que impedem a consumação do delito. É também conhecido como **crime de ensaio**, **crime de experiência** ou **flagrante provocado**.

Considere que "G", gerente de um estabelecimento comercial, desconfiado de que seu funcionário "F" estava subtraindo dinheiro do caixa, prepara uma situação para flagrá-lo. Para tanto, deixa certa quantia no caixa e, ao final do expediente, finge que deixou o local, mas fica escondido observando a conduta de "F". O funcionário, acreditando que "G" havia ido embora, começa a subtrair as quantias, momento em que é flagrado.

Como se percebe, "F" não estava praticando qualquer crime, somente tendo atuado ilicitamente após "G" ter criado a oportunidade. Este praticou dois atos, sendo um de indução (provocação) e outro de impedimento. Nas circunstâncias, estando "G" escondido e pronto para flagrar o funcionário, a consumação não seria possível. Quando isso ocorre, entende a jurisprudência nacional que o art. 17 do Código Penal deve ser aplicado por analogia.

Essa, inclusive, é a fundamentação da Súmula n. 145 do STF, segundo a qual "não há crime quando a preparação do flagrante pela polícia torna impossível a consumação". Sendo assim, toda vez que houver preparação da cena criminosa com a adoção de medidas para impedir a consumação delitiva, estaremos diante de crime impossível.

Uma observação, porém, merece destaque. Para melhor elucidação, considere o seguinte exemplo: o traficante "T" vem sendo investigado pela prática de tráfico de drogas. Determinado dia, a equipe policial monta campana em frente à casa de "T" e espera algum ato suspeito. Passado um tempo sem que tenha havido qualquer movimentação de traficância, o policial "P", fingindo ser um usuário, vai até o local onde "T" se encontra e pergunta por drogas. Ocorre que "T" não estava portando entorpecente, mas se prontificou a arrumá-las e, portanto, sai do local, retornando em seguida com a substância ilícita.

Nessa situação, o STJ tem validado a prisão em flagrante, entendendo que a Súmula n. 145 não tem aplicação. Como é sabido, o tráfico de drogas é crime de ação múltipla e natureza permanente em relação a alguns núcleos, como "ter em depósito", "guardar", "transportar", "trazer consigo" etc. Por isso, mesmo que os policiais tenham induzido o agente à prática do núcleo "vender", ele já teria consumado o crime, por exemplo, na modalidade "transportar".

O STJ, inclusive, editou a seguinte tese com esse entendimento:

> O tipo penal descrito no art. 33 da Lei n. 11.343/2006 é de ação múltipla e de natureza permanente, razão pela qual a prática criminosa se consuma, por exemplo, a depender do caso concreto, nas condutas de "ter em depósito", "guardar", "transportar" e "trazer consigo", antes mesmo da atuação provocadora da polícia, o que afasta a tese defensiva de flagrante preparado[1].

Todavia, se ficar comprovado que a própria ação de adquirir e transportar se deu em razão da provocação, resta configurado o crime impossível[2]. Em nosso exemplo, seria o caso de "T" não manter drogas em casa e, para adquiri-las, ir à "boca de fumo", levando-as em seguida para "P", por acreditar que se tratava de um usuário.

Destaque-se, ainda, que o flagrante provocado não se confunde com o **flagrante forjado** nem com o **flagrante esperado**. Como já mencionado, o flagrante preparado ou provocado ocorre quando um sujeito provocador cria uma situação para induzir outrem à prática criminosa, ao mesmo tempo que adota postura apta a impedir a consumação e a acarretar a prisão do provocado. Como a consumação não era viável, aplica-se a norma relativa ao crime impossível.

O flagrante forjado acontece quando são plantadas provas em desfavor do agente, sendo que ou este não havia praticado nenhuma conduta típica ou o cometimento foi em relação a crime de menor gravidade. Cite-se o exemplo do sujeito que coloca seu relógio de ouro na mochila de outrem, acusando-o, em seguida, de furto.

Por fim, flagrante esperado ocorre quando se tem conhecimento de que um crime está para acontecer e a polícia é acionada para observar a conduta, produzir provas e efetuar a prisão em flagrante. Não há qualquer interferência ou contribuição externa no comportamento delitivo, o qual decorre da vontade livre e consciente do infrator.

8. QUESTÕES DE CONCURSOS

Questão 1

(FGV – 2022 – TJ-DFT – Analista Judiciário – Área Judiciária) Sobre a distinção entre inidoneidade absoluta e inidoneidade relativa, é correto afirmar que no(a):

---

[1] Tese n. 2 da Edição n. 120 (Da Prisão em Flagrante).
[2] STJ, AgRg no AREsp n. 262.294/SP, 6ª Turma, Rel. Min. Nefi Cordeiro, j. 21.11.2017, DJe 01.12.2017.

A) crime impossível, a inidoneidade pode ser constatada *a posteriori*;
B) inidoneidade absoluta, a consumação ocorreria se o comportamento seguisse sem percalços alheios à vontade;
C) inidoneidade absoluta, uma situação apriorística elimina a possibilidade de consumação do delito;
D) tentativa relativamente inidônea, circunstâncias anteriores impedem a consumação do delito;
E) crime impossível, situações posteriores tornam inviável a realização integral do tipo.

Questão 2

(FGV – 2022 – DPE-MS – Defensor Público Substituto (adaptada))

Texto 1

Cleiton exerce, há três meses, a função de vigilante junto à Caixa Econômica Federal, agência localizada na Rua Barão do Rio Branco, nº 1.119, Centro, Campo Grande/MS, sendo responsável também por realizar o fechamento da agência, não tendo qualquer tipo de acesso ao cofre. Em determinado dia, ao retornar para sua residência, por volta das 19h, foi abordado por Jack, na Gaudêncio Ajala, Tiradentes, Campo Grande/MS, que, mediante grave ameaça exercida com emprego de arma de fogo, rendeu o vigilante e ordenou que ficasse próximo de uma árvore e entregasse seu celular. Na sequência, um Fiat Uno, cor prata, parou ao lado da vítima, tendo Jack ordenado que Cleiton entrasse no veículo. Ao ingressar no veículo, constatou a presença de outros três agentes, permanecendo, a partir de então, com a cabeça para baixo e trafegando por cerca de vinte minutos, parando em local aparentando ser uma favela, com chão de terra e matagal, passando por uma viela. Durante esse período no veículo, os indivíduos continuaram a ameaçar o declarante, dizendo para o declarante cooperar, que o dinheiro não era dele, era da agência, e que no máximo ele seria transferido. A vítima foi conduzida até um barraco, local em que os agentes passaram a dizer que a vítima seria o gerente do banco e que sequestrariam sua genitora. Durante o período que permaneceu no cativeiro, diversas pessoas entravam no cômodo e diziam para cooperar, caso contrário, sua família seria morta. Esclarece que conseguiu distinguir cerca de seis a oito pessoas, inclusive uma voz feminina, que, de início, acreditou ser sua genitora, pois os indivíduos afirmavam que já estavam em poder da família da vítima. Como a vítima acreditou que sua família já estava refém dos criminosos, informou aos indivíduos onde estava sua carteira de trabalho, visando comprovar que não era gerente do estabelecimento bancário, mas sim vigilante. Por volta das 23h50, dois indivíduos entraram no cômodo e afirmaram que tinham confirmado a veracidade da profissão da vítima e que ela seria libertada, porém, exigiram ainda sua cooperação para não avisar a polícia, principalmente a Polícia Civil, pois seus integrantes estariam em conluio com os criminosos. O vigilante, então, foi levado, por esses dois indivíduos, pelo mesmo caminho que chegaram ao local e, ao chegarem numa via pública sem saída, exigiram que a vítima esperasse cerca de vinte minutos e fosse embora, pois teria pessoal deles defronte, na cobertura.

Ainda sobre a hipótese delineada acime, assinale certo ou errado:

"É possível invocar a tese do crime impossível, já que o meio utilizado era absolutamente ineficaz".

( ) Certo

( ) Errado

Questão 3

(Instituto AOCP – 2022 – MPE-MS – Promotor de Justiça Substituto) Considerando o chamado crime impossível, assinale a alternativa correta.

A) O momento correto para a avaliação da idoneidade do meio ou do objeto, para configuração do crime impossível, deve ser no exato momento da consumação do crime, pois somente no momento da consumação se pode avaliar a real situação dos fatos e definir a ocorrência de crime impossível ou de tentativa.

B) O crime impossível tem como natureza jurídica uma causa de excludente da tipicidade ou da antijuridicidade dependendo da incidência do fato relativamente ao meio executório empregado ou ao objeto material do crime.

C) O tipo penal descrito no art. 33 da Lei n. 11.343/2006 é de ação múltipla e de natureza permanente, razão pela qual a prática criminosa se consuma, por exemplo, a depender do caso concreto, nas condutas de "ter em depósito", "guardar", "transportar" e "trazer consigo", antes mesmo da atuação provocadora da polícia, o que afasta a tese defensiva de flagrante preparado.

D) A existência de monitoramento eletrônico de vigilância e a presença de seguranças no estabelecimento impedem a configuração do crime de furto na forma consumada, uma vez que produz uma idoneidade relativa, permitindo somente a tentativa.

E) Não há crime quando a preparação do flagrante pela polícia torna impossível a sua consumação, em razão da adoção da teoria subjetiva do crime impossível pelo Código Penal Brasileiro.

Questão 4

(FGV – 2022 – TCE-TO – Analista Técnico – Direito) No tocante aos institutos da tentativa e consumação, desistência voluntária, arrependimento eficaz, arrependimento posterior e crime impossível, é correto afirmar que o agente:

A) que, após iniciar os atos de execução, voluntariamente, impede que o resultado se produza, responderá pelo resultado pretendido inicialmente;

B) que, por ato voluntário, repara o dano causado, em crime praticado com violência à pessoa, até o recebimento da denúncia ou da queixa, terá a pena reduzida de 1/3 a 2/3;

C) que, voluntariamente, desiste de prosseguir na execução, só responde pelos atos até então praticados;

D) responde pela tentativa, nos crimes culposos, ao não observar o dever de cuidado a que estava obrigado;

E) não responde pela tentativa, quando, por ineficácia relativa do meio, é impossível consumar-se o crime.

GABARITO: 1. C; 2. Errado; 3. C; 4. C.

CAPÍTULO 20

Ilicitude

Maria Augusta Diniz

1. INTRODUÇÃO

Como vimos nos capítulos anteriores, crime, segundo o sistema finalista tripartite, é o fato típico, antijurídico e culpável. Praticado um comportamento no mundo dos fatos, devemos, inicialmente, analisar se estão presentes os elementos do fato típico (conduta, resultado, nexo de causalidade e tipicidade). Caso a resposta seja positiva, passamos a verificar a ilicitude desse fato típico. Com essa breve explicação, já podemos concluir que nem todo fato típico é ilícito, como veremos quando tratarmos das causas excludentes da antijuridicidade ou justificantes.

Ilicitude (também chamada de **antijuridicidade**) é a contrariedade entre o fato típico e o ordenamento jurídico. O fato típico e ilícito, por sua vez, é conhecido como **injusto**.

2. ILICITUDE FORMAL E ILICITUDE MATERIAL

Partindo dos conceitos formal e material de crime, há doutrina que divide a ilicitude em formal e material, sendo a primeira a simples contradição entre a conduta praticada e as normas proibitivas ou preceptivas e, a segunda, a oposição entre a conduta cometida e o interesse social protegido pela norma. A ilicitude material leva em consideração a lesão ou exposição a perigo dos bens juridicamente tutelados.

No entanto, concordo com a parcela da doutrina que entende desnecessária a distinção. Afinal, para que uma conduta seja considerada típica, é imprescindível que ela atinja, de forma séria, bens relevantes para a sociedade (tipicidade material), sob pena de incidência do princípio da insignificância ou da bagatela.

Ou seja, se já chegamos à conclusão de que um fato é típico, é porque já foi constatado que ele causou lesão ou perigo de lesão juridicamente relevantes.

Ressalte-se, porém, que o reconhecimento de causas supralegais de exclusão da ilicitude depende da filiação na concepção material de antijuridicidade.

3. CLASSIFICAÇÃO DOUTRINÁRIA DA ILICITUDE

Doutrinariamente, encontramos as seguintes classificações da ilicitude:

a) Ilicitude genérica e ilicitude específica

Existem tipos penais que alojam, na descrição do comportamento proibido, elementos normativos referentes ao caráter ilícito da conduta. É o que ocorre, por exemplo, nos arts. 151 ("indevidamente"), 153 e 154 ("sem justa causa"), 155 ("alheia") e 158 ("indevida"). Nesses casos, o operador do Direito fará valorações acerca da antijuridicidade quando da análise da tipicidade. Por isso, poderá uma causa excludente da ilicitude afastar a própria tipicidade.

Alguns doutrinadores entendem que a antijuridicidade presente no tipo penal é uma **ilicitude específica**, havendo, noutro giro, uma **ilicitude genérica**, na qual o dolo do agente deve abranger tão somente a contrariedade entre o fato e o ordenamento jurídico.

Entende a corrente majoritária, entretanto, que a antijuridicidade é uma só e o que se chama de ilicitude específica nada mais é do que um elemento normativo inserido no tipo.

b) Ilicitude objetiva e ilicitude subjetiva

Para quem adota essa classificação, o ordenamento jurídico é composto por ordens e proibições dirigidas a pessoas imputáveis, ou seja, com capacidade de discernimento e de autodeterminar-se de acordo com esse juízo. Os inimputáveis não teriam condições de entender ordens e proibições jurídicas e, diante disso, não seria possível a análise da ilicitude de forma apartada da culpabilidade. Sendo assim, segundo essa doutrina, para que um fato típico seja antijurídico, é necessário que esteja configurada a **ilicitude subjetiva**, ou seja, contrariedade da conduta ao ordenamento jurídico praticada por agente imputável.

Como se percebe, essa corrente confunde ilicitude com culpabilidade, substratos diversos do conceito de crime. Como a ilicitude se refere sempre ao fato, ela é **objetiva** por natureza. Questões relativas ao agente são verificadas na culpabilidade.

Em nosso ordenamento, a ilicitude existe por si só, independentemente das características pessoais do sujeito; não há diferença entre a antijuridicidade de um fato praticado por um imputável e aquela referente à conduta de um menor de idade. A divergência, decorrente da presença ou não de culpabilidade, é levada em consideração para a aplicação das consequências penais, uma vez que o imputável receberá uma pena e, o menor de idade, uma medida socioeducativa e/ou uma medida protetiva.

c) Ilicitude penal e ilicitude extrapenal

Em razão da qualidade fragmentária do direito penal, nem todos os ilícitos (atos contrários às normas jurídicas) configurarão infrações penais, mas apenas aqueles que atentem de forma significativa contra os bens e valores mais relevantes e primordiais para a manutenção e desenvolvimento do ser humano e da sociedade.

Por isso, todo ilícito penal é também um ilícito extrapenal (civil, administrativo, tributário, trabalhista), mas a recíproca não é verdadeira.

Tome-se, por exemplo, o art. 149 do Código Penal, que tipifica a conduta de "reduzir alguém a condição análoga à de escravo, quer submetendo-o a trabalhos forçados ou a jornada exaustiva, quer sujeitando-o a condições degradantes de trabalho, quer restringindo, por qualquer meio, sua locomoção em razão de dívida contraída com o empregador ou preposto". Não há dúvida de que esse comportamento também constitui um ilícito trabalhista.

Todavia, há infrações coibidas pelo direito do trabalho que não caracterizam ilícitos penais, como o não pagamento, ao trabalhador, das horas extras prestadas, uma vez que tal conduta não afeta de forma significativa a manutenção e o progresso do ser humano e da sociedade. As punições extrapenais são suficientes para restaurar o equilíbrio entre as partes.

4. CAUSAS DE EXCLUSÃO DA ILICITUDE

Quando do estudo da tipicidade, anotamos que, inicialmente, o tipo possuía caráter meramente descritivo dos elementos referentes ao comportamento proibido. Em um segundo momento, o tipo passou a ter função indiciária da ilicitude, sendo considerado a *ratio cognoscendi* da antijuridicidade. Isso significa que, configurada a tipicidade da conduta, há a presunção relativa de que o comportamento é ilícito. Eventuais causas justificadoras devem ser comprovadas pela defesa. Essa é a posição dominante na doutrina e jurisprudência.

Há, porém, doutrina que entende que a tipicidade é a própria razão de ser (*ratio essendi*) da ilicitude. Haveria um *tipo total de injusto*, em que a caracterização de uma causa excludente da antijuridicidade afasta a própria tipicidade e, consequentemente, o fato típico.

Portanto, dependendo da corrente a que se filie (*rato cognoscendi* ou *ratio essendi*), a presença de uma causa excludente da ilicitude poderá acarretar a exclusão da antijuridicidade ou do tipo total de injusto (que engloba fato típico e antijurídico).

As causas excludentes da ilicitude também são conhecidas como **justificantes, justificadoras** ou **descriminantes**. Estão previstas tanto na Parte Geral (**causas genéricas ou gerais**) quanto na Parte Especial do Código Penal e na legislação extravagante (**causas específicas ou especiais**). Além destas, os penalistas costumam apontar, como terceira categoria, as **causas supralegais de exclusão da ilicitude**.

As causas genéricas ou gerais encontram-se previstas nos arts. 23, 24 e 25 do Código Penal. A lei penal, contudo, restringiu-se a conceituar os institutos da legítima defesa e do estado de necessidade, ficando as demais definições a critério da doutrina e da jurisprudência.

Como exemplo de causas específicas ou especiais, podemos citar os arts. 128, I (aborto necessário ou terapêutico), 142 (injúria e difamação), 150, § 3º (violação de domicílio), todos do Código Penal, o art. 10[1] da Lei n. 6.538/1978, o art. 1.210, § 1º[2], do Código Civil e o art. 37, I[3], da Lei n. 9.605/1998.

5. ELEMENTO SUBJETIVO NAS CAUSAS DE EXCLUSÃO DA ILICITUDE

Imagine a seguinte situação: "A", querendo matar "E", sobe no muro da casa deste e, contra ele, dispara arma de fogo, acertando-o no braço. Ocorre que, conquanto "A" não tenha visto, "E" estava apontando um revólver em direção à "V", prestes a estuprá-la. Vale dizer, mesmo sem saber, "A" evitou que "V" fosse estuprada. Pergunta-se: "A" responderá pelo crime de homicídio tentado ou sua conduta estará justificada pela legítima defesa?

Pois bem, as normas permissivas que disciplinam as causas de exclusão da ilicitude possuem elementos objetivos, descritivos, que estão previstos na lei penal (no caso da legítima defesa e do estado de necessidade) ou são apontados pela doutrina e jurisprudência (quando se tratar de exercício regular do direito, estrito cumprimento do dever legal e consentimento do ofendido).

Dessa forma, para que esteja configurada a legítima defesa, é necessário que, na situação fática, estejam presentes os seguintes requisitos: a) uso moderado dos meios necessários; b) injusta agressão, atual ou iminente; c) defesa de direito próprio ou alheio. Esses são os elementos objetivos da norma permissiva e devem estar caracterizados para que a conduta reste justificada.

Em nosso exemplo, todos esses elementos estão presentes: "A" disparou arma de fogo no braço de "E", cessando a agressão injusta contra a vítima "V".

---

[1] "Art. 10. Não constitui violação de sigilo da correspondência postal a abertura de carta: I – endereçada a homônimo, no mesmo endereço; II – que apresente indícios de conter objeto sujeito a pagamento de tributos; III – que apresente indícios de conter valor não declarado, objeto ou substância de expedição, uso ou entrega proibidos; IV – que deva ser inutilizada, na forma prevista em regulamento, em virtude de impossibilidade de sua entrega e restituição. Parágrafo único. Nos casos dos incisos II e III a abertura será feita obrigatoriamente na presença do remetente ou do destinatário."

[2] "Art. 1.210. (...) § 1º O possuidor turbado, ou esbulhado, poderá manter-se ou restituir-se por sua própria força, contanto que o faça logo; os atos de defesa, ou de desforço, não podem ir além do indispensável à manutenção, ou restituição da posse."

[3] "Art. 37. Não é crime o abate de animal, quando realizado: I – em estado de necessidade, para saciar a fome do agente ou de sua família."

Porém, parte da doutrina entende que não basta a presença dos elementos objetivos, sendo necessário que o agente atue com consciência da realidade e com a intenção de agir licitamente (no nosso exemplo, em defesa de direito alheio). A depender da exigência ou não do elemento subjetivo, o caso hipotético terá soluções diversas:

a) "A" responderá por tentativa de homicídio caso se opte pela corrente que exige a investigação do elemento subjetivo do agente;

b) "A" terá atuado acobertado pela justificativa consistente na legítima defesa de terceiros e, portanto, sua conduta será lícita, caso eleita a corrente que dispensa a configuração do elemento subjetivo. Objetivamente, o sujeito repeliu agressão injusta e iminente, consistente no estupro de terceiro.

Em minha opinião, o reconhecimento de uma justificativa depende da configuração do elemento subjetivo por parte do agente. A concepção clássica de delito, que alocava o elemento subjetivo na culpabilidade, foi superada pelo finalismo, que trasladou o dolo e a culpa para o interior do fato típico, relacionando-os diretamente com a conduta. Por isso, a finalidade do agente (lícita ou ilícita) não deve ser desprezada, sob pena de retorno à teoria mecanicista da ação.

Enquanto as normas proibitivas e preceptivas trabalham com a ideia de *desvalor da ação e do resultado*, os tipos que alocam causas excludentes da ilicitude levam em consideração o *valor da ação e do resultado*. Fala-se em **valor da ação** porque a finalidade do agente é lícita (direcionada a salvação ou a comportamento conforme o ordenamento jurídico, seja por direito, seja por dever); e em **valor do resultado**, por sua vez, pois o evento representa a preponderância do interesse predominante no caso concreto. Tais valores devem andar juntos, não sendo bastante a relevância do resultado (como no exemplo *supra*).

6. EXCESSO NAS CAUSAS DE EXCLUSÃO DA ILICITUDE

O parágrafo único do art. 23 do Código Penal estabelece que o agente, em qualquer das causas excludentes da ilicitude, responderá pelo excesso. Isso significa que as justificantes devem ser exercidas de forma **razoável e proporcional**, na *medida do necessário, para que atinjam a sua finalidade*. Na legítima defesa, por exemplo, a reação excessiva, além daquela necessária para afastar a agressão injusta, ultrapassará os limites permitidos pelo ordenamento, caracterizando vingança privada.

No entanto, nem toda conduta desproporcional configura o excesso nas excludentes. Poderá ela descaracterizar a própria justificante.

Expliquemos: como será estudado nos capítulos seguintes, o reconhecimento, no caso concreto, da existência de uma causa excludente da ilicitude amparando a conduta depende do preenchimento de certos requisitos. Sendo assim, para que seja excluída a antijuridicidade de uma conduta típica em razão da legítima defesa, é necessário que o agente, além do elemento subjetivo, use moderadamente os meios necessários para repelir a agressão injusta, atual ou iminente, a direito seu ou de outrem (art. 25 do Código Penal).

Imagine a seguinte situação: "P" encontra-se em sua propriedade, quando observa algumas crianças pulando o muro e adentrando o seu jardim para subtrair algumas frutas. Com a finalidade de repelir essa injusta agressão, "P" efetua disparos de espingarda na direção dos infantes, atingindo um deles. Não há dúvidas de que "P" estava sofrendo uma agressão injusta. Mas será que o meio de defesa utilizado foi necessário? A única forma de afastar as crianças do local era efetuando disparos de arma de fogo em direção a elas? É razoável que se agrida a vida ou a integridade física para pôr a salvo a propriedade, mormente de bens com valores tão ínfimos?

Houve, pois, desnecessidade dos meios utilizados, o que impede o reconhecimento da legítima defesa. A reação foi ilícita desde o seu início e, em nenhum momento, esteve amparada pelo ordenamento jurídico.

Observe agora outra hipótese: "D" percebe que "A" vai em sua direção com uma faca, demonstrando inequívoco intento homicida. Para se defender, saca uma arma de fogo e dispara contra seu agressor, atingindo-o na perna. "A" cai no chão, restando neutralizada a agressão injusta iminente. Nada obstante, "D" efetua mais disparos em direção ao ofensor, matando-o.

Ora, é incontestável que "D", em um primeiro momento, agiu acobertado pela excludente da legítima defesa, estando sua conduta amparada pelo ordenamento jurídico. Todavia, a reação deixou de ser permitida e ingressou no terreno da ilicitude, configurando verdadeira agressão injusta, a partir do momento em que não estavam mais presentes os pressupostos da justificadora. O agente *excedeu-se* na defesa.

Excesso, portanto, é a intensificação desnecessária de uma conduta inicialmente justificada[4]. Só pode *exceder-se* aquele que agia em conformidade com o Direito, mas ultrapassou os limites do que lhe era permitido. Quem atua na ilicitude desde o início não pode se exceder. Por essas razões, não concordo com a divisão doutrinária entre **excesso intensivo** e **excesso extensivo**.

Para quem acata essa classificação, **excesso intensivo ou próprio** seria a extrapolação, desde o início, da conduta que estaria acobertada por uma causa de justificação. O agente ultrapassa os limites da excludente, por exemplo: a) atacando bem alheio de valor bastante superior para salvar, de perigo atual, interesse seu; b) reagindo à agressão injusta de forma desnecessária ou imoderada; c) abusando de um direito que lhe é reconhecido; d) não cumprindo o dever legal de forma estrita.

Imagine que o policial militar "PM", ao prender alguém que se encontrava em flagrante delito, emprega força física desnecessária, agredindo o abordado

---

[4] JESUS, Damásio E. de. *Direito penal*: parte geral. 37. ed. atual. por André Estefam. São Paulo: Saraiva, 2020. v. 1. *E-book*.

com chutes e socos, embora ele não tivesse reagido. "PM" ultrapassou-se quando do cumprimento do dever legal, praticando *excesso intensivo*.

Excesso extensivo ou impróprio, por sua vez, seria o exagero na conduta inicialmente justificada. No início, o sujeito agia acobertado por uma causa de justificação, mas terminou por exceder-se, prosseguindo na conduta mesmo quando não estavam mais presentes os pressupostos autorizadores. É o caso do indivíduo que prossegue na reação, mesmo quando já encerrada a injusta agressão.

Segundo a doutrina majoritária, o excesso pode ser **doloso**, **culposo**, **acidental** ou **exculpante**, embora apenas os dois primeiros estejam previstos no Código Penal.

O **excesso doloso ou consciente** ocorre quando o agente quer ultrapassar os limites da causa de justificação, tendo ciência de que assim o age. É o caso do indivíduo que, atacado por seu inimigo, reage intencionalmente além do necessário para afastar a injusta agressão, como forma de vingança. Ele responderá pelo resultado decorrente do excesso a título doloso. O resultado provocado inicialmente em razão da defesa, desde que tenham sido observados os pressupostos, não lhe será imputado.

Excesso culposo ou inconsciente, por seu turno, decorre da não observância do dever objetivo de cuidado quando do exercício da conduta amparada pela causa excludente. Por exemplo, o policial "P", durante uma prisão em flagrante, dispara arma de fogo contra "A", matando-o, pois pensou que o infrator estivesse armado. No entanto, uma análise mais cuidadosa seria suficiente para que fosse constatado que "A" estava na posse de um pequeno cano e não de uma arma de fogo. Por isso, "P" responderá por homicídio culposo.

O **excesso acidental ou fortuito** é aquele decorrente de caso fortuito ou força maior. Ocorre, por exemplo, quando uma intensa tempestade imprevisível derruba a cerca elétrica regularmente instalada em um muro alto, atingindo uma pessoa que tentava se abrigar. O resultado dele decorrente não é atribuído ao agente, dada a ausência do elemento subjetivo dolo/culpa.

Por derradeiro, o **excesso exculpante** é o decorrente do intenso abalo no ânimo do agente que age acobertado pela causa de justificação, em razão de pânico, medo ou susto. Deriva da perturbação do momento, que impede o sujeito de agir racionalmente, acarretada, por exemplo, pela agressão injusta sofrida ou pelo perigo atual não provocado de forma voluntária pelo agente. É o caso do sujeito baixo e franzino que continua a dar golpes contra seu agressor forte e musculoso, mesmo ele já estando inconsciente, em razão do pânico sofrido pela situação.

Essa alteração do ânimo decisiva para o excesso, conquanto não tenha aptidão para afastar a ilicitude da conduta, poderá influenciar na culpabilidade do agente, em razão da inexigibilidade de conduta diversa. **Sugiro que, em tais casos, o juiz verifique se o excesso foi evitável ou inevitável, aplicando, por analogia, o art. 26 do Código Penal.**

Sendo assim, se as circunstâncias demonstrarem que o excesso era inevitável ou escusável, retirando completamente a capacidade de entendimento e autodeterminação do sujeito, haverá isenção de pena. Contrariamente, se o excesso era evitável ou inescusável, retirando apenas parcialmente o juízo de entendimento e autodeterminação, a pena poderá ser reduzida.

Esse excesso é previsto expressamente no Código Penal Militar, cujo art. 45, parágrafo único, estabelece que não é punível o excesso na legítima defesa quando resulta de escusável surpresa ou perturbação de ânimo em face da situação.

7. QUESTÃO DE CONCURSO

Questão 1

(PCPR – Delegado – UFPR – 2021) Assinale a alternativa que contém três excludentes de ilicitude (causas de exclusão ou excludentes de antijuridicidade).

A) Estrito cumprimento do dever legal, legítima defesa e estado de necessidade.

B) Erro sobre a ilicitude do fato, estado de necessidade e estrito cumprimento do dever legal.

C) Coação irresistível, legítima defesa e consentimento do ofendido.

D) Erro de proibição direto, inimputabilidade por doença mental e obediência hierárquica.

E) Obediência hierárquica, estado de necessidade e coação irresistível.

GABARITO: 1. A.

Capítulo 21

Estado de necessidade

Maria Augusta Diniz

1. INTRODUÇÃO

Sob a rubrica "exclusão da ilicitude", o art. 23 do Código Penal estabelece que não há crime quando o agente pratica o fato: em estado de necessidade, em legítima defesa e em estrito cumprimento do dever legal ou no exercício regular de um direito.

Como estamos trabalhando na seara da antijuridicidade, podemos concluir que o fato mencionado pelo legislador é aquele **típico**, uma vez que caracterizados a conduta dolosa, a tipicidade, o resultado e o nexo causal, os dois últimos quando se tratar de crimes materiais.

O estado de necessidade é a primeira causa de exclusão da ilicitude expressamente listada e consiste na prática, pelo agente, de fato típico para salvar de perigo atual, que não provocou por sua vontade, nem podia de outro modo evitar, direito próprio ou alheio, cujo sacrifício, nas circunstâncias, não era razoável exigir-se (art. 24 do Código Penal).

Tem-se, pois, dois ou mais bens jurídicos amparados pelo ordenamento jurídico que estão sendo ameaçados de perigo, e o indivíduo age em proteção de um deles, sacrificando os demais. Por sua vez, o art. 24 do Código Penal estabelece que, segundo um juízo de razoabilidade, o bem preservado deve ser aquele cujo sacrifício não se deve exigir no caso concreto. Essa ponderação deverá ser feita de acordo com os valores dos bens ou interesses envolvidos. Dessa forma, não é razoável, por exemplo, que se sacrifique a vida para salvar o patrimônio.

Tendo em vista essa ponderação de interesses, duas teorias buscam apontar a natureza jurídica do estado de necessidade, quais sejam:

a) Teoria unitária (ou monista-objetiva): segundo a qual o estado de necessidade é causa de exclusão da ilicitude toda vez que o bem jurídico sacrificado tenha valor igual ou inferior ao do bem jurídico preservado. É, como visto anteriormente, a teoria adotada pelo Código Penal, o qual limita a exclusão da antijuridicidade em relação ao fato típico que protege direito próprio ou alheio *cujo sacrifício, nas circunstâncias, não era razoável exigir-se*.

Quando o direito preservado apresentar valor inferior ao do sacrificado (ou seja, quando, na situação concreta, seja razoável exigir-se o sacrifício desse direito que foi preservado), a ilicitude restará íntegra, mas a pena poderá ser reduzida de um a dois terços (art. 24, § 2º, do Código Penal). Sendo assim, para essa concepção, todo estado de necessidade é justificante (exclui a antijuridicidade).

b) Teoria diferenciadora (diferenciadora-objetiva ou dualista): segundo a qual o estado de necessidade pode ser **justificante** (exclui a ilicitude) ou **exculpante** (afasta a culpabilidade), de acordo com os valores dos bens jurídicos ameaçados e preservados no caso concreto. Nesses passos, será justificante quando o interesse preservado apresentar valor superior ao do que foi sacrificado. Será, todavia, exculpante quando o valor do bem protegido pelo sujeito tiver valor igual ou inferior ao do sacrificado, dada a inexigibilidade de conduta diversa.

Apresentadas tais considerações, consideremos o seguinte exemplo: uma enchente provocou inundação nas ruas de um bairro e a força da água carregou, de forma avassaladora, bens e pessoas que estavam no caminho. A pessoa "A", que está sendo levada pela correnteza, visualiza um galho de árvore e vai ao seu encontro, mas é alvejada por disparo de arma de fogo efetuado por "B", que assim agiu para que seu cachorro, o qual também estava sendo carregado, pudesse se salvar.

Pois bem, ambos os bens que estavam em perigo são legítimos e mereciam a tutela do ordenamento jurídico. Todavia, nessas circunstâncias, não era razoável o sacrifício da vida humana para que o patrimônio fosse salvo. Para a teoria unitária, a conduta de "A" é típica e ilícita, mas a pena poderá ser reduzida, dada a menor reprovabilidade do comportamento. Para a teoria diferenciadora, "A" estaria amparado pela causa excludente da culpabilidade consistente na inexigibilidade de conduta diversa, pois o desespero o impediu de valorar corretamente os interesses em jogo.

Por fim, registre-se que o estado de necessidade é compatível com o erro na execução (*aberratio ictus*), quando incidirão as disposições do art. 73 do Código Penal.

2. REQUISITOS

Os requisitos necessários para a configuração dessa justificante estão previstos expressamente no art. 24 do Código Penal, o qual estabelece que atua em estado de necessidade "quem pratica o fato para salvar de perigo atual, que não provocou por sua vontade, nem podia de outro modo evitar, direito próprio ou alheio, cujo sacrifício, nas circunstâncias, não era razoável exigir-se". Em complementação, o § 1º do dispositivo impede de alegar o estado necessário quem tinha o dever legal de enfrentar o perigo.

São, portanto, requisitos do estado de necessidade:

a) perigo atual e inevitável por outro modo menos gravoso;

b) perigo não provocado voluntariamente pelo agente;

c) ameaça a direito próprio ou alheio;

d) proporcionalidade (razoabilidade do sacrifício);

e) ausência de dever legal de enfrentar o perigo.

2.1 Perigo atual e inevitável por outro modo menos gravoso

Perigo é a situação que pode acarretar danos à pessoa ou ofensa a seus direitos. Perigo atual é aquele concreto e provável (certo, caso não seja afastado), ocorrente no momento da conduta. Embora o Código Penal se refira apenas ao *perigo atual*, a maioria doutrinária entende que aquele *iminente* (prestes a acontecer) também é acobertado pela excludente, sendo afastado apenas aquele remoto ou futuro. Assim, resta justificada a conduta de um indivíduo que está se banhando em um rio, quando observa, no alto, uma tromba d'água vindo na direção da localidade onde se encontra e foge rapidamente, empurrando as pessoas que se encontram na escada de acesso.

O perigo justificador pode advir de comportamento humano, de eventos da natureza ou mesmo de seres irracionais. Assim, age em estado de necessidade aquele que colide com seu veículo contra o muro de uma casa, para desviar de automóvel dirigido por indivíduo que trafegava em alta velocidade porque transportava grave enfermo para o hospital; aquele que, prestes a afogar-se em razão de uma enchente, invade casa alheia para abrigar-se; aquele que mata cão alheio que estava prestes a atacar uma criança.

Ademais, o **fato necessitado** (aquele praticado para salvar o direito) deve ser *imprescindível* para a salvação do interesse protegido. Se houver outro modo eficaz para a preservação do direito, que não o fato típico, como o *pedido de socorro ou a fuga*, deverá o agente optar por ele. Da mesma forma, o dano causado deverá ser o menor possível. Por exemplo, se, para fugir de um cão bravio, seja bastante que o sujeito pule um pequeno muro, invadindo casa alheia, não poderá ele destruir os vidros de um veículo, para adentrar em seu interior. Sendo assim, o *commodus discessus* (saída mais cômoda) é dever que exclui o estado de necessidade.

Anote-se, porém, que apenas as **circunstâncias do caso concreto** poderão dizer se o perigo era evitável por outro modo menos gravoso. Caso esse requisito não seja obedecido, poderá o juiz reduzir a pena de um a dois terços, em razão da menor reprovabilidade da conduta (art. 24, § 2º, do Código Penal).

2.2 Perigo não provocado voluntariamente pelo agente

O art. 24 do Código Penal é expresso ao restringir a justificadora aos casos em que o perigo não foi causado pela vontade do agente. A expressão escolhida pelo legislador ("por sua vontade") causa divergência doutrinária e jurisprudencial em relação à situação em que o perigo foi causado culposamente pelo agente. Questiona-se se "vontade" quer dizer apenas "dolo" ou "dolo e culpa".

Imagine o seguinte caso: "A", pretendendo causar um incêndio em seu veículo para acionar o seguro, joga gasolina sobre o bem, após o que aciona a brasa. Todavia, o fogo se alastra mais rapidamente do que havia sido planejado e, temendo uma explosão, "A" dá um soco em "M", roubando-lhe a motocicleta e fugindo do local. Como se percebe, o perigo foi inegavelmente causado por sua vontade e, por isso, "A" não está acobertado pela excludente da ilicitude do estado de necessidade.

Mudemos um pouco o panorama: "A" estava organizando uma festa de São João, tendo adquirido várias caixas de fogos de artifício. Nada obstante o vendedor tenha prestado todas as informações sobre a forma como "A" deveria realizar o transporte, este não as obedece porque desejava chegar rapidamente ao local do evento. Durante o transporte, o calor solar aciona a pólvora dos fogos de artifício, vindo o veículo a pegar fogo. A fim de fugir de uma eventual explosão, "A" dá um soco no motociclista "M", roubando-lhe o veículo.

Parte da doutrina afirma que o vocábulo "vontade" é indicativo de dolo e, por isso, quem causou culposamente o perigo pode ter sua conduta justificada pelo estado de necessidade.

Outros, porém, alegam que, mesmo nas condutas culposas, encontra-se presente a vontade do agente, embora seja direcionada para finalidade lícita, tendo o resultado ocorrido involuntariamente em razão de infringência ao dever objetivo de cuidado. Por isso, o ordenamento jurídico não poderia beneficiar quem, a seu livre-arbítrio, desrespeitou deveres a todos impostos, em detrimento de quem agiu em conformidade com as normas.

Ademais, o art. 13, § 2º, c, do Código Penal estabelece o dever de agir para evitar o resultado àquele que, com seu comportamento anterior, criou (dolosa ou culposamente) o risco de sua ocorrência. Ora, se quem criou a situação de perigo, conquanto culposamente, deve agir para evitar o resultado, não poderá praticar fato típico em detrimento de outrem para fugir.

Entendo que a análise deverá se dar caso a caso, não se podendo afastar peremptoriamente a justificação da conduta simplesmente pelo fato de o agente ter atuado culposamente. O dispositivo afasta a alegação quando a **situação de perigo** foi criada pela vontade do agente, o que pode se dar por diversas formas, todas elas em desrespeito ao dever objetivo de cuidado.

O sujeito pode, por exemplo, causar um incêndio durante uma "declaração de amor", ao escrever, no gramado da casa de sua namorada, a frase "eu te amo" com gasolina, sobre a qual põe um palito de fósforo aceso. Ninguém duvida de que a situação de perigo foi causada por sua vontade, mesmo que seja ela lícita.

Mas o agente também poderá causar um incêndio ao jogar uma bituca de cigarro acesa em um gramado seco, acreditando que estava apagada. Nesse caso, a situação de perigo não foi causada pela vontade do agente e, por isso, em minha opinião, ele poderá alegar o estado de necessidade caso pratique fato típico para salvar-se.

Por fim, mesmo que o perigo seja causado dolosamente, lecionava Damásio de Jesus que:

> (...) a exigência da não intencionalidade de criação da situação de perigo não se estende ao terceiro interveniente que desconhece a conduta antijurídica do provocador socorrido. De observar que o art. 24 liga a expressão "que não provocou por sua vontade" ao agente do fato necessitado. Não prevê a hipótese de o terceiro intervir em favor de quem "provocou" a situação de perigo "por sua vontade". Admitida a omissão legislativa, é impossível socorrer-se da analogia ou da interpretação extensiva, uma vez que seriam aplicadas *in malam partem*, pois a exclusão da antijuridicidade aproveita mais ao agente que a exclusão da culpabilidade pela adoção do estado de necessidade putativo. Em face disso, diante da autonomia da culpabilidade em relação a cada indivíduo, a dolosa situação antijurídica do socorrido provocador do perigo não pode prejudicar o insciente terceiro interveniente[1].

2.3 Ameaça a direito próprio ou alheio

Qualquer direito, próprio ou alheio, *desde que legítimo*, pode ser protegido pela conduta necessária. Outrossim, o vocábulo "direito" deve ser interpretado em sentido amplo, englobando todos os bens jurídicos penalmente tutelados (vida, integridade corporal, honra, patrimônio etc.).

Quando o agente atua em defesa de direito próprio, haverá o **estado de necessidade próprio**; quando agir para proteger interesse alheio, teremos o **estado de necessidade de terceiro**. Assim, se "A" furta algumas frutas para satisfazer a própria fome ou de seu filho pequeno (furto famélico), está caracterizado o estado de necessidade próprio; se o furto foi para alimentar morador de rua que desmaiara em razão de desnutrição, o estado de necessidade será de terceiro.

Não se exige, na justificante em prol de terceiro, que haja vínculo de parentesco ou amizade, podendo a conduta necessária beneficiar desconhecidos. Contudo, para Rogério Greco, só:

> (...) é perfeitamente possível o estado de necessidade de terceiros desde que o bem em jogo não seja disponível, cabendo sua defesa somente ao seu titular que, diante do caso concreto, pode optar por defende-lo ou não. O titular do bem disponível

---

[1] JESUS, Damásio E. de. *Direito penal*: parte geral. 37. ed. atual. por André Estefam. São Paulo: Saraiva, 2020. v. 1. E-book.

pode, contudo, aquiescer para que terceira pessoa atue a fim de salvaguardar seu bem, permitindo que esta última atue em estado de necessidade de terceiro[2].

Divergindo desse entendimento, Luiz Regis Prado afirma que o estado de necessidade de terceiro alcança todos os bens jurídicos, como na legítima defesa, podendo decorrer de motivo de ordem pessoal (amizade, parentesco) ou da solidariedade humana[3].

2.4 Proporcionalidade (razoabilidade do sacrifício)

O art. 24 do Código Penal determina que seja aplicado o princípio da razoabilidade quando da análise do sacrifício, o que será verificado de acordo com as circunstâncias do caso e com o princípio da proporcionalidade. Para tanto, devem ser ponderados os interesses em jogo, comparando-se os valores do direito que foi salvo com o do que foi sacrificado.

Como nosso ordenamento adota a teoria unitária, a ilicitude será afastada apenas quando o bem jurídico sacrificado tenha valor igual ou inferior ao daquele que foi preservado. Não é razoável, por outro lado, que se tenha por justificada conduta que priorizou direito de menor valor em detrimento de outro de maior grandeza (por exemplo, patrimônio em prejuízo da vida).

Todavia, durante a situação de perigo, o ânimo do agente poderá estar tão perturbado, a ponto de influenciar seu juízo de culpabilidade. Por isso, diante as circunstâncias concretas, o juiz poderá reconhecer a inexigibilidade de conduta diversa, afastando a culpabilidade, ou reduzir a pena de um a dois terços. É o caso, por exemplo, da viúva que golpeia o bombeiro que a impedia de entrar no prédio em chamas para salvar sua aliança de casamento.

2.5 Ausência de dever legal de enfrentar o perigo

Segundo o § 1º do art. 24 do Código Penal, não pode alegar estado de necessidade quem tinha o dever legal de enfrentar o perigo, ou seja, o de autossacrifício. Aqueles que têm esse dever não podem optar por salvar interesses próprios em detrimento dos alheios. Por isso, não poderá um salva-vidas se negar a entrar no mar para salvar uma criança que se está se afogando sob o argumento de que as ondas estão muito fortes.

Embora a lei não diga, essa regra deve ser interpretada com razoabilidade, pois não se pode exigir, de ninguém, atitudes heroicas ou suicidas. Por isso, não se pode exigir que o bombeiro entre em um prédio completamente tomado por chamas de fogo para salvar vida alheia quando sua morte seja certa ou muito provável. Também deverá haver uma proporção entre os bens jurídicos

---

[2] GRECO, Rogério. *Curso de direito penal*: parte geral. 23. ed. Niterói: Impetus, 2021. v. 1, p. 449.
[3] PRADO, Luiz Regis. *Curso de direito penal brasileiro*. 17. ed. Rio de Janeiro: Forense, 2019. E-book.

em jogo, não tendo, por exemplo, o bombeiro o dever de colocar sua vida em risco para salvar patrimônio alheio.

Além disso, o sujeito só tem o dever de agir quando se tratar de perigo inerente à sua atividade específica, ou seja, à função por ele exercida.

A doutrina se divide no que tange à abrangência do termo "dever legal de enfrentar o perigo". Uma primeira corrente interpreta a norma de forma literal, para abarcar apenas a lei em sentido amplo (lei, medida provisória, decreto, regulamento, portaria etc.).

Uma segunda corrente, noutro giro, alega que a expressão foi usada como sinônimo de "dever jurídico" e, tomando por empréstimo o § 2º do art. 13 do Código Penal, inclui todos aqueles que tenham o dever de agir para evitar o resultado, englobando quem, de outra forma, assumiu a responsabilidade de impedir o resultado (contrato, encargo sem mandato) e quem, com seu comportamento anterior, criou o risco da ocorrência do resultado.

No entanto, devemos considerar separadamente os institutos do fato típico e da ilicitude. Isso significa que, na situação concreta, havendo apenas o dever contratual, seria reconhecido o nexo de causalidade (normativo) entre a omissão penalmente relevante (dado o dever específico de agir) e o resultado, o que acarretaria o reconhecimento de que a conduta é típica. No entanto, diante da inexistência do **dever legal** de enfrentar o perigo e da proibição de interpretação *in malam partem*, a ilicitude restaria afastada.

Cite-se, por exemplo, o caso do instrutor de rapel que se responsabiliza por um casal na descida de uma grande cachoeira. Durante o trajeto, o guia percebe que uma tromba d'água está por vir e que as cordas utilizadas não aguentarão o peso das três pessoas. Por isso, corta aquela que segurava o homem que lhe contratou, que era o indivíduo mais pesado dos três.

Em minha opinião, o guia agiu amparado pela justificante do estado de necessidade, uma vez que não tinha o *dever legal* de agir. Interpretação contrária caracterizaria interpretação *in malam partem*, o que não é admitido em nosso ordenamento penal.

3. ESPÉCIES OU FORMAS DE ESTADO DE NECESSIDADE

A doutrina costuma apontar as seguintes espécies ou formas de estado de necessidade:

3.1 Quanto à titularidade do bem sacrificado

a) **Próprio:** quando o agente sacrifica direito alheio para salvar interesse próprio.

b) **De terceiro:** quando o agente sacrifica direito alheio para salvar interesse de terceiro.

3.2 Quanto ao bem sacrificado

a) Justificante: quando o bem sacrificado possui valor igual ou menor do que o do que foi preservado. Afasta a ilicitude.

b) Exculpante: quando o bem sacrificado possui valor maior do que o do que foi preservado. Não há afastamento da ilicitude, mas a culpabilidade poderá ser afastada ou minorada em razão da inexigibilidade de conduta diversa.

3.3 Quanto à origem da situação de perigo

a) Agressivo: quando a conduta atinge bem de terceiro inocente, ou seja, que não causou o perigo. É o caso do sujeito que desvia seu veículo, adentra o jardim de uma casa e destrói o paisagismo para desviar de criança que se desprendeu da mãe e correu para o meio da pista. O autor da conduta não será responsabilizado criminalmente, pois não terá praticado infração penal (a ilicitude foi afastada), mas deverá indenizar o dano suportado pelo terceiro inocente (art. 929 do Código Civil), cabendo-lhe, todavia, ação regressiva em desfavor do causador da situação de perigo (art. 930 do Código Civil).

b) Defensivo: quando a conduta necessária é dirigida contra interesse do causador da situação de perigo. Nesse caso, o que suportou o dano não terá direito à indenização.

3.4 Quanto ao elemento subjetivo do agente

a) Real: quando o agente representou a realidade corretamente, existindo, de fato, a situação de perigo.

b) Putativo: quando o agente, por erro, tem a falsa percepção da realidade, supondo situação de fato que, se realmente existisse, tornaria sua ação legítima. A ilicitude é mantida, mas, a depender da natureza do erro (vencível ou invencível), as consequências jurídicas serão diversas.

3.5 Estado de necessidade recíproco

Ocorre quando duas ou mais pessoas estão, simultaneamente, em situação de estado de necessidade umas contra as outras. É o clássico exemplo dos indivíduos que disputam uma "tábua de salvação" durante uma enchente. Como as condutas são lícitas, é possível que todos os envolvidos atuem em estado de necessidade.

4. EXCESSO

No intuito de defender direito seu ou de terceiro, o agente poderá agir de forma excessiva, indo além do necessário para o salvamento. Quando isso ocorrer, ele responderá pelo excesso doloso ou culposo (não intencional), segundo o parágrafo único do art. 23 do Código Penal.

Esse excesso, todavia, não diz respeito à proporcionalidade entre os bens jurídicos em jogo (situação de perigo e reação), pois, não sendo razoável, nas circunstâncias, o sacrifício do direito ameaçado, estará ausente um dos requisitos para a configuração do estado de necessidade, sendo a conduta não só típica, como ilícita.

Para que se fale em excesso punível, é necessário que, inicialmente, o sujeito esteja amparado pela justificante, ultrapassando o razoável quando do emprego do salvamento.

No excesso doloso, o agente ultrapassa os limites legais de forma consciente e, por isso, responde pelo fato excessivo a título de dolo. Há excesso culposo quando o sujeito erra sobre a real gravidade da situação de fato ou no que tange aos limites normativos da causa de justificação. A solução legal é dada pelos arts. 20, § 1º, e 21, ambos do Código Penal, que serão tratados quando do estudo do erro.

5. CASOS ESPECÍFICOS DE ESTADO DE NECESSIDADE

Como visto, o art. 24 do Código Penal aloca um tipo permissivo geral, aplicável, independentemente da infração penal correspondente, sempre que houver compatibilidade com seus requisitos. No entanto, a Parte Geral do Código Penal prevê situações específicas de estado de necessidade, endereçadas a infrações específicas.

A seguir, trazemos alguns exemplos:

a) aborto necessário ou terapêutico (art. 128, I, do Código Penal): quando não houver outro meio de salvar a vida da gestante;

b) é lícita a intervenção médica ou cirúrgica, sem o consentimento do paciente ou de seu representante legal, se justificada por iminente perigo de vida, ou a coação exercida para impedir suicídio, não se configurando, nesses casos, o delito de constrangimento ilegal (art. 146, § 3º, do Código Penal);

c) não configuração do crime de violação de domicílio a entrada ou permanência em casa alheia ou em suas dependências durante o dia, com observância das formalidades legais, para efetuar prisão ou outra diligência ou, a qualquer hora do dia ou da noite, quando algum crime está sendo ali praticado ou na iminência de o ser.

6. QUESTÕES DE CONCURSOS

> **Questão 1**

(FGV – 2022 – PC-AM – Perito Legista) Sérgio, andando na rua perto de sua residência, se depara com um cachorro de rua que parte em sua direção para ataca-lo. Muito assustado, Sérgio pega um canivete em seu bolso e mata o animal.

Com relação à situação jurídico-penal de Sérgio, a tese defensiva que poderá ser alegada é

A) legítima defesa.
B) estado de necessidade.
C) exercício regular de direito.
D) estrito cumprimento do dever legal.
E) coação física irresistível.

Questão 2

(CESPE/CEBRASPE – 2022 – PC-PB – Perito Oficial Químico Legal – Área Química) André, verificando que sua esposa Francisca estava correndo risco de morte, invadiu, munido de faca, o posto de saúde local e de lá subtraiu ataduras, gazes e medicamentos. Configurada a ação típica, o juiz o absolveu por entender presente uma das causas excludentes de ilicitude, que é

A) a legítima defesa.
B) o estado de necessidade.
C) o consentimento do ofendido.
D) o exercício regular de direito.
E) o estrito cumprimento de dever legal.

Questão 3

(FGV – 2022 – TJ-DFT – Técnico Judiciário – Área Administrativa) O estado de necessidade caracteriza-se por ser um conflito entre interesses legítimos, no qual um destes é salvo à custa do outro, em face da impossibilidade fática de que ambos subsistam.

São requisitos legais do estado de necessidade:

A) risco atual não provocado, evitabilidade do sacrifício ao bem jurídico, direito próprio ou alheio e inexigibilidade do sacrifício;
B) perigo atual não provocado, evitabilidade do sacrifício ao bem jurídico, direito próprio ou alheio e inexigibilidade do sacrifício;
C) perigo atual não provocado, evitabilidade do sacrifício ao bem jurídico, direito próprio ou alheio e exigibilidade do sacrifício;
D) risco atual não provocado, inevitabilidade do sacrifício ao bem jurídico, direito próprio ou alheio e exigibilidade do sacrifício;
E) perigo atual não provocado, inevitabilidade do sacrifício ao bem jurídico, direito próprio ou alheio e inexigibilidade do sacrifício.

Questão 4

(FGV – 2022 – TJ-DFT – Oficial de Justiça Avaliador Federal) Sobre a previsão do Art. 24, § 1º, do Código Penal (dever legal de enfrentar o perigo), considere a situação em que uma guarnição composta por quatro policiais, em que apenas um está equipado com arma longa, se depara com um "bonde" (aglomeração de criminosos fortemente armados em deslocamento), integrado por número muito superior de pessoas armadas.

Sobre a previsão do perigo na situação descrita, no caso de não atuação policial, estará considerada hipótese de:

A) legítima defesa;
B) estrito cumprimento do dever legal;
C) estado de necessidade;
D) exercício regular de direito;
E) prevaricação.

Questão 5

(CESPE/CEBRASPE – 2022 – PC-PB – Técnico em Perícia – Área Geral) Pedro e sua filha de cinco anos estavam caminhando pela rua quando foram surpreendidos com a chegada de um cachorro de grande porte, sem coleira, indo na direção deles. Ao perceber que o cão começaria o ataque contra sua filha, Pedro atirou uma pedra na cabeça do animal, que veio a falecer. Considerando essa situação hipotética, Pedro agiu em:

A) legítima defesa de terceiro, excluindo a culpabilidade da conduta.
B) legítima defesa de terceiro, excluindo a ilicitude da conduta.
C) legítima defesa de terceiro, excluindo a tipicidade da conduta.
D) estado de necessidade, excluindo a culpabilidade da conduta.
E) estado de necessidade, excluindo a ilicitude da conduta.

Questão 6

(IESES – 2022 – TJ-TO – Titular de Serviços de Notas e de Registros – Remoção) A prática do fato para salvar de perigo atual, que não provocou por sua vontade, nem podia de outro modo evitar, direito próprio ou alheio, cujo sacrifício, nas circunstâncias, não era razoável exigir-se, é considerado:

A) exercício regular de direito.
B) estado de necessidade.
C) estrito cumprimento de dever legal.
D) legítima defesa.

GABARITO: 1. A; 2. B; 3. E; 4. C; 5. E; 6. B.

CAPÍTULO 22

Legítima defesa

MARIA AUGUSTA DINIZ

1. INTRODUÇÃO

Segundo o art. 144 da Constituição Federal, a segurança pública é *dever do Estado*, direito e responsabilidade de todos, sendo exercida para a preservação da ordem pública e da incolumidade das pessoas e do patrimônio. Ocorre que nem sempre o Estado consegue garantir eficazmente a segurança de todos diante de uma agressão e, por isso, o ordenamento pátrio permite que o ofendido aja por si só para repelir o injusto ataque que está sofrendo.

E não poderia ser diferente, pois a autodefesa é condição inerente ao ser humano. Além disso, não seria aceitável um ordenamento que obrigasse seus indivíduos a suportarem ataques injustos, não protegidos pelo Direito.

No entanto, essa defesa não se confunde com a vingança privada, devendo se ater aos limites necessários para a repulsa da ofensa, e só será legítima diante da total impossibilidade de o indivíduo recorrer ao Estado. Por isso, o art. 25 do Código Penal prevê expressamente os requisitos necessários para o reconhecimento da presente causa de exclusão da ilicitude, nos seguintes termos:

> Art. 25. Entende-se em legítima defesa quem, usando moderadamente dos meios necessários, repele injusta agressão, atual ou iminente, a direito seu ou de outrem.
>
> Parágrafo único. Observados os requisitos previstos no *caput* deste artigo, considera-se também em legítima defesa o agente de segurança pública que repele agressão ou risco de agressão a vítima mantida refém durante a prática de crimes.

2. REQUISITOS DA LEGÍTIMA DEFESA

Os requisitos da legítima defesa estão previstos no artigo supracitado, sendo: a) agressão injusta; b) agressão atual ou iminente; c) direito próprio ou alheio; d) necessidade dos meios utilizados para a reação; e) uso moderado dos meios necessários.

a) Agressão injusta

Há consenso doutrinário no sentido de que **agressão** é a **conduta (ação ou omissão) humana voluntária** que **ataca ou expõe a perigo** um **bem jurídico juridicamente tutelado**. **Injusta**, por sua vez, é a agressão **ilícita, contrária ao ordenamento jurídico** ou por ele **não amparada**.

Tendo em vista tais pressupostos, concluímos que a agressão deve ser proveniente do *ser humano*, único ser capaz de atuar em conformidade ou desconformidade com as normas jurídicas. Ataques provenientes de seres irracionais (como os animais) ou coisas não dão azo à reação por legítima defesa, podendo o perigo deles decorrente ensejar o estado de necessidade (art. 24 do Código Penal). Somente se pode falar em justiça ou injustiça da agressão (conformidade com o Direito) se se tratar de conduta humana, sendo ilógica a afirmação de que um animal ou coisa atuaram em desconformidade com as normas jurídicas.

Imagine que "A" está caminhando em via pública, quando se depara com o cão pitbull de "B", que havia conseguido fugir dos limites da propriedade de seu dono. Ao ver que seria atacado pelo animal, "A" se mune com um pedaço de ferro e agride o cão, deixando-o inconsciente. Nesse caso, como o ataque não partiu de um ser humano, terá "B" agido em estado de necessidade, estando sua conduta justificada.

Contudo, o ser inanimado poderá ser utilizado por um ser humano como instrumento da agressão, como ocorreria no caso de o ataque a "A", em nosso exemplo, ter sido determinado e instigado por "B". Nessa hipótese, estaria configurada a legítima defesa, pois o animal foi empregado como instrumento da agressão, da mesma forma que uma arma de fogo o seria.

A conduta humana também deve ser **voluntária**. Ausente a voluntariedade (como no caso de ataques epiléticos ou estados de inconsciência, como sono e desmaio), a reação pode ser justificada pelo estado de necessidade. Por exemplo: "I" estava caminhando em um parque, quando sofreu um infarto fulminante e desmaiou. Para evitar que ele caísse por cima de seu filho bebê que brincava no gramado, "M" empurra "I", agindo em estado de necessidade, uma vez que o perigo foi involuntariamente causado.

Inimputáveis, por seu turno, praticam agressão injusta autorizadora da legítima defesa. Como será visto em momento oportuno, são eles aptos a praticar condutas típicas e ilícitas, somente não sendo responsabilizados criminalmente em razão da ausência de culpabilidade.

Para a maioria doutrinária, a agressão injusta pode consistir em uma ação ou omissão. Nucci, citando Mezger, usa exemplo de legítima defesa perpetrada contra uma omissão injusta, consistente na reação de recluso contra carcereiro que o mantém enclausurado, nada obstante o término da pena[1].

Luiz Regis Prado, por sua vez, entende que apenas a omissão imprópria é apta a configurar pressuposto para a reação lícita. Para ele, a omissão própria carece de causalidade e voluntariedade de realização, podendo dar ensejo à resposta pelo estado de necessidade.[2] Essa era a mesma opinião de Damásio de Jesus, que alegava a necessidade de o agressor omitente estar obrigado a atuar[3].

Luiz Regis Prado também entende ser indispensável que o ato agressivo seja consciente e voluntário, com o objetivo de lesar o bem jurídico. Sendo assim, a realização da agressão por culpa, por movimentos corporais despidos de ação e por ataques de animais possibilitaria o estado de necessidade[4].

Já Cleber Masson é enfático ao afirmar que a agressão injusta pode ser dolosa *ou culposa*, sendo obtida por meio de uma análise objetiva, consistindo na mera contradição com o ordenamento jurídico[5]. Independe, pois, da consciência da ilicitude por parte do agressor ou de intenção lesiva.

b) Agressão atual ou iminente

O sujeito pode atuar em legítima defesa sempre que estiver sofrendo ou na iminência de sofrer uma agressão injusta. Não seria razoável exigir que ele sofresse a agressão para, somente depois, defender-se.

Atual é a agressão que está ocorrendo, não tendo cessado. Cite-se o exemplo do sujeito que efetua disparo de arma de fogo em direção ao agressor que o está atacando com uma faca. **Iminente** é aquela que está prestes a acontecer, sendo *certa*. É o caso do sujeito que dispara sua arma de fogo contra o agente que está indo em sua direção munido com uma faca.

Não autorizam a reação a agressão futura (ou remota) nem a passada (ou pretérita). No primeiro caso, não há a impossibilidade de o indivíduo buscar o Estado, solicitando proteção. Noutra senda, reação motivada em agressão passada e cessada caracterizaria vingança privada, o que é inadmissível em nosso ordenamento jurídico.

c) Direito próprio ou alheio

A reação também pode se dirigir à agressão direcionada a direito próprio ou alheio. Neste último caso, tem-se, por fundamento, o princípio da solidariedade humana e pode, inclusive, dar-se em favor de pessoa jurídica (como no caso do empregado que entra em luta corporal com um ladrão que pretendia

---

[1] NUCCI, Guilherme de Souza. *Manual de direito penal*. 16. ed. rev. e atual. Rio de Janeiro: Forense, 2020. E-book.
[2] PRADO, Luiz Regis. *Curso de Direito Penal Brasileiro*: Parte Geral e Parte Especial. 17. ed. ver., atual. e ampl. Rio de Janeiro: Forense, 2019. E-book.
[3] JESUS, Damásio E. de. *Direito penal*: parte geral. 37. ed. atual. por André Estefam. São Paulo: Saraiva, 2020. v. 1. E-book.
[4] PRADO, Luiz Regis. *Curso de direito penal brasileiro*. 17. ed. Rio de Janeiro: Forense, 2019. E-book.
[5] MASSON, Cleber. *Direito penal*: parte geral (arts. 1º a 120). 15. ed. Rio de Janeiro: Forense/Método, 2021. p. 422.

subtrair os bens do estabelecimento). Demais disso, todo e qualquer bem juridicamente tutelado pode ser defendido legitimamente, e não apenas a vida, a integridade física e o patrimônio.

É opinião dominante que a legítima defesa de terceiro pode se voltar contra o próprio titular do direito defendido, como ocorre no caso de um sujeito que imobiliza um suicida para evitar que ele se mate. Nessa hipótese, agredido e defendido são a mesma pessoa (o terceiro titular do direito).

d) Necessidade dos meios utilizados para reação

Como cediço, a legítima defesa tem por objetivo a repulsa à agressão injusta e não a vingança privada. Por isso, os meios escolhidos para a reação deverão ser aqueles necessários, vale dizer, indispensáveis e suficientes para a cessação da agressão.

Meios necessários são aqueles aptos e suficientes para a cessação ou evitação da agressão injusta e que estão presentes no momento da reação. Isso significa que a reação deve ser proporcional ao ataque. Não há necessidade, por exemplo, da utilização de disparos de arma de fogo em direção à parte vital do corpo de sujeito que pula o muro clandestinamente para furtar a fiação externa de uma casa. Isso significaria vingança privada, pois meios menos gravosos são aptos para coibir ou cessar essa agressão injusta.

A escolha, por parte do agente, de meios desproporcionais em razão de eventuais alterações em seu estado de ânimo (como o nervosismo), embora ele tivesse, à sua disposição, recursos menos gravosos, deverá ser analisada na seara da culpabilidade. Expliquemos: o emprego de meio desnecessário impede a configuração da legítima defesa por ausência de um de seus pressupostos, podendo o resultado produzido ser doloso, culposo ou exculpante. O resultado decorrente da conduta desproporcional dolosa deverá ser atribuído ao agente a título de dolo; se resultou de culpa, nesses termos será atribuído. Contudo, se o agente, no momento da ação, teve seu ânimo seriamente perturbado, a culpabilidade poderá ser afastada ou amenizada a depender das circunstâncias do caso.

Caso a reação defensiva seja excessiva (desproporcional, desnecessária), será ilícita, pois não estará acobertada pelo tipo autorizador da legítima defesa. Consistirá, pois, em uma agressão injusta contra o agressor inicial, o qual poderá, por isso, defender-se. É o que se chama de **legítima defesa sucessiva**, que não se confunde com a **legítima defesa recíproca**. Esta última não é possível, como será visto adiante.

Situação diferente ocorre quando o sujeito tem, como único recurso de defesa, meio desproporcional. Nesse caso, ele está autorizado a agir, desde que faça **uso moderado do meio desproporcional**.

e) Uso moderado dos meios necessários

Os meios necessários, por sua vez, deverão ser empregados de forma moderada, vale dizer, suficiente para a cessação ou afastamento da agressão injusta. Por isso, é lícita a reação do agredido que dispara arma de fogo contra o agressor até que a investida cesse. Atos praticados após neutralizada a injusta agressão constituirão excesso, dada a imoderação da defesa.

Não se exige, porém, uma perfeita adequação entre ataque e defesa. Essa análise deve ser feita de acordo com as circunstâncias concretas, não sendo possível uma "pesagem objetiva hipotética". Uma reação, em tese, desproporcional (objetivamente falando) pode ser, no caso concreto, a única adequada e eficaz.

Além disso, conquanto o art. 25 do Código Penal não expresse, é necessário que haja certa proporcionalidade entre os bens jurídicos em jogo. Não pode, pois, o indivíduo matar o sujeito que praticava um furto em seu quintal.

3. ESPÉCIES DE LEGÍTIMA DEFESA

A doutrina aponta as seguintes espécies de legítima defesa:

3.1 Quanto à titularidade do bem jurídico ameaçado

a) Legítima defesa própria: ocorre quando o autor da reação defensiva é o titular do bem jurídico ameaçado ou agredido.

b) Legítima defesa de terceiro: ocorre quando o autor da repulsa age para defender direito de terceiro.

Existe divergência doutrinária no que tange à exigência de consentimento do terceiro quando o bem ou interesse defendido for disponível. Segundo alguns, o sujeito sempre poderá agir em legítima defesa de outrem, independentemente da natureza do bem jurídico tutelado. Outros, porém, entendem que só há dispensa do consentimento no caso de o interesse tutelado ser indisponível ou, no de bens disponíveis, se não for possível a sua obtenção. Nos termos desta última corrente, por exemplo, havendo ofensa injusta à honra de terceiro, o sujeito só poderá agir com o consentimento do agredido.

3.2 Quanto à forma de reação

a) Legítima defesa ofensiva, agressiva ou ativa: ocorre quando a reação à agressão injusta configura fato típico previsto na lei penal. Por exemplo, praticar vias de fato ou lesões corporais para se desvencilhar do agressor.

b) Legítima defesa defensiva ou passiva: nesse caso, a reação se dá por atos que se limitam a impedir a agressão, sem que estejam tipificados na lei penal. É o caso do agente que apenas ampara o golpe com o braço. Não se trata de uma causa de exclusão da ilicitude, uma vez que *a conduta é atípica*.

3.3 Quanto ao aspecto subjetivo do agente

a) Legítima defesa real: é aquela que se dá quando estão presentes todos os pressupostos previstos no art. 25 do Código Penal. O agente tem consciência da realidade que o cerca, agindo para se defender de agressão injusta, atual ou iminente.

b) Legítima defesa putativa ou imaginária: ocorre quando o agente, por erro, interpreta mal a realidade que o cerca, acreditando estarem presentes situações que, se de fato existissem, tornariam a ação lícita em razão da legítima defesa. É o caso do indivíduo que, pensando que seria atacado, saca sua arma e a dispara, constatando-se, posteriormente, que o suposto agressor, na verdade, pretendia conversar para se desculpar de desentendimento anterior.

Ausentes os pressupostos da legítima defesa (agressão injusta iminente, que só existia no imaginário do sujeito), a ilicitude resta íntegra. As consequências penais variarão de acordo com a teoria adotada no que tange às descriminantes putativas, como veremos quando do estudo da teoria do erro.

c) Legítima defesa subjetiva ou excessiva: ocorre quando o agente, por erro de tipo escusável, valora mal a situação autorizante da defesa, excedendo os limites da reação. Ela redunda no **excesso acidental**. Tome-se por exemplo o caso do sujeito magro e franzino, que é atacado por um indivíduo alto e forte e reage com socos, prosseguindo na defesa mesmo quando o agressor está desmaiado, por acreditar que ele ainda estava desperto.

4. LEGÍTIMA DEFESA DA HONRA

A legítima defesa da honra foi uma tese que surgiu no Brasil colonial, decorrente do patriarcado, quando o homem da família mantinha a autoridade sobre mulheres e crianças.

Regina Navarro Lins, em seu *O livro do amor: da Pré-História à Renascença*[6], traça um panorama geral de como eram os casamentos no século XVII, explicando:

> Os homens das cidades traçam os contornos ideais da mulher que desejam ter a seu lado: a esposa casta, fechada às solicitações dos outros homens, mas fecunda, mãe nutridora generosa, capaz de sacrifício. "Em contraposição, imaginam a diaba, a que se entrega aos vícios da natureza feminina, particularmente ao insaciável desejo sexual, quando não é firmemente dominada por um homem. Só o casamento pode salvá-la de si mesma e garantir sua salvação. A divisão entre pura e impura não é nova. Ela toma então uma dimensão maior que no passado. Testemunhos disso são o avanço da devoção à Virgem Maria e, ao mesmo tempo, a caça às bruxas, que culmina entre 1580 e 1630 na Europa ocidental".
>
> (...)
>
> O casamento é valorizado a partir dos meados do século XVI na França e na Inglaterra. Embora a situação da esposa, como ser humano e objeto de amor, tenha melhorado, continuava sendo apenas um pouco melhor do que na Idade Média. O lar ocupa lugar cada vez maior na existência das mulheres. Enquanto maridos e filhos crescidos podem ter acesso ao mundo exterior e praticar o duplo padrão erótico, as esposas e as filhas são, em princípio, condenadas à clausura, tanto no plano sexual como no da residência.

---

[6] LINS, Regina Navarro. *O livro do amor*: da Pré-História à Renascença. Rio de Janeiro: BestSeller, 2021. p. 208-209.

A vigilância moral é reforçada. O casamento torna-se o lugar por excelência da obediência feminina desejada pelas autoridades religiosas e políticas. A identidade da mulher submerge como que engolida pelo marido.

Logo que ela se casa, o marido passa a ter todos os direitos em nome dela: concluir os contratos; mover processos; administrar seus bens. A posição legal da mulher foi assim resumida: "Marido e mulher são uma coisa só, mas o marido é que é a coisa". Surrar a esposa ainda era um direito reconhecido do homem. Contra esse direito a esposa não tinha recurso, ao que informa um manual jurídico inglês para mulheres, publicado em 1632. Ela deve se comportar com virtude, modéstia e humildade, aceitando a tutela do esposo como natural e normal.

Esse discurso social foi trazido para o nosso país, alcançando o terreno jurídico. As Ordenações Filipinas, por exemplo, legitimavam expressamente o homicídio cometido pelo homem em razão da traição conjugal por parte da esposa.

Embora os Códigos Penais do Império e seguintes não tenham acobertado expressamente a conduta do marido traído, a tese da legítima defesa da honra continuou sendo aceita pelos tribunais pátrios, na maioria esmagadora das vezes, em detrimento da mulher.

Mesmo após o advento da Constituição Federal de 1988, que equiparou homens e mulheres nos direitos e obrigações, ainda havia resquícios dessa cultura machista, não sendo raros os julgamentos em que o marido traído era absolvido da imputação e homicídio da esposa sob a alegação de que atuara defendendo a sua honra.

Felizmente, pondo termo a essa triste realidade jurídica, o Supremo Tribunal Federal, em julgamento histórico datado de 15 de março de 2021, referendou a medida cautelar deferida na ADPF n. 779, a qual foi definitivamente julgada em 1º de outubro de 2023, nos seguintes termos:

> O Tribunal, por unanimidade, julgou integralmente procedente o pedido formulado na presente arguição de descumprimento de preceito fundamental para: (i) firmar o entendimento de que a tese da legítima defesa da honra é inconstitucional, por contrariar os princípios constitucionais da dignidade da pessoa humana (art. 1º, III, da CF), da proteção à vida e da igualdade de gênero (art. 5º, *caput*, da CF); (ii) conferir interpretação conforme à Constituição aos arts. 23, inciso II, e 25, *caput* e parágrafo único, do Código Penal e ao art. 65 do Código de Processo Penal, de modo a excluir a legítima defesa da honra do âmbito do instituto da legítima defesa e, por consequência, (iii) obstar à defesa, à acusação, à autoridade policial e ao juízo que utilizem, direta ou indiretamente, a tese de legítima defesa da honra (ou qualquer argumento que induza à tese) nas fases pré-processual ou processual penais, bem como durante o julgamento perante o tribunal do júri, sob pena de nulidade do ato e do julgamento; (iv) diante da impossibilidade de o acusado beneficiar-se da própria torpeza, fica vedado o reconhecimento da nulidade, na hipótese de a defesa ter-se utilizado da tese com esta finalidade. Por fim, julgou procedente também o pedido sucessivo apresentado pelo requerente, de forma a conferir interpretação conforme à Constituição ao art. 483, III, § 2º, do

Código de Processo Penal, para entender que não fere a soberania dos vereditos do Tribunal do Júri o provimento de apelação que anule a absolvição fundada em quesito genérico, quando, de algum modo, possa implicar a repristinação da odiosa tese da legítima defesa da honra.

5. LEGÍTIMA DEFESA POR OMISSÃO

Embora seja de rara configuração, Nucci apresenta uma situação em que o agente poderá defender-se legitimamente por omissão:

> Embora possa constituir hipótese rara, parece-nos viável a sua ocorrência. Imagine-se que o carcereiro único de um estabelecimento penal tenha sido ameaçado de morte por determinado preso perigoso, dizendo este que, ao primeiro momento possível, irá matá-lo. Antes de qualquer providência, como a transferência do detento para outro presídio ou da remoção do próprio carcereiro ameaçado, chega o alvará de soltura. É possível que esse agente penitenciário não o cumpra de imediato, para evitar agressão iminente e injusta contra sua vida, tendo em vista a concretude da ameaça realizada. Em tese, estaria praticando o delito de cárcere privado, mas assim age para garantir, antes, a sua remoção do local, deixando ao seu sucessor a tarefa de cumprir o mencionado alvará. Em decorrência disso, o potencial agressor ficaria, por exemplo, preso um dia a mais. Em situação normal, constituiria o referido delito de cárcere privado, como mencionamos. Naquela circunstância específica, entretanto, representou a defesa do carcereiro contra agressão iminente. É possível que se diga poder o condenado, depois de solto, sair ao encalço do agente penitenciário, buscando efetivar a ameaça realizada. Não importa. Ainda assim, o carcereiro não está obrigado a, ele mesmo, vítima em potencial, abrir a cela para ser morto de imediato. Que outro o faça, enquanto o ameaçado registra a ocorrência, toma providências legais, busca proteção, enfim, procura outros mecanismos para evitar o mal que o ronda[7].

6. EXCESSO

Como estudado anteriormente, o uso moderado dos meios necessários é um dos elementos da legítima defesa. Se o sujeito emprega meios desnecessários, dolosa ou culposamente, sua conduta não está amparada pela justificativa em comento (dada a ausência de um de seus pressupostos) e, por isso, ele responderá pelo resultado de acordo com seu elemento subjetivo (dolo ou culpa).

A moderação do uso, por sua vez, é delineada em razão da extensão da agressão. O meio deve ser empregado de forma suficiente para afastar ou impedir a agressão injusta. Se ultrapassar esse limite, haverá excesso de defesa, que pode se dar a título doloso ou culposo.

Por exemplo: "A", portando uma faca de cozinha, vai na direção de "D", com o escopo de tomar-lhe o veículo. "D" saca sua arma de fogo e, diante da aproximação de "A", efetua um disparo em direção à perna do infrator, que, atingido, cai e é rendido. É um caso típico de legítima defesa.

---

[7] NUCCI, Guilherme de Souza. *Manual de direito penal*. 16. ed. rev. e atual. Rio de Janeiro: Forense, 2020. E-book.

Imagine agora que "D", intencionalmente (seja com dolo direto ou eventual), efetua um disparo em direção à perna de "A" e, em seguida, prossegue na investida, matando-o, mesmo estando o agressor caído. Embora o meio utilizado seja necessário, sendo o único à disposição do ofendido, a reação foi imoderada, bastante desproporcional, o que afasta a caracterização da legítima defesa. Deverá "D", portanto, responder pelo resultado de acordo com seu dolo (homicídio doloso consumado).

Situação diversa ocorreria se "D" não tivesse familiaridade com arma de fogo e, após atirar e acertar a perna do infrator, dispara-a acidentalmente, atingindo a cabeça de "A", que vem a falecer. Como os meios de defesa não foram empregados de forma moderada, não está caracterizada a legítima defesa. Presente a ilicitude da conduta, "D" responderá pelo resultado de acordo com seu dolo (homicídio culposo).

As situações hipotéticas propostas *supra* representam exemplos de excesso na legítima defesa. Excesso é a intensificação desnecessária de uma conduta inicialmente justificada[8]. Ou seja, a reação era lícita no início (pois dirigida contra uma agressão injusta atual ou iminente), mas passou a ser antijurídica em razão da desproporção acentuada entre ataque e defesa. Só pode exceder-se quem agia dentro dos limites permitidos. Por isso, não concordo com a classificação apontada por parte da doutrina no sentido de que o excesso pode ser intensivo ou extensivo.

Excesso intensivo ocorreria quando o agente já inicia sua reação à agressão injusta de forma desnecessária ou imoderada (como no caso de disparar contra uma criança que tentava subtrair frutas ou no de matar quem estava ofendendo a dignidade da mãe do sujeito). Excesso extensivo, por sua vez, ocorreria quando o indivíduo, após cessar a agressão injusta, continua atuando, excedendo-se, saindo da zona de licitude.

Pelas razões citadas, temos que o único excesso possível é o que foi referido como extensivo. Afinal, se o indivíduo emprega meios desnecessários ou desproporcionais, ausentes estarão os pressupostos da legítima defesa, não sendo a reação lícita em nenhum momento. Sendo assim, não poderá o agente "exceder os limites permitidos". Só pode se exceder quem andava nos limites do permitido, uma vez que o excesso não é de qualquer defesa (que pode consistir em uma situação ilícita), mas sim da *legítima* defesa.

Havendo excesso doloso ou culposo, determina o parágrafo único do art. 23 do Código Penal (aplicável a todas as causas excludentes da ilicitude) que o agente por ele responderá. Todavia, sua responsabilidade incidirá em relação aos fatos constitutivos do excesso; os praticados até então estarão justificados pela legítima defesa.

---

8   NUCCI, Guilherme de Souza. *Manual de direito penal*. 16. ed. rev. e atual. Rio de Janeiro: Forense, 2020. E-book.

Por exemplo, "D" repele, com socos, a agressão injusta de "A". Quando este já se encontra prostrado, "D" deixa o local, mas antes tranca a porta do ambiente, impedindo "A" de sair por tempo juridicamente relevante e desnecessário para a defesa inicial. Nesse caso, as lesões estão justificadas em razão da legítima defesa, mas "D" será responsabilizado pelo cárcere privado, uma vez que esse ato defensivo foi imoderado, tendo em vista a anterior neutralização do ofensor.

Como já mencionado, o excesso também pode ser acidental ou involuntário, resultando de erro de tipo invencível. Nesse caso, o erro é justificado pelas circunstâncias, equivocando-se o agente quanto à gravidade do ataque ou quanto ao meio escolhido para a reação. A doutrina denomina essa hipótese de **legítima defesa subjetiva** e, sobre ela, incidem as regras previstas para o erro de tipo (art. 20, § 1º, primeira parte, do Código Penal). O assunto será desenvolvido com mais vagar no capítulo referente ao erro de tipo.

Por fim, destaque-se que o agressor inicial poderá agir em legítima defesa a partir do momento em que ocorre o excesso. É o que se chama de **legítima defesa sucessiva**. No exemplo *supra*, "A" poderia defender-se licitamente contra "D" em relação ao cárcere privado.

7. RELAÇÃO ENTRE LEGÍTIMA DEFESA E OUTRAS CAUSAS DE EXCLUSÃO DA ILICITUDE

A legítima defesa excluirá a ilicitude sempre que estiverem configurados os seus pressupostos. A seguir, analisaremos a (in)admissibilidade de sua alegação diante das demais causas justificantes.

a) Legítima defesa real recíproca (legítima defesa real contra legítima defesa real)

Se um dos indivíduos age em legítima defesa real, sua conduta é lícita, não configurando agressão injusta. Daí a inadmissibilidade de legítima defesa recíproca. Pelo mesmo motivo, não é possível a legítima defesa contra outra excludente real.

No entanto, configurado o excesso, a reação passa a ser injusta, surgindo a possibilidade de o agressor inicial defender-se licitamente (**legítima defesa sucessiva**). O mesmo ocorre no caso de **legítima defesa real contra legítima defesa subjetiva**, que se dá, como visto anteriormente, quando o agredido inicial, por erro escusável, ultrapassa os limites da justificadora, reagindo de forma desproporcional e imoderada.

b) Legítima defesa real contra legítima defesa putativa

A legítima defesa putativa ou imaginária é uma espécie de dirimente putativa, que ocorre quando o sujeito, a) não representando corretamente a realidade que o cerca, imagina vivenciar situação de fato que, se realmente ocorresse, ensejaria a reação legítima; b) erra sobre a extensão da causa justificante. É o caso do sujeito que, acreditando que vai ser atacado por seu inimigo, saca a arma e dispara ou mesmo daquele que acredita, em razão de suas circunstâncias pessoais, que pode matar quem invada sua propriedade rural.

Em ambos os casos, o sujeito, por erro, agiu acreditando estar em legítima defesa, a qual não se configurou em razão da ausência de seus pressupostos (agressão injusta e moderação dos meios necessários, respectivamente). A agressão é, pois, injusta, autorizando a reação por parte do agredido. Sendo assim, é cabível a legítima defesa real contra legítima defesa putativa, e, pelas mesmas razões, é admissível a legítima defesa real contra outra descriminante putativa (estado de necessidade putativo, estrito cumprimento do dever legal putativo, exercício regular de direito putativo).

Pode, por exemplo, o indivíduo intervir em legítima defesa de terceiro ao presenciar o pai espancando o filho, por acreditar que essa conduta está amparada pelo exercício regular do direito.

c) Legítima defesa putativa recíproca (legítima defesa putativa contra legítima defesa putativa)

Suponhamos que os rivais "A" e "B", que haviam jurado um ao outro de morte, encontrem-se em uma rua escura e deserta, no meio da madrugada. Ambos, acreditando que seriam agredidos, sacam suas armas de fogo e efetuam disparos um contra o outro. Somente após, constata-se que nenhum deles tinha a intenção inicial de agredir o outro, apenas agindo por acreditarem que iam receber o ataque.

Nesse caso, tanto "A" quanto "B" incidiram em legítima defesa putativa, praticando agressões injustas, embora, no imaginário deles, a reação era lícita. Por isso, é possível a repulsa, sendo o caso de legítima defesa putativa contra legítima defesa putativa.

Destaque-se, porém, que os sujeitos devem incidir em erro e agir de forma simultânea. Caso contrário, tendo um deles, por avaliar mal os pressupostos da causa de exclusão, iniciado a defesa imaginária, o outro agirá em legítima defesa real.

d) Legítima defesa real contra conduta amparada por causa de exclusão da culpabilidade

Consoante a doutrina finalista, na vertente tripartida (majoritária), crime é o fato típico e ilícito, praticado por agente culpável. Agressão injusta (ou injusto penal), por sua vez, é a conduta típica e ilícita. Será sempre cabível, pois, a legítima defesa real contra uma conduta típica e ilícita (injusta), sendo indiferente que seu autor seja ou não culpável.

É, por exemplo, possível a atuação em legítima defesa para repelir conduta típica e ilícita praticada por menor de idade (inimputável, despido de culpabilidade) ou contra quem comete injusto incidindo em erro de proibição.

8. LEGÍTIMA DEFESA EM FAVOR DE VÍTIMA MANTIDA REFÉM

No ano de 2019, a Lei n. 13.964 adicionou um parágrafo ao art. 25 do Código Penal, com a seguinte redação: "observados os requisitos no *caput* deste artigo, considera-se também em legítima defesa o agente de segurança pública que repele agressão ou risco de agressão a vítima mantida refém durante a prática de crimes".

A inserção foi bastante criticada pela doutrina, uma vez que totalmente desnecessária, já que não trouxe nova espécie de legítima defesa. Ora, se há agressão atual ou iminente, qualquer pessoa pode agir em legítima defesa de terceiro. Em relação aos agentes de segurança, aliás, há o dever de agir.

Por isso, a atuação dos agentes de segurança em defesa de reféns já estava acobertada pelo *caput* do art. 25 do Código Penal. Nada obstante, alguns autores afirmam que o legislador incluiu uma nova espécie, chamada de **legítima defesa especial**, que se diferencia da **legítima defesa geral** prevista na cabeça do artigo.

A legítima defesa é especial quando ocorrentes três requisitos:

a) **sujeito ativo:** agentes de segurança pública, nos termos dos arts. 142 e 144 da Constituição Federal;

b) **titular do bem jurídico defendido:** terceiro vítima de crime que seja mantida refém, isto é, que esteja com sua liberdade restringida;

c) **aspecto temporal:** engloba não só a agressão atual ou iminente, mas também o risco de lesão, o que significa que o agente de segurança pública pode agir na legítima defesa de terceiro quando constatar que, em um futuro muito breve, a pessoa poderá ser feita refém.

De qualquer forma, o agente de segurança, para que sua conduta seja legítima, deverá obedecer aos requisitos da legítima defesa geral, empregando, moderadamente, os meios necessários, sob pena de responder pelo excesso.

9. QUESTÕES DE CONCURSOS

Questão 1

(MPBA – Promotor de Justiça – Banca própria – 2018) Assinale a alternativa correta.

A) A reação defensiva na legítima defesa não exige que o fato seja previsto como crime, mas deve ser no mínimo um ato ilícito em sentido amplo.

B) A ilicitude penal projeta-se para o todo do direito e, assim, não se restringe ao campo do direito penal.

C) Os conceitos de ilicitude e injusto não se distinguem uma vez que ambos não dispensam contrariedade ao ordenamento jurídico.

D) As alternativas "a", "b" e "c" estão corretas.

E) Apenas as alternativas "a" e "b" estão corretas.

Questão 2

(PCPR – Delegado de Polícia – UFPR – 2021) Sobre a legítima defesa, é INCORRETO afirmar:

A) A legítima defesa putativa ocorre quando o sujeito supõe, por um erro plenamente justificado pelas circunstâncias, a existência de uma agressão injusta, atual ou iminente, contra bem jurídico (direito) próprio ou de terceiro.

B) A exigência do meio necessário para configurar a legítima defesa não corresponde à exigência de 'paridade de armas' como meio para repelir uma agressão injusta.

C) Mesmo uma agressão lícita a um bem jurídico (direito) próprio ou de terceiro pode ser repelida mediante legítima defesa, desde que haja o emprego moderado dos meios necessários.

D) Após quem se defende conseguir cessar a agressão injusta, não é lícito continuar agindo de forma típica, pois a legítima defesa pressupõe o uso moderado dos meios necessários.

E) Segundo parte da doutrina, mesmo o excesso de legítima defesa pode ser considerado não culpável, quando for determinado por medo, susto ou perturbação.

GABARITO: 1. E; 2. C.

CAPÍTULO 23

Estrito cumprimento do dever legal e exercício regular de direito

Maria Augusta Diniz

1. ESTRITO CUMPRIMENTO DO DEVER LEGAL

O estrito cumprimento do dever legal está previsto no art. 23 do Código Penal, como uma causa de exclusão da ilicitude. Todavia, o legislador não disciplinou seus requisitos, ao contrário do que fez em relação ao estado de necessidade e à legítima defesa. Sua definição e regulamentação, portanto, ficaram a cargo da doutrina.

Podemos definir o estrito cumprimento do dever legal como sendo a causa de exclusão da ilicitude do fato típico que foi praticado em razão do cumprimento de uma obrigação prevista em lei.

Esse dever é imposto por lei (penal ou extrapenal), não consistindo em uma possibilidade para o agente. Presentes os pressupostos, o sujeito deve agir, sob pena de responsabilização pessoal (penal ou extrapenal).

Por exemplo, determina o art. 301 do Código de Processo Penal que "qualquer do povo poderá e as autoridades policiais e seus agentes deverão prender quem quer que seja encontrado em flagrante delito". Como se observa, a faculdade é dirigida apenas para "qualquer do povo". Em se tratando de autoridade policial e seus agentes, trata-se de um dever. Se houver omissão (dolosa ou culposa) na prisão de quem está em flagrante delito, poderá o policial, inclusive, responder por crime omissivo impróprio, dado o dever legal previsto no art. 13, § 2º, do Código Penal.

O mesmo ocorre em relação ao oficial de justiça que, munido de mandado judicial, adentra a casa do executado para constatação de bens, penhora e avaliação. Caso ele não aja, recairá nas penalidades administrativas pertinentes.

Em ambos os casos supracitados haverá a prática de fato típico, mas despido de antijuridicidade. Afinal, seria ilógico se uma conduta determinada pelo ordenamento jurídico fosse considerada ilícita.

O dever pode estar previsto em qualquer **ato emanado do Poder Público de caráter geral** (portaria, regulamento, decreto) e não apenas em lei em sentido estrito. Também pode advir de decisão judicial (que aplica, no caso concreto, a lei formal). Se estiver previsto em ato administrativo despido de caráter geral ou em resolução administrativa particular, não haverá exclusão da ilicitude, podendo a *culpabilidade* ser afastada em razão da *obediência hierárquica* (art. 22 do Código Penal).

Por outro lado, não age amparado pela justificativa em comento aquele que pratica fato típico em cumprimento de dever social, moral ou religioso.

Ademais, a conduta deve ser praticada nos estritos termos previstos na norma e, se o sujeito ultrapassar esses limites, responderá pelo excesso doloso ou culposo (art. 23, parágrafo único, do Código Penal) e pelo crime de abuso de autoridade (Lei n. 13.869/2019). Configurado o excesso, a conduta passa a ser ilícita, podendo ser repelida pela legítima defesa.

Assim, a pessoa que foi presa em flagrante delito e não apresentou resistência, poderá reagir caso os policiais empreguem violência desnecessária para a efetuação da diligência.

1.1 Elementos

Para que esteja configurada a excludente em comento, devem estar presentes os seguintes requisitos:

a) requisitos objetivos: a.1) dever legal impondo a prática de uma conduta típica; a.2) estrito cumprimento desse dever;

b) requisito subjetivo: deve o agente ter a consciência de que age no estrito cumprimento do dever legal, não bastando a presença dos elementos objetivos. Assim, não age amparado pela justificante o policial que prende seu inimigo apenas para constrangê-lo, desconhecendo o fato de que ele havia acabado de praticar um roubo.

1.2 Destinatários da excludente

Pode agir amparado pela justificante vertente não apenas os que fazem parte da Administração Pública, mas também os particulares que atuam no exercício da função pública (jurados, peritos, mesários da Justiça Eleitoral) e aqueles que agem em razão de um dever determinado por lei.

Assim, não pratica crime de falso testemunho o psicólogo que omite informação de paciente que foi adquirida em razão do exercício da profissão, pois o art. 9º da Resolução n. 10/2005, do Conselho Federal de Psicologia (Código de Ética Profissional do Psicólogo), estabelece que "é dever do psicólogo respeitar o sigilo profissional a fim de proteger, por meio da confidencialidade, a intimidade das pessoas, grupos ou organizações, a que tenha acesso no exercício profissional".

Registre-se ainda que a ilicitude da conduta típica será afastada em relação a *todos os seus concorrentes*, embora não esteja previsto o dever para alguns deles. Por isso, não responderá por invasão de domicílio o particular que entra em casa alheia para auxiliar um oficial de justiça no procedimento de constatação e penhora de bens.

2. EXERCÍCIO REGULAR DO DIREITO

O exercício regular do direito também foi previsto no art. 23, III, do Código Penal como sendo uma causa de exclusão da ilicitude, tendo sua disciplina ficado por conta da doutrina, dada a ausência de regulamentação legal.

É o caso, por exemplo, do particular, que *pode* prender quem quer que seja encontrado em flagrante delito (art. 301 do Código de Processo Penal); do proprietário do terreno invadido, que pode cortar, até o plano vertical divisório, as raízes e os ramos de árvores que ultrapassarem a extrema do prédio vizinho (art. 1.283 do Código Civil); do morador da casa que não permite a entrada da polícia à noite, mesmo havendo mandado de prisão, para efetuação da diligência (art. 5º, XI, da Constituição Federal).

Também atua no exercício regular do direito o médico que provoca abortamento, com o consentimento da gestante ou de seu responsável legal, quando a gravidez resulta de estupro (art. 128, II, do Código Penal). Ou mesmo quem utiliza cadáver não reclamado junto às autoridades públicas para estudos e pesquisas científicas, desde que observados os ditames da Lei n. 8.501/1992.

Engloba a realização, dentro de seus limites, de qualquer direito previsto em lei (penal ou extrapenal). Predomina, no entanto, o entendimento de que os costumes não são fonte do direito cujo exercício regular pode afastar a ilicitude. Por isso, os "trotes acadêmicos" caracterizam agressão injusta, permitindo a reação mediante legítima defesa.

Em sentido contrário, Nucci entende que os costumes podem autorizar condutas típicas, sendo ilícito apenas os trotes violentos. Para ele, brincadeiras, ofensas morais e constrangimentos leves são justificados pela excludente em comento[1]. *Entendo*, contudo, que tais condutas, se praticadas sem violência, são **atípicas** pela **ausência do dolo**.

Havendo o uso abusivo do direito, a conduta passa a ser ilícita. Assim, será considerada abusiva e, portanto, ilícita uma greve na qual é empregada violência, assim como as lesões praticadas durante o desempenho de uma atividade desportiva, no caso de desrespeito às regras estabelecidas.

---

[1] NUCCI, Guilherme de Souza. *Manual de direito penal*. 16. ed. rev. e atual. Rio de Janeiro: Forense, 2020. *E-book*.

Registre-se, por oportuno, que existem diversas práticas desportivas autorizadas e fiscalizadas pelo Estado. Serão lícitas (não antijurídicas) eventuais lesões a bens de seus participantes, se ocorridas dentro dos limites e das regras impostas. Caso haja abuso, o sujeito deve responder pelo resultado, a título de dolo ou culpa, conforme o caso.

Sobre o abuso de direito, é pertinente uma observação no que tange ao direito corretivo dos pais. É que o art. 1.566, IV, do Código Civil prevê, como deveres de ambos os cônjuges, o sustento, a guarda e a educação dos filhos. Para tanto, os genitores podem fazer uso dos meios adequados que entenderem cabíveis, tratando-se de um direito. Sendo assim, a doutrina sempre entendeu que os castigos físicos moderados e razoáveis fazem parte do exercício regular desse direito.

Ocorre que a Lei n. 13.010/2014 incluiu no Estatuto da Criança e do Adolescente o art. 18-A, o qual estabelece:

> Art. 18-A. A criança e o adolescente têm o direito de ser educados e cuidados **sem o uso de castigo físico** ou de tratamento cruel ou degradante, como formas de correção, disciplina, educação ou qualquer outro pretexto, pelos pais, pelos integrantes da família ampliada, pelos responsáveis, pelos agentes públicos executores de medidas socioeducativas ou por qualquer pessoa encarregada de cuidar deles, tratá-los, educá-los ou protegê-los.
>
> Parágrafo único. Para os fins desta Lei, considera-se:
>
> I – castigo físico: ação de natureza disciplinar ou punitiva aplicada com o uso da força física sobre a criança ou o adolescente que resulte em:
>
> a) sofrimento físico; ou
>
> b) lesão;
>
> II – tratamento cruel ou degradante: conduta ou forma cruel de tratamento em relação à criança ou ao adolescente que:
>
> a) humilhe; ou
>
> b) ameace gravemente; ou
>
> c) ridicularize. (grifo nosso)

Dessa forma, não é mais lícita a correção de crianças e adolescentes, por pais ou responsáveis, com a aplicação de força física que resulte em sofrimento físico, por menor que seja. Em meu entendimento, mesmo antes da alteração legislativa, a causação de lesões por meio de castigos físicos educadores caracterizava abuso de direito, vale dizer, excesso punível. Assim, a aplicação de castigo físico a criança e adolescente constitui agressão injusta, que pode ser afastada mediante a legítima defesa.

2.1 Intervenções médicas e cirúrgicas

As intervenções médicas e cirúrgicas são lícitas, a depender do caso, em razão do estado de necessidade ou do estrito cumprimento do dever legal. Por exemplo, se o médico age para salvar pessoa que se encontra em iminente perigo de vida, estará amparado por essas duas justificantes.

Nesse caso, inclusive, será desnecessária qualquer autorização, prevendo o art. 146, § 3º, I, do Código Penal que não constitui o delito de constrangimento ilegal a intervenção médica ou cirúrgica, sem o consentimento do paciente ou de seu responsável, se justificada por iminente perigo de vida.

Também estará acobertado pelo estado de necessidade o leigo que realizar ato privativo de médico, no caso de absoluta ausência deste, para salvar outrem de perigo de vida atual ou iminente.

Todavia, se se trata de cirurgia eletiva, que é aquela despida de caráter de urgência, com data e horário programados de acordo com o mapa cirúrgico do hospital e a disponibilidade do paciente e do médico, a licitude da conduta dar-se-á unicamente em razão do exercício regular do direito. Por óbvio, nesse caso, é necessário o consentimento do paciente ou de seu responsável legal.

Destaque-se, porém, que, para os adeptos da teoria da imputação objetiva, a atuação cirúrgica do médico, emergencial ou não, constitui *conduta atípica caso realizada dentro dos limites do risco permitido*.

2.2 Ofendículas e defesas mecânicas predispostas

Ofendículas ou ofensáculas são obstáculos apostos em bens imóveis como forma de proteção da propriedade, da segurança familiar e da inviolabilidade de domicílio. Quando da instalação desses aparatos, não está configurada qualquer forma de agressão injusta, buscando-se justamente evitá-la no futuro. Como exemplos, podemos citar os cacos de vidro no muro, as concertinas, as pontas de lança, as cercas elétricas e os cães agressivos.

Para que sejam lícitas, devem ser **visíveis**, facilmente percebíveis por todos, e estar posicionadas de forma que só atinjam quem tentar adentrar a propriedade. Além disso, devem ser utilizadas com moderação, sem lesionar desnecessariamente o agressor. Assim, há excesso na aposição de concertinas em muros baixos, acessíveis por crianças ou por pessoas inocentes desavisadas ou na instalação de cercas elétricas com voltagem suficiente para matar.

Não há consenso doutrinário acerca da natureza jurídica das ofendículas. Enquanto uns entendem que constituem **legítima defesa preordenada**, uma vez que apenas serão acionadas quando da agressão injusta, outros, com os quais concordo, afirmam que se trata de **exercício regular do direito**.

Afinal, a aposição desses meios defensivos tem, por finalidade, coibir ataques futuros à propriedade. O proprietário tem o direito de proteger seus bens e interesses por meio de artefatos que não causem lesão ou perigo de lesão a terceiros inocentes. Dessa forma, tanto poderá colocar um cadeado trancando seu portão, quanto lhe será lícita a aposição de vidros na parte superior do muro.

Não me parece correto falar em legítima defesa preordenada, pois um dos requisitos dessa excludente é justamente a agressão injusta *atual* ou *iminente*. O conceito, por si só, é contraditório e ilógico.

Some-se ao fato de que, quando o mecanismo entra em ação, inexiste conduta por parte do proprietário. Pelo contrário, a conduta foi praticada pelo agressor que, mesmo ciente da existência do meio de defesa, optou por prosseguir seu intento delitivo. Pode ele ferir-se tentando escalar um muro com cacos de vidro ou mesmo quando do rompimento de um obstáculo, como cadeados. Inexistente, pois, *reação* do proprietário, mas sim uma *ação* anterior decorrente do exercício de um direito seu.

Também não entendo correta a diferenciação entre ofendículas e meios mecânicos predispostos, sendo estes os artefatos ocultos, ignorados pelo agressor, como no caso da cerca elétrica escondida ou da maçaneta eletrificada. Todos esses instrumentos são ofensáculas, mas que se apresentam excessivas, abusivas e, portanto, ilícitas.

3. CAUSAS DE JUSTIFICAÇÃO E TEORIA DA TIPICIDADE CONGLOBANTE

Como vimos no capítulo referente à tipicidade, segundo a teoria da tipicidade conglobante, idealizada pelos juristas argentinos Eugenio Raúl Zaffaroni e José Henrique Pierangeli, para que uma conduta seja considerada típica, é necessário que ela seja antinormativa, vale dizer, proibida pelo ordenamento jurídico como um tipo globalmente considerado.[2]

Para esses penalistas, uma conduta não é necessariamente típica simplesmente por se adequar formalmente à descrição do tipo penal. Para tanto, ela deve ser contrária à norma e efetivamente lesiva ao bem jurídico. A tipicidade penal, portanto, exigiria não só a tipicidade legal, mas também a antinormatividade do comportamento.

Assim, no exemplo supracitado, a conduta do oficial de justiça, consistente em adentrar a casa do executado, munido de mandado judicial, para constatação de bens, penhora e avaliação, seria atípica, por ausência de antijuridicidade. Para os juristas argentinos, não seria adequado considerá-la típica, pois não se pode admitir que, na ordem normativa, uma norma ordene a que outra proíbe. Isso porque "as normas jurídicas não 'vivem' isoladas, mas num entrelaçamento em que umas limitam as outras, e não podem ignorar-se mutuamente"[3].

Com a ideia da *tipicidade conglobante*, muitos doutrinadores nacionais passaram a defender que as causas de exclusão da ilicitude restaram esvaziadas, pois, caso a conduta seja permitida pelo ordenamento, será ela atípica, nem se chegando à análise da ilicitude.

---

[2] ZAFFARONI, Raúl Eugenio; PIERANGELI, José Henrique. *Manual de direito penal brasileiro*: parte geral. 14. ed. São Paulo: Thomson Reuters Brasil, 2021. v. 1. *E-book*.

[3] ZAFFARONI, Raúl Eugenio; PIERANGELI, José Henrique. *Manual de direito penal brasileiro*: parte geral. 14. ed. São Paulo: Thomson Reuters Brasil, 2021. v. 1. *E-book*.

Registre-se que o STJ já aceitou a teoria da tipicidade conglobante em detrimento da aplicação do art. 23, III, do Código Penal. No caso julgado, o réu, a quem foi imputado o delito de calúnia, havia apresentado denúncia ao Centro de Apoio Operacional da Moralidade Administrativa do Ministério Público de Santa Catarina. O STJ entendeu que a intenção do denunciado foi a de zelar pela higidez de um processo de falência e consignou que o Estado estimula todos os cidadãos a noticiar irregularidades.

A conduta estaria, pois, acobertada pelo exercício regular do direito, que deveria ser considerado como uma "verdadeira causa excludente da tipicidade". Por ser oportuno, vamos conferir a ementa do julgado:

Penal e processo penal. Embargos de declaração no agravo regimental nos embargos de declaração no agravo em recurso especial. 1. Ausência de omissão. Crime de calúnia. Ofensa ao art. 139 do CP. Análise que encontra óbice na Súmula 7/STJ. 2. Particularidades do caso concreto. Representação direcionada ao Centro de Apoio Operacional da Moralidade Administrativa do MPSC. Conduta estimulada pelo Estado. 3. Tipicidade x antinormatividade. Teoria da tipicidade conglobante. 4. Exercício regular de um direito. Art. 23, III, do CP. Excludente de ilicitude. Excludente da tipicidade. 5. Representação que não menciona nome. Ausência de *animus caluniandi*. 6. Embargos rejeitados. Ordem concedida de ofício.

1. A análise de eventual dissídio jurisprudencial quanto o exame de alegada violação da norma infraconstitucional não podem demandar o revolvimento fático-probatório, porquanto as instâncias ordinárias são soberanas no exame do acervo carreado aos autos. Assim, não é dado a esta Corte Superior se imiscuir nas conclusões alcançadas pelas instâncias ordinárias, com base no conjunto probatório trazido aos autos, haja vista o óbice do enunciado n. 7 da Súmula do Superior Tribunal de Justiça. Portanto, não há omissão no acórdão embargado.

2. Contudo, a hipótese dos autos guarda particularidades que não podem ser desprezadas pelo STJ. **Com efeito, ao agravante é imputado o fato típico de calúnia, e a conduta que ensejou sua condenação diz respeito à apresentação de "uma denúncia encaminhada ao Centro de Apoio Operacional da Moralidade Administrativa do Ministério Público de Santa Catarina". Percebe-se, assim, que a intenção principal do agravante era zelar pela higidez do processo de falência da empresa Buscar, que tramitou na 5ª Vara Cível da Comarca de Joinville/SC. No ponto, mister destacar que o Estado estimula todos os cidadãos a denunciar irregularidades, não por outro motivo que os órgãos públicos possuem ouvidorias, alguns possuem corregedorias, e, na hipótese, o órgão buscado pelo agravante foi o Centro de Apoio Operacional da Moralidade Administrativa do Ministério Público de Santa Catarina.**

3. "A tipicidade conglobante surge quando comprovado, no caso concreto, que a conduta praticada pelo agente é considerada antinormativa, isto é, contrária à norma penal, e não imposta ou fomentada por ela, bem como ofensiva a bens de relevo para o Direito Penal (tipicidade material). Na lição de Zaffaroni e Pierangeli, não é possível que no ordenamento jurídico, que se entende como perfeito, uma norma proíba aquilo que outra imponha ou fomente. (...) Portanto, a antinomia existente deverá ser solucionada pelo próprio ordenamento jurídico" (GRECO, Rogério. *Curso de Direito Penal*: parte geral. 20. ed. Niterói/RJ: Impetus, 2018, p. 261/262).

4. **Diante do mandamento estatal referente à notificação a respeito de irregularidades no setor público, verifica-se que a conduta do recorrente se encontra acobertada pelo exercício regular de um direito, nos termos do art. 23, III, do CP. Ademais, considerando a doutrina acima citada, tem-se que o exercício regular de um direito deve ser considerado como verdadeira causa excludente da tipicidade, pois não pode ser considerada típica conduta incentivada pelo próprio Estado.**

5. Relevante consignar, por fim, ainda em observância ao parecer do MPF, que "o acusado não faz menção, em nenhum momento, do nome do Juiz apontado como vítima, fazendo referência tão somente a ato da Vara responsável pela condução do processo de falência", situação que vai ao encontro do exercício regular do direito de denunciar irregularidades. De fato, "o dolo específico (*animus calumniandi*), ou seja, a vontade de atingir a honra do sujeito passivo, é indispensável para a configuração do delito de calúnia" (Apn n. 473/DF, Corte Especial, Rel. Ministro GILSON DIPP, *DJe* de 8/9/2008).

6. **Embargos de declaração rejeitados. Ordem concedida de ofício, para reconhecer a atipicidade da conduta, em virtude da ausência de tipicidade conglobante, no aspecto da antinormatividade, não havendo se falar, portanto, em *animus caluniandi*[4].**

A Corte Superior partiu do pressuposto de que uma conduta fomentada pelo Estado não poderia ser considerada típica. Caso esse posicionamento passe a ser adotado em nosso país, as justificantes do estrito cumprimento do dever legal e algumas situações que configuram exercício regular do direito restarão, de fato, esvaziadas.

Todavia, não é certo afirmar que a conduta atípica (por ausência de normatividade) é o mesmo que uma conduta justificada.

Zaffaroni e Pierangeli explicam, em seu *Manual de direito penal brasileiro – parte geral*, que a tipicidade penal não exclui as causas de justificação. Tomando por base o caráter indiciário do tipo, assinalado por Max Ernest Mayer, explicam que "a tipicidade atua como um indício da antijuridicidade, como um desvalor provisório, que deve ser configurado ou desvirtuado mediante a comprovação das causas de justificação"[5].

Separam, pois, as hipóteses em que o sujeito tem o dever de agir (ou é estimulado para tal) daquelas em que ele possui apenas uma permissão. A legítima defesa, por exemplo, seria uma causa de justificação, pois se trata de uma *permissão* outorgada pela ordem jurídica, não sendo imposta, e muito menos fomentada. Nas palavras dos eminentes juristas:

> A legítima defesa (que é prevista no art. 23, II, do CP) – de que logo nos ocuparemos (ver n. 327) – é uma causa de justificação, isto é, uma permissão outorgada

---

[4] STJ, EDcl no AgRg nos EDcl no AREsp n. 1.421.747/SC, 5ª Turma, Rel. Min. Reynaldo Soares da Fonseca, j. 10.03.2020, *DJe* 19.05.2020.
[5] ZAFFARONI, Raúl Eugenio; PIERANGELI, José Henrique. *Manual de direito penal brasileiro*: parte geral. 14. ed. São Paulo: Thomson Reuters Brasil, 2021. v. 1. E-book.

pela ordem jurídica para a realização da conduta antinormativa. Em seguida, veremos que, se um indivíduo nos agride injustamente e temos oportunidade de fugir, o direito não nos obriga a fugir, porque não somos obrigados a suportar o injusto. O direito, então, nos outorga uma permissão para repelir a agressão, sem dar relevância à nossa possibilidade de fuga. Dá-nos permissão até mesmo para matar o agressor, se isto é racionalmente necessário e proporcional à injusta agressão. Não nos obriga a fugir, dá-nos permissão para repelir.

Mas esta "permissão" para repelir a agressão, ilegítima e não provocada, não implica que o direito fomente e muito menos que nos ordene semelhante conduta. Simplesmente, nestas hipóteses conflitivas, a ordem jurídica limita-se a permitir a conduta, porque não se pode afirmar que incentive que um homem que pode fugir prefira matar. O incentivo da conduta homicida seria bastante anticristão.

É precisamente esta a mais importante diferença entre a tipicidade conglobante e a justificação: a atipicidade conglobante não surge em função de permissões que a ordem jurídica resignadamente concede, e sim em razão de mandatos ou fomentos normativos ou de indiferença (por insignificância) da lei penal[6].

Mantém-se, pois, a separação entre a tipicidade conglobante e as causas de justificação.

4. QUESTÕES DE CONCURSOS

Questão 1

(Instituto AOCP – 2022 – MPE-MS – Promotor de Justiça Substituto) Considerando as excludentes do crime no Direito Penal Brasileiro, é correto afirmar que:

A) enquanto o estrito cumprimento do dever legal tem natureza compulsória, o exercício regular do direito tem natureza facultativa.

B) o estado de necessidade, ao contrário da legítima defesa, não permite a configuração do excesso.

C) são excludentes de ilicitude admitidas pelo Direito Penal Brasileiro e expressamente previstas no artigo 23 do Código Penal: o estado de necessidade, a legítima defesa, o estrito cumprimento de dever legal, o consentimento do ofendido e o exercício regular de direito.

D) o princípio da insignificância, por entender que o crime não possui relevância penal, constitui uma causa de exclusão da culpabilidade.

E) é admitida a ocorrência de legítima defesa real contra legítima defesa putativa e de legítima defesa real contra legítima defesa real.

---

[6] ZAFFARONI, Raúl Eugenio; PIERANGELI, José Henrique. *Manual de direito penal brasileiro*: parte geral. 14. ed. São Paulo: Thomson Reuters Brasil, 2021. v. 1. *E-book*.

Questão 2

(FUMARC – 2023 – AL-MG – Procurador) De acordo com o Código Penal, é INCORRETO afirmar:

A) Considera-se em estrito cumprimento de dever legal o agente de segurança pública que repele agressão ou risco de agressão a vítima mantida refém durante a prática de crimes.

B) O erro quanto à pessoa contra a qual o crime é praticado não isenta de pena.

C) O erro sobre a ilicitude do fato, se inevitável, isenta de pena.

D) O erro sobre elemento constitutivo do tipo legal de crime exclui o dolo.

Questão 3

(CESPE/CEBRASPE – 2022 – TCE-SC – Auditor Fiscal de Controle Externo – Direito) Com relação à parte geral do Código Penal, julgue o item que se segue.

"O estrito cumprimento do dever legal exclui a culpabilidade da conduta, não sendo ela, portanto, punível".

( ) Certo
( ) Errado

Questão 4

(CESPE/CEBRASPE – 2023 – TJ-ES – Analista Judiciário – Área Judiciária) À luz das disposições legais de direito penal e da jurisprudência correlata, julgue o próximo item.

"Admite-se a excludente de antijuridicidade do estrito cumprimento de dever legal nos crimes culposos".

( ) Certo
( ) Errado

Questão 5

(FGV – 2022 – PC-AM – Escrivão de Polícia) Leandro saiu para passear com seu cachorro, da raça Pitbull e, quando estava voltando pra casa, se depara com Jonas, seu antigo desafeto. Ao ver seu inimigo, atiça seu cachorro para atacá-lo. Diante da agressão injusta, Jonas saca sua arma e atira no cachorro, matando o animal.

Com relação à situação jurídico-penal de Jonas, a tese defensiva que poderá ser alegada é

A) legítima defesa.
B) estado de necessidade.

C) exercício regular de direito.
D) estrito cumprimento do dever legal.
E) coação física irresistível.

Questão 6

(CESPE/CEBRASPE – 2022 – PC-RO – Datiloscopista Policial) No que diz respeito às excludentes de ilicitude e à imputabilidade, assinale a opção correta.

A) Não responde por excesso doloso o agente que age em legítima defesa ou estrito cumprimento do dever legal.
B) É isento de pena o agente que, por doença mental ao tempo da ação, não era inteiramente capaz de entender o caráter ilícito do fato.
C) Descaracteriza a legítima defesa o agente de segurança pública que repele agressão a vítima mantida refém durante a prática de crimes.
D) Sendo razoável exigir-se o sacrifício do direito ameaçado no estado de necessidade, a pena será agravada.
E) O agente que tem o dever legal de enfrentar o perigo não pode alegar estado de necessidade.

Questão 7

(CESPE/CEBRASPE – 2022 – PC-RO – Médico-Legista) No que diz respeito às excludentes de ilicitude e à imputabilidade, assinale a opção correta:

A) Não responde por excesso doloso o agente que age em legítima defesa ou estrito cumprimento do dever legal.
B) É isento de pena o agente que, por doença mental ao tempo da ação, não era inteiramente capaz de entender o caráter ilícito do fato.
C) Sendo razoável exigir-se o sacrifício do direito ameaçado no estado de necessidade, a pena será agravada.
D) Descaracteriza a legítima defesa o agente de segurança pública que repele agressão a vítima mantida refém durante a prática de crimes.
E) O agente que tem o dever legal de enfrentar o perigo não pode alegar estado de necessidade.

GABARITO: 1. A; 2. A; 3. Errado; 4. Errado; 5. A; 6. E; 7. E.

CAPÍTULO 24

Causas supralegais de exclusão da ilicitude

Maria Augusta Diniz

1. INTRODUÇÃO

Embora não haja consenso doutrinário, a maioria entende que as causas excludentes da ilicitude não se restringem àquelas mencionadas no Código Penal e que foram estudadas nos capítulos anteriores. Isso porque é impossível que o legislador preveja todas as situações que justifiquem, como medida de justiça, a conduta típica praticada. A própria sociedade está em constante mudança, reclamando a autorização de certos comportamentos para que haja evolução e aperfeiçoamento das relações.

Da mesma forma que ocorre nas excludentes legais, para a configuração das justificantes supralegais, é necessário que estejam configurados os elementos objetivos (firmados pela doutrina e jurisprudência) e o requisito subjetivo (o agente deve saber que atua amparado pela causa extralegal).

Sendo assim, com fundamento na ideia de antijuridicidade material, costuma-se apontar as seguintes causas supralegais da ilicitude, dentre outras: a) assentimento social (princípio da adequação social); b) princípio da insignificância; c) direito de resistência e desobediência civil; d) consentimento do ofendido.

2. ASSENTIMENTO SOCIAL (PRINCÍPIO DA ADEQUAÇÃO SOCIAL)

O **assentimento social** seria o consentimento da sociedade na prática de determinada conduta típica, por considerar que ela não agride, de forma a merecer a punição penal, bens jurídicos. O sujeito atua com a consciência de que seu comportamento está proibido na lei penal, mas com ciência de que a prática é tolerada, suportada. Assim, a partir do momento em que uma conduta típica passa a ser aceita socialmente, não pode ser considerada ilícita. É o caso, por exemplo, da mãe que fura as orelhas da filha. Embora a conduta seja típica, pois há perfeita subsunção dos fatos ao tipo de lesões corporais, é ela aceita pelos costumes, sendo, assim, lícita.

3. PRINCÍPIO DA INSIGNIFICÂNCIA OU DA BAGATELA

Em virtude da natureza fragmentária do direito penal, apenas deverão ser tipificadas condutas que, de forma séria, lesionem ou exponham a perigo os bens jurídicos mais valiosos para a manutenção e o progresso da sociedade. Ocorre que, muitas vezes, um comportamento formalmente típico causa lesões mínimas, insignificantes.

Imagine que "A", por estar atrasada, aciona a marcha à ré de seu veículo de forma apressada, sem antes observar se havia algum pedestre no local. Neste exato momento, "D" passa, sendo atingido pela traseira do veículo, o que resulta em uma pequena equimose na perna. Não há dúvidas de que a conduta de "A" é formalmente típica, uma vez que ela, ao desobedecer a seu dever objetivo de cuidado, deu causa ao resultado. No entanto, a lesão foi mínima, insignificante, não sendo séria a ponto de acarretar a tutela penal.

A doutrina e a jurisprudência amplamente majoritárias entendem que, no caso de lesões insignificantes, há a atipicidade da conduta, por não estar configurada a tipicidade material. Contudo, há quem defenda (a meu juízo, de forma mais adequada) que, embora o comportamento seja típico (porque houve a perfeita subsunção ao tipo legal), não é antijurídico, porque não atingiu de forma relevante bem juridicamente tutelado.

Inclusive, o Anteprojeto de Código Penal (PLS n. 236/2012) elenca, no art. 28, as causas de "exclusão do fato criminoso", sendo: o estrito cumprimento do dever legal, o exercício regular do direito, o estado de necessidade e a legítima defesa. No § 1º, sob a rubrica "princípio da insignificância", estabelece que "também não haverá fato criminoso quando cumulativamente se verificarem as seguintes condições: a) mínima ofensividade da conduta do agente; b) reduzidíssimo grau de reprovabilidade do comportamento; c) inexpressividade da lesão jurídica provocada". Como se percebe, no projeto, o princípio da bagatela está expressamente previsto como causa excludente da *ilicitude*. Para concursos públicos, no entanto, é mais indicado que se trate a insignificância da conduta como causa de *atipicidade*.

4. DIREITO DE RESISTÊNCIA E DESOBEDIÊNCIA CIVIL

O Estado é o titular do *jus puniendi* e, como tal, o detentor privativo do poder de impor e executar as penas. Por outro lado, são garantidos, à pessoa presa, direitos mínimos que deverão ser necessariamente observados pelo ente soberano.

A própria Constituição Federal estabelece, dentre os direitos e garantias fundamentais (art. 5º), que ninguém será submetido a tortura nem a tratamento desumano e degradante (inc. III); que a pena será cumprida em estabelecimentos distintos, de acordo com a natureza do delito, a idade e o sexo do apenado (inc. XLVIII); que é assegurado, aos presos, o respeito à integridade física e moral (inc. XLIX); que, às presidiárias, serão asseguradas condições para que possam permanecer com seus filhos durante o período de amamentação (inc. L); que o preso será informado de seus direitos, entre os quais o de permanecer calado, sendo-lhe assegurada a assistência da família e de advogado (inc. LXIII); e que o Estado indenizará o condenado por erro judiciário, assim como o que ficar preso além do tempo fixado na sentença (inc. LXXV).

A Lei de Execuções Penais (Lei n. 7.210/1984), por sua vez, estabelece que se impõe, a todas as autoridades, o respeito à integridade física e moral dos condenados e presos provisórios (art. 40).

Dispõe, ainda, como direitos do preso: alimentação suficiente e vestuário; atribuição de trabalho e sua remuneração; Previdência Social; constituição de pecúlio; proporcionalidade na distribuição do tempo para o trabalho, o descanso e a recreação; exercício das atividades profissionais, intelectuais, artísticas e desportivas anteriores, desde que compatíveis com a execução da pena; assistência material, à saúde, jurídica, educacional, social e religiosa; proteção contra qualquer forma de sensacionalismo; entrevista pessoal e reservada com o advogado; visita do cônjuge, da companheira, de parentes e amigos em dias determinados; chamamento nominal; igualdade de tratamento, salvo quanto às exigências de individualização da pena; audiência especial com o diretor do estabelecimento; representação e petição a qualquer autoridade, em defesa do direito; contato com o mundo exterior por meio de correspondência escrita, da leitura e de outros meios de informação que não comprometam a moral e os bons costumes; atestado de pena a cumprir, emitido anualmente (art. 41).

Além disso, o Estado tem o dever de prestar assistência material, à saúde, jurídica, educacional, social e religiosa ao preso e ao internado (arts. 10 e 11).

A Lei de Execuções Penais também estabelece que o condenado à pena de reclusão será alojado em cela individual que conterá dormitório, aparelho sanitário e lavatório, com salubridade do ambiente pela concorrência dos fatores de aeração, insolação e condicionamento térmico adequado à existência humana e com área mínima de seis metros quadrados (art. 88).

Todavia, como sabemos, nem sempre esses direitos são respeitados. É de conhecimento notório que o sistema carcerário nacional enfrenta graves problemas, como superlotação e falta de assistência. Isso tem acarretado uma série de rebeliões e reivindicações por parte dos detentos.

Há vozes que sustentam que essas insurgências não devem ser consideradas ilícitas, porque partem de pessoas que não estão tendo suas garantias constitucionais respeitadas. Nesse jaez, seria legítima a oposição dos presos contra condutas abusivas do Poder Público, sob a forma de resistência e desobediência civil, como causas supralegais de exclusão da ilicitude.

A resistência consiste na conduta comissiva de manifestação contra o poder, enquanto a desobediência seria uma conduta omissiva.

Embora seja mais gritante a defesa dos institutos no que diz respeito aos direitos carcerários, a eles não se limitam, podendo, segundo seus defensores, ser alegados pelos governados quando o Estado não cumpra deveres a que esteja vinculado.

5. CONSENTIMENTO DO OFENDIDO

Consentimento do ofendido é a anuência do titular, o qual permite que outrem pratique conduta típica em desfavor de bem jurídico seu. Poderá atuar como causa de atipicidade (caso o dissenso seja previsto como elementar típica) ou como excludente supralegal da antijuridicidade.

Observe, por exemplo, o tipo proibitivo da violação de domicílio (art. 150 do Código Penal): "entrar ou permanecer, clandestina ou astuciosamente, ou *contra a vontade expressa ou tácita de quem de direito*, em casa alheia ou em suas dependências". Perceba que o dissenso faz parte do tipo e, se ausente no caso concreto, consentindo o ofendido com a prática, a conduta será atípica.

Da mesma forma, para que haja o juízo de tipicidade do crime de introdução ou abandono de animais em propriedade alheia (art. 164 do Código Penal), deve o agente "introduzir ou deixar animais em propriedade alheia, *sem o consentimento de quem de direito*, desde que o fato resulte prejuízo".

O mesmo não ocorre em relação ao tipo de lesões corporais. Como a discordância do titular do bem jurídico não foi prevista como elementar típica, caso alguém ofenda a integridade corporal ou a saúde de outrem, mesmo com a concordância deste, terá praticado fato típico. Todavia, em algumas situações, não seria justa a punição do sujeito que exerceu esse comportamento de forma autorizada e, muitas vezes, no interesse do próprio ofendido.

Basta lembrar a situação do tatuador que ofende a integridade corporal de pessoa maior de idade, com sua autorização. Como medida de justiça, essa ofensa não poderá ser considerada ilícita.

Todavia, essa causa de exclusão da antijuridicidade não pode ser aplicada de forma indiscriminada, devendo estar presentes os seguintes requisitos:

a) Capacidade do ofendido: para que possa dispor do bem jurídico tutelado, seu titular deve gozar de plena capacidade civil (ser maior de 18 anos e ter plenas condições de entendimento e autodeterminação).

Por isso, a jurisprudência é tranquila no sentido de que, para a caracterização do crime de estupro de vulnerável (art. 217-A do Código Penal), basta que a vítima seja menor de 14 anos, sendo indiferente o fato de ela ter concordado com a conjunção carnal ou outro ato libidinoso. Por ser absolutamente incapaz civilmente para dispor de seus bens, seu consentimento será inexistente. Nesse sentido, inclusive, é a Súmula n. 593 do STJ ("o crime de estupro de vulnerável se configura com a conjunção carnal ou prática de ato libidinoso com menor de 14 anos, sendo irrelevante eventual consentimento da vítima para a prática do ato, sua experiência sexual anterior ou existência de relacionamento amoroso com o agente").

Não concordo, noutro giro, com a posição doutrinária que sustenta que, no caso dos crimes contra a dignidade sexual, o consentimento do ofendido maior de 14 anos será válido e bastante para excluir a ilicitude da conduta, pois a presunção de vulnerabilidade cessa com essa idade. Para mim, não há sequer que se falar em exclusão da antijuridicidade, pois a conduta não é típica. Não há qualquer tipo penal que proíba a prática de conjunção carnal ou outro ato libidinoso consentido com pessoa maior de 14 e menos de 18 anos. Por isso, não há que se falar em consentimento do ofendido no plano penal, pois, inexistindo constrangimento por violência ou grave ameaça, a conduta é atípica.

b) Consentimento voluntário e expresso: o ofendido deve ter consciência e vontade livre ao consentir com a disposição de seu interesse disponível. Caso sua vontade esteja viciada (por fraude, coação, erro etc.), a disposição não será válida. Ademais, o consentimento deve ser expresso, não importando se oral, escrito ou gestual. Não se exige, por outro lado, que seja prestado de forma solene, bastando que seja inequívoco.

O alemão Edmund Mezger, todavia, entendia que o consentimento pode ser presumido quando o juiz constata, por um *juízo de probabilidade objetivo*, que o suposto lesionado teria consentido com a ação caso tivesse completo conhecimento da situação de fato[1]. Seriam exemplos: a) o sujeito invade a casa do vizinho, em sua ausência, para consertar a tubulação de água; b) o sujeito abre carta dirigida a seu amigo para resolver um assunto deste que não admite demora; c) a morte de um cão de alto valor que teve as patas traseiras amputadas por um bonde; d) uma pessoa causa lesões em outra que está se afogando, para salvar-lhe da morte certa; e) um médico que opera vítima de acidente que se encontra inconsciente.

Em todos esses casos, ausente o consentimento real. Mas ninguém duvida, segundo o penalista alemão, que o consentimento seria outorgado se o suposto ofendido tivesse conhecimento da situação de fato e oportunidade de prestá-lo.

Ocorre que, a meu juízo, as situações narradas são acobertadas pelo estado de necessidade, razão pela qual é desnecessário recorrer-se a uma causa supralegal para que a ilicitude seja afastada.

---

[1] MEZGER, Edmund. *Tratado de derecho penal*. Buenos Aires: Editorial Hammurabi SRL, 2010. v. 1, p. 378-379.

c) **Consentimento prévio ou simultâneo à lesão:** se for posterior, não acarretará a exclusão da ilicitude, mas pode ser utilizado como renúncia do direito de queixa ou como perdão do ofendido, nos crimes de ação privada (art. 107, V, do Código Penal).

d) **Bem de natureza disponível:** o titular apenas pode renunciar a bens e interesses disponíveis, uma vez que há interesse estatal na sua tutela. Por essa razão, a eutanásia é prática ilícita, embora o agente seja beneficiado com a causa de diminuição de pena prevista no § 1º do art. 121 do Código Penal.

Destaque-se, por oportuno, que a eutanásia não se confunde com a ortotanásia. A primeira consiste na antecipação da morte, por piedade, de pessoa que se encontra em intenso sofrimento, doença incurável ou estado terminal. A segunda é a morte natural, sem antecipação ou prolongamentos. Há limitação ou suspensão de tratamentos ou procedimentos que sirvam para prolongar a vida do doente, como ocorre na reanimação cardíaca.

Nesses termos, a Resolução n. 1.805/2006, do Conselho Federal de Medicina, prevê que "na fase terminal de enfermidades graves e incuráveis é permitido ao médico limitar ou suspender procedimentos e tratamentos que prolonguem a vida do doente, garantindo-lhe os cuidados necessários para aliviar os sintomas que levam ao sofrimento, na perspectiva de uma assistência integral, respeitada a vontade do paciente ou de seu representante legal".

Na eutanásia há antecipação da morte de quem está em intenso sofrimento. Ou seja, há uma conduta típica que, segundo a jurisprudência pátria, é ilícita, embora movida por sentimentos de compaixão e piedade. Na ortotanásia, inexiste qualquer comportamento típico, a não ser que esteja configurada alguma das situações previstas no art. 13, § 2º, do Código Penal.

Assim, *na minha opinião*, se o paciente, quando estava consciente, quando da contratação do serviço médico, foi enfático em manifestar seu desejo no sentido de que o profissional deverá fazer uso de todos os recursos para mantê-lo vivo (art. 13, § 2º, *b*), não poderá este último agir diferente (pois assumiu a responsabilidade de agir para impedir o resultado). Por outro lado, caso não esteja configurado o dever especial de agir, não há sequer que se falar em conduta, dada a atipicidade do comportamento negativo.

5.1 Consentimento do ofendido e crime de estupro

A concordância do indivíduo está prevista, embora de forma implícita, no tipo referente ao crime de estupro (art. 213 do Código Penal), consistente em "*constranger alguém*, mediante violência ou grave ameaça, a ter conjunção carnal ou a praticar ou permitir que com ele se pratique outro ato libidinoso". Contudo, por ser dotado de violência ou grave ameaça, há divergência doutrinária acerca da natureza desse consentimento.

Damásio, sem maiores delongas, afirmava que o consenso na relação sexual (ou prática de outro ato libidinoso violento) funciona como causa de exclusão da tipicidade[2]. Nucci, por sua vez, leciona que, ingressando a violência ou grave ameaça na tipicidade, é preciso checar até que ponto existe disponibilidade do ofendido, resolvendo-se a situação no plano da ilicitude[3].

De qualquer forma, é relativamente pacífico o entendimento de que, em se tratando de lesões de natureza leve ou culposa, o consentimento do ofendido é válido. Afinal, nesses casos, há disponibilidade do lesado para escolher se representa ou não em favor do agressor, uma vez que o art. 88 da Lei n. 9.099/1995 estabelece que a ação será pública condicionada à representação.

Por outro lado, se as lesões se encaixarem nas hipóteses previstas nos §§ 1º a 3º do art. 129 do Código Penal, cuja ação penal é pública incondicionada, o consentimento será inválido. Assim, as relações sádicas ou sadomasoquistas, por exemplo, serão permitidas (atípicas ou lícitas, a depender do entendimento) se não causarem lesões graves ou gravíssimas.

5.2 A questão da tatuagem nos menores de idade

Conquanto alguns autores entendam que o consentimento só é válido em relação a bens próprios, cada vez mais se aceita a aquiescência dos responsáveis como forma de exclusão da ilicitude das lesões corporais acarretadas em razão de tatuagens em menores de idade.

Temos aí duas questões: 1) a referente à disponibilidade de bens de terceiros; 2) o fato de a tatuagem acarretar deformidade permanente, o que atrairia a natureza incondicionada da ação pública correspondente.

Todavia, a ação, se precedida de autorização dos pais, é tão aceita socialmente, que o Distrito Federal, por exemplo, editou a Lei n. 1.581/1997, de natureza administrativa, que dispõe que o tatuador deve solicitar autorização escrita dos pais ou responsáveis para a realização de tatuagens em menores de 18 anos.

Por essas razões, *entendo* que a conduta, se precedida do consentimento formal do responsável, é lícita, não em razão do consentimento do ofendido (por ausência de seus pressupostos), mas pela adequação social.

5.3 Consentimento do ofendido e crimes culposos

Não há qualquer empecilho para que se afaste a ilicitude de crimes culposos em razão do consentimento do ofendido. Por óbvio, a concordância não será em relação ao resultado (que é involuntário, não querido pelo agente), mas sim no que tange à prática imprudente, negligente ou imperita.

Dessa forma, se "C" consente que "M", médico cardiologista, aplique em seu rosto toxina botulínica, mesmo ciente da imperícia para a conduta, a ilicitude restará afastada caso dela decorram lesões corporais leves.

---

[2] JESUS, Damásio E. de. *Direito penal*: parte geral. 37. ed. atual. por André Estefam. São Paulo: Saraiva, 2020. v. 1. *E-book*.

[3] NUCCI, Guilherme de Souza. *Manual de direito penal*. 16. ed. rev. e atual. Rio de Janeiro: Forense, 2020. *E-book*.

6. QUESTÃO DE CONCURSO

Questão 1

(TRF2 – Juiz Federal – IBFC – 2019) Leia as assertivas e ao final marque a opção correta:

I – O consentimento do ofendido é causa de extinção da tipicidade, sempre que apareça expressa ou tacitamente no tipo de injusto, como condição que deve estar necessariamente presente para funcionar como excludente.

II – Ainda a respeito da disciplina da ilicitude, é possível constatar que o nosso Código Penal relaciona quatro causas de exclusão da ilicitude, mas apenas explicitou conceitualmente duas delas em sua Parte Geral.

III – Age em legítima defesa de direito difuso de terceiros a equipe policial que ingressa no interior de uma residência para prender em flagrante delito uma pessoa que lá se encontra, mantendo escondida, em seu interior, farta quantidade de droga.

IV – Segundo a teoria da *ratio essendi*, a prática de uma conduta típica indicia sempre a sua própria ilicitude, de modo que, se resultar provado que o agente agiu em legítima defesa, teremos o caso de uma conduta típica, mas com a exclusão de sua antijuridicidade.

V – No que concerne ao instituto do estado de necessidade adotado pelo legislador pátrio, é possível afirmar que age em estado de necessidade exculpante a equipe policial que ingressa no interior de uma residência para prender quem se encontra em flagrante delito.

A) Apenas as assertivas I e II estão corretas.
B) Apenas as assertivas III e IV estão corretas.
C) Apenas as assertivas I e V estão corretas.
D) Apenas as assertivas II e IV estão corretas.
E) Apenas as assertivas III e V estão corretas.

GABARITO: 1. A.

CAPÍTULO 25

Culpabilidade

Maria Augusta Diniz

1. INTRODUÇÃO

Em direito penal, o termo culpabilidade apresenta três sentidos: a) culpabilidade como princípio; b) culpabilidade como limite da pena; c) culpabilidade como elemento do delito (corrente tripartida) ou como pressuposto da pena (corrente bipartida).

Como **princípio**, a culpabilidade significa que ninguém poderá ser punido penalmente se não praticou a conduta de forma dolosa (por querer o resultado ou por assumir o risco de produzi-lo) ou, pelo menos, culposa (causando o resultado involuntariamente, por ter desobedecido ao dever objetivo de cuidado). Não há, em direito penal, a responsabilidade objetiva, que se satisfaz com o mero nexo causal (relação de causa e efeito) entre conduta e resultado. Exige-se um elo subjetivo entre o agente e o fato por ele praticado (dolo ou culpa).

Como **limite da pena**, a culpabilidade impõe a proporcionalidade entre a lesão ou a ameaça de lesão do bem jurídico tutelado e a resposta estatal. O juiz, no caso concreto, avaliará a reprovabilidade da conduta praticada (além de outras circunstâncias) e estabelecerá, conforme necessário e suficiente para a reprovação e a prevenção do crime, as penas aplicáveis e a sua quantidade, dentro dos limites previstos; o regime inicial para cumprimento da sanção privativa de liberdade; e a substituição da pena privativa de liberdade aplicada por outra espécie de pena, se cabível (art. 59 do Código Penal).

Como **elemento do delito** (corrente tripartida) ou como **pressuposto da pena** (corrente bipartida)[1], **culpabilidade** é o **juízo de censura ou de reprovabilidade**

---

[1] Nos capítulos anteriores, estudamos que, segundo o conceito analítico, crime pode ser definido como o fato típico e ilícito praticado por agente culpável (corrente bipartida) ou como o fato típico e ilícito, sendo a culpabilidade o pressuposto da pena (corrente tripartida).

que incide sobre o agente que praticou um fato típico e ilícito. Tipicidade e ilicitude, portanto, dizem respeito ao fato; culpabilidade, ao agente. Para que uma pessoa receba uma pena em razão da prática de um injusto (fato típico e ilícito), é necessário não só que ela tenha capacidade de discernimento para ter consciência da ilicitude de sua conduta, mas também aptidão para se autodeterminar de acordo com esse entendimento.

A sanção penal, segundo a doutrina, tem as funções de punir o indivíduo pelo mal praticado e de prevenir novas investidas criminosas, preparando o condenado para o retorno à sociedade. Se o agente não é, por qualquer razão, capaz de entender que sua conduta é ilícita ou, mesmo alcançando essa compreensão, não consegue dirigir seu comportamento dentro da licitude, de nada adiantará a aplicação de uma pena.

Existem diversas razões para que o indivíduo não consiga entender o caráter ilícito de sua conduta ou se autodeterminar: doença mental, desenvolvimento mental incompleto ou retardado, erro de proibição etc., como veremos adiante.

2. TEORIAS DA CULPABILIDADE

Como o Código Penal não o faz, diversas teorias buscaram conceituar culpabilidade, sendo as principais analisadas a seguir. Antes, porém, é importante relembrar que, para a concepção clássica de delito, que adotava o conceito causalista ou mecanicista de ação, os elementos subjetivos dolo e culpa integravam o conceito de culpabilidade. Com o finalismo desenvolvido por Welzel, eles foram trasladados para a conduta típica, acarretando uma **culpabilidade vazia**, ou seja, despida de qualquer elemento subjetivo.

Relembrados tais pressupostos, passemos às teorias referentes ao conceito e requisitos da culpabilidade.

2.1 Teoria psicológica

A teoria psicológica da culpabilidade foi proposta por Franz von Lizst e Ernest von Beling e está relacionada com a concepção clássica de crime e, consequentemente, com o conceito mecanicista de conduta, vista como a ação (ou comportamento) voluntária que causa uma modificação no mundo exterior. Para que se chegue à conclusão de que a ação é típica, não importa se o agente agiu com dolo ou culpa, bastando que, por sua vontade, tenha causado uma modificação no mundo perceptível pelos sentidos, independentemente de sua finalidade (lícita ou ilícita).

Constatado **objetivamente** que o fato é típico e ilícito, é preciso que ele seja vinculado ao agente e isso se dá, segundo a teoria psicológica, por meio da culpabilidade. Diz-se, portanto, que a constatação da tipicidade e da ilicitude é objetiva, pois é feita sem a averiguação de culpa ou dolo, o que ocorre apenas em momento posterior, na culpabilidade.

Para a teoria em comento, a culpabilidade tem, como **pressuposto**, a imputabilidade e, como **espécies**, o dolo e a culpa. Isso significa que primeiro se constata se o sujeito que praticou o injusto penal é imputável.

Imputabilidade é a capacidade do sujeito de compreender o caráter ilícito do fato e de se autodeterminar conforme esse entendimento. São portadores dessa capacidade os imputáveis, que são os maiores de idade e os mentalmente sãos.

Constatado que o injusto foi praticado por pessoa imputável, passa-se ao exame do elemento subjetivo (dolo ou culpa), que é exatamente a culpabilidade, o elo psíquico entre o sujeito e o fato. **Culpabilidade** é, pois, segundo a teoria em comento, o **vínculo psicológico entre o agente e o injusto por ele praticado**. Em nenhuma hipótese, um inimputável poderia agir com dolo ou culpa, pois, se ele não tem capacidade de discernimento e determinação, não haverá vínculo psicológico entre o agente e o fato.

No dolo, estaria alocada a **consciência da ilicitude do fato** e, por isso, ele é chamado de **dolo normativo**.

O crime teria dois aspectos: um objetivo, externo (fato típico e ilícito), e um subjetivo, interno (culpabilidade). Por essa razão, as causas excludentes da ilicitude deveriam ser analisadas objetivamente, sem perquirir a respeito do elemento subjetivo (avaliado em momento posterior).

Em paralelo à teoria psicológica da culpabilidade caminham duas teorias referentes à aposição da potencial consciência da ilicitude no dolo: **teoria extremada ou estrita do dolo** e **teoria limitada do dolo**.

A **teoria extremada ou estrita do dolo** exige a atual e real consciência da ilicitude quando da prática da conduta, sendo insuficiente a mera possibilidade desse entendimento. Sendo assim, se o sujeito não tivesse atuado com a real consciência da antijuridicidade, o dolo estaria afastado, remanescendo a punição pela modalidade culposa do crime, se prevista, e se o erro fosse evitável.

A **teoria limitada do dolo**, desenvolvida por Mezger, limitou a teoria extrema, exigindo, no dolo, que o sujeito tivesse, nas condições em que se encontrava, a potencialidade de saber que sua conduta é ilícita, sendo dispensável que ele efetivamente tivesse alcançado esse entendimento.

A teoria psicológica da culpabilidade recebeu diversas críticas, não mais sendo adotada. Ela é, por exemplo, incapaz de explicar a culpa inconsciente (sem previsão), pois, nesta, não existe qualquer elemento subjetivo ligando o agente ao resultado por ele causado.

Ademais, propicia a punição de pessoas que praticaram condutas típicas e ilícitas em condições nas quais não lhes podia exigir conduta diversa. Por exemplo, seria íntegra a culpabilidade de gerente que subtraiu valores da instituição financeira porque a conduta lhe foi determinada por infrator armado. Ora, dadas as circunstâncias (coação moral irresistível), não se lhe podia exigir conduta diversa, embora o agente seja imputável e tenha agido com dolo.

Em resumo, podemos contextualizar a teoria psicológica da seguinte forma:

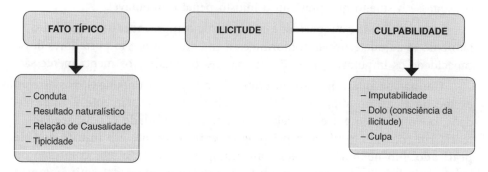

2.2 Teoria normativa ou psicológico-normativa

Buscando suprir uma lacuna da teoria psicológica, Reinhart Frank idealizou uma nova estrutura da culpabilidade, acrescentando ao elemento psicológico (dolo e culpa) um componente normativo consistente na exigibilidade de conduta diversa. Isso significa que, além do vínculo psicológico que deveria unir o agente ao fato por ele praticado, deveria ser averiguado se, nas condições nas quais o sujeito se encontrava, era-lhe exigida uma conduta conforme o direito.

Essa teoria tem relação com o conceito neoclássico de delito, que emergiu após a superação do positivismo-naturalista. Com ele, o tipo, antes puramente descritivo, recebeu componentes normativos (finalidades especiais) e a ação deixou de ser meramente natural, recebendo sentido normativo para englobar a omissão.

A estrutura do crime passou a ser:

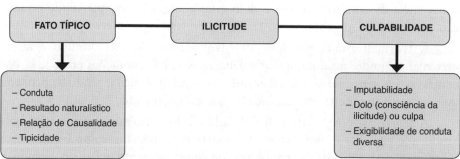

A imputabilidade continuou sendo a capacidade de entendimento sobre a natureza ilícita do fato e a aptidão para se autodeterminar. Todavia, deixou de ser o pressuposto da culpabilidade para fazer parte de sua estrutura com o dolo ou culpa e a exigibilidade de conduta diversa.

O dolo seria a vontade consciente de realizar o fato típico com o conhecimento atual da ilicitude da conduta e, por isso, recebeu o nome de *dolus malus*, que permanece normativo.

No entanto, não bastava que o agente fosse imputável e tivesse agido com dolo ou culpa; era necessário que as condições em que foi praticada a conduta estivessem na seara da normalidade. Não deveriam existir situações que influenciassem o livre-arbítrio do sujeito para agir de forma diversa (ou seja, dentro da licitude), como ocorre nos casos de coação moral irresistível, ordem não manifestamente ilegal de superior hierárquico e, para quem a aceita, a legítima defesa exculpante.

Como se observa, de **vínculo psicológico** a culpabilidade passou a ser o **juízo de censura** sobre a conduta do agente.

2.3 Teoria normativa pura, extrema ou estrita

A teoria normativa pura decorreu da concepção finalista de crime sugerida por Welzel, o qual também propôs o conceito final de ação. A ação deixou de ser o ato voluntário que causa uma modificação no mundo exterior perceptível pelos sentidos, recebendo o conteúdo consistente na finalidade, que pode ser lícita ou ilícita.

Para essa teoria, o homem, com sua experiência, tem conhecimento acerca da causação provocada por cada comportamento (mera relação de causa e efeito). Por essa razão, deve direcionar sua conduta para evitar resultados danosos a bens de outras pessoas. Caso sua vontade seja dirigida para lesar bens jurídicos alheios ou mesmo se era voltada para atividade lícita, mas o agente não empregou a diligência necessária, acarretando o resultado naturalístico previsível, o fato passa a ser penalmente relevante. Afinal, o direito penal não deve se ocupar de condutas cegas, despidas de finalidade.

Sendo assim, o dolo e a culpa, no sistema final, foram transferidos da culpabilidade para o interior da conduta típica. Afastou-se o conteúdo normativo do dolo, que passou a ser **natural, avalorado**, por não mais englobar a consciência da ilicitude. Na culpabilidade, foram mantidas a imputabilidade e a exigibilidade de conduta diversa com a consciência da ilicitude, agora de forma potencial.

Restaram, pois, apenas elementos normativos na culpabilidade, daí ser a teoria em comento *normativa-pura*. Esquematicamente, temos:

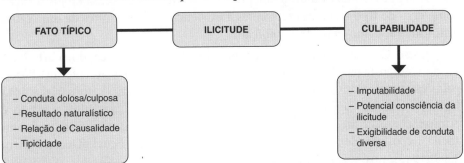

2.3.1 Teorias extremada e limitada da culpabilidade

A teoria normativa pura da culpabilidade possui, no que diz respeito às descriminantes putativas, duas vertentes: a **extremada** e a **limitada**. Como estudaremos mais detalhadamente no capítulo sobre a teoria do erro, as descriminantes putativas podem se dar com relação: a) aos pressupostos fáticos de uma causa de justificação; b) à existência ou aos limites de uma causa justificadora.

O sujeito, por erro (escusável ou não), pode se enganar a respeito da realidade que o cerca, imaginando estar vivenciando situação fática que, se realmente existisse, legitimá-lo-ia a agir acobertado por uma causa de exclusão da ilicitude.

Imagine, por exemplo, que o neto coloca em sua avó, idosa de 80 anos, uns óculos de realidade virtual que projeta imagens de animais ferozes no ambiente em que eles se encontram. A idosa, que não conhecia essa tecnologia, assusta-se ao ver um leão tão real vindo em sua direção e sai correndo, esbarrando em uma criança de 6 anos, que cai e se machuca. Como se observa, a mulher errou no que se refere à realidade por ela vivida naquele momento. Se realmente existisse um leão feroz indo em sua direção, a conduta por ela praticada (lesões corporais na criança) não seria antijurídica, pois justificada pelo estado de necessidade.

Considere agora um homem rude de uma pequena cidade interiorana que invade a casa de seu devedor inadimplente e se apropria de bens, acreditando que tinha esse direito. Nesse caso, o erro não incidiu sobre a realidade fática (pressupostos da causa de justificação), mas sim sobre a existência de uma causa de exclusão da ilicitude que, se fosse prevista em lei, tornaria a ação legítima.

As situações anteriormente propostas, a depender da vertente da teoria normativa que se adote, terão diferentes respostas jurídicas. Para a teoria **extremada**, as descriminantes putativas, em todas as suas possibilidades, caracterizam erro de proibição, estando sujeitas às suas consequências (art. 21 do Código Penal). Por sua vez, a teoria **limitada** trata as descriminantes putativas ocorridas por erro na avaliação dos pressupostos fáticos da causa de justificação como **erro de tipo** e aquelas referentes à existência ou aos limites de uma causa justificadora, como **erro de proibição**.

Nosso Código Penal adotou a **teoria limitada**, estabelecendo o art. 20, § 1º, do Código Penal: "É isento de pena quem, por erro plenamente justificado pelas circunstâncias, supõe situação de fato que, se existisse, tornaria a ação legítima. Não há isenção de pena quando o erro deriva de culpa e o fato é punível como crime culposo". Essa escolha foi, inclusive, registrada no item 19 da Exposição de Motivos da Parte Geral do Código Penal (Decreto-lei n. 2.848/1940), nos seguintes termos:

19. Repete o Projeto as normas do Código de 1940, pertinentes às denominadas 'descriminantes putativas'. Ajusta-se, assim, o Projeto à teoria limitada pela culpabilidade, que distingue o erro incidente sobre os pressupostos fáticos de uma causa de justificação do que incide sobre a norma permissiva. Tal como no Código vigente, admite-se nesta área a figura culposa (artigo 17, § 1º).

3. CULPABILIDADE FORMAL E CULPABILIDADE MATERIAL

a) Culpabilidade formal é aquela considerada abstratamente pelo *legislador* quando da elaboração de tipos penais. Leva em consideração a gravidade abstrata do fato, assim como o bem jurídico tutelado para a eleição dos limites máximo e mínimo das penas cominadas.

Quanto mais caros os bens tutelados para a sociedade e quanto maior sua violação, maior é o juízo formal de reprovabilidade. Por exemplo, a agressão ou a exposição a perigo da vida humana merece sanções abstratas mais gravosas do que aquelas dirigidas à honra.

b) Culpabilidade material, por sua vez, é aquela estabelecida no caso concreto, que incide sobre sujeito culpável que praticou fato típico e ilícito. É considerada pelo *juiz* para a fixação da pena em concreto. Para tanto, determina o art. 59, I e II, do Código Penal que o juiz, atendendo à culpabilidade, aos antecedentes, à conduta social, à personalidade do agente, aos motivos, às circunstâncias e às consequências do crime, bem como ao comportamento da vítima, estabelecerá, conforme necessário e suficiente para a reprovação e prevenção do crime, as penas aplicáveis entre as cominadas e a quantidade da pena aplicada, entre os limites previstos.

Por isso, a doutrina afirma existirem "graus de culpabilidade" que deverão nortear a escolha da reprimenda.

4. TEORIA DA COCULPABILIDADE

A Constituição Federal, em seu art. 5º, estabelece que todos são iguais perante a lei, sem distinção de qualquer natureza, garantindo-se aos brasileiros e aos estrangeiros residentes no País a inviolabilidade do direito à vida, à liberdade, à igualdade, à segurança e à propriedade. Além desses, a Carta Magna elenca outros direitos básicos e fundamentais, por exemplo, a educação básica obrigatória e gratuita dos 4 aos 17 anos.

Todavia, sabemos que essa não é a realidade vivenciada em nosso país, que conta com uma grande gama de pessoas excluídas socialmente, que vivem à margem da sociedade e que não têm sequer seus direitos básicos respeitados, o que pode interferir na formação do caráter. Essas pessoas privadas socialmente do mínimo existencial teriam, segundo a teoria da coculpabilidade, seu livre-arbítrio comprometido e, consequentemente, a capacidade de autodeterminação abalada em razão das circunstâncias em que vivem.

Assim, o Estado e a sociedade como um todo deveriam suportar o ônus por não garantirem os direitos básicos a todos, culminando na exclusão social. Isso se daria com a aplicação, em favor do réu marginalizado, da atenuante genérica consistente na coculpabilidade, o que é feito com fulcro no art. 66 do Código Penal.

Por outro lado, deveriam ser punidos com mais rigor aqueles indivíduos que, mesmo possuindo alto poder econômico e social, determinaram-se à prática de crimes, muitas vezes aproveitando-se dessa vantagem, como no caso dos chamados delitos de colarinho-branco.

Por seu turno, a coculpabilidade busca amenizar a pena dos excluídos socialmente, para a **coculpabilidade às avessas**, pessoas privilegiadas socialmente deverão receber punição mais rígida pelo cometimento de crimes, uma vez que o ingresso no mundo da ilicitude geralmente se dá por vaidade ou fraqueza de caráter.

No entanto, embora haja permissivo legal para a aplicação da atenuante genérica (art. 66 do Código Penal), inexiste previsão legal para que se eleve a pena com base em uma agravante genérica. Por esse motivo, quaisquer considerações acerca dessas circunstâncias deverão ser feitas quando da eleição da pena-base.

5. QUESTÃO DE CONCURSO

Questão 1

(MPBA – Juiz de Direito – Banca própria – 2018) Assinale a alternativa correta.

A) A capacidade penal e a imputabilidade são pressupostos ou requisitos fundamentais do juízo de culpabilidade, mas não se distinguem.

B) A noção de capacidade penal é absoluta e se refere à própria posição da pessoa perante o ordenamento jurídico-penal e, aplicável a qualquer relação hipotética que possa existir.

C) De acordo o sistema biopsicológico adotado pelo Código Penal, a imputabilidade deve ser aferida antes da prática do delito.

D) As alternativas "A" e "C" estão corretas.

E) As alternativas "A", "B" e "C" estão corretas.

GABARITO: 1. B.

CAPÍTULO 26

Imputabilidade, potencial consciência da ilicitude e exigibilidade de conduta diversa

Maria Augusta Diniz

1. INTRODUÇÃO

Nos capítulos anteriores, estudamos que, segundo a **concepção finalista de crime**, aquela adotada pela maioria da doutrina pátria, a culpabilidade, seja tratada como elemento do conceito delito (posição tripartida), seja como pressuposto de aplicação da pena, é formada por: a) imputabilidade; b) potencial consciência da ilicitude; c) exigibilidade de conduta diversa.

Passemos à análise de cada um desses requisitos.

1.1 Imputabilidade

Imputabilidade é a capacidade de compreender o caráter ilícito da conduta e de autodeterminar-se de acordo com esse entendimento. Temos, assim, dois elementos, sendo um **cognitivo**, intelectual, consistente na *higidez psíquica* que dá aptidão para entender que determinado comportamento é ilícito, proibido e que acarreta penalidades, e outro, **volitivo**, consubstanciado na *capacidade de dirigir suas ações* em conformidade com essa compreensão.

Nosso Código Penal trata do tema nos arts. 26 ao 28, indicando, na verdade, as situações de inimputabilidade: a) inimputabilidade por doença mental ou desenvolvimento incompleto ou retardado; b) inimputabilidade por imaturidade (menoridade penal); c) inimputabilidade por embriaguez completa e fortuita.

Em todos esses casos, para que seja afastada a culpabilidade, ficando o agente isento de pena, é necessário que ele, ao tempo da ação ou omissão, esteja **completamente** privado da capacidade de entender o caráter ilícito do fato e/ou de se determinar. Caso essa aptidão esteja apenas **reduzida** no momento da conduta, a consequência será a diminuição da reprimenda. Somente no caso da **menoridade penal**, a ausência capacidade de compreensão e autogerência é presumida de forma absoluta (*juris et de iure*).

1.2 Critérios para aferição da inimputabilidade

Existem três principais critérios de averiguação para que saibamos se determinado indivíduo é imputável ou não:

a) Critério biológico: a inimputabilidade é aferida unicamente com a constatação de que o sujeito apresenta alguma doença mental ou desenvolvimento incompleto ou retardado. Não importa se essas causas interferiram, quando da prática da conduta, na capacidade de entendimento e determinação, pois há a presunção absoluta de inimputabilidade. Foi o critério utilizado com relação aos menores de 18 anos, os quais sempre serão considerados inimputáveis, mesmo que tenham capacidade de entendimento e de determinação (art. 228 da Constituição Federal e art. 27 do Código Penal).

b) Critério psicológico: a inimputabilidade é aferida no caso concreto, devendo-se verificar se o sujeito, quando da prática da conduta, tinha sua capacidade de entendimento e de autodeterminação íntegra, sendo indiferente se ele é acometido de eventual doença mental ou desenvolvimento incompleto ou retardado. Esse critério foi estabelecido relativamente à embriaguez completa e fortuita (art. 28, § 1º).

c) Critério biopsicológico: para que o agente seja considerado inimputável, é necessário que ele não apresente higidez mental em razão de doença mental *e* que, no momento da prática da conduta, ele não tenha condições de entender o caráter ilícito do fato e/ou de se autodeterminar com esse entendimento. Como se vê, é uma *junção dos critérios anteriores*, sendo a *presunção de imputabilidade relativa*. Isso significa que, atingidos os 18 anos, o indivíduo é automaticamente considerado imputável. Será, pois, tido como inimputável caso pratique fato típico e ilícito e o juiz verifique, no caso concreto, que ele não tinha, em razão de doença mental ou desenvolvimento retardado (o que é constatado por perícia), íntegra capacidade de entendimento e autodeterminação.

O critério biopsicológico foi adotado, pelo Código Penal, como regra, dispondo o *caput* do art. 26 que "é isento de pena o agente que, por doença mental ou desenvolvimento mental incompleto ou retardado, era, ao tempo da ação ou da omissão, inteiramente incapaz de entender o caráter ilícito do fato ou de determinar-se de acordo com esse entendimento".

As exceções, já mencionadas, são: a) inimputabilidade por desenvolvimento mental incompleto (menoridade penal); b) inimputabilidade por embriaguez completa proveniente de caso fortuito ou força maior.

Passemos, então, ao estudo das causas de inimputabilidade.

1.3 Causas de inimputabilidade

Para que o sujeito seja considerado imputável, é necessário não só que ele tenha higidez mental, mas também que, no momento da prática criminosa, possua capacidade de entender o caráter ilícito da conduta por ele praticada e de autodeterminar-se de acordo com esse entendimento.

Anote-se, com relação ao segundo requisito, que não se exige, nesse momento, que o agente tenha, de fato, alcançado o entendimento de que a conduta é ilícita. Como estudaremos adiante, é possível que ele incida em erro, sendo a culpabilidade afastada não em razão da inimputabilidade, mas sim da ausência de consciência da ilicitude por erro de proibição. Quando da análise da imputabilidade, a verificação se dá relativamente à **capacidade abstrata de entendimento**, que é dependente de condições pessoais intrínsecas (por exemplo, causas orgânicas ou psicomotoras).

Nosso ordenamento penal presume que toda pessoa maior de 18 anos é imputável. Todavia, enfermidades patológicas ou situações de origem toxicológica podem afastar essa presunção (que, como dito, é relativa). Considerando tais considerações, temos as seguintes causas de exclusão da imputabilidade:

a) menoridade penal (art. 228 da Constituição Federal e art. 27 do Código Penal);

b) doença mental (art. 26, *caput*, do Código Penal);

c) desenvolvimento mental incompleto (arts. 26, *caput*, e 27 do Código Penal);

d) desenvolvimento mental retardado (art. 26, *caput*, do Código Penal);

e) embriaguez completa proveniente de caso fortuito ou força maior (art. 28, § 1º, do Código Penal).

1.3.1 Menoridade penal

A inimputabilidade por menoridade penal está estabelecida no art. 228 da Constituição Federal de 1988, que determina que os menores de 18 anos estão sujeitos às normas da legislação especial (Estatuto da Criança e do Adolescente). Essa disposição já constava no art. 23 da redação original do Código Penal de 1940.

Há também expressa previsão no art. 104 do Estatuto da Criança e do Adolescente, segundo o qual são penalmente inimputáveis os menores de 18 anos, que são sujeitos às medidas previstas nessa lei.

Adota-se, pois, com relação às pessoas menores de 18 anos, o **critério biológico**, sendo a **presunção de inimputabilidade absoluta**. Não importa se o indivíduo é civilmente emancipado, trabalha ou se já constituiu família. Se ele praticar um fato típico e ilícito, estará sujeito à legislação específica.

A Exposição de Motivos da Parte Geral do Código Penal (Decreto-lei n. 2.848/1940) explicita a razão da idade fixada (18 anos) como o marco da presunção de imputabilidade penal. Trata-se de critério de política criminal, que leva em consideração a incompletude do desenvolvimento e da aprendizagem social dessas pessoas, como destacado no item 23:

> Manteve o Projeto a inimputabilidade penal ao menor de dezoito anos. Trata-se de opção apoiada em critérios de Política Criminal. Os que preconizam a redução do limite, sob a justificativa da criminalidade crescente, que a cada dia recruta maior número de menores, não consideram a circunstância de que o menor, ser ainda incompleto, é naturalmente antissocial na medida em que não é socializado ou instruído. O reajustamento do processo de formação do caráter deve ser cometido à educação, não à pena criminal. De resto, com a legislação de menores recentemente editada, dispõe o Estado dos instrumentos necessários ao afastamento do jovem delinquente, menor de dezoito anos, do convívio social, sem sua necessária submissão ao tratamento do delinquente adulto, expondo-o contaminação carcerária.

Conforme explicita o parágrafo único do art. 104 do Estatuto da Criança e do Adolescente, a idade deverá ser considerada à data do fato. A maioridade penal é alcançada no primeiro minuto do dia de aniversário do agente, devendo ser considerado o horário do local onde o injusto foi praticado.

Imagine, por exemplo, que um indivíduo residente em Manaus vá até Brasília e lá cometa um fato típico e ilícito às 00h30 do dia de seu aniversário de 18 anos, no horário da capital. Em razão da diferença de fuso horário, em Manaus, a hora seria 23h30. Ocorre que será considerado o **horário do local da prática do fato** e, por isso, em nosso exemplo, já foi atingida a imputabilidade, podendo o sujeito responder pela prática de crime (e não de ato infracional).

Ademais, deverá ser considerada a idade no **momento da conduta** (**teoria da atividade**, prevista no art. 4º do Código Penal), o que torna indiferente quantos anos ele tinha quando do resultado. Caso se trate de delito de natureza permanente, cuja conduta se protrai no tempo, será considerada a idade no momento de cessação da permanência (que é o do término da conduta).

Destaque-se, porém, que, nos casos expressos em lei, aplica-se excepcionalmente o Estatuto da Criança e do Adolescente às pessoas entre 18 e 21 anos (art. 2º, parágrafo único, deste Estatuto). Por óbvio, em razão da disposição constitucional (art. 228), a aplicação excepcional não diz respeito à imputabilidade etária, que sempre será alcançada quando a pessoa completar 18 anos.

Como exemplo, podemos citar o § 5º do art. 121 do Estatuto, que estabelece que a liberação da medida socioeducativa de internação será compulsória aos 21 anos, regra que se aplica também à semiliberdade (art. 120, § 2º).

O STJ entende que a liberdade assistida também poderá ser aplicada após a maioridade penal, registrando o posicionamento por meio da Súmula n. 605, segundo a qual "a superveniência da maioridade penal não interfere na apuração de ato infracional nem na aplicabilidade de medida socioeducativa em curso, inclusive na liberdade assistida, enquanto não atingida a idade de 21 anos".

A exceção diz respeito às consequências da prática infracional, jamais à imputabilidade penal. Só cometerá ato infracional e poderá, por tal fato, ser vinculado ao cumprimento de medida socioeducativa (jamais de pena) o adolescente (pessoa que possui entre 12 anos completos de 18 anos incompletos). No entanto, mesmo atingida a maioridade penal, o imputável poderá receber a aplicação de medida socioeducativa em razão de ato infracional **que praticou durante a adolescência**.

O adolescente que praticar ato infracional e que seja portador de doença ou deficiência mental deverá receber tratamento individual e especializado em local adequado a suas condições (art. 112, § 3º, do Estatuto da Criança e do Adolescente), e jamais uma medida de segurança. Ademais, segundo o STJ, caso seja determinado tratamento psiquiátrico para o adolescente submetido à medida socioeducativa de internação, ele deverá ser contabilizado no prazo máximo de três anos aplicável a essa restrição de liberdade, nos termos do art. 121, § 3º, do Estatuto[1].

Por fim, destaque-se que a menoridade penal deverá ser comprovada por meio de documento hábil (Súmula n. 74 do STJ).

1.3.2 Inimputabilidade por doença mental ou semi-imputabilidade por perturbação da saúde mental

Doença mental é a alteração na saúde que causa impacto nas emoções, pensamentos e comportamentos. Não é qualquer doença mental que tornará o sujeito maior de 18 anos inimputável ou semi-imputável, mas apenas aquelas capazes de atingir a capacidade de entendimento do caráter ilícito do fato e de se autodeterminar conforme esse entendimento.

A doença mental pode ser permanente ou transitória, como ocorre nos delírios decorrentes de febres altas. Contudo, para influenciar a imputabilidade, deve ser apta a atingir a capacidade de entendimento e determinação **no momento da prática da conduta típica e ilícita (critério biopsicológico)**. Durante os intervalos de lucidez, o sujeito é imputável.

---

[1] Tratamento psiquiátrico deve ser contabilizado no prazo máximo de medida socioeducativa de internação. Superior Tribunal de Justiça, Brasília, 29 de maio de 2022. Disponível em: https://www.stj.jus.br/sites/portalp/Paginas/Comunicacao/Noticias/29042022-Tratamento-psiquiatrico-deve-ser-contabilizado-no-prazo-maximo--da-medida-socioeducativa-de-internacao.aspx.

A inimputabilidade por doença mental apresenta, pois, dois aspectos, um **intelectivo** (incapacidade de compreensão de que o fato é ilícito) e outro **volitivo** (incapacidade de atuar de acordo com essa compreensão).

O agente ficará **isento de pena** (dada a exclusão da culpabilidade) se, em razão de doença mental, era, ao tempo da ação ou da omissão, **inteiramente** incapaz de entender o caráter ilícito do fato ou de determinar-se de acordo com esse entendimento (art. 26, *caput*, do Código Penal). A total incapacidade de compreensão e determinação é a razão de ser da inimputabilidade.

Todavia, haverá apenas a **redução da pena** (de um a dois terços) se a perturbação da saúde mental não retirar completamente do sujeito a capacidade de entendimento e determinação (art. 26, parágrafo único, do Código Penal). Aqui, têm-se os chamados *indivíduos fronteiriços*, que, em razão de fatores biológicos, não conseguem captar de modo satisfatório, completo, o sentido das normas de convivência.

Nesse último caso, temos a chamada **culpabilidade reduzida** ou **imputabilidade diminuída**, não havendo a exclusão da culpabilidade, uma vez que a capacidade de compreensão e autocontrole se encontra presente, embora de forma reduzida, em razão de perturbação da saúde mental (que, para alguns, não deixa de ser uma doença mental, conquanto mais leve).

Tanto na hipótese de doença mental quanto na de perturbação da saúde mental, deverá o Ministério Público oferecer denúncia, dando início a uma ação penal. O juiz, então, atendendo ao critério biopsicológico, verificará, por meio de perícia técnica, o abalo na higidez intelectiva do denunciado (causa biológica) e se a capacidade de discernimento e de determinação foi prejudicada quando da prática da conduta (consequência psicológica). A partir daí, três hipóteses são possíveis:

a) constata-se que o agente não era portador de doença mental (nem na forma mitigada) ou que a enfermidade que o acomete não acarretou alteração na capacidade de entendimento e determinação no momento a prática do fato: o juiz condenará o sujeito, aplicando sanção prevista no tipo penal em cujas penas tornou-se incurso;

b) constata-se que o agente, no momento da conduta, era **inteiramente** incapaz de entender o caráter ilícito do fato ou de determinar-se de acordo com esse entendimento em razão de doença mental: o juiz absolverá o sujeito, aplicando-lhe uma **medida de segurança**, o que se chama de *absolvição imprópria*;

c) constata-se que o agente, em razão de perturbação de saúde mental, **não era inteiramente** capaz de entendimento e determinação no momento da prática criminosa: o juiz condenará o sujeito, aplicando-lhe sanção prevista no tipo penal em cujas penas tornou-se incurso. Para tanto, após eleger a pena-base e a pena intermediária, aplicará, na terceira fase da dosimetria, a **causa geral de diminuição de pena** prevista no parágrafo único do art. 26 do Código Penal.

A escolha do *quantum* de redução, por sua vez, deverá variar conforme o grau de redução na capacidade de discernimento e autodeterminação; quanto maior a interferência da perturbação da saúde mental na prática da conduta, maior o percentual de redução.

Perceba que, em nenhum caso, o condenado receberá simultaneamente uma pena e uma medida de segurança, pois nosso Código Penal adotou o **sistema vicariante ou unitário**, e não o **sistema do duplo binário, de dois trilhos ou de dupla via**, por meio do qual o semi-imputável cumpre inicialmente a pena e depois, se necessário, a medida de segurança.

1.3.3 Inimputabilidade ou semi-imputabilidade por desenvolvimento mental incompleto ou retardado

O desenvolvimento mental poderá ser incompleto tanto em razão da menoridade penal quanto pela ausência de assimilação dos valores sociais em virtude da cultura em que o sujeito se encontra inserido. No primeiro caso, haverá a aplicação do art. 27 do Código Penal, sendo a presunção de inimputabilidade absoluta e prevalente sobre as demais.

Assim, se o menor de idade possuir alguma deficiência psíquica, o afastamento da culpabilidade será em razão do critério biológico, servindo a alteração mental para a escolha da medida socioeducativa e/ou protetiva eventualmente imposta.

Os adolescentes portadores de doença ou deficiência mental que praticarem ato infracional deverão receber tratamento individual e especializado, em local adequado às suas condições (art. 112, § 3º, do Estatuto da Criança e do Adolescente). Jamais poderão ser recolhidos em hospital de custódia e tratamento psiquiátrico, local destinado ao cumprimento de medida de segurança detentiva por parte de imputáveis.

Como exemplo de desenvolvimento mental incompleto em razão da ausência de assimilação dos valores sociais, temos o silvícola não civilizado. Anote-se, todavia, que nem sempre o indígena será inimputável, o que dependerá do grau de assimilação das normas jurídico-sociais que ele possua.

Se ele, por exemplo, viver na sociedade, será considerado imputável (exceto se houver exclusão por outra causa, como doença mental). Caso viva na tribo, mas transite pela sociedade com acesso às suas normas, poderá ser considerado semi-imputável, dependendo do grau de assimilação de tais regras. Será, contudo, inimputável se viver isolado, sem qualquer contato com as normas sociais.

Desenvolvimento mental retardado, por sua vez, é aquele incompatível com a fase de vida em que se encontra o indivíduo. Citem-se os exemplos dos oligofrênicos e daqueles que tiveram seu normal desenvolvimento psíquico comprometido em razão de ausência ou debilidade em algum dos sentidos (em alguns casos, a surdo-mudez faz com que o indivíduo, embora consiga comunicar-se por sinais, tenha reduzida possibilidade de participação da vida social).

Presente o desenvolvimento mental incompleto ou retardado, deverá ser averiguado se, à época da conduta, a capacidade do agente de entendimento e determinação foi comprometida. Caso se constate que ele era inteiramente incapaz dessa compreensão, será isento de pena (absolvido) e receberá uma medida de segurança. Se essa aptidão tiver sido apenas abalada, a culpabilidade ficará íntegra, havendo, porém, redução da pena.

1.4 Consequências da inimputabilidade e da semi-imputabilidade

As consequências acarretadas pela inimputabilidade e semi-imputabilidade variarão conforme o grau de influência exercida sobre a capacidade que o agente teve de entender o caráter ilícito do fato ou de determinar-se de acordo com esse entendimento.

Com relação aos menores de 18 anos, a presunção de inimputabilidade é absoluta e, em razão da peculiaridade dessas pessoas em desenvolvimento, a resposta estatal à prática de ilícitos (chamados de atos infracionais) é disciplinada na Lei n. 8.069/1990 (Estatuto da Criança e do Adolescente). Os inimputáveis etários responderão perante juízo especializado, mesmo que praticarem atos dolosos contra a vida.

O Estatuto denomina **ato infracional** a conduta descrita como crime ou contravenção praticada por menores de idade (art. 103). Se uma criança (pessoa até 12 anos incompletos, cf. art. 2º) comete um ato infracional (conduta típica e ilícita), deverá ser incluída em uma (ou mais) das medidas protetivas previstas no art. 101, que são:

I – encaminhamento aos pais ou responsável, mediante termo de responsabilidade;

II – orientação, apoio e acompanhamento temporários;

III – matrícula e frequência obrigatórias em estabelecimento oficial de ensino fundamental;

IV – inclusão em serviços e programas oficiais ou comunitários de proteção, apoio e promoção da família, da criança e do adolescente;

V – requisição de tratamento médico, psicológico ou psiquiátrico, em regime hospitalar ou ambulatorial;

VI – inclusão em programa oficial ou comunitário de auxílio, orientação e tratamento a alcoólatras e toxicômanos;

VII – acolhimento institucional;

VIII – inclusão em programa de acolhimento familiar;

IX – colocação em família substituta.

Não importa a gravidade em abstrato ou até mesmo em concreto do ato praticado, uma criança jamais será submetida a uma pena, medida de segurança ou medida socioeducativa. Por outro lado, se um adolescente (pessoa entre 12 anos completos e 18 incompletos) pratica um ato infracional, estará sujeito ao cumprimento de medida socioeducativa, nos termos do art. 12 do Estatuto:

> Art. 112. Verificada a prática de ato infracional, a autoridade competente poderá aplicar ao adolescente as seguintes medidas:
> I – advertência;
> II – obrigação de reparar o dano;
> III – prestação de serviços à comunidade;
> IV – liberdade assistida;
> V – inserção em regime de semi-liberdade;
> VI – internação em estabelecimento educacional;
> VII – qualquer uma das previstas no art. 101, I a VI.

A medida aplicada ao adolescente levará em conta a sua capacidade de cumpri-la, as circunstâncias e a gravidade da infração (§ 1º do art. 112 do ECA). Em hipótese alguma e sob nenhum pretexto, será admitida a prestação de trabalho forçado (§ 2º do art. 112 do ECA). E os **adolescentes** portadores de **doença ou deficiência mental** receberão tratamento individual e especializado, em local adequado às suas condições (§ 3º do art. 112 do ECA).

Com relação aos demais inimputáveis e aos semi-imputáveis, o processo (iniciado por denúncia ou queixa-crime) e julgamento ocorrerão na Vara Criminal ou do Tribunal do Júri (ou outra especializada que não a responsável pelo processamento de julgamento de atos infracionais). Em obediência ao critério biopsicológico, o juiz verificará, por meio de perícia técnica, se o réu possui alguma doença mental, perturbação da saúde mental ou desenvolvimento mental incompleto ou retardado. Sendo o laudo pericial nesse sentido, o julgador observará se, no momento da conduta, o agente, em razão dessas condições, era incapaz (total ou parcialmente) de entender o caráter ilícito do fato ou de determinar-se de acordo com esse entendimento.

Se for constatado que o sujeito, no momento da prática criminosa, era inteiramente incapaz de entendimento e determinação, ficará isento de pena e será absolvido, nos moldes do art. 386, parágrafo único, III, do Código de Processo Penal (absolvição imprópria), sendo-lhe aplicada uma medida de segurança (art. 96 do Código Penal). Se essa capacidade estava apenas abalada, não estando o agente completamente privado dela (semi-imputabilidade, semiculpabilidade ou responsabilidade diminuída), será condenado, mas a pena sofrerá uma redução que variará de um a dois terços.

Em disposições semelhantes àquelas previstas no art. 26, *caput* e parágrafo único, do Código Penal, a Lei de Drogas (Lei n. 11.343/2006) estabelece que "é isento de pena o agente que, em razão da dependência, ou sob o efeito, proveniente de caso fortuito ou força maior, de droga, era, ao tempo da ação ou da omissão, qualquer que tenha sido a infração penal praticada, inteiramente incapaz de entender o caráter ilícito do fato ou de determinar-se de acordo com esse entendimento" (art. 45) e que "as penas podem ser reduzidas de um terço a dois terços se, por força das circunstâncias previstas no art. 45 desta Lei, o agente não possuía, ao tempo da ação ou da omissão, a plena capacidade de entender o caráter ilícito do fato ou de determinar-se de acordo com esse entendimento" (art. 46).

Se a perícia não conseguir indicar se, no momento do fato, a doença ou a perturbação mental inviabilizaram por completo ou apenas parcialmente a capacidade de culpabilidade do agente no momento do fato, deve ser aplicado o *in dubio pro reo*, com a absolvição imprópria (e não a presunção de imputabilidade).

Enquanto para a aplicação de pena aos imputáveis é feito um juízo de culpabilidade (censura), para a imposição de uma medida de segurança aos inimputáveis o juízo é de periculosidade.

1.5 Emoção e paixão

Antônio Damásio, um dos maiores neurocientistas da atualidade que vem se debruçando sobre o estudo das emoções, explica que elas:

> (...) são conjuntos complexos de reações químicas e neurais, formando um padrão; todas as emoções têm algum tipo de papel regulador a desempenhar, levando, de um modo ou de outro, à criação de circunstâncias vantajosas para o organismo em que o fenômeno se manifesta; as emoções estão ligadas à vida de um organismo, ao seu corpo, para ser exato, e seu papel é auxiliar o organismo a conservar a vida[2].

As emoções são, portanto, imprescindíveis para a sobrevivência humana. Imagine, por exemplo, se não sentíssemos medo ou nojo. Certamente praticaríamos condutas altamente perigosas ou comeríamos alimentos estragados, o que poderia ocasionar efeitos fatais.

Por serem sensações físicas e emocionais sentidas por todos os seres humanos, nosso Código Penal estabelece que a emoção e a paixão não excluem a imputabilidade penal (art. 28, I).

Embora o legislador não a tenha definido, para fins penais, a **emoção** é "o estado afetivo que acarreta a perturbação transitória do equilíbrio psíquico, tal como na ira, medo, alegria, cólera, ansiedade, prazer erótico, surpresa e vergonha"[3]. Podem ser: a) **astênicas**, ou seja, resultantes daquele que sofre debilidade orgânica, gerando situações de medo, desespero, pavor; ou b) **estênicas**:

---

[2] DAMÁSIO, Antônio. *O mistério da consciência*: do corpo e das emoções ao conhecimento de si. São Paulo: Companhia das Letras, 2000. E-book.

[3] MASSON, Cléber. *Direito penal*: parte geral (arts. 1º a 120). 15. ed. Rio de Janeiro: Forense/Método, 2021. v. 1, p. 486.

que decorrem da pessoa que é vigorosa, forte e ativa, provocando situações de cólera, irritação, destempero, ira. Há, ainda, situações fronteiriças, em que, de um estado, surge outro[4].

Paixão, por seu turno, "é a emoção mais intensa, ou seja, a perturbação duradoura do equilíbrio psíquico", como ocorre no amor, inveja, avareza, ciúme, vingança, ódio, fanatismo e ambição[5].

Quando elas sofrerem alterações em razão de situações de imputabilidade ou semi-imputabilidade decorrente de causas patológicas, aplicar-se-á o art. 26, *caput* e parágrafo único, do Código Penal.

Contudo, ausentes situações de doença ou perturbação mental ou de desenvolvimento mental incompleto ou retardado, por mais violenta que seja a interferência desses estados na psique do agente, a imputabilidade permanecerá íntegra, uma vez que a capacidade de entendimento e a de autodeterminação poderiam ser alcançadas após certo esforço por parte do agente. Nada obstante, o Código Penal prevê situações em que a pena será diminuída, caso o indivíduo tenha atuado sob o domínio ou influência de certas emoções ou paixões.

Assim, determina o art. 65, III, *c*, última parte, que é circunstância que sempre atenua a pena o fato de o agente ter cometido o crime sob a influência de violenta emoção, provocada por ato injusto da vítima. O § 1º do art. 121, por sua vez, estabelece que, se o agente comete o homicídio sob o domínio de violenta emoção, logo em seguida à injusta provocação da vítima, o juiz pode reduzir a pena de um sexto a um terço. Disposição semelhante a esta última é prevista no art. 129, § 4º, referente ao crime de lesões corporais.

1.6 Embriaguez

Embriaguez é a intoxicação aguda e temporária no organismo humano, causada pela ingestão de álcool ou uso de substância de efeitos análogos, capaz de alterar a capacidade de entendimento e autodeterminação do sujeito. Dependendo da sua origem e intensidade, a embriaguez poderá ou não afastar a imputabilidade do sujeito, como será analisado adiante. Ademais, não se exige, para efeitos penais, que a *substância de efeitos análogos aos do álcool* esteja prevista como droga ilícita em Portaria do Ministério da Saúde.

1.6.1 Espécies de embriaguez

Com relação à intensidade, a embriaguez pode ser:

a) completa ou total: acarreta a perda da consciência e da vontade, havendo alterações nas funções intelectuais, no juízo crítico, na atenção e na memória;

---

[4] MASSON, Cléber. *Direito penal*: parte geral (arts. 1º a 120). 15. ed. Rio de Janeiro: Forense/Método, 2021. v. 1, p. 487.
[5] MASSON, Cléber. *Direito penal*: parte geral (arts. 1º a 120). 15. ed. Rio de Janeiro: Forense/Método, 2021. v. 1, p. 486.

b) incompleta ou parcial: acarreta o relaxamento dos freios inibitórios, mas o agente ainda conserva, embora minimamente, a capacidade de entendimento e autodeterminação.

Quanto à origem, a embriaguez pode ser:

a) não acidental: quando o sujeito ingere ou faz uso, por livre vontade, de álcool ou substância de efeitos análogos. Dependendo da intenção do agente, a embriaguez não acidental pode ser:

a.1) voluntária: quando a intenção do agente é a de embriagar-se, ou seja, colocar-se em estado de total ou parcial perda da consciência. É dividida em:

a.1.1) voluntária em sentido estrito: quando o sujeito faz uso do álcool ou substância análoga para embriagar-se, com outra finalidade que não seja a de cometer atos ilícitos;

a.1.2) preordenada: quando o agente se coloca intencionalmente na situação de ebriez *com a finalidade de cometer atos ilícitos*. Constitui circunstância agravante prevista no art. 61, II, *l*, do Código Penal;

a.2) culposa: a intenção do agente não é a de embriagar-se, mas, por descuido, acaba por exceder seus limites;

b) acidental: quando a embriaguez resulta de caso fortuito ou força maior. É proveniente de caso fortuito "quando o sujeito desconhece o efeito inebriante da substância que ingere ou quando, desconhecendo uma particular condição fisiológica, ingere substância que possui álcool (ou sustância análoga), ficando embriagado"[6]. Ele não tem ciência do processo que resultará na embriaguez. É o caso do indivíduo que inicia tratamento com determinada medicação, sem saber que ela potencializa os efeitos do álcool e termina por embriagar-se ao ingerir uma taça de vinho.

Por sua vez, advém de força maior quando é obrigado a ingerir uma bebida que contém álcool ou a fazer uso de substância com efeito análogo. Ele tem ciência de que recebe a substância, mas, por razões externas, não pode resistir;

c) patológica ou crônica: é aquela resultante de uma alteração patológica no organismo do sujeito, que causa anormal intensidade ou duração de seus efeitos. Como exemplo, podemos citar o caso de filho de alcoólatra que pode ter um acesso furioso após a ingestão de pequena dose. É tratada como doença mental ou como perturbação da saúde mental a depender do caso, incidindo as regras previstas no *caput* do art. 26 e seu parágrafo único. Assim, se, no momento da conduta, o agente estava completamente privado de sua capacidade de entendimento ou determinação, será considerado imputável, recebendo uma medida de segurança. Se essa capacidade

---

[6] JESUS, Damásio de. *Direito penal:* parte geral. Atualização de André Estefam. 37. ed. São Paulo: Saraiva Educação, 2020. v. 1. *E-book.*

estava reduzida, será tido por inimputável e terá sua pena reduzida de um a dois terços.

Também é o caso da drogadição, uma vez que o art. 45 da Lei n. 11.343/2006 estabelece que é isento de pena o agente que, *em razão da dependência*, era, ao tempo da ação ou omissão, qualquer que tenha sido a infração penal praticada, inteiramente incapaz de entender o caráter ilícito do fato ou de determinar-se de acordo com esse entendimento.

O art. 46, por sua vez, prevê que as penas podem ser reduzidas de um terço a dois terços se, por força das circunstâncias previstas no art. 45 dessa Lei, o agente não possuía, ao tempo da ação ou da omissão, a plena capacidade de entender o caráter ilícito do fato ou de determinar-se de acordo com esse entendimento.

A embriaguez acidental e a não acidental são tipos de **embriaguez aguda, simples ou fisiológica.**

Diferentemente da embriaguez patológica ou crônica, que é apta a tornar o agente inimputável ou semi-imputável, a embriaguez **não acidental**, voluntária ou culposa, não exclui a imputabilidade penal (art. 28, II, do Código Penal).

A embriaguez **acidental,** proveniente de caso fortuito ou força maior excluirá a imputabilidade penal quando for **completa**, tornando o agente, ao tempo da ação ou da omissão, inteiramente incapaz de entender o caráter ilícito do fato ou de determinar-se de acordo com esse entendimento (art. 28, § 1º, do Código Penal). Por outro lado, embriaguez acidental poderá acarretar a redução da pena de um a dois terços caso o agente, ao tempo da conduta, não possua a *plena* capacidade de entendimento e determinação.

1.6.2 Embriaguez não acidental. Teoria da actio libera in causa

Conforme mencionado anteriormente, a embriaguez **não acidental**, seja voluntária, seja culposa, não tem aptidão para excluir a imputabilidade penal (art. 28, II, do Código Penal), independentemente de ter o agente, quando da prática da conduta, alterada ou anulada sua capacidade de entender o caráter ilícito de seu comportamento e de autodeterminar-se com esse entendimento.

Essa responsabilização só é possível em razão da incidência da teoria da *actio libera in causa* ("ação livre na causa"), que leva em consideração a máxima "a causa da causa também é a causa do que foi causado".

O raciocínio é o seguinte: a causa do crime é a conduta do agente embriagado e a embriaguez resultou de ato consciente e voluntário. Ora, se a autocolocação em estado de ebriez foi livre, praticada quando o sujeito tinha capacidade de entendimento e determinação, significa que ela foi completamente decisiva para a atuação posterior (conduta criminosa). E, se a ação de se embriagar foi livre e voluntária, nesse momento deverá ser analisada a imputabilidade do agente.

Tem-se, portanto, como regra geral, a verificação da imputabilidade no momento da prática da ação ou omissão e, como exceção, a verificação antecipada quando a conduta for cometida em estado de embriaguez não acidental (voluntária ou culposa).

Nesse último caso, não haverá coincidência temporal entre a consciência e a conduta. Esta é analisada em duas etapas: a) a ação **livre** de se autocolocar (culposa ou voluntariamente) em estado de inimputabilidade; b) a ação **não livre** consistente na prática criminosa (que pode ser comissiva ou omissiva).

No caso de embriaguez voluntária preordenada, a teoria não oferece maiores resistências. Se o agente se colocou, propositalmente, em estado de ebriez, com a finalidade de praticar infrações penais, é nítido o dolo direto. **A embriaguez faz parte do seu plano criminoso** e, por isso, será indiferente a ausência da capacidade de entendimento e determinação no momento posterior, quando da conduta. O fato de o agente colocar-se nessa situação, buscando a neutralização de seus freios inibitórios, é, inclusive, mais reprovável, incidindo sobre a pena a circunstância agravante prevista no art. 61, II, *l*, do Código Penal.

Ocorre que a teoria da *actio libera in causa*, inicialmente desenvolvida apenas para situações de embriaguez preordenada, foi posteriormente estendida a todos casos em que o sujeito se coloca em estado de inimputabilidade e, nessas condições, comete um delito. Essa ampliação resultou no reconhecimento da imputabilidade, que é justamente a capacidade de entendimento e autodeterminação, em situações em que o sujeito dela estava privado. Parcela da doutrina, então, passou a criticar o instituto, argumentando que ele trouxe a lume a **responsabilidade objetiva**.

A situação se torna mais gritante no caso de embriaguez culposa, pois não há qualquer nexo psicológico entre o fato de ingerir substância alcoólica ou de efeitos análogos e a prática de um crime. Por essa razão, *entendo* que a melhor solução seria a verificação, quando do ato de embriagar-se, da presença do elemento subjetivo (dolo ou culpa).

Em minha opinião, a aplicação da teoria da *actio libera in causa* é adequada no caso de dolo eventual, que ocorre, por exemplo, quando o sujeito tem a consciência de que se porta de forma violenta após a ingestão de bebida alcoólica e, mesmo assim, decide por embriagar-se, assumindo o risco do resultado. Também não vejo problema quando a prática da conduta criminosa, embora não querida ou assumida, era plenamente previsível, tendo a embriaguez resultado da inobservância do dever objetivo de cuidado (culpa).

Contudo, é mais difícil de inserir no âmbito da responsabilidade subjetiva a conduta criminosa imprevisível resultante de embriaguez culposa. Por exemplo, "H", homem adulto que nunca teve pensamentos pedófilos, costuma beber socialmente, aos finais de semana, com seus colegas de trabalho. Determinado dia, sem perceber, ele ingere uma quantidade maior de bebida alcoólica do que está acostumado, embriagando-se. Em razão do afrouxamento dos freios inibitórios e sem a menor consciência de seus atos, dada a amnésia alcoólica, "H" pratica ato libidinoso com "A", adolescente com 12 anos de idade.

Como se observa, embora fosse previsível a embriaguez, o resultado típico não o era. Da mesma forma, conquanto seja o resultado imprevisível, não se pode afirmar que ele resultou de caso fortuito ou força maior, razão pela qual será aplicada a regra do art. 28, II, do Código Penal e a teoria da *actio libera in causa*.

Ocorre que, embora saiba que é uma solução perigosa, entendo que o fato de a embriaguez voluntária ou culposa não excluir a imputabilidade (na esfera da culpabilidade) **não tem o condão de dispensar a análise do elemento subjetivo no momento anterior**, vale dizer, quando da averiguação do fato típico, **ou seja, ausente o dolo ou a culpa em relação ao resultado típico quando da ação livre (ato de embriagar-se), o fato será atípico e, consequentemente, prejudicada a análise da antijuridicidade e da culpabilidade**.

Nesse sentido, é o escólio de Damásio de Jesus:

> Para que o sujeito responda pelo crime, aplicando-se a teoria que estamos analisando, é preciso que na fase livre (resolução) esteja presente o elemento dolo ou culpa ligado ao resultado. Não é suficiente que se tenha colocado voluntariamente em estado de inimputabilidade, exigindo-se que tenha querido ou assumido o risco de produzir o resultado (dolo), ou que este seja previsível (culpa)[7].

1.6.3 Embriaguez acidental

A embriaguez acidental decorre, como já mencionado, de caso fortuito ou força maior. Caso seja completa, retirando inteiramente do agente a plena capacidade de entender o caráter ilícito do fato ou de autodeterminar-se com esse entendimento, ficará ele isento de pena em razão da inimputabilidade (art. 28, § 1º, do Código Penal).

Todavia, a consequência será a redução da pena, de um a dois terços, caso a embriaguez acidental acarrete apenas a redução da capacidade de entendimento e determinação no momento da conduta.

2. POTENCIAL CONSCIÊNCIA DA ILICITUDE

2.1 Introdução

Para que haja o juízo de censura sobre o agente, é necessário que ele, no momento da conduta típica, tenha a *possibilidade* de entender o caráter ilícito do fato. Não se trata da **capacidade** geral de compreender que aquela conduta é ilícita e da capacidade de se autodeterminar conforme esse entendimento, pois isso caracteriza a própria **imputabilidade**. A potencialidade da consciência da ilicitude é avaliada em momento posterior, quando já constatada essa capacidade geral do indivíduo.

---

[7] JESUS, Damásio de. *Direito penal*: parte geral. Atualização de André Estefam. 37. ed. São Paulo: Saraiva Educação, 2020. v. 1. *E-book*.

Assim, não basta que o sujeito seja maior de 18 anos, com higidez mental e que não esteja sob o efeito de embriaguez acidental completa, situação em que terá capacidade de entender que um fato é antijurídico. Será também necessário que, nas circunstâncias em que se encontrava *no momento da conduta*, era-lhe possível alcançar essa consciência.

Como já vimos nos capítulos anteriores, segundo o sistema clássico, a culpabilidade tinha, como pressuposto, a imputabilidade e, como espécies, o dolo e a culpa. No sistema neoclássico, a culpabilidade era formada por: imputabilidade, dolo ou culpa e exigibilidade de conduta diversa. Em ambos os sistemas, o dolo era integrado pela consciência da ilicitude, sendo, portanto, *normativo*.

Com o surgimento do sistema finalista, o elemento subjetivo (dolo ou culpa) foi transferido para a conduta, inserindo-se, portanto, no fato típico. O dolo foi desvinculado da consciência da ilicitude, passando a abranger apenas a conduta e o resultado e, por isso, passou a ser *natural*. A consciência de que a conduta praticada e o resultado dela advindo são ilícitos, agora analisada de forma potencial, permaneceram na culpabilidade.

Como se observa, no sistema clássico, se o agente tivesse atuado sem a consciência da ilicitude de seu ato, estaria excluído o dolo normativo. No sistema finalista, ausente a potencial consciência da ilicitude, a culpabilidade será afastada, mas o dolo (natural) permanece íntegro. O juízo de reprovação incide sobre o agente quando ele tinha *possibilidade* concreta de entender o caráter ilícito de sua conduta, visto que ele era capaz disso (por ser imputável), não se exigindo que ele efetivamente tenha alcançado esse entendimento.

Portanto, é possível que um indivíduo imputável aja sem consciência da ilicitude de sua conduta. Se, nas circunstâncias em que se encontrava, era-lhe possível alcançar esse conhecimento, passa-se à análise do terceiro elemento da culpabilidade: a exigibilidade de conduta diversa.

Caso contrário, excluída estará a culpabilidade por não lhe ser possível, nas circunstâncias em que se encontrava, saber que aquele fato era ilícito.

O erro sobre a ilicitude do fato constitui **erro de proibição**, instituto previsto no art. 21 do Código Penal, nos seguintes termos:

> Art. 21. O desconhecimento da lei é inescusável. O erro sobre a ilicitude do fato, se inevitável, isenta de pena; se evitável, poderá diminuí-la de um sexto a um terço.
>
> Parágrafo único. Considera-se evitável o erro se o agente atua ou se omite sem a consciência da ilicitude do fato, quando lhe era possível, nas circunstâncias, ter ou atingir essa consciência.

2.2 Desconhecimento da lei e erro sobre a ilicitude do fato

O Código Penal, no art. 21, diferenciou o desconhecimento da lei, que é inescusável (imperdoável), do erro sobre a ilicitude do fato, o qual poderá isentar o agente de pena (por exclusão da culpabilidade) ou acarretar a redução da sanção.

Há uma **presunção legal absoluta** de que, com a publicação no Diário Oficial, todos conhecem a letra da lei. Por isso, ninguém pode se escusar de cumpri-la, alegando que não a conhece (art. 3º da Lei de Introdução às Normas do Direito Brasileiro). Todavia, conhecer a letra da lei não é o mesmo que entender seu conteúdo, o que depende das condições sociais, culturais e jurídicas vivenciadas pelo sujeito.

Destaque-se, porém, que, embora o ordenamento presuma que todos têm conhecimento da lei, o seu desconhecimento no caso concreto funcionará: a) como circunstância atenuante se o agente, mesmo desconhecendo a letra da lei, sabia ou podia saber que seu comportamento era proibido (art. 65, II, do Código Penal); b) como situação apta a autorizar o perdão judicial nas contravenções penais, quando escusável (art. 8º da Lei de Contravenções Penais[8]), o que vai ao encontro do princípio da culpabilidade.

Levando em consideração essa diferença, o *caput* do art. 21 do Código Penal estabelece que: "o desconhecimento da lei é inescusável", mas "o erro sobre a ilicitude do fato, se inevitável, isenta de pena; se evitável, poderá diminuí-la de um sexto a um terço".

Assim sendo, mesmo partindo-se do pressuposto de que todos conhecem a letra da lei (uma vez que publicada no Diário Oficial), é possível que um indivíduo incida em erro quanto à proibição do seu comportamento, *valorando equivocadamente o conteúdo da norma* que conhece, o que constituirá o chamado **erro de proibição**, instituto que será analisado no capítulo referente à teoria do erro.

2.3 Objeto do conhecimento

Existem três principais posições acerca do que deve ser objeto do (potencial) conhecimento, por parte do sujeito, quando da prática criminosa.

A primeira delas defende que o agente deve saber que viola uma lei em sentido formal e, por isso, é chamada de **critério formal**. Para aqueles que aceitam a divisão entre ilicitude material e formal, esse critério abrange o conhecimento desta última. Não deve, todavia, ser adotado, sob pena de apenas pessoas com formação jurídica alcançarem o conhecimento da ilicitude de seus atos.

No outro extremo, posiciona-se o **critério material**, segundo o qual o agente deve ter consciência de que seu comportamento é antissocial, imoral e injusto, violando um interesse (antijuridicidade material).

---

[8] "Art. 8º No caso de ignorância ou de errada compreensão da lei, quando escusáveis, a pena pode deixar de ser aplicada."

Entre esses encontra-se o **critério intermediário**, o qual apregoa que a verificação da possibilidade de conhecimento do injusto deve levar em consideração as condições que o indivíduo tinha para saber que sua conduta era proibida pelo ordenamento jurídico, embora ele, como pessoa leiga, não possua uma compreensão técnica referente ao tratamento jurídico-normativo. Diz-se, então, que deve ser feita uma **valoração paralela na esfera do profano ou na esfera do leigo**, sendo o critério preferido pela jurisprudência pátria.

Portanto, levando em consideração as circunstâncias do caso concreto, caberá ao juiz verificar se o sujeito imputável tinha condições, *por um esforço de consciência (por meio de raciocínio)*, de conhecer o caráter ilícito de sua conduta e, a partir daí, exercer o juízo de censura sobre ele.

2.4 Exclusão

A potencial consciência da ilicitude é afastada pelo **erro de proibição escusável** (art. 21, *caput*, do Código Penal), instituto que será analisado no capítulo desta obra referente à teoria do erro.

3. EXIGIBILIDADE DE CONDUTA DIVERSA

3.1 Introdução

A inexigibilidade de conduta diversa é o terceiro elemento formador da culpabilidade e consiste na possibilidade do sujeito, nas condições em que se encontrava, de agir conforme as normas jurídicas e, para tanto, leva em consideração as suas características e particularidades.

Esse elemento foi inserido na culpabilidade com a teoria psicológico-normativa, idealizada por Reinhart Frank. Segundo ele, para que uma conduta típica e ilícita seja considerada reprovável, é necessário que as circunstâncias que a acompanham, ditas concomitantes, sejam averiguadas. Afinal, é possível que tenhamos dois fatos similares, mas praticados em circunstâncias diversas, razão pela qual seria imperiosa a aplicação da teoria da normalidade das circunstâncias concomitantes.

Como exemplo, temos o caso de alguém que se apropria do dinheiro sob sua custódia para levar uma vida de luxo e o do carteiro mal remunerado e angustiado com problemas financeiros que se apropria de dinheiro contido em correspondência para comprar alimento para sua família[9]. Embora existente a mesma relação psicológica entre sujeito e resultado (lembrando que, para a teoria psicológico-normativa, o dolo e a culpa eram espécies de culpabilidade), os fatos não apresentam a mesma culpabilidade.

---

[9] JESUS, Damásio de. *Direito penal:* parte geral. Atualização de André Estefam. 37. ed. São Paulo: Saraiva Educação, 2020. v. 1, p. 607. *E-book.*

Para que incida o juízo de censura (reprovabilidade) sobre a conduta praticada, não basta, pois, que o sujeito seja imputável e que tenha a possibilidade de entender o caráter ilícito de seu comportamento e de se determinar de acordo com esse juízo. É necessário que ele tenha optado por praticar o comportamento criminoso, mesmo sendo-lhe exigível que agisse conforme o direito.

3.2 Hipóteses legais de inexigibilidade de conduta diversa

O Código Penal prevê três situações em que a culpabilidade é afastada em razão da inexigibilidade de conduta diversa:

a) coação moral irresistível;

b) obediência hierárquica à ordem não manifestamente ilegal de superior hierárquico;

c) abortamento quando a gravidez é proveniente de estupro, com relação à gestante (aborto sentimental).

No tocante à terceira causa, não há consenso doutrinário, como veremos mais à frente.

3.2.1 Coação moral irresistível

A coação irresistível está prevista no art. 22 do Código Penal e tem como consequência a punição apenas do autor da coação, permanecendo o coato isento de pena, porque, nas circunstâncias em que se encontrava, não lhe era exigível conduta diversa. Registre-se, porém, que, conquanto o dispositivo não seja expresso, a coação nele mencionada é de natureza moral (*vis compulsiva*), e não física (*vis absoluta*), pois, nesta última hipótese, ausente a vontade, nem sequer podemos falar em conduta, sendo o fato atípico. Nela, o agente tem seus movimentos corporais determinados e coordenados pelo coator. Cite-se, por exemplo, o caso de alguém que é empurrado e cai em cima de uma criança, lesionando-a. O sujeito foi um instrumento utilizado por outra pessoa (que o empurrou), não estando presentes a vontade (o ato foi involuntário) e, muito menos, o elemento subjetivo (dolo ou culpa).

Na *vis compulsiva*, o sujeito pratica a conduta típica com dolo, mas sua vontade está viciada pela coação psicológica exercida sobre ele, que é tão intensa que não se lhe pode exigir que aja diferentemente. Temos, assim, os dois requisitos para a coação moral afastar a culpabilidade (em razão da inexigibilidade de conduta diversa):

a) coação moral: consistente em grave ameaça, ou seja, na promessa de mal injusto e grave que o coagido não é obrigado a suportar;

b) irresistibilidade da coação: a gravidade da ameaça deve ser tamanha a ponto de viciar, por completo, a vontade e o livre-arbítrio do coato. A averiguação da resistibilidade ou irresistibilidade da ameaça deve ser feita no caso concreto, levando-se em consideração o valor dos bens envolvidos, a gravidade da ameaça, as condições pessoais do coato (como idade, nível sociocultural etc.), as circunstâncias do fato, entre outros.

Para ilustrar, trazemos um exemplo: "G", gerente de um banco, é rendido por assaltantes que o obrigam a abrir os cofres da instituição financeira em que trabalha. "G" se recusa, mas um dos infratores lhe mostra um vídeo em que sua esposa aparece amarrada. "G", temendo que algo de mal aconteça a ela, cede à ameaça e faz o que lhe foi determinado.

Ora, na situação em análise, não se pode exigir que "G" aja de forma diversa. O bem ameaçado (vida e integridade física e psicológica da esposa do coato) tem valor superior àquele que foi lesionado pela conduta (patrimônio). As circunstâncias do fato e as condições pessoais dos envolvidos (principalmente o vínculo familiar) também demonstram que qualquer pessoa (ou, pelo menos, a maioria elas) agiria da mesma forma que "G". Sendo *irresistível* a coação, apenas responderá pelo resultado o autor da coação, permanecendo o coato impunível.

Imagine agora que o usuário "U" deva dinheiro a "T" em razão de compra de drogas. Ao final do prazo estipulado e em virtude do não pagamento, "T" coage "U" a cometer um roubo, sob pena de não mais lhe ser fornecida qualquer substância entorpecente. Como "U" sabe que "T" comanda o tráfico em toda a região e tem o poder de proibir-lhe o fornecimento, cede à coação e pratica um assalto a transeunte, obtendo o valor da dívida. A coação moral, neste caso, foi *resistível*, devendo "U" ter agido de forma diferente. A ameaça não foi de causar mal injusto e grave e, por isso, a culpabilidade está preservada, devendo o usuário responder pelo fato por ele praticado.

Os dois exemplos anteriormente fornecidos apresentam situações bem definidas. Contudo, na prática forense, é comum que ocorram situações específicas, nas quais a avaliação sobre a (ir)resistibilidade da conduta pode ser mais penosa. Na segunda situação hipotética trazida, por exemplo, imagine que "U" seja dependente químico, sofrendo sérias consequências em razão da abstinência. Por isso, apenas o caso concreto poderá nos dizer se a coação foi ou não insuportável;

c) inevitabilidade do perigo prometido ao coagido por outro meio: o coato apenas será isento de pena caso o perigo que lhe foi prometido não for evitável por meio menos gravoso, por exemplo, a comunicação às autoridades policiais competentes.

Como se percebe, podem existir três partes envolvidas na *vis compulsiva*, sendo: a) coator (que emprega a grave ameaça); b) coato (que pratica a conduta típica e ilícita); c) vítima (que sofre as consequências decorrentes da coação e da realização da ameaça).

O coator responderá não só pelo fato praticado pelo coato (na condição de autor mediato), mas também pelo crime de tortura (art. 1º, I, *b*, da Lei n.

9.455/1997). Terá ainda sua pena majorada na primeira fase da dosimetria, em razão da circunstância agravante prevista no art. 62, II, do Código Penal. O coagido, por sua vez, será isento de pena. Se a coação era resistível, a culpabilidade do coagido permanece íntegra, mas ele será beneficiado com a circunstância atenuante de pena prevista no art. 65, III, c, do Código Penal.

Coagido e vítima, por sua vez, podem ser a mesma pessoa. Nesse caso, o constrangimento recai sobre o coato, que sofrerá futuramente o mal injusto e grave caso não atue conforme as determinações do coator. Perceba que, como a promessa é de mal *futuro*, não estará configurada a legítima defesa, permanecendo a ilicitude íntegra.

Por fim, anote-se que o **temor reverencial**, que é o receio de desagradar uma pessoa a quem se deve respeito e obediência, não constitui coação moral.

3.2.2 Obediência hierárquica

A obediência hierárquica a ordem não manifestamente ilegal de superior hierárquico é a segunda causa excludente da culpabilidade prevista no art. 22 do Código Penal. Da mesma forma que ocorre na coação moral irresistível, a isenção de pena se dá em razão da inexigibilidade de conduta diversa.

A obediência hierárquica atua como dirimente quando um funcionário público subalterno pratica um injusto penal (fato típico e ilícito) em cumprimento de uma ordem não manifestamente ilegal provida de superior hierárquico. Por não ser *manifestamente ilegal*, o subalterno incorre em erro e age por acreditar que pratica conduta lícita (em estrito cumprimento do dever legal, nos termos do art. 23, III, do Código Penal). É necessário, pois, que a ordem tenha *aparência de legalidade*.

Com base nessas considerações, temos como requisitos dessa causa dirimente:

a) ordem emitida de superior hierárquico: que, por sua vez, deve ser *competente* para o ato. Caso a ordem emane de autoridade incompetente, o sujeito poderá ter sua culpabilidade afastada ou amenizada em razão do erro de proibição;

b) ordem não manifestamente ilegal: a ordem deve ter aparência de legalidade, devendo o terceiro acreditar que atua no estrito cumprimento do dever legal, sob pena de responder pela inobservância. Se a ilegalidade for perceptível de plano, o agente responderá pelo crime em concurso de pessoas com o coator (dado o vínculo subjetivo).

A ordem será manifestamente ilegal quando: a) emanada de autoridade incompetente; b) seja possível que o subalterno, levando em consideração os conhecimentos que deve possuir por estar apto ao exercício do cargo, constate a ausência de requisito formal; c) seja ilícita;

c) relação de subordinação hierárquica decorrente de direito público. Na relação de direito privado, a não observância de ordem emitida por superior não acarreta punição tão severa que justifique a isenção da responsabilidade do agente pela prática de um fato típico e ilícito.

Luiz Regis Prado complementa que a ordem pode ser dirigida aos cidadãos, nos casos em que atuam por ordem de autoridades públicas[10];

d) estrito cumprimento da ordem: a conduta deve ser praticada nos estritos termos da ordem passada. Caso ultrapasse a determinação, haverá excesso atribuível ao subordinado, uma vez que lhe era exigível conduta diversa, consistente na atuação conforme o ordenamento jurídico.

Estando configurados todos esses pressupostos, o subalterno não será punido porque não lhe era exigível conduta diversa. O autor da ordem, por outro lado, responderá pelo fato a título de autor mediato, exceto, obviamente, se ausente o elemento subjetivo (dolo ou culpa).

Como exemplo, podemos citar o seguinte caso, trazido da jurisprudência do STJ: um policial, cumprindo determinação de superior hierárquico, dirigiu-se até uma oficina mecânica e apreendeu veículo que lá estava e que seria produto de estelionato. Ocorre que não havia sido emitido um mandado judicial de busca e apreensão, razão pela qual a ordem era ilegal e, por essa razão, o subalterno foi denunciado pela prática do crime previsto no art. 350, parágrafo único, do Código Penal (atualmente revogado pela Lei n. 13.869/2019 e que tipificava o crime de exercício arbitrário ou abuso de poder).

O STJ trancou a ação penal, pois entendeu que ao agente de polícia não caberia indagar do Delegado que lhe deu a ordem se ela era legal ou não, uma vez que a carreira policial é calcada na hierarquia e na disciplina, conforme art. 4º da Lei n. 4.878/1965. A apreensão de bens obtidos com a prática de crimes é corriqueira na atividade policial, em especial quando é registrada ocorrência policial referente à prática de estelionato e, por isso, a ordem não era manifestamente ilegal[11].

Entendo, *data venia*, que, no caso supracitado, deveria o subalterno solicitar, ao Delegado de Polícia, o mandado de busca e apreensão para o cumprimento da diligência.

Outro exemplo de obediência hierárquica à ordem não manifestamente ilegal retirada da jurisprudência nacional é o caso do administrador local que assinou Termo de Autorização de Bem Público sem licitação sob a orientação do governador e de consultores jurídicos do Distrito Federal. Levando em consideração as condições pessoais do agente, entendeu-se que ele não tinha o discernimento jurídico necessário para resistir à determinação do Chefe do Executivo local[12].

---

[10] PRADO, Luiz Regis. *Curso de Direito Penal Brasileiro:* Parte Geral e Parte Especial. 17. ed. ver., atual. e ampl. Rio de Janeiro: Forense, 2019. p. 441. *E-book.*
[11] REsp n. 90.340/DF, 5ª Turma, Rel. Min. José Dantas, j. 18.11.1997, DJ 15.12.1997, p. 66479.
[12] TJDFT, Apelação n. 0005803-29.2004.8.07.0009, 1ª Turma Criminal, Rel. Sandra de Santis, *DJe* 08.07.2011, p. 194.

Para que se constate se o sujeito tinha condições de verificar a ilegalidade da ordem, devem ser analisadas suas **condições pessoais**, e não o padrão do homem médio. Caso se conclua que lhe era possível conhecer a ilegalidade da ordem e que, mesmo assim, praticou a conduta, o subalterno e seu superior responderão pelo fato em concurso de agentes. Todavia, o primeiro será beneficiado com a circunstância atenuante prevista no art. 65, III, *c*, do Código Penal, ao passo que o segundo terá a pena-base agravada pela circunstância mencionada no art. 62, III, primeira parte, do Estatuto Repressivo.

3.2.3 Abortamento quando a gravidez é proveniente de estupro, com relação à gestante (aborto sentimental)

Segundo literal redação do art. 128, II, do Código Penal, **não se pune** o aborto praticado por médico se a gravidez resulta de estupro e o aborto é precedido de consentimento da gestante ou, quando incapaz, de seu representante legal. Trata-se do chamado **aborto sentimental, humanitário ou ético**.

Nesse caso, o **médico** não será punido porque estará acobertado pela **causa excludente da ilicitude consistente no exercício regular o direito**. A gestante também não será punida como incursa nas penas do art. 124 do Código Penal, mas não existe consenso doutrinário acerca do fundamento jurídico. Para alguns, ela atua amparada por causa justificadora (excludente da ilicitude); para outros, não lhe é exigível comportamento diverso, razão pela qual o fato é típico e ilícito, sendo a culpabilidade afastada.

Pois bem, seguindo os passos da primeira corrente, Cezar Roberto Bitencourt não diferencia a natureza jurídica da exclusão do crime em relação ao médico e à gestante, afirmando que a disposição contida no art. 128 do Código Penal:

> (...) é uma forma diferente de o legislador excluir a ilicitude de uma infração penal sem dizer que 'não há crime', como faz no art. 23 do mesmo diploma legal. Em outros termos, o Código Penal, quando diz que 'não se pune o aborto', está afirmando que o aborto é lícito naquelas duas hipóteses que excepciona no dispositivo em exame. Lembra, com propriedade, Damásio de Jesus que 'haveria causa pessoal de exclusão de pena somente se o CP dissesse não se pune o médico', que não é o caso.
>
> No entanto, a despeito de o art. 128 não conter *dirimentes de culpabilidade, escusas absolutórias* ou mesmo *causas extintivas de punibilidade,* convém ter presente que, como em qualquer crime, pode haver alguma excludente de culpabilidade, legal ou supralegal, quando, por exemplo, apresentar-se a gravidez e a necessidade ou possibilidade do aborto, mas faltar algum dos requisitos legalmente exigidos pela excludente especial, não haver médico disponível[13].

---

[13] BITENCOURT, Cezar Roberto. *Tratado de direito penal – Parte especial*: crimes contra a pessoa. 20. ed. São Paulo: Saraiva, 2020. v. 2, p. 606-607. *E-book.*

Frederico Marques, citado por Rogério Greco, entende que:

> Nos termos em que o situou o Código Penal, no art. 128, nº II, trata-se de fato típico penalmente lícito. Afasta a lei a antijuridicidade da ação de provocar aborto, por entender que a gravidez, no caso, produz dano altamente afrontoso para a pessoa da mulher, o que significa que é o estado de necessidade a *ratio essendi* da impunidade do fato típico[14].

Rogério Sanches, por sua vez, embora não aponte categoricamente a natureza jurídica da causa prevista no art. 128, inciso II, do Código Penal, afirma que, no caso de estupro, "quando praticado pela própria gestante (autoaborto), a depender das circunstâncias, pode caracterizar hipótese de inexigibilidade de conduta diversa (causa supralegal de exclusão da culpabilidade"[15].

Pois bem, conquanto a maioria dos nossos doutrinadores afirme que o abortamento no caso de gravidez resultante de aborto não constitua um fato ilícito, concordo com Rogério Greco, no sentido de que o inciso II do art. 128 do Estatuto Repressivo tem natureza jurídica de **hipótese legal de exclusão da culpabilidade**[16]. Afinal, nem com muito esforço conseguimos encaixar a situação em comento em um daqueles casos previstos no art. 23 do Código Penal.

Não se pode dizer que a grávida agiu em estado de necessidade, pois não é possível afirmar que é razoável sacrificar a vida do embrião ou feto para salvar a honra, dignidade e saúde mental da mulher. Caso contrário, estar-se-ia priorizando o bem de menor valor jurídico.

Também não se pode dizer que se trata de legítima defesa, pois o feto não está praticando uma agressão injusta contra a mulher.

Mais difícil ainda é a caracterização de estrito cumprimento do dever legal, porque a mulher não tem o dever legal de consentir com o abortamento, podendo ela, se bem entender, levar adiante a gravidez resultante de estupro.

Da mesma forma, não se pode dizer que ela agiu com base no exercício regular do direito, uma vez que nosso ordenamento não abarca o direito de matar. Além de que o nascituro, embora não tenha personalidade civil, é um ser portador de direitos próprios, que deverão ser assegurados pela lei, como determina o art. 2º do Código Civil.

Por outro lado, não se pode exigir que a gestante dê continuidade a uma gravidez que a relembrará diariamente a agressão sexual sofrida, o que, sem dúvida, acarreta grave sofrimento psicológico. Por isso, não se pune o abortamento do produto de gravidez resultante de estupro em razão da inexigibilidade de conduta diversa.

---

[14] MARQUES, José Frederico *apud* GRECO, Rogério. *Curso de direito penal*: parte geral. 23. ed. Niterói: Impetus, 2021. v. 1, p. 547.

[15] CUNHA, Rogério Sanches. *Manual de direito penal*: parte especial (arts. 121 ao 361). 14. ed. São Paulo: JusPodivm, 2021. volume único, p. 122.

[16] GRECO, Rogério. *Curso de direito penal*: parte geral. 23. ed. Niterói: Impetus, 2021. v. 1, p. 547.

3.3 Excesso exculpante na legítima defesa

Nos capítulos referentes às causas excludentes da ilicitude, também chamadas de justificantes, falamos que o agente responderá pelo excesso doloso ou culposo, consoante dispõe o parágrafo único do art. 23 do Código Penal.

No entanto, o excesso também pode decorrer do **forte abalo psicológico** ocasionado no indivíduo atacado injustamente. Imagine, por exemplo, que um agente magro e baixo, na iminência de ser agredido por alguém alto, forte, musculoso e conhecidamente violento, tem seu estado de ânimo fortemente alterado e, por **medo** ou **susto**, reage desproporcionalmente, dando pauladas no agressor até a inconsciência, mesmo quando ele já não apresentava mais perigo.

Ora, como se percebe, não houve utilização **moderada** do meio empregado, uma vez que a reação continuou mesmo quando não mais havia agressão. O agente, que atuava dentro da licitude (amparado em razão da legítima defesa), cometeu **excesso**, devendo por ele responder, segundo os ditames do art. 23, parágrafo único, do Estatuto Repressivo.

No entanto, alguns estados afetivos decorrentes da agressão injusta – como **medo, susto ou perturbação** – podem causar tamanha anormalidade psicológica a ponto de ocasionar a redução do controle por parte de quem se defende. Em casos tais, tem-se o **excesso exculpante**, apto a afastar a culpabilidade, pois não é exigível conduta diversa daquele que atua movido pelo pânico decorrente da agressão injusta.

Segundo Guilherme de Souza Nucci,

> (...) trata-se de uma causa supralegal de exclusão da culpabilidade. Essa modalidade é decorrente de medo, surpresa ou perturbação de ânimo, fundamentados na inexigibilidade de conduta diversa. Ilustrando: o agente, ao se defender de um ataque inesperado e violento, apavora-se e dispara seu revólver mais vezes do que seria necessário para repelir o ataque, matando o agressor. Pode constituir-se uma hipótese de flagrante imprudência, embora justificada pela situação especial por que passava. Registre-se a lição de Welzel na mesma esteira, mencionando que os estados de cansaço e excitação, sem culpabilidade, dificultam a observância do cuidado objetivo por um agente inteligente, não se lhe reprovando a inobservância do dever de cuidado objetivo, em virtude de medo, consternação, susto, fadiga e outros estados semelhantes, ainda que atue imprudentemente (*Derecho Penal Alemán*, p. 216)[17].

Para tanto, a doutrina diferencia os **afetos astênicos ou fracos**, em que o excesso se deu por **medo, susto, pânico** ou **desespero**, dos **afetos estênicos ou fortes**, quando o excesso ocorre em razão de **ódio** ou **ira**. Apenas os primeiros seriam aptos a acarretar a exclusão da culpabilidade, pois decorrem da conduta defensiva, ao contrário dos estênicos, que ensejam uma ação agressiva.

---

[17] NUCCI. Guilherme de Souza. *Manual de Direito Penal*. 12. ed. ver., ampl. e atual. Rio de Janeiro: Forense, 2021. p. 386. *E-book*.

Embora não haja consenso, diversos tribunais pátrios têm afastado a culpabilidade do sujeito que se excede na legítima defesa em razão de perturbação na psique derivada de afetos astênicos decorrentes da injusta agressão[18]. A análise, no entanto, deverá se dar casuisticamente, devendo o juiz analisar as circunstâncias do fato e as condições do agente no momento da conduta.

4. QUESTÕES DE CONCURSOS

Questão 1

(TRF 2ª Região – Juiz Federal – IBFC – 2019) Assinale a alternativa certa:

A) O sujeito que, no momento da prática do crime, não era capaz de se determinar completamente de acordo com o entendimento do caráter ilícito do fato em razão de embriaguez culposa, poderá ter a pena reduzida de um a dois terços.

B) O critério psicológico determina cientificamente sempre a imputabilidade ou não do agente. Ao passo que o critério biológico etário adotado hoje pela lei penal é passível de superação pelo juiz na sentença, quando razões de política criminal recomendam.

C) As medidas de segurança aplicáveis aos inimputáveis são: internação em hospital de custódia e tratamento psiquiátrico; na falta deste, em estabelecimento adequado; e sujeição a tratamento ambulatorial. Mas, se estiver extinta a punibilidade, nenhuma dessas medidas deve incidir.

D) No caso de tratamento ambulatorial, o tempo limitado para sua ocorrência variará de um a três anos. Terminado o prazo determinado para sua realização, e constatado por perícia que o inimputável cumpriu o programa ambulatorial, sua liberação do tratamento será declarada cumprida em definitivo.

E) A doença mental ou o desenvolvimento mental incompleto ou retardado isentam de pena, se ao tempo da ação ou omissão, ou entre a denúncia e a sentença, o agente era ou se torna inteiramente incapaz de entender o caráter ilícito do fato.

Questão 2

(PCPR – Delegado – UFPR – 2021) Sobre o conceito analítico de crime, assinale a alternativa INCORRETA.

A) A tipicidade ocorre quando há correspondência entre a conduta concreta examinada e a descrição legal de crime (tipo penal).

---

[18] A título de exemplos, o TJPI decidiu que, "para a admissibilidade do excesso exculpante, faz-se necessário que a ação do agente tenha sido motivada pelo extremo medo" (RSE n. 0800072-08.2022.8.18.0033) e o TJDFT, em julgado datado de 23.05.2019, consignou: "é consabido que age 'em legítima defesa quem, usando moderadamente dos meios necessários, repele injusta agressão, atual ou iminente, a direito seu ou de outrem' (art. 25 do CP) e que o estado de pânico que retira a capacidade do agente em atuar racionalmente atrai o chamado excesso exculpante" (Apelação Criminal n. 0009052-43.2017.8.07.0005).

B) Se uma conduta típica ocorre em estado de necessidade, legítima defesa, exercício regular de direito ou estrito cumprimento do dever legal ela é justificada, razão pela qual não é contrária ao ordenamento jurídico como um todo.

C) A culpabilidade se caracteriza quando o sujeito for imputável, tiver ao menos potencial consciência da ilicitude de sua conduta e puder agir em conformidade com o direito.

D) Uma pessoa com menos de 18 anos é inimputável e, se ela praticar uma conduta típica e não justificada, seu comportamento será considerado no máximo como ilícito de natureza cível, mas não penal.

E) Os comportamentos em estado de inconsciência, os movimentos reflexos e os provocados por coação física absoluta (irresistível) não constituem ação ou omissão (conduta) para o direito penal, portanto não podem constituir crime.

Questão 3

(PCPR – Delegado – UFPR – 2021) Considere o seguinte caso hipotético: Z.Z. é um simplório dono de uma pequena e antiga padaria no bairro onde vive. De longa data, Z.Z. faz bolos enfeitados com escudos de times de futebol a pedido de alguns clientes mais conhecidos dele. Em certa ocasião, o departamento jurídico de um desses clubes propôs uma queixa-crime contra Z.Z., acusando-o de cometer crime contra registro de marca, conforme art. 189, inc. I, da Lei 9.279/1996 (Comete crime contra registro de marca quem: I – reproduz, sem autorização do titular, no todo ou em parte, marca registrada, ou imita-a de modo que possa induzir confusão), pois o escudo do time em questão era marca registrada. Como argumento de defesa adequado segundo a teoria do delito, Z.Z. poderia alegar que não cometeu crime porque sua conduta:

A) Seria formalmente atípica.
B) Não seria culpável pelo erro sobre a ilicitude do fato.
C) Seria justificada pelo exercício regular de direito.
D) Seria atípica pelo erro sobre a situação justificante.
E) Não seria culpável pela inexigibilidade de conduta diversa.

GABARITO: 1. C; 2. D; 3. B.

CAPÍTULO 27

Teoria do erro

MARIA AUGUSTA DINIZ

1. INTRODUÇÃO

Erro é o *engano* ou a *falsa percepção* a respeito da realidade observada ou de determinado objeto. É diferente da ignorância, que é um estado negativo e ocorre quando o sujeito não representa a realidade ou quando ele desconhece a existência do objeto. Por exemplo, eu cometo erro quando confundo um estranho com um amigo em um restaurante, mas ajo com ignorância quando não vejo que meu amigo está no mesmo restaurante que eu. Como podemos perceber, o primeiro decorre de uma representação mental equivocada; a segunda, quando não há qualquer representação mental.

No entanto, nosso ordenamento penal não faz essa distinção, dispensando o mesmo tratamento tanto para o erro quanto para a ignorância.

O Código Penal prevê **expressamente** três tipos de erro:

a) erro de tipo ou **erro de tipo incriminador**, previsto no art. 20, *caput*, do Código Penal: recai sobre os elementos constitutivos do tipo (ou seja, sobre as elementares);

b) erro de tipo permissivo, previsto no art. 20, § 1º, do Código Penal: recai sobre os pressupostos fáticos de uma causa de justificação ou de exclusão da ilicitude;

c) erro de proibição, previsto no art. 21 do Código Penal: recai sobre a consciência da ilicitude do fato.

A doutrina tradicional costuma tratar a matéria de maneira fragmentada: o erro de tipo quando do estudo da tipicidade; o que recai sobre os pressupostos fáticos de uma causa de justificação, ao tratar da tipicidade ou da culpabilidade; e o erro de proibição, quando do estudo da culpabilidade.

No entanto, trataremos todas essas espécies em um mesmo capítulo, uma vez que o estudo da teoria do erro, em nosso entendimento, é mais bem assimilado após o aprendizado conjunto da tipicidade, da antijuridicidade e da culpabilidade.

Passemos à análise de cada uma das modalidades de erro.

2. ERRO DE TIPO

Dispõe o art. 20 do Código Penal que "o erro sobre elemento constitutivo do tipo legal de crime exclui o dolo, mas permite a punição por crime culposo, se previsto em lei".

E não poderia ser diferente, pois já vimos que o dolo é a *vontade consciente* de praticar a conduta descrita no tipo penal; é o querer realizar a conduta descrita no tipo penal. Se o agente incidiu em erro em relação à realidade vivenciada (representou mal a realidade), não se pode dizer que ele atuou com *vontade consciente* de adotar o comportamento proscrito ou prescrito no tipo penal. Não agiu, em outras palavras, com dolo, pois esse elemento subjetivo deve englobar todas as elementares típicas. Se o sujeito conhecesse a realidade (se a tivesse representado corretamente), não teria realizado a conduta.

Perceba-se que o artigo mencionado *não restringe* a espécie de elemento constitutivo do tipo sobre o qual incidirá o erro; o sujeito, assim, pode se enganar acerca dos elementos objetivos, subjetivos ou normativos. Por essa razão, o erro de tipo previsto no atual regramento não se confunde com o *erro de fato* tratado na redação original do Código Penal de 1940[1], que incidia apenas sobre os elementos objetivos do tipo penal.

Vejamos um exemplo: estabelece o art. 121 do Código Penal a proibição de "matar alguém". Vamos supor que um caçador estava no meio de uma selva, à noite, em busca de javalis e, ao perceber a presença de um vulto no meio dos arbustos, atira contra ele, acreditando ter acertado um animal. No entanto, tratava-se de seu companheiro, que havia se distanciado sem avisar e que foi atingido, vindo a falecer.

Como se percebe, o caçador não agiu com vontade e consciência de matar alguém, mas sim um animal. A cena por ele representada (imaginada) foi a seguinte: a alguns metros dali, havia um javali. Ele não sabia exatamente o que estava fazendo, pois não tinha consciência de que seu alvo era *alguém* (elemento objetivo descritivo do tipo de homicídio). Agiu, portanto, em erro de tipo.

Vejamos outro exemplo: um vendedor novato de uma loja de artigos femininos caros vê, em cima do balcão, uma bolsa e, acreditando ser do estabelecimento comercial, guarda-a no estoque e sai para almoçar. Ocorre que a

---

[1] Art. 17, *caput*, do Código Penal de 1940, redação original: "É isento de pena quem comete o crime por *erro quanto ao fato que o constitui*, ou quem, por erro plenamente justificado pelas circunstâncias, supõe situação de fato que, se existisse, tornaria a ação legítima" (grifo nosso).

bolsa era de uma cliente que estava no provador. Quando o funcionário retorna do seu horário de descanso, depara-se com policiais militares no interior da loja, que estavam em busca do autor do furto.

Pois bem, o art. 155 do Código Penal tipifica a conduta de "subtrair, *para si ou para outrem*, coisa alheia móvel". Facilmente se observa que o vendedor desatento não sabia que a coisa era *alheia* (elementar do tipo de furto). Ele acreditou que o bem pertencia ao estabelecimento e, por isso, guardou-o no compartimento onde ficavam as bolsas destinadas à venda. Agiu, pois, em erro de tipo.

O erro de tipo também pode incidir no caso de crimes omissivos, sejam próprios, sejam impróprios.

Pensemos no caso de alguém que está caminhando em via pública e percebe que existe uma pessoa no interior de um veículo, mas nada faz (não presta socorro, nem aciona a autoridade pública), acreditando que ela estivesse dormindo. Todavia, ela havia acabado de sofrer um infarto e estava desacordada. O pedestre, sem dúvida, incorreu em erro de tipo, pois não representou a realidade da forma como ela, de fato, ocorria. Ele *interpretou mal os fatos à sua volta*.

Também haverá exclusão do dolo por erro de tipo se um salva-vidas visualiza um banhista se debatendo na água, mas nada faz por acreditar que se tratava de uma brincadeira (quando, obviamente, as circunstâncias permitiam essa interpretação). O erro, nesse caso, incidiu sobre os fatos que dariam ensejo ao dever de agir previsto no art. 13, § 2º, *a*, do Código Penal, que é uma norma de extensão que se une ao tipo incriminador em razão de adequação típica de subordinação mediata ou indireta.

> **ATENÇÃO!** Erro de tipo nada tem a ver com **crime putativo por erro de tipo**, que ocorre quando o agente quer cometer um crime, o qual não se configura por ausência de uma das elementares típicas. É o caso da mulher que pressupõe erroneamente que se encontra grávida e ingere medicamento abortivo.

O erro de tipo pode decorrer de **erro provocado por terceiro**, instituto previsto no art. 20 do Código Penal. Nesse caso, há dois sujeitos: o agente provocador do erro (autor mediato) e o agente provocado (autor imediato). Apenas o terceiro que determinou o erro responderá pelo delito. Afinal, ele utilizou o autor imediato como um instrumento para a prática criminosa. Como vimos no capítulo próprio, a autoria mediata se dá quando um agente se utiliza de outro, que atua **sem dolo/culpa** ou **sem culpabilidade**.

É o caso do médico que, querendo matar um paciente, insere veneno em uma seringa e determina que uma enfermeira o aplique. O médico responderá pelo homicídio doloso a título de autor mediato. A punição da enfermeira dependerá da natureza do erro. Como ela não representou a realidade corretamente (uma vez que foi induzida a erro pelo médico), não agiu com dolo.

Afinal, a vontade dela era de aplicar medicação no paciente. Se esse erro era inevitável, a culpa também será afastada, não respondendo a enfermeira por nenhum crime. No entanto, caso fosse percebível com um pouco mais de atenção (por exemplo, o líquido constante na seringa era um pouco mais escuro do que a medicação), tem-se que o erro era evitável e, por isso, a responsabilização dar-se-á na modalidade culposa.

2.1 Espécies de erro de tipo

2.1.1 Erro de tipo essencial

O erro de tipo pode ser **essencial** ou **acidental**. Essencial é o que recai sobre um elemento necessário para a configuração do tipo (verbo ou núcleo e elementares). No caso do furto, por exemplo, o erro será essencial quando recair sobre quaisquer das elementares *subtrair, para si ou para outrem* ou *coisa alheia móvel*. Se o agente não tiver consciência e vontade de realizar todos esses elementos, incorrerá no erro em comento.

Comprovado o erro do sujeito que atuou na ausência ou falsa representação da realidade, o dolo será afastado, respondendo o agente a título de culpa, se com culpa agiu e se houver previsão legal da modalidade negligente de crime.

O **erro de tipo essencial** pode ser:

a) **Escusável, inevitável, invencível ou desculpável:** é aquele que não deriva de culpa do agente, uma vez que é imprevisível. Mesmo que o sujeito tenha adotado as cautelas cabíveis na ocasião, não conseguiria evitar a falsa percepção da realidade. A consequência jurídico-penal desse erro é a exclusão tanto do dolo quanto da culpa, acarretando a atipicidade ou a desclassificação da conduta.

Em regra, o erro de tipo inevitável enseja a atipicidade da conduta e, consequentemente, a exclusão do crime. É o caso do caçador que, à noite, no meio da selva, disparou contra seu companheiro, acreditando tratar-se de um javali. Observe que o dolo (consciência e vontade) era de matar um *animal*, e não *alguém*. Como o ordenamento pátrio permite a caça de javalis sob a premissa de controle populacional, a conduta é atípica, não se enquadrando em nenhum outro tipo penal.

No entanto, pode ocorrer de, com o decote da elementar não representada, a conduta passar a subsumir-se outro tipo penal. É o caso do sujeito que ofende a honra de um indivíduo sem saber que se tratava de funcionário público no exercício da função ou em razão dela (elementares do delito de desacato, previsto no art. 331 do Código Penal). Excluindo-se essa elementar, a conduta passará a adequar-se a outro tipo, no caso, o de injúria (art. 140 do Código Penal: injuriar alguém, ofendendo-lhe a dignidade ou o decoro).

b) **Inescusável, evitável, vencível, indesculpável ou culposo:** aqui, o erro se dá em razão de culpa do agente, que age ou deixa de agir sem adotar a cautela e a prudência que lhe eram exigidas, ou seja, se tivesse adotado o cuidado necessário, não teria incorrido no erro. Por isso, responderá pelo delito na modalidade culposa, se prevista em lei, uma vez que apenas o dolo será afastado.

Há duas correntes sobre a forma de aferição da (in)evitabilidade do erro.

A tradicional leva em consideração o critério do "homem médio", que é aquele com cautela e prudência consideradas previamente como normais, comuns à maioria das pessoas. Considera-se o fato, desprezando-se as suas circunstâncias e as características do autor.

Corrente mais moderna entende que, para que se conclua se o erro era ou não evitável, é necessário que se considerem as circunstâncias do caso concreto, como o grau de instrução e de vivência do sujeito, sua idade, momento e local do crime etc.

2.1.2 Erro de tipo acidental

O erro acidental, por outro lado, incide sobre circunstâncias acessórias e, por isso, não afeta a tipicidade (o crime não deixa de existir). Trata-se de desvios na causalidade e no resultado, que terminam ocorrendo de forma diferente daquela pretendida pelo agente. O dolo se mantém íntegro e os seus efeitos variam de acordo com a sua natureza do erro acidental, como será tratado a seguir.

Existe divergência doutrinária no caso de o erro incidir sobre qualificadoras e causas de aumento de pena. Cleber Masson entende tratar-se de erro de tipo acidental. Rogério Greco, Paulo Queiroz, Damásio e Rogério Sanches, por outro lado, defendem que configura hipótese de erro de tipo essencial.

O **erro de tipo acidental** se dá nas seguintes hipóteses:

a) erro sobre o objeto ou *error in objecto*;

b) erro sobre a pessoa ou *error in persona* (art. 20, § 3º, do Código Penal);

c) erro na execução, desvio no golpe ou *aberratio ictus* (art. 73 do Código Penal);

d) resultado diverso do pretendido ou *aberratio criminis* (art. 74 do Código Penal);

e) erro sobre o nexo causal: em sentido estrito e erro sucessivo ou *aberratio causae*.

Vamos, então, analisar cada uma dessas modalidades.

2.1.2.1 Erro sobre o objeto ou *error in objecto*

Nessa espécie de erro, não previsto expressamente na lei, o agente acredita que sua conduta recai sobre objeto material (coisa) diverso daquele realmente atacado. Por exemplo, o sujeito desejava subtrair uma caneta de valor elevado, mas furtou uma réplica. O agente queria subtrair uma caneta (coisa) alheia e o fez. Preenchidos os elementos do tipo de furto, pouco importando se ele se enganou a respeito do valor da coisa.

Embora seja um tipo de erro irrelevante, mantendo íntegro o dolo do agente, há discussão doutrinária acerca de qual bem deverá ser considerado quando da aplicação da pena: o visado ou o efetivamente atacado. E, dependendo da posição que se adote, o tratamento jurídico atribuído no caso concreto variará. Determinados delitos (como o de furto, estelionato e apropriação indébita), por exemplo, preveem a modalidade privilegiada a depender o valor do objeto material.

2.1.2.2 Erro sobre a pessoa ou *error in persona*

Aqui, o agente se confunde em relação à pessoa visada, pois queria dirigir sua conduta contra alguém, mas, por erro na representação da realidade, atingiu outrem. Por exemplo: "A", querendo "limpar a honra" de sua irmã, que foi estuprada por "B", planejou dar, neste, uma surra. No entanto, confundiu o verdadeiro autor da violência sexual, terminando por espancar "C", que tinha a fisionomia parecida com a de "B".

Independentemente da pessoa atingida, perceba-se que "A", com dolo, "ofendeu a integridade corporal de outrem", preenchendo as elementares do tipo de lesões corporais (art. 129 do Código Penal). A diversidade entre o sujeito passivo visado e o alvejado influenciaria, todavia, a aplicação da pena, pois os motivos que levaram o indivíduo a delinquir não devem ser ignorados. Ora, é mais reprovável uma agressão mercenária, por exemplo, do que aquela que se deu por valor moral e, por isso, o legislador prioriza a real intenção do infrator, nada obstante tenha ele cometido erro em relação à vítima.

Nessas pegadas, o art. 20, § 3º, do Código Penal determina que "o erro quanto à pessoa contra a qual o crime é praticado não isenta de pena. Não se consideram, neste caso, as condições ou qualidades da vítima, senão as da pessoa contra quem o agente queria praticar o crime". Isso quer dizer que, quando o juiz aplicar a pena, levará em conta a **teoria da equivalência,** considerando, na dosimetria, as condições da **vítima virtual** (aquela que o agente queria atingir), e não as da **vítima real.**

Dessa forma, suponhamos que "A" queria matar sua colega de trabalho por entender que ela, por ser mulher, não merecia uma promoção. Para tanto, esperou-a na via pública no horário em que a pretendida vítima costumava sair, tarde da noite. Assim que uma pessoa passou pelo local, que estava escuro, "A", acreditando que se tratava de sua colega, efetuou disparos de fogo. No entanto, a mulher havia saído mais cedo, pois teria uma consulta médica, tendo seu substituto, homem, ficado em seu lugar. Em razão da mencionada teoria da equivalência, responderá "A" por feminicídio.

Por ser um erro acidental, não há exclusão do dolo ou da culpa, nem isenção de pena.

2.1.2.3 Erro na execução, erro no golpe ou *aberratio ictus*

Nesse caso, o agente não se confunde quanto à pessoa que quer atacar, havendo correta representação da realidade. Ele mira e visa a pessoa certa, mas, por erro na execução, erra o alvo e atinge pessoa diversa. A relação de causalidade prevista é diferente do nexo causal efetivamente produzido.

Para ilustrar o caso, vamos citar um exemplo: "A" vê seu desafeto "B" em uma parada de ônibus e, por vingança, saca seu revólver e efetua disparos. Ocorre que, em razão da má pontaria, termina atingindo "C", que estava ao lado de "B" esperando o coletivo. Como se verifica, "A" não se enganou em relação à pessoa que queria atingir. O que ocorreu foi um erro no uso do meio eleito para a execução (disparos de arma de fogo).

Como se percebe, a situação é diferente daquela que ocorre no *erro quanto à pessoa*, em que o sujeito se engana em relação à identidade da vítima pretendida. Quem ele queria atingir não sofre qualquer perigo, ao contrário da situação em comento (*aberratio ictus*).

O erro na execução pode coexistir com o erro quanto à pessoa. Basta imaginar o seguinte exemplo: "M" queria matar "N", seu inimigo. Determinado dia, estava passando em frente à casa de "N" e viu um rapaz de costas, que era "O", amigo de seu rival. Ocorre que, em razão do porte físico e do estilo de vestimenta, "N" pensou que era "N" e efetuou disparos de arma de fogo contra "O", mas errou o alvo e atingiu "P", namorada deste último.

Quando houver erro na execução ou *aberratio ictus*, terá aplicação o art. 73 do Código Penal, que estabelece:

> Quando, por acidente ou erro no uso dos meios de execução, o agente, ao invés de atingir a pessoa que pretendia ofender, atinge pessoa diversa, responde como se tivesse praticado o crime contra aquela, atendendo-se ao disposto no § 3º do art. 20 deste Código. No caso de ser também atingida a pessoa que o agente pretendia ofender, aplica-se a regra do art. 70 deste Código.

Assim, quando da dosimetria da pena, serão consideradas as circunstâncias referentes à vítima visada (desafeto), como se ela que tivesse sido atingida. O juiz aplicará a pena, no que tange às circunstâncias subjetivas, como se a pessoa visada fosse a atingida. Retornando ao exemplo em que "A", na parada de ônibus, quis matar "B", mas, por erro na pontaria, acertou "C", teremos que a pena será aumentada na primeira fase em razão do motivo torpe (vingança). Nesse caso, diz-se que houve **erro na execução com unidade simples ou resultado único**.

Caso os disparos tivessem atingido tanto "B" quanto "C", seria aplicada a regra do concurso formal, prevista no art. 70 do Código Penal, o que configura **erro na execução com unidade complexa ou resultado duplo**. Assim sendo, as situações possíveis seriam:

a) "B" e "C" morrem em razão dos disparos: "A" responderá por dois crimes: homicídio doloso em relação a "B" e homicídio culposo em relação a "C", em concurso formal próprio (art. 70, primeira parte, do Código Penal). Aplica-se, portanto, a mais grave das penas (a do homicídio consumado), aumentada de um sexto até a metade.

b) "B" morre e "C" sofre lesões corporais: aplica-se o raciocínio anterior, respondendo "A" por homicídio doloso em relação a "B" e lesões corporais culposas em relação a "C", em concurso formal próprio.

c) "B" e "C" sofrem lesões corporais: "A" responderá por tentativa de homicídio em relação a "B" em concurso formal próprio com lesões corporais culposas em relação a "C".

d) "B" sofre lesões corporais e "C" morre: nesse caso, há divergência doutrinária, resumida nas seguintes correntes:

> 1ª corrente: "A" reponde por tentativa de homicídio contra "B", em concurso formal com homicídio culposo contra "C" (como determina o art. 73 do Código Penal), considerando o dolo do agente.
>
> 2ª corrente (Damásio): "A" responde por homicídio doloso contra "C", considerando as características de "B" quando da fixação da pena, em concurso formal com o delito de lesões corporais contra "B". Isso porque haveria dois crimes: homicídio culposo contra "C" e tentativa de homicídio contra "B", mas é como se tivesse matado "B" (vítima virtual), nos termos do art. 20, § 3º, do Código Penal, levando em conta o resultado alcançado.
>
> 3ª corrente (André Estevam): "A" responde por homicídio doloso consumado contra "C" e tentativa de homicídio contra "B", em concurso formal perfeito. A solução evitaria que a punição do resultado duplo fosse mais benéfica do que a do resultado simples. Expliquemos: caso considerado o dolo, "A" responderia por tentativa de homicídio contra "B" em concurso formal com homicídio culposo contra "C". A pena do resultado duplo seria inferior à do resultado simples, ou seja, se "A" tivesse matado apenas "B" ou "C", sem que o outro tenha sido atingido.

De qualquer forma, no caso de erro na execução com resultado duplo, para a imputação do resultado à outra vítima (que não a pretendida), é necessário que este resultado fosse **previsível** ao seu autor e que ele tenha atuado com **culpa** consciente ou inconsciente. Assim, se "T" envia uma bomba para "V", que morava sozinho em região isolada e que não saía de casa nem recebia visitas, não responderá pelo resultado em relação a "P", que havia ido ao local pedir doações. Entendimento diverso ofenderia o princípio da culpabilidade, que proíbe a responsabilidade objetiva em direito penal.

Por sua vez, se o agente atuou com dolo em relação ao segundo resultado (dolo direto de segundo grau ou eventual), não há que falar em erro, mas em desígnios autônomos, sendo as penas somadas, por não se tratar de *aberratio ictus*.

2.1.2.4 Resultado diverso do pretendido, *aberratio delicti* ou *aberratio criminis*

Também ocorre por desvio nos meios de execução em razão de acidente ou erro. No entanto, diferencia-se da modalidade anterior, pois, aqui, o agente cometeu, por culpa, crime diverso daquele que ele pretendia praticar, atingindo **bem jurídico** diferente daquele visado (por isso o nome *resultado diverso do pretendido*). Pode ocorrer em duas hipóteses: o agente visava uma **pessoa**, mas atingiu uma **coisa**; o sujeito visava uma **coisa**, mas alvejou uma **pessoa**.

A solução jurídica é dada pelo artigo 74 do Código Penal:

> Fora dos casos do artigo anterior [art. 73, que trata do erro na execução ou *aberratio ictus*], quando, por acidente ou erro na execução do crime, sobrévem resultado diverso do pretendido, o agente responde por culpa, se o fato é previsto como crime culposo; se ocorre também o resultado pretendido, aplica-se a regra do art. 70 deste Código.

Como o sujeito agiu com dolo, não poderá ser isento de pena. Vamos aos exemplos: a) João disparou contra Alice, mas todas as munições atingiram o carro de Pedro; b) Maria arremessou uma pedra contra o vidro da vitrine da loja de Joana, errando o alvo e acertando uma pedestre que passava pelo local.

A conduta pode redundar em **resultado único ou unidade simples** ou **resultado duplo ou unidade complexa**.

Se há apenas um resultado (*ou* a pessoa *ou* a coisa visada é atingida), o infrator responderá pelo delito culposo efetivamente praticado, caso haja previsão legal (art. 74 do Código Penal), **exceto**: 1) se o resultado previsto como crime culposo for menos grave do que o efetivamente tentado; 2) se o resultado provocado não for previsto no tipo na modalidade culposa. Trata-se de construção doutrinária para que se evitem injustiças.

Por isso, no exemplo "a" acima, João responderá apenas pela tentativa de homicídio (ou de lesões corporais, a depender de seu dolo) contra Alice. Afinal, nosso ordenamento não prevê a figura do dano culposo e o estrago causado a Pedro poderá ser indenizado no âmbito cível. No exemplo "b", responderá apenas pelas lesões corporais culposas, que absorverão a tentativa de dano.

Se houver o duplo resultado (tanto a pessoa quanto a coisa forem atingidas), aplica-se a regra do concurso formal ou ideal de crimes. Voltemos aos nossos exemplos: no "a", se João atinge Alice e também o carro de Pedro, responderá apenas pela tentativa de homicídio ou lesões corporais, uma vez que não há dano culposo. Na hipótese "b", caso a pedra tenha atingido tanto o vidro, quebrando-o, quanto a pedestre, lesionando-a, responderá Maria pelo dano consumado em concurso formal com lesões corporais culposas.

2.1.2.5 Erro sobre o nexo causal: em sentido estrito e erro sucessivo ou *aberratio causae*

Esse erro não tem previsão legal, sendo um construto doutrinário. Ocorre quando o agente pretende atingir um resultado determinado, que, de fato, termina sendo produzido, mas em razão de nexo diverso, diferente daquele planejado. Vale dizer: têm-se a ação e o resultado exatamente como planejados pelo sujeito, mas o nexo de causalidade que os liga não é aquele, por ele, posto em curso. O agente se engana em relação à forma como o resultado foi produzido, mas este é consequência da sua conduta.

O erro sobre o nexo causal pode ocorrer em duas hipóteses:

a) Erro sobre o nexo causal em sentido estrito: o agente pratica um só ato, provocando o resultado pretendido, mas em razão de outro nexo causal. Tomemos como exemplo o clássico caso da pessoa que empurra seu inimigo de uma ponte para que morra afogado, mas, na queda, bate a cabeça em uma viga e falece de traumatismo cranioencefálico.

Como se observa, o resultado decorreu da ação (ato de empurrar), mas a morte deu-se em razão de nexo causal diverso (ato de bater a cabeça, e não o de afogamento, como pretendia o infrator). O resultado, mesmo tendo se dado de forma antecipada, é consequência previsível da conduta e, por isso, deve ser atribuída ao seu autor.

b) Erro sucessivo ou *aberratio causae*: nesse caso, a conduta do agente é realizada por meio de pluralidade de atos: o sujeito, acreditando que já tinha alcançado o resultado com o(s) atos(s) anterior(es), pratica outro(s), com a finalidade de impedir que o crime seja descoberto, sendo o comportamento posterior à causa do evento.

Por exemplo, Amauri efetua cinco disparos de arma de fogo contra Evandro e, acreditando que a morte já estivesse consumada, enterra-o em uma selva. Tempos depois, o corpo é encontrado e descobre-se que, na verdade, Evandro faleceu de asfixia e não em razão das lesões perfuro-contundentes.

Uma minoria entende que, no caso anterior, Amauri responderia pela tentativa de homicídio em concurso com o homicídio culposo, uma vez que o dolo deve existir no momento da conduta. No entanto, o entendimento majoritário é no sentido de que o agente responde por um só crime, pois o dolo é geral e envolve todo o percurso da ação típica, desde a conduta até o resultado (**dolo geral**).

Outra controvérsia doutrinária diz respeito à incidência de qualificadoras no caso do dolo geral. Cléber Masson defende que deve ser considerado o meio de execução que o agente desejava empregar para a consumação, e não o que, acidentalmente, causou o resultado naturalístico[2]. Em direção contrária, posiciona-se Rogério Sanches, no sentido de que, não havendo previsão legal, o mais acertado seria que o juiz considerasse o nexo causal mais favorável ao réu, de acordo com o caso concreto[3].

---

[2] MASSON, Cléber. *Direito penal*: parte geral (arts. 1º a 120). 15. ed. Rio de Janeiro: Forense/Método, 2021. v. 1, p. 287.

[3] CUNHA, Rogério Sanches. *Manual de direito penal*: parte geral (arts. 1º ao 120). 14. ed. São Paulo: JusPodivm, 2021. volume único, p. 306.

3. ERRO DE PROIBIÇÃO

Para entendermos o erro de proibição, devemos lembrar que a culpabilidade é formada pela imputabilidade, potencial consciência da ilicitude e exigibilidade de conduta diversa. Para que o agente seja considerado culpável e, portanto, receba uma pena, deverá, no momento da ação ou omissão, ter a possibilidade de compreender o caráter ilícito de sua conduta.

Fala-se em *possibilidade* porque não se exige que o autor efetivamente conheça o caráter ilícito de seu comportamento, mas que ele tenha, na ocasião, condições de atingir a consciência de que o fato é típico e antijurídico. Por isso, a *potencial* consciência da ilicitude.

No entanto, existe uma situação em que essa possibilidade de conhecimento da ilicitude é afastada. Vamos supor que um homem idoso simples, sem escolaridade e morador da zona rural de uma pequena cidade, esteja em sua chácara, onde nem sequer há antena de televisão, quando vê, do lado de fora, uma onça parda. Acreditando que pudesse abater o animal, pega sua espingarda e dispara, matando-o.

Esse homem não escolarizado não sabia que: a) não podia abater animais silvestres; b) não podia manter uma espingarda em casa. Ele acreditava, o que era compreensível por suas condições pessoais, que podia ter arma de fogo em casa e que poderia matar qualquer animal que chegasse perto dos limites de sua propriedade, mesmo que nenhum perigo oferecesse.

No nosso exemplo, não há dúvidas de que ele sabia e queria o que estava fazendo (manter a posse de uma espingarda, com a qual matou uma onça parda). No entanto, mesmo sabendo e querendo o que fazia, nosso homem acreditava que estava agindo conforme a lei (não conhecia a proibição).

A partir desse exemplo, chegamos à conclusão de que não houve erro de tipo, pois o homem representou a realidade da forma correta (ele "enxergou" a realidade exatamente como ela estava acontecendo) e, de fato, quis abater um animal silvestre com uma arma que mantinha em casa sem autorização e sem registro da autoridade competente. No entanto, ele não sabia que essa conduta era proibida pelo ordenamento penal pátrio. E, nas condições em que se encontrava (falta de escolarização, residência isolada, avançada idade), ele não tinha a possibilidade de alcançar esse entendimento.

Diz-se, então, que ele agiu em erro de proibição. Enquanto o erro de tipo (excludente do dolo) diz respeito à consciência do fato, da realidade presente no momento da conduta (exclui o fato típico), o erro de proibição se refere à (falta de) consciência da antijuricidade do fato (excludente de culpabilidade).

É diferente, todavia, do **desconhecimento da lei**, que é inescusável (imperdoável) segundo o art. 21, *caput*, primeira parte, do Código Penal e o art. 3º da Lei de Introdução às Normas do Direito Brasileiro ("ninguém se escusa de cumprir a lei, alegando que não a conhece"). Há uma **presunção legal absoluta** de que, com a publicação no Diário Oficial, todos têm ciência da letra da lei. Entretanto, isso não significa que todos conheçam o seu conteúdo, lícito ou ilícito, o que só se alcança com a vivência individual em sociedade.

Destaque-se, porém, que, mesmo que o ordenamento presuma que todos têm conhecimento da lei, o seu desconhecimento, no caso concreto, funcionará: a) como circunstância atenuante se o agente, mesmo desconhecendo a letra da lei, sabia que seu comportamento era proibido (art. 65, II, do Código Penal); b) como situação apta a autorizar o perdão judicial nas contravenções penais, quando escusável (art. 8º da Lei de Contravenções Penais[4]), o que vai ao encontro do princípio da culpabilidade.

Levando em consideração essa diferença, o *caput* do art. 21 do Código Penal estabelece que: "o desconhecimento da lei é inescusável", mas "o erro sobre a ilicitude do fato, se inevitável, isenta de pena; se evitável, poderá diminuí-la de um sexto a um terço".

Assim sendo, mesmo partindo-se do pressuposto de que todos conhecem a letra da lei (uma vez que publicada no Diário Oficial), é possível que um indivíduo incida em erro quanto à proibição do seu comportamento, valorando equivocadamente o conteúdo da norma. Esse erro pode ser **evitável (inescusável, imperdoável, vencível)** ou **inevitável (escusável, perdoável, invencível)**.

Será **evitável**, segundo o parágrafo único do art. 21 do Estatuto Repressivo, se o agente atua ou se omite sem a consciência da ilicitude do fato, *quando lhe era possível, nas circunstâncias, ter ou atingir essa consciência*. Se ele tivesse se esforçado, diligenciado, teria alcançado o real significado da norma e, por isso, haverá apenas uma redução da reprimenda.

A contrario sensu, será inevitável o erro se não lhe era possível exigir essa consciência. Mesmo que empregadas as diligências ordinárias, incorrer-se-ia no erro, afastando-se, portanto, a culpabilidade e, em consequência, o caráter criminoso do fato.

Essa diferenciação ocorre porque nosso sistema adota a **teoria normativa pura da culpabilidade**, que exige apenas a consciência *potencial* da ilicitude, permitindo a distinção entre o caso em que o agente não podia adquirir esse conhecimento e aquele em que podia, de acordo com as circunstâncias concretas.

Com efeito, a **teoria psicológica normativa** elencava, como elementos da culpabilidade, a imputabilidade, a exigibilidade de conduta diversa e a culpa ou o dolo normativo, o qual consistia na consciência, vontade e *consciência atual da ilicitude*, ou seja, para que o indivíduo fosse considerado culpável, deveria ter agido com o conhecimento (atual) de que sua conduta é proibida. Sendo assim, qualquer erro de proibição afastava a culpabilidade, pois o sujeito teria agido sem consciência da ilicitude da conduta, embora

---

[4] "Art. 8º No caso de ignorância ou de errada compreensão da lei, quando escusáveis, a pena pode deixar de ser aplicada."

lhe fosse possível alcançar esse entendimento (independentemente de o erro ser evitável ou inevitável).

Por fim, para que se conclua se o erro de proibição era evitável ou inevitável, deverá o julgador levar em consideração as **condições particulares do agente no caso concreto** (grau de escolaridade, condições socioculturais e econômicas, idade, local onde vive etc.), e não a referência ao "homem médio".

3.1 Espécies de erro de proibição

Como falamos anteriormente, para que se verifique se houve erro de proibição, é preciso que se indague a respeito da (potencial) consciência da ilicitude da ação típica. O autor sabe o que faz acreditando que a lei o autoriza a agir (ou a se omitir). Isso pode se dar em duas hipóteses: ele crê que há uma lei permissiva da conduta ou ele desconhece a proibição do fato.

Existem, em relação à culpabilidade, duas teorias que procuram estabelecer as consequências jurídicas desse engano:

a) Teoria rigorosa da culpabilidade: desenvolvida por Welzel, não diferencia as espécies de erro de proibição.

b) Teoria limitada da culpabilidade: majoritária no direito penal pátrio, divide o erro em:

b.1) Erro de proibição direto: leva em consideração o erro quanto à existência, validade e significado da norma e é apto a excluir a culpabilidade do injusto penal (fato típico e ilícito). O sujeito desconhece o caráter ilícito de sua conduta; atua crente de que seu comportamento está conforme o ordenamento jurídico, seja porque ignora a norma correspondente, seja porque a interpreta erroneamente.

Citemos o exemplo de um holandês que está passando férias no Brasil e, por ver um grupo de jovens fumando maconha na praia, acredita que o comportamento é permitido em nosso país. Com essa convicção, acende um cigarro de maconha em plena via pública e é surpreendido pela polícia.

A consequência jurídica desse erro é a exclusão da culpabilidade, caso inevitável o erro, ou a redução da pena, caso evitável (art. 21, *caput*, do Código Penal).

A situação é diversa daquela em que o agente fuma maconha pensando que é "cigarro de palha". Nesse caso, o sujeito não representou corretamente a realidade, não agindo com dolo (sua vontade consciente não era de fumar maconha) e, por isso, incorrerá em erro de tipo. O *desconhecimento do fato* acarreta o erro de tipo; o *desconhecimento do caráter injusto do fato*, o erro de proibição.

b.2) Erro de proibição indireto (erro de permissão ou descriminante putativa por erro de proibição): o agente sabe da ilicitude de sua conduta, mas acredita estar agindo sob o pálio de alguma norma justificante (causa de exclusão da antijuridicidade). O erro, aqui, incide sobre a existência da norma justificante ou quanto à sua extensão.

Vejamos o exemplo de um homem humilde que acredita que pode invadir a casa de seu devedor e subtrair bens, ao saber que este pretendia fugir sem pagar a dívida, ou mesmo o caso do sujeito que crê que pode matar quem o tentou furar com um alicate de unha, por interpretar mal a norma referente à legítima defesa.

Também exclui a culpabilidade, caso o erro seja inevitável; se evitável, haverá a redução da reprimenda (art. 21, *caput*, do Código Penal).

b.3) Erro de tipo permissivo: tem por objeto os pressupostos objetivos de uma causa de justificação; há errada representação da *situação justificante*, da realidade de fato (o sujeito pensa que estão ocorrendo fatos que o habilitam a agir justificadamente). Como ele não "enxerga" os fatos de acordo como realmente estão ocorrendo, há exclusão do dolo e, consequentemente, da tipicidade. A teoria limitada da culpabilidade considera essa espécie como erro de tipo.

O Decreto-lei n. 2.848/1940 (Exposição de Motivos da Parte Geral do Código Penal), em seu item 19, adota *expressamente* a teoria limitada da culpabilidade, nos seguintes termos:

> 19. Repete o projeto as normas do Código de 1940, pertinentes às denominadas "descriminantes putativas". Ajusta-se, assim, o Projeto à teoria limitada pela culpabilidade, que distingue o erro incidente sobre os pressupostos fáticos de uma causa de justificação do que incide sobre a norma permissiva. Tal como no Código vigente, admite-se nesta área a figura culposa (art. 17, § 1º).

No caso do erro de tipo permissivo, determina o § 1º do art. 20 do Código Penal que é *isento de pena* quem, por erro plenamente justificado pelas circunstâncias (erro invencível), supõe situação de fato que, se existisse, tornaria a ação legítima. A consideração dessa espécie como erro de tipo é criticada pelos partidários da teoria da culpabilidade estrita, justamente em razão da consequência prevista pelo legislador (isenção de pena). Afinal, se há apenas a isenção da pena, é porque a conduta é típica e ilícita, sendo caso de erro de proibição.

Outra argumentação contra a teoria limitada (repita-se, adotada expressamente em nossa legislação, como visto anteriormente) refere-se à consequência jurídica atribuída ao *erro de tipo permissivo evitável*, uma vez que a segunda parte do § 1º do art. 20 do Código Penal estabelece que não há isenção de pena quando o erro deriva de culpa e o fato é punível como crime culposo. Trata-se de uma conduta dolosa punida a título de culpa.

Veja-se, por exemplo, o caso do homem que, ao ver seu inimigo indo em sua direção com um objeto na mão, sem maiores cautelas, saca sua arma de fogo e dispara, acreditando que seria agredido, quando um exame mais cuidadoso da realidade demonstraria a ausência de injusta agressão iminente. Não se duvida que o agente atuou com dolo de lesionar ou matar o suposto agressor, mesmo que por acreditar que seria atacado. O fato de ele crer que estavam presentes os pressupostos fáticos da legítima defesa não é apto a descaracterizar o dolo (ele quis o resultado lesão ou morte do seu rival, independentemente dos motivos, no caso, a legítima defesa em que acreditava se encontrar). Nada obstante, a punição dar-se-á pela modalidade culposa do crime cometido.

Isso se dá porque nosso legislador entendeu, *por razões de política criminal*, que, nesses casos de erro de tipo permissivo vencível, a punição deve ser atenuada em razão de o sujeito ter agido com culpa quando da análise da realidade.

Perceba-se ainda que a teoria limitada da culpabilidade é compatível apenas com a chamada *Teoria do Injusto*, que abarca, no âmbito da tipicidade, a *teoria dos elementos negativos do tipo (ratio essendi)*. Para esta, o tipo penal é composto por elementos positivos (descritos de forma expressa no tipo) e por elementos negativos (que são implícitos e compreendem as causas excludentes da ilicitude). Vale dizer, para que a conduta seja *típica*, é necessário não só que o agente tenha praticado as elementares expressamente descritas, mas também que ele não tenha atuado sob o pálio de nenhuma justificante.

Por exemplo: não seria *típica* a ação de matar alguém em legítima defesa, em razão da presença de uma causa excludente da antijuridicidade (elemento negativo). Ora, se o sujeito acredita que está presente uma situação fática justificadora (em outras palavras, que há uma realidade que lhe permite atuar amparado por uma causa excludente da ilicitude, que são os chamados pressupostos fáticos de uma causa de justificação), é porque ele errou quanto ao elemento negativo do tipo, sendo o caso de erro de tipo, e não de erro de proibição.

Além dessas espécies, há o **erro de proibição mandamental ou injuntivo**, que ocorre quando o indivíduo tem o dever legal de agir, por ser garante nos termos do art. 13, § 2º, do Código Penal, mas, na situação em que se encontra, acredita que está dispensado desse dever, ou seja, o erro recai sobre a norma mandamental nos casos de crimes omissivos impróprios[5].

Vejamos um exemplo: Maria pede a Fátima que cuide de sua filha Valentina, de apenas 5 anos, alegando que a menina não dá trabalho algum. Fátima, após muita relutância, aceita o encargo, mas avisa que não perde as novelas por nada. Valentina, então, fica aos cuidados de Fátima, a qual se posta em sua maratona televisiva. Em determinado momento, Valentina, inquieta e tediosa por estar sozinha, vai até a área de serviço da casa, bebe água sanitária e começa a passar mal. No entanto, Fátima nada faz, pois acredita que, ao falar para a responsável da infante que "não perdia as novelas por nada", não teria a

---

[5] Há autores que entendem que o erro mandamental também pode incidir no caso de crimes omissivos próprios. No entanto, *em minha opinião*, se o agente interpreta mal a norma mandamental referente aos crimes omissivos próprios, incorrerá em erro de proibição direto.

obrigação de prestar socorro, nada obstante tenha aceitado o encargo de cuidar da criança, que vem a falecer.

A essa hipótese (erro mandamental) também se aplica o art. 21, *caput*, do Código Penal.

> **ATENÇÃO!** Situação diversa ocorre quando o sujeito conhece o mandamento, mas erra em relação aos fatos, como é o caso do salva-vidas que deixa de prestar socorro a banhista que se afogava, por pensar que se tratava de uma brincadeira. Como houve falsa representação da realidade, incorrerá em *erro de tipo*.

3.2 Erro de proibição culturalmente condicionado

Vivemos em uma sociedade pós-moderna industrializada que termina por impor seus valores como "corretos" e, portanto, exigíveis de todos. Indivíduos provenientes de grupos e populações minoritárias que mantêm crenças, valores culturais e condutas dissidentes recebem tratamento jurídico aparte, o que, sem dúvida, é medida de justiça.

No caso de condenação de índio por infração penal, por exemplo, a Lei n. 6.001/1973 (Estatuto do Índio) determina que *a pena deverá ser atenuada* e que, *na sua aplicação, o juiz atenderá também ao grau de integração do silvícola* (art. 56). O Estatuto também prevê, no art. 4º, que os índios são considerados: a) *isolados*: quando vivem em grupos desconhecidos ou de que possuem poucos e vagos informes por meio de contatos eventuais com elementos de comunhão nacional; b) *em vias de integração*: quando, em contato intermitente ou permanente com grupos estranhos, conservam menor ou maior parte das condições de sua vida nativa, mas aceitam algumas práticas e modos de existência comuns aos demais setores da comunhão nacional, da qual vão necessitando cada vez mais para o próprio sustento; c) *integrados:* quando incorporados à comunhão nacional e reconhecidos no pleno exercício dos direitos civis, ainda que conservem usos, costumes e tradições característicos de sua cultura.

Por sua vez, o art. 57 do Estatuto do Índio estabelece que será tolerada a aplicação, pelos grupos tribais, de acordo com as instituições próprias, de sanções penais ou disciplinares contra seus membros, desde que não revistam caráter cruel ou infamante, proibida, em qualquer caso, a pena de morte.

Interpretando essa normativa, a doutrina brasileira estabelece critérios *integracionistas* para a aplicação da lei penal aos índios que cometem condutas típicas e ilícitas e, para tanto, leva em consideração o conceito de inimputabilidade trazido no art. 26 do Código Penal. Sendo assim, a depender do seu grau de integração à sociedade, os indígenas estariam inseridos na categoria de indivíduos com desenvolvimento mental incompleto ou retardado e, portanto, considerados inimputáveis ou semi-imputáveis a depender da capacidade (total ou parcial) de entender o caráter ilícito do fato ou de determinar-se de acordo com esse entendimento.

Entretanto, a Constituição Federal reconhece, aos índios, sua organização social, costumes, línguas, crenças e tradições (art. 231) e, portanto, não seria adequado tratar tais indivíduos como pessoas "com desenvolvimento mental incompleto ou retardado", mas sim como pessoas integralmente desenvolvidas dentro de sua cultura. São indivíduos que podem, ou não, ser inimputáveis (ou ter a imputabilidade diminuída), mas pelas mesmas razões que todo ser humano pode o ser, e não pelo simples fato de pertencerem a um grupo culturalmente diferenciado.

Por essa razão, Zaffaroni e Pierangeli entendem que, em casos como os dos indígenas (dos esquimós ou de quaisquer culturas diferentes da nossa), a incapacidade (total ou parcial) de compreender as regras penais dar-se-ia em razão não da imputabilidade, mas sim no nível de *consciência da ilicitude*. Segundo eles, haveria o chamado **erro de compreensão culturalmente condicionado**, que ocorre "quando o indivíduo tenha sido educado numa cultura diferente da nossa e, desde criança, tenha internalizado as regras de conduta desta cultura, como no exemplo dos enterros clandestinos dos indígenas"[6].

Para os doutrinadores argentinos, o erro de compreensão culturalmente condicionado pode ensejar diversas classes de erro. Quando, em razão da cultura em que foi criado e desenvolveu sua personalidade, o sujeito conhece a proibição e a falta de permissão, mas não lhe é exigível que entenda a regra de que tem conhecimento, estaríamos diante de um **erro de proibição culturalmente condicionado invencível, na forma de erro de compreensão**. É o caso, por exemplo, do visitante estrangeiro que comete injúria ao rejeitar, do anfitrião, a mulher perfumada com urina que lhe foi oferecida na sociedade esquimó[7].

Contudo, para Zaffaroni e Pierangeli, o condicionamento cultural ensejador do erro de proibição também pode constituir uma justificação putativa, e não um erro de compreensão. Seria o caso dos membros da sociedade Ahuca, no oriente equatoriano, que acreditam que serão mortos pelos homens brancos e, por isso, por defesa, devem se adiantar.

No erro de proibição culturalmente condicionado, portanto, o agente até conhece a norma proibitiva, mas lhe é impossível, em razão de seus próprios valores culturais, internalizar, entender a ilicitude da conduta justamente em razão da sua incapacidade de compreender os valores sociais ou morais que justificaram a criação do tipo penal incriminador.

4. ERRO SOBRE OS PRESSUPOSTOS FÁTICOS DE UMA CAUSA DE JUSTIFICAÇÃO

O erro sobre os pressupostos fáticos de uma causa de justificação ou de exclusão da ilicitude é chamado de **erro de tipo permissivo** e está previsto no

---
[6] ZAFFARONI, Raúl Eugenio; PIERANGELI, José Henrique. *Manual de direito penal brasileiro: parte geral* [livro eletrônico]. 14. ed. São Paulo: Thomson Reuters Brasil, 2021. v. 1.
[7] ZAFFARONI, Raúl Eugenio; PIERANGELI, José Henrique. *Manual de direito penal brasileiro: parte geral* [livro eletrônico]. 14. ed. São Paulo: Thomson Reuters Brasil, 2021. v. 1.

art. 20, § 1º, do Código Penal, nos seguintes termos: "é isento de pena quem, por erro plenamente justificado pelas circunstâncias, supõe situação de fato que, se existisse, tornaria a ação legítima. Não há isenção de pena quando o erro deriva de culpa e o fato é punível como crime culposo".

Como o art. 20 do Estatuto Repressivo traz a rubrica "erro sobre os elementos do tipo", facilmente se constata a natureza jurídica desse instituto. No entanto, o tema não é tão simples, pois o dispositivo não fala em atipicidade ou exclusão do dolo (ao contrário do *caput*), mas em "isenção de pena", consequência jurídica dispensada aos casos de exclusão da culpabilidade (como ocorre nos arts. 22, 26 e 28, todos do Código Penal). Por isso, alguns doutrinadores entendem que se trata de erro de proibição.

Há aqueles que entendem que não se trata de erro de tipo, nem de erro de proibição, mas de categoria própria, *sui generis*, com consequências particulares. Afinal, como mencionado, haverá "isenção de pena" no caso de o erro ser invencível e, se for vencível, o agente responderá pela modalidade culposa do tipo, se prevista em lei (e não pelo crime doloso com redução da pena).

Assim, em razão de suas particularidades, trataremos desse instituto separadamente neste tópico.

Pois bem, é possível que o agente incida em erro em relação a uma situação justificante (sobre os pressupostos fáticos da causa de exclusão da ilicitude) ou no que diz respeito à existência ou extensão de uma norma permissiva justificante. No primeiro caso, chamado, pela doutrina, de **erro sobre os pressupostos fáticos de uma causa de justificação, erro de tipo permissivo ou descriminante putativa por erro de tipo,** ele supõe uma situação de fato que só existe em sua cabeça; no segundo, denominado **erro de permissão,** supõe estar autorizado, por lei, a agir.

Para esclarecer, vamos aos exemplos.

Paulo e Timóteo tiveram um grave desentendimento e o primeiro jurou que mataria o segundo quando ele menos esperasse. Em razão dessa guerra declarada, ambos passaram a andar armados. Dias depois, o carro de Timóteo quebrou em uma via escura, na madrugada, e, enquanto ele esperava o guincho, avistou Paulo vindo rapidamente em sua direção, com a mão na cintura. Timóteo então sacou sua arma de fogo e efetuou dois disparos em direção a Paulo, atingindo-o.

Ocorre que Paulo estava apenas guardando seu telefone celular e ia na direção de Timóteo para oferecer-lhe ajuda, pois sabia que aquela região, naquele horário, apresentava sérios riscos de assalto. Ora, Timóteo representou a realidade de forma errônea, imaginando situação que, se existisse, habilitá-lo-ia a agir em legítima defesa, ou seja, o dolo dele não foi o de matar ou ferir, mas sim o de se defender, razão pela qual estamos diante de *erro de tipo permissivo ou descriminante putativa por erro de tipo* (em razão da legítima defesa putativa).

No mesmo erro incorre quem está em uma sessão de cinema e, ao ouvir alguém gritar "fogo", sai em desabalada carreira, machucando quem estava no caminho, somente depois tendo ficado sabendo que se tratava de uma brincadeira (estado de necessidade putativo). Ou mesmo o policial que prende homônimo de pessoa que teve, contra si, mandado de prisão expedido (estrito cumprimento do dever legal putativo).

Observe que a situação é completamente diversa daquelas tratadas no tópico anterior, no que diz respeito ao **erro de proibição indireto (erro de permissão ou discriminante putativa por erro de proibição)**. Nesse caso, o sujeito "enxerga" a realidade exatamente como ela ocorre, mas acredita estar agindo sob o pálio de alguma norma justificante (causa de exclusão da antijuridicidade), seja em relação à sua existência, seja quanto à sua extensão.

Como houve correta representação da realidade, estando o dolo íntegro, não há que se afastar a tipicidade da conduta, não se tratando de erro de tipo. O que ocorreu foi uma *alteração no juízo de reprovabilidade do indivíduo* em razão do erro de proibição, sendo a culpabilidade afastada, caso o equívoco tenha sido inevitável ou acarretando a redução da pena, caso evitável (art. 21, *caput*, do Código Penal). São as chamadas *descriminantes putativas por erro de proibição*.

Conforme já mencionado, nosso Código Penal acatou a **teoria limitada da culpabilidade**, atribuindo tratamento jurídico diverso ao *erro quanto aos pressupostos fáticos de uma causa de justificação*. Segundo o § 1º do art. 20 do Código Penal, é isento de pena quem, por erro plenamente justificado pelas circunstâncias, supõe situação de fato que, se existisse, tornaria a ação legítima (erro inevitável). Não haverá isenção de pena quando o erro deriva de culpa e o fato é punível como crime culposo (erro evitável).

5. QUESTÕES DE CONCURSOS

Questão 1

(TJSC – Juiz – CEBRASPE – 2019) À luz das disposições do Código Penal acerca do erro, julgue os itens a seguir.

I – De acordo com a teoria da culpabilidade adotada pelo Código Penal, todo erro que recai sobre uma causa de justificação configura erro de proibição.

II – No chamado *aberratio ictus*, quando, por acidente ou erro no uso dos meios de execução, em vez de vitimar a pessoa que pretendia ofender, o agente atingir pessoa diversa, consideram-se as condições e qualidades não da vítima, mas da pessoa que o agente pretendia atingir.

III – O erro sobre elemento constitutivo do tipo penal exclui o dolo, se inevitável, ou diminui a pena de um sexto a um terço, se evitável.

IV – Constitui crime impossível a prática de conduta delituosa induzida por terceiro que assegure a impossibilidade fática da consumação do delito.

Estão certos apenas os itens:
A) I e III.
B) I e IV.
C) II e IV.
D) I, II e III.
E) II, III e IV.

Questão 2

(TJSC – Juiz – CEBRASPE – 2019) Mara, pretendendo tirar a vida de Ana, ao avistá-la na companhia da irmã, Sandra, em um restaurante, ainda que consciente da possibilidade de alvejar Sandra, efetuou um disparo, que alvejou letalmente Ana e feriu gravemente Sandra.

Nessa situação hipotética, assinale a opção correta relativa ao instituto do erro.

A) Devido à *aberratio ictus*, Mara responderá somente pelo homicídio de Ana, visto que o dolo estava direcionado a esta, havendo absorção do crime de lesão corporal cometido contra Sandra.
B) Mara responderá por homicídio doloso consumado em relação à Ana e por tentativa de homicídio em relação à irmã desta.
C) Em concurso formal imperfeito, Mara responderá pelo homicídio de Ana e pela lesão corporal de Sandra.
D) Mara incidiu em delito putativo por erro de tipo em unidade complexa.
E) Excluído o dolo e permitida a punição por crime culposo, se essa modalidade for prevista em lei, Mara terá incidido em erro de tipo essencial escusável contra a irmã de Ana.

Questão 3

(PCMS – Delegado de Polícia – FAPEC – 2021) Sobre a teoria do erro, analise as afirmações a seguir.

I – Para a teoria extremada do dolo, tanto o erro de tipo quanto o erro de proibição, quando inevitáveis, sempre excluirão o dolo.

II – A teoria extremada da culpabilidade empreendida pela doutrina finalista, com a qual surgiu e cujos maiores representantes foram Welzel, Maurach e Kaufmann, separa o dolo da consciência da ilicitude. Assim, o dolo, em seu aspecto puramente psicológico (dolo natural), é transferido para o injusto, enquanto a consciência da ilicitude passa a fazer parte da culpabilidade, num puro juízo de valor, dolo e consciência da ilicitude são, portanto, para a teoria extremada da culpabilidade, conceitos completamente distintos e com diferentes funções dogmáticas.

III – Influenciada pelo sistema finalista de Hans Welzel, a reforma da Parte Geral do Código Penal brasileiro, realizada em 1984, rompeu com a tradição jurídico penal estabelecida até então, que trabalhava com a teoria limitada da culpabilidade, e passou a adotar a teoria extremada da culpabilidade, defendida pelo renomado professor da Escola de Bonn, deixando expresso tal opção no item 19 da Exposição de Motivos.

IV – No erro de tipo, o erro recai sobre o elemento intelectual do dolo – a consciência –, impedindo que a conduta do autor atinja corretamente todos os elementos essenciais do tipo. É essa a razão pela qual essa forma de erro sempre exclui o dolo, que, no finalismo, encontra-se no fato típico, e não na culpabilidade.

V – A teoria limitada da culpabilidade situa o dolo como elemento do fato típico e a potencial consciência da ilicitude como elemento da culpabilidade; adota o erro de tipo como excludente do dolo e admite, quando for o caso, a responsabilização por crime culposo.

Assinale a alternativa correta.

A) Apenas I, II e V estão corretos.
B) Apenas II, III e V estão corretos.
C) Apenas II e V estão corretos.
D) Apenas I, II, IV e V estão corretos.
E) Todos os itens estão corretos.

Questão 4

(TJDFT – Juiz – 2023) A respeito da excludente de ilicitude, assinale a opção correta.

A) Não é passível de punição a pessoa que agir por erro sobre elemento constitutivo de crime.
B) O erro quanto à pessoa contra quem o crime foi praticado não isenta de pena o agente da conduta criminosa, embora se desconsiderem, nesse caso, as qualidades da vítima.
C) Se o fato delituoso for cometido em obediência a ordem de superior hierárquico, só será punível o autor da ordem.
D) O erro derivado de culpa não permite punição, uma vez que as circunstâncias tornam legítima a ação.
E) O erro sobre a ilicitude do fato, se inevitável, diminuirá a pena a ser aplicada.

GABARITO: 1. C; 2. C; 3. D; 4. B.

Capítulo 28

Concurso de crimes

Ruth Araújo Viana

1. INTRODUÇÃO

O concurso de crimes acontecerá quando o agente praticar dois ou mais crimes, seja com uma ação ou omissão ou mais de uma conduta. Existem três tipos de concursos de crimes:

a) Concurso material (art. 69 do CP);

b) Concurso formal (art. 70 do CP);

c) Crime continuado (art. 71 do CP).

O concurso de crimes imputará ao agente uma soma ou um aumento de pena. O concurso material e o concurso formal na modalidade imperfeita trabalham com o sistema do cúmulo material, ou seja, somam-se as penas cominadas a cada um dos crimes imputados.

O concurso formal perfeito e o crime continuado trabalham com o sistema da exasperação da pena: aplica-se a pena do crime mais grave, aumentado o percentual previsto nos arts. 70 e 71 do Código Penal, respectivamente.

No caso de concurso de crimes, a extinção da punibilidade incidirá sobre a pena de cada um, **isoladamente** (art. 119 do Código Penal).

É possível a suspensão condicional do processo no concurso de crimes, desde que a pena mínima continue sendo igual ou inferior a um ano nos termos do art. 89 da Lei n. 9.099/1995. Esse é o teor da Súmula n. 723 do STF, que também tem o seu raciocínio aplicado a todas as espécies de concursos de crimes:

Súmula n. 723 do STF: Não se admite a suspensão condicional do processo por crime continuado, se a soma da pena mínima da infração mais grave com o aumento mínimo de um sexto for superior a um ano.

Imagine que Roberta responde pelo crime de estelionato, cuja pena é de um ano de reclusão (art. 171, *caput*, do Código Penal). O acréscimo pelo crime continuado é de um sexto a dois terços da pena. Assim, o benefício da suspensão condicional do processo será inaplicável ao caso, já que o art. 89 da Lei n. 9.099/1995 só permite a suspensão condicional do processo para delitos com cominação de pena mínima igual ou inferior a um ano.

No caso das penas de multa, se existirem concursos de crimes, elas deverão ser aplicadas distinta e integralmente:

> Art. 72. No concurso de crimes, as penas de multa são aplicadas distinta e integralmente.

É importante registrar que esse dispositivo, segundo a jurisprudência do STJ, é restrito às hipóteses de concursos formal ou material, não sendo aplicável quando houver continuidade delitiva:

> Agravo regimental no agravo em recurso especial. Apropriação indébita. Dosimetria da pena. Primeira fase. Fundamentação concreta e idônea. *Quantum* de aumento da pena. Desproporcionalidade. (...) 1. A jurisprudência desta Corte assentou compreensão no sentido de que o art. 72 do Código Penal é restrito às hipóteses de concursos formal ou material, não sendo aplicável aos casos em que há reconhecimento da continuidade delitiva. Desse modo, a pena pecuniária deve ser aplicada conforme o regramento estabelecido para o crime continuado, e não cumulativamente, como procedeu a Corte de origem.(...)[1].

Outro ponto muito importante sobre o concurso de crimes e que merece a atenção é fato de que ele influencia a aplicação da pena inclusive para fins de fixação da competência, de modo que é possível o afastamento, por exemplo, da competência do Juizado Especial quando a soma das penas máximas cominadas aos delitos ou aplicação da exasperação de pena ultrapassar o patamar de dois anos.

2. CONCURSO MATERIAL OU CONCURSO REAL

Consiste na prática de duas ou mais condutas, dolosas ou culposas, omissivas ou comissivas, produzindo dois ou mais resultados, idênticos ou não, mas todas praticadas pelo agente a que se imputa. Vejamos o que diz o art. 69 do Código Penal:

> Art. 69. Quando o agente, mediante **mais de uma** ação ou omissão, pratica dois ou mais crimes, idênticos ou não, aplicam-se **cumulativamente** as penas privativas de liberdade em que haja incorrido. No caso de aplicação cumulativa de penas de reclusão e de detenção, executa-se primeiro aquela.
> § 1º Na hipótese deste artigo, quando ao agente tiver sido aplicada pena privativa de liberdade, não suspensa, por um dos crimes, para os demais será incabível a substituição de que trata o art. 44 deste Código (grifos nossos).

---
[1] AgRg no AREsp n. 484.057/SP, Rel. Min. Jorge Mussi, j. 27.02.2018.

Aplicando a inteligência da Súmula 243 do STJ, que informa que "o benefício da suspensão do processo não é aplicável em relação às infrações penais cometidas em concurso material, concurso formal ou continuidade delitiva, quando a pena mínima cominada, seja pelo somatório, seja pela incidência da majorante, ultrapassar o limite de um ano", é possível compreender que a Justiça Comum será competente sempre que, na hipótese de apuração de delitos de menor potencial ofensivo, a soma das penas máximas em abstrato em concurso material, ou, ainda, a devida exasperação, no caso de crime continuado ou de concurso formal, se verifique que o resultado da adição é superior a dois anos, afastando-se, portanto, a competência do Juizado Especial Criminal. Nesse sentido, o Superior Tribunal de Justiça:

RECURSO EM HABEAS CORPUS Nº 4.633 – RJ (2017/0117306-9). RELATOR: MINISTRO RIBEIRO DANTAS. RECORRENTE: PATRIQUE SAMUELSON MARTINS MEDEIROS. ADVOGADO: DEFENSORIA PÚBLICA DO ESTADO DO RIO DE JANEIRO. RECORRIDO: MINISTÉRIO PÚBLICO DO ESTADO DO RIO DE JANEIRO. PROCESSO PENAL. RECURSO EM HABEAS CORPUS. CRIMES DE RESISTÊNCIA E DE LESÃO CORPORAL LEVE. ALEGADA INCOMPETÊNCIA DO JUIZADO ESPECIAL CRIMINAL. EXEGESE DO ART. 61 DA LEI N. 9.099/1995. PENA MÁXIMA COMINADA. CONCURSO MATERIAL. SOMATÓRIO. OBSERVÂNCIA DA PENA MÁXIMA. CONSTRANGIMENTO ILEGAL CARACTERIZADO. NULIDADE ABSOLUTA. RECURSO PROVIDO. 1. A Constituição Federal, em atenção ao devido processo legal, estatui, como garantia individual, o juízo natural, e impõe que "XXXVII – não haverá juízo ou tribunal de exceção" e "LIII – ninguém será processado nem sentenciado senão pela autoridade competente". 2. A criação dos Juizados Especiais concretiza a garantia do acesso à Justiça e permite a materialização da tutela jurisdicional de maneira célere e mais simples. Já no aspecto penal, adota medidas despenalizadoras, reduzindo a característica punitiva para crimes considerados de menor potencial ofensivo. 3. O rito célere e simplificado não atenta o devido processo legal, contudo, a competência do Juizado Especial Criminal se encerra no contexto criminoso cuja pena máxima não exceda dois anos, haja ou não concurso de delitos. 4. A atuação do JECRIM em casos cuja pena máxima excedam o limite do art. 61 da Lei n. 9.099/1995 fere o princípio do devido processo legal, da ampla defesa e do contraditório, por retirar da parte a possibilidade de, em processo mais dilatado e amplo, produzir as provas que entender necessárias. 5. No caso em exame, o somatório das penas máximas em abstrato dos crimes excedeu o limite legal de 2 anos, de modo que é da competência absoluta da Justiça comum o processamento e julgamento da ação penal. 6. Recurso em habeas corpus provido para declarar a nulidade da ação desde o recebimento da denúncia.[2]

Portanto, são **requisitos** do concurso material a **pluralidade** de **condutas** e a pluralidade de **crimes**. Assim, imagine que Roberto agrediu sua companheira

---

[2] STJ. Recurso em Habeas Corpus 84.633 – RJ (2017/0117306-9). Relator: Min. Ribeiro Dantas. Data: 22.09.2017.

com um soco no rosto e na ocasião também a xingou de rapariga. Nesse caso há a prática de dois crimes: lesão corporal e injúria em concurso material.

O concurso material tem duas **espécies**[3]:

a) homogêneo: quando os crimes praticados são da mesma espécie (ex.: dois roubos);

b) heterogêneo: quando os crimes praticados são de espécies diferentes (ex.: estupro e roubo).

No concurso material, as penas sempre devem ser somadas. Na prática, o juiz fixará, separadamente, a pena de cada um dos delitos e, depois, vai somá-las. Aplica-se o **sistema da cumulação** ou **sistema do cúmulo material**. Esse sistema é adotado tanto no concurso material de crimes como no concurso formal impróprio e no concurso das penas de multa[4].

No caso do concurso material de crimes, quando existe a aplicação cumulativa das penas de **reclusão** e de detenção, primeiro deverá ser executada aquela.

Quando ao agente tiver sido aplicada pena privativa de liberdade, não suspensa, por um dos crimes, para os demais será incabível a substituição da pena privativa por restritiva de direitos.

É importante mencionar que o STJ admite a aplicação da suspensão condicional da pena ou da substituição da pena privativa de liberdade por restritiva de direitos, mesmo no caso de cúmulo material de crimes, desde que a soma das penas não ultrapasse o limite de quatro anos. Vejamos:

> HC n. 197.657/MG (2011/0033431-7)
> Processual penal e penal. *Habeas corpus* substitutivo de recurso especial, ordinário ou de revisão criminal. Não cabimento. Tráfico de drogas e porte ilegal de arma de fogo. Desclassificação para o delito de posse. Inadmissibilidade. Necessário reexame fático-probatório vedado na via eleita. Interestadualidade do delito. Fração de aumento além da mínima. Fundamentação inidônea. Afastamento da minorante do art. 33, § 4º, da Lei 11.343/06 com fulcro em fundamento concreto e idôneo. Substituição da pena privativa de liberdade por restritiva de direitos ou concessão do *sursis*. Somatório das penas. Descabimento. *Habeas corpus* não conhecido. Ordem concedida de ofício. 1. Ressalvada pessoal compreensão diversa, uniformizou o Superior Tribunal de Justiça ser inadequado o *writ* em substituição a recursos especial e ordinário, ou de revisão criminal, admitindo-se, de ofício, a concessão da ordem ante a constatação de ilegalidade flagrante, abuso de poder ou teratologia. 2. A pretendida desclassificação do crime de porte ilegal de arma de fogo para o delito de posse de armamento, a ensejar o reconhecimento da *abolitio criminis* prevista nos arts. 30 e 32 da Lei 10.826/03, é inviável na via sumária do *habeas corpus*, por demandar o reexame aprofundado das provas constantes da ação penal. 3. A causa de aumento de pena disposta no art. 40, V, da Lei 11.343/06 traz critério concreto e objetivo para a majoração da prática do tráfico interestadual. Desta feita, deve-se tomar em conta que o aumento aplicado pelo

---

[3] CUNHA, Rogério Sanches. *Manual de direito penal*. São Paulo: JusPodivm, 2022. volume único, p. 707.
[4] Arts. 69, 70, segunda parte e 72 do Código Penal, respectivamente.

magistrado deve guardar relação com o número de Estados-membros envolvidos. Precedente. 4. A minorante prevista no art. 33, § 4º, da Lei de Drogas foi afastada ante a conclusão de que o paciente dedicava-se a atividades criminosas, fazendo disso um meio de vida. Assim, o reexame da matéria, com vistas ao reconhecimento da minorante, demandaria o revolvimento do conjunto fático-probatório carreado durante a instrução processual, providência, no entanto, inadmissível na estreita via do *writ*. 5. **Com relação ao pleito de aplicação da suspensão condicional da pena ou da substituição da pena privativa de liberdade por restritiva de direitos, no que tange ao crime de porte de arma de fogo, entende esta Corte Superior que, observado o concurso material entre os delitos de tráfico e de porte ilegal de arma de fogo, restam desautorizadas quaisquer das benesses suprarreferidas. Isso porque, embora os referidos delitos, ao serem individualmente considerados, admitam a substituição da pena e o *sursis*, quando conjugados, afastam os benefícios, tendo em vista que cometidos em concurso material, considerando-se a soma das penas. Precedentes.** 6. *Habeas corpus* não conhecido, mas ordem concedida de ofício para reduzir as penas a 7 anos e 10 meses de reclusão, a serem cumpridas inicialmente no regime semiaberto, além de 593 dias-multa[5].

No caso de serem aplicadas duas penas restritivas de direitos, é possível que o condenado as cumpra de maneira simultânea desde que elas sejam compatíveis entre si. Caso contrário será necessário cumpri-las sucessivamente:

> Art. 69, § 2.º Quando forem aplicadas penas restritivas de direitos, o condenado cumprirá simultaneamente as que forem compatíveis entre si e sucessivamente as demais.

3. CONCURSO FORMAL OU CONCURSO IDEAL

Consiste na prática de dois ou mais crimes, idênticos ou não, com a prática de uma só ação ou omissão pelo agente. Por exemplo, imagine que Maria arremessa pedras contra transeuntes na rua vindo a atingir mais de duas pessoas causando lesões corporais.

> Art. 70. Quando o agente, mediante uma só ação ou omissão, pratica dois ou mais crimes, idênticos ou não, aplica-se-lhe a mais grave das penas cabíveis ou, se iguais, somente uma delas, mas aumentada, em qualquer caso, de um sexto até metade. As penas aplicam-se, entretanto, cumulativamente, se a ação ou omissão é dolosa e os crimes concorrentes resultam de desígnios autônomos, consoante o disposto no artigo anterior.
>
> Parágrafo único. Não poderá a pena exceder a que seria cabível pela regra do art. 69 deste Código.

Rogério Sanches explica que, embora se exija uma conduta única para o concurso formal, nada impede que essa conduta seja fracionada em diversos atos, devendo ser reconhecida como uma **ação única desdobrada**. O típico caso do assaltante que ingressa em um ônibus coletivo e subtrai mediante graves

---

[5] HC n. 197.657/MG (2011/0033431-7), Rel. Min. Nefi Cordeiro, j. 02.02.2016.

ameaças os pertences dos passageiros. A conduta é única, porém foi praticada mediante vários atos, caracterizando o concurso formal de delitos[6]. Este também é o entendimento pacífico do Superior Tribunal de Justiça:

> (...) o roubo perpetrado contra diversas vítimas, ainda que ocorra num único evento, configura o concurso formal e não o crime único, ante a pluralidade de bens jurídicos tutelados ofendidos. (...) (STJ, AgRg no AREsp n. 389.861/MG, 5ª Turma, Rel. Min. Marco Aurélio Bellizze, j. 18.06.2014).
>
> (...) Praticado o crime de roubo mediante uma só ação contra vítimas distintas, no mesmo contexto fático, resta configurado o concurso formal próprio, e não a hipótese de crime único, visto que violados patrimônios distintos. (...) (STJ, AgRg no REsp n. 1.189.138/MG, 6ª Turma, Rel. Min. Maria Thereza de Assis Moura, j. 11.06.2013).

Quanto à apreensão de **diversas armas de fogo no mesmo contexto fático**, o STJ, no entanto, firmou a tese de que isso caracteriza crime único, e não concurso de crimes:

> A jurisprudência desta Corte consolidou-se no sentido da existência de um delito único quando apreendidas mais de uma arma, munição, acessório ou explosivo em posse do mesmo agente, dentro do mesmo contexto fático, não havendo que se falar em concurso material ou formal entre as condutas, pois se vislumbra uma só lesão de um mesmo bem tutelado (Precedentes) (HC n. 362.157/RJ, j. 18.05.2017).

Agora, atenção, pois esse entendimento não será aplicado quando a posse ou o porte se subsumir a tipos diversos em razão da qualidade das armas. Vejamos como o STJ se posicionou sobre este caso:

> A prática, em um mesmo contexto fático, dos delitos tipificados nos artigos 14 e 16 da Lei n. 10.826/2003, **configuram diferentes crimes porque descrevem ações distintas**, com lesões a bens jurídicos diversos, **devendo ser somados em concurso formal** (AgRg no REsp n. 1.588.298/MG, j. 03.05.2016, *DJe* 12.05.2016).

Para que seja configurado concurso formal de crimes, deve haver **uma única conduta** e a **pluralidade de crimes**.

Na prática, a configuração do concurso formal é mais difícil de ser especificada, pois ele também se desdobra em duas modalidades. São espécies de concurso formal **quanto aos crimes**:

a) Concurso formal **homogêneo** (o agente, com uma única conduta, pratica dois ou mais crimes **idênticos**);

b) Concurso formal **heterogêneo** (o agente, com uma única conduta, pratica dois ou mais crimes **diferentes**).

São espécies de concurso formal quanto ao **desígnio do agente**:

---

[6] CUNHA, Rogério Sanches. *Manual de direito penal*. São Paulo: JusPodivm, 2022. volume único, p. 709.

a) Concurso formal **perfeito**;

b) Concurso formal **imperfeito**.

A aplicação da pena vai ser diferenciada a depender do tipo de concurso formal, se próprio ou impróprio. Quando se trata de concurso formal perfeito ou próprio, será aplicado o **sistema da exasperação**, ou seja, o juiz aplicará **uma só pena quando os crimes forem idênticos** ou a **maior pena quando os crimes forem diferentes aumentadas de um sexto até a metade**. Por exemplo, imagine que Roberta atropela e mata uma família que estava atravessando a rua. Nesse caso, o juiz deverá aplicar apenas um crime de homicídio no trânsito aumentada de um sexto até a metade.

É importante mencionar que, com relação à fração adotada para aumentar a pena em razão do reconhecimento do concurso formal, o aumento deverá ter como parâmetro o número de delitos perpetrados. É o entendimento do Superior Tribunal de Justiça:

> Em relação à fração adotada para aumentar a pena em razão do reconhecimento do concurso formal, nos termos da jurisprudência deste Tribunal Superior, esse aumento tem como parâmetro o número de delitos perpetrados, no intervalo legal entre as frações de 1/6 e 1/2. No presente caso, tratando-se de sete infrações, a escolha da fração de 1/2 foi correta, não havendo ilegalidade a ser sanada (HC n. 475.974/SP, j. 12.02.2019).

Deve-se ter bastante atenção para os casos em que o sistema da exasperação de pena se apresentar mais prejudicial ao réu. Nesse sentido, recorde-se que o direito penal adotou no concurso formal um sistema para beneficiar o agente por razões de política criminal. Assim, deve ser substituído o sistema da exasperação pelo cúmulo material, caso este último seja mais benéfico. É o que se chama de **concurso material benéfico** descrito no art. 70, parágrafo único, do Código Penal:

> Art. 70, parágrafo único. Não poderá a pena exceder a que seria cabível pela regra do art. 69 deste Código.

A aplicação da pena no **concurso formal imperfeito ou impróprio** leva em consideração a vontade do agente, que, apesar de ter se utilizado de uma conduta única, tinha como objetivo provocar dois ou mais crimes. Assim, por existir **desígnio autônomo** em relação a cada um dos delitos, as penas deverão ser somadas aplicando-se a regra do cúmulo material. Vejamos o seguinte julgado do STJ:

> A distinção entre o concurso formal próprio e o impróprio relaciona-se com o elemento subjetivo do agente, ou seja, a existência ou não de desígnios autônomos (AgRg no REsp n. 1.299.942/DF, 6ª Turma, Rel. Min. Sebastião Reis Júnior, j. 06.06.2013, *DJe* 21.06.2013).

A seguir, veja o quadro, para simplificar a compreensão do conteúdo:

PERFEITO, NORMAL, PRÓPRIO	IMPERFEITO, ANORMAL, IMPRÓPRIO
O agente produziu dois ou mais resultados criminosos, mas não tinha o desígnio de praticá-los de forma autônoma.	Quando o agente, com uma única conduta, pratica dois ou mais crimes dolosos, tendo o desígnio de praticar cada um deles (desígnios autônomos).
Pode ser praticada mediante conduta dolosa ou culposa.	Só pode ser praticado mediante conduta dolosa.
Fixação da pena: Regra geral: **exasperação** da pena: Aplica-se a maior das penas, aumentada de 1/6 até 1/2. **Atenção:** para aumentar mais ou menos, o juiz leva em consideração a **quantidade de crimes**. *Exceção*: quando o concurso material for mais benéfico. O resultado da exasperação de pena para o concurso formal não pode ser maior do que a que seria aplicada se fosse feito o concurso material de crimes.	Fixação da pena: No caso de concurso formal imperfeito, as penas dos diversos crimes são **somadas**.

4. CONTINUIDADE DELITIVA

Consiste na prática de dois ou mais crimes da mesma espécie por meio de duas ou mais condutas, analisando as condições de tempo, local, modo de execução e outras, em que se pode constatar que os demais crimes devem ser entendidos como mera continuação do primeiro. Imagine, por exemplo, que Roberta pratica vários furtos na sua comunidade de forma reiterada, prevalecendo-se das mesmas circunstâncias de tempo, local e modo de execução. Vejamos o que diz o art. 71 do Código Penal:

> Art. 71. Quando o agente, mediante mais de uma ação ou omissão, prática dois ou mais crimes da mesma espécie e, pelas condições de tempo, lugar, maneira de execução e outras semelhantes, devem os subsequentes ser havidos como continuação do primeiro, aplica-se-lhe a pena de um só dos crimes, se idênticas, ou a mais grave, se diversas, aumentada, em qualquer caso de **um sexto a dois terços**. Parágrafo único. Nos crimes dolosos, contra vítimas diferentes, cometidos com violência ou grave ameaça à pessoa, poderá o juiz, considerando a culpabilidade, os antecedentes, a conduta social e a personalidade do agente, bem como os motivos e as circunstâncias, aumentar a pena de um só dos crimes, se idênticas, ou a mais grave, se diversas, até o triplo, observadas as regras do parágrafo único do art. 70 e do art. 75 deste Código (grifo nosso).

Existem **três teorias** desenvolvidas para tentar explicar a natureza jurídica da continuidade delitiva:

a) *Teoria da unidade real:* defende que todas as condutas praticadas como infrações penais são um único crime.

b) *Teoria da ficção jurídica:* defende que cada uma das condutas praticadas é uma infração penal diferente. No entanto, por ficção jurídica, esses diversos crimes são considerados como crime único pela lei.

c) *Teoria mista:* defende que, pela continuidade da prática de delitos da mesma espécie, surge um terceiro crime, ou seja, um novo delito que terá sua configuração por continuidade delitiva.

O sistema penal brasileiro adotou a **teoria da ficção jurídica**. Segundo o STF, o direito penal brasileiro encampou essa teoria por força de uma ficção criada por lei[7].

Para o reconhecimento do crime continuado, são necessários alguns **requisitos**:

a) pluralidade de condutas;

b) pluralidade de **crimes da mesma espécie** (protegendo o mesmo bem jurídico);

c) condições **semelhantes** de **tempo, lugar, maneira de execução**, entre outras;

d) unidade de desígnio (intenção de cometer o crime único por partes);

É o entendimento do STJ. Vejamos:

(...) A jurisprudência do Superior Tribunal de Justiça compreende que, para a caracterização da continuidade delitiva, **é imprescindível o preenchimento de requisitos de ordem objetiva (mesmas condições de tempo, lugar e forma de execução) e subjetiva (unidade de desígnios ou vínculo subjetivo entre os eventos)**, nos termos do art. 71 do Código Penal. Exige-se, ainda, que os delitos sejam da mesma espécie. Para tanto, não é necessário que os fatos sejam capitulados no mesmo tipo penal, sendo suficiente que tutelem o mesmo bem jurídico e sejam perpetrados pelo mesmo modo de execução. 2. Para fins da aplicação do instituto do crime continuado, art. 71 do Código Penal, pode-se afirmar que os delitos de estupro de vulnerável e estupro, descritos nos arts. 217-A e 213 do CP, respectivamente, são crimes da mesma espécie (REsp n. 1.767.902/RJ, j. 13.12.2018 – grifo nosso).

Perceba que a continuidade delitiva, para ser configurada, preencherá requisitos objetivos e subjetivos e, portanto, o sistema penal brasileiro adota a **teoria objetivo-subjetiva ou teoria mista**.

---

[7] HC n. 91.370-9/SP, publicado em 20.06.2008. Disponível em: https://jurisprudencia.s3.amazonaws.com/STF/IT/HC_91370_SP_1278989954668.pdf?AWSAccessKeyId=AKIARMMD5JEAO67SMCVA&Expires=1669214003&Signature=UFENgh8TeTyWxIBNN%2BkxmzA0nI4%3D.

A continuidade delitiva é admitida para os delitos culposos, crimes tentados ou consumados, crimes comissivos ou omissivos e até mesmo contravenções penais.

Os **crimes da mesma espécie**, para fins de configuração da continuidade delitiva, são aqueles que protegem os mesmos bens jurídicos. Às vezes, eles podem estar inseridos no mesmo tipo penal e outras vezes, não. Vejamos o exemplo fornecido pelo Superior Tribunal de Justiça:

> Recurso especial. Previdenciário. Arts. 71, 168-A e 337-A, III, do CP. Supressão ou redução de contribuição social previdenciária. Empresas pertencentes ao mesmo grupo empresarial. Continuidade delitiva. Possibilidade. Inquéritos e ações penais em curso não configuram personalidade negativa do agente. *Habeas corpus* concedido de ofício. Precedentes do STJ e do STF. 1. Para o reconhecimento da continuidade delitiva, é necessária a prática sucessiva de ações criminosas de semelhante espécie que guardem, entre si, vínculos em relação ao tempo, ao lugar e à forma de execução, de modo a revelar homogeneidade de condutas típicas, evidenciando serem as últimas ações desdobramentos da primeira (art. 71 do CP). 2. No caso, o réu responde por delitos descritos nos arts. 168-A e 337-A, ambos do Código Penal em continuidade delitiva, nas Apelações Criminais n. 2004.71.038480-8, 2003.71.00.042734-7 e 2004.71.00.021296-7. 3. **Em função da melhor hermenêutica, os crimes descritos nos arts. 168-A e 337-A, apesar de constarem em títulos diferentes no Código Penal e serem, por isso, topograficamente díspares, refletem delitos que guardam estreita relação entre si, portanto cabível o instituto da continuidade delitiva (art. 71 do CP).** 4. O agente cometeu delitos análogos, descritos nos arts. 168-A e 337-A do Código Penal, na administração de empresas diversas, mas de idêntico grupo empresarial, durante semelhante período, no mesmo espaço geográfico (cidade de Porto Alegre/RS) e mediante similar maneira de execução, portanto tem lugar a ficção jurídica do crime continuado (art. 71 do CP). 5. Precedentes deste Tribunal e do Supremo Tribunal Federal (...) (grifo nosso)[8].

ATENÇÃO! Do mesmo modo que a jurisprudência do STJ admite a continuidade delitiva para delitos em tipos penais distintos, ela também prevê a existência de alguns crimes que, apesar de tutelarem o mesmo bem jurídico, são considerados de espécies distintas impedindo, portanto, a incidência da continuidade delitiva. São eles:

a) roubo e extorsão:

Não há continuidade delitiva entre os crimes de roubo e extorsão, ainda que praticados em conjunto. Isso porque, os referidos crimes, apesar de serem da mesma natureza, são de espécies diversas (STJ, HC n. 435.792/SP, 5ª Turma, Rel. Min. Ribeiro Dantas, j. 24.05.2018; STF, HC n. 114.667/SP, 1ª Turma, Rel. org. Min. Marco Aurélio, red. p/ o ac. Min. Roberto Barroso, j. 24.04.2018 – Info 899).

b) extorsão mediante sequestro e roubo:

Impossível o reconhecimento do nexo de continuidade delitiva entre o roubo e a extorsão mediante sequestro, por serem ações delituosas não homogêneas e de desígnios independentes, revelando-se como clara pluralidade de condutas autônomas (STJ, *Habeas Corpus* n. 240.930/SP (2012/0087516-7).

---

[8] REsp n. 1.212.911/RS (2010/0178405-5). Disponível em: https://www.jusbrasil.com.br/jurisprudencia/stj/21607355/inteiro-teor-21607356. Acesso em: 23 nov. 2022.

c) roubo e latrocínio:

Não há como reconhecer a continuidade delitiva entre os crimes de roubo e o de latrocínio porquanto são delitos de espécies diversas, já que tutelam bens jurídicos diferentes (STJ, AgInt no AREsp n. 908.786/PB, 5ª Turma, Rel. Min. Felix Fischer, j. 06.12.2016).

Vale ressaltar que é possível a aplicação da continuidade da eletiva no caso de **crimes contra a vida**. A Súmula n. 605 do STF[9], que não admite a continuidade delitiva nos crimes contra a vida, foi superada através da expressa disposição legal que permite a aplicação da continuidade delitiva em crimes dolosos, mesmo que cometidos com violência ou grave ameaça contra vítimas diferentes[10]. Vejamos o que diz a Corte Superior sobre essa temática:

> O Código Penal determina, expressamente, no parágrafo único de seu artigo 71, seja aplicada a continuidade delitiva também nos crimes dolosos contra a vida. **Essa norma, resultado da reforma penal de 1984, é posterior à edição da Súmula 605/STF, que vedava o reconhecimento da continuidade delitiva nos crimes contra a vida** (HC n. 93.367, 2ª Turma, Rel. Min. Eros Grau, j. 11.03.2008, DJe 70 de 18.04.2008 – grifo nosso).
>
> **Uma vez superada a Súmula 605 por via legislativa**, esta Corte se viu compelida a aprofundar a interpretação sobre os requisitos para a aplicação da continuidade delitiva, sobretudo em casos mais rumorosos e de especial violência. Verifica-se, assim, que a própria Súmula 605 continha um juízo sobre a gravidade dos crimes contra a vida. Mas com a entrada em vigor, em 1984, da nova redação do art. 71 do Código Penal, fixou-se no parágrafo único desse dispositivo método próprio de dosimetria nos casos de crime doloso contra a vida. A partir dessa alteração, surgiu então a necessidade de interpretar-se de forma minudente a norma que assegura a aplicação da continuidade delitiva, para verificar-se no caso concreto a eventual presença dos seus requisitos objetivos e subjetivos. Nesse tema de dogmática penal, de interpretação de lei, e que não pode ser confundida com a prevalência de determinada teoria (objetiva, subjetiva ou mista), criou-se campo propício às perplexidades decorrentes da superação da posição contida na Súmula 605, mas que a essas perplexidades a própria lei propôs-se a minimizar pela disposição contida no parágrafo único do art. 71 do CP: (...) (HC n. 89.786, 2ª Turma, Rel. Min. Joaquim Barbosa, j. 27.03.2007, DJe 32 de 08.06.2007 – grifo nosso).
>
> **Com a reforma do Código Penal de 1984, ficou suplantada a jurisprudência do Supremo Tribunal Federal predominante até então, segundo a qual "não se admite continuidade delitiva nos crimes contra a vida" – Verbete 605 da Súmula**. A regra normativa do § 2º do artigo 58 do Código Penal veio a ser aditada por referência expressa aos crimes dolosos, alterando-se a numeração do artigo e inserindo-se parágrafo – artigo 71 e parágrafo único do citado Código (HC n. 77.786, 2ª Turma, Rel. Min. Marco Aurélio, j. 27.10.1998, DJ 02.02.2001 – grifo nosso).

Existe a possibilidade de que fiquem configurados o concurso formal de crimes e a continuidade delitiva. Imagine que Roberta realiza furtos em um ônibus coletivo, subtraindo diversos bens, de diversas vítimas. Uma semana

---

[9] Súmula n. 605 do STF. "Não se admite continuidade delitiva nos crimes contra a vida."
[10] Art. 71, parágrafo único, do Código Penal.

após, ela pratica a mesma conduta com o mesmo *modus operandi* em outro ônibus coletivo. Nesse caso, teremos uma única ação típica de furto que, após alguns dias, nas mesmas circunstâncias de lugar e modo de execução, foi praticado novamente contra outras vítimas de modo a admitir cumulativamente os acréscimos dos arts. 70 do concurso formal e 71 do Código Penal. É o entendimento do Supremo Tribunal Federal:

> Correto o acórdão impugnado, ao admitir, sucessivamente, os acréscimos de pena, pelo concurso formal e pela continuidade delitiva (arts. 70, *caput*, e 71 do CP), pois o que houve, no caso, foi, primeiramente, um crime de estelionato consumado contra três pessoas e, dias após, um crime de estelionato tentado contra duas pessoas inteiramente distintas. Assim, sobre a pena-base deve incidir o acréscimo pelo concurso formal, de modo a ficar a pena do delito mais grave (estelionato consumado) acrescida de, pelo menos, 1/6 até metade, pela coexistência do crime menos grave (art. 70). E, como os delitos foram praticados em situação que configura a continuidade delitiva, também o acréscimo respectivo (art. 71) é de ser considerado. Rejeita-se, pois, com base, inclusive, em precedentes do STF, a alegação de que os acréscimos pelo concurso formal e pela continuidade delitiva são inacumuláveis, em face das circunstâncias referidas (HC n. 73.821, 1ª Turma, Rel. Min. Sydney Sanches, j. 25.06.1996, *DJ* 13.09.1996).

Também é necessário o **elo de continuidade** entre os delitos para que fique configurada a continuidade delitiva. Portanto, devem existir as mesmas condições de tempo que pela jurisprudência pátria consiste no período de 30 dias como regra entre a prática do primeiro e o último delito. Vejamos:

> A continuidade delitiva, **em regra**, não pode ser reconhecida quando se tratar de delitos praticados em **período superior a 30 (trinta) dias**. Acórdãos AgRg no AREsp n. 468.460/MG, 6ª Turma, Rel. Min. Sebastião Reis Júnior, j. 08.05.2014, *DJe* 28.05.2014 (HC n. 239.397/RS, 5ª Turma, Rel. Min. Laurita Vaz, j. 08.04.2014, *DJe* 15.04.2014 – grifos nossos).

É necessário mencionar que se trata de uma regra estabelecida pela jurisprudência dos Tribunais Superiores e que a lei não fixou o intervalo de tempo necessário para o reconhecimento da continuidade delitiva, podendo o prazo ser superior desde que o elo de continuidade permaneça.

O elo de continuidade também exige as mesmas condições de lugar que para a jurisprudência consistem na prática dos crimes na mesma comarca ou em comarcas vizinhas. Vejamos:

> A continuidade delitiva pode ser reconhecida quando se tratar de delitos ocorridos em **comarcas limítrofes ou próximas**. Acórdãos HC n. 206.227/RS, 5ª Turma, Rel. Min. Gilson Dipp, j. 06.10.2011, *DJe* 14.10.2011. Decisões monocráticas (HC n. 231.717/DF, Rel. Min. Sebastião Reis Júnior, j. 28.11.2012, publicado em 04.12.2012).

O elo de continuidade também demanda a mesma maneira de execução. Exige-se a semelhança no *modus operandi*, ou seja, o modo de praticar a conduta criminosa. Também será possível aplicar o elo da continuidade quando existirem outras circunstâncias que se faça concluir pela continuidade delitiva.

Esses são os requisitos objetivos para que seja configurada a continuidade delitiva, porém também devem ser preenchidos os requisitos subjetivos, ou seja, os crimes devem resultar de um plano previamente elaborado e querido pelo agente.

A continuidade delitiva também adota o **sistema da exasperação**. Assim, quando da fase da aplicação da pena, o juiz deverá escolher qualquer das penas quando idênticas ou a maior delas quando diferentes, aumentando na última fase da dosimetria da pena o *quantum* de um sexto até dois terços.

Observa-se, portanto, que o sistema da exasperação será aplicado no concurso formal próprio e na continuidade delitiva, porém naquele com causa de aumento de um sexto até a metade, e neste com causa de aumento de um sexto até dois terços. Esse detalhe é muito cobrado em prova, por isso vale a pena decorar.

5. CRIME CONTINUADO ESPECÍFICO

Esse crime continuado está previsto no art. 71, parágrafo único, do Código Penal e ele exige que, além dos requisitos estabelecidos no art. 71, *caput*, do Código Penal, que os crimes sejam dolosos e praticados contra vítimas diferentes com violência ou grave ameaça a pessoa. Vejamos:

> Art. 71, parágrafo único. Nos **crimes dolosos**, contra **vítimas diferentes**, cometidos com **violência ou grave ameaça à pessoa**, poderá o juiz, considerando a culpabilidade, os antecedentes, a conduta social e a personalidade do agente, bem como os motivos e as circunstâncias, aumentar a pena de um só dos crimes, se idênticas, ou a mais grave, se diversas, até o triplo, observadas as regras do parágrafo único do art. 70 e do art. 75 deste Código (grifos nossos).

Para o crime continuado específico também será utilizado o sistema da exasperação, assim o juiz deverá, na terceira fase de aplicação da pena, aumentá-la **até o triplo,** iniciando o cômputo a partir de um sexto. Percebe-se, no entanto, uma diferença entre o crime continuado descrito no art. 71, *caput*, e o crime continuado específico. Enquanto aquele exige tão somente a análise do número de infrações cometidas para o aumento de pena (critério objetivo), no art. 71, parágrafo único, o legislador impôs mais um critério subjetivo, quais sejam antecedentes, conduta social, personalidade do agente, assim como os motivos e circunstâncias do crime. Vejamos o seguinte julgado para melhor compreensão:

> HC n. 128.297/SP (2009/0024463-0)
>
> Execução penal. *Habeas corpus*. Roubo majorado e roubo majorado tentado. Continuidade delitiva específica. Art. 71, parágrafo único, do Código Penal. Requisitos. Unificação de penas. Possibilidade.
>
> I – No crime continuado é indispensável que o agente, mediante mais de uma ação ou omissão, pratique duas ou mais condutas delituosas de mesma espécie,

nas mesmas condições de tempo, lugar, maneira de execução e outras semelhantes (Precedentes). II – Na hipótese, o paciente preenche todos os requisitos para a unificação das penas. III – "A continuidade delitiva específica, prevista no parágrafo único do art. 71 do Código Penal relaciona-se com os crimes continuados cometidos contra os bens personalíssimos, praticados dolosamente e com violência ou grave ameaça à pessoa, diferente da continuidade delitiva propriamente dita, prevista no seu *caput*, que cuida do tratamento jurídico penal relativo aos demais crimes praticados em continuidade delitiva" (HC n. 69.779/SP, 5ª Turma, Rel. Min. Gilson Dipp, *DJU* 18.06.2007). IV – Reconhecida a modalidade de **concurso de crimes prevista no parágrafo único do art. 71 do CP, nominada pela doutrina de crime continuado qualificado ou específico, a exacerbação da pena deverá se nortear por critérios objetivos** – número de infrações praticadas – **e subjetivos – antecedentes, conduta social, personalidade do agente, assim como os motivos e circunstâncias do crime** (Precedentes). Ordem concedida[11].

6. QUESTÕES DE CONCURSOS

Questão 1

(FGV – PC-RN – 2021 – Agente e Escrivão) Victor abordou um grupo de três pessoas que estava no interior de um coletivo e, mediante grave ameaça, subtraiu os pertences que elas carregavam.

Diante dos fatos narrados, considerando o instituto do concurso de crimes e a jurisprudência dos Tribunais Superiores, Victor praticou:

A) Três crimes de roubo, em concurso material, devendo ter as penas dos crimes somadas.

B) Três crimes de roubo, em concurso formal impróprio, aplicando-se a regra da exasperação.

C) Três crimes de roubo, em concurso formal próprio, devendo ter a pena de um deles aumentada.

D) Três crimes de roubo na forma continuada, devendo ter a pena de um deles aumentada.

E) Um único crime, devendo responder por roubo simples.

Questão 2

(IDECAN – PC-CE – 2021 – Escrivão de Polícia Civil) Kátia, objetivando a morte de Dante e Getúlio, ateia fogo no carro em que estavam as vítimas; ambos morreram carbonizados. Relativamente à conduta de Kátia, assinale a alternativa correta:

A) Kátia agiu em concurso material de delitos, e as penas deverão ser somadas.

B) Kátia agiu em continuidade delitiva e será aplicada a maior das penas, se diferentes, ou qualquer uma, se iguais, com aumento de 1/6 a 2/3.

---

[11] HC n. 128.297/SP (2009/0024463-0). Disponível em: https://www.jusbrasil.com.br/jurisprudencia/stj/8647807/inteiro-teor-13683347.

C) Kátia agiu em concurso formal de delitos, e as penas deverão ser somadas.

D) Kátia agiu em concurso formal de delitos e será aplicada a maior das penas, se diferentes, ou qualquer uma, se iguais, com aumento de 1/6 à metade.

E) Kátia agiu em concurso material de delitos e será aplicada a maior das penas, se diferentes, ou qualquer uma, se iguais, com aumento de 1/6 à metade.

Questão 3

(NC-UFPR – PC-PR – 2021 – Delegado de Polícia) Considere o seguinte caso hipotético:

A.A. descobriu que seus sócios, B.B. e C.C., desviaram recursos substanciais da empresa para contas bancárias de familiares destes. Com o propósito de se vingar, A.A. chamou os sócios B.B. e C.C. para uma reunião entre os três. Anteriormente, A.A. havia envenenado o café que B.B. e C.C. sempre consumiam nessas ocasiões, sendo que A.A. não tomava café. B.B. e C.C. tomaram o café e morreram em decorrência da ingestão do veneno.

A partir das noções sobre o concurso de crimes, é correto afirmar que A.A. cometeu dois crimes de homicídio qualificado em:

A) Continuidade delitiva.

B) Continuidade delitiva especial.

C) Concurso formal próprio.

D) Concurso formal impróprio.

E) Concurso material.

Questão 4

(FGV – PC-RJ – 2022 – Investigador Policial de 3ª Classe) Calíope, pretendendo matar Erato, saca uma arma de fogo e efetua disparos contra seu desafeto, atingindo-o e também a Euterpe, que passava pelo local. As duas pessoas alvejadas morrem em razão dos ferimentos sofridos.

Na hipótese, é correto afirmar que haverá:

A) Crime único.

B) Concurso material.

C) Concurso formal perfeito.

D) Concurso formal imperfeito.

E) Crime continuado.

GABARITO: 1. C; 2. C; 3. D; 4. C.

CAPÍTULO 29

Aplicação da pena privativa de liberdade

MARIA AUGUSTA DINIZ

1. INTRODUÇÃO

Cometido um fato típico e ilícito por um sujeito culpável, nasce, para o Estado, o *jus puniendi* (direito de punir). Para tanto, após o devido processo legal, comprovados a prática proibida e seu autor, deve o juiz aplicar uma pena como forma de retribuição pelo mal causado e de prevenção de novas condutas ilícitas. Essa atividade, exercida na sentença condenatória, é exclusivamente judicial, não podendo ser delegada em nenhuma hipótese.

No entanto, embora o magistrado tenha liberdade quando da eleição da sanção no caso concreto, ele está vinculado a certos parâmetros previamente estabelecidos pelo legislador. Isso representa uma garantia ao próprio condenado, uma vez que o procedimento de individualização de pena deverá ser fundamentado, demonstrando a proporcionalidade entre o mal causado e a resposta estatal. A ausência de fundamentação acarreta a nulidade da sentença (art. 93, IX, da Constituição Federal) ou, no mínimo, a redução da reprimenda pela instância superior.

Além disso, a individualização da pena deverá se dar de acordo com o *princípio da culpabilidade* e, por isso, as características pessoais do agente deverão necessariamente ser consideradas. É o que estudaremos neste capítulo.

2. DETERMINAÇÃO DA PENA

Determinar a pena significa estabelecer a sanção penal aplicável ao sujeito dotado de culpabilidade que cometeu um injusto penal (fato típico e ilícito).

Em um primeiro momento, temos a **determinação legal da pena**, que é estabelecida pelo legislador. Existem três principais sistemas de determinação legal da pena, a saber:

a) Sistema da determinação absoluta ou do legalismo extremo: nele, a lei estabelece a natureza e a quantidade da pena a ser fixada em cada caso, restringindo-se o juiz a aplicá-la e executá-la. A individualização, assim, é legislativa e se esgota em um único momento. Como exemplo, temos o Código Criminal do Império (1930).

b) Sistema da indeterminação absoluta ou do livre-arbítrio judicial: nele, a lei se restringe a listar as condutas típicas, sem indicar a natureza e a quantidade das penas correspondentes, cabendo ao juiz a escolha discricionária daquela que parecer mais adequada ao caso concreto.

c) Sistema da determinação relativa: nele, a lei fixa a natureza e a medida (limites máximo e mínimo) das penas cabíveis no caso concreto, cabendo ao juiz a individualização dentro desses parâmetros. Têm-se, pois, dois momentos de determinação da pena, sendo um legal e outro, judicial.

Nosso ordenamento pátrio adota o *sistema da determinação relativa*, uma vez que o art. 59 do Código Penal estabelece:

> Art. 59. O juiz, atendendo à culpabilidade, aos antecedentes, à conduta social, à personalidade do agente, aos motivos, às circunstâncias e consequências do crime, bem como ao comportamento da vítima, estabelecerá, conforme seja necessário e suficiente para reprovação e prevenção do crime:
>
> I – as penas aplicáveis dentre as cominadas;
>
> II – a quantidade de pena aplicável, dentro dos limites previstos;
>
> III – o regime inicial de cumprimento da pena privativa de liberdade;
>
> IV – a substituição da pena privativa da liberdade aplicada, por outra espécie de pena, se cabível.

O magistrado, portanto, tem discricionariedade para escolher entre aquelas abstratamente cominadas pelo legislador a natureza e a quantidade da pena que se mostrem mais adequadas no caso em julgamento, o que deve se dar de forma fundamentada (**determinação judicial da pena**).

3. SISTEMAS DE DETERMINAÇÃO JUDICIAL DA PENA

Existem dois sistemas de individualização da pena: o **bifásico** e o **trifásico**.

No **sistema bifásico**, o juiz individualiza a pena em duas etapas. Na primeira delas, chega-se à pena-base, devendo ser consideradas simultaneamente as circunstâncias judiciais, agravantes e atenuantes, sempre obedecendo-se aos limites mínimo e máximo estabelecidos pelo legislador. Na segunda, são avaliadas as causas de aumento e de diminuição, alcançando-se a pena definitiva. Foi o sistema adotado na redação original do nosso Código Penal.

No **sistema trifásico**, também conhecido como **"método de Hungria"**, a eleição da sanção se dá em três etapas. É o sistema adotado *para as penas privativas de liberdade* desde a reforma da Parte Geral do Código Penal ocorrida em 1984, uma vez que o art. 68 passou a ter a seguinte redação: "A pena-base será fixada atendendo-se ao critério do art. 59 deste Código; em seguida serão consideradas as circunstâncias atenuantes e agravantes; por último, as causas de diminuição e de aumento".

Segundo a doutrina, adota-se, por outro lado, o **sistema bifásico** para a fixação da *pena de multa,* pois o *caput* e o § 1º do art. 49 do Código Penal estabelecem que:

> Art. 49. A pena de multa consiste no pagamento ao fundo penitenciário da quantia fixada na sentença e calculada em dias-multa. Será, no mínimo, de 10 (dez) e, no máximo, de 360 (trezentos e sessenta) dias-multa.
> § 1º O valor do dia-multa será fixado pelo juiz não podendo ser inferior a um trigésimo do maior salário-mínimo mensal vigente ao tempo do fato, nem superior a 5 (cinco) vezes esse salário.

Sendo assim, para o STF, "a) firma-se, em primeiro lugar, o número de dias-multa (de 10 a 360), valendo-se do sistema trifásico previsto para as penas privativas de liberdade e b) estabelece-se, na sequência, o valor do dia-multa (1/30 a 5 vezes o salário-mínimo), conforme a situação econômica do réu"[1].

4. PRIMEIRA FASE DA DOSIMETRIA: A PENA-BASE

Como visto anteriormente, a *determinação legal* da pena privativa de liberdade é feita pelo legislador, que **comina** (prescreve), de forma abstrata, a medida (ou seja, o mínimo e o máximo) da penalidade aplicável para quem praticar ou deixar de praticar a conduta descrita no tipo penal. Já a *determinação judicial* da sanção é feita pelo magistrado quando do julgamento do caso concreto. Para tanto, o juiz se vale de um procedimento chamado de **dosimetria da pena privativa de liberdade**, que ocorre em três fases.

A primeira fase da dosimetria tem como objetivo a fixação da **pena-base**, que deverá levar em consideração as **circunstâncias judiciais** previstas no art. 59 do Código Penal, que são: culpabilidade, antecedentes, conduta social, personalidade do agente, motivos, circunstâncias e consequências do crime e comportamento da vítima. O magistrado parte do mínimo abstratamente previsto e vai aumentando a quantidade da pena na medida em que constata circunstâncias desfavoráveis ao agente.

Nessa fase, a consideração negativa de quaisquer dessas circunstâncias deve ser fundamentada em dados que não tenham sido considerados pelo legisla-

---

[1] STF, RE n. 1.007.756/RJ, Rel. Min. Ricardo Lewandowski, j. 05.08.2019, *DJe*-172, divulg. 07.08.2019, public. 08.08.2019.

dor quando da elaboração dos tipos e cominação das penas[2]. Não é idônea, por exemplo, a fundamentação de que a culpabilidade do agente que praticou um homicídio é acentuada porque as consequências da conduta (morte) serão eternas. Por outro lado, se a vítima deixou órfãos filhos de tenra idade, tal fato poderá ser utilizado para negativar as consequências do delito, ou seja, a justificativa apresentada pelo magistrado para elevar a pena-base acima do mínimo legalmente cominado não pode constituir elementar típica[3].

Para o STF, "a dosimetria da pena é matéria sujeita a certa discricionariedade judicial", à míngua de previsão, no Código Penal, de "rígidos esquemas matemáticos ou regras absolutamente objetivas para a fixação da pena"[4].

Segundo alguns, cada circunstância negativamente considerada pode acarretar o aumento da pena-base em um sexto. Já outros sugerem a majoração no percentual de um oitavo[5], mas nada impede que o aumento ou redução se dê em dias ou meses.

A título de esclarecimento, o percentual de um sexto foi escolhido por ser o *quantum* mínimo previsto no Código Penal para as majorantes e minorantes. Já o de um oitavo se dá em razão de o Estatuto Repressivo prever oito circunstâncias judiciais e de cada uma delas ter, em regra, igual peso.

O STJ, no entanto, não estabelece critérios rígidos, entendendo que a eleição da pena-base deve se dar de acordo com livre convencimento motivado do julgador e com as peculiaridades do caso concreto:

> Não há um critério matemático para a escolha das frações de aumento em função da negativação dos vetores contidos no art. 59 do Código Penal, sendo garantida a discricionariedade do julgador para a fixação da pena-base, dentro do seu livre convencimento motivado e de acordo com as peculiaridades do caso concreto. Acerca do tema, a jurisprudência do Superior Tribunal de Justiça tem aplicado critérios que atribuem a fração de 1/6 sobre o mínimo previsto para o delito para cada circunstância desfavorável; a fração de 1/8 para cada circunstância desfavorável sobre o intervalo entre o mínimo e o máximo de pena abstratamente cominada ao delito; ou ainda a fixação da pena-base sem nenhum critério matemático, sendo necessário apenas nesse último caso que estejam evidenciados elementos concretos que justifiquem a escolha da fração utilizada, para fins de verificação de legalidade ou proporcionalidade. Precedente[6].

---

[2] Para o STJ: "A jurisprudência deste Superior Tribunal de Justiça é no sentido de que a pena-base não pode ser fixada acima do mínimo legal com fundamento em elementos constitutivos do crime ou com base em referências vagas, genéricas, desprovidas de fundamentação objetiva para justificar a sua exasperação. Precedentes" (AgRg no AREsp n. 2.185.806/GO, 5ª Turma, Rel. Min. Reynaldo Soares da Fonseca, j. 22.11.2022, DJe 28.11.2022).

[3] O STJ, por exemplo, no julgamento do AgRg no HC n. 760.640/SP, entendeu que "o Magistrado trouxe fundamentação voltada à gravidade abstrata do crime, pela violência que interfere na paz social, ou seja, como uma finalidade à prevenção e reprovação do crime de uma forma geral, e não por algum fato concreto que tenha ocorrido por alguma conduta praticada por parte do paciente no presente delito" (AgRg no HC n. 760.640/SP, 6ª Turma, Rel. Min. Sebastião Reis Júnior, j. 14.11.2022, DJe 17.11.2022).

[4] RHC n. 140.006-AgR/MS, 1ª Turma, Rel. Min. Rosa Weber, DJe 15.12.2017.

[5] CUNHA, Rogério Sanches. *Manual de direito penal*: parte especial (arts. 121 ao 361). 14. ed. São Paulo: JusPodivm, 2021. volume único, p. 547.

[6] HC n. 751.984/RJ, 6ª Turma, Rel. Min. Antonio Saldanha Palheiro, j. 22.11.2022, DJe 29.11.2022.

Sendo assim, o STJ aceita três critérios para a fixação da pena-base, sendo:

a) majoração de um sexto sobre o *mínimo previsto para o delito* e para cada circunstância desfavorável;

b) majoração de um oitavo sobre o *intervalo entre o mínimo e o máximo de pena abstratamente cominada ao delito*, para cada circunstância desfavorável;

c) fixação da pena-base sem nenhum critério matemático, sempre fundamentada em elementos concretos que justifiquem a escolha da fração utilizada (para que se possam verificar a legalidade e a proporcionalidade do *quantum* fixado).

De qualquer forma, mesmo que todas as circunstâncias judiciais sejam negativas, a pena-base não poderá ultrapassar o máximo abstratamente cominado pelo legislador, assim como não poderá ser fixada aquém do mínimo legal caso elas sejam favoráveis. Por essa razão, diz-se que, na fixação da pena-base, o juiz fica adstrito aos limites mínimo e máximo legalmente cominados.

Havendo circunstâncias favoráveis e desfavoráveis, a melhor doutrina recomenda a utilização, por analogia, do art. 67 do Código Penal, que estipula: "no concurso de agravantes e atenuantes, a pena deve aproximar-se do limite indicado pelas circunstâncias preponderantes, entendendo-se como tais as que resultam dos motivos determinantes do crime, da personalidade do agente e da reincidência". Isso, claro, apenas se favorecer o réu, pois não é permitida, em direito penal, a analogia *in malam partem*.

Se se tratar de crime majorado com mais de uma qualificadora (por exemplo: art. 121, § 2º, II e IV, do Código Penal), a jurisprudência aceita que uma delas seja utilizada para a caracterização da modalidade qualificada do delito e as demais, como agravantes genéricas na segunda etapa da dosimetria, desde que haja correspondência nos arts. 61 e 62 do Código Penal. Caso não haja, devem ser utilizadas como circunstâncias judiciais desfavoráveis na primeira fase da individualização.

Um exemplo pode se mostrar esclarecedor: imagine que "A" praticou um homicídio por motivo fútil e mediante emboscada, o que agrava o delito em razão das qualificadoras previstas no art. 121, § 2º, II (motivo fútil) e IV (emboscada), do Código Penal. Ocorre que essas qualificadoras também constituem circunstâncias agravantes estabelecidas no art. 61, II, *a* e *c*, do Código Penal. Quando isso ocorre, o magistrado pode considerar uma dessas circunstâncias para caracterizar a modalidade qualificada de crime e, a outra, como circunstância agravante na segunda fase da dosimetria.

Perceba que, nesse caso, nem o motivo fútil, nem a emboscada poderão ser usados como circunstâncias judiciais para majorar a pena-base. Afinal, o primeiro foi utilizado para tipificar o crime qualificado, que tem penas mais gravosas do que o simples (uma vez que o correspondente tipo prevê novos limites mínimo e máximo de sanção privativa de liberdade) e a segunda foi aproveitada na segunda etapa da individualização. A consideração dessas mesmas circunstâncias na primeira fase caracterizaria *bis in idem*, o que não é permitido em nosso ordenamento.

Destaque-se ainda que "é vedada a utilização de inquéritos policiais e ações penais em curso para agravar a pena-base" (Súmula n. 444 do STJ).

Embora o art. 59 do Código Penal elenque as circunstâncias judiciais a serem consideradas na primeira etapa da dosimetria, a legislação extravagante poderá prever outras preponderantes em razão da natureza do fato típico. É o que ocorre com a Lei de Drogas (Lei n. 11.343/2006), cujo art. 42 estabelece que "o juiz, na fixação das penas, considerará, *com preponderância sobre o art. 59 do Código Penal*, a natureza e a quantidade da substância ou produto, a personalidade e a conduta social do agente".

Quadra, agora, examinar cada uma das circunstâncias judiciais previstas no art. 59 do Código Penal.

4.1 Culpabilidade do agente

No direito penal, o termo *culpabilidade* apresenta, no mínimo, três sentidos diferentes, sendo:

a) **culpabilidade como conceito oposto ao de responsabilidade objetiva:** representada pelo princípio *nullum crimen sine culpa*, compreende o vínculo subjetivo entre o agente (dolo ou culpa) e o fato por ele praticado;

b) **culpabilidade como fundamento da pena (princípio da culpabilidade em sentido estrito):** compreende os requisitos do conceito dogmático de culpabilidade (imputabilidade, consciência da ilicitude e exigibilidade de conduta diversa);

c) **culpabilidade como medida da pena:** relaciona-se com o princípio da individualização da pena e compreende o limite da sanção a ser aplicada no caso concreto, constituindo, portanto, um parâmetro a ser observado pelo julgador. Em outras palavras: significa o maior ou menor âmbito de autodeterminação que o agente possuía no momento da conduta, considerando-se, para isso, as possibilidades que ele tinha de atuar conforme a lei[7].

A culpabilidade referida no art. 59 do Código Penal é a medida da pena mencionada no item "c" anterior e significa o *juízo de reprovabilidade, de censura que recai sobre o autor culpável (culpabilidade como fundamento da pena) que comete um fato típico e ilícito*. Perceba a diferença: primeiro o juiz averigua se o indivíduo agiu com culpabilidade (imputabilidade, potencial consciência da ilicitude e exigibilidade de conduta diversa). Sendo esse o caso, ele é condenado pela prática ilícita, após o que o juiz passa a fixação da sanção (medida da pena). Para tanto, verifica a culpabilidade do agente no caso concreto, exercendo um juízo de censura sobre sua conduta.

---

[7] ALMEIDA, André Vinícius. *Erro e concurso de pessoas no direito penal*. Curitiba: Juruá, 2013. p. 31.

Consideremos, por exemplo, que "A" e "B" praticaram um crime de roubo, tendo "A" assim agido porque sua família estava passando fome e "B", porque precisava de dinheiro para investir no tráfico ilícito de drogas. Embora ambos tenham agido com **culpabilidade como pressuposto da pena** (por serem imputáveis, terem, quando dos fatos, a potencial consciência da ilicitude e era-lhes exigível comportamento diverso), a **culpabilidade como medida da pena** é diversa, o que deve ser levado em consideração quando da fixação da pena-base. Afinal, a prática de roubo para obtenção de capital destinado a financiar atividades ilícitas é inegavelmente mais reprovável do que aquela com a finalidade de saciar a fome.

A circunstância judicial da culpabilidade, portanto, diz respeito ao maior ou menor grau de reprovabilidade da conduta do agente no caso concreto.

Destaque-se que o STJ, no julgamento do AgRg no HC n. 764.054/SP, entendeu que a culpabilidade pode levar em consideração o perfil socioeconômico e o nível de escolaridade do réu[8]. Em caso semelhante, assentou que a culpabilidade pode ser agravada em razão da **situação financeira, grau de conhecimento e idade do réu**, o que lhe permitiria saber dos limites da ação e da medida da responsabilidade penal[9].

Em recente julgado, o Tribunal Superior entendeu que age com culpabilidade elevada o bacharel em direito que se utilizou de seus conhecimentos acerca do exame da Ordem dos Advogados do Brasil para participar de esquema de fraude à correspondente seleção, pois isso demonstra descaso com a advocacia e com os demais candidatos regularmente aprovados para o exercício da profissão[10].

4.2 Antecedentes penais

Os **antecedentes penais** representam a vida pregressa do sentenciado no que tange aos crimes cometidos antes daquele que ora se julga. Em razão do princípio da presunção de inocência, não podem ser considerados como maus antecedentes: inquéritos policiais em andamento ou já arquivados, ações penais em curso e ações em que o réu foi absolvido. Aliás, esse posicionamento encontra-se na Súmula n. 444 do STJ: "É vedada a utilização de inquéritos policiais e ações penais em curso para agravar a pena-base".

Os atos infracionais constantes na Folha de Passagens do sentenciado, praticados quando da adolescência, também não servirão para macular os antecedentes do agente, mesmo que ele tenha recebido medidas socioeducativas restritivas de liberdade.

---

[8] AgRg no HC n. 764.054/SP, 6ª Turma, Rel. Min. Rogerio Sachetti Cruz, j. 28.11.2022, DJe 02.12.2022.
[9] AgRg no REsp n. 1.739.723/PE, 5ª Turma, Rel. Min. Ribeiro Dantas, DJe 28.10.2019.
[10] AgRg no AREsp n. 2.101.521/GO, 5ª Turma, Rel. Min. Ribeiro Dantas, por unanimidade, j. 18.10.2022, DJe 28.10.2022.

Também não podem ser consideradas maus antecedentes as sentenças homologatórias de transações penais efetuadas anteriormente pelo agente[11]. Pela mesma razão, também não caracterizarão maus antecedentes a celebração e o cumprimento de acordo de não persecução penal, nos moldes do art. 28-A, § 12, do Código de Processo Penal.

Não se esqueça de que, segundo a Súmula n. 636 do STJ, "A folha de antecedentes criminais é documento suficiente a comprovar os maus antecedentes e a reincidência".

Apenas as **condenações transitadas em julgado** e, portanto, definitivas, **que não caracterizem a reincidência** poderão majorar a pena-base em razão dos maus antecedentes. Como é cediço, condenações definitivas que não caracterizam reincidência ocorrem quando: a) entre a extinção da pena do delito anterior e a prática do novo crime decorreram cinco anos; b) a condenação anterior for pela prática de crime militar próprio ou político (art. 64, II, do Código Penal); c) o novo crime foi cometido antes do trânsito em julgado da condenação pela prática de delito anterior. Nesta última hipótese, o que se exige é a existência de uma condenação definitiva por fato anterior àquele que ora se julga.

Ao contrário do que ocorre com a reincidência, o Plenário do STF decidiu, em sede de repercussão geral[12], que não há prazo para que uma condenação definitiva deixe de ser considerada maus antecedentes (**sistema da perpetuidade**). Por isso, as condenações muito antigas poderão caracterizar a circunstância em comento.

Contudo, como lembra Rogério Sanches, "o aumento é admissível, não obrigatório em todas as situações nas quais a folha de antecedentes revela condenações passadas"[13]. Nesse sentido, o STJ já decidiu que: "quando os registros da folha de antecedentes do réu são muito antigos, deve ser feita uma valoração com cautela, na primeira fase da pena, para evitar uma condenação perpétua, e ser possível aplicar a teoria do direito ao esquecimento"[14].

O STJ tem ainda firmado seu posicionamento no sentido de que a prévia condenação do agente pela conduta de porte de drogas para consumo próprio (art. 28 da Lei de Drogas) não constitui maus antecedentes[15].

4.3 Conduta social

Conduta social é a forma como o réu se comporta na comunidade onde vive, no seu ambiente familiar e de trabalho, quem é seu círculo de amizades.

---

[11] STJ, HC n. 13.525/MS, 6ª Turma, Rel. Min. Fernando Gonçalves, j. 24.10.2000, DJ 04.12.2000, p. 110.
[12] STF, RE n. 593.818, Tribunal Pleno, Rel. Roberto Barroso, j. 18.08.2020, processo eletrônico – repercussão geral – mérito, DJe-277, divulg. 20.11.2020, public. 23.11.2020.
[13] CUNHA, Rogério Sanches. *Manual de direito penal*: parte especial (arts. 121 ao 361). 14. ed. São Paulo: JusPodivm, 2021. volume único, p. 553.
[14] STJ, AgRg no HC n. 613.578/RS, 6ª Turma, Rel. Min. Sebastião Reis Júnior, j. 23.03.2021, DJe 29.03.2021.
[15] STJ, AgRg no HC n. 480.011/SC, 6ª Turma, Rel. Min. Rogério Schietti Cruz, j. 15.12.2020, DJe 18.12.2020.

Diz respeito, portanto, à sua vida e à forma como ele se relaciona com as pessoas e como se porta em sociedade.

Para a aferição dessa circunstância, o juiz pode se valer dos depoimentos das chamadas "testemunhas de beatificação", que nada sabem a respeito dos fatos, mas conhecem bem o acusado.

Ricardo Augusto Schmitt, citado pelo STJ no julgamento do AgRg no AREsp n. 2.166.488/DF, ressalta que, quando da avaliação da conduta social, "devem ser valorados o relacionamento familiar, a integração comunitária e a responsabilidade funcional do agente. Serve para aferir sua relação de afetividade com os membros da família, o grau de importância na estrutura familiar, o conceito existente perante as pessoas que residem em sua rua, em seu bairro, o relacionamento pessoal com a vizinhança, a vocação existente para o trabalho, para a ociosidade e para a execução de tarefas laborais"[16].

O STF[17], por sua vez, entende que condenações anteriores transitadas em julgado não podem ser utilizadas como conduta social desfavorável. Essa tese foi, inclusive, firmada pelo STJ após julgamento de Recurso Repetitivo[18], nos seguintes termos: "Condenações criminais transitadas em julgado, não consideradas para caracterizar a reincidência, somente podem ser valoradas, na primeira fase da dosimetria, a título de antecedentes criminais, não se admitindo sua utilização para desabonar a personalidade ou a conduta social do agente".

Da mesma forma, o STJ já entendeu que a condição de usuário de drogas não constitui motivação idônea para valorar negativamente a condição social ou a personalidade[19]. O mesmo ocorre com a ausência de trabalho ou ocupação lícita[20]. Consignou, todavia, que a circunstância concreta de ter o agente cometido o crime objeto de julgamento durante a fruição do benefício penal da saída temporária, na qualidade de reeducando, autoriza a valoração negativa do vetor afeto à conduta social[21], uma vez que denota abuso da confiança que lhe foi depositada pelo Judiciário[22].

Por sua vez, o STF assentou, em sua jurisprudência, que, em razão de a conduta social compreender o comportamento do agente no meio familiar, no ambiente de trabalho e no relacionamento com outros indivíduos, revela-se inidônea a invocação de condenações anteriores transitadas em julgado para

---

[16] SCHMITT, Ricardo Augusto. Sentença penal condenatória: teoria e prática. 8. ed. Salvador: JusPodivm, 2013. p. 128-129.
[17] STF, RHC n. 130.132, 2ª Turma, Rel. Min. Teori Zavascki, j. 10.05.2016.
[18] STJ, REsp n. 1.794.854/DF, 3ª Seção, Rel. Min. Laurita Vaz, j. 23.06.2021, DJe 1º.07.2021.
[19] STJ, AgRg no HC n. 529.624/SP, 5ª Turma, Rel. Min. Ribeiro Dantas, j. 17.09.2019, DJe 23.09.2019.
[20] AgRg no AREsp n. 2.124.428/PA, 6ª Turma, Rel. Min. Olindo Menezes (Desembargador Convocado do TRF 1ª Região), j. 14.11.2022, DJe 18.11.2022.
[21] AgRg no AREsp n. 1.396.333/SP, 6ª Turma, Rel. Min. Laurita Vaz, j. 19.11.2019, DJe 05.12.2019.
[22] HC n. 497.060/DF, 5ª Turma, Rel. Min. Joel Ilan Paciornik, j. 07.05.2019, DJe 20.05.2019.

macular tal circunstância judicial. Isso, porque os antecedentes sociais não se confundem com os antecedentes criminais, perfazendo vetores distintos[23].

4.4 Personalidade do agente

Segundo leciona Cléber Masson, "personalidade do agente é o perfil subjetivo do réu, nos aspectos moral e psicológico, pelo qual se analisa se tem ou não o caráter voltado à prática de infrações penais"[24]. Sobre essa circunstância judicial, Fernando Capez explica:

> Personalidade é a índole do agente, seu perfil psicológico e moral. Seu conceito pertence mais ao campo da psicologia e psiquiatria do que ao do direito, exigindo-se uma investigação dos antecedentes psíquicos e morais do agente, de eventuais traumas de infância e juventude, das influências do meio circundante, da capacidade para elaborar projetos para o futuro, do nível de irritabilidade e periculosidade, da maior ou menor sociabilidade, dos padrões éticos e morais, do grau de autocensura etc. A intensificação acentuada da violência, a brutalidade incomum, a ausência de sentimento humanitário, a frieza na execução do crime, a inexistência de arrependimento ou sensação de culpa são indicativos de má personalidade. Ainda, não se pode perder de vista que a análise dos traços de personalidade do agente deve ser realizada com cautela, pois há características que podem, ou não, ter relevância no momento da fixação da pena-base. Por exemplo, se o réu tem como traço de personalidade a perversidade sexual, isso pode ser utilizado para aumentar a pena-base num crime contra a dignidade sexual, mas tal característica não tem qualquer relevância para o mesmo intento num crime de roubo[25].

O STJ, por sua vez, entende que, para aferir a personalidade do condenado, o juiz deve se utilizar de elementos concretos inseridos nos autos, não sendo necessária a elaboração de laudo técnico especializado[26].

Como já mencionado quando da análise da conduta social, condenações, embora anteriores e definitivas, assim como passagens pela prática de atos infracionais, não podem ser utilizadas para macular a personalidade do agente.

É certo que, em fevereiro de 2019, o STJ entendeu que, "embora registros de atos infracionais não possam ser utilizados para fins de reincidência ou maus antecedentes, por não serem considerados crimes, podem ser sopesados na análise da personalidade do recorrente, reforçando os elementos já suficientes dos autos que o apontam como pessoa perigosa e cuja segregação é necessária"[27].

---

[23] RHC n. 130.132, 2ª Turma, Rel. Teori Zavascki, j. 10.05.2016, processo eletrônico *DJe*-106, divulg. 23.05.2016, public. 24.05.2016.
[24] MASSON, Cléber. *Direito penal*: parte geral (arts. 1º a 120). 15. ed. Rio de Janeiro: Forense/Método, 2021. v. 1, p. 584.
[25] CAPEZ, Fernando. *Curso de direito penal*: parte geral – arts. 1º a 120. 24. ed. São Paulo: Saraiva Educação, 2020. E-book.
[26] STJ, AgRg no REsp n. 1.840.088/PR, 5ª Turma, Rel. Min. Felix Fischer, j. 30.03.2021, *DJe* 09.04.2021.
[27] STJ, RHC n. 106.136/DF, 5ª Turma, Rel. Min. Reynaldo Soares da Fonseca, j. 19.02.2019, *DJe* 1º.03.2019.

Todavia, a posição majoritária é no sentido de que "atos infracionais não podem ser considerados maus antecedentes para a elevação da pena-base, tampouco podem ser utilizados para caracterizar personalidade voltada para a prática de crimes ou má conduta social"[28].

4.5 Motivos do crime

Motivos do crime são as razões pelas quais o agente praticou a conduta e só são aptos a majorar a pena-base caso não constituam elementares do tipo, qualificadoras, causas de aumento ou diminuição da pena, agravantes ou atenuante genéricas.

Sendo assim, no caso do crime previsto no art. 33, § 3º, da Lei n. 11.343/2006 (Lei de Drogas)[29], não pode o magistrado majorar a pena-base por considerar negativos os motivos da infração, ao argumento de que o agente ofereceu drogas, sem obtenção de lucro, para consumo com outra pessoa porque não queria usar sozinho. Ora, o motivo alegado já é elementar dessa figura típica e, por isso, não pode agravar a pena-base.

Situação diversa seria se o juiz majorasse a pena-base a título de *culpabilidade*, por ter o sujeito oferecido drogas, eventualmente e sem objetivo de lucro, à pessoa que acabara de sair de internação para reabilitação de toxicômanos, para juntos consumirem.

Caso os motivos da infração sejam previstos como qualificadoras, circunstâncias agravantes ou como causas de aumento de pena, também não poderão ser considerados para majorar a pena-base. Sendo assim, não pode o juiz elevar a reprimenda na primeira fase considerando negativos os motivos em razão de o agente ter fornecido drogas, sem obtenção de lucro, ao seu irmão *criança*, uma vez que constitui causa de aumento de pena de um sexto a dois terços o fato de as condutas previstas nos arts. 33 a 37 da Lei de Drogas envolver ou visar a atingir *criança* ou adolescente (art. 40, VI, da Lei n. 11.343/2006).

4.6 Circunstâncias do crime

Circunstâncias do crime são as situações acidentais que gravitam em torno da conduta, que não constituam elementares típicas e que aumentam sua reprovabilidade, ou, nas palavras do STJ:

> As circunstâncias da infração podem ser compreendidas como os pormenores do fato delitivo, acessórios ou acidentais, não inerentes ao tipo penal. Sendo assim, na análise das circunstâncias do crime, é imperioso ao julgador apreciar, com base em fatos concretos, o lugar do crime, o tempo de sua duração, a atitude

---

[28] STJ, HC n. 499.987/SP, 5ª Turma, Rel. Min. Felix Fischer, j. 30.05.2019, *DJe* 04.06.2019.
[29] Art. 33, § 3º: "Oferecer droga, eventualmente e sem objetivo de lucro, a pessoa de seu relacionamento, para juntos a consumirem: Pena – detenção, de 6 (seis) meses a 1 (um) ano, e pagamento de 700 (setecentos) a 1.500 (mil e quinhentos) dias-multa, sem prejuízo das penas previstas no art. 28".

assumida pelo agente no decorrer da consumação da infração penal, a mecânica delitiva empregada, entre outros elementos indicativos de uma maior censurabilidade da conduta[30].

São, portanto, as condições de tempo e local em que ocorreu o crime, a relação entre ofensor e ofendido, os instrumentos utilizados, entre outras circunstâncias que não estejam descritas no tipo, mas que agravem a reprovabilidade da conduta.

Como exemplos de circunstâncias negativas a serem consideradas na primeira fase da dosimetria podemos citar:

a) o fato de o crime ter sido cometido pelos filhos da vítima[31];

b) se a conduta resulta na orfandade e desamparo material de filhos menores de idade da vítima[32];

c) a premeditação, consistente no ato de arquitetar o delito com antecedência para que saia conforme o esperado, o que demonstra deslealdade e frieza[33];

d) o fato de o condenado ter sido o mentor intelectual do crime[34];

e) ter o furto qualificado sido praticado durante o repouso noturno.

Se as circunstâncias, pelo contrário, reduzirem a reprovabilidade da conduta, o magistrado deverá efetuar a correspondente redução na segunda fase da dosimetria, a título de atenuante inominada.

4.7 Consequências do crime

As **consequências do crime** são os efeitos danosos resultantes do crime e que atingem a vítima, seus familiares e a coletividade.

Consistem, por exemplo, no fato de a vítima do homicídio ter entre 14 e 18 anos[35] (se tiver menos que 14 anos, estará configurada a causa de aumento de pena prevista no art. 121, § 4º, do Código Penal); nos danos psicológicos severos causados à vítima[36]; no fato de o prejuízo material experimentado pelo ofendido ser exacerbado, extrapolando o previsto pelo legislador quando da elaboração do preceito secundário do tipo[37].

---

[30] HC n. 751.984/RJ, 6ª Turma, Rel. Min. Antonio Saldanha Palheiro, j. 22.11.2022, DJe 29.11.2022.
[31] STJ, AgRg no AREsp n. 1.982.124/SE, 5ª Turma, Rel. Min. Reynaldo Soares da Fonseca, j. 15.02.2022, DJe 21.02.2022.
[32] HC n. 645.285/PE, 6ª Turma, Rel. Min. Laurita Vaz, j. 29.03.2022, DJe 04.04.2022.
[33] AgRg no AgRg no AREsp n. 2.144.022/MG, 5ª Turma, Rel. Min. Reynaldo Soares da Fonseca, j. 25.10.2022, DJe 07.11.2022.
[34] STF, AgRg no AREsp n. 1.867.073/SE, 6ª Turma, Rel. Min. Antonio Saldanha Palheiro, j. 05.10.2021, DJe 13.10.2021.
[35] STJ, AgRg no REsp n. 1.904.091/PR, 6ª Turma, Rel. Min. Olindo Menezes (Desembargador convocado do TRF 1ª Região), j. 1º.06.2021, DJe 07.06.2021.
[36] STJ, AgRg no HC n. 659.896/SC, 5ª Turma, Rel. Min. Ribeiro Dantas, j. 08.06.2021, DJe 11.06.2021.
[37] STJ, AgRg no HC n. 659.896/SC, 5ª Turma, Rel. Min. Ribeiro Dantas, j. 08.06.2021, DJe 11.06.2021.

O STJ tem julgados no sentido de que, se a vítima deixa filhos órfãos menores de idade, que dela dependiam para o seu sustento, extrapoladas as elementares do tipo penal de homicídio, o que autoriza a exasperação da pena-base, pela negativação das consequências do crime[38].

4.8 Comportamento da vítima

É a conduta da vítima, no sentido de provocar ou facilitar a prática do crime. Como é sabido, em direito penal não há compensação de culpas, mas a culpa concorrente da vítima pode ser utilizada para reduzir a pena-base. Para o STJ:

> O único reflexo concreto que pode produzir o **comportamento da vítima**, na fixação da pena-base, é o de neutralizar ou diminuir a exasperação da reprimenda que seria efetivado em razão de outras circunstâncias judiciais que foram negativadas. Uma das maneiras possíveis de isso ser concretizado, pelo julgador, é por meio da compensação. Se se afasta essa possibilidade, nega-se vigência ao art. 59 do Código Penal, que prevê que o comportamento da vítima é um dos fatores a ser avaliado na fixação da pena-base.
>
> A compensação não é admitida no caso de o comportamento da vítima ser considerado neutro, mas tão somente quando há a conclusão de que este contribuiu para a ocorrência do delito. E, se não tiver havido a negativação de nenhum outro vetor, a positivação do comportamento da vítima não autoriza a fixação da pena-base em patamar abaixo do mínimo legal[39].

Destaque-se, por fim, que o comportamento da vítima também é previsto legalmente como circunstância atenuante genérica ou, em alguns tipos, como causa de privilégio, sob a expressão "injusta provocação da vítima" (art. 65, III, *c*, última parte; art. 121, § 1º, segunda parte; e art. 129, § 4º, última parte, todos do Código Penal).

5. INFLUÊNCIA DAS CIRCUNSTÂNCIAS JUDICIAIS EM RELAÇÃO À REPRIMENDA

Como visto nos tópicos anteriores, as circunstâncias judiciais são levadas em conta para a fixação da pena-base. No entanto, elas também serão consideradas:

a) para a escolha da pena aplicada, quando a lei cominar duas sanções alternativas. Como exemplos, citemos os tipos correspondentes aos crimes de perigo de contágio venéreo, que prevê a pena de detenção, de três meses a um ano, *ou* multa (art. 130 do Código Penal) e de omissão de socorro, punível com detenção, de um a seis meses, *ou* multa (art. 135 do Código Penal);

---
[38] REsp n. 1.847.745/PR, 6ª Turma, Rel. Min. Laurita Vaz, j. 03.11.2020, DJe 20.11.2020.
[39] REsp n. 1.847.745/PR, 6ª Turma, Rel. Min. Laurita Vaz, j. 03.11.2020, DJe 20.11.2020.

b) quando da eleição do regime inicial de cumprimento da pena privativa de liberdade, nos termos do art. 33, § 3º, do Código Penal;

c) quando da análise da substituição da pena privativa de liberdade por restritiva de direitos, nos termos do art. 44, III, do Código Penal;

d) para a dosimetria da pena no caso de crimes dolosos contra vítimas diferentes cometidos com violência ou grave ameaça à pessoa praticados em continuidade delitiva, nos termos do art. 71, parágrafo único, do Código Penal;

e) para a concessão da suspensão condicional da pena, nos termos do art. 77, II, do Código Penal.

6. SEGUNDA FASE DA DOSIMETRIA: A PENA INTERMEDIÁRIA

Nessa etapa, o juiz leva em consideração as circunstâncias agravantes e atenuantes consubstanciadas no caso concreto e fixa a **pena intermediária**. As agravantes e atenuantes são circunstâncias que não integram a estrutura do tipo penal, mas se relacionam com o crime, aumentando ou reduzindo a reprovabilidade da conduta. Podem ser **gerais ou genéricas** ou **específicas**.

As gerais ou genéricas estão previstas na Parte Geral do Código Penal, em especial, nos arts. 61 a 65 do Código Penal. São **circunstâncias agravantes gerais ou genéricas** (art. 61 do Código Penal):

a) a reincidência;

b) ter o agente cometido o crime por motivo fútil ou torpe;

c) ter o agente cometido o crime para facilitar ou assegurar a execução, a ocultação, a impunidade ou vantagem de outro crime;

d) ter o agente cometido o crime à traição, de emboscada ou mediante dissimulação ou outro recurso que dificultou ou tornou impossível a defesa do ofendido;

e) ter o agente cometido o crime com emprego de veneno, fogo, explosivo, tortura ou outro meio insidioso ou cruel ou que podia resultar perigo comum;

f) ter o agente cometido o crime contra ascendente, descendente, irmão ou cônjuge;

g) ter o agente cometido o crime com abuso de autoridade ou prevalecendo-se de relações domésticas, de coabitação ou de hospitalidade, ou com violência contra a mulher na forma da lei específica;

h) ter o agente cometido o crime com abuso de poder ou violação de dever inerente a cargo, ofício, ministério ou profissão;

i) ter o agente cometido o crime contra criança, maior de 60 anos, enfermo ou mulher grávida;

j) ter o agente cometido o crime quando o ofendido estava sob a imediata proteção da autoridade;

l) ter o agente cometido o crime em ocasião de incêndio, naufrágio, inundação ou qualquer calamidade pública ou de desgraça particular do ofendido;

m) ter o agente cometido o crime em estado de embriaguez preordenada.

No caso de **concurso de pessoas**, a pena será agravada em relação ao agente que:

a) promove, ou organiza a cooperação no crime ou dirige a atividade dos demais agentes;

b) coage ou induz outrem à execução material do crime;

c) instiga ou determina a cometer o crime alguém sujeito à sua autoridade ou não punível em virtude de condição ou qualidade pessoal;

d) executa o crime, ou nele participa, mediante paga ou promessa de recompensa.

As **circunstâncias atenuantes gerais ou genéricas**, por sua vez, estão previstas no art. 65 do Código Penal:

a) ser o agente menor de 21, na data do fato, ou maior de 70 anos, na data da sentença;

b) o desconhecimento da lei;

c) ter o agente cometido o crime por motivo de relevante valor social ou moral;

d) ter o agente procurado, por sua espontânea vontade e com eficiência, logo após o crime, evitar-lhe ou minorar-lhe as consequências, ou ter, antes do julgamento, reparado o dano;

e) cometido o crime sob coação a que podia resistir, ou em cumprimento de ordem de autoridade superior, ou sob a influência de violenta emoção, provocada por ato injusto da vítima;

f) confessado espontaneamente, perante a autoridade, a autoria do crime;

g) cometido o crime sob a influência de multidão em tumulto, se não o provocou.

Já as circunstâncias **específicas**, sejam agravantes, sejam atenuantes, são as estabelecidas na legislação especial e, eventualmente, na Parte Especial do Código Penal. Como exemplo, podemos citar aquelas previstas nos arts. 14 e 15 da Lei n. 9.605/1998 (Lei dos Crimes Ambientais)[40] e no art. 298 da Lei n. 9.503/1997 (Código de Trânsito Brasileiro)[41].

---

[40] "Art. 14. São circunstâncias que atenuam a pena:
 I – baixo grau de instrução ou escolaridade do agente;
 II – arrependimento do infrator, manifestado pela espontânea reparação do dano, ou limitação significativa da degradação ambiental causada;
 III – comunicação prévia pelo agente do perigo iminente de degradação ambiental;
 IV – colaboração com os agentes encarregados da vigilância e do controle ambiental.
 Art. 15. São circunstâncias que agravam a pena, quando não constituem ou qualificam o crime:
 I – reincidência nos crimes de natureza ambiental;

As **circunstâncias atenuantes** também podem ser **nominadas** (que são as estabelecidas expressamente na lei) ou **inominadas**, cuja previsão consta no art. 66 do Código Penal, nos seguintes termos: "a pena poderá ser ainda atenuada em razão de circunstância relevante, anterior ou posterior ao crime, embora não prevista expressamente em lei". Ao revés, todas as **circunstâncias agravantes** são nominadas, devendo estar previstas em rol taxativo, não sendo permitida a analogia para agravar a situação do réu.

Não se pode, ademais, considerar o mesmo fato em mais de uma fase da dosimetria, pois isso acarretaria a vedada dupla valoração (*bis in idem*).

O Código Penal não estabelece a quantidade de aumento ou diminuição decorrentes do reconhecimento de circunstâncias agravantes ou atenuantes, ficando tal encargo ao prudente arbítrio do juiz, ao contrário do que ocorre com as causas de aumento e de diminuição da pena (consideradas na terceira etapa da individualização da pena).

É comum, na jurisprudência pátria, a adoção do percentual de um sexto para cada circunstância (*quantum* mínimo previsto no Código Penal para as majorantes e minorantes). No entanto, nada impede que o aumento/redução se dê em meses ou dias. De qualquer forma, a base de cálculo para a incidência das agravantes e atenuantes é sempre a pena-base. Vale dizer: havendo duas ou mais agravantes, por exemplo, o aumento de cada uma delas será sobre a

---

II - ter o agente cometido a infração:
a) para obter vantagem pecuniária;
b) coagindo outrem para a execução material da infração;
c) afetando ou expondo a perigo, de maneira grave, a saúde pública ou o meio ambiente;
d) concorrendo para danos à propriedade alheia;
e) atingindo áreas de unidades de conservação ou áreas sujeitas, por ato do Poder Público, a regime especial de uso;
f) atingindo áreas urbanas ou quaisquer assentamentos humanos;
g) em período de defeso à fauna;
h) em domingos ou feriados;
i) à noite;
j) em épocas de seca ou inundações;
l) no interior do espaço territorial especialmente protegido;
m) com o emprego de métodos cruéis para abate ou captura de animais;
n) mediante fraude ou abuso de confiança;
o) mediante abuso do direito de licença, permissão ou autorização ambiental;
p) no interesse de pessoa jurídica mantida, total ou parcialmente, por verbas públicas ou beneficiada por incentivos fiscais;
q) atingindo espécies ameaçadas, listadas em relatórios oficiais das autoridades competentes;
r) facilitada por funcionário público no exercício de suas funções."

[41] "Art. 298. São circunstâncias que sempre agravam as penalidades dos crimes de trânsito ter o condutor do veículo cometido a infração:
I - com dano potencial para duas ou mais pessoas ou com grande risco de grave dano patrimonial a terceiros;
II - utilizando o veículo sem placas, com placas falsas ou adulteradas;
III - sem possuir Permissão para Dirigir ou Carteira de Habilitação;
IV - com Permissão para Dirigir ou Carteira de Habilitação de categoria diferente da do veículo;
V - quando a sua profissão ou atividade exigir cuidados especiais com o transporte de passageiros ou de carga;
VI - utilizando veículo em que tenham sido adulterados equipamentos ou características que afetem a sua segurança ou o seu funcionamento de acordo com os limites de velocidade prescritos nas especificações do fabricante;
VII - sobre faixa de trânsito temporária ou permanentemente destinada a pedestres."

pena-base e, somente após, eles serão somados. Jamais haverá a incidência de uma agravante sobre a pena já aumentada em razão de outra agravante.

Na ausência de circunstâncias agravantes, a pena-base deverá ficar no mínimo legalmente cominado. Nessa etapa da dosimetria, em nenhuma hipótese, a pena-base deverá ficar acima ou aquém do estabelecido pelo legislador no preceito secundário. É, inclusive, o que dispõe a Súmula n. 231 do STJ: "A incidência da circunstância atenuante não pode conduzir à redução da pena abaixo do mínimo legal".

Por isso, embora o art. 68 do Código Penal dê a entender que as circunstâncias atenuantes sejam analisadas antes das agravantes, o julgador deverá, primeiro, proceder ao aumento em razão destas, para, somente após, efetuar as reduções por circunstâncias atenuantes.

Se houver agravantes e atenuantes, a pena intermediária deverá aproximar-se do limite indicado pelas circunstâncias preponderantes, que são aquelas relacionadas com os motivos determinantes do crime, a personalidade do agente e a reincidência (art. 67 do Código Penal).

Segundo a doutrina, a ordem de preponderância no concurso de agravantes e atenuantes é a seguinte: **1)** atenuantes da menoridade técnica e da senilidade; **2)** agravante da reincidência; **3)** agravantes e atenuantes subjetivas; **4)** agravantes e atenuantes objetivas[42].

O STJ, no julgamento do HC n. 177.566/MS, foi mais preciso, ao dispor que "a doutrina majoritária e a jurisprudência dos Tribunais Superiores definiram que há uma escala de preponderância inclusive em relação às hipóteses previstas no artigo 67 do Código Penal, sendo assim apresentada na ordem decrescente: **1º** – menoridade (personalidade do agente); **2º** – reincidência; **3º** – confissão (personalidade do agente); e **4º** – motivos determinantes"[43].

Ainda segundo o STJ, reconhecida a menoridade do condenado, bem como o fato de ele ser reincidente, sem que tenha sido explicitada a presença de mais de uma sentença condenatória transitada em julgado, deve ser promovida a compensação integral entre as referidas circunstâncias[44].

Da mesma forma, o STJ admite a compensação do aumento acarretado pela agravante da reincidência com a redução resultante da confissão espontânea, uma vez que ambas são igualmente preponderantes, de acordo com o art. 67 do Código Penal[45]. Afinal, demonstra uma personalidade favorável o fato de o réu, mesmo tendo o direito de não se autoincriminar, contribuir para a elucidação criminosa. Caso o réu seja multirreincidente, é admissível a compensação proporcional[46].

---

[42] CUNHA, Rogério Sanches. *Manual de direito penal*: parte especial (arts. 121 ao 361). 14. ed. São Paulo: JusPodivm, 2021. volume único, p. 560.
[43] STJ, HC n. 177.566/MS, 5ª Turma, Rel. Min. Jorge Mussi, j. 18.08.2011, DJe 29.08.2011.
[44] STJ, HC n. 646.844/ES, 5ª Turma, Rel. Min. Ribeiro Dantas, j. 06.04.2021, DJe 09.04.2021.
[45] STJ, AgRg no HC n. 677.978/SP, 5ª Turma, Rel. Min. Reynaldo Soares da Fonseca, j. 10.08.2021, DJe 16.08.2021.
[46] STJ, AgRg no HC n. 663.271/SC, 6ª Turma, Rel. Min. Olindo Menezes (Desembargador convocado do TRF 1ª Região), j. 24.08.2021, DJe 31.08.2021.

O STF, contudo, tem decisões divergentes, entendendo que, a teor do art. 67 do Código Penal, a circunstância agravante da reincidência é preponderante e prevalece sobre a confissão[47].

Registre-se ainda que, segundo dispõe o art. 385 do Código de Processo Penal, "nos crimes de ação pública, o juiz poderá proferir sentença condenatória, ainda que o Ministério Público tenha opinado pela absolvição, *bem como reconhecer agravantes, embora nenhuma tenha sido alegada*".

6.1 Circunstâncias agravantes

As circunstâncias agravantes estão taxativamente previstas em lei e, em regra, com exceção da reincidência, são compatíveis apenas com os crimes dolosos. Afinal, nos culposos, o resultado não é desejado pelo agente, que acabou por provocá-lo por ter desobedecido seu dever objetivo de cuidado (imprudência, negligência ou imperícia). Em todas as hipóteses previstas no inciso II do art. 61 e no art. 62, deve ficar demonstrado que o sujeito tinha conhecimento da situação agravante e a quis. Basta analisarmos as situações legais para constatarmos que é incompatível, por exemplo, que alguém cometa um crime culposo por motivo fútil ou torpe ou à traição, de emboscada ou mediante dissimulação ou outro recurso que tornou impossível a defesa do ofendido.

Há, todavia, em corrente minoritária, quem entenda que as agravantes são aplicáveis aos crimes culposos pois os motivos, por exemplo, podem estar ligados à conduta voluntária culposa, e não ao desejo, direto ou indireto, da produção do resultado. Por isso, a conduta de quem causa um homicídio culposo com emprego de veneno deveria ser reprovada mais duramente do que aquela perpetrada por meio que não seja cruel. O STF, inclusive, no conhecido caso "Bateau Mouche", discrepando do entendimento manifestado no HC n. 62.214/MG[48], reconheceu a possibilidade da incidência das agravantes genéricas aos crimes culposos, consignando:

> Não obstante a corrente afirmação apodítica em contrário, além da reincidência, outras circunstâncias agravantes podem incidir na hipótese de crime culposo: assim, as atinentes ao motivo, quando referidas a valoração da conduta, a qual, também nos delitos culposos, e voluntária, independentemente da não voluntariedade do resultado: admissibilidade, no caso, da afirmação do motivo torpe – a obtenção de lucro fácil –, que, segundo o acórdão condenatório, teria induzido os agentes ao comportamento imprudente e negligente de que resultou o sinistro[49].

Contudo, o Excelso Tribunal retornou ao seu posicionamento anterior, no sentido de que, à exceção da reincidência, as agravantes são aplicáveis apenas

---

[47] STF, HC n. 96.061, 2ª Turma, Rel. Teori Zavascki, j. 19.03.2013, acórdão eletrônico, *DJe*-060 divulg. 02.04.2013, public. 03.04.2013.
[48] HC n. 62.214/MG, 2ª Turma, Rel. Min. Djaci Falcão, *DJ* 08.11.1984.
[49] HC n. 70.362/RJ, 1ª Turma, Rel. Min. Sepúlveda Pertence, *DJ* 12.04.1996.

aos crimes dolosos porque, na fixação da reprimenda dos culposos, as situações descritas nos arts. 61, II, e 62, ambos do Código Penal, devem ser aferidas no âmago da culpabilidade, na primeira fase da dosimetria. A mesma consideração em um segundo momento acarretaria a dupla valoração de um mesmo elemento, o que é coibido em nosso ordenamento penal[50].

O mesmo raciocínio não se aplica aos crimes preterdolosos, espécies de delitos qualificados pelo resultado, uma vez que, neles, a conduta é dolosa, denotando o resultado culposo mera consequência[51].

A reincidência, por outro lado, por ser uma agravante objetiva, nunca comportou discussão, pois, para sua caracterização, não importa o elemento subjetivo do agente (ou ele é reincidente, incidindo a agravante, ou não é).

Ademais, o reconhecimento das agravantes é de **aplicação obrigatória** pelo magistrado, uma vez que o art. 61 do Código Penal estabelece que "são circunstâncias *que sempre agravam a pena*, quando não constituem ou qualificam o crime", e o art. 62, que *"a pena será ainda agravada"* (grifo nosso) nas circunstâncias que enumera. A discricionariedade judicial reside, portanto, no *quantum* de aumento, jamais na opção de reconhecer, ou não, a agravante.

Além de que, salvo nos casos de Júri, o juiz pode reconhecer, de ofício, agravantes genéricas independentemente de elas estarem descritas na denúncia, sem que isso viole o princípio da congruência ou correlação, exigido apenas para a definição do crime a ser objeto de eventual condenação[52].

Passemos à análise de cada uma das circunstâncias agravantes.

6.1.1 Reincidência ou recidiva (art. 61, I, do Código Penal)

A palavra reincidência deriva de *recidere*, que nada mais é do que recair, repetir o ato. Em termos comuns, **reincidência penal** significa repetir a prática do crime. Ocorre que, juridicamente, há requisitos para que um indivíduo seja considerado reincidente e, em razão dessa condição, tenha sua pena majorada.

A reincidência está disciplinada no art. 63 do Código Penal e no art. 7º da Lei de Contravenções Penais, dos quais podemos retirar seu conceito. Dessa forma, verifica-se a reincidência quando o agente comete novo crime, depois de transitar em julgado a sentença que, no País ou no estrangeiro, tenha-o condenado por crime anterior **ou** quando o agente comete uma contravenção penal depois de passar em julgado a sentença que o tenha condenado, no Brasil ou no estrangeiro, por qualquer crime, ou, no Brasil, por motivo de contravenção.

A condição oposta à reincidência é a **primariedade**. Primário, portanto, é tanto o sujeito que pratica a infração penal pela primeira vez quanto aquele

---
[50] HC n. 120.165, 1ª Turma, Rel. Dias Toffoli, j. 11.02.2014, processo eletrônico *DJe*-055 divulg. 19.03.2014, public. 20.03.2014.
[51] STJ, AgInt no AREsp n. 1.074.503/SP, 6ª Turma, Rel. Min. Nefi Cordeiro, j. 18.09.2018, *DJe* 25.09.2018.
[52] STJ, AgRg no HC n. 745.644/SC, 6ª Turma, Rel. Min. Antonio Saldanha Palheiro, j. 27.09.2022, *DJe* 04.10.2022.

que, embora tenha sido condenado diversas vezes, não é reincidente por estarem ausentes os correspondentes pressupostos, como será explicado mais à frente.

Em síntese, temos:

Infração penal anterior	Infração penal posterior	Circunstância
Crime	Crime	Reincidência
Contravenção penal (praticada no Brasil)	Contravenção penal	Reincidência
Crime	Contravenção penal	Reincidência
Contravenção penal	Crime	Primariedade

Destaque-se, porém, que, embora a última hipótese (contravenção penal + crime) não gere reincidência, caracterizará maus antecedentes a serem considerados na primeira fase da dosimetria.

A reincidência não se confunde com a **reiteração criminal**. Esta se dá quando o sujeito pratica nova infração penal após o cometimento de outra, anterior. Para que ele seja considerado reincidente, é necessário o preenchimento dos seguintes **pressupostos**:

a) caso a nova prática seja de um **crime: trânsito em julgado da sentença** que o condenou pelo cometimento de outro crime, no Brasil ou em outro país;

b) caso a nova prática seja de uma **contravenção penal: trânsito em julgado da sentença** que o condenou pelo cometimento de outro crime, no Brasil ou em outro país, ou de contravenção penal *praticada no Brasil*.

Para o reconhecimento da agravante em comento, é dispensável a homologação, pelo STJ (art. 105, I, *i*, da Constituição Federal e art. 787 do Código de Processo Penal), da sentença estrangeira que condenou o réu definitivamente por outro crime, uma vez que essa hipótese não consta naquelas previstas no art. 9º do Código Penal. De qualquer forma, o crime praticado no exterior deve corresponder a fato típico no Brasil e, por isso, condenação definitiva por delito de incesto no estrangeiro, por exemplo, não é apta à configuração da reincidência.

Também independe de o réu ter ou não cumprido a pena, bastando que a condenação anterior esteja transitada em julgado.

Se o crime ou contravenção em julgamento foi cometido na data do trânsito em julgado da sentença anterior, não estará caracterizada a reincidência, pois a lei estabelece expressamente que deverá ser "depois".

Ausentes esses requisitos, o sujeito será considerado primário. Utiliza-se a expressão **primariedade técnica** para designar a condição do agente que já sofreu diversas condenações, mas não é reincidente, seja porque a prática do novo delito se deu antes do trânsito em julgado da condenação anterior, seja porque já ultrapassado o período depurador (que será estudado em tópico próprio). Nada impede, por outro lado, que essas condenações anteriores sejam valoradas às custas de maus antecedentes.

Conquanto haja corrente minoritária em contrário, para a caracterização da reincidência, não importa a espécie de pena imposta na sentença definitiva anterior, podendo ser privativa de liberdade, restritiva de direitos, multa etc. No entanto, o STJ firmou entendimento no sentido de que é desproporcional o reconhecimento da reincidência em virtude de anterior condenação pelo delito previsto no art. 28 da Lei 11.343/2006 (porte de drogas para consumo próprio), por se revelar desproporcional, uma vez que tal crime não é punível com pena privativa de liberdade[53].

Não custa lembrar que "a reincidência penal não pode ser considerada como circunstância agravante e, simultaneamente, como circunstância judicial" (Súmula n. 241 do STJ). Isso significa que uma condenação anterior transitada em julgado só pode ser considerada em uma etapa da dosimetria. Mesmo se ela for capaz de configurar a reincidência, o juiz não poderá proceder ao aumento na segunda fase a esse título, caso a tenha julgado como maus antecedentes. Havendo, porém, duas ou mais condenações transitadas em julgado caracterizadoras da reincidência, o juiz poderá utilizar uma ou algumas delas para caracterização da agravante e as demais, para macular os antecedentes do sentenciado.

Segundo o entendimento do STJ firmado na Súmula n. 636: "A folha de antecedentes criminais é documento suficiente a comprovar os maus antecedentes e a reincidência"[54]. Nada impede, no entanto, a prova por meio de certidões exaradas pelos cartórios criminais ou mesmo a partir de informações processuais extraídas dos sítios eletrônicos dos tribunais, pois "a prova da reincidência exige documentação hábil que traduza o cometimento de novo crime depois de transitar em julgado a sentença condenatória por crime anterior, sem exigir, contudo, forma específica para a comprovação (artigo 63 do Código Penal)"[55].

6.1.1.1 Constitucionalidade do instituto da reincidência

No ano de 2013, o STF, no RE n. 453.000/RS, foi instado a se pronunciar a respeito da constitucionalidade da agravante da reincidência. Alegou-se que o instituto é incompatível com a visão garantista estabelecida pelo constituinte e contraria o princípio constitucional da individualização da pena, além de estigmatizar, inviabilizar uma série de benefícios legais, afetar a coisa julgada e

---

[53] AgRg no REsp n. 1.848.017/MG, 6ª Turma, Rel. Min. Sebastião Reis Júnior, j. 16.06.2020, DJe 23.06.2020.
[54] Fernando Capez discorda desse entendimento, defendendo que a reincidência "só se prova mediante a certidão da sentença condenatória transitada em julgado, com a data do trânsito. Não bastam, desse modo, meras informações a respeito da vida pregressa ou a simples juntada da folha de antecedentes do agente para a comprovação da agravante" (CAPEZ, Fernando. Curso de direito penal: parte geral – arts. 1º a 120. 24. ed. São Paulo: Saraiva Educação, 2020. E-book).
[55] STF, HC n. 162.548 AgR, 1ª Turma, Rel. Rosa Weber, j. 16.06.2020, processo eletrônico DJe-168, divulg. 02.07.2020, public. 03.07.2020.

violar flagrantemente o *non bis in idem*, base fundamental de toda a legislação criminal.

A Corte Máxima, então, julgou o apelo sob o sistema dos recursos repetitivos e firmou a tese de que "surge harmônico com o princípio constitucional da individualização da pena o inciso I do artigo 61 do Código Penal, no que prevê, como agravante, a reincidência". Os fundamentos da decisão foram bem resumidos pela Ministra Rosa Weber, por meio dos seguintes trechos de ementas:

> A pena agravada pela reincidência não configura *bis in idem*. O recrudescimento da pena imposta ao paciente resulta de sua opção por continuar a delinquir (HC n. 94.816/RS, 2ª Turma, Rel. Min. Eros Grau, un., j. 04.08.2009).
>
> O aumento da pena, em função da reincidência, expressamente prevista no art. 61, I, do Código Penal, não constitui *bis in idem* quando não utilizada como circunstância judicial para a fixação da pena-base (STF, HC n. 94.846/RS, 1ª Turma, Rel. Min. Ricardo Lewandowski, un., j. 07.10.2008).
>
> Este Supremo Tribunal Federal sempre reputou válida a fixação da circunstância agravante da reincidência, não entendendo haver ilegalidade ou inconstitucionalidade a ser reconhecida (HC n. 93.969/RS, 1ª Turma, Rel. Min. Carmen Lúcia, un., j. 22.04.2009).
>
> A pena agravada em função da reincidência não representa *bis in idem* (HC n. 73.394/SP, 1ª Turma, Rel. Min. Moreira Alves, por maioria, j. 19.03.1996).

Esse, portanto, é o posicionamento aplicável em nosso direito penal.

6.1.1.2 Natureza jurídica

O instituto da reincidência tem natureza jurídica de agravante genérica subjetiva ou pessoal e, por isso, incomunicável ao coautor ou partícipe.

6.1.1.3 Espécies de reincidência

Sabemos que o reconhecimento da agravante da reincidência independe de o réu ter ou não cumprido a pena, bastando que a condenação anterior esteja transitada em julgado. Isso, porque nosso ordenamento penal não diferencia os efeitos acarretados pela reincidência real daqueles decorrentes da reincidência presumida.

Reincidência real, própria ou **verdadeira** é a que se dá após o indivíduo cumprir totalmente a pena imposta na decisão transitada em julgado anterior, mas antes do decurso do período depurador, que será explicado no tópico seguinte. A **reincidência presumida, ficta, imprópria** ou **falsa**, por outro lado, é a que ocorre antes de o agente ter iniciado ou cumprido integralmente a pena aplicada na sentença definitiva anterior, hipótese em que nem sequer se iniciou a contagem do prazo de caducidade.

Da mesma forma, pouco importa se a reincidência é específica ou genérica, salvo nas hipóteses expressamente previstas em lei. A **reincidência genérica** se dá quando a nova infração penal é diferente da anteriormente praticada, que foi objeto de condenação definitiva. Se "A", depois de ser condenado definitivamente como incurso nas penas do crime de roubo (art. 157 do Código Penal), comete um delito de furto (art. 155 do Código Penal), será *reincidente genérico*.

A **reincidência específica**, por seu turno, ocorre quando o indivíduo pratica nova infração penal depois de ser definitivamente condenado pela prática anterior da mesma conduta, incorrendo, assim, no mesmo tipo penal (que chamarei de **reincidência específica** *stricto sensu*) ou quando, após ser definitivamente condenado, comete novo crime da mesma espécie (que denominarei **reincidência específica** *lato sensu*).

Se "B", por exemplo, depois de ser condenado definitivamente como incurso nas penas do crime de roubo (art. 157 do Código Penal), comete um novo roubo, será *reincidente específico stricto sensu*. No entanto, se o novo delito cometido por "B" for de furto, ele será *reincidente específico lato sensu*.

Dissemos anteriormente que o Código Penal não diferencia os efeitos acarretados pela reincidência genérica e pela específica, *salvo nas hipóteses expressamente previstas em lei*. Sendo assim, como exceções podemos citar:

a) o art. 44, § 3º, do Código Penal veda a substituição da pena privativa de liberdade por restritiva de direitos se a reincidência se operou em virtude da prática do mesmo crime (reincidência específica *stricto sensu*);

b) o art. 83, V, do Código Penal proíbe a concessão do livramento condicional nos casos de condenação por crime hediondo, prática de tortura, tráfico ilícito de entorpecentes e drogas afins, tráfico de pessoas e terrorismo se o apenado for reincidente específico em crime dessa natureza (reincidência específica *lato sensu*);

c) o art. 44, parágrafo único, da Lei n. 11.343/2006 (Lei de Drogas) impede a concessão do livramento condicional ao reincidente específico nos crimes previstos nos seus arts. 33, *caput* e § 1º, e 34 a 37 (reincidência específica *lato sensu*);

d) o art. 296 da Lei n. 9.503/1997 (Código de Trânsito Brasileiro) determina que, se o réu for reincidente na prática de crime previsto nesse Código, o juiz aplicará a penalidade de suspensão da permissão ou habilitação para dirigir veículo automotor, sem prejuízo das demais sanções penais cabíveis (reincidência específica *lato sensu*);

e) o art. 112, VII, da Lei n.º 7.210/1941 (Lei de Execuções Penais) estabelece que a progressão de regime dar-se-á quando o preso tiver cumprido ao menos 60% da pena se ele for reincidente na prática de crime hediondo ou equiparado (reincidência específica *lato sensu*). Nesse ponto, importantes algumas observações.

A Lei n. 13.964/2019 (Pacote Anticrime) alterou o art. 112 da Lei de Execuções Penais, estabelecendo novos percentuais de cumprimento da pena para que o apenado seja beneficiado com a progressão de regime, os quais variam de acordo com determinados fatores, como se observa a seguir:

Art. 112. A pena privativa de liberdade será executada em forma progressiva com a transferência para regime menos rigoroso, a ser determinada pelo juiz, quando o preso tiver cumprido ao menos:

I – 16% (dezesseis por cento) da pena, se o apenado for primário e o crime tiver sido cometido sem violência à pessoa ou grave ameaça;

II – 20% (vinte por cento) da pena, se o apenado for reincidente em crime cometido sem violência à pessoa ou grave ameaça;

III – 25% (vinte e cinco por cento) da pena, se o apenado for primário e o crime tiver sido cometido com violência à pessoa ou grave ameaça;

IV – 30% (trinta por cento) da pena, se o apenado for reincidente em crime cometido com violência à pessoa ou grave ameaça;

V – 40% (quarenta por cento) da pena, se o apenado for condenado pela prática de crime hediondo ou equiparado, se for primário;

VI – 50% (cinquenta por cento) da pena, se o apenado for:

a) condenado pela prática de crime hediondo ou equiparado, com resultado morte, se for primário, vedado o livramento condicional;

b) condenado por exercer o comando, individual ou coletivo, de organização criminosa estruturada para a prática de crime hediondo ou equiparado; ou

c) condenado pela prática do crime de constituição de milícia privada;

VII – 60% (sessenta por cento) da pena, se o apenado for reincidente na prática de crime hediondo ou equiparado;

VIII – 70% (setenta por cento) da pena, se o apenado for reincidente em crime hediondo ou equiparado com resultado morte, vedado o livramento condicional.

A partir da alteração, para a progressão de regime é necessário que se observe não apenas a natureza do delito (comum ou hediondo) e a condição de primário/reincidente genérico do apenado, mas também se o delito foi cometido com ou sem violência à pessoa ou grave ameaça, se é o caso de crime hediondo ou equiparado e, em caso positivo, se houve resultado morte.

Por outro lado, os incisos IV, VII e VIII do art. 112 da Lei de Execuções Penais, após a alteração, não fixaram patamares em relação aos reincidentes genéricos (vale dizer, aqueles que não praticaram crimes relacionados nos correspondentes incisos), sendo o STJ chamado a solucionar a controvérsia.

É que o inciso III estabelece o cumprimento de 25% da pena se o apenado for primário e o crime tiver sido cometido com violência à pessoa ou grave ameaça. Já o inciso IV fixa o patamar de 30% (trinta por cento) se o apenado for reincidente em delito dessa natureza.

O inciso V, por seu turno, estabelece o percentual de 40% da pena se o ressocializando for primário e condenado pela prática de crime hediondo ou equiparado. Se ele for reincidente na prática desses crimes, o patamar será de 60%, consoante o inciso VII.

Por fim, o inciso VI, *a*, estabelece o percentual de 50% de cumprimento da sanção se o apenado, primário, for condenado pela prática de crime hediondo ou equiparado com resultado morte. No caso de ser reincidente nesses delitos, o patamar será de 70%, segundo o inciso VIII.

Ora, não foram fixados percentuais para os casos de o apenado ser reincidente genérico, seja porque não praticou anteriormente crime com violência à pessoa ou grave ameaça (possuindo a nova condenação essa característica), seja porque, condenado pela prática de crime hediondo ou equiparado (com ou sem resultado morte), tenha sido sancionado anteriormente pela prática de crime de natureza diversa.

Levando em consideração a lacuna legislativa, o STJ, ao argumento de que não se admite, no direito penal incriminador, a analogia *in malam partem*, estabeleceu a aplicação, aos reincidentes genéricos, dos patamares de progressão referentes aos sentenciados primários, uma vez que os incisos IV, VII e VIII mencionam a reincidência específica (*lato sensu*)[56]. Com o didatismo que lhe é peculiar, o Ministro Rogério Schietti Cruz resumiu a interpretação dada pela Corte Superior da seguinte forma:

a) ao sentenciado que cometeu crime com violência a pessoa ou grave ameaça, mas não é reincidente em delito de mesma natureza, aplicar-se-á o lapso de 25% do cumprimento da pena, previsto no inciso III do art. 112 da Lei de Execução Penal;

b) ao apenado que praticou crime hediondo ou equiparado, mas também não é reincidente em crime de igual natureza, aplicar-se-á o patamar de 40%, estabelecido pelo inciso V do mesmo dispositivo legal;

c) apenado que cometeu crime hediondo ou equiparado com resultado morte, mas, igualmente, é reincidente genérico, aplicar-se-á o requisito objetivo instituído pelo inciso VI, *a*, do referido artigo de lei, ou seja, deve cumprir 50% da pena para progredir.

A interpretação, inclusive, vai ao encontro do entendimento manifestado pelo STF, o qual, no julgamento do ARE n. 1.327.963 sob a égide da repercussão geral, fixou o Tema n. 1.169, nos seguintes termos:

> (...) tendo em vista a legalidade e a taxatividade da norma penal (art. 5º, XXXIX, CF), a alteração promovida pela Lei 13.964/2019 no art. 112 da LEP não autoriza a incidência do percentual de 60% (inc. VII) aos condenados reincidentes não específicos para o fim de progressão de regime. Diante da omissão legislativa, impõe-se a analogia *in bonam partem*, para aplicação, inclusive retroativa, do inciso V do artigo 112 da LEP (lapso temporal de 40%) ao condenado por crime hediondo ou equiparado sem resultado morte reincidente não específico[57].

---

[56] STJ, REsp n. 1.910.040/MG, 3ª Sessão, Rel. Min. Rogério Schietti Cruz, j. 26.05.2021, DJe 31.05.2021.
[57] ARE n. 1.327.963/RG, Tribunal Pleno, Rel. Gilmar Mendes, j. 16.09.2021, processo eletrônico – repercussão geral – mérito, *DJe*-025 divulg. 10.02.2023, public. 13.02.2023.

Consequência dessa análise, foi fixada, pelo STJ, a seguinte tese jurídica em sede de repercussão geral: "é reconhecida a retroatividade do patamar estabelecido no art. 112, V, da Lei n. 13.964/2019[58], àqueles apenados que, embora tenham cometido crime hediondo ou equiparado, sem resultado morte, não sejam reincidentes em delito de natureza semelhante". A reincidência específica não se confunde com a *reincidência em crime doloso*, que ocorre quando o réu, depois de ser condenado definitivamente pela prática de um crime doloso ou preterdoloso, vem a praticar novo delito doloso ou preterdoloso. Comporta, portanto, tanto a reincidência genérica quanto a específica.

Basta que o sujeito seja reincidente em crime doloso para que tenha obstadas ou dificultadas algumas benesses previstas na lei penal, como: substituição da pena privativa de liberdade por restritiva de direitos (art. 44, II, do Código Penal); suspensão condicional da pena (art. 77, I, do Código Penal); livramento condicional (art. 83, II).

6.1.1.4 Extinção da punibilidade do crime anterior

Se a extinção da punibilidade referente ao crime anterior ocorrer antes do trânsito em julgado, não estará caracterizada a reincidência por estar ausente o pressuposto ou requisito do trânsito em julgado da condenação anterior. Como exemplo, podemos citar a prescrição da pretensão punitiva.

No entanto, se a extinção da punibilidade referente ao crime anterior se deu após o trânsito em julgado, em regra, a reincidência estará caracterizada. Como exemplo, temos a prescrição da pretensão executória da pena.

Todavia, há situações em que, mesmo operada a extinção da punibilidade após o trânsito em julgado, o réu não será considerado reincidente quando da prática do novo crime. É o caso da *abolitio criminis* e da anistia, que são aptas a excluir todos os efeitos penais da condenação, e do perdão judicial, por expressa previsão legal (art. 120 do Código Penal[59]).

6.1.1.5 Período depurador ou caducidade da condenação anterior para efeitos de reincidência

O art. 64, I, do Código Penal estabelece que "não prevalece a condenação anterior se, entre a data do cumprimento ou extinção da pena e a infração posterior tiver decorrido período de tempo superior a 5 (cinco) anos, computado o período de prova da suspensão ou do livramento condicional, se não ocorrer revogação".

A lei penal adotou, portanto, em vez do **sistema da** perpetuidade, o **sistema da temporariedade**, limitando o tempo em que a condenação defi-

---

[58] Leia-se: da Lei n. 7.210/1984.
[59] Art. 120 do Código Penal: "A sentença que conceder perdão judicial não será considerada para efeitos de reincidência".

nitiva anterior pode ser considerada para fins de reincidência[60]. Esse período é chamado de **período depurador** e consiste no período de cinco anos contados da *data da extinção da pena*, pouco importando a data da sentença que extinguiu a execução ou o seu motivo (independe, assim, se houve ou não o efetivo cumprimento).

Destaque-se, porém, que, nesse prazo de cinco anos, computam-se o período de prova da suspensão da pena e o do livramento condicional, caso não tenha havido revogação dos benefícios. Esse prazo deve ser contado da data da **audiência admonitória** em que se deferiu o benefício, e não do dia em que houve a extinção da pena.

O período depurador não deve ser confundido com a **reabilitação criminal** (art. 93 do Código Penal), a qual não exclui a reincidência.

Uma vez decorrido o período depurador, o sujeito volta a ser primário ou, segundo a doutrina, **tecnicamente primário**.

6.1.1.6 Crimes militares próprios e políticos e reincidência

O art. 64, II, do Código Penal dispõe que, "para efeito de reincidência, não se consideram os crimes militares próprios e políticos".

Crimes militares próprios são aqueles tipificados exclusivamente no Código Penal Militar (Decreto-lei n. 1.001/1969) e que, portanto, só podem ser cometidos por quem seja militar. Como exemplo, temos os crimes de deserção (art. 187 do Código Penal Militar), de motim (art. 149 do Código Penal Militar), de revolta (art. 149, parágrafo único, do Código Penal Militar), de conspiração (art. 152 do Código Penal Militar). Para estes, o Código Penal Militar estabeleceu regra específica em seu art. 71[61].

Os **crimes militares impróprios** são os que estão tipificados tanto no Código Penal quanto no Código Militar. É o caso do homicídio (art. 121 do Código Penal e art. 205 do Código Penal Militar), do roubo (art. 157 do Código Penal e art. 242 do Código Penal Militar), do estupro (art. 213 do Código Penal e art. 232 do Código Penal Militar). A condenação pela prática desses crimes é apta a gerar reincidência, pois o art. 64, II, do Código Penal excluiu apenas os crimes militares próprios.

---

[60] Além dos sistemas da perpetuidade e da temporariedade, há ainda o **sistema misto**, que permite a redução do aumento acarretado pela reincidência na proporção do tempo decorrido (quanto maior o tempo entre a condenação definitiva anterior e o novo crime, menor é o aumento da pena em razão da reincidência).

[61] Art. 71 do Código Penal Militar: "Verifica-se a reincidência quando o agente comete novo crime, depois de transitar em julgado a sentença que, no país ou no estrangeiro, o tenha condenado por crime anterior". Interpretando-se conjuntamente o art. 64, II, do Código Penal e o art. 71 do Código Penal Militar, tem-se que, "se a condenação definitiva anterior for por crime militar próprio, a prática de rime comum não leva à reincidência. Se o agente, porém, pratica crime militar próprio após ter sido definitivamente condenado pela prática de crime comum, será reincidente perante o CPM, pois este não tem norma equivalente" (CAPEZ, Fernando; PRADO, Stela. *Código Penal comentado*. 5. ed. São Paulo: Saraiva, 2014. p. 157).

Em relação aos **crimes políticos**, o Código Penal não fez distinção entre os **crimes políticos puros ou próprios** e os **crimes políticos impuros ou impróprios**.

Crimes políticos puros ou próprios são os que ofendem apenas os interesses políticos do Estado. Por sua vez, os **impuros ou impróprios** são os que ofendem não apenas os interesses políticos do Estado, como também outro bem jurídico protegido pela legislação comum. A condenação definitiva em razão de quaisquer deles não é apta a gerar reincidência.

Destaque-se, por oportuno, que o Professor Guilherme de Souza Nucci discorda do entendimento no sentido de que nenhuma espécie de crime político é capaz de gerar reincidência. Para ele, "há, ainda, os denominados *crimes políticos relativos*, que são crimes comuns determinados, no todo ou em parte, por motivos políticos. Estes são capazes de gerar reincidência"[62].

Nada impede, porém, que condenações em razão de crime militar próprio ou crime político sejam valoradas como maus antecedentes na primeira fase da dosimetria.

6.1.1.7 Efeitos da reincidência

A agravante da reincidência, além do aumento acarretado na segunda etapa da individualização, produz os seguintes efeitos:

a) possibilidade de impedir o início do cumprimento da pena privativa de liberdade nos regimes aberto e semiaberto (art. 33, § 2º, *b* e *c*, do Código Penal);

b) possibilidade de impedir a substituição da pena privativa de liberdade por restritiva de direitos ou multa (art. 44, II, e art. 60, § 2º, ambos do Código Penal);

c) com os motivos determinantes do crime e com a personalidade do agente, é circunstância preponderante quando da fixação da pena intermediária (art. 67 do Código Penal);

d) quando a reincidência for em crime doloso, impede a concessão da suspensão condicional da pena (*sursis*), salvo se a condenação anterior impuser apenas a pena de multa (art. 77, I e § 1º, do Código Penal);

e) autoriza a revogação do *sursis* (art. 81, I e § 1º, do Código Penal), do livramento condicional (arts. 86, I e II, e 87, ambos do Código Penal) e da reabilitação, salvo se a condenação definitiva posterior impuser apenas a pena de multa (art. 95 do Código Penal);

f) aumenta o prazo para a obtenção do livramento condicional (art. 83, II e V, do Código Penal);

g) impede o livramento condicional nos casos de crimes hediondos, tortura, tráfico de entorpecentes, tráfico de pessoas e terrorismo, no caso de reincidência específica *lato sensu*, ou seja, em crimes dessa natureza (art. 83, V, do Código Penal);

---

[62] NUCCI, Guilherme de Souza. *Manual de direito penal*. 9. ed. São Paulo: RT, 2013. p. 506-507.

h) aumenta o prazo da prescrição da pretensão **executória** em um terço (art. 110 do Código Penal)[63];

i) interrompe o curso da prescrição (art. 117, VI, do Código Penal);

j) impede o reconhecimento do furto privilegiado (art. 155, § 2º, do Código Penal), da apropriação indébita privilegiada, da apropriação indébita previdenciária privilegiada, da apropriação de coisa havida por erro, caso fortuito ou força da natureza privilegiada (art. 170 do Código Penal), do estelionato privilegiado (art. 171, § 1º, do Código Penal) e da receptação privilegiada (art. 180, § 5º, última parte, do Código Penal);

l) aumento da pena, de um terço até a metade, no caso da contravenção penal prevista no art. 19 do Decreto-lei n. 3.688/1941 (para os que aceitam a vigência do dispositivo), se o agente já foi condenado, em sentença irrecorrível, por violência contra a pessoa (art. 19, § 1º, da Lei das Contravenções Penais);

m) impede a concessão da transação penal e da suspensão condicional do processo (arts. 76, § 2º, I, e 89, *caput*, ambos da Lei n. 9.099/1995);

n) aumenta o prazo de cumprimento da pena privativa de liberdade no regime mais gravoso para que haja a progressão (art. 112, II, IV, VII e VIII, da Lei de Execução Penal);

o) impede a celebração do acordo de não persecução penal com o Ministério Público (art. 28-A, § 2º, II, do Código de Processo Penal);

p) impede a concessão da liberdade provisória (art. 310, § 2º, do Código de Processo Penal);

q) autoriza a decretação da prisão preventiva, quando a reincidência for em crime doloso (art. 313, II, do Código de Processo Penal).

6.1.2 Ter o agente cometido o crime (art. 61, II, do Código Penal)

6.1.2.1 Por motivo fútil ou torpe (art. 61, II, *a*, do Código Penal)

Motivo fútil é aquele insignificante, desproporcional em relação à conduta. Ocorre, por exemplo, quando o sujeito pratica o crime em razão de desavenças relativas ao tráfico de drogas[64], de uma discussão banal[65], por ter ficado insatisfeito com o serviço de mecânica prestado pela vítima[66], do inconformismo com o fim do relacionamento[67], ciúmes[68].

---

[63] Segundo o enunciado de Súmula n. 220 do STJ, "a reincidência não influi no prazo da prescrição da pretensão punitiva".
[64] STJ, AgRg no HC n. 770.478/SP, 5ª Turma, Rel. Min. Jesuíno Rissato (Desembargador Convocado do TJDFT), j. 25.10.2022, DJe 04.11.2022.
[65] STJ, AgRg nos EDcl no AREsp n. 2.093.077/RJ, 6ª Turma, Rel. Min. Antonio Saldanha Palheiro, j. 18.10.2022, DJe 24.10.2022.
[66] STJ, AgRg no HC n. 724.175/SP, 5ª Turma, Rel. Min. Joel Ilan Paciornik, j. 03.05.2022, DJe 06.05.2022.
[67] STJ, AgRg no AREsp n. 1.791.462/SP, 6ª Turma, Rel. Min. Sebastião Reis Júnior, j. 15.06.2021, DJe 21.06.2021.
[68] STJ, AgRg no RHC n. 120.481/MS, 5ª Turma, Rel. Min. Leopoldo de Arruda Raposo (Desembargador convocado do TJPE), j. 11.02.2020, DJe 27.02.2020.

Prevalece o entendimento de que a ausência de motivos não caracteriza a agravante, pois isso acarretaria analogia *in malam partem*. Ausência de motivos, portanto, não se confunde com futilidade[69].

Motivo torpe é aquele repugnante, vil, que causa repulsa. É o caso do delito cometido contra alguém em razão de a vítima ser de facção rival[70] ou de ela ter praticado um roubo que prejudicou o comércio de drogas da região[71]. Presente também na conduta de quem mata um parente para ficar com sua herança.

Destaque-se que a *vingança*, por si só, não é apta a caracterizar o motivo torpe. Para o STJ, ela deve ser valorada à luz do contexto do fato, só estando apta a caracterizar o motivo torpe caso ela apresente natureza abjeta.[72]

6.1.2.2 Para facilitar ou assegurar a execução, a ocultação, a impunidade ou a vantagem de outro crime (art. 61, II, *b*, do Código Penal)

Com razão, o legislador penal entendeu que uma conduta delituosa merece ser reprovada mais duramente quando praticada para facilitar ou assegurar a execução, ocultação, impunidade ou vantagem de outro crime. Quando isso acontece, estamos diante do instituto da **conexão**, que é o vínculo entre duas ou mais infrações penais que se relacionam de alguma maneira.

A conexão é chamada de **teleológica** quando o crime é cometido para assegurar a execução de outro, a ser praticado no futuro, ou **consequencial**, quando o delito for praticado para garantir a ocultação, a impunidade ou a vantagem de outro ocorrido no passado. Não se exige, outrossim, que o mesmo agente pratique ambos os delitos. A agravante deverá ser reconhecida, por exemplo, no caso de homicídio praticado pela esposa para que um delito cometido por seu marido não seja descoberto.

Como o dispositivo fala em "outro crime", não estará caracterizada a agravante em comento quando se tratar de contravenção penal, que pode caracterizar, no entanto, o motivo torpe (art. 61, II, *a*, do Código Penal).

Não deverá incidir a agravante, por outro lado, quando o "para facilitar a execução, a ocultação, a impunidade ou vantagem de outro crime" constituir elementar típica do delito. É o caso, por exemplo, do agente que falsifica documento público com a finalidade de praticar um estelionato. A falsidade constitui o meio de execução do crime-fim e, por isso, já integra a conduta típica, não sendo apta a caracterizar a circunstância agravante em comento.

---

[69] STJ, HC n. 369.163/SC, 5ª Turma, Rel. Min. Joel Ilan Paciornik, j. 21.02.2017, *DJe* 06.03.2017.
[70] STJ, AgRg no HC n. 759.031/SC, 6ª Turma, Rel. Min. Antonio Saldanha Palheiro, j. 28.11.2022, *DJe* 30.11.2022.
[71] STJ, AgRg no HC n. 705.752/AL, 6ª Turma, Rel. Min. Olindo Menezes (Desembargador convocado do TRF 1ª Região), j. 22.11.2022, *DJe* 25.11.2022.
[72] STJ, AgRg no REsp n. 1.980.145/PR, 6ª Turma, Rel. Min. Sebastião Reis Júnior, j. 28.11.2022, *DJe* 02.12.2022; STJ, REsp 1.816.313/PB 2016/0200513-5, 6ª Turma, Rel. Min. Nefi Cordeiro, j. 10.09.2019, publicado em 16.09.2019.

6.1.2.3 À traição, de emboscada, ou mediante dissimulação ou outro recurso que dificultou ou tornou impossível a defesa do ofendido (art. 61, II, c, do Código Penal)

A traição (deslealdade, quebra de confiança depositada no autor do crime), a emboscada (tocaia, cilada) e a dissimulação (fingimento, disfarce das verdadeiras intenções) são situações que acarretam a majoração da reprimenda porque dificultam ou tornam impossível a defesa do ofendido, sendo a conduta mais reprovável.

Para que essa agravante seja reconhecida, não é suficiente sua produção de forma objetiva, sendo necessário que o fato de o bem jurídico estar indefeso ou menos protegido tenha ingressado na consciência do agente. Este deve se aproveitar dessa circunstância, podendo, ou não, tê-la provocado ou contribuído para ela.

Destaque-se, por oportuno, que, por permissão legal, é permitida, para a caracterização da agravante em comento, a **interpretação analógica**.

6.1.2.4 Com emprego de veneno, fogo, explosivo, tortura ou outro meio insidioso ou cruel, ou de que podia resultar perigo comum (art. 61, II, d, do Código Penal)

Esses meios de execução, sem dúvida, causam maior sofrimento à vítima e/ou podem gerar perigo comum, sendo a conduta mais reprovável.

Veneno é a substância tóxica, natural ou preparada, capaz de alterar ou destruir as funções vitais de um organismo[73]. **Fogo** são as labaredas resultantes da combustão. **Explosivo** é a substância suscetível de causar explosão[74]. O conceito de **tortura**, por sua vez, pode ser extraído da primeira parte do art. 2º da Convenção Interamericana para Prevenir e Punir a Tortura: "entender-se-á por tortura todo ato pelo qual são infligidos intencionalmente a uma pessoa penas ou sofrimentos físicos ou mentais, com fins de investigação criminal, como meio de intimidação, como castigo pessoal, como medida preventiva, como pena ou com qualquer outro fim".

Destaque-se, no entanto, que, presentes as elementares do crime de tortura, tipificado no art. 1º da Lei n. 9.455/1997[75], existirá o concurso de crimes, não havendo que falar na incidência da agravante em comento.

---

[73] VENENO. In: DICIO. *Dicionário brasileiro da língua portuguesa*. São Paulo: Melhoramentos, 2015. Disponível em: https://michaelis.uol.com.br/moderno-portugues/busca/portugues-brasileiro/veneno/. Acesso em: 20 dez. 2022.
[74] EXPLOSIVO. In: DICIO. *Dicionário Priberam online de português*. Lisboa: Priberam Informática, 2023. Disponível em: https://dicionario.priberam.org/explosivo. Acesso em: 20 dez. 2022.
[75] "Art. 1º Constitui crime de tortura:
  I – constranger alguém com emprego de violência ou grave ameaça, causando-lhe sofrimento físico ou mental:
  a) com o fim de obter informação, declaração ou confissão da vítima ou de terceira pessoa;
  b) para provocar ação ou omissão de natureza criminosa;
  c) em razão de discriminação racial ou religiosa;
  II – submeter alguém, sob sua guarda, poder ou autoridade, com emprego de violência ou grave ameaça, a intenso sofrimento físico ou mental, como forma de aplicar castigo pessoal ou medida de caráter preventivo.
  Pena – reclusão, de dois a oito anos."

Também nesse caso, por permissão legal, é autorizada a **interpretação analógica**, podendo o juiz, no caso concreto, entender que o meio utilizado é insidioso (dissimulado na sua eficiência maléfica[76]), cruel (que aumenta inutilmente o sofrimento da vítima ou revela brutalidade fora do comum ou em contraste com o mais elementar sentimento de piedade[77]) ou podia gerar perigo comum.

6.1.2.5 Contra ascendente, descendente, irmão ou cônjuge (art. 61, II, e, do Código Penal)

Não há dúvida de que um crime cometido em desfavor de ascendente, descendente, irmão ou cônjuge é mais reprovável, uma vez que vai de encontro com o princípio da solidariedade que permeia as relações familiares. Por óbvio, o agente deve ter consciência da relação de parentesco com a vítima.

Alguns autores, no entanto, entendem que, para que essa agravante seja reconhecida, é necessário que o agente tenha se aproveitado da facilidade ou da confiança proporcionadas por essas relações para cometer o delito. Nada obstante o peso desses doutrinadores, ouso discordar, uma vez que o dispositivo não faz essa ressalva, ao contrário do que ocorre na alínea *f* do inciso II do art. 61 do Código Penal, analisada no tópico seguinte.

Muito pelo contrário, a lei penal é expressa e objetiva ao dizer que "são circunstâncias que sempre agravam a pena, quando não constituem ou qualificam o crime" ter o agente cometido o delito "contra ascendente, descendente, irmão ou cônjuge". Não tendo o legislador restringido, não cabe ao magistrado fazê-lo.

A agravante não se aplica no caso dos companheiros (união estável), pois representaria interpretação extensiva *in malam partem*.

A prova do parentesco, por seu turno, deverá obedecer às restrições estabelecidas na lei civil (art. 155, parágrafo único, do Código de Processo Penal), exigindo-se, portanto, prova documental.

6.1.2.6 Com abuso de autoridade ou prevalecendo-se de relações domésticas, de coabitação ou de hospitalidade, ou com violência contra a mulher na forma da lei específica (art. 61, II, *f*, do Código Penal)

Mais uma vez, o legislador leva em consideração a falta de sensibilidade moral do agente para com pessoas a ele próximas. Como bem explica Luiz Regis Prado[78]:

> O abuso de autoridade ocorre quando o agente excede ou faz uso ilegítimo do poder de fiscalização, assistência, instrução, educação ou custódia, derivado de relações familiares, de tutela, de curatela ou mesmo de hierarquia eclesiástica.

---

[76] Item 38 do Decreto-lei n. 2.848/1940 (Exposição de Motivos da Parte Especial do Código Penal).
[77] Item 38 do Decreto-lei n. 2.848/1940 (Exposição de Motivos da Parte Especial do Código Penal).
[78] PRADO, Luiz Regis. *Curso de direito penal brasileiro*: parte geral e parte especial. 17. ed. Rio de Janeiro: Forense, 2019. E-book.

Relações domésticas são aquelas que se travam entre os membros de uma mesma família, frequentadores habituais da casa, amigos, assalariados; a *coabitação* é um estado de fato, pelo qual duas ou mais pessoas convivem no mesmo lugar; a *hospitalidade* é a coabitação temporária, mediante consentimento tácito ou expresso do hospedeiro (*v.g.*, pernoite, visitas, convites para refeição).

Como se percebe, o **abuso de autoridade** tratado nessa alínea diz respeito a relações de direito privado, e não àquelas de direito público, quando incidirá a agravante prevista na alínea *g* do inciso II do art. 61 do Código Penal, que será estudada no tópico seguinte. No abuso de autoridade, o sujeito exerce algum tipo de poder legítimo sobre a vítima, como ocorre entre o tutor e o tutelado, o curador e o curatelado.

Por sua vez, a sanção será agravada se a conduta foi praticada contra companheiro ou companheira prevalecendo-se o agente da união estável.

Da mesma forma, a pena deve ser agravada quando a infração for praticada com violência contra a mulher na forma da Lei n. 11.340/2006, o que não deixa de configurar as relações domésticas, de coabitação ou hospitalidade também tratadas no inciso. A propósito, destaque-se que o STJ entende que "a aplicação da agravante prevista no art. 61, II, 'f', do Código Penal, de modo conjunto com outras disposições da Lei n.º 11.340/06, não acarreta *bis in idem*, pois a Lei Maria da Penha visou recrudescer o tratamento dado para a violência doméstica e familiar contra a mulher"[79].

6.1.2.7 Com abuso de poder ou violação de dever inerente a cargo, ofício, ministério ou profissão (art. 61, II, *g*, do Código Penal)

O **abuso de poder** e a **violação de dever inerente a cargo** são relações situadas no âmbito do direito público, mas tais circunstâncias só poderão agravar a pena quando não caracterizarem elementares típicas. Por exemplo, o crime de concussão (art. 316 do Código Penal) perfaz-se quando o funcionário público exige, para si ou para outrem, direta ou indiretamente, ainda que fora da função ou antes de assumi-la, mas em razão dela, vantagem indevida. Ora, não há outra forma de praticar o crime a não ser por meio da violação de dever inerente ao cargo, razão pela qual tal situação caracterizará circunstância elementar, não sendo apta para embasar o aumento da reprimenda na segunda fase da dosimetria, sob pena de *bis in idem*.

A alínea *g* do inciso II do art. 61 do Código Penal também se refere à violação de dever inerente a ofício, ministério ou profissão, que são relações de direito privado.

Ofício é qualquer atividade manual ou mecânica que envolve uma habilidade especial, como o ofício de marceneiro ou de pintor[80].

---

[79] AgRg no AREsp n. 1.079.004/SE, 5ª Turma, Rel. Min. Joel Ilan Paciornik, j. 13.06.2017, DJe 28.06.2017.
[80] OFÍCIO. In: DICIO. *Dicionário brasileiro da língua portuguesa*. São Paulo: Melhoramentos, 2015. Disponível em: https://michaelis.uol.com.br/moderno-portugues/busca/portugues-brasileiro/of%C3%ADcio/. Acesso em: 10 jan. 2023.

Ministério diz respeito à atividade de cura de almas ou de ministro do Evangelho, tendo, portanto, caráter religioso.

Profissão, por fim, é a ocupação ou emprego do qual se obtém o sustento para si e seus dependentes[81], envolvendo habilidades intelectuais, como ocorre no caso dos médicos, advogados e engenheiros.

6.1.2.8 Contra criança, maior de 60 anos, enfermo ou mulher grávida (art. 61, II, *h*, do Código Penal)

A alínea *h* do inciso II do art. 61 do Código Penal elenca vítimas que, em razão de suas condições pessoais, são mais vulneráveis e, portanto, não conseguem oferecer tanta resistência contra condutas criminosas.

Criança é a pessoa que tem até 12 anos incompletos (art. 2º do Estatuto da Criança e do Adolescente). Quem tem idade igual ou superior a 60 anos é denominado, pela Lei n. 10.741/2003, de pessoa **idosa**. Como a alínea em comento apenas se refere ao **maior** de 60 anos, não haverá a majoração da pena se a infração se der no dia do sexagésimo aniversário da vítima.

Enfermo é a pessoa que, em razão de alguma doença, seja permanente, seja transitória, apresenta debilidade física ou mental, com reduzida capacidade de defesa. Por fim, **mulher grávida** é a que se encontra gestante.

Destaque-se, porém, que, para a incidência da agravante, o agente deve conhecer a condição da vítima, dela se aproveitando de alguma forma. Assim, não haverá a majoração da sanção no caso de um furto perpetrado contra uma mulher que se encontra muito no início da gestação ou contra idoso que não se achava no local da subtração. É necessário que, de alguma forma, a vulnerabilidade da vítima seja aproveitada pelo agente, facilitando o cometimento da conduta.

Ademais, não estará caracterizada a agravante caso a condição perfaça elementar típica, como ocorre no homicídio previsto no art. 121, § 2º, IX, do Código Penal.

6.1.2.9 Quando o ofendido estava sob a imediata proteção da autoridade (art. 61, II, *i*, do Código Penal)

Imediata proteção significa estar na custódia ou guarda da autoridade. É o que acontece, por exemplo, quando alguém invade uma delegacia de polícia e mata preso em flagrante que lá se encontrava.

6.1.2.10 Em ocasião de incêndio, naufrágio, inundação ou qualquer calamidade pública ou de desgraça particular do ofendido (art. 61, II, *j*, do Código Penal)

As situações descritas na alínea *j* do inciso II do art. 61 do Código Penal acarretam a maior vulnerabilidade dos bens jurídicos tutelados em razão da

---

[81] PROFISSÃO. In: DICIO. *Dicionário brasileiro da língua portuguesa*. São Paulo: Melhoramentos, 2015. Disponível em: https://michaelis.uol.com.br/moderno-portugues/busca/portugues-brasileiro/profiss%C3%A3o/. Acesso em: 10 jan. 2023.

diminuição de vigilância sobre eles. Quando o agente pratica a infração aproveitando-se disso, demonstra maior insensibilidade moral e desrespeito aos princípios da fraternidade e solidariedade, sendo o fato, portanto, mais reprovável.

Após enumerar três situações específicas (incêndio, naufrágio e inundação), o legislador fez uso da **interpretação analógica** ao utilizar a expressão "qualquer calamidade ou de desgraça particular do ofendido", o qual pode ser pessoa privada ou pública. O conceito de **calamidade pública** pode ser extraído do art. 2º, VIII, do Decreto n. 10.593/2020, como a "situação anormal provocada por desastre que causa danos e prejuízos que impliquem o comprometimento substancial da capacidade de resposta do Poder Público do ente federativo atingido ou que demande a adoção de medidas administrativas excepcionais para resposta e recuperação".

Desgraça é a adversidade, o infortúnio, a tragédia que vem a acometer uma pessoa em particular ou um grupo de pessoas.

São exemplos os saques a caminhões de mercadorias tombados nas estradas e a subtração de bens de alguém que morreu e cujo corpo se encontra em via pública.

Destaque-se ainda que o STJ firmou o entendimento de que, "no que se refere ao agravamento da pena decorrente do estado de calamidade pública gerado pela pandemia do coronavírus, esta Corte já se manifestou no sentido de que sua incidência requer nexo entre tal circunstância e a conduta do agente"[82].

6.1.2.11 Em estado de embriaguez preordenada (art. 61, II, *l*, do Código Penal)

Embriaguez é a intoxicação aguda e transitória no organismo humano causada pela ingestão de álcool ou de substância de efeitos análogos. Como visto no capítulo referente à culpabilidade, nosso Código Penal isenta de pena somente o agente que, por embriaguez completa, proveniente de caso fortuito ou força maior, era, ao tempo da ação ou da omissão, inteiramente incapaz de entender o caráter ilícito do fato ou de determinar-se de acordo com esse entendimento (teoria da *actio libera in causa*).

Quando o sujeito, propositalmente, coloca-se em situação de embriaguez para a prática criminosa não só responderá pelo fato, como também terá sua pena agravada em razão da circunstância prevista no art. 61, II, *l*, do Código Penal.

6.1.3 Agravantes no concurso de pessoas (art. 62 do Código Penal)

O art. 62 do Código Penal elenca quatro hipóteses que acarretarão a majoração da pena aplicada a sujeito que pratica a infração por meio de concurso de agentes. Sendo assim, terá a sanção agravada aquele que:

---

[82] AgRg no AREsp n. 2.271.617/SP, 5ª Turma, Rel. Min. Ribeiro Dantas, j. 23.03.2023, *DJe* 28.03.2023.

a) promove ou organiza a cooperação no crime ou dirige a atividade dos demais agentes (inciso I);

b) coage ou induz outrem à execução material do crime (inciso II);

c) instiga ou determina a cometer o crime alguém sujeito à sua autoridade ou não punível em virtude de condição ou qualidade pessoal (inciso III);

d) executa o crime ou nele participa mediante paga ou promessa de recompensa (inciso IV).

6.2 Circunstâncias atenuantes

As circunstâncias atenuantes estão previstas nos arts. 65 e 66 do Código Penal, o primeiro elencando situações que **sempre** atenuam a pena. Não há, pois, faculdade judicial, perfazendo um direito subjetivo do sentenciado.

São consideradas na segunda fase da dosimetria e não têm o condão de reduzir a pena abaixo do mínimo abstratamente cominado pelo legislador. Essa, porém, é uma construção jurisprudencial expressada na Súmula n. 231 do STJ[83], nada obstante o *caput* do art. 65 do Estatuto Repressivo ser expresso ao prever a redução obrigatória. Consequência da aplicação desse entendimento é a ineficácia do estabelecido no dispositivo citado quando configuradas apenas circunstâncias atenuantes, estando ausentes quaisquer agravantes, situação que se agrava quando presentes causas de aumento de pena.

Por isso, há doutrina (com a qual concordo) contrária à citada súmula, uma vez que ela viola não somente o princípio da individualização de pena, mas também o da legalidade estrita.

Feitas essas considerações iniciais, passemos à análise de cada uma das atenuantes.

6.2.1 Ser o agente menor de 21, na data do fato, ou maior de 70 anos, na data da sentença (art. 65, I, do Código Penal)

Quando o agente, **na data do fato**, possuía menos de 21 anos, estamos diante da chamada **menoridade técnica**. Não se trata exatamente de menoridade, uma vez que, ao completar 18 anos, o sujeito se torna capaz tanto penal quanto civilmente. No entanto, o legislador levou em consideração a imaturidade inerente ao início da vida adulta para prever a redução da pena.

Da mesma forma, a **senilidade** constitui circunstância atenuante. A redução, aqui, tem razões humanitárias, levando-se em consideração a maior vulnerabilidade do indivíduo à medida que a idade avança.

Observe-se, porém, que não basta que o agente seja idoso, isto é, que seja pessoa com idade igual ou superior a 60 anos, segundo o art. 1º do Estatuto da

---

[83] Súmula n. 231 do STJ: "A incidência da circunstância atenuante não pode conduzir à redução da pena abaixo do mínimo legal".

Pessoa Idosa (Lei n. 10.741/2003). Para que tenha a pena atenuada, o sujeito deve ter mais que 70 anos **na data da sentença**, pouco importando quantos anos ele tinha na data do fato.

6.2.2 O desconhecimento da lei (art. 65, II, do Código Penal)

Como já tratado em outros capítulos desta obra, o desconhecimento da lei é inescusável, imperdoável. Isso significa que ninguém pode deixar de cumpri-la alegando que não a conhece, pois a publicação no Diário Oficial tem como finalidade dar publicidade às normas emanadas pelo Estado.

No entanto, no mundo real, é humanamente impossível que o indivíduo conheça toda a legislação vigente à sua época e, por isso, o legislador previu, como circunstância atenuante obrigatória, o desconhecimento da lei. Para que seja reconhecida, deve o juiz levar em consideração não só a própria lei (pois é certo que a maioria dos crimes é amplamente conhecida), mas também as condições pessoais do agente, como seu grau de escolarização e de vivência.

No caso das contravenções penais, o art. 8º do Decreto-lei n. 3.688/1941 estabelece que, "no caso de ignorância ou de errada compreensão da lei, quando escusáveis, a pena pode deixar de ser aplicada". Se forem inescusáveis, podem acarretar a incidência da atenuante em comento.

Ressalte-se, porém, que o desconhecimento da lei não se confunde com o erro de proibição, causa excludente da ilicitude tratada no capítulo referente à teoria do erro, para o qual remetemos o leitor.

6.2.3 Ter o agente cometido o crime por motivo de relevante valor social ou moral (art. 65, III, a, do Código Penal)

Os motivos do crime são as razões que levaram o indivíduo a delinquir. Podem ser nobres ou escusos. A depender do grau de nobreza ou de abjeção dos motivos, a pena pode ser minorada ou majorada, o que pode ocorrer, a depender da previsão legal, nas três etapas da dosimetria.

No caso de motivos nobres capazes de minorar a reprimenda imposta, observe, por exemplo, o art. 121, § 1º, do Código Penal, o qual estabelece que, "se o agente comete o crime impelido por motivo de relevante valor social ou moral (...), o juiz pode reduzir a pena de um sexto a um terço". Trata-se, como veremos mais adiante, de uma causa de diminuição de pena, a ser considerada na terceira etapa da dosimetria.

Caso o tipo penal não estabeleça expressamente frações de redução em razão da relevância social ou moral dos motivos, o juiz deverá considerá-los na segunda fase da individualização, como circunstância atenuante. Para tanto, a motivação deve ser **relevante**, ou seja, *coletivamente considerada importante*.

a) Valor social é aquele reconhecido na sociedade, pois a beneficia como um todo. Cite-se, por exemplo, o caso de alguém que mata um *serial killer* que vinha amedrontando a comunidade.

b) Valor moral, por sua vez, diz respeito a sentimentos pessoais do agente, mas que são aprovados pela moralidade coletiva. É o caso de um crime cometido para custear as despesas médicas do filho do agente, que necessitava de tratamento.

Caso não estejam previstos como causa de diminuição de pena e se estiver ausente o pressuposto da relevância, o juiz deverá considerar a motivação na primeira fase da dosimetria.

6.2.4 *Ter o agente procurado, por sua espontânea vontade e com eficiência, logo após o crime, evitar-lhe ou minorar-lhe as consequências, ou ter, antes do julgamento, reparado o dano (art. 65, III, b, do Código Penal)*

Se o sujeito procura, por sua espontânea vontade e com eficiência, depois de consumado o crime, evitar ou minorar suas consequências ou mesmo se ele, antes do julgamento, repara o dano, deverá ter sua pena minorada na segunda fase da dosimetria.

A aplicação desse dispositivo é subsidiária, somente tendo aplicação quando não preenchidos os requisitos do arrependimento eficaz e do arrependimento posterior, institutos previstos, respectivamente, nos arts. 15 e 16, ambos do Código Penal.

Com efeito, o arrependimento eficaz se dá quando o agente, após esgotar os atos de execução, impede que o resultado se produza, obstando, portanto, a consumação. Na atenuante genérica, por outro lado, o crime se consuma, mas o sujeito, logo após o crime, por sua espontânea vontade e com eficiência, evita ou minora suas consequências. Como exemplo, citemos o autor de roubo que, após a inversão da posse (e, portanto, da consumação), devolve o bem subtraído à vítima.

Por seu turno, o arrependimento posterior, causa especial de diminuição da pena, ocorre nos crimes cometidos sem violência ou grave ameaça à pessoa, quando o agente, por ato voluntário, repara o dano ou restitui a coisa *até o recebimento da denúncia ou da queixa*. Quando a reparação do dano ocorrer após esse marco, mas antes do julgamento, o sujeito fará jus à redução da pena na segunda fase da dosimetria, sendo beneficiado pela aplicação da atenuante em comento. No caso da atenuante, não importa se houve emprego de violência ou grave ameaça à pessoa, uma vez que o correspondente dispositivo não previu esse requisito.

6.2.5 *Ter o agente cometido o crime sob coação a que podia resistir, ou em cumprimento de ordem de autoridade superior, ou sob a influência de violenta emoção, provocada por ato injusto da vítima (art. 65, III, c, do Código Penal)*

Quando estudamos a culpabilidade como elemento do crime (ou pressuposto da pena, para quem adota a corrente bipartida), vimos que o agente não será punível quando atuar em determinadas situações em que não lhe é exigível conduta diversa. Com efeito, determina o art. 22 do Código Penal que, "se o fato é cometido sob coação irresistível ou em estrita obediência a ordem, não manifestamente ilegal, de superior hierárquico, só é punível o autor da coação ou da ordem".

Como se observa, para que a culpabilidade seja afastada, é necessário que a coação moral sofrida pelo agente seja irresistível (se se tratar de coação física irresistível, não haverá conduta e, consequentemente, fato típico) ou que a ordem do superior hierárquico não seja manifestamente ilegal, isto é, ela não pode ser evidente ou claramente ilícita.

Se a coação (moral ou até mesmo física) sofrida pelo agente era resistível ou se a ordem emanada de seu superior hierárquico não era *manifestamente ilegal*, o agente será punido em concurso de agentes com o coator ou com o superior, mas fará jus à redução de pena na segunda fase da dosimetria. O autor da coação ou o superior hierárquico, por sua vez, terão a sanção agravada nos termos do art. 62, II ou III, do Código Penal.

Também haverá a redução da pena na segunda etapa da individualização quando o agente atuar sob a *influência de violenta emoção* provocada por *ato injusto da vítima*. Observe que o dispositivo não fala em agressão por parte da vítima (conduta típica e ilícita por ela praticada), pois, nesse caso, o agente estaria acobertado pela justificante da legítima defesa. Ato injusto significa uma *provocação não criminosa*.

Além disso, o dispositivo não exige que o indivíduo atue sob o **domínio** de violenta emoção, ou seja, que ele esteja fora de controle, totalmente sem freios inibitórios em razão da injusta provocação. A atenuante se contenta com a **influência** provocada em seu ânimo em razão da afronta injusta sofrida, que, inclusive, pode ser dirigida contra terceira pessoa ou contra animal.

Também *não se exige*, para a atenuação, que o sujeito atue *logo após* a prática do ato injusto por parte da vítima, bastando a prova de que ele agiu sob a influência de violenta emoção.

Por fim, destaque-se que, nos tipos previstos nos arts. 121, § 1º, e 129, § 4º, ambos do Código Penal, a atenuante em comento apenas terá lugar se estiver ausente um dos requisitos das correspondentes causas de diminuição de pena, como se observa a seguir:

Art. 121. Matar alguém.

§ 1º Se o agente comete o crime impelido por motivo de relevante valor social ou moral, ou sob o **domínio de violenta emoção, logo em seguida** a injusta provocação da vítima, o juiz pode reduzir a pena de um sexto a um terço (grifo nosso).

Art. 129. Ofender a integridade corporal ou a saúde de outrem.

§ 4º Se o agente comete o crime impelido por motivo de relevante valor social ou moral ou sob o **domínio de violenta emoção, logo em seguida** a injusta provocação da vítima, o juiz pode reduzir a pena de um sexto a um terço (grifo nosso).

6.2.6 *Ter o agente confessado espontaneamente, perante a autoridade, a autoria do crime (art. 65, III, d, do Código Penal)*

A confissão espontânea é uma das circunstâncias atenuantes mais comuns na prática forense e se caracteriza quando o agente, perante a autoridade, confessa a autoria do crime. Embora o dispositivo vertente exija que a confissão seja **espontânea** (termo, inclusive, utilizado para descriminar o correspondente instituto jurídico), o STJ possui entendimento pacífico mais benéfico ao agente no sentido de que "a incidência da atenuante prevista no art. 65, inciso III, alínea 'd', do Código Penal independe se a confissão foi integral, parcial, qualificada, meramente voluntária, condicionada, extrajudicial ou posteriormente retratada, especialmente quando utilizada para fundamentar a condenação"[84].

Como se observa, para que a pena seja minorada em razão da atenuante em comento, basta que o réu tenha confessado, à autoridade pertinente (**policial ou judicial**), a prática da infração penal, o que deve ser feito de forma **voluntária**, ou seja, sem qualquer espécie de coação. Por exemplo, será beneficiado com o reconhecimento da atenuante o acusado que admitir a conduta criminosa mesmo sem estar arrependido, apenas com a finalidade de ter a sanção reduzida.

Esse posicionamento, inclusive, encontra-se sumulado pelo STJ:

> **Súmula n. 545/STJ:** Quando a confissão for utilizada para a formação do convencimento do julgador, o réu fará jus à atenuante prevista no art. 65, III, "d", do Código Penal.

Da mesma forma, não importa se as demais provas produzidas eram suficientes para fundamentar a condenação ou se o réu se retratou em juízo. Também não precisa ser total, devendo ser reconhecida quando o acusado assume o cometimento do tipo principal, afastando a existência de qualificadoras ou de causas de aumento de pena.

Essa hipótese não se confunde com a **confissão qualificada**, que ocorre quando o réu admite a prática da conduta típica, mas alega ter atuado acobertado por alguma causa excludente da ilicitude ou da culpabilidade. É o caso, por exemplo, do agente que assume, perante a autoridade, que portava drogas, alegando, no entanto, que elas se destinavam ao consumo pessoal.

Quando se tratar de confissão qualificada, o **STF**, em entendimento que reputo mais adequado, não aceita o reconhecimento da atenuante, uma vez que, assim agindo, o acusado faltou com a lealdade processual, fundamento da atenuação da pena[85]. O **STJ**, no entanto, tem posicionamento dominante no sentido de que, "mesmo nas hipóteses de confissão qualificada ou parcial, deve incidir a atenuante prevista no art. 65, III, 'd', do Código Penal, independentemente de a confissão ter sido utilizada como elemento de convicção do julgador".

---

[84] AgRg no HC n. 540.325/SP, 5ª Turma, Rel. Min. Leopoldo de Arruda Raposo (Desembargador Convocado do TJPE), j. 17.12.2019, DJe 19.12.2019.

[85] STF: "A confissão qualificada não é suficiente para justificar a atenuante prevista no art. 65, III, 'd', do Código Penal" (RHC n. 190.420 AgR, 1ª Turma, Rel. Rosa Weber, j. 29.03.2021, processo eletrônico DJe-066, divulg. 08.04.2021, public. 09.04.2021); "A aplicação da atenuante da confissão espontânea prevista no art. 65, III, 'd', do Código Penal não incide quando o agente reconhece sua participação no fato, contudo, alega tese de exclusão da ilicitude" (HC n. 119.671/SP, 1ª Turma, Rel. Min. Luiz Fux, DJe 03.12.2013).

6.2.7 Ter o agente cometido o crime sob a influência de multidão em tumulto, se não a provocou (art. 65, III, e, do Código Penal)

A derradeira circunstância atenuante nominada pelo legislador pátrio consiste no fato de ter o agente cometido o crime *sob a influência* de *multidão em tumulto,* desde que *não a tenha provocado.* Com efeito, tumultos generalizados são capazes de causar alteração no estado cognitivo das pessoas, sendo aptos a reduzir a capacidade de ação segundo parâmetros éticos, morais e sociais.

Imaginemos, por exemplo, as brigas generalizadas em estádios de futebol e os "arrastões" praticados em algumas de nossas praias. Nesses casos, temos a figura da **multidão delinquente**, o que não é suficiente para o reconhecimento da atenuante em apreço. Para isso, em primeiro lugar, é necessário que o sujeito não tenha provocado o tumulto. Caso tenha provocado, poderá ser reconhecida, em seu desfavor, a agravante prevista no art. 62, I, do Código Penal, além de constituir essa conduta a contravenção penal tipificada no art. 40 do Decreto-lei n. 3.688/1941.

Além disso, para ter a pena atenuada, o indivíduo deve ter agido *sob a influência* do tumulto, o qual deve ter-lhe acarretado certo estado de excitação, o que afasta a hipótese de premeditação.

Por fim, destaque-se que não se exige a descrição individualizada das condutas de todos os participantes do crime multitudinário, sob pena de inviabilização da persecução penal. Elas serão objeto da instrução e deverão ser levadas em consideração pelo juiz quando da dosimetria da pena.

6.2.8 Atenuantes inominadas (art. 66 do Código Penal)

Dispõe o art. 66 do Código Penal que "a pena poderá ser ainda atenuada em razão de circunstância relevante, anterior ou posterior ao crime, embora não prevista expressamente em lei". Trata-se de situações não previstas expressamente pelo legislador, mas que são aptas a influenciar o juízo de reprovação do agente. Por não estarem nominadas, há certa margem de discricionariedade judicial quando do reconhecimento, sendo, portanto, enunciativas, ao contrário das agravantes, que são taxativas.

Pois bem, quando estudamos as circunstâncias judiciais (art. 59 do Código Penal), vimos que, quando a conduta *in concreto* do agente é mais reprovável, ultrapassando o juízo de censura já considerado pelo legislador para a fixação dos limites abstratamente cominados, a pena deverá ser aumentada na primeira fase da dosimetria (em razão da culpabilidade). Por outro lado, se esse juízo de censura for amenizado em razão de circunstâncias não previstas na lei, a sanção deverá ser abrandada na segunda etapa da individualização[86].

---

[86] STJ, AgRg no AREsp n. 1.809.203/SP, 5ª Turma, Rel. Min. Felix Fischer, *DJe* 22.03.2021.

No entanto, não é apenas em razão da culpabilidade minorada que o magistrado poderá reconhecer atenuantes inominadas, as quais também poderão ser fundamentadas por motivos político-criminais. É o caso, por exemplo, do sujeito que procurou evitar ou minorar as consequências do crime, sem êxito (o que impede o reconhecimento da atenuante prevista no art. 65, III, *b*, do Código Penal), ou daquele que causou a morte do filho em razão de maus-tratos[87].

Dissertando sobre as atenuantes inominadas, Guilherme de Souza Nucci explica:

> Trata-se de circunstância legal extremamente aberta, sem qualquer apego à forma, permitindo ao juiz imenso arbítrio para analisá-la e aplicá-la. Diz a lei constituir-se atenuante qualquer circunstância relevante, ocorrida antes ou depois do crime, mesmo que não esteja expressamente prevista em lei. Alguns a chamam de atenuante de clemência, pois o magistrado pode, especialmente o juiz leigo no Tribunal do Júri, levar em consideração a indulgência para acolhê-la. Um réu que tenha sido violentado na infância e pratique, quando adulto, um crime sexual (circunstância relevante anterior ao crime) ou um delinquente que se converta à prática constante da caridade (circunstância relevante depois de ter praticado o delito) podem servir de exemplos[88].

Não podem, todavia, corresponder a deveres sociais e jurídicos do indivíduo (como ser o réu portador de bons antecedentes[89]) ou a fatos já considerados para abrandar a pena (o que ocorre, por exemplo, com a confissão[90]).

Parte da doutrina e da jurisprudência aceita a chamada **coculpabilidade** como circunstância apta a reduzir a pena do agente, a título de atenuante inominada (art. 66 do Código Penal). Trata-se de uma teoria desenvolvida pelos professores argentinos Raúl Eugenio Zaffaroni e José Henrique Pierangeli, segundo a qual existe uma culpabilidade compartilhada entre o agente e o Estado, por não lhe ter assegurado condições dignas de vida, o que contribuiu para a prática criminosa. Segundo os ilustres criminalistas:

> Uma circunstância que, lamentavelmente, o texto vigente não menciona de maneira expressa, mas que pode ser considerada por esta via de atenuantes, é a menor culpabilidade do agente proveniente do que se costumou chamar de "coculpabilidade". É sabido que, por óbvias razões, que até o presente momento nenhum sistema político no mundo conseguiu superar, os habitantes dispõem de distintas margens sociais de autonomia ou de distinto espaço social, em razão das desigualdades socioeconômicas, de instrução etc., isto é, existem pessoas que dispõem de meios econômicos e de graus de instrução superiores aos dos outros, estes, frequentemente, em graus de carência bem marcados. O princípio acerca

---

[87] STJ, REsp n. 1.442.854/SP, 6ª Turma, Rel. Min. Antonio Saldanha Palheiro, j. 02.06.2020, *DJe* 09.06.2020.
[88] NUCCI, Guilherme de Souza. *Individualização da pena*. 6. ed. Rio de Janeiro: Forense, 2014. p. 240.
[89] STJ, AgRg no REsp n. 1.966.376/SP, 6ª Turma, Rel. Min. Rogerio Schietti Cruz, j. 25.10.2022, *DJe* 17.11.2022.
[90] STJ, AgRg no HC n. 459.137/SC, 5ª Turma, Rel. Min. Reynaldo Soares da Fonseca, j. 02.10.2018, *DJe* 11.10.2018.

disto está em que, se a sociedade outorga, ou permite a alguns, gozar de espaços sociais dos quais outros não dispõem ou são a estes negados, a reprovação de culpabilidade que se faz à pessoa a quem se tem negado as possibilidades outorgadas a outras deve ser em parte compensada, isto é, a sociedade deve arcar com uma parte da reprovação, pois não pode creditar, ao agente, uma maior possibilidade de motivar-se numa norma, cujo conhecimento não lhe possibilitou. Isto leva a considerar, necessariamente, como atenuante, a humilde condição social de uma pessoa, suas carências econômicas e de instrução, seu escasso acesso à medicina preventiva e curativa e, no geral, o menor gozo dos direitos sociais, sempre e quando essas circunstâncias não cheguem a um grau tal que devam ser consideradas como presença de uma eximente, em razão do estado de necessidade justificante ou exculpante[91].

Em outras palavras: o Estado tem a obrigação constitucional de assegurar direitos mínimos às pessoas, como os direitos à vida, à igualdade, à propriedade, à liberdade, à segurança, ao bem-estar, à saúde, à escolarização, à moradia, ao trabalho etc. Caso ele falhe nessa missão, privando o indivíduo de seus direitos e garantias mínimos, também deverá suportar as consequências dos atos criminógenos praticados por esse sujeito. E isso se daria por meio da redução da pena da pessoa que delinquiu nessas condições, o que caracterizaria a atenuante inominada consistente na coculpabilidade.

Todavia, os tribunais superiores não têm admitido essa circunstância inominada. Nesse jaez, o STF já registrou que "a suposta vulnerabilidade social não justifica o amparo para o cometimento de delitos"[92], e o STJ que:

> Destaca-se que a teoria da coculpabilidade não pode ser erigida à condição de verdadeiro prêmio para agentes que não assumem a sua responsabilidade social e fazem da criminalidade um meio de vida. Ora, a mencionada teoria, "no lugar de explicitar a responsabilidade moral, a reprovação da conduta ilícita e o louvor à honestidade, fornece uma justificativa àqueles que apresentam inclinação para a vida delituosa, estimulando-os a afastar da consciência, mesmo que em parte, a culpa por seus atos"[93].

Ressalte-se, porém, que o STJ não proíbe a utilização da coculpabilidade como circunstância atenuante genérica. Segundo a ilustre Corte de Justiça, para que isso ocorra, é necessário que, nos autos, haja "elementos pré-constituídos que permitam afirmar que a conduta criminosa decorreu, ao menos em parte, da negligência estatal"[94]. Vale dizer: não basta a argumentação genérica, sem que seja demonstrada, no caso concreto, eventual omissão estatal relevante que justifique a prática criminosa.

---

[91] ZAFFARONI, Raúl Eugenio; PIERANGELI, José Henrique. *Manual de direito penal brasileiro*: parte geral. 11. ed. São Paulo: RT, 2015. v. 1, p. 715.
[92] ARE n. 1.358.457, Rel. Min. Roberto Barroso, j. 06.12.2021, publicação: 07.12.2021.
[93] HC n. 172.505/MG, 5ª Turma, Rel. Min. Gilson Dipp, *DJe* 1º.07.2011.
[94] HC n. 411.243/PE, 5ª Turma, Rel. Min. Jorge Mussi, j. 07.12.2017, *DJe* 19.12.2017.

6.3 Concurso de circunstâncias agravantes e atenuantes

O art. 67 do Código Penal disciplina, embora de forma geral, como o juiz deverá proceder se estiverem configuradas, no caso concreto, circunstâncias agravantes e atenuantes, e, nesse caso, "a pena deve aproximar-se do limite indicado pelas circunstâncias preponderantes, entendendo-se como tais as que resultam dos motivos determinantes do crime, da personalidade do agente e da reincidência".

Segundo a doutrina, a ordem de preponderância no concurso de agravantes e atenuantes é a seguinte: 1) atenuantes da menoridade técnica e da senilidade; 2) agravantes da reincidência; 3) agravantes e atenuantes subjetivas; 4) agravantes e atenuantes objetivas[95].

O STJ, no julgamento do HC n. 177.566/MS, foi mais preciso, ao dispor que "a doutrina majoritária e a jurisprudência dos Tribunais Superiores definiram que há uma escala de preponderância inclusive em relação as hipóteses previstas no artigo 67 do Código Penal, sendo assim apresentada na ordem decrescente: 1º – menoridade (personalidade do agente); 2º – reincidência; 3º – confissão (personalidade do agente); e 4º – motivos determinantes"[96].

Ainda segundo o STJ, reconhecida a **menoridade técnica** do condenado, bem como o fato de ele ser **reincidente**, sem que tenha sido explicitada a presença de mais de uma sentença condenatória transitada em julgado, deve ser promovida a compensação integral entre as referidas circunstâncias[97].

Da mesma forma, o STJ admite a compensação do aumento acarretado pela agravante da **reincidência** com a redução resultante da **confissão espontânea**, uma vez que ambas são igualmente preponderantes, de acordo com o art. 67 do Código Penal[98]. Afinal, demonstra uma personalidade favorável o fato de o réu, mesmo tendo o direito de não se autoincriminar, contribuir para a elucidação criminosa. Caso o réu seja multirreincidente, é admissível a compensação apenas proporcional[99].

É certo que o STF tem decisões divergentes, entendendo que, a teor do art. 67 do Código Penal, a circunstância agravante da reincidência, como preponderante, prevalece sobre a confissão[100].

---

[95] CUNHA, Rogério Sanches. *Manual de direito penal*: parte especial (arts. 121 ao 361). 14. ed. São Paulo: JusPodivm, 2021. volume único, p. 560.
[96] STJ, HC n. 177.566/MS, 5ª Turma, Rel. Min. Jorge Mussi, j. 18.08.2011, DJe 29.08.2011.
[97] STJ, HC n. 646.844/ES, 5ª Turma, Rel. Min. Ribeiro Dantas, j. 06.04.2021, DJe 09.04.2021.
[98] STJ, AgRg no HC n. 677.978/SP, 5ª Turma, Rel. Min. Reynaldo Soares da Fonseca, j. 10.08.2021, DJe 16.08.2021.
[99] STJ, AgRg no HC n. 663.271/SC, 6ª Turma, Rel. Min. Olindo Menezes (Desembargador convocado do TRF 1ª Região), j. 24.08.2021, DJe 31.08.2021.
[100] STF, HC n. 96.061, 2ª Turma, Rel. Teori Zavascki, j. 19.03.2013, acórdão eletrônico DJe-060, divulg. 02.04.2013, public. 03.04.2013; RHC n. 120.677, 2ª Turma, Rel. Ricardo Lewandowski, j. 18.03.2014, processo eletrônico DJe-065, divulg. 1º.04.2014, public. 02.04.2014.

7. TERCEIRA FASE DA DOSIMETRIA: A PENA DEFINITIVA

Na terceira fase da dosimetria, o juiz leva em consideração as causas de aumento e de diminuição de pena. Oportuno lembrar que estas, também chamadas de majorantes e minorantes, respectivamente, não se confundem com as qualificadoras e os privilégios. Estes fazem parte do próprio tipo penal, que acarretam novos limites de pena e são analisados quando da fixação da pena-base. Os tipos majorados e privilegiados dão surgimento aos tipos derivados. Já as majorantes e minorantes são causas modificadoras das penas em razão de fatores que tornam a conduta mais ou menos reprovável.

As causas de aumento e de diminuição da pena podem estar previstas na Parte Geral (quando são chamadas de *gerais* ou *genéricas*) ou na Parte Especial do Código Penal/legislação extravagante (*específicas*) do Código Penal. São frações estabelecidas pela lei. Primeiro, aplicam-se as causas de aumento e, só depois, as de redução da sanção.

Outrossim, entende o STJ que as causas de aumento ou de redução podem ser reconhecidas na sentença mesmo que não indicadas expressamente na denúncia, desde que elas estejam descritas na narração fática da inicial acusatória. Tal procedimento não acarreta a violação ao princípio da congruência ou correlação, pois o réu se defende dos fatos, e não da classificação jurídica da conduta a ele imputada[101].

Diferentemente das agravantes e atenuantes, as causas de aumento e de diminuição de pena poderão conduzir a sanção acima ou abaixo dos limites previstos pelo legislador no preceito secundário da norma.

Sempre que o Código Penal estabelecer uma fração variável (por exemplo, 1/3 a 2/3), o juiz deverá justificar a aplicação acima do mínimo (para a causa de aumento) ou abaixo do máximo (para a de diminuição).

Segundo o parágrafo único do art. 68 do Código Penal, "no concurso de causas de aumento ou de diminuição **previstas na parte especial**, pode o juiz limitar-se a um só aumento ou a uma só diminuição, prevalecendo, todavia, a causa que mais aumente ou diminua". Assim sendo, se existirem duas ou mais majorantes ou minorantes na *Parte Geral*, todas devem ser obrigatoriamente aplicadas.

Existem dois critérios de aplicação dessas causas quando existirem duas ou mais delas da mesma espécie (por exemplo, duas causas de aumento). Segundo o **critério cumulativo, sucessivo, de efeito cascata ou "dos juros sobre juros"**, as causas de aumento ou de diminuição incidirão uma após a outra e sobre o resultado obtido na operação anterior, ou seja, o primeiro aumento/redução dar-se-á sobre a pena intermediária. Alcançado esse resultado, sobre ele incidirá a outra majoração/diminuição.

---

[101] STJ, REsp n. 1.621.899/SP, 6ª Turma, Rel. Min. Antonio Saldanha Palheiro, j. 17.11.2020, *DJe* 07.12.2020.

Para o **critério da incidência isolada**, todas as causas deverão incidir sobre a pena intermediária, somando-se os aumentos ou as diminuições. Vale dizer, se, por exemplo, a pena provisória é de seis anos e restaram configuradas duas majorantes, uma de um terço e a outra de metade, para que se chegue à pena definitiva, calculam-se os aumentos sobre a pena intermediária, o que resulta em dois anos e três anos. Em seguida, haverá a soma final, chegando-se a uma pena definitiva de 11 anos.

Observe-se que, no exemplo anterior, se utilizássemos o critério cumulativo, a sanção final seria de 12 anos, uma vez que o aumento de um terço incidiria sobre seis anos, resultando em oito anos, sobre os quais haveria a majoração de metade.

Para as causas de diminuição, é pacífico, na doutrina e na jurisprudência, que o critério utilizado será o cumulativo, para que se evite uma pena igual a zero ou mesmo negativa. A divergência, portanto, ocorre apenas quando se está diante do concurso de duas ou mais causas de aumento.

No entanto, a jurisprudência inclina-se para a aplicação do sistema cumulativo também em relação às majorantes concorrentes, pois os critérios utilizados para as causas de aumento deverão ser os mesmos daqueles referentes às de redução.

Por outro lado, nos termos do parágrafo único do art. 68 do Código Penal, se ambas as causas de aumento forem previstas na Parte Especial ou na legislação extravagante, o juiz poderá aplicar apenas uma delas (necessariamente a que mais aumente). As demais deverão ser utilizadas como agravantes genéricas (se houver correspondência com alguma das circunstâncias previstas nos arts. 61 e 62 do Código Penal) ou, subsidiariamente, como circunstâncias judiciais desfavoráveis. Da mesma forma, as de diminuição residual funcionarão como atenuantes genéricas (art. 65 do Código Penal) e, subsidiariamente, como atenuantes inominadas (art. 66 do Código Penal).

Por exemplo, no caso de um roubo praticado em concurso de pessoas (aumento de um terço, segundo o art. 157, § 2º, II, do Código Penal) e com o emprego de arma de fogo (aumento de dois terços, consoante o art. 157, § 2º-A, I, do Código Penal), o juiz poderá majorar a pena, na terceira fase da dosimetria, em dois terços (fração que mais aumenta) e utilizar o concurso de pessoas na primeira fase da dosimetria, como circunstância judicial negativa (art. 59 do Código Penal).

Se existirem duas causas de aumento, uma prevista na Parte Geral e a outra na Parte Especial, ambas devem ser aplicadas (segundo o critério da incidência cumulativa, consoante a jurisprudência majoritária).

Noutro giro, caracterizada uma causa de aumento e outra de redução, independentemente de estarem previstas na Parte Geral ou Especial do Código Penal (ou na legislação extravagante), ambas devem ser necessariamente aplicadas de acordo com o sistema da incidência cumulativa (aquelas serão calculadas primeiro). Para alguns autores, o sistema isolado poderá ser aplicado sempre que mais benéfico ao réu[102].

Em razão do princípio da especialidade, em primeiro lugar, deverá ser aplicada a causa prevista na Parte Especial; após, aquela especificada na Parte Geral.

Existem inúmeras majorantes e minorantes previstas em nosso ordenamento. Sobre elas, os tribunais superiores têm estabelecido critérios de aplicação das frações de aumento e de diminuição.

Por exemplo, havia divergência, no STJ, se o registro de atos infracionais é apto a impedir a caracterização da causa de diminuição de pena prevista na Lei n. 11.343/2006 (Lei de Drogas). No HC n. 647.525/SP, julgado em abril de 2021 pela 6ª Turma, o STJ entendeu que "a Segunda Turma do Supremo Tribunal Federal, em recentes julgados, tem reafirmado que '(a) prática de atos infracionais não é suficiente para afastar a minorante do tráfico privilegiado, pois adolescente não comete crime nem recebe pena"[103].

Contudo, em fevereiro de 2021, no AgRg no HC n. 628.288/SP, a 5ª Turma entendeu que, "conforme entendimento do Superior Tribunal de Justiça, o registro de atos infracionais é elemento idôneo para afastar a figura do tráfico privilegiado, quando evidenciar a propensão do agente a práticas criminosas"[104]. Entendimento modificado por essa Turma, em setembro de 2021[105], fez com que o STJ firmasse sua posição no mesmo sentido do STF.

Anote-se ainda que, nesse mesmo julgado, o STJ, seguindo os passos do STF, decidiu que "a causa de diminuição pelo tráfico privilegiado, nos termos do art. 33, § 4º, da Lei 11.343/2006, não pode ter sua aplicação afastada com fundamento em investigações preliminares ou processos criminais em andamento, mesmo que estejam em fase recursal, sob pena de violação do art. 5º, LIV, da Constituição Federal".

Outro exemplo de critério fixado pela jurisprudência encontra-se na Súmula n. 443 do STJ: "o aumento na terceira fase da aplicação da pena no crime de roubo circunstanciado exige fundamentação concreta, não sendo suficiente para sua exasperação a mera indicação do número de majorantes".

Por fim, destaque-se que, no cálculo, o juiz deverá desprezar, nas penas privativas de liberdade, as frações de dia (que são as horas), nos termos do art. 11 do Código Penal.

---

[102] QUEIROZ, Paulo. *Direito penal*: parte geral. 13. ed. Salvador: JusPodivm, 2018. v. 1, p. 473-474.
[103] STJ, AgRg no HC n. 647.525/SP, 6ª Turma, Rel. Min. Rogério Schietti Cruz, Rel. p/ acórdão Min. Laurita Vaz, j. 06.04.2021, DJe 25.05.2021.
[104] STJ, AgRg no HC n. 628.288/SP, 5ª Turma, Rel. Min. Ribeiro Dantas, j. 23.02.2021, DJe 26.02.2021.
[105] STJ, HC n. 664.284/ES, 5ª Turma, Rel. Min. Ribeiro Dantas, j. 21.09.2021, DJe 27.09.2021.

8. QUESTÕES DE CONCURSOS

Questão 1

(TJDFT – Juiz de Direito – Cebraspe – 2022) Julgue os itens subsecutivos, a respeito da aplicação da pena de acordo com a legislação e a jurisprudência dos tribunais superiores.

I – A distinção entre o concurso formal próprio e o impróprio decorre do elemento subjetivo do agente, ou seja, da existência ou não de desígnios autônomos.

II – A circunstância agravante consistente em o agente ter cometido o crime contra pessoa maior de sessenta anos de idade somente incide na dosimetria da pena se comprovada a prévia ciência dessa característica pelo réu.

III – É possível que o magistrado fixe a pena-base no máximo legal, ainda que tenha valorado tão somente uma circunstância judicial.

IV – Em se tratando de crime continuado, a prescrição regula-se pela pena imposta na sentença, computando-se o acréscimo decorrente da continuação.

V – No concurso de crimes, a pena considerada para fins de fixação da competência do juizado especial criminal será o resultado da soma, no caso de concurso material, ou da exasperação, na hipótese de concurso formal ou crime continuado, das penas máximas cominadas aos delitos.

Estão certos apenas os itens:

A) I, II e IV.
B) I, II e V.
C) I, III e V.
D) II, III e IV.
E) III, IV e V.

Questão 2

(TJAP – Juiz Substituto – 2022 – FGV) Sobre os delitos praticados durante a pandemia do coronavírus, no que concerne à dosimetria, é correto afirmar que a agravante prevista no art. 61, inciso II, alínea "j", do Código Penal ("em ocasião de incêndio, naufrágio, inundação ou qualquer calamidade pública, ou de desgraça particular do ofendido"):

A) Incide durante todo o período em que for reconhecida a existência da pandemia, independentemente do nexo de causalidade.

B) Incide durante todo o período em que for reconhecida a existência da pandemia, dependendo do nexo de causalidade.

C) Incide enquanto for reconhecida a existência da pandemia, independentemente do nexo de causalidade.

D) Incide enquanto for reconhecida a existência da pandemia, dependendo do nexo de causalidade.

E) Não deve incidir, em razão da inconstitucionalidade das agravantes de perigo abstrato.

Questão 3

(TJAP – Juiz Substituto – 2022 – FGV) A individualização da pena é submetida aos elementos de convicção judiciais acerca das circunstâncias do crime. A jurisprudência e a doutrina passaram a reconhecer, como regra, como critério ideal para individualização da reprimenda base o aumento:

A) Na fração de 1/4 por cada circunstância.

B) Na fração de 1/6 por cada circunstância.

C) Na fração de 1/8 por cada circunstância.

D) No *quantum* determinado de seis meses.

E) No *quantum* determinado de oito meses.

GABARITO: 1. C; 2. B; 3. C.

Capítulo 30

Penas restritivas de direitos

Ruth Araújo Viana

1. CONCEITO

A pena restritiva de direitos é uma das três espécies de penas (privativas de liberdade, restritivas de direitos e multa) a serem aplicadas ao condenado, conforme o art. 32 do Código Penal:

Das espécies de pena
Art. 32. As penas são:
I – privativas de liberdade;
II – restritivas de direitos;
III – de multa.

Elas também são chamadas de penas "alternativas", pois são uma alternativa à prisão, assim os condenados terão limitados alguns direitos como forma de cumprir a pena. Em outras palavras, quando preenchidos os requisitos da lei, o juiz sentenciante, em vez de aplicar uma pena privativa de liberdade, aplicará a pena alternativa à prisão. É o que dispõe o art. 43 do Código Penal:

SEÇÃO II
DAS PENAS RESTRITIVAS DE DIREITOS
Penas restritivas de direitos
Art. 43. As penas restritivas de direitos são:
I – prestação pecuniária;
II – perda de bens e valores;

III – limitação de fim de semana.

IV – prestação de serviço à comunidade ou a entidades públicas;

V – interdição temporária de direitos;

VI – limitação de fim de semana.

Basicamente, o magistrado, após fixar a pena definitiva em privativa de liberdade, verificará a possibilidade de substituí-la por restritivas de direitos. As penas restritivas de direitos possuem **natureza jurídica** de **sanções** penais **autônomas e substitutivas**.

Na condenação igual ou inferior a um ano, a substituição pode ser feita por multa ou por uma pena restritiva de direitos; se superior a um ano, a pena privativa de liberdade pode ser substituída por uma pena restritiva de direitos e multa ou por duas restritivas de direitos[1]. Em resumo:

CONDENÇÃO À PENA PRIVATIVA DE LIBERDADE E SUBSTITUIÇÃO POR PENA ALTERNATIVA	
PENA PRIVATIVA	PENA ALTERNATIVA
Pena **igual ou inferior a 1 ano** de prisão	Pena de multa **ou** 1 pena restritiva de direito
Pena **superior a 1 ano**	1 pena restritiva de direito + multa ou 2 penas restritivas de direito.

O art. 44, § 2º, segunda parte, do Código Penal prevê a possibilidade de substituição da pena privativa de liberdade, nas condenações superiores a um ano, por duas restritivas de direitos ou por uma restritiva de direitos e multa, cabendo ao magistrado processante, de forma motivada, eleger qual medida é mais adequada ao caso concreto[2].

2. CARACTERÍSTICAS DAS PENAS ALTERNATIVAS

Algumas características das penas restritivas de direitos são autonomia, substitutividade e reversibilidade. Vejamos cada uma delas:

- **Autônomas.**
- **Subsidiárias.**
- **Reversíveis.**

São **autônomas** porque são independentes da pena privativa de liberdade e de multa e, uma vez cumpridas, extinguem a pena privativa de liberdade. São **subsidiárias** porque substituem a pena privativa de liberdade, quando presentes os requisitos legais. São **reversíveis** porque permitem, em alguns casos, a rea-

---

[1] Art. 44, § 2º, do CP.
[2] STJ, AgRg no HC n. 651.529/SC 2021/0073421-4.

plicação da pena privativa de liberdade substituída, como garantia de eficácia da pena restritiva de direitos aplicada.

As penas restritivas de direitos, como regra, terão a mesma duração da pena privativa de liberdade substituída. Assim, caso Ana tenha sida condenada a um ano de reclusão pelo crime de furto simples, a pena alternativa a ser fixada terá a mesma duração da pena privativa.

Ocorre que existem **exceções** a essa regra:

• Penas restritivas de natureza real são exauridas assim que adimplidas (Ex.: prestação pecuniária e perda de bens e valores).

• Prestação pecuniária cuja pena alternativa fixada pelo juízo é inferior a pena privativa de liberdade fixada. Possibilidade descrita no art. 46, § 4º, do Código Penal.

• Suspensão do exercício do cargo, da função ou do mandato, pelo prazo de um a seis meses, com a perda dos vencimentos e das vantagens descritas na Lei de Abuso de Autoridade[3].

> ATENÇÃO! Nem sempre as penas alternativas substituirão as privativas de liberdade. A exceção está prevista na Lei de Drogas, no crime descrito no art. 28 que determina para o usuário de drogas penas alternativas como principais, e não como substitutivas. Vejamos:

Lei 11.343, de 23 de agosto de 2006: Art. 28. Quem adquirir, guardar, tiver em depósito, transportar ou trouxer consigo, para consumo pessoal, drogas sem autorização ou em desacordo com determinação legal ou regulamentar será submetido às seguintes penas: I – advertência sobre os efeitos das drogas; II – prestação de serviços à comunidade; III – medida educativa de comparecimento a programa ou curso educativo.

Portanto, nesse caso, o juiz fixará a pena alternativa de imediato.

3. DA SUBSTITUIÇÃO DA PENA PRIVATIVA DE LIBERDADE POR RESTRITIVA DE DIREITOS

As penas restritivas de direitos são autônomas e podem substituir as penas privativas de liberdade quando alguns requisitos legais forem preenchidos. Conforme o art. 44 do Código Penal, a pena deve ser substituída quando:

• **não houver violência ou grave ameaça à pessoa** no cometimento do crime;

---

[3] "Art. 5º As penas restritivas de direitos substitutivas das privativas de liberdade previstas nesta Lei são:
I – prestação de serviços à comunidade ou a entidades públicas;
II – suspensão do exercício do cargo, da função ou do mandato, pelo prazo de 1 (um) a 6 (seis); meses, com a perda dos vencimentos e das vantagens;
III – (Vetado).
Parágrafo único. As penas restritivas de direitos podem ser aplicadas autônoma ou cumulativamente."

- a pena aplicada **não for maior do que quatro anos**, ou para crimes culposos, independentemente da pena;
- o réu **não for reincidente em crime doloso**; e
- a culpabilidade, os antecedentes, a conduta social e a personalidade do condenado, bem como os motivos e as circunstâncias indicarem que essa substituição seja **suficiente**.

A substituição da pena privativa de liberdade por restritiva de direitos é um **direito subjetivo** do condenado e, portanto, o magistrado deve aplicar a substituição sempre que constatar a presença dos requisitos.

Observe que, quanto ao último requisito, de a medida ser suficiente, haverá certa margem de discricionariedade do magistrado, que deverá ser sempre fundamentada ao negar a substituição.

No caso de reincidência, como regra, o condenado, que é reincidente em crime doloso, não fará jus à pena restritiva de direitos (art. 44, II, do Código Penal). No entanto, o juiz poderá conceder a pena restritiva de direitos ao condenado, mesmo sendo ele reincidente, desde que cumpridos dois requisitos:

a) a medida (substituição) deve se mostrar socialmente recomendável;

b) a reincidência não pode ocorrer em virtude da prática do mesmo crime.

É o que descreve o art. 44: "(...) § 3º Se o condenado for reincidente, o juiz poderá aplicar a substituição, desde que, em face de condenação anterior, a medida seja socialmente recomendável e a reincidência não se tenha operado em virtude da prática do mesmo crime".

Quanto à medida de substituição ser socialmente recomendável, é pacífico no STJ o entendimento de que, quando há circunstância judicial considerada em desfavor do réu, não há como conceder o benefício da substituição da pena privativa de liberdade pela restritiva de direitos, à luz do disposto no art. 44, III, do Código Penal[4].

---

[4] STJ, AgRg no AREsp n. 550.501/SC 2014/0175855-5, publicação: 03.08.2015: "Penal e processo penal. Agravo regimental no agravo em recurso especial. Agravo em recurso especial que não combateu todos os fundamentos da decisão agravada. Aplicabilidade da Súmula 182/STJ. Contrariedade ao art. 59 do CP. Dosimetria. Pena-base fixada acima do mínimo legal. Consequências do delito. Prejuízo ao erário. Fundamentação idônea. Ofensa ao art. 33, § 2º, c, do CP. Regime inicial. Pena inferior a 4 anos. Circunstância judicial desfavorável. Fixação do regime semiaberto. Violação ao art. 44, III, do CP. Substituição de pena privativa de liberdade por restritivas de direitos. Circunstância judicial negativa. Não preenchimento do requisito subjetivo. Acórdão em conformidade com a jurisprudência desta Corte. Súmula 83/STJ. Agravo regimental a que se nega provimento. 1. É inviável o agravo que deixa de atacar, especificamente, todos os fundamentos da decisão agravada. Incidência do enunciado 182 da Súmula desta Corte. 2. É firme o entendimento deste Tribunal quanto a ser idônea a fundamentação utilizada para valorar negativamente a circunstância judicial das consequências do delito, nas hipóteses em que essa for efetuada com lastro em substrato concreto dos autos, notadamente em virtude do elevado prejuízo sofrido pelos cofres públicos da unidade federativa, assim como *in casu*, onde o Município de Itapema sofreu um prejuízo de mais de R$ 70.000,00 (setenta mil reais) em razão da conduta delitiva praticada pelo acusado. 3. Esta Corte tem assentado que 'em observação aos ditames do artigo 33, §§ 2º e 3º, e do art. 59, ambos do Código Penal, presentes circunstâncias judiciais desfavoráveis idôneas à elevação da pena-base acima do mínimo legal, adequado o regime prisional semiaberto para início de resgate da punição, ainda que o agente tenha sido condenado à pena inferior a quatro anos' (AgRg nos EDcl no AREsp 384.010/RJ, Rel. Min. Nefi Cordeiro, 6ª Turma, DJe 03.02.2015) 4. É pacífico neste Tribunal Superior o entendimento de que, 'quando há circunstância

Observe que se exige reincidência de crime idêntico, ou seja, o agente deve ter cometido um novo crime doloso igual ao anterior com condenação transitada em julgado, salvo contrário, não terá direito à substituição. Imagine que Roberto foi condenado por crime de receptação simples. Depois, foi novamente condenado por crime de receptação simples. Assim, não terá direito à substituição porque a reincidência se operou em virtude da prática do mesmo crime. Sobre o tema o STJ[5] assim se manifestou:

> Penal e processual penal. Agravo regimental no agravo em recurso especial. Receptação. Substituição da pena privativa de liberdade por restritivas de direitos. Art. 44 , § 3º, do CP. Definição do conceito de reincidência específica, para os fins deste dispositivo: nova prática do mesmo crime. Vedação à analogia *in malam partem*. No caso concreto, inviabilidade da substituição. Medida não recomendável. Agravo regimental desprovido. 1. Consoante o art. 44, § 3º, do CP, o condenado reincidente pode ter sua pena privativa de liberdade substituída por restritiva de direitos, se a medida for socialmente recomendável e a reincidência não se operar no mesmo crime. 2. **Conforme o entendimento atualmente adotado pelas duas Turmas desta Terceira Seção – e que embasou a decisão agravada –, a reincidência em crimes da mesma espécie equivale à específica, para obstar a substituição da pena.** 3. Toda atividade interpretativa parte da linguagem adotada no texto normativo, a qual, apesar da ocasional fluidez ou vagueza de seus termos, tem limites semânticos intransponíveis. Existe, afinal, uma distinção de significado entre "mesmo crime" e "crimes de mesma espécie"; se o legislador, no particular dispositivo legal em comento, optou pela primeira expressão, sua escolha democrática deve ser respeitada. 4. **Apesar das possíveis incongruências práticas causadas pela redação legal, a vedação à analogia *in malam partem* impede que o Judiciário a corrija, já que isso restringiria a possibilidade de aplicação da pena substitutiva e, como tal, causaria maior gravame ao réu.** 5. No caso concreto, apesar de não existir o óbice da reincidência específica tratada no art. 44, § 3º, do CP, a substituição não é recomendável, tendo em vista a anterior prática de crime violento (roubo). Precedentes das duas Turmas. 6. Agravo regimental desprovido, com a proposta da seguinte tese: a reincidência específica tratada no art. 44, § 3º, do CP somente se aplica quando forem idênticos (e não apenas de mesma espécie) os crimes praticados (grifos nossos).

A reincidência específica tratada no art. 44, § 3º, do Código Penal somente se aplica quando forem idênticos, e não apenas de mesma espécie, os crimes praticados (STJ, AREsp n. 1.716.664/SP, 3ª Seção, Rel. Min. Ribeiro Dantas, j. 25.08.2021, Info 706).

Por outro lado, caso o agente tenha praticado um novo crime doloso da mesma espécie, porém não idêntico, poderá ter direito à substituição. Imagine que Roberto foi condenado por receptação e após foi novamente condenado

---

judicial considerada em desfavor do réu, não há como conceder o benefício da substituição da pena privativa de liberdade pela restritiva de direitos, à luz do disposto no art. 44, inciso III, do Código Penal' (HC 217.567/RJ, Rel. Min. Laurita Vaz, 5ª Turma, *DJe* 25.06.2012). 5. Agravo regimental a que se nega provimento" (Disponível em: https://www.jusbrasil.com.br/jurisprudencia/stj/863982906).

[5] STJ, AgRg no AREsp n. 1.716.664/SP 2020/0147651-5, Rel. Min. Ribeiro Dantas, j. 25.10.2021.

por crime de furto. Poderia o juiz, então, deferir a substituição (STJ, AREsp n. 1.716.664-SP, 3ª Seção, Rel. Min. Ribeiro Dantas, j. 25.08.2021, Info 706).

Observe que os requisitos supramencionados são **requisitos cumulativos** e, portanto, todos devem ser preenchidos para fins de concessão. A seguir, quadro explicativo:

REQUISITOS PARA APLICAÇÃO DAS PENAS ALTERNATIVAS		
1º requisito	2º requisito	3º requisito
I. Crimes sem violência e grave ameaça à pessoa; II. Quando doloso a pena deve ser:	Não ser reincidente em crime doloso	A substituição seja indicada e suficiente
– igual ou inferior a quatro anos; – sem violência ou grave ameaça à pessoa. III) Quando culposo: qualquer que seja a pena aplicada.	Como regra, o agente não pode ser reincidente em crime doloso. No entanto, o Código Penal admite exceção: Art. 44. (...) § 3º Se o condenado for reincidente, o juiz poderá aplicar a substituição, desde que, em face de condenação anterior, a **medida seja socialmente recomendável** e a **reincidência não se tenha operado em virtude da prática do mesmo crime**.	A culpabilidade, os antecedentes, a conduta social e a personalidade do condenado, bem como os motivos e as circunstâncias indicarem que essa substituição seja suficiente (Princípio da suficiência da resposta alternativa ao delito).

É importante registrar que o Supremo Tribunal Federal[6] já reconheceu a possibilidade de substituir a pena privativa de liberdade por restritiva de direito, tratando-se da insignificância do valor do bem subtraído, apesar de o réu ser reincidente. Vejamos:

> *Habeas corpus.* Furto. Princípio da insignificância. Inaplicabilidade. Reiterância delitiva. Substituição da pena corporal por restritiva de direitos. Concessão de ofício. 1. A orientação firmada pelo Plenário do Supremo Tribunal Federal é no sentido de que a **aferição da insignificância da conduta como requisito negativo da tipicidade, em crimes contra o patrimônio, envolve um juízo amplo**, que vai além da simples aferição do resultado material da conduta, abrangendo também a reincidência ou contumácia do agente, elementos que, embora não determinantes, devem ser considerados (HC 123.533, relator Min. Roberto Barroso, Tribunal Pleno, *DJe* de 18.02.2016). 2. Busca-se, desse modo, evitar que ações típicas de pequena significação passem a ser consideradas penalmente

---

[6] STF, HC n. 137.217/MG. Disponível em: https://redir.stf.jus.br/paginadorpub/paginador.jsp?docTP=TP&docID=748709505.

lícitas e imunes a qualquer espécie de repressão estatal, perdendo-se de vista as relevantes consequências jurídicas e sociais desse fato decorrentes. 3. A aplicação do princípio da insignificância não depende apenas da magnitude do resultado da conduta. Essa ideia se reforça pelo fato de já haver previsão na legislação penal da possibilidade de mensuração da gravidade da ação, o que, embora sem excluir a tipicidade da conduta, pode desembocar em significativo abrandamento da pena ou até mesmo na mitigação da persecução penal. 4. Não se mostra possível acatar a tese de atipicidade material da conduta, pois não há como afastar o elevado nível de reprovabilidade assentado pelas instâncias antecedentes, ainda mais considerando os registros do Tribunal local dando conta de que o réu possui diversos registros criminais, ostentando, inclusive, uma condenação com trânsito em julgado por delito de natureza patrimonial, o que desautoriza a aplicação do princípio da insignificância, na linha da jurisprudência desta Corte. 5. Quanto ao modo de cumprimento da reprimenda penal, há quadro de constrangimento ilegal a ser corrigido de ofício. **A imposição do regime inicial semiaberto, com arrimo na reincidência, parece colidir com a proporcionalidade na escolha do regime que melhor se coadune com as circunstâncias da conduta de furto de bem pertencente a estabelecimento comercial, avaliado em R$ 31,20 (trinta e um reais e vinte centavos). Acrescente-se que as circunstâncias judiciais são favoráveis, razão por que a pena-base fora estabelecida no mínimo legal** (cf. HC 123.533, Tribunal Pleno, rel. Min. Roberto Barroso), **de modo que a conversão da reprimenda corporal por restritivas de direito melhor se amolda à espécie. 6. Ordem de** *habeas corpus* **concedida, de ofício, para converter a pena corporal em sanções restritivas de direito, cabendo ao Juízo de origem fixar as condições das penas substitutivas** (grifos nossos).

Importante observar que não é possível a conversão da pena restritiva de direitos em privativa de liberdade a pedido do condenado. Isso porque a reconversão da pena restritiva de direitos em pena privativa de liberdade depende da ocorrência dos requisitos legais (descumprimento das condições impostas pelo juiz da condenação), não cabendo ao condenado, que nem sequer iniciou o cumprimento da pena, escolher ou decidir a forma como pretende cumprir a sanção, pleiteando aquela que lhe parece mais cômoda ou conveniente[7]:

Recurso especial. Execução penal. Condenação a penas restritivas de direitos. Reconversão a pedido do condenado. Inadmissibilidade. Recurso especial desprovido. 1. O art. 33, § 2º, alínea *c*, do Código Penal, dito violado, apenas estabelece que o condenado não reincidente, condenado à pena igual ou inferior a 4 anos, poderá, desde o início, cumpri-la em regime aberto. Referido dispositivo legal não traça qualquer direito subjetivo do condenado quanto à escolha entre a sanção alternativa e a pena privativa de liberdade, que é a tese sustentada no recurso. 2. A reconversão da pena restritiva de direitos imposta na sentença condenatória em pena privativa de liberdade depende do advento dos requisitos legais (descumprimento das condições impostas pelo juiz da condenação), não cabendo ao condenado, que sequer iniciou o cumprimento da pena, escolher ou decidir a

---

[7] STJ, REsp n. 1.524.484/PE, 6ª Turma, Rel. Min. Reynaldo Soares da Fonseca, j. 17.05.2016 (Info 584).

forma como pretende cumprir a sanção, pleiteando aquela que lhe parece mais cômoda ou conveniente. 3. Recurso especial desprovido.

Para os casos de condenação em **crimes em âmbito de violência doméstica**, mesmo que a pena seja inferior a quatro anos, não é possível a substituição por penas restritivas de direitos. Esse entendimento foi objeto do enunciado da Súmula n. 588 do Superior Tribunal de Justiça.

> Súmula n. 588 do STJ: "A prática de crime ou contravenção penal contra a mulher com violência ou grave ameaça no ambiente doméstico impossibilita a substituição da pena privativa de liberdade por restritiva de direitos".

Não é permitida a execução da pena restritiva de direitos antes do trânsito em julgado da condenação, ou seja, não é possível sua execução provisória. Imagine a seguinte situação hipotética: Roberto foi condenado em 1ª instância a dois anos e meio de detenção em regime aberto. Assim, a pena privativa de liberdade foi convertida em duas penas restritivas de direitos, quais sejam prestação de serviços à comunidade e prestação pecuniária, Inconformado, Roberto recorreu da sentença. Nesse caso, será possível executar provisoriamente as penas restritivas de direito, mesmo que se trate de sentença confirmada por Tribunal e o réu tenha recorrido aos Tribunais Superiores? Não, não será possível executar provisoriamente as penas restritivas de direito[8]. Vejamos:

> Pedido de reconsideração recebido como agravo regimental no agravo em recurso especial. Pena restritiva de direitos. Execução imediata. Impossibilidade. Agravo regimental não provido. 1. Ao julgar os EREsp n. 1.619.087/SC, de relatoria do Ministro Jorge Mussi (*DJe* 24.08.2017), a Terceira Seção desta Corte Superior concluiu pela **impossibilidade de execução da pena restritiva de direitos antes do trânsito em julgado da condenação**. Precedentes. 2. A compreensão foi reafirmada pela Terceira Seção deste Superior Tribunal em 24.10.2018, no julgamento do AgRg no HC n. 435.092/SP (Rel. Ministro Rogerio Schietti, Rel. p/ acórdão Ministro Reynaldo Soares da Fonseca, ainda pendente de publicação). 3. Agravo regimental não provido (grifo nosso).

Sobre o tema, o plenário do Supremo Tribunal Federal em ação declaratória de constitucionalidade também já se posicionou confirmando que o cumprimento da pena somente pode ter início com o esgotamento de todos os recursos. Portanto, é **proibida** a **execução provisória** da pena[9].

---

[8] STJ, RCD no Ag no REsp n. 1.061.277/SP(2017/0041933-5). Disponível em: https://processo.stj.jus.br/SCON/GetInteiroTeorDoAcordao?cod_doc_jurisp=1788476.

[9] STF, Plenário, ADC n. 43/DF. Decisão: "O Tribunal, por maioria, nos termos e limites dos votos proferidos, julgou procedente a ação para assentar a constitucionalidade do art. 283 do Código de Processo Penal, na redação dada pela Lei n. 12.403, de 4 de maio de 2011, vencidos o Ministro Edson Fachin, que julgava improcedente a ação, e os Ministros Alexandre de Moraes, Roberto Barroso, Luiz Fux e Cármen Lúcia, que a julgavam parcialmente procedente para dar interpretação conforme. Presidência do Ministro Dias Toffoli. Plenário, 07.11.2019". Disponível em: https://redir.stf.jus.br/paginadorpub/paginador.jsp?docTP=TP&docID=754357598.

4. DA PERDA DO BENEFÍCIO

Existem duas hipóteses de conversão da pena restritiva de direitos em pena privativa de liberdade, em outras palavras, a perda do benefício. A primeira delas ocorre quando há o **descumprimento injustificado** da restrição imposta (art. 44, § 4º, do Código Penal). A jurisprudência do STJ[10] é firme no sentido de ser imprescindível a **intimação do reeducando** para esclarecer as razões do descumprimento das medidas restritivas de direito antes da conversão delas em pena privativa de liberdade, em homenagem aos princípios do contraditório e da ampla defesa.

No cálculo da pena privativa de liberdade a executar, será deduzido o tempo cumprido da pena restritiva de direitos, respeitado o saldo mínimo de trinta dias de detenção ou reclusão (art. 44, § 4º, do Código Penal).

A segunda hipótese ocorre quando sobrevém condenação à pena privativa de liberdade, por outro crime; o juiz da execução penal decidirá sobre a conversão, podendo deixar de aplicá-la se for possível ao condenado cumprir a pena substitutiva anterior (art. 44, § 5º, do Código Penal).

5. ESPÉCIES DE PENAS RESTRITIVAS

São espécies de penas restritivas de direito: a prestação pecuniária, a perda de bens e valores, a limitação de fim de semana, a prestação de serviço à comunidade ou a entidades públicas, a interdição temporária de direitos. A seguir, vamos estudar cada uma delas.

5.1 Prestação pecuniária

Trata-se de uma das penas alternativas mais utilizadas na prática forense. Possui natureza de pena restritiva de direito **real**. A prestação pecuniária consiste no pagamento em dinheiro à vítima, a seus dependentes ou a entidade pública ou privada com destinação social, de importância fixada pelo juiz, **não inferior a um salário mínimo nem superior a 360 salários mínimos**. Observa-se, portanto, que a prestação pecuniária é uma pena alternativa à privativa de liberdade que não se confunde com a pena de multa[11].

Faça a leitura atenta do art. 283 do CPP para compreensão: "Art. 283. Ninguém poderá ser preso senão em flagrante delito ou por ordem escrita e fundamentada da autoridade judiciária competente, em decorrência de prisão cautelar ou em virtude de condenação criminal transitada em julgado".

[10] *Habeas Corpus* n. 251.312/SP (2012/0168770-8): "*Habeas corpus* substitutivo do recurso ordinário. Descabimento. Ciência das consequências do não cumprimento da prestação de serviços à comunidade. Descumprimento. Imprescindível prévia intimação para a conversão da pena restritiva em privativa de liberdade. Nulidade caracterizada. Constrangimento ilegal evidenciado. 1. O entendimento desta Corte é firme no sentido de ser imprescindível a intimação do reeducando para esclarecer as razões do descumprimento das medidas restritivas de direito antes da conversão delas em pena privativa de liberdade, em homenagem aos princípios do contraditório e da ampla defesa. 2. É nula a decisão que converte a pena restritiva de direito em privativa de liberdade, sem a prévia intimação do réu. Constrangimento ilegal evidenciado. 3. Ordem concedida, de ofício, para o fim de cassar o acórdão e anular a decisão que converteu a pena restritiva de direito em privativa de liberdade, sem a prévia oitiva do reeducando, determinando a expedição de alvará de soltura, se por outro motivo não estiver preso" (Disponível em: https://www.jusbrasil.com.br/jurisprudencia/stj/24936601/inteiro-teor-24936602).

[11] Estudaremos com detalhes essa diferença no capítulo que abordará a pena de multa.

A **capacidade econômica do condenado** e a **extensão do dano devem ser levadas em consideração para o cálculo de fixação da prestação pecuniária**. Segundo o Superior Tribunal de Justiça[12], a prestação pecuniária, conquanto seja igualmente mensurada com base na capacidade econômica do réu, possui outra destinação e o claro objetivo de promover a reparação do dano causado pelo delito.

O valor pago a título de prestação pecuniária será deduzido do montante de eventual condenação em ação de reparação civil, se coincidentes os beneficiários (art. 45, § 1º, do Código Penal).

O art. 45, § 1º, do Código Penal estabelece, em ordem sucessiva, quem são os beneficiários da prestação pecuniária substitutiva: **vítima, seus dependentes, entidade pública com destinação social ou entidade privada com a mesma finalidade**[13].

A prestação não precisa ser somente a pecuniária segundo o Código Penal. Admite-se, quando houver aceitação do beneficiário, prestação de outra natureza, por exemplo, entrega de um bem: "Art. 45, § 2º No caso do parágrafo anterior, se houver aceitação do beneficiário, a prestação pecuniária pode consistir em prestação de outra natureza".

Rogério Sanches[14], no entanto, ressalta a duvidosa constitucionalidade desse dispositivo, uma vez que essa regra autorizaria a criação de pena sem previsão legal. Discorda-se dessa compreensão, já que o legislador previu na lei a substituição, ou seja, há previsão legal, só não existe a especificação de qual outra natureza seria, razão pela qual defende-se que, desde que a prestação tenha cunho patrimonial, será possível a alteração e com o aceite do beneficiário.

Não é possível que o juiz decrete o arresto dos bens do condenado como forma de cumprimento forçado da prestação pecuniária.

---

[12] HC n. 224.881/MS (2011/0270988-0): "*Habeas corpus*. 1. Contravenção penal prevista no art. 34 do Decreto-lei n. 3.688/41. Trancamento da ação penal. Atipicidade da conduta. Matéria não apreciada pelo Tribunal de origem. Supressão de instância. 2. Crime de desobediência. Prestação pecuniária. Redução. Impossibilidade. Pena restritiva de direito que não guarda correlação com a pena de multa. *Quantum* devidamente justificado. 3. Ordem parcialmente conhecida e, nessa extensão, denegada. 1. No tocante ao pretendido reconhecimento da atipicidade da conduta contravencional, verifica-se que a matéria não foi examinada pelo Tribunal de origem, motivo pelo qual não poderá ser analisada pelo Superior Tribunal de Justiça, sob pena de indevida supressão de instância. 2. A aplicação da pena de multa orienta-se pelo critério de proporcionalidade com a pena reclusiva, tendo o seu valor definido observando-se duas etapas distintas, quais sejam, a fixação da quantidade de dias-multa, com base nas circunstâncias do art. 59 do Código Penal, e o valor atribuído a cada qual, de acordo com a capacidade econômica do réu. 3. Em que pese o comum perfil pecuniário, a prestação pecuniária, conquanto seja igualmente mensurada com base na capacidade econômica do réu, possui outra destinação e o claro objetivo de promover a reparação do dano causado pelo delito, não possuindo uma relação indissociável e vinculativa com as circunstâncias previstas no artigo 59 do Código Penal, baseando a sua legitimidade nas razões que determinaram a sua fixação. 4. *Habeas corpus* parcialmente conhecido e, nessa extensão, denegado" (Disponível em: https://www.jusbrasil.com.br/jurisprudencia/stj/865732731/inteiro-teor-865732741).

[13] STJ, REsp n. 1.905.918/SP, 6ª Turma, Rel. Min. Laurita Vaz, *DJe* 14.05.2021. Disponível em: https://jurisprudencia.s3.amazonaws.com/STJ/attachments/STJ_RESP_1905918_c8942.pdf?AWSAccessKeyId=AKIARMMD5JEAO67SMCVA&Expires=1686148789&Signature=6aQ0C6rp6U%2BlOQnir%2FjW5pWykaI%3D.

[14] CUNHA, Rogério Sanches. *Manual de direito penal*. São Paulo: JusPodivm, 2022. volume único, p. 653.

Segundo o Superior Tribunal de Justiça[15], havendo expressa previsão legal de reconversão da pena restritiva de direitos em privativa de liberdade, não há falar em arresto para o cumprimento forçado da pena substitutiva já que a reconversão da pena é a medida que, por força normativa, atribui coercividade à pena restritiva de direitos.

É possível a compensação de valores da prestação pecuniária com o montante fixado a título de reparação mínima com fundamento no art. 387, IV, do Código de Processo Penal desde que haja identidade de beneficiários. O art. 387, IV, do Código de Processo Penal, assim como ocorre com a pena alternativa de prestação pecuniária, visa a assegurar a reparação cível dos danos causados pela infração penal:

> Art. 387. O juiz, ao proferir sentença condenatória: IV – fixará valor mínimo para reparação dos danos causados pela infração, considerando os prejuízos sofridos pelo ofendido.

Portanto, em razão da finalidade reparatória presente em ambas as disposições legais (art. 45, § 1º, do Código Penal e art. 387, IV, do Código de Processo Penal) e diante da coincidência de beneficiários (vítima), pode-se reconhecer dedução do montante fixado com fundamento no art. 387, IV, do Código de Processo Penal do que foi estipulado com fundamento no art. 45, § 1º, do Código Penal[16].

5.2 Perda de bens e valores

Consiste na perda de bens ou valores, em favor do Fundo Penitenciário Nacional, adquiridos licitamente pelo condenado, os quais integram seu patrimônio, tendo como teto o montante do prejuízo causado ou o proveito obtido pelo agente ou terceiro com a prática do crime:

---

[15] REsp n. 1.699.665/PR: "Recurso especial. Direito penal. Medida cautelar de arresto para garantia da prestação pecuniária substitutiva. Incabimento. Eventual descumprimento que dá ensejo à reconversão da pena restritiva de direitos em privativa de liberdade. Valor do bem arrestado. Desproporcionalidade. 1. As penas restritivas de direitos se convertem em penas privativas de liberdade, se ocorrer o descumprimento injustificado da restrição imposta (art. 44, § 4º, do CP). 2. A execução das penas restritivas, assim como de modo geral de todas as alternativas à prisão, demandam um mecanismo coercitivo, capaz de assegurar o seu cumprimento e este só pode ser a pena privativa de liberdade. 3. Havendo expressa previsão legal de reconversão da pena restritiva de direitos em privativa de liberdade, não há falar em arresto para o cumprimento forçado da pena substitutiva, já que a reconversão da pena é a medida que, por força normativa, atribui coercividade à pena restritiva de direitos. 4. É desproporcional o arresto de bem avaliado em R$ 2.000.000,00 (dois milhões de reais) para a garantia do cumprimento de prestação pecuniária no montante de cerca de 40 mil reais, equivalente a 2% (dois por cento) do valor do bem arrestado, sendo de todo incabível a constrição, mormente se considerado que a prestação pecuniária é obrigação de trato sucessivo, a ser paga mês a mês durante o período de 2 anos e 5 meses. 5. Recurso provido. Acórdão. Vistos, relatados e discutidos os autos em que são partes as acima indicadas, acordam os Ministros da Sexta Turma do Superior Tribunal de Justiça: A Sexta Turma, por unanimidade, deu provimento ao recurso especial, nos termos do voto da Sra. Ministra Relatora. Os Srs. Ministros Sebastião Reis Júnior, Rogério Schietti Cruz, Néfi Cordeiro e Antonio Saldanha Palheiro votaram com a Sra. Ministra Relatora. Brasília, 7 de agosto de 2018 (Data do julgamento)" (Disponível em: https://www.jusbrasil. com.br/jurisprudencia/stj/613215289/inteiro-teor-613215299).

[16] REsp n. 1.882.059/SC. Disponível em: https://scon.stj.jus.br/SCON/GetInteiroTeorDoAcordao?num_registro=202001603965&dt_publicacao=25/10/2021.

Art. 45, § 3º, do Código Penal: A perda de bens e valores pertencentes aos condenados dar-se-á, ressalvada a legislação especial, em favor do Fundo Penitenciário Nacional, e seu valor terá como teto – o que for maior – o montante do prejuízo causado ou do provento obtido pelo agente ou por terceiro, em consequência da prática do crime.

Portanto, os bens e valores pertencem ao condenado e devem ser, obrigatoriamente, lícitos e destinados ao Fundo Penitenciário Nacional. Possui natureza de pena restritiva de direito **real**.

5.3 Prestação de serviços à comunidade ou a entidades públicas

A prestação de serviços à comunidade ou a entidades públicas é aplicável às condenações superiores a seis meses de privação da liberdade (art. 46, *caput*, do Código Penal). O serviço é prestado de forma gratuita e não gera qualquer vínculo empregatício do condenado com o Estado. A prestação de serviço à comunidade dar-se-á em entidades assistenciais, hospitais, escolas, orfanatos e outros estabelecimentos congêneres, em programas comunitários ou estatais.

As tarefas atribuídas considerarão as aptidões do condenado, devendo ser cumpridas à razão de uma hora de tarefa por dia de condenação, fixadas de modo a não prejudicar a jornada normal de trabalho, ou seja, para cada dia determinado na sentença, será estabelecida uma hora de serviço.

Quando a pena a ser substituída for superior a um ano, é facultado ao condenado cumprir a pena substitutiva em menor tempo, que nunca será inferior à metade da pena privativa de liberdade fixada, ou seja, fixada a pena privativa de liberdade em um ano e dois meses de detenção, não poderá a prestação de serviços a comunidade considerar tempo inferior a sete meses. A seguir quadro explicativo:

PRESTAÇÃO DE SERVIÇOS À COMUNIDADE OU A ENTIDADES PÚBLICAS		
Requisito temporal	Características	Razão
Aplicável às condenações superiores a seis meses de privação da liberdade. * Se a pena substituída for superior a um ano, é facultado ao condenado cumprir a pena substitutiva em menor tempo, nunca inferior à metade da pena privativa de liberdade fixada.	São tarefas gratuitas atribuídas ao condenado que levam em consideração sua aptidão para a atividade. Deve ser fixada de modo a não prejudicar a jornada normal de trabalho.	À razão de uma hora de tarefa por dia de condenação.

Caberá ao juiz da execução designar a entidade ou programa comunitário ou estatal, devidamente credenciado ou convencionado, para o qual o condenado deverá trabalhar gratuitamente, de acordo com as suas aptidões; determinar a intimação do condenado, cientificando-o da entidade, dias e horário em que deverá cumprir a pena; alterar a forma de execução, a fim de ajustá-la às modificações ocorridas na jornada de trabalho. Poderá o juiz da execução penal, motivadamente, alterar, a forma de cumprimento das penas de prestação de serviços à comunidade e de limitação de fim de semana, ajustando-as às condições pessoais do condenado e às características do estabelecimento, da entidade ou do programa comunitário ou estatal[17].

O trabalho, além de considerar a razão de uma hora de tarefa por dia de condenação, terá a duração de oito horas semanais e será realizado aos sábados, domingos e feriados, ou em dias úteis, de modo a não prejudicar a jornada normal de trabalho, nos horários estabelecidos pelo juiz.

A execução terá início a partir da data do primeiro comparecimento do condenado. A entidade beneficiada com a prestação de serviços encaminhará mensalmente, ao juiz da execução, relatório circunstanciado das atividades do condenado, bem como, a qualquer tempo, comunicação sobre ausência ou falta disciplinar[18].

5.4 Interdição temporária de direitos

As penas de interdição temporária de direitos são proibição do exercício de cargo, função ou atividade pública, bem como de mandato eletivo; proibição do exercício de profissão, atividade ou ofício que dependam de habilitação especial, de licença ou autorização do poder público; suspensão de autorização ou de habilitação para dirigir veículo; proibição de frequentar determinados lugares; proibição de inscrever-se em concurso, avaliação ou exame públicos. Veja-se:

> Art. 47. As penas de interdição temporária de direitos são:
> I – proibição do exercício de cargo, função ou atividade pública, bem como de mandato eletivo;
>
> II – proibição do exercício de profissão, atividade ou ofício que dependam de habilitação especial, de licença ou autorização do poder público;
>
> III – suspensão de autorização ou de habilitação para dirigir veículo;
>
> IV – proibição de frequentar determinados lugares;
>
> V – proibição de inscrever-se em concurso, avaliação ou exame públicos.

Caberá ao juiz da execução comunicar à autoridade competente a pena aplicada, determinada a intimação do condenado. Na hipótese de pena de interdição do art. 47, I, do Código Penal, a autoridade deverá, em 24 horas, contadas do recebimento do ofício, baixar ato, a partir do qual a execução

---

[17] Arts. 148 e 149 da LEP.
[18] Arts. 150 e 149, § 2°, da LEP.

terá seu início. Nas hipóteses do art. 47, II e III, do Código Penal, o juízo da execução determinará a apreensão dos documentos, que autorizam o exercício do direito interditado[19].

5.5 Limitação de fim de semana

A limitação de fim de semana consiste na obrigação de permanecer, aos sábados e domingos, por cinco horas diárias, em casa de albergado ou outro estabelecimento adequado. Durante a permanência poderão ser ministrados ao condenado cursos e palestras ou atribuídas atividades educativas[20]. O estabelecimento designado encaminhará, mensalmente, ao juiz da execução relatório, bem como comunicará, a qualquer tempo, a ausência ou falta disciplinar do condenado[21].

Caberá ao juiz da execução determinar a intimação do condenado, cientificando-o do local, dias e horário em que deverá cumprir a pena[22]. A execução terá início a partir da data do primeiro comparecimento.

Poderão ser ministrados ao condenado, durante o tempo de permanência, cursos e palestras, ou atribuídas atividades educativas. Nos casos de violência doméstica e familiar contra a criança, o adolescente e a mulher e de tratamento cruel ou degradante, ou de uso de formas violentas de educação, correção ou disciplina contra a criança e o adolescente, o juiz poderá determinar o comparecimento obrigatório do agressor a programas de recuperação e reeducação[23].

6. QUESTÕES DE CONCURSOS

Questão 1

(MPE-SP – 2022 – Promotor de Justiça Substituto) Assinale a alternativa correta acerca das penas restritivas de direito previstas no Código Penal.

A) O não pagamento injustificado da prestação pecuniária autoriza a reconversão dessa pena restritiva de direito em privativa de liberdade.

B) Preenchidos os requisitos legais, réu condenado à pena de seis meses pode ter sua pena privativa de liberdade substituída por prestação de serviços à comunidade.

C) A perda de bens e valores pertencentes ao condenado dar-se-á, preferencialmente, em favor da vítima, e seu valor terá como teto o montante do prejuízo causado.

---

[19] Art. 154 da Lei de Execução Penal.
[20] Art. 48 do Código Penal.
[21] Art. 153 da Lei de Execução Penal.
[22] Art. 151 da Lei de Execução Penal.
[23] Art. 152 da Lei de Execução Penal.

D) Preenchidos os requisitos legais, réu condenado à pena de um ano pode ter sua pena privativa de liberdade substituída por limitação de fim de semana e multa.

E) Prestação de serviços à comunidade, multa substitutiva, interdição temporária de direitos, limitação de fim de semana são exemplos de penas restritivas de direito que podem substituir a pena privativa de liberdade, quando preenchidos os requisitos legais.

Questão 2

(CONSULPAM – TCM-PA – 2023 – Auditor de Controle Externo – Área Jurídica) Sobre as penas restritivas de direitos, conforme previsto no Código Penal brasileiro, assinale a alternativa que NÃO apresenta uma das espécies elencadas na referida norma.

A) Limitação de fim de semana.
B) Interdição temporária de direitos.
C) Execução da pena em colônia agrícola, industrial ou estabelecimento similar.
D) Perda de bens e valores.

Questão 3

(CESPE/CEBRASPE – MPC-SC – 2022 – Procurador de Contas do Ministério Público) Antônio, Carlos e Pedro, previamente ajustados, subtraíram diversos bens pertencentes a um estabelecimento comercial. Após deixarem o local, foram encontrados pela polícia, ainda na posse dos bens. A partir dessa situação hipotética, julgue o seguinte item.

Caso Antônio venha a ser condenado à pena de três anos de reclusão e o juiz reconheça a reincidência em razão de condenação anterior pelo crime de receptação, estará vedada a substituição da pena privativa de liberdade por restritiva de direitos.

( ) Certo.
( ) Errado.

GABARITO: 1. A; 2. C; 3. Errado.

Capítulo 31

Pena de multa

Ruth Araújo Viana

1. CONCEITO

Trata-se de espécie de sanção penal[1] prevista no preceito secundário da pena de forma isolada, alternativa ou cumulativa à pena privativa de liberdade e, por vezes, substitutiva da prisão quando preenchidos os requisitos já estudados no art. 44 do Código Penal[2]. A título de exemplo, observe como a pena de multa poderá se apresentar nos tipos penais incriminadores correspondentes:

Furto
Art. 155. Subtrair, para si ou para outrem, coisa alheia móvel:
Pena – reclusão, de um a quatro anos, **e** multa.

Para o crime de furto simples supramencionado, a pena de multa é prevista de forma **cumulativa** à pena privativa de liberdade.

Quanto à cumulação da pena privativa de liberdade com a pena de multa, é importante conhecer o teor da Súmula n. 171 do Superior Tribunal de Justiça que descreve sobre a possibilidade de substituição da pena privativa de liberdade por multa:

Súmula n. 171: Cominadas cumulativamente, em lei especial, penas privativas de liberdade e pecuniária, é defeso a substituição da prisão por multa.

---
[1] CP, art. 32. "As penas são: I – privativas de liberdade; II – restritivas de direitos; III – de multa."
[2] CP, art. 44, § 2º "Na condenação igual ou inferior a um ano, a substituição pode ser feita por multa ou por uma pena restritiva de direitos; se superior a um ano, a pena privativa de liberdade pode ser substituída por uma pena restritiva de direitos e multa ou por duas restritivas de direitos."

Diferentemente do que ocorre no crime de furto, no crime de perigo de contágio venéreo a multa é aplicada de forma **alternativa** à pena privativa de liberdade:

Perigo de contágio venéreo
Art. 130. Expor alguém, por meio de relações sexuais ou qualquer ato libidinoso, a contágio de moléstia venérea, de que sabe ou deve saber que está contaminado:
Pena – detenção, de três meses a um ano, **ou** multa.

A pena de multa consiste no pagamento ao fundo penitenciário da quantia fixada na sentença e calculada em dias-multa. Será, no mínimo, de 10 e, no máximo, de 360 dias-multa. O valor do dia-multa será fixado pelo juiz, não podendo ser inferior a um trigésimo do maior salário mínimo mensal vigente ao tempo do fato, nem superior a cinco vezes esse salário. O valor da multa será atualizado, quando da execução, pelos índices de correção monetária[3].

É importante mencionar que, nos casos de violência doméstica e familiar contra a mulher, é vedada a aplicação de penas de cesta básica ou outras de prestação pecuniária, bem como a substituição de pena que implique o pagamento isolado de multa[4].

2. APLICAÇÃO DA PENA DE MULTA

Para a aplicação da pena de multa, o Código Penal adota o **sistema de dias-multa**, que levará em consideração a condição econômica do apenado e as circunstâncias do crime. Observa-se, portanto, que o julgador deverá decidir entre o mínimo e máximo de 10 a 360 dias-multa. Na prática processual penal, como regra, o juiz aplicará a pena partindo do mínimo de dez dias-multa. Para a definição do *quantum* total de pena de multa o magistrado, seguirá também o art. 68 do Código Penal[5], que utiliza o sistema trifásico para aplicação da pena, considerando, inicialmente, as circunstâncias judiciais, depois as agravantes e atenuantes e, por fim, as causas de aumento e diminuição de pena.

Somente quando obtida a quantidade de dia-multa, o julgador vai definir o valor de cada dia-multa. O valor não poderá ser inferior a um trigésimo do maior salário mínimo mensal vigente ao tempo do fato, nem superior a cinco vezes esse salário.

É crucial que seja levado em consideração o valor do salário mínimo mensal vigente na época do fato criminoso. Há muitos processos que duram anos e anos até a sua conclusão (sentença definitiva com trânsito em julgado) e, portanto, o valor do salário mínimo vigente pode variar no decorrer dos anos.

---

[3] Art. 49 do Código Penal.
[4] Art. 17 da Lei n. 11.340/2006.
[5] "Art. 68. A pena-base será fixada atendendo-se ao critério do art. 59 deste Código; em seguida serão consideradas as circunstâncias atenuantes e agravantes; por último, as causas de diminuição e de aumento."

A situação econômica do réu também permitirá ao julgador modificar o valor da multa aplicada, de modo a aumentá-la até o triplo, se considerar que, em virtude da situação econômica do réu, é ineficaz, embora aplicada no máximo[6].

Após definidos a quantidade de dias-multa e o valor, o juiz fará a multiplicação respectiva, estabelecendo o valor total dessa sanção penal.

DOSIMETRIA DA PENA DE MULTA		
1ª ETAPA	2ª ETAPA	3ª ETAPA
Fixação da quantidade de dias-multa que será no mínimo, de 10 e, no máximo, de 360 dias-multa.	Elaboração do cálculo do valor do dia-multa que **não** poderá ser inferior a um trigésimo **do maior salário mínimo** mensal vigente ao **tempo do fato, nem superior a cinco** vezes esse salário. **Exceção:** Admite-se, de acordo com a situação econômica do réu, o aumento até o triplo.	Multiplica-se o valor de dias-multa pelo valor do dia-multa.

Deve-se recordar que se desprezam, na pena de multa, as frações de real,[7] ou seja, as frações da moeda corrente são ignoradas. A quantia a ser paga a título de multa deve ser arredondada para o número inteiro mais próximo. Por exemplo, se a multa estipulada for de R$ 1.999,81, o valor a ser efetivamente pago será de R$ 2.000,00; se a multa for de R$ 1.999,09, o valor a ser pago será de R$ 1.999,00 reais.

3. EXECUÇÃO DA PENA DE MULTA

Tratando-se de tema de pena definida contra o condenado, rememore-se sempre que, além do Código Penal é possível a previsão específica na Lei de Execução Penal, razão pela qual como regra a Lei Especial será utilizada para regulamentar a aplicação do cumprimento da pena, principalmente quando for mais benéfica ao reeducando.

Assim, apesar de o art. 50 do Código Penal determinar que a multa deve ser paga dentro de dez dias depois de transitada em julgado a sentença, dever-se-á aplicar a Lei de Execução Penal que estabelece a citação do condenado, após extraída certidão da sentença condenatória com trânsito em julgado, para, no prazo de dez dias, pagar o valor da multa ou nomear bens à penhora. Vejamos:

---

[6] Art. 60, § 1º, do Código Penal.
[7] Frações não computáveis da pena. "Art. 11. Desprezam-se, nas penas privativas de liberdade e nas restritivas de direitos, as frações de dia, e, na pena de multa, as frações de cruzeiro."

CAPÍTULO IV
Da Pena de Multa

Art. 164. Extraída certidão da sentença condenatória com trânsito em julgado, que valerá como título executivo judicial, o Ministério Público requererá, em autos apartados, a citação do condenado para, no prazo de 10 (dez) dias, pagar o valor da multa ou nomear bens à penhora.

Observa-se que o dispositivo 164 da Lei de Execução Penal descreve a necessidade de trânsito em julgado para fins de execução da pena de multa. Em outras palavras, não se admite a sua execução provisória.

> **ATENÇÃO!** A execução da pena de multa deverá ser **suspensa** quando sobrevier ao condenado doença mental[8].

Decorrido o prazo de dez dias de citação do condenado sem o pagamento da multa, ou o depósito da respectiva importância, proceder-se-á à **penhora** de tantos bens quantos bastem para garantir a execução. A nomeação de bens à penhora e a posterior execução seguirão o que dispuser a lei processual civil[9].

Quando a pena de multa for aplicada cumulativamente com pena privativa da liberdade, enquanto esta estiver sendo executada, poderá aquela ser cobrada mediante **desconto na remuneração** do condenado.

O juiz poderá determinar que a cobrança da multa se efetue mediante desconto no vencimento ou salário do condenado, nas hipóteses do art. 50, § 1º, do Código Penal, que descrevem que, a requerimento do condenado e conforme as circunstâncias, o juiz pode permitir que o pagamento se realize em parcelas mensais e quando: aplicada isoladamente; aplicada cumulativamente com pena restritiva de direitos; concedida a suspensão condicional da pena, observando-se que o limite **máximo** do desconto mensal será o da **quarta parte da remuneração** e o **mínimo** o de **um décimo**[10].

O desconto será feito mediante ordem do juiz a quem de direito e o responsável pelo desconto será intimado a recolher mensalmente, até o dia fixado pelo juiz, a importância determinada[11].

Quanto à possibilidade de pagamento em parcelas mensais, até o término do prazo de dez dias da sua citação, poderá o condenado requerer ao juiz o pagamento da multa em prestações mensais, iguais e sucessivas. O juiz, antes de decidir, poderá determinar diligências para verificar a real situação econômica do condenado e, ouvido o Ministério Público, fixará o número de prestações. Se o condenado for impontual ou se melhorar de situação econômica, o juiz,

---

[8] Art. 167 da Lei de Execução Penal.
[9] Art. 164 da Lei de Execução Penal.
[10] Art. 168 da Lei de Execução Penal.
[11] Art. 168 da Lei de Execução Penal

de ofício ou a requerimento do Ministério Público, revogará o benefício, executando-se a multa, na forma prevista neste Capítulo, ou prosseguindo-se na execução já iniciada[12].

É interessante mencionar que, antes da Lei n. 9.268/1996, quando o condenado deixava de pagar a pena de multa, ela deveria ser convertida em pena de detenção[13], ou seja, a multa era transformada em pena privativa de liberdade. Ocorre que a Lei n. 9.268 desde 1996 alterou o art. 51 do Código Penal[14] e previu que, se a multa não for paga, ela será considerada dívida de valor e deverá ser exigida por meio de execução, ou seja, não há mais a possibilidade da multa não paga, mesmo que deliberadamente pelo condenado seja convertida em pena privativa de liberdade. Com essa compreensão, não existia mais a possibilidade de converter a pena de multa em privativa de liberdade.

A dúvida permanecia, no entanto, quanto à competência para a execução da pena de multa.

Em razão da natureza da pena de multa fixada, foi definido por meio da Súmula n. 521 do STJ que a legitimidade para a execução fiscal de multa pendente de pagamento imposta em sentença condenatória é exclusiva da Procuradoria da Fazenda Pública. No entanto, essa súmula foi **superada**. O Supremo Tribunal Federal, ao enfrentar a temática em sede de Ação Direta de Inconstitucionalidade n. 3.150[15], entendeu que o Ministério Público possui legitimidade para propor a cobrança de multa decorrente de sentença penal condenatória transitada em julgado, com a possibilidade subsidiária de cobrança pela Fazenda Pública:

> Execução penal. Constitucional. Ação direta de inconstitucionalidade. Pena de multa. Legitimidade prioritária do Ministério Público. Necessidade de interpretação conforme. Procedência parcial do pedido. 1. **A Lei n. 9.268/1996, ao considerar a multa penal como dívida de valor, não retirou dela o caráter de sanção criminal, que lhe é inerente por força do art. 5º, XLVI, c, da Constituição Federal. 2. Como consequência, a legitimação prioritária para a execução da multa penal é do Ministério Público perante a Vara de Execuções Penais. 3. Por ser também dívida de valor em face do Poder Público, a multa pode ser subsidiariamente cobrada pela Fazenda Pública, na Vara de Execução Fiscal, se o Ministério Público não houver atuado em prazo razoável (90 dias).** 4. Ação direta de inconstitucionalidade cujo pedido se julga parcialmente procedente para, conferindo

---

[12] Art. 169 da Lei de Execução Penal.
[13] Lei n. 7.209, de 11 de julho de 1984. Altera dispositivos do Decreto-lei n. 2.848, de 7 de dezembro de 1940 – Código Penal, e dá outras providências. Conversão da Multa e revogação.
"Art. 51. A multa converte-se em pena de detenção, quando o condenado solvente deixa de pagá-la ou frustra a sua execução" (Disponível em: https://www.planalto.gov.br/ccivil_03/LEIS/1980-1988/L7209.htm#art51).
[14] Lei n. 9.268, de 1.º de abril de 1996. Altera dispositivos do Decreto-lei n. 2.848, de 7 de dezembro de 1940 – Código Penal – Parte Geral. "Art. 51. Transitada em julgado a sentença condenatória, a multa será considerada dívida de valor, aplicando-se-lhe as normas da legislação relativa à dívida ativa da Fazenda Pública, inclusive no que concerne às causas interruptivas e suspensivas da prescrição" (Vide ADIn n. 3.150).
[15] Ação Direta de Inconstitucionalidade n. 3.150/DF. Disponível em: https://portal.stf.jus.br/processos/downloadPeca.asp?id=15340737159&ext=.pdf.

interpretação conforme à Constituição ao art. 51 do Código Penal, explicitar que a expressão "aplicando-se-lhes as normas da legislação relativa à dívida ativa da Fazenda Pública, inclusive no que concerne às causas interruptivas e suspensivas da prescrição", não exclui a legitimação prioritária do Ministério Público para a cobrança da multa na Vara de Execução Penal. Fixação das seguintes teses: **(i) O Ministério Público é o órgão legitimado para promover a execução da pena de multa, perante a Vara de Execução Criminal, observado o procedimento descrito pelos artigos 164 e seguintes da Lei de Execução Penal; (ii) Caso o titular da ação penal, devidamente intimado, não proponha a execução da multa no prazo de 90 (noventa) dias, o juiz da execução criminal dará ciência do feito ao órgão competente da Fazenda Pública (Federal ou Estadual, conforme o caso) para a respectiva cobrança na própria Vara de Execução Fiscal, com a observância do rito da Lei 6.830/1980** (grifos nossos).

O Ministério Público tem legitimação prioritária para a execução da multa no caso de inadimplemento pelo condenado. Entretanto, caso o Ministério Público se mantenha inerte depois de intimado por mais de 90 dias, o julgador dará ciência sobre o fato à Fazenda Pública, que executará a multa, na Vara de Execuções Fiscais, aplicando-se a Lei n. 6.830/1980. A título de exemplo, caso Roberto seja condenado a dez dias-multa no valor deum salário mínimo cada e após o trânsito em julgado e devidamente intimado para pagar a pena de multa no prazo de dez dias, não o faz; o Juiz da Vara de Execução Penal intimará o Ministério Público que vai propor a execução da multa. Caso o *Parquet* não o faça no prazo de 90 dias, o juiz da execução criminal deverá dar ciência do feito ao órgão competente da Fazenda Pública, estadual ou federal, para a respectiva cobrança na própria Vara de Execução Fiscal, com a observância do rito da Lei n. 6.830/1980.

Ocorre que o pacote anticrime promoveu novas alterações no Código Penal, especificamente quanto à execução da pena de multa, e compreendeu que a execução da pena de multa deve tramitar na Vara de Execução Penal. Vejamos:

> Art. 51. Transitada em julgado a sentença condenatória, a multa será executada perante o juiz da execução penal e será considerada dívida de valor, aplicáveis as normas relativas à dívida ativa da Fazenda Pública, inclusive no que concerne às causas interruptivas e suspensivas da prescrição.

Antes das alterações promovidas pelo Pacote Anticrime, o Código Penal não deixava expressa em seu art. 51[16] a competência quanto à execução da pena de multa. Contudo, com a alteração, não restam dúvidas de que a execução deve tramitar no Juízo da Execução Penal. Assim, parte da doutrina, a exemplo de Rogério Sanches[17], defendeu que, para adequar o texto legal à decisão do STF,

---

[16] Previsão anterior do art. 51 do Código Penal: Antes da Lei 13.964/2019.
"Art. 51. Transitada em julgado a sentença condenatória, a multa será considerada dívida de valor, aplicando-se-lhes as normas da legislação relativa à dívida ativa da Fazenda Pública, inclusive no que concerne às causas interruptivas e suspensivas da prescrição."

[17] CUNHA, Rogério Sanches. *Manual de direito penal*. São Paulo: JusPodivm, 2022. volume único, p. 675.

a Lei n. 13.964/2019 (Pacote Anticrime) alterou a redação do art. 51 do Código Penal, que passou a prever expressamente a competência do juízo da execução penal, no qual, evidentemente, deve atuar o Ministério Público. Aboliu-se a legitimidade subsidiária da procuradoria da Fazenda Pública.

No entanto, o Superior Tribunal de Justiça[18] teve a oportunidade de apreciar a temática e defendeu que, mesmo após a alteração decorrente da nova redação do art. 51 do Código Penal pela Lei n. 13.964/2019, a Fazenda Pública mantém a competência subsidiária para execução dos respectivos valores:

> Processo penal. Agravo regimental no agravo em recurso especial. Pena de multa. Cobrança. Competência. Legitimidade subsidiária da Procuradoria da Fazenda Pública, após a Lei 13.964/2019, para execução de pena de multa decorrente de condenação criminal, nos casos de inércia do Ministério Público. Afetação pelo Stf no Tema 1.219. Inexistência de ordem para sobrestamento dos processos em andamento. Agravo não provido.
>
> 1. O STF não determinou o sobrestamento dos processos em andamento, referentes ao Tema 1.029 da repercussão geral.
>
> 2. O acórdão recorrido se alinha ao entendimento deste Superior Tribunal de Justiça sobre a legitimação do Ministério Público para execução da pena de multa, o qual, atento às disposições contidas nos arts. 164 e seguintes da Lei de Execução Penal, deverá promovê-la e, acaso permaneça inerte, o juízo da execução dará ciência do feito ao órgão competente da Fazenda Pública para as providências cabíveis.
>
> **3. Com efeito, mesmo após a alteração decorrente da nova redação do art. 51 do Código Penal pela Lei 13.964/2019, a Fazenda Pública mantém a competência subsidiária para execução dos respectivos valores.**
>
> 4. Agravo regimental não provido (grifo nosso).

Nesse sentido, em caso de condenação em pena de multa e privativa de liberdade, o inadimplemento da pena de multa obsta, em regra, a extinção da punibilidade do apenado.

Trata-se de compreensão firmada no Recurso Especial n. 1.785.861/SP pelo STJ[19], pois, em decorrência do entendimento firmado pelo STF, bem como

---

[18] AgRg no AREsp n. 2.096.601/RS, 5ª Turma, Rel. Min. Ribeiro Dantas, j. 16.08.2022, DJe 24.08.2022.

[19] Recurso Especial n. 1.785.861/SP (2018/0329029-7): "(...) Manutenção do caráter de sanção criminal da pena de multa. Primazia do Ministério Público na execução da sanção pecuniária. Alteração legislativa do art. 51 do Código Penal. *Distinguishing*. Impossibilidade de cumprimento da pena pecuniária pelos condenados hipossuficientes. Princípio da intranscendência da pena. Violação de preceitos fundamentais. Excesso de execução. Recurso provido. 1. A Terceira Seção do Superior Tribunal de Justiça, por ocasião do julgamento do Recurso Especial Representativo da Controvérsia n. 1.519.777/SP (Rel. Ministro Rogério Schietti, 3ª S., DJe 10.09.2015), assentou a tese de que '[n]os casos em que haja condenação a pena privativa de liberdade e multa, cumprida a primeira (ou a restritiva de direitos que eventualmente a tenha substituído), o inadimplemento da sanção pecuniária não obsta o reconhecimento da extinção da punibilidade'. 2. Entretanto, ao apreciar a Ação Direta de Inconstitucionalidade n. 3.150 (Rel. Ministro Marco Aurélio, Rel. p/ Acórdão Ministro Roberto Barroso, Tribunal Pleno, DJe-170 divulg. 05.08.2019, public. 06.08.2019), o Pretório Excelso firmou o entendimento de que a alteração do art. 51 do Código Penal, promovida Lei n. 9.268/1996, não retirou o caráter de sanção criminal da pena de multa, de modo que a primazia para sua execução incumbe ao Ministério Público e o seu inadimplemento obsta a extinção da punibilidade do apenado. Tal compreensão foi posteriormente sintetizada em nova alteração do referido dispositivo legal, levada a cabo pela Lei n. 13.964/2019. 3. Em decorrência do entendimento firmado pelo STF, bem como em face da mais recente alteração legislativa sofrida pelo artigo 51

em face da mais recente alteração legislativa sofrida pelo art. 51 do Código Penal, o Superior Tribunal de Justiça, no julgamento dos Recursos Especiais Representativos da Controvérsia n. 1.785.383/SP e n. 1.785.861/SP, reviu a tese anteriormente aventada no Tema n. 931, para assentar que, na hipótese de condenação concomitante, a pena privativa de liberdade e multa, o inadimplemento da sanção pecuniária obsta o reconhecimento da extinção da punibilidade.

---

do Código Penal, o Superior Tribunal de Justiça, no julgamento dos Recursos Especiais Representativos da Controvérsia n. 1.785.383/SP e 1.785.861/SP (Rel. Ministro Rogerio Schietti, 3ª S., DJe 21.09.2021), reviu a tese anteriormente aventada no Tema n. 931, para assentar que, 'na hipótese de condenação concomitante a pena privativa de liberdade e multa, o inadimplemento da sanção pecuniária obsta o reconhecimento da extinção da punibilidade'. 4. Ainda consoante o entendimento firmado pelo Supremo Tribunal Federal julgamento da ADI n. 3.150/DF, 'em matéria de criminalidade econômica, a pena de multa desempenha um papel proeminente de prevenção específica, prevenção geral e retribuição'. 5. Na mesma direção, quando do julgamento do Agravo Regimental na Progressão de Regime na Execução Penal n. 12/DF, a Suprema Corte já havia ressaltado que, 'especialmente em matéria de crimes contra a Administração Pública – como também nos crimes de colarinho-branco em geral –, a parte verdadeiramente severa da pena, a ser executada com rigor, há de ser a de natureza pecuniária. Esta, sim, tem o poder de funcionar como real fator de prevenção, capaz de inibir a prática de crimes que envolvam apropriação de recursos públicos'. 6. Mais ainda, segundo os próprios termos em que o Supremo Tribunal Federal decidiu pela indispensabilidade do pagamento da sanção pecuniária para o gozo da progressão a regime menos gravoso, '[a] exceção admissível ao dever de pagar a multa é a impossibilidade econômica absoluta de fazê-lo. (...) é possível a progressão se o sentenciado, veraz e comprovadamente, demonstrar sua absoluta insolvabilidade. Absoluta insolvabilidade que o impossibilite até mesmo de efetuar o pagamento parcelado da quantia devida, como autorizado pelo art. 50 do Código Penal' (Rel. Ministro Roberto Barroso, Tribunal Pleno, DJe-111, divulg. 10.06.2015, public. 11.06.2015). 7. Nota-se o manifesto endereçamento das decisões retrocitadas àqueles condenados que possuam condições econômicas de adimplir a sanção pecuniária, de modo a impedir que o descumprimento da decisão judicial resulte em sensação de impunidade. 8. Oportunamente, mencione-se também o teor da Recomendação n. 425, de 8 de outubro de 2021, do Conselho Nacional de Justiça, a qual institui, no âmbito do Poder Judiciário, a Política Nacional Judicial de Atenção a Pessoas em Situação de Rua e suas interseccionalidades, abordando de maneira central a relevância da extinção da punibilidade daqueles a quem remanesce tão-somente o resgate da pena pecuniária, ao estabelecer, em seu art. 29, parágrafo único, que, '[n]o curso da execução criminal, cumprida a pena privativa de liberdade e verificada a situação de rua da pessoa egressa, deve-se observar a possibilidade de extinção da punibilidade da pena de multa'. 9. (...) 10. Não se há, outrossim, de desconsiderar que o cenário do sistema carcerário expõe as vísceras das disparidades socioeconômicas arraigadas na sociedade brasileira, as quais ultrapassam o inegável caráter seletivo do sistema punitivo e se projetam não apenas como mecanismo de aprisionamento físico, mas também de confinamento em sua comunidade, a reduzir, amiúde, o indivíduo desencarcerado ao *status* de um pária social. Outra não é a conclusão a que poderia conduzir – relativamente aos condenados em comprovada situação de hipossuficiência econômica – a subordinação da retomada dos seus direitos políticos e de sua consequente reinserção social ao prévio adimplemento da pena de multa'. 11. Conforme salientou a instituição requerente, o quadro atual tem produzido 'a sobrepunição da pobreza, visto que o egresso miserável e sem condições de trabalho durante o cumprimento da pena (menos de 20% da população prisional trabalha, conforme dados do INFOPEN), alijado dos direitos do art. 25 da LEP, não tem como conseguir os recursos para o pagamento da multa, e ingressa em círculo vicioso de desespero'. 12. Ineludível é concluir, portanto, que o condicionamento da extinção da punibilidade, após o cumprimento da pena corporal, ao adimplemento da pena de multa transmuda-se em punição hábil tanto a acentuar a já agravada situação de penúria e de indigência dos apenados hipossuficientes, quanto a sobreonerar pessoas próximas do condenado, impondo a todo o seu grupo familiar privações decorrentes de sua impossibilitada reabilitação social, o que põe sob risco a implementação da política estatal proteção da família (art. 226 da Carta de 1988). 13. Demais disso, a barreira ao reconhecimento da extinção da punibilidade dos condenados pobres, para além do exame de benefícios executórios como a mencionada progressão de regime, frustra fundamentalmente os fins a que se prestam a imposição e a execução das reprimendas penais, e contradiz a inferência lógica do princípio isonômico (art. 5º, *caput*, da Constituição Federal) segundo qual desiguais devem ser tratados de forma desigual. Mais ainda, desafia objetivos fundamentais da República, entre os quais o de 'erradicar a pobreza e a marginalização e reduzir as desigualdades sociais e regionais' (art. 3º, III). 14. (...) 15. Recurso especial provido, para acolher a seguinte tese: Na hipótese de condenação concomitante a pena privativa de liberdade e multa, o inadimplemento da sanção pecuniária, pelo condenado que comprovar impossibilidade de fazê-lo, não obsta o reconhecimento da extinção da punibilidade" (Disponível em: https://www.stj.jus.br/sites/portalp/SiteAssets/documentos/noticias/RESp%201785861%20SP.pdf).

No entanto, há **exceção**. Quando o condenado comprovar a impossibilidade de fazê-lo, tal fato não obstará o reconhecimento da extinção da punibilidade. Trata-se de uma exceção necessária a fim de impedir maior disparidade no tratamento dos condenados hipossuficientes e **sobrepunição** da pobreza.

4. CONCURSO DE CRIMES E A PENA DE MULTA

No concurso de crimes, as penas de multa são aplicadas distinta e integralmente[20]. Em outras palavras, serão somadas as penas de multas determinadas para cada crime, ou seja, se João foi condenado por crime de furto, cuja pena arbitrada foi de um ano de reclusão e dez dias-multa e João também foi condenado pelo crime de receptação à pena de um ano de reclusão e dez dias-multa, serão somadas as penas de multa, chegando ao total de 20 dias-multa. Segundo Cléber Masson[21], essa conclusão é inquestionável no tocante ao concurso material e ao concurso formal de crimes[22], porém quanto ao crime continuado discute-se se as multas cominadas aos diversos delitos praticados pelo agente devem ser somadas (sistema do cúmulo material), ou então aplicada somente uma delas, com aumento de determinado percentual (sistema da exasperação). Assim, há duas correntes. A primeira corrente entende que o art. 72 do Código Penal foi taxativo ao expressar que há soma das penas de multa no concurso de crimes, pouco importando a sua modalidade. Já para a segunda corrente, pela adoção da teoria da ficção jurídica descrita no art. 71 do Código Penal[23], deve ser aplicada uma única pena de multa, por se tratar de crime único para fins de dosimetria da sanção penal.

Para o Superior Tribunal de Justiça[24], a regra do art. 72 do Código Penal é aplicada às hipóteses de concurso formal ou material, não incidindo o refe-

---

[20] Art. 72 do Código Penal.
[21] MASSON, Cleber. *Código Penal comentado*. 7. ed. São Paulo: Método, 2019. p. 435.
[22] "Concurso material. Art. 69. Quando o agente, mediante mais de uma ação ou omissão, pratica dois ou mais crimes, idênticos ou não, aplicam-se cumulativamente as penas privativas de liberdade em que haja incorrido. No caso de aplicação cumulativa de penas de reclusão e de detenção, executa-se primeiro aquela. § 1º Na hipótese deste artigo, quando ao agente tiver sido aplicada pena privativa de liberdade, não suspensa, por um dos crimes, para os demais será incabível a substituição de que trata o art. 44 deste Código. § 2º Quando forem aplicadas penas restritivas de direitos, o condenado cumprirá simultaneamente as que forem compatíveis entre si e sucessivamente as demais."
"Concurso formal. Art. 70. Quando o agente, mediante uma só ação ou omissão, pratica dois ou mais crimes, idênticos ou não, aplica-se-lhe a mais grave das penas cabíveis ou, se iguais, somente uma delas, mas aumentada, em qualquer caso, de um sexto até metade. As penas aplicam-se, entretanto, cumulativamente, se a ação ou omissão é dolosa e os crimes concorrentes resultam de desígnios autônomos, consoante o disposto no artigo anterior. Parágrafo único. Não poderá a pena exceder a que seria cabível pela regra do art. 69 deste Código.
[23] "Crime continuado. Art. 71. Quando o agente, mediante mais de uma ação ou omissão, pratica dois ou mais crimes da mesma espécie e, pelas condições de tempo, lugar, maneira de execução e outras semelhantes, devem os subsequentes ser havidos como continuação do primeiro, aplica-se-lhe a pena de um só dos crimes, se idênticas, ou a mais grave, se diversas, aumentada, em qualquer caso, de um sexto a dois terços.
Parágrafo único. Nos crimes dolosos, contra vítimas diferentes, cometidos com violência ou grave ameaça à pessoa, poderá o juiz, considerando a culpabilidade, os antecedentes, a conduta social e a personalidade do agente, bem como os motivos e as circunstâncias, aumentar a pena de um só dos crimes, se idênticas, ou a mais grave, se diversas, até o triplo, observadas as regras do parágrafo único do art. 70 e do art. 75 deste Código."
[24] AgRg no REsp n. 1.843.797/SP. Disponível em: https://www.stj.jus.br/websecstj/cgi/revista/REJ.cgi/ITA?seq=1918863&tipo=0&nreg=201903127099&SeqCgrmaSessao=&CodOrgaoJgdr=&dt=20200316&formato=PDF&salvar=false.

rido dispositivo aos casos em que há reconhecimento da continuidade delitiva. Vejamos:

> Penal. Agravo regimental no recurso especial. Artigo 72 do código Penal. Regra aplicada às hipóteses de concurso formal ou material, não incidindo aos casos em que há continuidade delitiva. Ausência de ilegalidade no caso dos autos. Agravo regimental desprovido. 1. Conforme jurisprudência desta Corte, a regra do art. 72 do Código Penal é aplicada às hipóteses de concurso formal ou material, não incidindo o referido dispositivo aos casos em que há reconhecimento da continuidade delitiva. 2. No caso dos autos, embora a Corte de origem tenha adotado fundamentação que contraria o entendimento desta Corte quanto à aplicabilidade do art. 72 do Código Penal, na parte dispositiva, deixou de aplicar a regra do dispositivo mencionado, reduzindo a pena de multa para patamar proporcional à pena privativa de liberdade. Assim, inexiste ilegalidade a ser corrigida no apelo nobre. 3. Agravo regimental desprovido.

No entanto, é necessário refrisar que o art. 72 do Código Penal está em pleno vigor e não faz qualquer distinção sobre a hipótese de concurso de crimes.

5. DIFERENÇA DA PENA DE MULTA PARA A PRESTAÇÃO PECUNIÁRIA

Apesar de ambas serem penas alternativas e terem cunho patrimonial e serem vedadas nos crimes envolvendo violência doméstica e familiar contra a mulher, deve-se recordar que a multa possui identidade própria, descrita no art. 32, III, do CP e é considerada dívida de valor, com vinculação certa e destinada ao fundo penitenciário. Quando a multa não é paga, ela não é convertida em prisão.

Por sua vez, a prestação pecuniária é uma das espécies de penas restritivas de direito e é destinada à vítima, a seus dependentes ou a entidade pública ou privada com destinação social. É pena substitutiva da privativa de liberdade (art. 44 do Código Penal) e, portanto, quando não é paga, deve ser convertida em prisão.

MULTA VS. PRESTAÇÃO PECUNIÁRIA	
MULTA	PRESTAÇÃO PECUNIÁRIA
Pagamento destinado ao fundo penitenciário.	Pagamento em dinheiro à vítima, a seus dependentes ou a entidade pública ou privada com destinação social.
Aplicada, no mínimo, de 10 e, no máximo, de 360 dias-multa.	Aplicada na importância fixada pelo juiz, não inferior a um salário mínimo nem superior a 360 salários mínimos.
O valor da pena de multa não será deduzido de eventual reparação.	O valor da prestação pecuniária será deduzido de eventual reparação.
Não pode ser convertida em prisão.	Pode ser convertida em prisão.

6. DA PRESCRIÇÃO DA PENA DE MULTA

A prescrição da pena de multa ocorrerá em dois anos, quando a multa for a única cominada ou aplicada. Quando a pena de multa não for a única aplicada, ou seja, quando for alternativa ou cumulativamente cominada ou cumulativamente aplicada, ela prescreverá no mesmo prazo estabelecido para prescrição da pena privativa de liberdade.

7. QUESTÕES DE CONCURSOS

Questão 1

(FADESP – SEFAZ-PA – 2022 – Auditor Fiscal da Receita Estadual – Manhã) A pena de multa é uma espécie de sanção penal que possui natureza patrimonial e que, na grande maioria das vezes, é cominada no preceito secundário da norma penal (pena cominada) de forma isolada ou cumulada com a pena de prisão (pena corporal). Sobre a pena de multa, de acordo com o Código Penal, é correto afirmar o seguinte:

A) Na condenação igual ou inferior a um ano, a substituição pode ser feita por multa e por uma pena restritiva de direitos.

B) A pena de multa consiste no pagamento ao fundo penitenciário da quantia fixada na sentença e calculada em dias-multa. Será, no mínimo, de 5 (cinco) e, no máximo, de 300 (trezentos) dias-multa.

C) A multa deve ser paga dentro de 15 (quinze) dias depois de transitada em julgado a sentença.

D) Desprezam-se, na pena de multa, as frações da moeda corrente.

E) Transitada em julgado a sentença condenatória, a multa será executada perante o juiz da execução penal, não sendo considerada dívida de valor, sendo aplicáveis, contudo, as normas relativas à dívida ativa da Fazenda Pública, inclusive no que concerne às causas interruptivas e suspensivas da prescrição.

Questão 2

(FCC – TJCE – 2022 – Analista Judiciário – Área Judiciária) Sobre a pena de multa, é correto afirmar que

A) Deverá ser calculada após a recuperação do réu, se prevista em abstrato como pena cumulada com a de prisão, em caso de reconhecimento da inimputabilidade na sentença.

B) Consiste no pagamento ao fundo judiciário ou à vítima do delito de certa quantia fixada na sentença, atualizada, em caso de execução, pelos índices de correção monetária.

C) Deve ser paga dentro do prazo de 10 dias da publicação da sentença, permitido o pagamento em parcelas a pedido do condenado.

D) Poderá ser descontada do vencimento ou salário do condenado quando aplicada cumulativamente com a pena privativa de liberdade, nos limites mínimo de um décimo e máximo da quarta parte da remuneração.

E) A quantia fixada será de, no mínimo, 10 e, no máximo, 360 dias-multa, entre um trigésimo do maior salário mínimo vigente e 5 vezes esse salário, valor total que poderá ser aumentado até o décuplo diante da situação econômica do condenado.

Questão 3

(FCC – DPE-MT – 2022 – Defensor Público de 1.ª Classe) As penas de multa

A) Prescrevem em um ano quando a multa for a única cominada ou aplicada.

B) Deverão ser pagas dentro de um ano depois de transitada em julgado a sentença.

C) Podem substituir as penas privativas de liberdade iguais ou inferiores a um ano.

D) São aplicadas distinta e integralmente no concurso de crimes.

E) São extintas se sobrevém ao condenado doença mental.

GABARITO: 1. D; 2. D; 3. D.

CAPÍTULO 32

Suspensão condicional da pena

Ruth Araújo Viana

1. CONCEITO

Após a condenação com trânsito em julgado e impossibilidade de substituição da pena privativa de liberdade por pena restritiva de direito, será possível, a análise da **suspensão condicional** da pena.

O propósito do benefício é suspender a pena para evitar o cárcere. Durante a suspensão condicional da pena, não corre o prazo prescricional[1]. Este somente volta a correr quando revogada a suspensão pelo juiz[2].

Assim, suspende-se durante determinado período o cumprimento da pena mediante certas condições. Trata-se de um **direito público subjetivo** do apenado[3].

---

[1] STF, Ext n. 1254/Romênia, 2ª Turma, Rel. Min. Teori Zavascki, j. 29.04.2014 (Info 744).

[2] "Termo inicial da prescrição após a sentença condenatória irrecorrível. Art. 112. No caso do art. 110 deste Código, a prescrição começa a correr: I – do dia em que transita em julgado a sentença condenatória, para a acusação, ou a que **revoga a suspensão condicional da pena** ou o livramento condicional."

[3] STJ, HC n. 332.303/SP 2015/0191996-6: Penal. "*Habeas corpus*. Art. 180, *caput*, do Código Penal. (1) Impetração substitutiva de recurso ordinário. Impropriedade da via eleita. (2) Reincidência. Agravante. *Quantum* de aumento. Não especificação no Código Penal. Discricionariedade vinculada do juiz. Aumento exacerbado. Constrangimento ilegal evidenciado. (3) Regime inicial fechado. Pena-base. Mínimo legal. Reprimenda definitiva inferior a 4 anos de reclusão. Reincidência. Direito ao regime semiaberto. Enunciado sumular n. 269 do STJ. (4) Suspensão condicional da pena. Reincidência. Pena de multa. Requisitos objetivos e subjetivos. Preenchimento. Direito subjetivo. (5) *Writ* não conhecido. Ordem de ofício. 1. Tratando-se de *habeas corpus* substitutivo de recurso ordinário, inviável o seu conhecimento. 2. O Código Penal não estabelece limites mínimo e máximo de aumento de pena a serem aplicados em razão de circunstâncias agravantes, cabendo à prudência do Magistrado fixar o patamar necessário, dentro de parâmetros razoáveis e proporcionais, com a devida fundamentação. No caso, o acréscimo da pena se deu em 1/3 (um terço), sendo que o Juiz promoveu a referida exasperação apenas pela presença da reincidência, com base em delito punido com sanção pecuniária consistente em 10 dias-multa, sem apresentar justificativa para respaldar o incremento. 3. Não é possível a imposição de regime fechado, com base na reincidência do paciente, visto que condenado à pena igual ou inferior a quatro anos e favoráveis as circunstâncias judiciais. Súmula n. 269 do Superior Tribunal de Justiça. 4. **Preenchidos os requisitos objetivos e subjetivos previstos no art. 77 do Código Penal, é direito do réu obter a suspensão condicional da pena.** In casu, a reincidência, embasada em condenação que impingiu à paciente sanção exclusivamente pecuniária, não pode ser utilizada para negar o benefício. Inteligência da Súmula n. 499 do Supremo Tribunal Federal e do art. 77, § 1º, do Código Penal. 5. *Habeas corpus* não conhecido.

Preenchidos os **requisitos objetivos e subjetivos** previstos no art. 77 do Código Penal, é direito do réu obter a suspensão condicional da pena.

Além do Código Penal, a Lei de Execução Penal regulamenta a concessão do *sursis*[4].

2. SISTEMAS DA SUSPENSÃO CONDICIONAL DA PENA

Há três sistemas que fundamentam o *sursis*. **O *probation system*, o *probation of first offenders act* e o *franco-belga*.**

a) ***Probation system*** é um *sistema* anglo-americano que submete o réu ao período de prova após o reconhecimento da sua responsabilidade penal, mas **sem imposição de pena**. Assim, caso descumpridas as condições, o julgamento será retomado, determinando-se a pena privativa de liberdade a ser cumprida.

b) ***Probation of first offenders act*** consiste na suspensão da ação penal, ou seja, ainda não há condenação ou reconhecimento da responsabilidade do réu, de modo que as condições fixadas e não adimplidas implicam o prosseguimento do processo até condenação e aplicação da sanção penal. Esse sistema foi adotado no rito da Lei dos Juizados Especiais Criminais, o art. 89 da Lei n. 9.099/1995[5], e é conhecido como **suspensão condicional do processo**.

Ordem concedida, de ofício, para reduzir a reprimenda imposta à paciente para 1 (um) ano e 2 (dois) meses de reclusão; fixar o regime inicial semiaberto; e determinar a suspensão condicional da pena, estabelecendo o período de prova em 2 (dois) anos, devendo o Juízo da Execução competente dispor sobre as condições para o cumprimento do benefício, observando o teor do art. 78, § 1°, do Código Penal, no que concerne ao primeiro ano do prazo" (Disponível em:https://jurisprudencia.s3.amazonaws.com/STJ/attachments/STJ_HC_332303_62e8e.pdf?AWSAccessKeyId=AKIARMMD5JEAO67SMCVA&Expires=1686309030&Signature=SXng6K%2FLu9E%-2FN6FpREWM8DLido0%3D – grifo nosso).

[4] "Art. 158. Concedida a suspensão, o Juiz especificará as condições a que fica sujeito o condenado, pelo prazo fixado, começando este a correr da audiência prevista no artigo 160 desta Lei.
§ 1° As condições serão adequadas ao fato e à situação pessoal do condenado, devendo ser incluída entre as mesmas a de prestar serviços à comunidade, ou limitação de fim de semana, salvo hipótese do artigo 78, § 2°, do Código Penal.
§ 2° O Juiz poderá, a qualquer tempo, de ofício, a requerimento do Ministério Público ou mediante proposta do Conselho Penitenciário, modificar as condições e regras estabelecidas na sentença, ouvido o condenado.
§ 3° A fiscalização do cumprimento das condições, reguladas nos Estados, Territórios e Distrito Federal por normas supletivas, será atribuída a serviço social penitenciário, Patronato, Conselho da Comunidade ou instituição beneficiada com a prestação de serviços, inspecionados pelo Conselho Penitenciário, pelo Ministério Público, ou ambos, devendo o Juiz da execução suprir, por ato, a falta das normas supletivas.
§ 4° O beneficiário, ao comparecer periodicamente à entidade fiscalizadora, para comprovar a observância das condições a que está sujeito, comunicará, também, a sua ocupação e os salários ou proventos de que vive.
§ 5° A entidade fiscalizadora deverá comunicar imediatamente ao órgão de inspeção, para os fins legais, qualquer fato capaz de acarretar a revogação do benefício, a prorrogação do prazo ou a modificação das condições.
§ 6° Se for permitido ao beneficiário mudar-se, será feita comunicação ao Juiz e à entidade fiscalizadora do local da nova residência, aos quais o primeiro deverá apresentar-se imediatamente.
Art. 159. Quando a suspensão condicional da pena for concedida por Tribunal, a este caberá estabelecer as condições do benefício.
§ 1° De igual modo proceder-se-á quando o Tribunal modificar as condições estabelecidas na sentença recorrida.
§ 2° O Tribunal, ao conceder a suspensão condicional da pena, poderá, todavia, conferir ao Juízo da execução a incumbência de estabelecer as condições do benefício, e, em qualquer caso, a de realizar a audiência admonitória."

[5] "Art. 89. Nos crimes em que a pena mínima cominada for igual ou inferior a um ano, abrangidas ou não por esta Lei, o Ministério Público, ao oferecer a denúncia, poderá propor a suspensão do processo, por dois a quatro anos, desde que o acusado não esteja sendo processado ou não tenha sido condenado por outro crime, presentes os demais requisitos que autorizariam a suspensão condicional da pena (art. 77 do Código Penal)."

c) Sistema **franco-belga** é adotado pelo Código Penal nos arts. 77 a 82. Nesse sistema, há imposição de pena, porém ela será suspensa, ou seja, o processo terá seu curso normal até a condenação, quando será fixada a pena e somente após serão estabelecidas condições previstas em lei, as quais o condenado deverá cumprir para alcançar a extinção da pena.

3. REQUISITOS E ESPÉCIES DE *SURSIS* DA PENA

O Código Penal regula a suspensão condicional da pena entre os arts. 77 a 82. Da leitura completa dos arts. 77 e 78 do Código Penal compreende-se que há quatro tipos de *sursis*: o *sursis* simples, o *sursis* especial, o *sursis* etário e o *sursis* humanitário:

CAPÍTULO IV
DA SUSPENSÃO CONDICIONAL DA PENA
Requisitos da suspensão da pena

Art. 77. A execução da pena privativa de liberdade, não superior a 2 (dois) anos, poderá ser suspensa, por 2 (dois) a 4 (quatro) anos, desde que:

I – o condenado não seja reincidente em crime doloso;

II – a culpabilidade, os antecedentes, a conduta social e personalidade do agente, bem como os motivos e as circunstâncias autorizem a concessão do benefício;

III – Não seja indicada ou cabível a substituição prevista no art. 44 deste Código.

§ 1º A condenação anterior a pena de multa não impede a concessão do benefício.

§ 2º A execução da pena privativa de liberdade, não superior a quatro anos, poderá ser suspensa, por quatro a seis anos, desde que o condenado seja maior de setenta anos de idade, ou razões de saúde justifiquem a suspensão.

Art. 78. Durante o prazo da suspensão, o condenado ficará sujeito à observação e ao cumprimento das condições estabelecidas pelo juiz.

§ 1º No primeiro ano do prazo, deverá o condenado prestar serviços à comunidade (art. 46) ou submeter-se à limitação de fim de semana (art. 48).

§ 2º Se o condenado houver reparado o dano, salvo impossibilidade de fazê-lo, e se as circunstâncias do art. 59 deste Código lhe forem inteiramente favoráveis, o juiz poderá substituir a exigência do parágrafo anterior pelas seguintes condições, aplicadas cumulativamente:

a) proibição de frequentar determinados lugares;

b) proibição de ausentar-se da comarca onde reside, sem autorização do juiz;

c) comparecimento pessoal e obrigatório a juízo, mensalmente, para informar e justificar suas atividades.

O *sursis* **simples**, portanto, tem previsão legal no art. 77, c/c o art. 78, § 1º, do Código Penal e exige como pressuposto pena imposta **não superior** a **dois anos**, considerando-se o concurso de delitos. O **período de prova**, ou seja, o tempo em que ficará suspensa a pena, varia de **dois a quatro anos**. No primeiro ano da suspensão, o apenado deverá prestar de serviços à comunidade ou ter contra ele imposta limitação de fim de semana. Para receber o benefício, o apenado não pode ser reincidente em crime doloso; não pode ter circunstâncias judiciais desfavoráveis; e não deve ser cabível ou indicada a pena restritiva de direitos.

O *sursis* **especial** tem previsão legal no art. 77, c/c o art. 78, § 2º, do Código Penal e exige como pressuposto que a pena imposta **não seja superior a dois anos**. Deve ser considerado o concurso de delitos. O apenado também deve reparar o dano ou comprovar a impossibilidade de fazê-lo. **O período de prova varia de dois a quatro anos**. No primeiro ano da suspensão, deverão ser aplicadas as seguintes condições cumulativamente: proibição de frequentar determinados lugares, proibição de se ausentar da comarca sem autorização do juiz e comparecimento mensal em juízo para comprovar atividades. Os requisitos para sua aplicação são: o apenado não pode ser reincidente em crime doloso; não pode ter circunstâncias judiciais desfavoráveis; e não deve ser cabível ou indicada a pena restritiva de direitos.

O *sursis* **etário** tem previsão legal no art. 77, § 2º, do Código Penal e tem como pressuposto para a sua aplicação que a pena imposta **não seja superior a quatro anos**, considerando-se o concurso de delitos, e o apenado deve ser **pessoa idosa com mais de 70 anos**. O **período de prova varia de quatro a seis anos**, e no primeiro ano da **suspensão o apenado** deverá reparar o dano ou demonstrar a impossibilidade de fazê-lo: art. 78, § 2º. Os requisitos para sua aplicação são: o apenado não pode ser reincidente em crime doloso; não pode ter circunstâncias judiciais desfavoráveis; e não deve ser cabível ou indicada a pena restritiva de direitos.

O *sursis* **humanitário** tem previsão legal no art. 77, § 2º, *in fine*, do Código Penal. Tem como pressupostos **pena imposta não superior a quatro anos**, considerando-se concurso de delitos, e **condições de saúde do condenado** que justifiquem a suspensão. O **período de prova varia de quatro a seis anos**, e no primeiro ano da suspensão o apenado deve reparar o dano ou demonstrar impossibilidade de fazê-lo. Os requisitos para sua aplicação são: o apenado não pode ser reincidente em crime doloso; não pode ter circunstâncias judiciais desfavoráveis; e não deve ser cabível ou indicada a pena restritiva de direitos.

> **ATENÇÃO!** A condenação anterior à pena de multa não impede a concessão do benefício[6]!

---

[6] Art. 77, § 1º, do Código Penal.

A seguir, quadro elucidativo:

ESPÉCIES DE *SURSIS* (SUSPENSÃO CONDICIONAL DA PENA)			
SURSIS SIMPLES	*SURSIS* ESPECIAL	*SURSIS* ETÁRIO	*SURSIS* HUMANITÁRIO
Previsão legal: art. 77, c/c o art. 78, § 1°, do CP	Previsão legal: art. 77, c/c o art. 78, § 2°, do CP	Previsão legal: art. 77, § 2°, do CP	Previsão legal: art. 77, § 2°, *in fine*, do CP
Pressuposto: Pena imposta não superior a 2 anos, considerando-se o concurso de delitos	Pressupostos: a) Pena imposta não superior a 2 anos, considerando-se o concurso de delitos. b) Reparação do dano ou impossibilidade de fazê-lo.	Pressupostos: a) Pena imposta não superior a 4 anos, considerando-se o concurso de delitos. b) Ser idoso com mais de 70 anos.	Pressupostos: a) Pena imposta não superior a 4 anos, considerando-se o concurso de delitos. b) Condições de saúde do condenado.
Período de prova: varia 2 a 4 anos No primeiro ano da suspensão: a) prestação de serviços à comunidade ou b) limitação de fim de semana	Período de prova: varia de 2 a 4 anos No primeiro ano da suspensão: a) proibição de frequentar determinados lugares e b) proibição de se ausentar da comarca sem autorização do juiz e c) comparecimento mensal em juízo para comprovar atividades	Período de prova: varia de 4 a 6 anos No primeiro ano da suspensão: Se reparou o dano ou mostrou impossibilidade de fazê-lo: art. 78, § 2° Se não reparou o dano ou mostrou impossibilidade de fazê-lo: art. 78, § 1°	Período de prova: varia de 4 a 6 anos No primeiro ano da suspensão: Se reparou o dano ou mostrou impossibilidade de fazê-lo: art. 78, § 2° Se não reparou o dano ou mostrou impossibilidade de fazê-lo: art. 78, § 1°
Requisitos: a) Condenado não reincidente em crime doloso b) Circunstâncias judiciais favoráveis (princípio da suficiência) c) Não cabível ou não indicada restritiva de direitos	Requisitos: a) Condenado não reincidente em crime doloso b) Circunstâncias judiciais favoráveis (princípio da suficiência) c) Não cabível ou não indicada restritiva de direitos	Requisitos: a) Condenado não reincidente em crime doloso b) Circunstâncias judiciais favoráveis (princípio da suficiência) c) Não cabível ou não indicada restritiva de direitos	Requisitos: a) Condenado não reincidente em crime doloso b) Circunstâncias judiciais favoráveis (princípio da suficiência) c) Não cabível ou não indicada restritiva de direitos

> **ATENÇÃO!** A sentença poderá especificar outras condições a que fica subordinada a suspensão, desde que adequadas ao fato e à situação pessoal do condenado[7].

O período de prova pode ser prorrogado sempre que o beneficiário estiver sendo processado por outro crime ou contravenção, de modo que automaticamente será considerado prorrogado o prazo da suspensão até o julgamento definitivo.

Também será possível a prorrogação sempre que for causa de revogação facultativa do benefício e o juiz, em vez de revogar o benefício, opta por prorrogar o período de prova até o máximo, se este não foi fixado[8].

4. DIFERENÇAS ENTRE O *SURSIS* PENAL E O *SURSIS* PROCESSUAL

A suspensão da pena são se confunde com a suspensão do processo. Vejamos:

SURSIS PENAL *VS.* SURSIS PROCESSUAL		
Previsão legal	CP, art. 77	Art. 89 da Lei n. 9.099/1995
Pena	Pena definitiva < ou = 2 anos (definitiva)	Pena mínima (abstrato) < ou = a 1 ano
Fase	Sentença	Antes do recebimento da denúncia
Efeito	Execução da pena é suspensa	Processo é suspenso
Legitimado	Legitimado: juiz	MP
Consequências	Extinção da pena	Extinção da punibilidade
	Obs.: É condenação → Gera maus antecedentes e reincidência	Não há sequer o início do processo

5. DAS HIPÓTESES DE REVOGAÇÃO DO *SURSIS*

A suspensão condicional da pena é **obrigatoriamente** revogada quando o beneficiário é condenado em sentença irrecorrível por crime doloso. Quando o beneficiário frustra, embora solvente, a execução da pena de multa ou não efetua, sem justo motivo, a reparação do dano. Quando o beneficiário des-

---

[7] Art. 79 do Código Penal.
[8] Art. 81 do Código Penal: "**Prorrogação do período de prova**. § 2º Se o beneficiário está sendo processado por outro crime ou contravenção, considera-se prorrogado o prazo da suspensão até o julgamento definitivo. § 3º Quando facultativa a revogação, o juiz pode, ao invés de decretá-la, prorrogar o período de prova até o máximo, se este não foi o fixado".

cumpre as obrigações de prestação de serviços à comunidade ou limitação de fim de semana[9].

A revogação suspensão condicional da pena é **facultativa** quando o condenado descumpre qualquer outra condição imposta ou é irrecorrivelmente condenado, por crime culposo ou por contravenção, à pena privativa de liberdade ou restritiva de direitos.

6. DA CASSAÇÃO DO *SURSIS*

A cassação do *sursis* ocorrerá por causa anterior ao período de prova. São causas de cassação: o não comparecimento injustificado à audiência admonitória, o provimento do recurso da acusação pela não concessão do benefício e a recusa do condenado às condições impostas.

Quanto ao não comparecimento injustificado à audiência admonitória, a Lei de Execução Penal assim determina:

> Art. 161. Se, intimado pessoalmente ou por edital com prazo de 20 (vinte) dias, o réu não comparecer injustificadamente à audiência admonitória, a suspensão ficará sem efeito e será executada imediatamente a pena.

Sobre essa situação o STJ[10] assim se posicionou:

> Agravo regimental no *habeas corpus*. Execução penal. Suspensão condicional da pena. Apenado em local incerto e não sabido. Expedição de mandado de prisão. Possibilidade. Precedentes. Agravo regimental desprovido. 1. No caso em exame, o agravante foi condenado à pena de 3 (três) meses de detenção, em regime aberto, como incurso no art. 129, § 9º, do Código Penal, sendo concedida a suspensão condicional da pena. Após duas tentativas infrutíferas de intimação do sentenciado para a audiência admonitória, inclusive via edital, o Juízo da Vara de Execução de Penas e Medidas Alternativas da Comarca de Goiânia/GO tornou sem efeito o *sursis* e restaurou cautelarmente o regime inicial aberto, determinando a expedição de mandado de prisão. 2. Desse modo, não há falar em constrangimento ilegal ou teratologia na determinação de expedição de mandado de prisão, procedimento que está em conformidade com o art. 705 do Código de Processo Penal, bem como com o entendimento desta Corte. 3. As questões referentes à observância do regime prisional imposto na sentença (aberto), com o encaminhamento do paciente a estabelecimento penal compatível com regime prisional estabelecido (casa de albergado), ou à eventual concessão de *sursis*, deverão ser oportunamente examinadas pela Vara das Execuções Penais, por ocasião do comparecimento do agravante em Juízo. 4. Agravo regimental desprovido.

---

[9] "Art. 81. A suspensão será revogada se, no curso do prazo, o beneficiário:
I – é condenado, em sentença irrecorrível, por crime doloso;
II – frustra, embora solvente, a execução de pena de multa ou não efetua, sem motivo justificado, a reparação do dano;
III – descumpre a condição do § 1º do art. 78 deste Código."

[10] Disponível em: https://scon.stj.jus.br/SCON/GetInteiroTeorDoAcordao?num_registro=202203313087&dt_publicacao=. Acesso em: 15 dez. 2022.

7. DA EXTINÇÃO DO *SURSIS*

Expirado o prazo sem que tenha havido revogação, considera-se extinta a pena privativa de liberdade[11].

Quando extinta a pena, o fato será averbado à margem do registro. O registro e a averbação serão sigilosos, salvo para efeito de informações requisitadas por órgão judiciário ou pelo Ministério Público, para instruir processo penal[12].

O *sursis* **sucessivo** ocorrerá quando o agente, após cumprir a suspensão condicional da pena, cometer crime culposo ou contravenção penal. Por não ser reincidente em crime doloso, é permitida a concessão de novo *sursis*. Recorde-se:

> Art. 77. A execução da pena privativa de liberdade, não superior a 2 (dois) anos, poderá ser suspensa, por 2 (dois) a 4 (quatro) anos, desde que:
> I – o condenado não seja reincidente em crime doloso.

É cabível *sursis* simultâneos, ou seja, *sursis* a serem cumpridos ao mesmo tempo.

É possível que o condenado, durante o período de prova, seja irrecorrivelmente condenado por crime culposo ou contravenção penal à pena privativa de liberdade igual ou inferior a dois anos. Nesse caso, poderá ser concedido novo *sursis*, pois ele não é reincidente em crime doloso, e nada impede a manutenção do *sursis* anterior, já que a revogação é facultativa[13].

8. QUESTÕES DE CONCURSOS

Questão 1

(CESPE/CEBRASPE – DPE-TO – 2022 – Defensor Público Substituto) Douglas foi denunciado e condenado pelo crime de lesão corporal em situação de violência doméstica. A sentença penal condenatória transitada em julgado aplicou-lhe uma pena privativa de liberdade de 1 ano, em regime aberto, mas, por ele preencher os requisitos legais, foi-lhe deferido o benefício da suspensão condicional da pena. Durante o cumprimento das condições do *sursis* penal, Douglas foi definitivamente condenado pela contravenção penal de vias de

---
[11] Art. 82 do Código Penal.
[12] "Art. 163. A sentença condenatória será registrada, com a nota de suspensão em livro especial do Juízo a que couber a execução da pena.
§ 1º Revogada a suspensão ou extinta a pena, será o fato averbado à margem do registro.
§ 2º O registro e a averbação serão sigilosos, salvo para efeito de informações requisitadas por órgão judiciário ou pelo Ministério Público, para instruir processo penal."
[13] "**Revogação facultativa**. § 1º A suspensão **poderá** ser revogada se o condenado descumpre qualquer outra condição imposta ou é irrecorrivelmente condenado, por crime culposo ou por contravenção, a pena privativa de liberdade ou restritiva de direitos."

fato, no contexto familiar, que resultou na aplicação de prisão simples de 20 dias, a ser cumprida em regime aberto.

Nessa situação hipotética, considerando o disposto no Código Penal, o juiz:

A) Deverá prorrogar o período de prova da suspensão condicional da pena até a extinção da punibilidade da contravenção penal pelo cumprimento integral da pena de prisão simples.

B) Deverá revogar a suspensão condicional da pena, momento em que Douglas passará a cumprir as penas privativas de liberdade, não se descontando da pena o tempo em que ele cumpria as condições do *sursis*.

C) Poderá revogar a suspensão condicional da pena, hipótese em que Douglas passará a cumprir as penas privativas de liberdade, descontando-se da pena o tempo em que ele cumpria as condições do *sursis*.

D) Não poderá revogar a suspensão condicional da pena, uma vez que a condenação definitiva por contravenção penal com pena privativa de liberdade não é causa de revogação de *sursis* penal.

E) Poderá prorrogar o período de prova da suspensão condicional da pena até o máximo, caso não tenha sido fixado anteriormente.

Questão 2

(CESPE/CEBRASPE – DPE-SE – 2022 – Defensor Público) Desde que cumpridos os necessários requisitos, admite-se a suspensão condicional da pena nos casos de condenação:

A) Por crimes praticados em contexto de violência doméstica e familiar contra a mulher.

B) Por crimes preterdolosos em que se opera a reincidência.

C) A penas privativas de liberdade superiores a 4 anos quando o condenado for maior de 70 anos.

D) A penas restritivas de direito.

E) A penas de multa.

Questão 3

(CESPE/CEBRASPE – PC-PB – 2022 – Delegado de Polícia Civil) Em relação ao livramento condicional e à suspensão condicional da pena, é correto afirmar que:

A) A execução da pena privativa de liberdade não superior a dois anos poderá ser suspensa desde que o condenado não seja reincidente em crime doloso ou culposo.

B) As penas relativas a infrações diversas não podem ser somadas para efeito do livramento condicional.

C) A execução da pena privativa de liberdade não superior a quatro anos poderá ser suspensa quando o condenado for idoso.

D) Cabe livramento condicional ao condenado que cumprir mais de dois terços da pena, independentemente de ser reincidente específico em crime hediondo.

E) A condenação anterior a uma pena de multa não impede a concessão da suspensão condicional da pena.

GABARITO: 1. E; 2. A; 3. E.

CAPÍTULO 33

Livramento condicional

Ruth Araújo Viana

1. CONCEITO

Trata-se de antecipação da liberdade concedida ao condenado como forma de **ressocialização**, sempre que condenado a uma pena privativa de liberdade em regime fechado, semiaberto ou aberto.

O livramento condicional é determinado pelo juiz da execução penal, uma vez preenchidos os **requisitos legais de ordem objetiva e subjetiva** que permitem a sua aplicação nos termos do art. 83 do Código Penal. Trata-se de um instituto jurídico positivado, tanto no Código Penal como na Lei de Execução Penal, precisamente nos arts. 131 a 146[1] para ser aplicado ao apenado para que ele fique

---

[1] "**Seção V. Do Livramento Condicional. Art. 131.** O livramento condicional poderá ser concedido pelo Juiz da execução, presentes os requisitos do artigo 83, incisos e parágrafo único, do Código Penal, ouvidos o Ministério Público e Conselho Penitenciário. Art. 132. Deferido o pedido, o Juiz especificará as condições a que fica subordinado o livramento. § 1º Serão sempre impostas ao liberado condicional as obrigações seguintes: a) obter ocupação lícita, dentro de prazo razoável se for apto para o trabalho; b) comunicar periodicamente ao Juiz sua ocupação; c) não mudar do território da comarca do Juízo da execução, sem prévia autorização deste. § 2º Poderão ainda ser impostas ao liberado condicional, entre outras obrigações, as seguintes: a) não mudar de residência sem comunicação ao Juiz e à autoridade incumbida da observação cautelar e de proteção; b) recolher-se à habitação em hora fixada; c) não frequentar determinados lugares. d) (Vetado.)
Art. 133. Se for permitido ao liberado residir fora da comarca do Juízo da execução, remeter-se-á cópia da sentença do livramento ao Juízo do lugar para onde ele se houver transferido e à autoridade incumbida da observação cautelar e de proteção.
Art. 134. O liberado será advertido da obrigação de apresentar-se imediatamente às autoridades referidas no artigo anterior.
Art. 135. Reformada a sentença denegatória do livramento, os autos baixarão ao Juízo da execução, para as providências cabíveis.
Art. 136. Concedido o benefício, será expedida a carta de livramento com a cópia integral da sentença em 2 (duas) vias, remetendo-se uma à autoridade administrativa incumbida da execução e outra ao Conselho Penitenciário.
Art. 137. A cerimônia do livramento condicional será realizada solenemente no dia marcado pelo Presidente do Conselho Penitenciário, no estabelecimento onde está sendo cumprida a pena, observando-se o seguinte:
I – a sentença será lida ao liberando, na presença dos demais condenados, pelo Presidente do Conselho Penitenciário ou membro por ele designado, ou, na falta, pelo Juiz;

solto, mediante condições, por um tempo determinado e denominado "período de prova", com a finalidade de extinguir a pena privativa de liberdade, Ou seja, quando ultrapassado o período de prova e não revogado o livramento condicional, deve ser declarada extinta a pena privativa de liberdade.

Portanto, o agente que está no gozo do livramento condicional desfruta de uma liberdade **antecipada,** porém **condicional e precária.**

O requerimento de livramento condicional deve ser direcionado ao juiz das execuções penais e não tem caráter definitivo, pois pode ser revogado caso constatado o descumprimento das obrigações impostas para gozo do benefício.

II - a autoridade administrativa chamará a atenção do liberando para as condições impostas na sentença de livramento;
III - o liberando declarará se aceita as condições.
§ 1º De tudo em livro próprio, será lavrado termo subscrito por quem presidir a cerimônia e pelo liberando, ou alguém a seu rogo, se não souber ou não puder escrever.
§ 2º Cópia desse termo deverá ser remetida ao Juiz da execução.
Art. 138. Ao sair o liberado do estabelecimento penal, ser-lhe-á entregue, além do saldo de seu pecúlio e do que lhe pertencer, uma caderneta, que exibirá à autoridade judiciária ou administrativa, sempre que lhe for exigida.
§ 1º A caderneta conterá:
a) a identificação do liberado;
b) o texto impresso do presente Capítulo;
c) as condições impostas.
§ 2º Na falta de caderneta, será entregue ao liberado um salvo-conduto, em que constem as condições do livramento, podendo substituir-se a ficha de identificação ou o seu retrato pela descrição dos sinais que possam identificá-lo.
§ 3º Na caderneta e no salvo-conduto deverá haver espaço para consignar-se o cumprimento das condições referidas no artigo 132 desta Lei.
Art. 139. A observação cautelar e a proteção realizadas por serviço social penitenciário, Patronato ou Conselho da Comunidade terão a finalidade de:
I - fazer observar o cumprimento das condições especificadas na sentença concessiva do benefício;
II - proteger o beneficiário, orientando-o na execução de suas obrigações e auxiliando-o na obtenção de atividade laborativa.
Parágrafo único. A entidade encarregada da observação cautelar e da proteção do liberado apresentará relatório ao Conselho Penitenciário, para efeito da representação prevista nos artigos 143 e 144 desta Lei.
Art. 140. A revogação do livramento condicional dar-se-á nas hipóteses previstas nos artigos 86 e 87 do Código Penal.
Parágrafo único. Mantido o livramento condicional, na hipótese da revogação facultativa, o Juiz deverá advertir o liberado ou agravar as condições.
Art. 141. Se a revogação for motivada por infração penal anterior à vigência do livramento, computar-se-á como tempo de cumprimento da pena o período de prova, sendo permitida, para a concessão de novo livramento, a soma do tempo das 2 (duas) penas.
Art. 142. No caso de revogação por outro motivo, não se computará na pena o tempo em que esteve solto o liberado, e tampouco se concederá, em relação à mesma pena, novo livramento.
Art. 143. A revogação será decretada a requerimento do Ministério Público, mediante representação do Conselho Penitenciário, ou, de ofício, pelo Juiz, ouvido o liberado.
Art. 144. O Juiz, de ofício, a requerimento do Ministério Público, da Defensoria Pública ou mediante representação do Conselho Penitenciário, e ouvido o liberado, poderá modificar as condições especificadas na sentença, devendo o respectivo ato decisório ser lido ao liberado por uma das autoridades ou funcionários indicados no inciso I do *caput* do art. 137 desta Lei, observado o disposto nos incisos II e III e §§ 1º e 2º do mesmo artigo.
Art. 145. Praticada pelo liberado outra infração penal, o Juiz poderá ordenar a sua prisão, ouvidos o Conselho Penitenciário e o Ministério Público, suspendendo o curso do livramento condicional, cuja revogação, entretanto, ficará dependendo da decisão final.
Art. 146. O Juiz, de ofício, a requerimento do interessado, do Ministério Público ou mediante representação do Conselho Penitenciário, julgará extinta a pena privativa de liberdade, se expirar o prazo do livramento sem revogação."

2. REQUISITOS OBJETIVOS E SUBJETIVOS

No art. 83 do Código Penal estão os requisitos legais para a obtenção do livramento condicional, sendo alguns de natureza objetiva e outros de natureza subjetiva.

2.1 Requisitos objetivos

a) Pena privativa de liberdade igual ou superior a dois anos (art. 83, *caput*, do Código Penal).

Observe que a pena é obrigatoriamente privativa de liberdade. Não há livramento condicional para a pena restritiva de direitos, por exemplo. Atente-se que a pena privativa de liberdade tem que ser igual ou superior a dois anos. Caso a pena tenha sido fixada em um ano, não será possível a aplicação do livramento condicional.

Caso o acusado possua outras condenações, as penas poderão ser somadas para atingir o montante mínimo exigido pelo texto legal para a obtenção do benefício do livramento condicional. Veja:

> Art. 84. As penas que correspondem a infrações diversas devem somar-se para efeito do livramento.

b) Que o condenado tenha reparado o dano causado pela infração, salvo impossibilidade de fazê-lo (art. 83, IV, do Código Penal).

A reparação do dano pode não ser possível, assim o condenado deve demonstrar concretamente a impossibilidade.

c) Cumprimento de parte da pena (art. 83, I e II e V, do Código Penal).

Obrigatoriamente, o apenado deverá ter cumprido parcela da pena. A depender da espécie de crime cometido e dos antecedentes do reeducando, o tempo de cumprimento da pena para a obtenção do livramento varia, de acordo com as seguintes regras:

1) Livramento condicional simples: o agente deve ter sido condenado por crime comum e não ser reincidente em crime doloso, bem como apresentar bons antecedentes. Também deve ter cumprido mais de 1/3 da pena.

> Art. 83. O juiz poderá conceder livramento condicional ao condenado a pena privativa de liberdade igual ou superior a 2 (dois) anos, desde que:
> I – cumprida mais de um terço da pena se o condenado não for reincidente em crime doloso e tiver bons antecedentes.

2) Livramento condicional qualificado: o agente deve ter sido condenado por crime comum e ser reincidente em crime doloso. Nesse caso, deve ter cumprido mais da metade da pena para concessão do benefício.

Art. 83, II – cumprida mais da metade se o condenado for reincidente em crime doloso.

3) *Livramento condicional específico*: quando o agente é condenado por crime hediondo, prática de tortura, tráfico ilícito de entorpecentes e drogas afins, tráfico de pessoas e terrorismo, deve o sentenciado ter cumprido mais de 2/3 da pena, e **não pode ser reincidente específico** em crimes dessa natureza.

Art. 83, V – cumpridos mais de dois terços da pena, nos casos de condenação por crime hediondo, prática de tortura, tráfico ilícito de entorpecentes e drogas afins, tráfico de pessoas e terrorismo, se o apenado não for reincidente específico em crimes dessa natureza.

Observe-se que o livramento condicional específico impede a concessão do benefício para os seguintes crimes: hediondo, prática de tortura, tráfico ilícito de entorpecentes e drogas afins, tráfico de pessoas e terrorismo.

> **ATENÇÃO!** Nem todo crime hediondo autoriza a concessão de livramento condicional! Sempre que o agente for pessoa condenada por crime hediondo ou equiparado com **resultado morte**, tal como ocorre, por exemplo, no crime de latrocínio consumado e homicídio qualificado, será vedado o livramento condicional. Veja-se o art. 112 da Lei de Execuções Penais:

Art. 112. A pena privativa de liberdade será executada em forma progressiva com a transferência para regime menos rigoroso, a ser determinada pelo juiz, quando o preso tiver cumprido ao menos:

I – 16% (dezesseis por cento) da pena, se o apenado for primário e o crime tiver sido cometido sem violência à pessoa ou grave ameaça;

II – 20% (vinte por cento) da pena, se o apenado for reincidente em crime cometido sem violência à pessoa ou grave ameaça;

III – 25% (vinte e cinco por cento) da pena, se o apenado for primário e o crime tiver sido cometido com violência à pessoa ou grave ameaça;

IV – 30% (trinta por cento) da pena, se o apenado for reincidente em crime cometido com violência à pessoa ou grave ameaça;

V – 40% (quarenta por cento) da pena, se o apenado for condenado pela prática de crime hediondo ou equiparado, se for primário;

VI – 50% (cinquenta por cento) da pena, se o apenado for:

a) condenado pela prática de crime hediondo ou equiparado, com resultado morte, se for primário, **vedado o livramento condicional**;

b) condenado por exercer o comando, individual ou coletivo, de organização criminosa estruturada para a prática de crime hediondo ou equiparado; ou

c) condenado pela prática do crime de constituição de milícia privada;

VII – 60% (sessenta por cento) da pena, se o apenado for reincidente na prática de crime hediondo ou equiparado;

VIII – 70% (setenta por cento) da pena, se o apenado for reincidente em crime hediondo ou equiparado com resultado morte, **vedado o livramento condicional**.

Compreende-se por reincidente específico aquele que pratica o mesmo crime (furto e depois outro furto) ou crime da mesma espécie (roubo e depois extorsão). Em outras palavras, o agente que pratica um furto e após a sua condenação com trânsito em julgado pratica outro crime de furto no período depurador é reincidente específico. Do mesmo modo, o agente que pratica um roubo e após a sua condenação com trânsito em julgado pratica o crime de extorsão é reincidente específico.

Quanto ao tema, é necessário observar a peculiaridade inerente ao crime de tráfico de drogas, pois nesse caso o agente não poderá obter o livramento quando for reincidente específico em crime de tráfico, pois reincidência específica nessa situação é exigida para fins de não concessão do livramento condicional.

A Lei de Drogas descreve no art. 44, parágrafo único, que os crimes previstos nos arts. 33, *caput* e § 1º, e 34 a 37 somente autorizam o livramento condicional após o cumprimento de dois terços da pena, vedada sua concessão ao reincidente específico. Assim, a previsão legal é mais restrita do que a descrita no art. 83, V, do Código Penal, portanto o agente que pratica o crime de tráfico de drogas depois de ter sido condenado em definitivo por algum crime hediondo pode obter o livramento após cumprir dois terços de sua pena caso não se trate de reincidência específica relacionada ao tráfico de drogas.

d) Não cometimento de falta grave nos últimos 12 meses.

Art. 83, III, *b* – não cometimento de falta grave nos últimos 12 (doze) meses.

As faltas graves estão definidas na Lei de Execução Penal, que descreve:

Art. 50. Comete falta grave o condenado à pena privativa de liberdade que:

I – incitar ou participar de movimento para subverter a ordem ou a disciplina;

II – fugir;

III – possuir, indevidamente, instrumento capaz de ofender a integridade física de outrem;

IV – provocar acidente de trabalho;

V – descumprir, no regime aberto, as condições impostas;

VI – inobservar os deveres previstos nos incisos II e V, do artigo 39, desta Lei;

VII – tiver em sua posse, utilizar ou fornecer aparelho telefônico, de rádio ou similar, que permita a comunicação com outros presos ou com o ambiente externo;

VIII – recusar submeter-se ao procedimento de identificação do perfil genético.

Parágrafo único. O disposto neste artigo aplica-se, no que couber, ao preso provisório.

Durante a execução, o condenado deve cumprir a pena obedecendo aos comandos de ordem e disciplina do estabelecimento carcerário, de modo que o cometimento de falta grave poderá resultar na aplicação de sanções disciplinares.

A falta grave não interrompe o prazo para o livramento condicional. Sobre a temática é importante o conhecimento da seguinte súmula do STJ:

> **Súmula n. 441 do STJ**: "A falta grave **não** interrompe o prazo para obtenção de livramento condicional" (grifo nosso).

Logo, o cometimento da falta não grave não interrompe o prazo para a obtenção do livramento condicional, porém é possível que a falta grave interrompa o prazo para a progressão de regime.

É importante registrar que essa previsão legal de não cometimento de falta grave nos últimos 12 meses não impede que o benefício não seja concedido, caso se verifique que não foi preenchido o primeiro requisito subjetivo exigido para a concessão do livramento condicional, qual seja: bom comportamento durante a execução da pena.

Assim, é legítimo que o julgador fundamente o indeferimento do pedido de livramento condicional em infrações disciplinares cometidas há mais de 12 meses, em razão da existência do requisito cumulativo contido na alínea *a* do art. 83 do inciso III do Código Penal, o qual determina que esse benefício será concedido apenas aos que demonstrarem bom comportamento durante a execução da pena[2].

Conforme mencionado, também existem requisitos subjetivos a serem cumpridos para fins de concessão do livramento condicional.

2.2 Requisitos subjetivos

a) Comprovação de bom comportamento durante a execução da pena.

Art. 83, III – comprovado:

a) bom comportamento durante a execução da pena;

Trata-se da necessidade de comprovar bom comportamento durante a execução. Essa comprovação não sofre limitação temporal. O STJ, no Tema 1.161[3], debruçou-se sobre o assunto, após a entrada em vigor da Lei n. 13.964/2019 (Pacote Anticrime), e definiu que o bom comportamento carcerário exigido deve considerar todo o histórico prisional do apenado. Assim, para fins de

---

[2] STJ, AgRg no HC n. 776.645/SP, 6ª Turma, Rel. Min. Laurita Vaz, j. 25.10.2022 (Info 756).
[3] REsp. n. 1.970.217/MG, 3ª Seção, Rel. Min. Ribeiro Dantas, por maioria, j. 24.05.2023. (Tema 1.161).

bom comportamento carcerário, considera-se todo o período da execução penal e, portanto, não se aplica limite temporal para aferição de requisito subjetivo com escopo na concessão do livramento condicional, que deve necessariamente considerar todo o período da execução da pena[4].

Essa comprovação é realizada por atestado de boa conduta carcerária elaborado pelo diretor do presídio.

b) Bom desempenho no trabalho que lhe foi atribuído.

Art. 83, III, *c* – bom desempenho no trabalho que lhe foi atribuído.

Trata-se de uma oportunidade conferida pelo legislador para que o apenado demonstre sua capacidade para a atividade laboral no cárcere ou fora da prisão.

Essa prova também pode ser elaborada por atestado do diretor do estabelecimento.

c) Aptidão para prover a própria subsistência mediante trabalho honesto.

Art. 83, III, *d* – aptidão para prover a própria subsistência mediante trabalho honesto.

Para a concessão do benefício, o condenado deve apresentar proposta de emprego ou demonstrar condições para o trabalho autônomo.

d) Para o condenado por crime doloso, cometido mediante violência ou grave ameaça à pessoa, a constatação de que o acusado apresenta condições pessoais que façam presumir que, uma vez liberado, não voltará a delinquir.

Art. 83 parágrafo único. Para o condenado por crime doloso, cometido com violência ou grave ameaça à pessoa, a concessão do livramento ficará também subordinada à constatação de condições pessoais que façam presumir que o liberado não voltará a delinquir.

Essa prova pode ser feita pelo exame criminológico, por parecer da Comissão Técnica de Classificação e outros meios.

É possível que o histórico do preso impeça a concessão do livramento condicional, pois o histórico prisional conturbado do apenado, somado ao crime praticado, afasta a constatação inequívoca do requisito subjetivo para a concessão do livramento condicional[5].

A lei não exige a realização do exame criminológico para obtenção do livramento condicional, porém também não o proíbe. Assim, o juiz pode determinar a realização desse exame, em decisão fundamentada, sempre que

---

[4] AgRg no REsp n. 1.961.829/MG, 5ª Turma, Min. Reynaldo Soares da Fonseca, *DJe* 19.11.2021.
[5] STJ, HC n. 734.064/SP, 5ª Turma, Rel. Min. Jesuíno Rissato (Desembargador convocado do TJDFT), j. 03.05.2022 (Info 735).

entender que as circunstâncias do caso concreto justificam a medida. É como entende o Superior Tribunal de Justiça[6]:

> Execução penal. *Habeas corpus*. Livramento condicional. Prévia oitiva do Conselho Penitenciário. Desnecessidade. Art. 112 da LEP, com nova redação dada pela Lei n. 10.792/2003.
> I – Para a concessão do benefício do livramento condicional, deve o acusado preencher os requisitos de natureza objetiva (lapso temporal) e subjetiva (bom comportamento carcerário), nos termos do art. 112 da LEP, com redação dada pela Lei n. 10.792/2003, **podendo o Magistrado, excepcionalmente, determinar a realização do exame criminológico, diante das peculiaridades da causa, desde que o faça em decisão concretamente fundamentada** (cf. HC 88.052/DF, Rel. Ministro Celso de Mello, DJ de 28.04.2006). (Precedentes).
> II – Dessa forma, muito embora a nova redação do art. 112 da Lei de Execução Penal não mais exija o exame criminológico, esse pode ser realizado, se o Juízo da Execução, diante das peculiaridades da causa, assim o entender, servindo de base para o deferimento ou indeferimento do pedido (Precedentes desta Corte e do Pretório Excelso/Informativo-STF n. 439).
> III – Evidenciado, *in casu*, que o Juízo de 1º grau dispensou a realização do exame criminológico, concedendo o benefício do livramento condicional ao paciente, não é permitido ao e. Tribunal *a quo* reformar esta decisão, e, por conseguinte, determinar prévia oitiva do Conselho Penitenciário, sem a devida fundamentação, ou condicionar o benefício a requisitos que não os constantes no texto legal. (Precedentes). *Habeas corpus* concedido.

Veja-se a Súmula n. 439 do Superior Tribunal de Justiça:

> **Súmula n. 439 do STJ:** "Admite-se o exame criminológico pelas peculiaridades do caso, desde que em decisão motivada".

3. CONDIÇÕES PARA O LIVRAMENTO CONDICIONAL

Uma das características do livramento, ou seja, da liberdade antecipada do apenado, é o fato de ela ser **condicionada**. As condições podem ser obrigatórias, quando impostas pela lei, ou facultativas, quando determinadas pelo juízo. As condições **obrigatórias** estão descritas na Lei de Execução Penal[7]:

- obter ocupação lícita, dentro de prazo razoável, se for apto para o trabalho;
- comunicar periodicamente ao juiz sua ocupação;
- não mudar do território da comarca do Juízo da execução, sem prévia autorização deste.

---

[6] HC n. 93.416/SP. Disponível em: https://scon.stj.jus.br/SCON/pesquisar.jsp.
[7] "Art. 132. Deferido o pedido, o Juiz especificará as condições a que fica subordinado o livramento.
§ 1º Serão sempre impostas ao liberado condicional as obrigações seguintes:
a) obter ocupação lícita, dentro de prazo razoável se for apto para o trabalho;
b) comunicar periodicamente ao Juiz sua ocupação;
c) não mudar do território da comarca do Juízo da execução, sem prévia autorização deste."

Observe que a obtenção de ocupação lícita pode ser dispensada se o apenado não for apto para o trabalho e não houver definição de prazo para fins de comunicação ao juízo da sua ocupação. Do mesmo modo, a lei não proíbe a mudança de endereço do apenado quando dentro da comarca. Somente será necessária a autorização quando existir mudança da comarca.

Se for permitido ao liberado residir fora da comarca do Juízo da execução, remeter-se-á cópia da sentença do livramento ao Juízo do lugar para onde ele se houver transferido e à autoridade incumbida da observação cautelar e de proteção. O liberado, no entanto, será advertido da obrigação de apresentar-se imediatamente às autoridades referidas.

As condições **facultativas** para o livramento também estão delineadas na Lei de Execução Penal. São elas[8]:

- não mudar de residência sem comunicação ao Juiz e à autoridade incumbida da observação cautelar e de proteção;
- recolher-se à habitação em hora fixada;
- não frequentar determinados lugares.

4. CARTA E CERIMÔNIA DE LIVRAMENTO

Depois de concedido o livramento condicional pelo juiz da execução penal, especificadas as condições ou obrigações a que terá que se submeter o liberado, será expedida a carta de livramento com cópia integral da sentença em duas vias, remetendo-a à autoridade administrativa incumbida da execução e outra ao Conselho Penitenciário:

> Art. 136. Concedido o benefício, será expedida a carta de livramento com a cópia integral da sentença em 2 (duas) vias, remetendo-se uma à autoridade administrativa incumbida da execução e outra ao Conselho Penitenciário.
>
> Art. 137. A cerimônia do livramento condicional será realizada solenemente no dia marcado pelo Presidente do Conselho Penitenciário, no estabelecimento onde está sendo cumprida a pena, observando-se o seguinte:
>
> I – a sentença será lida ao liberando, na presença dos demais condenados, pelo Presidente do Conselho Penitenciário ou membro por ele designado, ou, na falta, pelo Juiz;
>
> II – a autoridade administrativa chamará a atenção do liberando para as condições impostas na sentença de livramento;
>
> III – o liberando declarará se aceita as condições.

---

[8] Art. 132, § 2º "Poderão ainda ser impostas ao liberado condicional, entre outras obrigações, as seguintes:
a) não mudar de residência sem comunicação ao Juiz e à autoridade incumbida da observação cautelar e de proteção;
b) recolher-se à habitação em hora fixada;
c) não frequentar determinados lugares."

§ 1º De tudo em livro próprio, será lavrado termo subscrito por quem presidir a cerimônia e pelo liberando, ou alguém a seu rogo, se não souber ou não puder escrever.

§ 2º Cópia desse termo deverá ser remetida ao Juiz da execução.

Portanto, com a carta de livramento, será designada data para a cerimônia do livramento, que será realizada solenemente no dia marcado pelo presidente do Conselho Penitenciário, no estabelecimento onde está sendo cumprida a pena.

Nos termos da Lei de Execução Penal, a autoridade administrativa chamará a atenção do liberando para as condições impostas na sentença de livramento, perguntando-lhe se as aceita, devendo o liberando expressar sua vontade. De tudo, em livro próprio, será lavrado termo subscrito por quem presidir a cerimônia e pelo liberando, ou alguém a seu rogo, se não souber ou não puder escrever. A cópia desse termo deverá ser remetida ao juiz da execução[9].

5. LIBERAÇÃO DO CONDENADO E FORMALIDADES

Conforme a Lei de Execução Penal, ao sair do estabelecimento penal, será entregue ao apenado, além do saldo de seu pecúlio e do que lhe pertencer, uma caderneta, que exibirá à autoridade judiciária ou administrativa sempre que lhe for exigida. A caderneta conterá: a) a identificação do condenado; b) o texto impresso da seção V, do Capítulo I, do Título V, da Lei de Execução Penal, que cuida dos dispositivos legais relativos ao livramento condicional; c) as condições impostas (art. 138, § 1º, *a*, *b* e *c*, da Lei de Execução Penal).

Na falta da caderneta, será entregue ao liberado um salvo-conduto em que constem as condições do livramento, podendo substituir-se a ficha de identificação ou o seu retrato pela descrição dos sinais que possam identificá-lo (art. 138, § 2º, da Lei de Execução Penal). Na caderneta e no salvo-conduto, deverá haver espaço para consignar o cumprimento das condições referidas no art. 132 da Lei de Execução Penal.

6. CONCESSÃO DO LIVRAMENTO CONDICIONAL

O livramento condicional é concedido pelo juiz da execução, depois de ouvido o Ministério Público.

Apesar da previsão descrita no art. 131 da Lei de Execução Penal quanto à necessidade de ouvir também o Conselho Penitenciário, essa não é mais

---

[9] "Art. 137. A cerimônia do livramento condicional será realizada solenemente no dia marcado pelo Presidente do Conselho Penitenciário, no estabelecimento onde está sendo cumprida a pena, observando-se o seguinte: I – a sentença será lida ao liberando, na presença dos demais condenados, pelo Presidente do Conselho Penitenciário ou membro por ele designado, ou, na falta, pelo Juiz; II – a autoridade administrativa chamará a atenção do liberando para as condições impostas na sentença de livramento; III – o liberando declarará se aceita as condições.§ 1º De tudo em livro próprio, será lavrado termo subscrito por quem presidir a cerimônia e pelo liberando, ou alguém a seu rogo, se não souber ou não puder escrever.§ 2º Cópia desse termo deverá ser remetida ao Juiz da execução."

requisitada. Essa temática foi objeto de discussão pelo Superior Tribunal de Justiça que assim compreendeu[10]:

> Criminal. Recurso especial. Livramento condicional. Concessão. Parecer prévio do Conselho Penitenciário. Desnecessidade. Recurso desprovido.
> I. A nova redação do art. 112 da LEP, dada pela Lei 10.792/03 – que estabeleceu novo procedimento para a concessão da progressão do regime, determinando que o mesmo proceder fosse aplicado na concessão do livramento condicional –, **deixa para trás a exigência de prévia oitiva do Conselho Penitenciário, exigida no art. 131 da LEP, para a concessão do livramento condicional**.
> II. A mesma Lei 10.792/03 acabou por modificar, também, o inciso I do art. 70 da LEP, retirando desse órgão a atribuição para emitir parecer sobre livramento condicional, constante na redação original do dispositivo.
> III. Recurso desprovido.

Assim, o disposto no art. 131 da Lei de Execução Penal, que descreve: "Art. 131. O livramento condicional poderá ser concedido pelo Juiz da execução, presentes os requisitos do artigo 83, incisos e parágrafo único, do Código Penal, ouvidos o Ministério Público e Conselho Penitenciário" deve ser lido da seguinte maneira: "Art. 131. O livramento condicional poderá ser concedido pelo Juiz da execução, presentes os requisitos do artigo 83, incisos e parágrafo único, do Código Penal, **ouvido o Ministério Público**".

7. TEMPO DE DURAÇÃO DO LIVRAMENTO

O livramento condicional perdurará durante o tempo que resta da pena. Assim, caso Roberto tenha sido condenado a uma pena de seis anos de reclusão, após cumprir mais de um terço de pena e atendidos os demais requisitos, faltará a ele cumprir durante o livramento condicional pouco menos de quatro anos.

Durante esse período, o condenado deverá cumprir as condições impostas sob pena de revogação do benefício. O tempo em que o apenado está em livramento condicional é conhecido como **período de prova**.

> **ATENÇÃO!** O término do prazo do livramento condicional deve coincidir com o alcance do limite do art. 75 do Código Penal, que prevê que o limite máximo de cumprimento da pena é 40 anos:

> Art. 75. O tempo de cumprimento das penas privativas de liberdade não pode ser superior a 40 (quarenta) anos.

Ao apreciar a temática, o Superior Tribunal de Justiça decidiu, com norte dos princípios da isonomia e da razoabilidade, que o instituto do livramento

---
[10] REsp n. 773.635/DF. Disponível em: https://scon.stj.jus.br/SCON/pesquisar.jsp.

condicional produz os mesmos efeitos para quaisquer dos apenados que nele ingressam, e tais efeitos ao apenado não devem ser alterados no decorrer do período de prova, ressalvado o regramento legal a respeito da revogação, devendo o término do prazo do livramento condicional coincidir com o alcance do limite do art. 75 do Código Penal. Um dia em livramento condicional corresponde a um dia em cumprimento de pena privativa de liberdade, exceto em hipótese de revogação, observado o disposto nos arts. 88 do Código Penal e 141 da Lei de Execução Penal[11].

Portanto, o juiz da Execução Penal, quando conceder o livramento condicional, observará a pena privativa de liberdade resultante da sentença condenatória, e a duração do período de prova deverá corresponder ao restante da pena privativa de liberdade a cumprir, limitada ao disposto no art. 75 do Código Penal.

8. REVOGAÇÃO DO LIVRAMENTO CONDICIONAL

Algumas situações podem gerar a revogação do livramento condicional. Sempre que o apenado for **condenado** à **pena privativa de liberdade**, em sentença **irrecorrível** por crime anterior ou cometido durante a vigência do benefício, será revogado o livramento condicional[12].

A revogação *supra* descreve a obrigatoriedade da revogação pelo juízo da execução penal. No entanto, há casos em que a revogação será **facultativa**[13]. Os casos de revogação facultativa são:

---

[11] REsp n. 1.922.012/ RS (2021/0041189-6), Rel. Min. Joel Ilan: "Penal. Execução penal. Lei de Execução Penal. Recurso especial do Ministério Público. 1) Violação ao art. 75 do Código Penal. Inocorrência. Período de prova do livramento condicional que deve se encerrar e ser computado como cumprimento de pena privativa de liberdade caso atingido o limite temporal do art. 75 do CP. Princípios da isonomia e da razoabilidade. 1.1.) Análise topográfica. 2) Duração do livramento condicional que não se confunde com requisito objetivo para concessão do referido instituto. 3) Recurso especial desprovido. 1. Com o norte dos princípios da isonomia e da razoabilidade, pode-se afirmar que o instituto do livramento condicional deve produzir os mesmos efeitos para quaisquer dos apenados que nele ingressem e tais efeitos ao apenado não devem ser alterados no decorrer do período de prova, ressalvado o regramento legal a respeito da revogação, devendo o término do prazo do livramento condicional coincidir com o alcance do limite do art. 75 do CP. Um dia em livramento condicional corresponde a um dia em cumprimento de pena privativa de liberdade, exceto em hipótese de revogação, observado o disposto nos arts. 88 do CP e 141 da LEP. 1.1. Uma análise topográfica da LEP ampara uma interpretação no sentido de que o livramento condicional configura forma de cumprimento das penas privativas de liberdade, embora as condicionantes sejam restritivas de liberdade. 2. Cumpre ressaltar que a consideração do período de prova para alcance do limite do art. 75 do CP não se confunde com o requisito objetivo para obtenção do direito ao livramento condicional. Em termos práticos, o Juiz da Execução Penal, para conceder o livramento condicional, observará a pena privativa de liberdade resultante de sentença(s) condenatória(s) (Súmula n. 715 do STF). Alcançado o requisito objetivo para fins de concessão do livramento condicional, a duração dele (o período de prova) será correspondente ao restante de pena privativa de liberdade a cumprir, limitada ao disposto no art. 75 do CP. 3. Recurso especial desprovido".

[12] É o que descreve o art. 86 do Código Penal: "Art. 86. Revoga-se o livramento, se o liberado vem a ser condenado a pena privativa de liberdade, em sentença irrecorrível: (Redação dada pela Lei nº 7.209, de 11.07.1984.) I – por crime cometido durante a vigência do benefício; (Redação dada pela Lei nº 7.209, de 11.07.1984.) II – por crime anterior, observado o disposto no art. 84 deste Código. (Redação dada pela Lei nº 7.209, de 11.07.1984.)"

[13] "Revogação facultativa. Art. 87. O juiz poderá, também, revogar o livramento, se o liberado deixar de cumprir qualquer das obrigações constantes da sentença, ou for irrecorrivelmente condenado, por crime ou contravenção, a pena que não seja privativa de liberdade. (Redação dada pela Lei nº 7.209, de 11.07.1984.)"

- liberado deixar de cumprir qualquer das obrigações constantes da sentença;
- liberado for irrecorrivelmente condenado, por crime ou contravenção, à pena que não seja privativa de liberdade.

9. EFEITOS DA REVOGAÇÃO

Revogado o livramento, não poderá ser novamente concedido, e, salvo quando a revogação resulta de condenação por outro crime anterior àquele benefício, não se desconta na pena o tempo em que esteve solto o condenado (art. 88 do Código Penal).

10. EXTINÇÃO DA PENA PELO LIVRAMENTO CONDICIONAL

Se até o seu término o livramento condicional não for revogado, considerar-se-á extinta a pena privativa de liberdade. Assim, expirado o prazo sem que tenha havido revogação, reputa-se extinta a pena privativa de liberdade do agente.

> **ATENÇÃO!** O juiz não poderá declarar extinta a pena enquanto não passar em julgado a sentença em processo a que responde o liberado, por crime cometido na vigência do livramento. Logo, deverá existir uma decisão judicial (expressa) sobre a prorrogação ou suspensão do livramento.

Veja-se a **Súmula n. 617 do STJ**: "A ausência de suspensão ou revogação do livramento condicional antes do término do período de prova enseja a extinção da punibilidade pelo integral cumprimento da pena".

O período de prova deverá ser, portanto, prorrogado até o julgamento definitivo nos termos do art. 89 do Código Penal ou deverá ser suspenso nos termos da Lei de Execução Penal (art. 145 da Lei de Execução Penal), quando o juiz da execução penal estará autorizado a ordenar o recolhimento cautelar do apenado[14].

11. QUESTÕES DE CONCURSOS

Questão 1

(FUNDATEC – SUSEPE-RS – 2022 – Técnico Superior Penitenciário – Direito) O Código Penal indica como um dos requisitos para o livramento condicional o juiz ter aplicado na sentença pena privativa de liberdade:

---

[14] "Art. 145. Praticada pelo liberado outra infração penal, o Juiz poderá ordenar a sua prisão, ouvidos o Conselho Penitenciário e o Ministério Público, suspendendo o curso do livramento condicional, cuja revogação, entretanto, ficará dependendo da decisão final."

A) Inferior a um ano.
B) Igual ou superior a um ano.
C) Inferior a dezoito meses.
D) Inferior a dois anos.
E) Igual ou superior a dois anos.

Questão 2

(CESPE/CEBRASPE – PC-ES – 2022 – Delegado de Polícia) De acordo com o artigo 83 do Código Penal, o juiz poderá conceder livramento condicional ao condenado a pena privativa de liberdade igual ou superior a dois anos, desde que o condenado:

A) Não seja reincidente.
B) Não tenha cometido falta grave nos últimos dois anos.
C) Tenha reparado o dano causado pela infração, salvo efetiva impossibilidade de fazê-lo.
D) Tenha cumprido mais de 2/5 da pena, nos casos de condenação por crime hediondo.
E) Tenha cumprido mais de 1/6 da pena, se não for reincidente em crime doloso, e mais da metade da pena, se for reincidente em crime doloso.

Questão 3

(FGV – TCE-TO – 2022 – Analista Técnico – Direito) Em relação aos requisitos para o livramento condicional, é correto afirmar que:

A) A ausência de falta grave no período de doze meses é suficiente para satisfazer o requisito exigido para concessão do benefício.
B) Faltas disciplinares ocorridas no período anterior a doze meses não podem ser consideradas pelo Juízo das Execuções Penais para aferir fundamentadamente o mérito do apenado.
C) Faltas disciplinares ocorridas no período anterior a doze meses podem ser consideradas pelo Juízo das Execuções Penais para aferir fundamentadamente o mérito do apenado.
D) A ausência de falta grave no período de seis meses é suficiente para satisfazer o requisito exigido para concessão do benefício.
E) A demonstração da aptidão para prover a própria subsistência mediante qualquer atividade é suficiente para satisfazer o requisito exigido para concessão do benefício.

Questão 4

(CESPE/CEBRASPE – DPE-TO – 2022 – Defensor Público Substituto) Acerca do livramento condicional, assinale a opção correta.

A) Segundo posicionamento do STJ, por ser requisito subjetivo, a análise de cometimento de falta grave nos últimos doze meses limita a aferição do requisito do comportamento carcerário do reeducando, por não se poderem considerar as anotações de faltas disciplinares pretéritas e de longa data.

B) De acordo com o Código Penal, o livramento condicional será obrigatoriamente revogado se, no curso do período de prova, o beneficiário for condenado irrecorrivelmente por crime praticado durante o livramento, com imposição de pena restritiva de direitos.

C) Segundo as leis de regência, a prática de contravenção penal durante o período de livramento constitui motivo idôneo para a suspensão do benefício até a decisão final do processo em que se apura aquela infração, podendo o juiz decretar a prisão do beneficiário após oitiva do Conselho Penitenciário e do Ministério Público.

D) O STJ não admite, ante a falta de previsão legal, que, para a concessão do livramento condicional ao condenado primário por crime de associação ao tráfico (art. 35 da Lei n.º 11.343/2006) e de bons antecedentes, este deva cumprir dois terços da pena, como aplicável aos condenados por tráfico de drogas, em razão da vedação de analogia *in malam partem*.

E) Segundo jurisprudência pacificada dos tribunais superiores, a prática de crime durante o livramento condicional enseja a suspensão e a prorrogação automática do benefício até o fim do processo em que se apura o delito, prescindindo-se de decisão judicial.

GABARITO: 1. E; 2. C; 3. C; 4. C.

CAPÍTULO 34

Efeitos da condenação

RUTH ARAÚJO VIANA

1. INTRODUÇÃO

O principal efeito da condenação é a submissão do apenado à sanção imposta pela sentença condenatória transitada em julgado. Contudo, para além dessa sanção, há outras consequências legais que serão submetidas ao condenado, como a reincidência, a necessidade de reparar o dano... Por essa razão, a doutrina divide os efeitos da condenação em efeitos penais (principais e secundários) e efeitos extrapenais.

Os efeitos penais são divididos em efeito principal, qual seja a imposição da sanção penal e execução forçada para cumprimento, e efeitos secundários são os efeitos imediatos que decorrem dessa condenação, como a reincidência e maus antecedentes, revogação de *sursis*, revogação de livramento condicional, entre outros.

Os efeitos extrapenais, ou seja, que transbordam a seara da sanção penal, são divididos em genéricos e específicos. Passaremos, neste momento, a estudar cada um deles.

2. EFEITOS EXTRAPENAIS GENÉRICOS

São efeitos da condenação:

Efeitos genéricos e específicos
Art. 91. São efeitos da condenação:

I – tornar certa a obrigação de indenizar o dano causado pelo crime;

II – a perda em favor da União, ressalvado o direito do lesado ou de terceiro de boa-fé:

a) dos instrumentos do crime, desde que consistam em coisas cujo fabrico, alienação, uso, porte ou detenção constitua fato ilícito;

b) do produto do crime ou de qualquer bem ou valor que constitua proveito auferido pelo agente com a prática do fato criminoso.

Tornar certa a obrigação de indenizar o dano causado pelo crime determina que a sentença condenatória transitada em julgado é título judicial cabível de execução perante o juízo cível:

Código de Processo Civil
Art. 515. São títulos executivos judiciais, cujo cumprimento dar-se-á de acordo com os artigos previstos neste Título:
(...)
VI – a sentença penal condenatória transitada em julgado.

É importante mencionar que a obrigação de indenizar nem sempre será executada imediatamente. Há casos em que a sentença penal não definirá nenhum valor de indenização (*quantum debeatur*). Assim, a vítima ou seus sucessores têm que, antes de executar o título, promover a sua liquidação. O legislador, no entanto, trouxe uma facilidade para acelerar esse processo, prevendo que o juiz, ao condenar o réu, já estabeleça na sentença condenatória um valor mínimo para que o condenado repare o dano causado:

Art. 387. O juiz, ao proferir sentença condenatória:
(...)
IV – fixará valor mínimo para reparação dos danos causados pela infração, considerando os prejuízos sofridos pelo ofendido.

Logo, o juiz já fixará na sentença um valor certo para a reparação dos danos, não sendo necessário que a vítima ou seus sucessores promovam a liquidação, bastando que execute esse valor caso não seja pago voluntariamente pelo condenado. Nada obsta, no entanto, que seja feita a liquidação para a apuração do dano efetivamente sofrido:

Art. 63. Transitada em julgado a sentença condenatória, poderão promover-lhe a execução, no juízo cível, para o efeito da reparação do dano, o ofendido, seu representante legal ou seus herdeiros.
Parágrafo único. Transitada em julgado a sentença condenatória, a execução poderá ser efetuada pelo valor fixado nos termos do inciso IV do *caput* do art. 387 deste Código sem prejuízo da liquidação para a apuração do dano efetivamente sofrido.

É importante mencionar que o juiz, ao proferir sentença penal condenatória, no momento de fixar o valor mínimo para a reparação dos danos causados pela infração (art. 387, IV, do CPP), pode, sentindo-se apto diante de um caso concreto, quantificar, ao menos o mínimo, o valor do dano moral sofrido pela vítima, desde que fundamente essa opção[1].

Quanto ao confisco dos instrumentos e produtos do crime, objetiva-se impedir a propagação dos instrumentos utilizados para a prática de delitos, a exemplo de armas de fogo, do mesmo modo não permitir o enriquecimento ilícito do condenado, caso típico do crime de tráfico de drogas, e também desmantelar as organizações criminosas. Também será confiscado o produto do crime, ou seja, o proveito auferido pelo agente com a prática do fato criminoso.

Poderá ser decretada a perda de bens ou valores equivalentes ao produto ou proveito do crime quando estes não forem encontrados ou quando se localizarem no exterior[2].

Transitada em julgado a sentença condenatória, o juiz, de ofício ou a requerimento do interessado ou do Ministério Público, determinará a

---

[1] "Direito processual penal. Possibilidade de fixação de valor mínimo para compensação de danos morais sofridos pela vítima de infração penal.
O juiz, ao proferir sentença penal condenatória, no momento de fixar o valor mínimo para a reparação dos danos causados pela infração (art. 387, IV, do CPP), pode, sentindo-se apto diante de um caso concreto, quantificar, ao menos o mínimo, o valor do dano moral sofrido pela vítima, desde que fundamente essa opção. De fato, a legislação penal brasileira sempre buscou incentivar o ressarcimento à vítima. Essa conclusão pode ser extraída da observação de algumas regras do CP: a) art. 91, I – a obrigação de reparar o dano é um efeito da condenação; b) art. 16 – configura causa de diminuição da pena o agente reparar o dano ou restituir a coisa ao ofendido; c) art. 65, III, 'b' – a reparação do dano configura atenuante genérica etc. Mas, apesar de incentivar o ressarcimento da vítima, a regra em nosso sistema judiciário era a separação de jurisdição, em que a ação penal destinava-se à condenação do agente pela prática da infração penal, enquanto a ação civil tinha por objetivo a reparação do dano. No entanto, apesar de haver uma separação de jurisdição, a sentença penal condenatória possuía o *status* de título executivo judicial, que, no entanto, deveria ser liquidado perante a jurisdição civil. Com a valorização dos princípios da economia e celeridade processual e considerando que a legislação penal brasileira sempre buscou incentivar o ressarcimento à vítima, surgiu a necessidade de repensar esse sistema, justamente para que se possa proteger com maior eficácia o ofendido, evitando que o alto custo e a lentidão da justiça levem a vítima a desistir de pleitear a indenização civil. Dentro desse novo panorama, em que se busca dar maior efetividade ao direito da vítima em ver ressarcido o dano sofrido, a Lei n. 11.719/2008 trouxe diversas alterações ao CPP, dentre elas, o poder conferido ao magistrado penal de fixar um valor mínimo para a reparação civil do dano causado pela infração penal, sem prejuízo da apuração do dano efetivamente sofrido pelo ofendido na esfera cível. No Brasil, embora não se tenha aderido ao sistema de unidade de juízo, essa evolução legislativa indica, sem dúvidas, o reconhecimento da natureza cível da verba mínima para a condenação criminal. Antes da alteração legislativa, a sentença penal condenatória irrecorrível era um título executório incompleto, porque embora tornasse certa a exigibilidade do crédito, dependia de liquidação para apurar o *quantum* devido. Assim, ao impor ao juiz penal a obrigação de fixar valor mínimo para reparação dos danos causados pelo delito, considerando os prejuízos sofridos pelo ofendido, está-se ampliando o âmbito de sua jurisdição para abranger, embora de forma limitada, a jurisdição cível, pois o juiz penal deverá apurar a existência de dano civil, não obstante pretenda fixar apenas o valor mínimo. Dessa forma, junto com a sentença penal, haverá uma sentença cível líquida que, mesmo limitada, estará apta a ser executada. E quando se fala em sentença cível, em que se apura o valor do prejuízo causado a outrem, vale lembrar que, além do prejuízo material, também deve ser observado o dano moral que a conduta ilícita ocasionou. E nesse ponto, embora a legislação tenha introduzido essa alteração, não regulamentou nenhum procedimento para efetivar a apuração desse valor nem estabeleceu qual o grau de sua abrangência, pois apenas se referiu a 'apuração do dano efetivamente sofrido'. Assim, para que se possa definir esses parâmetros, deve-se observar o escopo da própria alteração legislativa: promover maior eficácia ao direito da vítima em ver ressarcido o dano sofrido. Assim, considerando que a norma não limitou nem regulamentou como será quantificado o valor mínimo para a indenização e considerando que a legislação penal sempre priorizou o ressarcimento da vítima em relação aos prejuízos sofridos, o juiz que se sentir apto, diante de um caso concreto, a quantificar, ao menos o mínimo, o valor do dano moral sofrido pela vítima, não poderá ser impedido de o fazer" (STJ, REsp n. 1.585.684/DF, Rel. Min. Maria Thereza de Assis Moura, j. 09.08.2016, DJe 24.08.2016. Disponível em: https://processo.stj.jus.br/jurisprudencia/externo/informativo/?aplicacao=informativo&acao=pesquisar&livre=@cnot=016006 – grifo nosso).

[2] Art. 91, § 1º, do Código Penal.

avaliação e a venda dos bens em leilão público cujo perdimento tenha sido decretado[3].

Passando em julgado a sentença condenatória, serão os autos de hipoteca ou arresto remetidos ao juiz do cível[4].

É importante mencionar que o juiz poderá autorizar, constatado o interesse público, a utilização de bem sequestrado, apreendido ou sujeito a qualquer medida assecuratória pelos órgãos de segurança pública previstos no art. 144 da Constituição Federal[5], do sistema prisional, do sistema socioeducativo, da Força Nacional de Segurança Pública e do Instituto Geral de Perícia, para o desempenho de suas atividades. Também será possível, demonstrado o interesse público, o juiz autorizar o uso do bem pelos demais órgãos públicos. Assim, quando transitada em julgado a sentença penal condenatória com a decretação de perdimento dos bens, ressalvado o direito do lesado ou terceiro de boa-fé, o juiz poderá determinar a transferência definitiva da propriedade ao órgão público beneficiário ao qual foi custodiado o bem[6].

Não é possível a imposição de efeitos próprios de sentença penal condenatória à transação penal.

O tema foi pacificado pelo Supremo Tribunal Federal no *leading case* Recurso Extraordinário n. 795.567[7]. Segundo a Suprema Corte, as consequências jurídicas extrapenais previstas no art. 91 do Código Penal são decorrentes de sentença penal condenatória. Tal não ocorre, portanto, quando há transação penal (art. 76 da Lei 9.099/1995), cuja sentença tem natureza meramente homologatória, sem qualquer juízo sobre a responsabilidade criminal do aceitante. As consequências geradas pela transação penal são essencialmente aquelas estipuladas por modo consensual no respectivo instrumento de acordo.

---

[3] Art. 133 do Código de Processo Penal.
[4] Art. 143 do Código de Processo Penal.
[5] "CAPÍTULO III
DA SEGURANÇA PÚBLICA
Art. 144. A segurança pública, dever do Estado, direito e responsabilidade de todos, é exercida para a preservação da ordem pública e da incolumidade das pessoas e do patrimônio, através dos seguintes órgãos: I – polícia federal; II – polícia rodoviária federal; III – polícia ferroviária federal; IV – polícias civis; V – polícias militares e corpos de bombeiros militares; VI – polícias penais federal, estaduais e distrital."
[6] Art. 133-A do Código de Processo Penal.
[7] Recurso Extraordinário n. 795.567/PR: "Constitucional e penal. Transação penal. Cumprimento da pena restritiva de direito. Posterior determinação judicial de confisco do bem apreendido com base no art. 91, II, do Código Penal. Afronta à garantia do devido processo legal caracterizada. 1. Tese: os efeitos jurídicos previstos no art. 91 do Código Penal são decorrentes de sentença penal condenatória. Tal não se verifica, portanto, quando há transação penal (art. 76 da Lei 9.099/95), cuja sentença tem natureza homologatória, sem qualquer juízo sobre a responsabilidade criminal do aceitante. As consequências da homologação da transação são aquelas estipuladas de modo consensual no termo de acordo. 2. Solução do caso: tendo havido transação penal e sendo extinta a punibilidade, ante o cumprimento das cláusulas nela estabelecidas, é ilegítimo o ato judicial que decreta o confisco do bem (motocicleta) que teria sido utilizado na prática delituosa. O confisco constituiria efeito penal muito mais gravoso ao aceitante do que os encargos que assumiu na transação penal celebrada (fornecimento de cinco cestas de alimentos). 3. Recurso extraordinário a que se dá provimento" (Disponível em: https://portal.stf.jus.br/processos/downloadPeca.asp?id=307689921&ext=.pdf).

2.1 Do confisco alargado

O confisco alargado foi introduzido no Código Penal por meio do Pacote Anticrime e consiste no confisco do patrimônio incongruente do investigado. Explica Leonardo Fleischfresser[8]:

> O confisco alargado (artigo 91-A, CP) introduzido pelo pacote anticrime (Lei 13.964/2019) acrescentou uma nova modalidade de perda patrimonial no âmbito do direito e processo penal. Se outrora a perda comum (artigo 91, II, "b" c.c. § 1.º, do Código Penal brasileiro) estava diretamente ligada com o crime investigado e no qual havia uma condenação, e então se dava por perdido os produtos da infração, o confisco alargado tem relação com o patrimônio incongruente do investigado. Trata-se de evolução legislativa, em vista à maior imposição de medidas contra a delinquência organizada.

Considerando que se trata de uma hipótese alargada para o confisco, alguns requisitos a mais deverão ser preenchidos para a sua aplicação. Vejamos o que diz o art. 91-A do Código Penal:

> Art. 91-A. Na hipótese de condenação por infrações às quais a lei comine **pena máxima superior a 6 (seis) anos de reclusão**, poderá ser decretada a perda, como produto ou proveito do crime, dos bens correspondentes à **diferença entre o valor do patrimônio do condenado** e aquele que seja compatível com o seu **rendimento lícito**.
> § 1º Para efeito da perda prevista no **caput** deste artigo, entende-se por patrimônio do condenado todos os bens:
> I – de sua titularidade, ou em relação aos quais ele tenha o domínio e o benefício direto ou indireto, na data da infração penal ou recebidos posteriormente; e
> II – transferidos a terceiros a título gratuito ou mediante contraprestação irrisória, a partir do início da atividade criminal.
> § 2º O condenado poderá demonstrar a inexistência da incompatibilidade ou a procedência lícita do patrimônio.
> § 3º A perda prevista neste artigo deverá ser requerida expressamente pelo Ministério Público, por ocasião do oferecimento da denúncia, com indicação da diferença apurada.
> § 4º Na sentença condenatória, o juiz deve declarar o valor da diferença apurada e especificar os bens cuja perda for decretada.
> § 5º Os instrumentos utilizados para a prática de crimes por organizações criminosas e milícias deverão ser declarados perdidos em favor da União ou do Estado, dependendo da Justiça onde tramita a ação penal, ainda que não ponham em perigo a segurança das pessoas, a moral ou a ordem pública, nem ofereçam sério risco de ser utilizados para o cometimento de novos crimes (grifos nossos).

---

[8] FLEISCHFRESSER, Leonardo. O confisco alargado, referibilidade e seu comparativo europeu. *Conjur*. 5 out. 2022. Disponível em: https://www.conjur.com.br/2022-out-05/leonardo-fleischfresser-confisco-alargado. Acesso em: 20 mar. 2023.

Observa-se, portanto, que não é todo e qualquer crime que admitirá o confisco alargado. Alguns requisitos devem ser preenchidos, quais sejam:
- Condenação por crime cuja pena máxima seja superior a seis anos. Ex.: tráfico de drogas.
- Incompatibilidade do patrimônio do agente com a sua renda lícita.

Essa incompatibilidade do patrimônio do agente com a sua renda lícita deverá ser investigada ainda na fase inquisitorial, pois deverá ser requerida expressamente pelo Ministério Público, por ocasião do oferecimento da denúncia, com indicação da diferença apurada.

É importante mencionar que o confisco alargado ou perda alargada só poderá recair sobre os bens de titularidade do condenado ou que ele tenha domínio ou se beneficie direta ou indiretamente deles ou que tenha transferido a terceiros a título gratuito ou mediante contraprestação irrisória, a partir do início da atividade criminal (art. 91-A, § 1º, I e II, do Código Penal). Para fins de fixação dos diferentes tipos de confisco após a sentença condenatória apresenta-se o seguinte quadro:

CONFISCO DE BENS NA SENTENÇA PENAL CONDENATÓRIA		
TABELA DE FIXAÇÃO		
CONFISCO CLÁSSICO	**CONFISCO ALARGADO**	**CONFISCO POR EQUIVALÊNCIA**
Previsto no art. 91, II, *a* e *b*, do Código Penal.	Previsto no art. 91-A do Código Penal.	Previsto no art. 91, § 1º, do Código Penal.
Art. 91. São efeitos da condenação: II – a perda em favor da União, ressalvado o direito do lesado ou de terceiro de boa-fé: a) dos instrumentos do crime, desde que consistam em coisas cujo fabrico, alienação, uso, porte ou detenção constitua fato ilícito; b) do produto do crime ou de qualquer bem ou valor que constitua proveito auferido pelo agente com a prática do fato criminoso.	Art. 91-A. Na hipótese de condenação por infrações às quais a lei comine **pena máxima superior a 6 (seis) anos de reclusão**, poderá ser decretada a perda, como produto ou proveito do crime, dos bens correspondentes à **diferença entre o valor do patrimônio do condenado e aquele que seja compatível com o seu rendimento lícito (Lei 13.964/2019).**	Art. 91, § 1º Poderá ser decretada a perda de bens ou valores equivalentes ao produto ou proveito do crime quando estes não forem encontrados ou quando se localizarem no exterior. (Lei nº **12.694**, de 2012.)

CONFISCO DE BENS NA SENTENÇA PENAL CONDENATÓRIA		
TABELA DE FIXAÇÃO		
CONFISCO CLÁSSICO	**CONFISCO ALARGADO**	**CONFISCO POR EQUIVALÊNCIA**
Consiste na hipótese penal clássica de perdimento do bem utilizado como instrumento do crime ou do bem auferido com a prática do fato criminoso.	Consiste em uma hipótese legal alargada de perdimento bens na sentença condenatória que **autoriza o perdimento de bens não conectados diretamente ao crime**. Corresponde à diferença entre o valor do patrimônio do condenado e aquele que seja compatível com o seu rendimento lícito.	Consiste em uma hipótese de perdimento de bens por equivalência, quando o produto ou o proveito direto do crime julgado **não é encontrado ou se localize no exterior**.

2.2 Diferença entre o confisco alargado do Código Penal e o previsto na Lei de Drogas

A Lei 13.886 de 2019 também introduziu na Lei de Drogas a hipótese de confisco alargado, porém, diferentemente do que ocorre no Código Penal, para fins de aplicação desse tipo de perdimento de bens, deverão ser cumpridos requisitos objetivos e subjetivos, quais sejam:

- que o valor do patrimônio do condenado seja superior ao valor que seria compatível com o seu rendimento lícito;
- **que seja cominado ao crime pena em abstrato da Lei de Drogas superior a seis anos de reclusão;**
- que o condenado possua conduta criminosa habitual, reiterada ou profissional, ou, então, que ele possua vinculação com organização criminosa.

Art. 63-F. Na hipótese de condenação por infrações às quais esta Lei comine pena máxima superior a 6 (seis) anos de reclusão, poderá ser decretada a perda, como produto ou proveito do crime, dos bens correspondentes à diferença entre o valor do patrimônio do condenado e aquele compatível com o seu rendimento lícito.

§ 1º A decretação da perda prevista no *caput* deste artigo fica condicionada à existência de elementos probatórios que indiquem conduta criminosa habitual, reiterada ou profissional do condenado ou sua vinculação a organização criminosa. (

§ 2º Para efeito da perda prevista no *caput* deste artigo, entende-se por patrimônio do condenado todos os bens:

I – de sua titularidade, ou sobre os quais tenha domínio e benefício direto ou indireto, na data da infração penal, ou recebidos posteriormente; e

II – transferidos a terceiros a título gratuito ou mediante contraprestação irrisória, a partir do início da atividade criminal.

§ 3º O condenado poderá demonstrar a inexistência da incompatibilidade ou a procedência lícita do patrimônio.

São exemplos de delitos que admitem o confisco alargado pela Lei de Drogas o art. 33, *caput* e § 1º (tráfico de drogas e condutas equiparadas), art. 34 (tráfico de maquinário), art. 35 (associação para o tráfico) e art. 36 (financiamento do tráfico e assemelhados).

Observe que o Código Penal exige para o confisco alargado tão somente que o valor do patrimônio do condenado seja superior ao valor que seria compatível com o seu rendimento lícito e que seja cominado ao crime cuja pena em abstrato seja superior a seis anos de reclusão. Logo, exclui a comprovação prevista na Lei de Drogas que a conduta criminosa deve ser habitual, reiterada ou profissional do condenado ou que exista vinculação com organização criminosa.

3. EFEITOS EXTRAPENAIS ESPECÍFICOS

Os efeitos extrapenais específicos não são automáticos e, portanto, o magistrado deve declarar expressamente e de maneira fundamentada a aplicação de tais efeitos na sentença penal condenatória. São eles:

Art. 92. São também efeitos da condenação:

I – a perda de cargo, função pública ou mandato eletivo:

a) quando aplicada pena privativa de liberdade por tempo igual ou superior a um ano, nos crimes praticados com abuso de poder ou violação de dever para com a Administração Pública;

b) quando for aplicada pena privativa de liberdade por tempo superior a 4 (quatro) anos nos demais casos;

II – a incapacidade para o exercício do poder familiar, da tutela ou da curatela nos crimes dolosos sujeitos à pena de reclusão cometidos contra outrem igualmente titular do mesmo poder familiar, contra filho, filha ou outro descendente ou contra tutelado ou curatelado;

III – a inabilitação para dirigir veículo, quando utilizado como meio para a prática de crime doloso.

Parágrafo único. Os efeitos de que trata este artigo **não são automáticos**, devendo ser motivadamente declarados na sentença.

Quanto à perda do cargo e da função pública, temos um efeito de natureza administrativa. Conforme o parágrafo único do art. 92 e a jurisprudência do STJ[9], esse efeito (perda do cargo) não é automático, devendo ser motivadamente declarado na sentença, ou seja, a determinação da perda de

---

[9] STJ, REsp n. 1.044.866/MG, 6ª Turma, Rel. Min. Rogério Schietti Cruz, j. 02.10.2014 (Info 549). Disponível em: https://www.jusbrasil.com.br/jurisprudencia/stj/153309606.

cargo público pressupõe **fundamentação concreta** que justifique o cabimento e a necessidade da medida. Vejamos:

> Recurso especial. Penal. Homicídio simples. Perda do cargo público. Fundamentação. Necessidade. Recurso provido. 1. Para que seja declarada a perda do cargo público, na hipótese descrita no art. 92, inciso I, alínea *b*, do Código Penal, são necessários dois requisitos: a) que o *quantum* da sanção penal privativa de liberdade seja superior a 4 anos; e b) que a decisão proferida apresente-se de forma motivada, com a explicitação das razões que ensejaram o cabimento da medida. 2. Embora o artigo 92, inciso I, alínea *b*, do Código Penal, não exija, para a perda do cargo público, que o crime praticado afete bem jurídico que envolva a Administração Pública, a sentença condenatória deve deduzir, de forma fundamentada e concreta, a necessidade de sua destituição, notadamente quando o agente, ao praticar o delito, não se encontra no exercício das atribuições que o cargo lhe conferia. 3. No caso em exame, o recorrente, policial civil, foi condenado a 6 anos de reclusão, em regime semiaberto, porque, em local próximo ao bar onde se comemorava a vitória da seleção brasileira de futebol, após desentendimento verbal e agressões físicas contra um grupo de pessoas, efetuou disparo de arma de fogo, ocasionando o óbito da vítima (art. 121, *caput*, c/c artigo 65, III, letra *d*, ambos do Código Penal). 4. **O juiz de origem, a despeito de considerar todas as circunstâncias favoráveis ao réu, não ofertou motivação suficiente para justificar a necessidade da perda do cargo público, uma vez que se limitou a dizer que: "Por fim, nos termos do art. 92, I, letra 'b', do CP, determino, como efeito da condenação, a perda da função pública por parte do réu (...)".** 5. Recurso especial provido, para excluir a perda do cargo público, determinada na sentença condenatória (grifo nosso).

> **ATENÇÃO!** Na Lei de Tortura, Lei das Organizações Criminosas e Lei de Lavagem de Capitais[10], há **previsão específica** de perda do cargo como efeito extrapenal da condenação e nela a **perda do cargo é automática:**

Art. 1º (...) § 5º A condenação acarretará a perda do cargo, função ou emprego público e a interdição para seu exercício pelo dobro do prazo da pena aplicada.

Art. 2º, § 6º A condenação com trânsito em julgado acarretará ao funcionário público a perda do cargo, função, emprego ou mandato eletivo e a interdição para o exercício de função ou cargo público pelo prazo de 8 (oito) anos subsequentes ao cumprimento da pena.

Art. 7º São efeitos da condenação, além dos previstos no Código Penal:

(...)

II – a interdição do exercício de cargo ou função pública de qualquer natureza e de diretor, de membro de conselho de administração ou de gerência das pessoas jurídicas referidas no art. 9º, pelo dobro do tempo da pena privativa de liberdade aplicada.

---

[10] Lei n. 9.455, de 7 de abril de 1997. Disponível em: https://www.planalto.gov.br/ccivil_03/leis/l9455.htm. Lei n. 12.850, de 2 de agosto de 2013. Disponível em: https://www.planalto.gov.br/ccivil_03/_ato2011-2014/2013/lei/l12850.htm. Lei n. 9.613, de 3 de março de 1998. Disponível em: https://www.planalto.gov.br/ccivil_03/leis/l9613.htm.

No mesmo sentido, entende o STJ[11]:

Agravo de instrumento. Penal e processo penal. Dosimetria da pena. Causa de aumento de pena prevista no parágrafo 4º, I, da Lei 9.455/97. Patamar adequado. Ausência de prequestionamento. Perda do cargo público. Efeito automático da condenação. Precedentes. Gravação de conversa telefônica realizada por um dos interlocutores. Ilegalidade. Ausência. Tortura. Desclassificação da conduta. Revisão de matéria fático-probatória. Súmula 7/STJ. 1. A oposição de embargos declaratórios não é suficiente para suprir o requisito do prequestionamento, sendo indispensável o efetivo exame da questão pelo acórdão recorrido, em atenção ao disposto no artigo 105, inciso III, da Constituição Federal, de modo a se evitar a supressão de instância. 2. **A perda do cargo, função ou emprego público é efeito automático da condenação pela prática do crime de tortura, não sendo necessária fundamentação concreta para a sua aplicação.** Precedentes. 3. De acordo com a jurisprudência desta Corte, é lícita a gravação, por parte de um dos interlocutores, de conversa havida junto a pessoa que, supostamente, vinha empreendendo comportamento que lhe seria constrangedor, não sendo imprescindível a realização da perícia para a identificação das vozes. 4. A análise acerca do enquadramento da conduta dos recorrentes no tipo penal previsto no artigo 1º, I, da Lei nº 9.455/97 demandaria a alteração das premissas fático-probatórias estabelecidas na instância ordinária, com o revolvimento das provas carreadas aos autos, o que é vedado em sede de recurso especial, nos termos do enunciado da Súmula 7/STJ.5. Agravo regimental improvido.

(...) O art. 7º, inciso II, da Lei n. 9.613/98 impõe como efeito automático da condenação pelo crime de lavagem de capitais, para além dos previstos no Código Penal, a interdição do exercício de cargo ou função pública de qualquer natureza e de diretor, de membro de conselho de administração ou de gerência das pessoas jurídicas referidas no art. 9º da mesma Lei pelo dobro do tempo da pena privativa de liberdade aplicada. Diferentemente dos efeitos da condenação assinalados no art. 92 do Código Penal, cuja aplicação exige motivação na sentença, nos termos da expressa ressalva feita no parágrafo único daquele dispositivo, os efeitos da condenação previstos no art. 7º da Lei n. 9.613/98 são automáticos e decorrem da própria condenação, independentemente da indicação de motivos para a incidência dessa consequência específica (...) (grifo nosso).

Ademais, é necessário registrar que, em regra, a pena de perdimento deve ser restrita ao cargo público ocupado ou função pública exercida no momento da prática do delito, ou seja, para que haja a perda do cargo público por violação de um dever inerente a ele, é necessário que o crime tenha sido cometido no exercício desse cargo. Há, no entanto, excepcionalmente como existir a perda do cargo público diferente quando o juiz, motivadamente, considerar que o novo cargo guarda correlação com as atribuições do anterior, ou seja, daquele que o réu ocupava no momento do crime, neste caso mostra-se devida a perda

---

[11] STJ, AgRg no Ag n. 1.388.953/SP, 6ª Turma, Rel. Min. Maria Thereza de Assis Moura, j. 20.06.2013. Disponível em: https://www.jusbrasil.com.br/jurisprudencia/stj/23559825/inteiro-teor-23559826; Recurso Especial n. 1.840.416/PR (2019/0289681-3). Disponível em: https://jurisprudencia.s3.amazonaws.com/STJ/attachments/STJ_RESP_1840416_99393.pdf?AWSAccessKeyId=AKIARMMD5JEAO67SMCVA&Expires=1686326890&Signature=J0ABgG1z6%2BBLXsNgu65IW5nyFqM%3D.

da nova função como uma forma de anular (evitar) a possibilidade de que o agente pratique novamente delitos da mesma natureza. É o entendimento do Superior Tribunal de Justiça[12]:

> Penal processo penal. Recurso especial. Embargos infringentes. Nulidade. Não ocorrência. Gerente dos correios. Recebimento de vantagem indevida. Crime de corrupção passiva. Afastamento da tipicidade. Súmula 7/STJ. Pena-base. Dosimetria. Legalidade. Dias-multa. Revisão. Súmula 7/STJ. Art. 92 do CP. Perda do cargo. 1. (...) 8. No presente caso, o agente praticou o delito quando ocupava emprego público na Empresa Brasileira de Correios e Telégrafos, tendo sido aprovado em concurso público para outro cargo na Universidade Federal de Pernambuco, durante o trâmite processual. Em regra, a pena de perdimento deve ser restrita ao cargo público ocupado ou função pública exercida no momento do delito. Assim, a perda do cargo público, por violação de dever inerente a ela, necessita ser por crime cometido no exercício desse cargo, valendo-se o envolvido da função para a prática do delito. 10. **Salienta-se que se o magistrado *a quo* considerar, motivadamente, que o novo cargo guarda correlação com as atribuições do anterior, ou seja, naquele em que foram praticados os crimes, mostra-se devida a perda da nova função, uma vez que tal ato visa a anular a possibilidade de reiteração de ilícitos da mesma natureza, o que não ocorreu no caso.** Dessa forma, como o crime em questão fora praticado quando o acusado era empregado público da Empresa Brasileira de Correios e Telégrafos, não poderia, sem qualquer fundamentação e por extensão, ser determinada a perda do cargo na UFPE. 11. Recurso especial parcialmente conhecido e, nessa parte, provido parcialmente (grifo nosso).

Observa-se que há um requisito relacionado ao *quantum* de pena para a aplicação desse efeito, qual seja: a) pena privativa de liberdade por tempo igual ou superior a um ano, nos crimes praticados com abuso de poder ou violação de dever para com a Administração Pública; e b) pena privativa de liberdade por tempo superior a quatro anos nos demais casos.

Quanto ao efeito específico **de incapacidade para o exercício do poder familiar, da tutela ou da curatela, há necessidade de que o agente tenha sido condenado por crime doloso, punido com reclusão e deve ser** cometido contra outrem igualmente titular do mesmo poder familiar, contra filho, filha ou outro descendente ou contra tutelado ou curatelado. Não há previsão específica acerca do *quantum* de pena aplicada.

Essa perda não é temporária. Depois de o agente ter cumprido a pena e conseguido a reabilitação. Trata-se de uma exceção. O condenado que perde o poder familiar em decorrência de uma sentença penal condenatória não vai readquirir o poder familiar mesmo que cumpra toda a pena e passe pelo processo de reabilitação:

> Art. 93. (...) Parágrafo único. A reabilitação poderá, também, atingir os efeitos da condenação, previstos no art. 92 deste Código, vedada reintegração na situação anterior, nos casos dos incisos I e II do mesmo artigo.

---

[12] STJ, REsp n. 1.452.935/PE (2014/0108758-0).

A **inabilitação para dirigir veículo** será aplicada sempre que o agente a utiliza como meio para a prática de **crime doloso**.

Indica-se que ainda assim será possível a suspensão de habilitação para dirigir veículo automotor ao motorista profissional condenado. Sobre tema similar, o Supremo Tribunal Federal analisou no Recurso Extraordinário n. 607.107 a discussão sobre a imposição da penalidade de suspensão da habilitação para dirigir, prevista no art. 302 da Lei n. 9.503/1997, quando o apenado for motorista profissional, se há afronta, ou não, ao direito fundamental ao livre exercício de trabalho, à luz do art. 5º, XIII, da Constituição Federal que descreve ser livre o exercício de qualquer trabalho, ofício ou profissão, atendidas as qualificações profissionais que a lei estabelecer. Concluiu a Suprema Corte ser constitucional a imposição da pena de suspensão de habilitação para dirigir veículo automotor ao motorista profissional condenado por homicídio culposo no trânsito[13].

O prazo de duração da pena de suspensão da habilitação para dirigir veículo automotor deve ser fixado consoante as peculiaridades do caso concreto, tais como a gravidade do delito e o grau de censura do agente, não ficando o magistrado subordinado à análise das circunstâncias judiciais do art. 59 do Código Penal[14], podendo ser também o mesmo prazo da pena privativa de

---

[13] STF, RE n. 607.107/MG, Plenário, Rel. Min. Roberto Barroso, j. 12.02.2020 (repercussão geral – Tema 486) (Info 966): "Recurso extraordinário. Homicídio culposo na direção de veículo automotor. Motorista profissional. Suspensão de habilitação para dirigir. Constitucionalidade. 1. O recorrido, motorista profissional, foi condenado, em razão da prática de homicídio culposo na direção de veículo automotor, à pena de alternativa de pagamento de prestação pecuniária de três salários mínimos, bem como à pena de suspensão da habilitação para dirigir, prevista no art. 302 do Código de Trânsito Brasileiro, pelo prazo de dois anos e oito meses. 2. A norma é perfeitamente compatível com a Constituição. É legítimo suspender a habilitação de qualquer motorista que tenha sido condenado por homicídio culposo na direção de veículo. Com maior razão, a suspensão deve ser aplicada ao motorista profissional, que maneja o veículo com habitualidade e, assim, produz risco ainda mais elevado para os demais motoristas e pedestres. 3. Em primeiro lugar, inexiste direito absoluto ao exercício de atividade profissionais (CF, art. 5º, XIII). É razoável e legítima a restrição imposta pelo legislador, visando proteger bens jurídicos relevantes de terceiros, como a vida e a integridade física. 4. Em segundo lugar, a medida é coerente com o princípio da individualização da pena (CF, art. 5º, XLVI). A suspensão do direito de dirigir do condenado por homicídio culposo na direção de veículo automotor é um dos melhores exemplos de pena adequada ao delito, já que, mais do que punir o autor da infração, previne eficazmente o cometimento de outros delitos da mesma espécie. 5. Em terceiro lugar, a medida respeita o princípio da proporcionalidade. A suspensão do direito de dirigir não impossibilita o motorista profissional de auferir recursos para sobreviver, já que ele pode extrair seu sustento de qualquer outra atividade econômica. 6. Mais grave é a sanção principal, a pena privativa de liberdade, que obsta completamente as atividades laborais do condenado. *In casu*, e com acerto, substituiu-se a pena corporal por prestação pecuniária. Porém, de todo modo, se a Constituição autoriza o legislador a privar o indivíduo de sua liberdade e, consequentemente, de sua atividade laboral, em razão do cometimento de crime, certamente também autoriza a pena menos gravosa de suspensão da habilitação para dirigir. 7. Recurso extraordinário provido. 8. Fixação da seguinte tese: É constitucional a imposição da pena de suspensão de habilitação para dirigir veículo automotor ao motorista profissional condenado por homicídio culposo no trânsito" (Disponível em: https://portal.stf.jus.br/processos/downloadPeca.asp?id=15342856529&ext=.pdf).

[14] STJ, AgRg no REsp n. 1.771.437/CE, 6ª Turma, Rel. Min. Nefi Cordeiro, j. 11.06.2019: "Agravo regimental no recurso especial. Art. 302 do CTB. Inconstitucionalidade. Matéria a ser analisada pela Suprema Corte. Absolvição. Impossibilidade. Súmula 7/STJ. Suspensão da habilitação de motorista profissional. Possibilidade. Agravo improvido. 1. Não compete ao STJ, em recurso especial, o exame inaugural da inconstitucionalidade do art. 302 do CTB, por vício material, sob pena de usurpação da competência do Supremo Tribunal Federal. 2. Tendo a Corte de origem concluído pela existência de prova apta a amparar o édito condenatório, a desconstituição das premissas fáticas do acórdão demandaria incursão na seara probatória, inadmissível no âmbito do recurso especial, nos termos da Súmula 7/STJ. 3. **De acordo com a jurisprudência deste Superior Tribunal de Justiça, os motoristas profissionais – mais do que qualquer outra categoria de pessoas – revelam maior reprovabilidade ao praticarem delito de trânsito, merecendo, pois, a reprimenda de suspensão do direito de dirigir,**

liberdade quando constatada a gravidade da conduta, não ficando o magistrado adstrito à análise das circunstâncias judiciais do art. 59 do Código Penal[15].

Ante essas considerações e seguindo a linha doutrinária de Rogério Sanches compreende-se pela possibilidade de aplicar a cassação da habilitação como efeito da condenação. Uma vez que a suspensão da habilitação é possível, dever-se-á admitir a cassação da habilitação nas situações em que o motorista faz de sua profissão um meio para a prática de delitos[16].

4. QUESTÕES DE CONCURSOS

Questão 1

(Objetiva – Câmara de São João do Manhuaçu – MG – 2023 – Assistente Jurídico Parlamentar) A perda alargada (confisco alargado) foi reconhecida pelo artigo 91-A, com a reforma do Código Penal, promovida no final do ano de 2019. De acordo com Bitencourt, assinalar a alternativa correta:

A) O legislador brasileiro adotou o "confisco de bens e valores" travestido, nesta hipótese, como se fora efeito da condenação. Não é possível, nesse caso, alcançar os bens que já foram transferidos a terceiros a título gratuito ou mediante contraprestação irrisória, a partir do início da atividade criminal.

B) Insere no âmbito do direito penal, que é formal, preventivo e garantista, matéria de direito fiscal tributário, para "confiscar patrimônio individual",

---

expressamente prevista no art. 302 do CTB, de aplicação cumulativa com a pena privativa de liberdade. Dada a especialização, deles é de se esperar maior acuidade no trânsito (AgInt no REsp 1.706.417/CE, Rel. Min. Maria Thereza de Assis Moura, 6ª Turma, j. 05.12.2017, DJe 12.12.2017). 4. O prazo de duração da pena de suspensão da habilitação para dirigir veículo automotor deve ser fixado consoante as peculiaridades do caso concreto, tais como a gravidade do delito e o grau de censura do agente, não ficando o magistrado adstrito à análise das circunstâncias judiciais do art. 59 do Código Penal. 5. Considerando que o agravante foi condenado à pena de 2 anos e 8 meses pelo delito de homicídio culposo na condução de veículo automotor, não se mostra desproporcional a suspensão da habilitação pelo período de 9 meses. 6. Agravo regimental improvido" (Disponível em: https://www.jusbrasil.com.br/jurisprudencia/stj/859616103/inteiro-teor-859616179 – grifo nosso).

[15] STJ, AgRg nos EDcl nos EREsp n. 1.817.950/SP, 3ª Seção: "Agravo regimental em embargos de declaração em embargos de divergência em recurso especial. Homicídio culposo na direção de veículo automotor (art. 302 do Código de Trânsito Brasileiro). Suspensão da habilitação pelo mesmo prazo da pena privativa de liberdade. Razoabilidade diante da gravidade concreta do delito. Súmula 168/STJ. Agravo regimental desprovido. 1. Encontra óbice no enunciado n. 168 da Súmula/STJ o recurso que se volta contra acórdão que adotou a mesma orientação seguida pela jurisprudência da Terceira Seção desta Corte no sentido de que é possível a suspensão da habilitação pelo mesmo prazo da pena privativa de liberdade em casos de crimes de homicídio culposo e lesão corporal culposa na direção de veículo automotor, quando constatada a gravidade da conduta, não ficando o magistrado adstrito à análise das circunstâncias judiciais do art. 59 do Código Penal. Precedentes da 5ª Turma do STJ: AgRg no REsp 1.882.632/SC, Rel. Min. Ribeiro Dantas, 5ª Turma, j. 22.09.2020, DJe 30.09.2020; AgRg no AREsp 1.677.731/SP, Rel. Min. Reynaldo Soares da Fonseca, 5ª Turma, j. 18.08.2020, DJe 24.08.2020; REsp 1.481.502/RJ, Rel. Min. Gurgel de Faria, 5ª Turma, j. 15.09.2015, DJe 03.11.2015. Precedentes da 6ª Turma do STJ: AgRg no REsp 1.771.437/CE, Rel. Min. Nefi Cordeiro, 6ª Turma, j. 11.06.2019, DJe 21.06.2019; HC 478.444/SP, Rel. Min. Sebastião Reis Júnior, 6ª Turma, j. 30.05.2019, DJe 06.06.2019; HC 71.366/PR, Rel. Min. Nefi Cordeiro, Rel. p/ Acórdão Min. Ericson Maranho (Desembargador Convocado do TJSP), 6ª Turma, j. 16.12.2014, DJe 10.03.2015. 2. A demonstração da existência de uniformidade de entendimento entre as Turmas julgadoras sobre o objeto da controvérsia prescinde da existência de julgado da Terceira Seção do STJ examinando o mesmo tema. 3. Agravo regimental desprovido" (Disponível em: https://www.lexml.gov.br/urn/urn:lex:br:superior.tribunal.justica;secao.3:acordao;eresp:2020-11-25;1817950-2008236).

[16] CUNHA, Rogério Sanches. *Manual de direito penal*. 11. ed. São Paulo: JusPodivm, 2022. volume único, p. 762.

mesmo sem relação com eventual condenação por qualquer crime a pena superior a quatro anos.

C) A perda prevista neste artigo deverá ser requerida expressamente pelo Ministério Público, por ocasião do oferecimento da denúncia, com indicação da diferença apurada, ou pelo Delegado de Polícia, na conclusão do inquérito policial.

D) O objeto desse novo "confisco" não é o produto ou proveito do crime, o que seria mais do que razoável, além de constitucional, mas sim os bens correspondentes à diferença entre o valor do patrimônio do condenado e aquele que seja compatível com o seu rendimento lícito, segundo valoração do Judiciário, portanto, independente de qualquer vínculo ou relação com o crime pelo qual fora condenado.

Questão 2

(TRF-4ª Região – 2022 – Juiz Federal Substituto [adaptada]) Assinale certo ou errado:

Com o confisco alargado, aplicável em condenações por infrações às quais a pena cominada máxima seja superior a seis anos de reclusão, permite-se que o perdimento de bens incida sobre o valor do patrimônio ilicitamente acumulado a partir do início da prática delitiva, sem necessidade de demonstração da relação de causalidade específica entre a prática delitiva e o enriquecimento do condenado.

( ) Certo
( ) Errado

Questão 3

(FUNDATEC – IPE Saúde Prova – 2022 – Analista de Gestão em Saúde – Direito) O Pacote Anticrime (Lei nº 13.964/2019) acrescentou o art. 91-A ao Código Penal, que prevê, como efeito da condenação, a perda de bens correspondentes à diferença entre o valor do patrimônio do condenado e aquele que seja compatível com seu rendimento lícito. Tal perda tem lugar na hipótese de condenação por infrações às quais a lei comine pena máxima superior a:

A) 2 anos de detenção.
B) 3 anos de detenção.
C) 4 anos de reclusão.
D) 6 anos de reclusão.
E) 8 anos de reclusão.

GABARITO: 1. D; 2. Certo; 3. D.

CAPÍTULO 35

Reabilitação

Maria Augusta Diniz

1. INTRODUÇÃO

Reabilitação é a declaração judicial de que o condenado penal se encontra **plenamente ressocializado**, estando apto a viver em sociedade. Tem como **consequência** fazer **desaparecer os efeitos decorrentes da sentença penal** e acarretar o **sigilo dos registros sobre seu processo e condenação** e, portanto, referente aos **maus antecedentes**.

É uma manifestação do direito ao esquecimento, também conhecido como "direito de ser deixado em paz", uma vez que o indivíduo, no passado, que praticou um crime e cumpriu sua pena, não voltando mais a delinquir, tem o interesse de não ver o assunto relembrado para sempre. O STJ, no julgamento do RHC n. 89.948/RS, sedimentou:

> O exercício do *jus puniendi* encontra limitação não só nas garantias constitucionais que conferem legitimidade a eventual decreto condenatório; é restringido também pelo tempo, cuja inércia ao longo de determinado prazo, fixado pelo preceito secundário do tipo penal, impõe ao Estado o dever de não mais agir. Esse dever estatal constitui a faceta do direito do cidadão agressor ao conceito mais atual de "right to be forgotten" ou "right to be let alone", é dizer, direito ao esquecimento. 3. No Direito Penal brasileiro, o conceito já é regulamentado há anos, de um modo amplamente considerado, pelos institutos da extinção da punibilidade (art. 107 do Código Penal) e da reabilitação (art. 93 do CP), considerando que, seja por um ato comissivo (como o perdão judicial ou do ofendido, por exemplo) ou omissivo (no qual o tempo, pelo seu decurso, age positivamente em favor do sujeito, tal como a prescrição ou a decadência), surge, indubitavelmente, o direito do agente regenerar-se perante a sociedade. 4. "A perenização do estigma de criminoso para fins de aplicação da reprimenda não se coaduna com o princípio *tempus omnia solvet* e a teoria do direito ao esquecimento, cuja essência pode ser invocada, com temperamentos, em

benefício daqueles sobre quem recai o peso de uma condenação penal há muito transitada em julgado" (AgRg no REsp 1.720.446/PR, Rel. Min. Rogério Schietti Cruz, 6ª Turma, DJe 30.04.2019) (RHC n. 89.948/RS, 5ª Turma, Rel. Min. Ribeiro Dantas, j. 18.06.2019, DJe 25.06.2019).

Trata-se, assim, de uma medida de política criminal que, no entanto, "não extingue, mas somente suspende alguns efeitos penais da sentença condenatória, visto que, a qualquer tempo, revogada a reabilitação, se estabelece o *status quo ante*", conforme explicita o item n. 82 da Exposição de Motivos da nova Parte Geral do Código Penal. A reabilitação, portanto, tem **natureza jurídica de causa suspensiva de alguns efeitos secundários da condenação** (art. 92 do Código Penal) **e dos registros penais**.

Não tem apenas o efeito de assegurar o sigilo dos registros sobre o processo e a condenação do reabilitado, consistindo, também, em declaração judicial de que o condenado cumpriu a pena imposta ou que esta foi extinta por outra razão e de que, durante dois anos após o cumprimento ou extinção da sanção, teve bom comportamento e ressarciu o dano causado ou não o fez porque não podia fazê-lo. Tal declaração judicial, dessa forma, reabilita o condenado, atestando que ele está em plenas condições de voltar ao convívio da sociedade, sem nenhuma restrição ao exercício de seus direitos[1].

A reabilitação não se confunde com a decorrência do período depurador previsto no art. 64, I, do Código Penal, o qual determina que, para efeito de reincidência, não prevalece a condenação anterior, se entre a data do cumprimento ou extinção da pena e a infração posterior tiver decorrido período de tempo superior a cinco anos, computado o período de prova da suspensão ou do livramento condicional, se não houver revogação.

Isso porque, com o transcurso do período depurador, o agente não será considerado reincidente caso venha a praticar novo crime (podendo a condenação anterior valer como maus antecedentes). A reabilitação, por outro lado, não tem essa força e, se o indivíduo cometer novo delito depois de ser declarado reabilitado, será considerado reincidente (até o transcurso do período depurador).

2. PREVISÃO LEGAL

A reabilitação está prevista nos arts. 93, 94 e 95 do Código Penal e nos arts. 743 e seguintes do Código de Processo Penal.

Com efeito, dispõe o art. 93 do Código Penal que "a reabilitação alcança quaisquer penas aplicadas em sentença definitiva, assegurando ao condenado o sigilo dos registros sobre seu processo e condenação". É cabível, pois, sempre que houver a imposição de pena, não havendo que falar em reabilitação nos

---

[1] Item n. 83 da Exposição de Motivos n. 211, de 9 de maio de 1983.

casos de sentença absolutória ou quando houver a extinção da punibilidade em razão da prescrição da pretensão punitiva (ao contrário do que ocorre com a prescrição da pretensão executória).

Poderá ser requerida decorridos dois anos do dia em que a pena for extinta ou que terminar sua execução, computando-se o período de prova da suspensão e o do livramento condicional, obedecidos os requisitos estabelecidos nos incisos do art. 94 do Código Penal. Não se confunde, pois, com o previsto no art. 202 da Lei de Execuções Penais, segundo o qual, "cumprida ou extinta a pena, não constarão da folha corrida, atestados ou certidões fornecidas por autoridade policial ou por auxiliares da Justiça, qualquer notícia ou referência à condenação, salvo para instruir processo pela prática de nova infração penal ou outros casos expressos em lei".

Em linguagem comum, significa que, uma vez **cumprida a pena**, imediatamente o egresso poderá obter o "nada consta", embora a condenação continue à disposição dos órgãos de Justiça e de Segurança Pública (por exemplo, qualquer outra autoridade judiciária, membro do Ministério Público ou delegado de polícia), com o fim de instruir processo instaurado para apurar a prática de novo crime ou em outros casos expressos em lei. Como se observa pela redação do mencionado dispositivo, esse sigilo é automático e imediato, prescindindo de declaração judicial de reabilitação.

Passados dois anos da extinção ou cumprimento da pena e preenchidos os requisitos previstos nos incisos do art. 94 do Código Penal, o egresso será judicialmente declarado reabilitado, acarretando o maior sigilo das suas informações penais. Quando isso ocorrer, a condenação ou condenações anteriores não serão mencionadas na folha de antecedentes do reabilitado, nem em certidão extraída dos livros do juízo, **salvo quando requisitadas por juiz criminal** (art. 748 do Código de Processo Penal), ou seja, apenas o juiz criminal poderá ordenar que a condenação conste em qualquer registro.

Essa exceção tem sua razão de ser no fato de que, mesmo após a reabilitação, a condenação anterior poderá fundamentar a aplicação de diversos institutos penais, como a prisão preventiva, a caracterização da reincidência ou de maus antecedentes.

3. CONSEQUÊNCIAS

Como já mencionado, uma das consequências da reabilitação é o **sigilo sobre o processo e a condenação**. A reabilitação **poderá** também atingir os efeitos da condenação previstos no art. 92 do Código Penal, vedada, no entanto, a reintegração na situação anterior nos casos dos incisos I e II do mesmo artigo (art. 93, parágrafo único, do Código Penal).

Pois bem, o art. 92 do Código Penal estabelece efeitos não automáticos da condenação, os quais deverão ser motivadamente declarados na sentença (art.

92, parágrafo único, do Código Penal). São eles: a) a perda do cargo, função pública ou mandado eletivo (quando aplicada pena privativa de liberdade por tempo igual ou superior a um ano, nos crimes praticados com abuso de poder ou violação de dever para com a Administração Pública ou quando for aplicada pena privativa de liberdade por tempo superior a quatro anos, nos demais casos); b) a incapacidade para o exercício do poder familiar, da tutela ou da curatela nos crimes dolosos sujeitos à pena de reclusão cometidos contra outrem igualmente titular do mesmo poder familiar contra filho(a) ou outro descendente ou contra tutelado ou curatelado; c) a inabilitação para dirigir veículo, quando utilizado como meio para a prática de crime doloso.

Caso tenha sido decretada a perda do cargo, função pública ou mandato eletivo, com a reabilitação poderá o agente exercer **novo** cargo, função pública ou mandato eletivo, **desde que haja nova investidura** (vale dizer, ele não retorna para a situação anterior). Se houve perda de cargo público, por exemplo, deverá o sujeito prestar novo concurso público e ser devidamente empossado.

Da mesma forma, é vedada a reintegração na situação anterior quando decretada a incapacidade para o exercício do poder familiar, da tutela ou da curatela **em relação a outrem igualmente titular do poder familiar, filho(a) ou outro descendente, tutelado ou curatelado** que foram vítimas de crime doloso sujeito à pena de reclusão cuja condenação motivou tal efeito penal. Nesses casos, a incapacidade é permanente (art. 93, parágrafo único, do Código Penal).

Por fim, no caso de ter sido decretada a inabilitação para dirigir veículo, quando utilizado como meio para a prática de crime doloso, o agente reabilitado poderá obter nova Carteira Nacional de Habilitação, não sendo, portanto, essa incapacidade definitiva.

4. REQUISITOS

Os requisitos da reabilitação estão previstos no art. 94 do Código Penal, sendo cumulativos (todos devem ser preenchidos). São eles:

a) Decurso de dois anos do dia em que for extinta, de qualquer modo, a pena ou daquele em que terminar sua execução ou ainda da data da audiência admonitória nos casos de suspensão e do livramento condicional, desde que não tenha havido revogação.

Nesses termos, no dia em que termina a execução da pena, por exemplo, independentemente de declaração judicial de extinção da punibilidade, inicia-se a contagem do prazo de dois anos. Ressalte-se que, para que isso ocorra, é necessária a extinção (por cumprimento ou outra razão) de todas as penas impostas, não havendo contagens individuais e simultâneas.

Quando se tratar de pena de multa, a contagem do prazo inicia-se com o efetivo pagamento, que consiste justamente na sua execução. E, quando se tratar de prescrição (da pretensão executória), da data em que ela ocorreu, dando azo à extinção da punibilidade, independentemente de declaração judicial.

No caso de concessão de *sursis* ou de livramento condicional com prazo superior a dois anos, não haverá a reabilitação antes do término do período estipulado, pois, nesse caso, não haverá ainda cumprimento da pena.

b) Tenha o agente tido domicílio no País durante o prazo de dois anos após a extinção da pena.

c) Tenha o agente dado, durante esse tempo, demonstração efetiva e constante de bom comportamento público e privado.

d) Tenha o agente ressarcido o dano causado pelo crime ou demonstre a absoluta impossibilidade de o fazer até o dia do pedido ou exiba documento que comprove a renúncia da vítima ou novação da dívida.

Tal requisito pressupõe, obviamente, a existência de um dano indenizável. Não há que falar em reparação do dano, por exemplo, no caso de um furto tentado em que a vítima não sofreu nenhum prejuízo.

Ademais, segundo a maior parte da doutrina, em razão da independência entre as instâncias cível e criminal, pouco importa que a vítima não tenha ajuizado ação de indenização ou mesmo que esta tenha sido julgada improcedente em relação ao mesmo fato pelo qual foi ele condenado criminalmente. No entanto, operada a prescrição no âmbito cível, ainda segundo a melhor doutrina, tal requisito é dispensado.

A legitimidade para pedir a reabilitação é privativa do condenado, não se estendendo aos seus parentes próximos, herdeiros ou sucessores. Outrossim, deve ser formulada por meio de advogado.

Negada a reabilitação, o agente poderá novamente requerê-la, a qualquer tempo, desde que o pedido seja instruído com novos elementos comprobatórios dos requisitos necessários (art. 94, parágrafo único, do Código Penal).

Para o STJ, nos casos de condenação definitiva e cumprida, ou, ainda, de prescrição da pretensão executória, em que a parte interessada não tenha ingressado com pedido de reabilitação, o sigilo da Folha de Antecedentes para fins civis é assegurado pelo art. 202 da Lei n. 7.210/1984 (Lei de Execução Penal)[2].

5. REVOGAÇÃO DA REABILITAÇÃO

A reabilitação será revogada, de ofício ou a requerimento do Ministério Público, se o reabilitado for condenado, como reincidente, por decisão definitiva, a pena que não seja de multa (art. 95 do Código Penal).

---

[2] RMS n. 37.503/SP, 5ª Turma, Rel. Min. Laurita Vaz, j. 11.02.2014, *DJe* 28.02.2014.

6. QUESTÃO DE CONCURSO

Questão 1

(VUNESP – TJSP – 2023 – Juiz Substituto) Quais são os efeitos da reabilitação e condições para seu requerimento?

A) Sigilo dos registros do processo e condenação, devendo ser requerida no prazo de 2 (dois) anos da extinção da pena, acarretando a reintegração do condenado ao cargo, função pública ou mandato eletivo.

B) Sigilo dos registros do processo e condenação, sem interferência no prazo de 2 (dois) anos do dia que julgada extinta, por sentença, a pena imposta.

C) Sigilo dos registros do processo e da condenação, devendo ser requerida no prazo de 2 (dois) anos da data da extinção ou cumprimento da pena, sob pena de preclusão.

D) Sigilo dos registros do processo e condenação, e decurso do prazo de 2 (dois) anos do dia em que extinta ou cumprida a pena.

GABARITO: 1. D.

CAPÍTULO 36

Das medidas de segurança

Ruth Araújo Viana

1. INTRODUÇÃO

Trata-se de **espécie de sanção penal** que também traz uma resposta penal à violação de norma incriminadora, porém destinada ao agente inimputável[1]. Segundo Cleber Masson[2], a "Medida de segurança é a modalidade de sanção penal com finalidade exclusivamente preventiva, e de caráter terapêutico, destinada a tratar inimputáveis e semi-imputáveis portadores de periculosidade, com o escopo de evitar a prática de futuras infrações penais".

É possível, portanto, que a pessoa seja inimputável, mesmo quando maior de 18 anos, e nesse caso a inimputabilidade decorre de doença mental ou desenvolvimento mental incompleto que faz com que o agente não tenha consciência da ilicitude de seus atos, ou seja, quando cometer crimes sofrerá sanções penais na forma de medidas de segurança.

Assim, apesar do estudo de que o inimputável como regra não é punido, verifica-se que o Código Penal prevê as medidas de segurança como formas de tratamento compulsório àqueles que transgridem a lei penal e têm como objetivo o tratamento do apenado e a proteção da sociedade. A medida de segurança tem como finalidade essencial a **prevenção**. Nesse caso, acima da gravidade do fato, observa-se a **periculosidade do agente**. Sua maior missão, portanto, é evitar que o agente perigoso volte a delinquir.

A medida de segurança também restringe a liberdade, tanto que a sua aplicação, em lugar da pena reservada aos imputáveis condenados, resulta de uma

---

[1] É muito importante a leitura do tópico de imputabilidade penal para compreensão da aplicação da medida de segurança.
[2] MASSON, Cleber. *Direito penal esquematizado*. São Paulo: Método, 2012. p. 815.

decisão judicial que a doutrina chama de absolvição imprópria, ou seja, o réu é absolvido por ser inimputável, mas terá aplicada contra ele uma medida de segurança.

É possível o cumprimento da medida de segurança em estabelecimento penitenciário?

Segundo a jurisprudência pacífica do Superior Tribunal de Justiça[3], é inviável o cumprimento da medida em estabelecimento prisional comum, ainda que sob a justificativa de ausência de vagas ou falta de recursos estatais:

> *Habeas corpus* substitutivo de recurso ordinário. Descabimento. Competência das Cortes Superiores. Matéria de direito estrito. Modificação de entendimento deste tribunal, em consonância com a Suprema Corte. Inimputabilidade. Paciente submetido à medida de segurança de internação. Permanência em presídio comum. Alegada falta de vagas em hospital psiquiátrico. Constrangimento ilegal evidenciado. *Habeas corpus* não conhecido. Ordem de *habeas corpus* concedida, de ofício. 1. O Excelso Supremo Tribunal Federal, em recentes pronunciamentos, aponta para uma retomada do curso regular do processo penal, ao inadmitir o *habeas corpus* substitutivo do recurso ordinário. Precedentes: HC 109.956/PR, 1.ª Turma, Rel. Min. Marco Aurélio, *DJe* de 11.09.2012; HC 104.045/RJ, 1.ª Turma, Rel. Min. Rosa Weber, *DJe* de 06.09.2012; HC 108.181/RS, 1.ª Turma, Rel. Min. Luiz Fux, *DJe* de 06.09.2012. Decisões monocráticas dos ministros Luiz Fux e Dias Tóffoli, respectivamente, nos autos do HC 114.550/AC (*DJe* de 27.08.2012) e HC 114.924/RJ (*DJe* de 27.08.2012). 2. A admissibilidade da impetração originária também neste Superior Tribunal de Justiça foi reformulada, adequando-se à nova orientação da Suprema Corte, de modo a não admitir o conhecimento do *habeas corpus* substitutivo do recurso ordinário, com a ressalva das hipóteses de flagrante ilegalidade, nas quais deverá ser concedida a ordem de ofício. 3. A teor da pacífica orientação desta Corte, o inimputável submetido à medida de segurança de internação em hospital de custódia e tratamento psiquiátrico não pode permanecer em estabelecimento prisional comum, ainda que sob a justificativa de ausência de vagas ou falta de recursos estatais. Precedentes. 4. *Habeas corpus* não conhecido. Ordem de *habeas corpus* concedida, de ofício, para determinar a imediata transferência do paciente para hospital de custódia e tratamento psiquiátrico ou outro estabelecimento adequado, devendo, na ausência de vaga, aguardar, em regime de tratamento ambulatorial, o surgimento da vaga correspondente.

É importante mencionar que o Conselho Nacional de Justiçar regulamentou procedimentos e diretrizes para tratar a implementação da Política Antimanicomial por meio da Resolução CNJ n. 487/2023.[4]

---

[3] STJ, HC n. 231.124/SP. Disponível em: https://processo.stj.jus.br/processo/revista/documento/mediado/?componente=ITA&sequencial=1228124&num_registro=201200098660&data=20130430&formato=PDF.

[4] Resolução CNJ n. 487/2023, art. 1º: "Instituir a Política Antimanicomial do Poder Judiciário, por meio de procedimentos para o tratamento das pessoas com transtorno mental ou qualquer forma de deficiência psicossocial que estejam custodiadas, sejam investigadas, acusadas, rés ou privadas de liberdade, em cumprimento de pena ou de medida de segurança, em prisão domiciliar, em cumprimento de alternativas penais, monitoração eletrônica ou outras medidas em meio aberto, e conferir diretrizes para assegurar os direitos dessa população" (Disponível em:https://atos.cnj.jus.br/files/original2015232023022863fe60db44835.pdf).

Ademais, alguns princípios informadores também devem ser aplicados às medidas de segurança, como o **princípio da legalidade** e o **princípio da proporcionalidade**[5].

2. ESPÉCIES DE MEDIDAS DE SEGURANÇA

O art. 96 do Código Penal prevê duas medidas de segurança aplicáveis a quem praticou alguma conduta criminosa, mas não pode cumprir pena, por ser entendido como inimputável ou semi-imputável. São consideradas medidas de segurança:

- internação em hospital psiquiátrico ou estabelecimento equivalente;
- tratamento ambulatorial.

Assim, quando constatada a inimputabilidade do agente, o magistrado determinará a medida de segurança a ser aplicada. De acordo com o art. 97 do Código Penal, se o agente for inimputável, o juiz determinará sua internação (art. 26). Se, todavia, o fato previsto como crime for punível com detenção, poderá o juiz submetê-lo a tratamento ambulatorial.

Observa-se que o Código Penal previu regramento rígido para aplicação da medida de segurança cabível. Assim, se o agente praticava crime punido com reclusão, deveria ser a ele aplicada a medida de segurança de internação. Se, no entanto, o ato criminoso praticado fosse mais leve, punido apenas com detenção, o juiz poderia determinar o tratamento ambulatorial. Ocorre que o Superior Tribunal de Justiça[6] analisou esse dispositivo à luz dos princípios da adequação, da razoabilidade e da proporcionalidade e concluiu que na fixação da espécie de medida de segurança a ser aplicada **não deve ser considerada a natureza da pena privativa de liberdade aplicável, mas sim a periculosidade do agente**, cabendo ao julgador a faculdade de optar pelo tratamento que melhor se adapte ao inimputável. Veja:

> Penal. Embargos de divergência em recurso especial. Paradigma em *habeas corpus*. Impossibilidade. Atentado violento ao pudor. Inimputabilidade do réu. Sentença absolutória imprópria. Medida de segurança. Internação em manicômio judiciário. Substituição por tratamento ambulatorial. Crime punido com pena de reclusão. Art. 97 do CP. Possibilidade. Embargos rejeitados. 1. Os embargos de divergência em recurso especial, ao tempo em que solucionam a lide, têm por finalidade possibilitar ao Superior Tribunal de Justiça que resolva a discordância existente entre seus órgãos fracionários na interpretação de lei federal, com objetivo de uniformização da jurisprudência *interna corporis*. 2. Esta Corte tem entendimento de que somente se admitem como acórdãos paradigmas os proferidos no âmbito de recurso especial e de agravo que examine o mérito do especial, não sendo aptos a tal finalidade os arestos no âmbito de ação rescisória, *habeas corpus*, conflito de

---

[5] Indica-se a releitura do capítulo referente aos princípios em caso de dúvidas.
[6] STJ, EREsp n. 998.128/MG, 3ª Seção, Rel. Min. Ribeiro Dantas, j. 27.11.2019 (Info 662). Disponível em: https://www.jusbrasil.com.br/jurisprudencia/stj/860000078/inteiro-teor-860000087.

competência, tampouco em sede de recurso ordinário em mandado de segurança, como na espécie. 3. "Tal interpretação veio a ser corroborada pelo art. 1.043, § 1º, do CPC/2015, que restringiu, expressamente, os julgados que podem ser objeto de comparação, em sede de embargos de divergência, a recursos e ações de competência originária, não podendo, portanto, funcionar como paradigma acórdãos proferidos em ações que têm natureza jurídica de garantia constitucional, como os *habeas corpus*, mandado de segurança, *habeas data* e mandado de injunção. O mesmo raciocínio vale para enunciados de súmula de tribunais" (AgRg nos EAREsp 1.243.022/DF, Rel. Ministro Reynaldo Soares da Fonseca, Terceira Seção, julgado em 10.10.2018, DJe 22.10.2018). 4. Hipótese em que se verifica posicionamento dissonante entre as Turmas que compõem a Terceira Seção desta Corte quanto ao direito federal aplicável (art. 97 do CP. "Se o agente for inimputável, o juiz determinará sua internação (art. 26). Se, todavia, o fato previsto como crime for punível com detenção, poderá o juiz submetê-lo a tratamento ambulatorial"). 5. A **doutrina brasileira majoritariamente tem se manifestado acerca da injustiça da referida norma, por padronizar a aplicação da sanção penal, impondo ao condenado, independentemente de sua periculosidade, medida de segurança de internação em hospital de custódia, em razão de o fato previsto como crime ser punível com reclusão. 6. Para uma melhor exegese do art. 97 do CP, à luz dos princípios da adequação, da razoabilidade e da proporcionalidade, não deve ser considerada a natureza da pena privativa de liberdade aplicável, mas sim a periculosidade do agente, cabendo ao julgador a faculdade de optar pelo tratamento que melhor se adapte ao inimputável. 7. Deve prevalecer o entendimento firmado no acórdão embargado, no sentido de que, em se tratando de delito punível com reclusão, é facultado ao magistrado a escolha do tratamento mais adequado ao inimputável, nos termos do art. 97 do Código Penal.** 8. Embargos de divergência rejeitados.

Portanto, mesmo tratando-se de delito punível com reclusão, será facultada ao magistrado, de acordo com o caso em concreto, a escolha do tratamento mais adequado.

3. DO PROCEDIMENTO NECESSÁRIO PARA A APLICAÇÃO DA MEDIDA DE SEGURANÇA

Uma vez suscitada a dúvida sobre a integridade mental do acusado, o juiz determinará a instauração de um incidente de insanidade mental. O procedimento é regulamentado no Código de Processo Penal:

> Art. 149. Quando houver dúvida sobre a integridade mental do acusado, o juiz ordenará, de ofício ou a requerimento do Ministério Público, do defensor, do curador, do ascendente, descendente, irmão ou cônjuge do acusado, seja este submetido a **exame médico-legal**.
>
> § 1º O exame poderá ser ordenado ainda na fase do inquérito, mediante representação da autoridade policial ao juiz competente.
>
> § 2º O juiz nomeará curador ao acusado, quando determinar o exame, ficando suspenso o processo, se já iniciada a ação penal, salvo quanto às diligências que possam ser prejudicadas pelo adiamento.

O réu ou investigado será, então, submetido a um exame médico-legal que diagnosticará se ele, ao tempo da ação ou da omissão criminosa, era ou não inteiramente capaz de entender o caráter ilícito do fato ou de determinar-se de acordo com esse entendimento.

Com a conclusão do exame médico, o julgador poderá definir que o agente é *imputável, inimputável,* ou *semi-imputável.* Concluindo pela imputabilidade, teremos o rito processual penal inerente à aplicação de pena privativa de liberdade ou restritiva de direito. Concluindo pela inimputabilidade o agente será absolvido, porém terá contra ele decretada uma medida de segurança. Concluindo pela semi-imputabilidade o agente será condenado, mas poderá ter a pena reduzida de um a dois terços ou aplicada medida de segurança quando o condenado necessitar de especial tratamento curativo. Cada uma dessas hipóteses será estudada com mais profundidade a seguir.

Considerando que o exame médico-pericial é imprescindível, poderá o julgador discordar das conclusões do laudo, desde que o faça com decisão fundamentada. Sobre o tema, vejamos o seguinte julgado do Superior Tribunal de Justiça[7]:

> Recurso especial. Estupro. Contrariedade ao art. 26 do CP e negativa de vigência do art. 149 do CPP. Acórdão impugnado que reconheceu a condição de semi-imputável do recorrido (art. 26, parágrafo único, do CP), sem exame médico-legal. Ilegalidade. Imprescindibilidade do exame pericial. 1. O art. 149 do CPP não contempla hipótese de prova legal ou tarifada, mas a interpretação sistemática das normas processuais penais que regem a matéria indica que o reconhecimento da inimputabilidade ou semi-imputabilidade do réu (art. 26, *caput* e parágrafo único, do CP) **depende da prévia instauração de incidente de insanidade mental e do respectivo exame médico-legal nele previsto, sendo possível, ao Juízo, discordar das conclusões do laudo, desde que por meio de decisão devidamente fundamentada.** 2. Recurso especial provido para cassar, em parte, o acórdão exarado no julgamento da Apelação Criminal n. 70073399487 – especificamente na parte que aplicou o redutor do art. 26, parágrafo único, do CP – a fim de que, verificada a dúvida acerca da sanidade mental do recorrido à época do crime, seja determinada a baixa dos autos ao Juízo de origem para realização de exame médico-legal nos termos do art. 149 do CPP.

Se o agente era capaz na data do fato e, portanto, foi condenado, porém sofre com doença mental posterior, o condenado será internado em Hospital de Custódia e Tratamento Psiquiátrico e o tempo de internação será computado como tempo de cumprimento de pena[8]. Caso a doença que sobreveio seja irreversível, caberá ao julgador determinar a substituição da pena por medida de segurança[9].

---

[7] STJ, REsp n. 1.802.845/RS. Disponível em: https://www.jusbrasil.com.br/jurisprudencia/stj/882652095/inteiro--teor-882652140.
[8] Art. 108 da Lei de Execução Penal.
[9] Art. 183 da Lei de Execução Penal.

Não é possível a execução provisória da medida de segurança. De acordo com o STJ[10], **não é cabível no ordenamento jurídico a execução provisória da medida de segurança, à semelhança do que ocorre com a pena aplicada aos imputáveis. Vejamos:**

> *Habeas corpus.* Homicídio. Réu inimputável. Medida de segurança de internação. Mandado de captura cuja expedição foi determinada *incontinenti* no julgamento do recurso em sentido estrito. Ato desprovido de qualquer fundamentação no ponto. Medida que só pode ser aplicada após o trânsito em julgado da decisão. Art. 171 da Lei de Execuções Penais. Constrangimento ilegal evidenciado. Ordem de *habeas corpus* concedida. 1. Na hipótese, a Corte *a quo*, ao julgar recurso em sentido estrito interposto contra a sentença que impronunciou o Paciente, determinou incontinenti, sem qualquer fundamentação no ponto, a expedição de mandado para captura do paciente, inimputável, para imediata aplicação de medida de segurança de internação. 2. A medida de segurança se insere no gênero sanção penal, do qual figura como espécie, ao lado da pena. Se assim o é, não é cabível no ordenamento jurídico a execução provisória da medida de segurança, à semelhança do que ocorre com a pena aplicada aos imputáveis, conforme definiu o Plenário do Supremo Tribunal Federal, por ocasião do julgamento do HC n.º 84.078/MG, Rel. Min. Eros Grau. 3. Rememore-se, ainda, que há regra específica sobre a hipótese, prevista no art. 171 da Lei de Execuções Penais, segundo a qual a execução iniciar-se-á após a expedição da competente guia, o que só se mostra possível depois de "transitada em julgado a sentença que aplicar a medida de segurança". Precedente do Supremo Tribunal Federal. 4. Ordem de *habeas corpus* concedida.

4. DA APLICAÇÃO DA MEDIDA DE SEGURANÇA

Alguns pressupostos devem ser analisados para fins de aplicação da medida de segurança: prática de fato previsto como crime e periculosidade do agente. Este último indicará qual situação será mais adequada ao caso em concreto.

Se concluir a perícia que o agente é portador de doença mental ou desenvolvimento mental incompleto ou retardado ou, ao tempo da ação ou da omissão, era inteiramente incapaz de entender o caráter ilícito do fato ou de determinar-se de acordo com esse entendimento, o agente, após o devido processo legal, será considerado **inimputável e absolvido (absolvição imprópria)** com imposição de **medida de segurança:**

> **TÍTULO III**
> **DA IMPUTABILIDADE PENAL**
> **Inimputáveis**
> Art. 26. É **isento** de pena o agente que, por doença mental ou desenvolvimento mental incompleto ou retardado, era, ao tempo da ação ou da omissão, inteiramente incapaz de entender o caráter ilícito do fato ou de determinar-se de acordo com esse entendimento (grifo nosso).

---

[10] STJ, HC n. 226.014/SP. Disponível em: https://processo.stj.jus.br/processo/revista/documento/mediado/?componente=ITA&sequencial=1139772&num_registro=201102812004&data=20120430&formato=PDF.

Se concluir a perícia que o agente, em virtude de perturbação de saúde mental ou por desenvolvimento mental incompleto ou retardado, era inteiramente capaz de entender o caráter ilícito do fato ou de determinar-se de acordo com esse entendimento, deve ser reconhecida a **semi-imputabilidade** do agente. Nesse caso, o julgador **condenará** o agente e **poderá concluir pela redução de pena ou pela aplicação de medida de segurança**. Vejamos:

Redução de pena
Art. 26. (...) Parágrafo único. A pena **pode ser reduzida de um a dois terços**, se o agente, em virtude de perturbação de saúde mental ou por desenvolvimento mental incompleto ou retardado não era inteiramente capaz de entender o caráter ilícito do fato ou de determinar-se de acordo com esse entendimento
(grifo nosso).

Ademais, é possível aplicar ao semi-imputável a causa de redução de pena ou uma medida de segurança. É o que dispõe o art. 98 do Código Penal:

Substituição da pena por medida de segurança para o semi-imputável
Art. 98. Na hipótese do parágrafo único do art. 26 deste Código e **necessitando o condenado de especial tratamento curativo**, a pena privativa de liberdade pode ser substituída pela internação, ou tratamento ambulatorial, pelo prazo mínimo de 1 (um) a 3 (três) anos, nos termos do artigo anterior e respectivos §§ 1º a 4º (grifo nosso).

Observa-se, portanto, que na semi-imputabilidade poderá ser aplicada a ele uma causa de diminuição de pena ou uma medida de segurança quando comprovada a periculosidade do agente, diferente do que ocorre na absolvição imprópria, em que o agente é absolvido e se presume a sua inimputabilidade.

Não pode o agente ser responsabilizado com uma pena privativa de liberdade e uma medida de segurança. Deve-se recordar que o **sistema vicariante** afastou a imposição cumulativa ou sucessiva de pena e medida de segurança, uma vez que a aplicação conjunta ofenderia o princípio do *ne bis in idem*, pois o mesmo indivíduo suportaria duas consequências em razão do mesmo fato[11].

---

[11] STJ, HC n. 275.635/SP (2013/0271447-8): "Processual penal e penal. *Habeas corpus* substitutivo. Recurso especial, ordinário ou de revisão criminal. Não cabimento. Execução. Violação ao sistema vicariante. Inocorrência. Imposição de medida de segurança e de penas privativas de liberdade decorrentes de fatos e ações penais distintas. *Habeas corpus* não conhecido. 1. Ressalvada pessoal compreensão diversa, uniformizou o Superior Tribunal de Justiça ser inadequado o *writ* quando utilizado em substituição a recursos especial e ordinário, ou de revisão criminal, admitindo-se, de ofício, a concessão da ordem ante a constatação de ilegalidade flagrante, abuso de poder ou teratologia. 2. O sistema vicariante afastou a imposição cumulativa ou sucessiva de pena e medida de segurança, uma vez que a aplicação conjunta ofenderia o princípio do *ne bis in idem*, já que o mesmo indivíduo suportaria duas consequências em razão do mesmo fato. 3. Tratando-se o reconhecimento da incapacidade de decisão incidental no processo penal, não há obstáculo jurídico à imposição de medida de segurança em um feito e penas privativas de liberdade em outros processos. 4. *Habeas corpus* não conhecido" (Disponível em: https://processo.stj.jus.br/processo/revista/documento/mediado/?componente=ITA&sequencial=1494855&num_registro=201302714478&data=20160315&formato=PDF).

5. DURAÇÃO DA MEDIDA DE SEGURANÇA

As medidas de segurança podem ser impostas por **tempo indeterminado** e permanecer enquanto não for verificado, por perícia médica, o encerramento da periculosidade do internado. Todavia, a lei estabelece que, **no mínimo, a internação ou tratamento deve durar de um a três anos**:

Prazo
Art. 97, § 1º A internação, ou tratamento ambulatorial, será por tempo indeterminado, perdurando enquanto não for averiguada, mediante perícia médica, a cessação de periculosidade. O prazo mínimo deverá ser de 1 (um) a 3 (três) anos.

Observa-se da leitura do dispositivo *supra* que não há um limite para o tempo de duração da medida, o que vai de encontro ao comando constitucional que proíbe penas de caráter perpétuo (art. 5º, XLVII). Nesse sentido, quando a Constituição menciona em "penas de caráter perpétuo", devem-se na interpretação incluir as medidas de segurança. Assim, há posicionamento sólido tanto no Superior Tribunal de Justiça quanto no Supremo Tribunal Federal sobre a existência de prazo máximo para a duração das medidas de segurança, porque estas possuem caráter punitivo.

Segundo o STJ, o tempo de duração da medida de segurança não deve ultrapassar o limite máximo da pena abstratamente cominada ao delito praticado, isto é, caso João cometa um crime de furto simples e depois seja reconhecida a sua inimputabilidade, o tempo de duração da medida não poderá ultrapassar quatro anos, porquanto o crime de furto simples tem pena de reclusão de um a quatro anos. Esse entendimento foi inclusive sumulado pelo STJ:

Súmula n. 527 do STJ: O tempo de duração da medida de segurança não deve ultrapassar o limite máximo da pena abstratamente cominada ao delito praticado.

Por sua vez, o STF[12] entende que a medida de segurança deverá obedecer a um prazo máximo de 40 anos. A Suprema Corte retira essa interpretação do art. 75 do Código Penal que delimita o prazo máximo de duração de pena:

Habeas Corpus n. 107.432/RS: Penal. *Habeas corpus*. Réu inimputável. Medida de segurança. Prescrição. Inocorrência. Periculosidade do paciente subsistente. Transferência para hospital psiquiátrico, nos termos da Lei 10.261/2001. *Writ* concedido em parte.

I – Esta Corte já firmou entendimento no sentido de que o prazo máximo de duração da medida de segurança é o previsto no art. 75 do CP, ou seja, trinta anos. Na espécie, entretanto, tal prazo não foi alcançado.

---
[12] STF, HC n. 107.432/RS. Disponível em: https://jurisprudencia.s3.amazonaws.com/STF/IT/HC_107432_RS_1308247909291.pdf?AWSAccessKeyId=AKIARMMD5JEAO67SMCVA&Expires=1686407875&Signature=kG5jAei9BNmTg43JDtYHAjLjD5M%3D.

II – Não há falar em extinção da punibilidade pela prescrição da medida de segurança, uma vez que a internação do paciente interrompeu o curso do prazo prescricional (art. 117, V, do Código Penal).

III – Laudo psicológico que reconheceu a permanência da periculosidade do paciente, embora atenuada, o que torna cabível, no caso, a imposição de medida terapêutica em hospital psiquiátrico próprio.

IV – Ordem concedida em parte para determinar a transferência do paciente para hospital psiquiátrico que disponha de estrutura adequada ao seu tratamento, nos termos da Lei 10.261/2001, sob a supervisão do Ministério Público e do órgão judicial competente.

V – Da perícia médica e cessação de periculosidade.

A perícia médica realizar-se-á ao termo do prazo mínimo fixado pelo juiz e deverá ser repetida de ano em ano, ou a qualquer tempo, se o determinar o juiz da execução[13]. A autoridade administrativa, até um mês antes de expirar o prazo de duração mínima da medida, remeterá ao juiz minucioso relatório que o habilite a resolver sobre a revogação ou permanência da medida. O relatório será instruído com o laudo psiquiátrico e juntado aos autos o relatório ou realizadas as diligências, serão ouvidos, sucessivamente, o Ministério Público e o curador ou defensor[14].

É garantida ainda a liberdade de contratar médico de confiança pessoal do internado ou do submetido a tratamento ambulatorial, por seus familiares ou dependentes, a fim de orientar e acompanhar o tratamento. As divergências porventura existentes entre o médico oficial e o particular serão resolvidas pelo juiz da execução[15].

6. PRESCRIÇÃO DA PRETENSÃO PUNITIVA DA MEDIDA DE SEGURANÇA

O Código Penal não trata, especificamente, da prescrição desse tipo de medida, mas, pelo fato de ser uma espécie do gênero sanção penal, é possível aplicar a prescrição. Segundo o Superior Tribunal de Justiça, no caso de

---

[13] Art. 97, § 2º, do Código Penal.
[14] Lei de Execução Penal. Capítulo II. Da Cessação da Periculosidade: "Art. 175. A cessação da periculosidade será averiguada no fim do prazo mínimo de duração da medida de segurança, pelo exame das condições pessoais do agente, observando-se o seguinte: I – a autoridade administrativa, até 1 (um) mês antes de expirar o prazo de duração mínima da medida, remeterá ao Juiz minucioso relatório que o habilite a resolver sobre a revogação ou permanência da medida; II – o relatório será instruído com o laudo psiquiátrico; III – juntado aos autos o relatório ou realizadas as diligências, serão ouvidos, sucessivamente, o Ministério Público e o curador ou defensor, no prazo de 3 (três) dias para cada um; IV – o Juiz nomeará curador ou defensor para o agente que não o tiver; V – o Juiz, de ofício ou a requerimento de qualquer das partes, poderá determinar novas diligências, ainda que expirado o prazo de duração mínima da medida de segurança; VI – ouvidas as partes ou realizadas as diligências a que se refere o inciso anterior, o Juiz proferirá a sua decisão, no prazo de 5 (cinco) dias. Art. 176. Em qualquer tempo, ainda no decorrer do prazo mínimo de duração da medida de segurança, poderá o Juiz da execução, diante de requerimento fundamentado do Ministério Público ou do interessado, seu procurador ou defensor, ordenar o exame para que se verifique a cessação da periculosidade, procedendo-se nos termos do artigo anterior".
[15] Art. 43 da Lei de Execução Penal.

aplicação da medida de segurança, a prescrição é regulada pela **pena máxima abstratamente** prevista para o delito[16].

7. DESINTERNAÇÃO E REINTERNAÇÃO DO AGENTE

O Código Penal prevê que, uma vez cessada a periculosidade, o agente deverá ser desinternado ou libertado condicionalmente. No entanto, a desinternação deverá ser sempre condicional e, caso o agente pratique, antes de um ano, novo fato indicativo de persistência de sua periculosidade, deverá ser reinternado:

> **Desinternação ou liberação condicional**
> Art. 97, § 3º A desinternação, ou a liberação, será sempre condicional devendo ser restabelecida a situação anterior se o agente, antes do decurso de 1 (um) ano, pratica fato indicativo de persistência de sua periculosidade.
> § 4º Em qualquer fase do tratamento ambulatorial, poderá o juiz determinar a internação do agente, se essa providência for necessária para fins curativos.

É importante mencionar que o Superior Tribunal de Justiça vem admitindo a chamada **desinternação progressiva**, que consiste na transferência do agente de um regime de tratamento mais rigoroso a um menos rigoroso[17].

Ademais, é necessária a revisão periódica das medidas de segurança.

8. EXTINÇÃO DA PUNIBILIDADE

Extinta a punibilidade, não se impõe medida de segurança nem subsiste a que tenha sido imposta[18]. Segundo o STJ[19], as limitações de recursos atin-

---

[16] STJ, Recurso em *Habeas Corpus* n. 39.920/RJ: "Recurso ordinário em *habeas corpus*. Homicídio qualificado tentado. Absolvição sumária. Inimputabilidade. Medida de segurança. Tese distinta da causa de isenção de pena. Inexistência. Alegação genérica. Ausência de constrangimento ilegal. 1. Nos termos do artigo 415, parágrafo único, do Código de Processo Penal, o juiz poderá absolver desde logo o acusado pela prática de crime doloso contra a vida se restar demonstrada a sua inimputabilidade, salvo se esta não for a única tese defensiva. 2. A simples menção genérica de que não haveria nos autos comprovação da culpabilidade e do dolo do réu, sem qualquer exposição dos fundamentos que sustentariam a tese defensiva, não é apta a caracterizar ofensa à referida inovação legislativa. Sentença absolutória imprópria. Imposição de medida de segurança. Prescrição. Aplicabilidade. Internação. Marco temporal. Pena máxima abstratamente prevista para o delito. Extinção da punibilidade Inocorrência. Recurso improvido. 1. O Supremo Tribunal Federal já se manifestou no sentido de que o instituto da prescrição é aplicável na medida de segurança, estipulando que esta 'é espécie do gênero sanção penal e se sujeita, por isso mesmo, à regra contida no artigo 109 do Código Penal' (RHC n. 86.888/SP, Rel. Min. Eros Grau, Primeira Turma, DJ de 02.12.2005). 2. Sedimentou-se nesta Corte Superior de Justiça o entendimento no sentido de que a prescrição nos casos de sentença absolutória imprópria é regulada pela pena máxima abstratamente prevista para o delito. Precedentes. 3. Na hipótese, não se verifica o transcurso do prazo prescricional aplicável entre os marcos interruptivos. 4. Recurso improvido" (Disponível em: https://processo.stj.jus.br/processo/revista/documento/mediado/?componente=ITA&sequencial=1294877&num_registro=201302605524&data=20140212&formato=PDF).

[17] STJ, HC n. 665.583/SP: "Execução penal. *Habeas corpus*. Medida de segurança. Evolução psiquiátrica do paciente que possibilita a sua desinternação progressiva. Laudo psiquiátrico favorável. Restabelecimento da decisão do juízo da execução. Possibilidade. Parecer acolhido. Ordem concedida nos termos do dispositivo" (Disponível em:https://www.jusbrasil.com.br/jurisprudencia/stj/1221863289).

[18] Art. 96, parágrafo único, do Código Penal.

[19] STJ, Recurso em Mandado de Segurança n. 48.922/SP: "Administrativo. Medida de segurança. Pessoas com deficiência. Idosos. Defensoria pública. Acesso a informações processuais. Relatórios de medidas de segurança e

gem todos os órgãos do Estado. Por isso, os agentes públicos devem atuar de forma conjunta, integrada e harmoniosa, inclusive com forças-tarefa, mutirões e atividades de capacitação comuns, para, de forma sinérgica, superarem as dificuldades em prol dos direitos do cidadão, este o único sentido, fim último e maior afetado pelas dificuldades das instituições.

9. QUESTÕES DE CONCURSOS

Questão 1

(CESPE/CEBRASPE – DPE-RS – 2022 – Defensor Público [adaptada]) João, sujeito muito conhecido e querido na comunidade onde vive, cometeu um delito apenado com reclusão. Realizada a perícia, o laudo apontou que João era inimputável ao tempo da ação e que apresentava baixa periculosidade. A instrução processual comprovou a autoria. O juiz o absolveu, de forma imprópria,

---

processos prioritários. Lei de acesso à informação. Convenção de Nova Iorque. Resolução Conjunta CNJ/CNMP n. 1/2009. Direito líquido e certo configurado. Ordem parcialmente concedida. 1. A Convenção de Nova Iorque sobre Pessoas com Deficiência (Decreto n. 6.949/2009) e a Resolução Conjunta CNJ/CNMP n. 1/2009 dispõem sobre o tratamento de dados processuais de feitos, envolvendo, respectivamente, pessoas com deficiência e medidas de segurança. Os relatórios são de elaboração necessária pela serventia judicial, nos termos da norma administrativa do CNJ. 2. Configura-se direito líquido e certo da Defensoria Pública obter acesso a tais dados para a tutela de direitos fundamentais de seus assistidos, conforme a Lei de Acesso à Informação (LAI, art. 21). 3. A resolução do CNJ vige há mais de dez anos, sendo imperioso dar-lhe efetividade, ao menos no âmbito do juízo impetrado. A limitação de recursos não pode autorizar a perenização da violação de direitos fundamentais. 4. As limitações de recursos atingem todos os órgãos do Estado. Por isso, os agentes públicos devem atuar de forma conjunta, integrada e harmoniosa, inclusive com forças-tarefa, mutirões e atividades de capacitação comuns, para, de forma sinérgica, superarem as dificuldades em prol dos direitos do cidadão, este o único sentido, fim último e maior afetado pelas dificuldades das instituições. 5. No caso, impõe-se que a autoridade impetrada cumpra as seguintes determinações: i) a elaboração de rol de todos os processos com aplicação de medidas de segurança em trâmite na unidade, com os respectivos dados cadastrais, inclusive assuntos conforme Tabela Unificada do CNJ e locais de cumprimento das medidas, com remessa à Defensoria dentro de um ano; i.a) a atualização no mínimo anual de dito relatório; i.b) a elaboração, de forma prioritária, em 180 dias, rol nos mesmos termos, dos processos que envolvam pessoas idosas e estejam abrangidos pelo prazo de priorização da Meta 2/CNJ, isto é, com medidas de segurança impostas há mais de cinco anos; ii) em 60 dias, edite norma regulamentando o cadastro de novos feitos, para que sejam classificados e identificados, inclusive de modo acessível pela Defensoria, os que envolvam idosos, e/ou pessoas com deficiência e/ou medidas de segurança; ii.a) a adoção, em dita norma, de medidas de fiscalização de seu cumprimento pela serventia; ii.b) a garantia na norma de meio de acesso pronto e imediato da Defensoria aos dados cadastrais de tais feitos, ou remeta o respectivo rol, no máximo a cada 15 dias, à Defensoria; ii.c) que faça viger a norma em prazo não superior a 90 dias; ii.d) a busca, na confecção da norma, de acordo tripartite entre o juízo, o Ministério Público e a Defensoria, acerca de seus termos específicos; iii) no prazo de 180 dias, disponha sobre a realocação dos autos, de modo a reunir os com atendimento prioritário por idade, deficiência ou medida de segurança, em uma mesma repartição; iii.a) na hipótese de se demandar múltiplas unidades para o acautelamento e atendimento desses casos, deve-se envidar esforços para que se concentrem ou proximamente os feitos de mesma categoria; iii.b) a operacionalização da mudança poderá ser feita de forma progressiva, em prazo final não superior 24 meses; iv) que mantenha assegurado o acesso da Defensoria aos autos da serventia; v) que busque fomentar a atenção ao tratamento de casos prioritários, inclusive com a eventual criação de mutirões ou forças-tarefa conjuntas com a Defensoria e o Ministério Público, para tratamento administrativo e operacional desse acervo, bem como o desenvolvimento de esforços de capacitação funcional e integração institucional para o alcance de objetivos comuns em favor do jurisdicionado. 6. Registre-se que não merece acolhida o pleito de se impor ao juízo a remessa dos autos à Defensoria. As listagens e relatórios são suficientes para que a instituição, por seus próprios esforços, identifique, priorize e reclame sua participação nos feitos requerendo, conforme entender necessário, a carga ou cópia dos autos, bem como as medidas judiciais que considerar devidas. 7. Recurso ordinário em mandado de segurança parcialmente provido" (Disponível em: https://processo.stj.jus.br/processo/julgamento/eletronico/documento/mediado/?documento_tipo=integra&documento_sequencial=139387082&registro_numero=201501862933&peticao_numero=&publicacao_data=20211202&formato=PDF).

aplicando-lhe uma medida de segurança, com prazo mínimo de internação de três anos. A partir dessa situação hipotética, julgue o item a seguir.

O juiz poderia ter corretamente aplicado a João a medida de tratamento ambulatorial, em razão da baixa periculosidade apontada no laudo pericial.

( ) Certo
( ) Errado

Questão 2

(CESPE/CEBRASPE – MPE-TO – 2022 – Promotor de Justiça Substituto) Quanto à Política Antimanicomial, às medidas de segurança e às penas privativas de liberdade, assinale a opção correta.

A) Segundo a Lei n.º 10.216/2001, são espécies de internação psiquiátrica, nos mesmos moldes da Lei Antidrogas, a internação voluntária e a involuntária, não cabendo, assim, a chamada intervenção compulsória, devido ao princípio da inafastabilidade do controle jurisdicional.

B) A jurisprudência sumulada do STJ prevê que o prazo máximo de cumprimento da medida de segurança é o estabelecido na Lei de Execução Penal (ou seja, 40 anos), mesmo que não cessada a periculosidade, dada a vedação constitucional a penas perpétuas.

C) As pessoas custodiadas nos regimes semiaberto e aberto serão preferencialmente assistidas nos serviços da rede de atenção à saúde, diferentemente das pessoas submetidas a medidas de segurança de regime ambulatorial, conforme a Portaria Interministerial n.º 1/2014 (PNAISP-SUS).

D) De acordo com a jurisprudência do STJ, a medida de segurança deve atender ao interesse da segurança social e, principalmente, ao interesse da obtenção da cura daquele a quem é imposta, ou a possibilidade de um tratamento que minimize os efeitos da doença mental, não implicando, necessariamente, internação.

E) A execução paralela de pena privativa de liberdade e medida de segurança, por fatos diversos, ofende o sistema vicariante, conforme a jurisprudência do STJ.

Questão 3

(CESPE/CEBRASPE – DPE-PI – 2022 – Defensor Público) Acerca das medidas de segurança, assinale a opção correta.

A) É permitida, ante a ausência de vaga em hospital de custódia, a permanência em ala separada de estabelecimento prisional, de forma isolada, de inimputável submetido à medida de segurança de internação se submetido a tratamento médico.

B) À luz dos princípios da adequação, da razoabilidade e da proporcionalidade, mesmo nos casos de delitos sujeitos à pena de reclusão praticados por pessoas inimputáveis, o magistrado tem a faculdade de determinar tratamento ambulatorial, se considerá-lo mais adequado.

C) Segundo jurisprudência do STF, o tempo de duração da medida de segurança não deve ultrapassar o limite máximo da pena abstratamente cominada ao delito praticado.

D) Como as medidas de segurança têm natureza diversa das penas não podem ser objeto de indulto ou comutação, consoante a própria dicção da regra constitucional.

E) Na hipótese de conversão do tratamento ambulatorial em internação motivada pela incompatibilidade do agente com a medida, o prazo mínimo de internação será de três anos.

GABARITO: 1. Certo; 2. D; 3. B.

CAPÍTULO 37

Da ação penal

RUTH ARAÚJO VIANA

1. INTRODUÇÃO

O direito de ação está previsto na Constituição Federal, que estabelece que a lei não excluirá da apreciação do Poder Judiciário lesão ou ameaça a direito[1]. Assim, quando verificada a ocorrência de um fato criminoso, nascerá a possibilidade de persecução penal, ou seja, investigação e processamento pelo crime ocorrido. Caberá ao Poder Judiciário, portanto, quando provocado, apreciar o direito e o fato posto até porque ninguém será privado da liberdade ou de seus bens sem o devido processo legal[2].

Assim, em caso de violação de norma criminal incriminadora, será instaurado o inquérito policial ou o procedimento incriminatório correspondente para a investigação dos fatos ou, desde logo, será oferecida a denúncia ou queixa-crime e, com o devido processo legal, o Poder Judiciário se pronunciará ao final por meio de sentença.

2. CONDIÇÕES DA AÇÃO

Já estudamos que a ação penal permitirá ao Estado a concretização da sua pretensão punitiva e de aplicar o direito penal objetivo a um caso concreto. Entretanto, o direito de ação só poderá ser exercido se preenchidas algumas condições. São elas: **a) possibilidade jurídica do pedido; b) interesse de agir; c) legitimidade para agir; e d) justa causa.**

---

[1] Art. 5°, XXXV, da CF/1988.
[2] Art. 5°, LIV, da CF/1988.

a) **Possibilidade jurídica do pedido:** requer-se que o provimento jurisdicional solicitado tenha amparo no ordenamento jurídico. O pedido precisa ser juridicamente possível, ou seja, para a concretização do *jus puniendi* do Estado, necessário é, portanto, que exista a transgressão por um agente de uma norma incriminadora. Nesse sentido, Gustavo Badaró[3] afirma:

> No processo penal, a possibilidade jurídica do pedido é definida em termos positivos, isto é, o pedido será juridicamente possível sempre que, em tese, a conduta imputada ao acusado for típica. Se alguém for denunciado, por exemplo, por furto de uso ou por incesto, a denúncia deverá ser rejeitada. Além da atipicidade, o pedido também será juridicamente impossível, nos casos em que o fato não constituir crime, como no ato infracional praticado por menor de 18 anos. Há, também, posicionamento no sentido de que, se já estiver extinta a punibilidade, o pedido também será juridicamente impossível.

b) **Interesse de agir:** a prestação jurisdicional deve ser necessária e adequada. É necessária, quando não se pode obter a satisfação do direito violado por outro meio que não pela via judicial. Será adequada quando a prestação jurisdicional for apta a dirimir o conflito.

Gustavo Badaró[4] explica:

> A necessidade da ação penal condenatória é pressuposta. Como o *ius puniendi* não pode ser aplicado pela atuação espontânea da vontade da lei, sendo o processo penal um processo necessário, não há outro meio de se aplicar a lei penal, senão mediante o processo. Em outras palavras, é irrelevante o dissenso das partes para que o processo penal se faça necessário: *nulla poena sine iudicio*. Assim sendo, a ação penal sempre será necessária para a imposição de uma pena, em face de um fato que se afigure crime. Consequentemente, no processo penal o interesse de agir, quanto ao seu aspecto de necessidade, é inerente a toda ação penal condenatória, porque o Estado não pode impor a pena senão por meio das vias jurisdicionais. (...) Por outro lado, a prestação jurisdicional é adequada quando o provimento pedido for apto a afastar a lesão ou mal invocado pelo autor. É difícil surgir o problema de adequação, no que toca à tutela penal condenatória. Sempre que o Ministério Público ou o querelante pleiteiam a aplicação do direito de punir, o fazem por meio de ação penal condenatória. Os exemplos de falta de adequação podem ocorrer em outros campos. Será inadequado ingressar com um *habeas corpus* para anular um processo por crime para o qual seja prevista exclusivamente a pena de multa, pois a liberdade de locomoção não estará em jogo. Adequado seria o mandado de segurança. Outro exemplo seria o caso em que o Promotor de Justiça impetrasse um *habeas corpus* para pedir a condenação do acusado, quando o adequado seria ação penal condenatória.

c) **Legitimidade das partes:** há legitimidade ativa quando o autor é titular do direito subjetivo material demandado e há legitimidade passiva contra o

---

[3] BADARÓ, Gustavo Henrique. *Processo penal.* 3. ed. rev., atual. e ampl. São Paulo: RT, 2015. p. 158.
[4] BADARÓ, Gustavo Henrique. *Processo penal.* 3. ed. rev., atual. e ampl. São Paulo: RT, 2015. p. 159-160.

titular da obrigação correspondente àquele direito (legitimidade passiva). **No processo penal, a legitimação ativa normalmente é conferida ao Ministério Público, exceto nos casos de ação penal de iniciativa privada, nas quais o legitimado ativo é o ofendido. A legitimidade passiva é sempre daquele a quem se atribui a prática do fato criminoso**[5].

d) Justa causa: requer-se **lastro probatório mínimo** para fins de que a peça acusatória seja recebida. Segundo Gustavo Badaró[6]:

> A justa causa passa a significar a existência de um suporte probatório mínimo, tendo por objeto a existência material de um crime e a autoria delitiva. A ausência desse lastro probatório ou da *probable cause* autoriza a rejeição da denúncia e, em caso de seu recebimento, faltará justa causa para a ação penal, caracterizando constrangimento ilegal apto a ensejar a propositura de *habeas corpus* para o chamado "trancamento da ação penal". A razão de exigir a justa causa para a ação penal é evitar que denúncias ou queixas infundadas, sem uma viabilidade aparente, possam prosperar. Inegável o caráter infamante do processo penal. É exato que, sob o ponto de vista jurídico, a garantia constitucional da presunção de inocência, enquanto regra de tratamento do acusado, assegura que nenhuma diferenciação possa existir entre, de um lado, aquele que é acusado de um delito, sem que haja uma condenação transitada em julgado contra si, e, de outro, qualquer cidadão que nunca foi processado. Contudo, também é certo que, do ponto de vista moral, social e mesmo psicológico, o simples fato de estar sendo processado criminalmente é um pesadíssimo fardo a ser carregado pelo acusado.

Assim, em matéria de grau probatório, exige-se a comprovação da existência de dois elementos: **materialidade** e **indícios de autoria**. Sobre a temática, Eugênio Pacelli[7] explica que:

> (...) a questão de se exigir lastro mínimo de prova pode ser apreciada também sob a perspectiva do direito à ampla defesa. Com efeito, exigir do Estado, por meio do órgão acusatório, ou do particular, na ação privada, que a imputação feita na inicial demonstre, de plano, a pertinência do pedido, aferível pela correspondência e adequação entre os fatos narrados e a respectiva justificativa indiciária (prova mínima, colhida ou declinada), nada mais é que ampliar, na exata medida do preceito constitucional do art. 5º, LV, da CF, o campo que irá se desenvolver a defesa do acusado, já ciente, então, do caminho percorrido na formação da *opinio delicti*.
>
> No entanto, em tese, também é possível analisar a questão sob outra ótica. É que admitir a rejeição da peça acusatória sob tal fundamento (falta de justa causa) iria unicamente em favor dos interesses persecutórios, dado que permitiria o novo ingresso em juízo, após nova coleta de material probatório.

---

[5] BADARÓ, Gustavo Henrique. *Processo penal*. 3. ed. rev., atual. e ampl. São Paulo: RT, 2015. p. 162.
[6] BADARÓ, Gustavo Henrique. *Processo penal*. 3. ed. rev., atual. e ampl. São Paulo: RT, 2015. p. 163.
[7] PACELLI, Eugênio. *Curso de processo penal*. 25. ed. rev. e atual. São Paulo: Atlas, 2021. p. 97.

Ora, se a acusação não tem provas nem as declina na inicial, não deveria propor a ação. Uma vez oferecida a denúncia, ou queixa, pode-se argumentar que a ação deveria ter seguimento, com a absolvição do acusado – e não a rejeição da denúncia, por falta de justa causa – se insuficiente a atividade probatória da acusação

Nesse sentido, o Supremo Tribunal Federal[8] também se pronunciou e afirmou que para estar preenchida a condição da ação da justa causa é necessário consubstanciar-se três componentes essenciais:

a) **Tipicidade:** adequação de uma conduta fática a um tipo penal;

b) **Punibilidade:** além de típica, a conduta precisa ser punível, ou seja, não existirem quaisquer das causas extintivas da punibilidade; e

c) **Viabilidade:** existência de fundados indícios de autoria. Sobre a temática da justa causa o Superior Tribunal de Justiça[9] também apresenta a necessidade

---

[8] HC n. 129.678/SP: "*Habeas corpus*. 'Crime achado'. Ilicitude da prova. Requisitos legais e constitucionais atendidos. Improcedência. Justa causa para a ação penal. Alegada inexistência de indícios mínimos de autoria. Improcedência. 1. O 'crime achado', ou seja, a infração penal desconhecida e, portanto, até aquele momento não investigada, sempre deve ser cuidadosamente analisada para que não se relativize em excesso o inciso XII do art. 5º da Constituição Federal. A prova obtida mediante interceptação telefônica, quando referente a infração penal diversa da investigada, deve ser considerada lícita se presentes os requisitos constitucionais e legais. 2. A justa causa é exigência legal para o recebimento da denúncia, instauração e processamento da ação penal, nos termos do artigo 395, III, do Código de Processo Penal, e consubstancia-se pelo somatório de três componentes essenciais: (a) Tipicidade (adequação de uma conduta fática a um tipo penal); (b) Punibilidade (além de típica, a conduta precisa ser punível, ou seja, não existir quaisquer das causas extintivas da punibilidade); e (c) Viabilidade (existência de fundados indícios de autoria). 3. Esses três componentes estão presentes na denúncia ofertada pelo Ministério Público, que, nos termos do artigo 41 do CPP, apontou a exposição do fato criminoso, com todas as suas circunstâncias, a qualificação do acusado e a classificação do crime. 4. *Habeas corpus* denegado" (Disponível em: https://redir.stf.jus.br/paginadorpub/paginador.jsp?docTP=TP&docID=13385778).

[9] STJ, APn n. 989/DF, Corte Especial, Rel. Min. Nancy Andrighi, j. 16.02.2022: "Ação penal originária. Denúncia proposta pelo Ministério Público Federal. Possível existência de organização criminosa instalada no Tribunal Regional do Trabalho da 1ª Região. Prática dos crimes de corrupção ativa e passiva, peculato e lavagem de ativos. Medidas de busca e apreensão. Legalidade. Violação do art. 7º, II, e § 6º, da Lei 8.906/94. Não ocorrência. Investigação criminal realizada pelo *Parquet*. Possibilidade. *Fishing expedition*. Não ocorrência. Cerceamento de defesa. Inexistência. Princípio da obrigatoriedade da ação penal pública. Ausência de violação. Inicial acusatória apresentada nos termos do art. 41 do CPP. Denúncia específica. Presença de justa causa. Tipicidade formal do crime de pertencimento à organização criminosa. Distinção do delito de associação criminosa (art. 288 do CP). Tipicidade formal do crime de lavagem de capitais. Autolavagem. Consunção. Matéria de prova. Prisão preventiva. Revogação pelo Supremo Tribunal Federal. Temática prejudicada. Afastamento cautelar dos investigados do exercício da função pública. Ratificação pela Corte Superior do STJ. 1. Denúncia oferecida pelo Ministério Público Federal, em 02.03.2021, contra 18 (dezoito) indiciados pela prática de crimes diversos, especialmente contra a Administração Pública, envolvendo, entre outros codenunciados, 4 (quatro) Desembargadores do Tribunal Regional do Trabalho da 1ª Região. Autos conclusos em 16.11.2021. 2. O propósito da presente fase procedimental consiste em dizer se é hígida a hipótese fática que culminou no ajuizamento da presente ação penal, originada de indícios da prática de infrações por autoridades do Poder Judiciário Trabalhista do Estado do Rio de Janeiro, com foro privilegiado no STJ, a fim de recepcionar-se ou não a peça acusatória, quanto à imputação dos crimes de corrupção ativa, corrupção passiva, peculato, lavagem de ativos e pertencimento à organização criminosa. 3. Oferecida a denúncia, o Tribunal poderá rejeitá-la, quando: a) for manifestamente inepta; b) ausente pressuposto processual ou condição para o exercício da ação penal; ou c) faltar justa causa, nos termos do art. 395 do CPP. Caso não estejam presentes esses elementos, a denúncia deverá ser recebida. 4. Ocorre a inépcia da denúncia quando sua deficiência resultar em prejuízo ao exercício da ampla defesa do acusado, ante a ausência de descrição da conduta criminosa, da imputação de fatos determinados, ou quando da exposição circunstancial não resultar logicamente a conclusão. (...) 12. A denúncia não é genérica, pois os fatos e as consequências penais foram esmiuçados detalhadamente na inicial, com a respectiva transcrição do fato criminoso e das circunstâncias, a qualificação dos acusados e a classificação do crime, nos moldes exigidos pelo art. 41 do CPP, não subsistindo a tese de inépcia. 13. A ocorrência dos fatos narrados na denúncia está indicada, nos autos, por inúmeros elementos indiciários – oriundos de buscas e apreensões, quebras de sigilo e outras medidas investigativas –, a justificar a presença de justa causa para a deflagração da ação penal. Além disso, tradicionalmente, a justa causa é analisada apenas sob a ótica retrospectiva, voltada para o passado, com

de, além de realizar uma ótica retrospectiva, ser efetuada uma ótica prospectiva da justa causa. Segundo a Corte de Justiça, tradicionalmente, a justa causa é analisada apenas sob a ótica retrospectiva, voltada para o passado, voltada a quais elementos de informação foram obtidos na investigação preliminar já executada. Todavia, a justa causa também deve ser apreciada sob uma ótica prospectiva, com o olhar para o futuro, para a instrução que será realizada, de modo que se afigura possível incremento probatório que possa levar ao fortalecimento do estado de simples probabilidade em que o juiz se encontra quando do recebimento da denúncia.

A consequência para a persecução penal, quando não preenchida a justa causa para a ação penal, é a denúncia ou a queixa rejeitada. É o que descreve o art. 395, III, do Código de Processo Penal:

Art. 395. A denúncia ou queixa será rejeitada quando:

I – for manifestamente inepta;

II – **faltar pressuposto processual ou condição para o exercício da ação penal**; ou

III – **faltar justa causa** para o exercício da ação penal (grifos nossos).

Observe que sempre que ausente uma das condições da ação a denúncia ou a queixa deverá ser rejeitada (art. 395, II, do Código de Processo Penal).

Para fins de recebimento da denúncia, será aplicado o princípio *in dubio pro societate*, em vez do *in dubio pro reo*

Segundo o Superior Tribunal de Justiça[10], a propositura da ação penal exige tão somente a presença de indícios mínimos de autoria. A certeza, a toda

---

vista a quais elementos de informação foram obtidos na investigação preliminar já realizada. Todavia, a justa causa também deve ser apreciada sob uma ótica prospectiva, com o olhar para o futuro, para a instrução que será realizada, de modo que se afigura possível incremento probatório que possa levar ao fortalecimento do estado de simples probabilidade em que o juiz se encontra quando do recebimento da denúncia. 14. As condutas declinadas pelo *Parquet* cristalizam indícios de formação de organização criminosa, visto que: a) foram denunciados 18 (dezoito) agentes que integrariam a organização criminosa; b) havia uma estrutura bem ordenada e caracterizada pela divisão de tarefas; c) as vantagens teriam sido consubstanciadas pelo pagamento de propina; e d) os crimes de corrupção ativa, corrupção passiva, peculato e lavagem de dinheiro possuem penas máximas superiores a 4 (quatro) anos. (...)".

[10] STJ, RHC n. 93.363/SP, 5ª Turma, Rel. Min. Felix Fischer, j. 24.05.2018. Vejamos: "Recurso em *habeas corpus*. Injúria contra funcionário público em razão de suas funções. Denunciação caluniosa. Trancamento da ação penal. Inépcia da denúncia. Inviabilidade. Art. 41 do CPP atendido. Ausência de justa causa. Não configuração. Indícios mínimos de materialidade e autoria presentes. Representação das vítimas. Realizada em relação ao delito de injúria. Desnecessária para a denunciação caluniosa. Crime de ação penal pública incondicionada. Ausência de dolo. Negativa de autoria. *Animus narrandi*. Elemento apto para afastar a tipicidade ou configurar excludente de ilicitude. Óbice para análise das alegações. Aprofundado exame do acervo probatório. Inviabilidade na via estreita do recurso em *habeas corpus*. Ilegalidade não configurada. Recurso desprovido. I – O trancamento da ação penal constitui medida de exceção, justificada apenas quando comprovadas, de plano, sem necessidade de análise aprofundada de fatos e provas, inépcia da inicial acusatória, atipicidade da conduta, presença de causa de extinção de punibilidade ou ausência de prova da materialidade ou de indícios mínimos de autoria. II – O delito tipificado no art. 339 do CP (denunciação caluniosa) é de ação penal pública incondicionada, não havendo que se falar em exigência de representação das ofendidas. No que tange ao crime de injúria contra funcionário público em razão de suas funções, constou do v. acórdão vergastado que a ofendida representou pela apuração dos fatos, de modo que não há que se falar em decadência. III – Nos termos do art. 41 do CPP, a denúncia conterá a 'exposição do fato criminoso, com todas as suas circunstâncias, a qualificação do acusado ou esclarecimentos pelos quais se possa identificá-lo, a classificação do crime e, quando necessário, o rol

evidência, somente será comprovada ou afastada após a instrução probatória, portanto prevalecendo na fase de oferecimento da denúncia o princípio do *in dubio pro societate*.

3. CLASSIFICAÇÃO DA AÇÃO PENAL

Já estudamos que a ação penal é meio que permite provocar o Poder Judiciário quando há violação de uma norma incriminadora, a fim de responsabilizar o autor do fato e concretizar o *jus puniendi*. Esse tema está legalmente previsto nos arts. 24 a 62 do Código de Processo Penal e arts. 100 a 106 do Código Penal.

Considerando o critério subjetivo[11] de classificação da ação penal, podemos classificar a ação penal como de **iniciativa pública ou de iniciativa privada**. Portanto, a ação penal é pública, salvo quando a lei expressamente a declara privativa do ofendido[12]. Em resumo:

AÇÃO PENAL PÚBLICA VS. AÇÃO PENAL PRIVADA	
Pode ser: 1. ação penal pública incondicionada; 2. ação penal pública condicionada.	Pode ser: 1. ação penal privada personalíssima; 2. ação penal privada propriamente dita; 3. ação penal privada subsidiária da pública.
Peça acusatória: denúncia.	Peça acusatória: queixa-crime.

das testemunhas'. IV – No caso, a exordial acusatória descreveu fatos criminosos em tese, individualizando a conduta do recorrente, que teria ofendido a dignidade e o decoro de funcionária pública, achacando-a de diversas maneiras, notadamente ao afirmar que ela não teria qualquer formação jurídica que a qualificasse para o cargo que exercia. Além disso, o recorrente imputou à mesma servidora e à Juíza de Direito da Serventia a prática de diversos crimes (peculato, prevaricação, violação de sigilo funcional, usurpação de função pública, tráfico de influência), fatos que determinaram a instauração de procedimento investigativo. Verifica-se que foi garantido ao recorrente o exercício da ampla defesa e do contraditório, não havendo que se falar em inépcia da peça inaugural. **V – No que concerne à justa causa para a persecução penal, ressalte-se que a liquidez dos fatos constitui requisito inafastável na apreciação da justa causa, pois o exame aprofundado de provas é inadmissível no espectro processual do *habeas corpus* ou de seu recurso ordinário, cujo manejo pressupõe ilegalidade ou abuso de poder flagrante a ponto de ser demonstrada de plano. VI – Segundo pacífica jurisprudência desta Corte Superior, a propositura da ação penal exige tão somente a presença de indícios mínimos de autoria. A certeza, a toda evidência, somente será comprovada ou afastada após a instrução probatória, prevalecendo, na fase de oferecimento da denúncia o princípio do *in dubio pro societate*.** VII – No presente caso, é possível verificar a presença dos indícios mínimos necessários para a persecução penal, sendo certo que o acolhimento da tese defensiva – de ausência de dolo, uma vez que estaria configurado mero *animus narrandi*, o que configuraria excludente de ilicitude – demandaria, necessariamente, amplo reexame da matéria fático-probatória, procedimento a toda evidência incompatível com a via do *habeas corpus* e do seu recurso ordinário. Recurso em *habeas corpus* desprovido" (Grifos nossos. Disponível em: https://jurisprudencia.s3.amazonaws.com/STJ/attachments/STJ_RHC_93363_afe5b.pdf?AWSAccessKeyId=AKIARMMD5JEAO67SM-CVA&Expires=1686587448&Signature=cpjOVmIvBSDksn0BQ6IrDZ2jovA%3D).

[11] BADARÓ, Gustavo Henrique. *Processo penal*. 3. ed. rev., atual. e ampl. São Paulo: RT, 2015. p. 178: O critério mais utilizado para a classificação da ação penal é o critério subjetivo, que toma por elemento classificador o legitimado ativo para a propositura da ação penal, isto é, quem promoverá a ação penal. A ação penal se subdivide em duas grandes categorias: ação penal de iniciativa pública e ação penal de iniciativa privada (CP, art. 100, *caput*). Disponível em: https://www.jusbrasil.com.br/jurisprudencia/stj/1466655098.

[12] Art. 100, *caput*, do Código Penal.

AÇÃO PENAL PÚBLICA VS. AÇÃO PENAL PRIVADA

Para ambas as peças acusatórias:
CPP, art. 41. A denúncia ou queixa conterá a exposição do fato criminoso, com todas as suas circunstâncias, a qualificação do acusado ou esclarecimentos pelos quais se possa identificá-lo, a classificação do crime e, quando necessário, o rol das testemunhas.

Quando a ação penal for pública, como regra sua iniciativa será promovida pelo Ministério Público. Tal função é conferida pela Constituição Federal e está prevista no Código de Processo Penal e Código Penal. Vejamos:

Art. 129. São funções institucionais do Ministério Público:

I – promover, privativamente, a ação penal pública, na forma da lei.

Art. 257. Ao Ministério Público cabe:

I – promover, privativamente, a ação penal pública, na forma estabelecida neste Código.

Art. 100. A ação penal é pública, salvo quando a lei expressamente a declara privativa do ofendido.

§ 1º A ação pública é promovida pelo Ministério Público, dependendo, quando a lei o exige, de representação do ofendido ou de requisição do Ministro da Justiça.

A ação penal, nesse caso, será iniciada por meio de uma peça chamada **denúncia**. A ação penal pública divide-se em **condicionada e incondicionada**. Será incondicionada quando não depender de nenhum requisito para o seu oferecimento. Será condicionada quando a lei exigir a representação do ofendido ou de requisição do Ministro da Justiça (art. 100, § 1º, do Código Penal).

3.1 Princípios norteadores da ação penal pública

A **ação penal pública incondicionada** é regida pelos seguintes princípios: **oficialidade; obrigatoriedade; indisponibilidade; intranscendência.**

O **princípio da oficialidade** da ação penal pública consiste em dizer que a titularidade da ação penal caberá a um órgão oficial de Estado. Segundo Gustavo Badaró, o princípio da oficialidade significa que a ação penal deve ser promovida por um do órgão Estado, no caso brasileiro, o Ministério Público (CR, art. 129, 1). Superado o período em que a persecução penal cabia à própria vítima ou seus familiares, o Estado, como titular do direito de punir, deve também ser o titular do *ius persequendi in iudicio*[13].

O **princípio da obrigatoriedade ou legalidade processual ou legalidade**, segundo Badaró[14], informa que, quando o Ministério Público recebe o inquérito policial ou quaisquer outras peças de informação, e, se convence da existência

---
[13] BADARÓ, Gustavo Henrique. *Processo penal*. 3. ed. rev., atual. e ampl. São Paulo: RT, 2015. p. 182.
[14] BADARÓ, Gustavo Henrique. *Processo penal*. 3. ed. rev., atual. e ampl. São Paulo: RT, 2015. p. 182.

de um crime e de que há indícios de autoria contra alguém, estará obrigado a oferecer a denúncia. O art. 24 do Código de Processo Penal dispõe que a ação penal "será promovida" por denúncia do Ministério Público. Não há pois, campo de discricionariedade. O Ministério Público não poderá concluir que há justa causa para a ação penal, mas optar por não exercer o direito de ação mediante oferecimento da denúncia.

Ocorre que esse princípio deve ser analisado à luz do procedimento processual criminal contemporâneo que autoriza que nem sempre o Ministério Pública deverá oferecer uma ação penal, quando possível dirimir o conflito por outro meio, por exemplo, por meio da transação penal e do acordo de não persecução penal.

O **princípio da indisponibilidade** consiste em afirmar que o Ministério Público não poderá desistir da ação penal e do recurso interposto. Vejamos o que diz o Código de Processo Penal:

Art. 42. O Ministério Público não poderá desistir da ação penal.

Art. 576. O Ministério Público não poderá desistir de recurso que haja interposto.

Segundo Gustavo Badaró[15], o princípio da indisponibilidade significa que, uma vez proposta a ação penal de iniciativa pública, que é obrigatória, o Ministério Público não poderá dispor da pretensão formulada. Nesse sentido, a indisponibilidade (posterior ao exercício do direito de ação) é um complemento do princípio da obrigatoriedade (anterior ao exercício do direito de ação). O art. 42 do Código de Processo Penal prevê que a ação penal, uma vez proposta, será indisponível. Aponta-se como manifestações desse princípio a possibilidade de o juiz condenar o acusado, mesmo que o Ministério Público tenha se manifestado pela absolvição (CPP, art. 385), e a impossibilidade de o Ministério Público desistir de recurso interposto (CPP, art. 576).

O **princípio da intranscendência da ação penal** é um desdobramento lógico do princípio constitucional da intranscendência penal e previsto no art. 5º, XLV, da CR/1988[16], que indica que a ação penal somente pode ser proposta contra o autor do fato criminoso.

O **princípio da indivisibilidade** consiste em afirmar que a ação penal deve ser proposta contra todos os autores do delito. Conforme já estudado, não pode o órgão ministerial deixar de oferecer denúncia quando tem certeza da existência de um crime e se convence de que há indícios de autoria contra alguém (princípio da obrigatoriedade). Do mesmo modo, o Ministério Público

---

[15] BADARÓ, Gustavo Henrique. *Processo penal*. 3. ed. rev., atual. e ampl. São Paulo: RT, 2015. p. 183.

[16] "Art. 5º Todos são iguais perante a lei, sem distinção de qualquer natureza, garantindo-se aos brasileiros e aos estrangeiros residentes no País a inviolabilidade do direito à vida, à liberdade, à igualdade, à segurança e à propriedade, nos termos seguintes: (...) XLV - nenhuma pena passará da pessoa do condenado, podendo a obrigação de reparar o dano e a decretação do perdimento de bens ser, nos termos da lei, estendidas aos sucessores e contra eles executadas, até o limite do valor do patrimônio transferido."

não poderá oferecer denúncia contra alguns e não contra outros, quando tiver indícios suficientes da autoria delitiva. Assim, esse princípio deve ser estudado com cautela. Há quem defenda que o princípio da indivisibilidade ainda é um princípio norteador da ação penal pública. Ocorre que o oferecimento de denúncia em desfavor de somente parte dos investigados em inquérito policial, por exemplo, não gera arquivamento implícito em relação aos não denunciados. Há, inclusive, julgados no Superior Tribunal de Justiça[17] que informam que o princípio da indivisibilidade **não é aplicável à ação penal pública incondicionada**. Vejamos:

> Processual penal. Acórdão de Tribunal de Justiça denegatório de *habeas corpus*. Interposição de recurso em sentido estrito ao invés de recurso ordinário. Erro grosseiro. Fungibilidade. Não aplicação. Conhecimento da súplica como impetração substitutiva de recurso ordinário. Impossibilidade. Ausência de flagrante ilegalidade. Princípio da indivisibilidade. Não incidência à ação penal pública. Precedentes iterativos do STJ. 1. A interposição de recurso em sentido estrito no lugar de recurso ordinário, contra acórdão que denega *habeas corpus*, em única instância, em Tribunal de Justiça, configura erro grosseiro, apto a impedir a aplicação da fungibilidade, ainda mais se, como na espécie, a súplica somente foi protocolada mais de trinta [dias] depois da publicação do julgado atacado, inviabilizando qualquer tipo de recurso. 2. Hipótese expressa na Constituição Federal acerca do cabimento do recurso ordinário e ausência de previsão, no Código de Processo Penal, em uma das hipóteses taxativas referentes ao recurso em sentido estrito. 3. Não vigora o princípio da indivisibilidade na ação penal pública. **O *Parquet* é livre para formar sua convicção incluindo na increpação as pessoas que entenda terem praticados ilícitos penais, ou seja, mediante a constatação de indícios de autoria e materialidade, não se podendo falar em

---

[17] STJ, REsp n. 1.255.224/RJ, 5ª Turma: "Recurso especial. Penal. Crime contra a fé pública. Corrupção ativa e passiva. Litispendência. Não configuração. Interceptações telefônicas ordenadas em conformidade com os ditames legais e bem fundamentadas. Competência da Justiça Federal. Cerceamento de defesa não configurado. Inocorrência de prejuízo. Fraude demonstrada. Ausência de arquivamento implícito. Penas individualizadas. Reconhecimento de fixação da pena-base através de fundamentação inidônea. Alteração. Precedentes. Afastamento da causa de aumento de pena referente a infringência do dever funcional e redução de pena-base porque majorada acima do mínimo legal de forma exacerbada que esbarram no enunciado da Súmula n. 7 desta Corte. Parcial provimento do recurso de Altineu e não provimento, na parte conhecida, do recurso de Eduardo e de Delcy. 1. (...). 4. O oferecimento de denúncia em desfavor de alguns dos investigados em inquérito policial não gera arquivamento implícito em relação aos não denunciados. Princípio da indivisibilidade que não é aplicável à ação penal pública incondicionada. Precedentes. 5. Uma vez que as circunstâncias judiciais e pessoais dos corréus Delcy e Eduardo são idênticas, coerente que a fundamentação para aplicação de suas penas também assim o seja. Impossibilidade de fundamentar de forma distinta duas situações iguais. 6. O acórdão de origem guarda fundamentação inidônea, merecendo ser corrigido na via especial, porque não buscou apoio em elementos concretos que permitissem a elevação da pena-base acima de seu mínimo legal, além de omitir quais os fatos mereciam maior reprovabilidade, já que só se fundou na avaliação negativa das circunstâncias do crime. 7. Impossibilidade de aplicação da majorante prevista no art. 62, I e II, do CP, uma vez que ao caso em comento não ficou caracterizado mencionado concurso de pessoas. 8. Os pleitos de afastamento da causa de aumento de pena referente a infringência do dever funcional e de redução da pena-base porque majorada acima do mínimo legal de forma exacerbada demandam inevitável revolvimento do arcabouço fático-probatório, o que é vedado em sede de recurso especial pela Súmula n. 7 desta Corte. 9. Na esteira dos precedentes desta Corte, a pena em desfavor do corréu Altineu deve ser redefinida para 2 (dois) anos e 8 (oito) meses de reclusão e ao pagamento de 50 (cinquenta) dias-multa no valor unitário de um salário mínimo. 10. Recurso de Altineu parcialmente provido. Recursos de Eduardo e de Delcy, conhecidos em parte e não providos" (Disponível em: https://www.jusbrasil.com.br/jurisprudencia/stj/24979347).

arquivamento implícito em relação a quem não foi denunciado. 4. Recurso não conhecido (RHC n. 34.233/SP (2012/0230823-5) – grifo nosso)[18].

3.2 Da ação penal pública incondicionada e condicionada à representação ou requisição do Ministro de Justiça

A ação penal pública divide-se em condicionada e incondicionada. A regra é que a ação penal seja pública **incondicionada**, ou seja, não depende de nenhum requisito para o seu oferecimento. Entende-se que a ação penal sempre será pública, salvo quando a lei expressamente a declarar privativa do ofendido.

Será condicionada a ação penal pública, quando a lei exigir a representação do ofendido ou de requisição do Ministro da Justiça (art. 100, § 1º, do Código Penal). Quanto à **ação penal pública condicionada à representação**, cuja titularidade continua sendo do Ministério Público, o que muda é que agora há uma condição para a ação existir. A vítima ou o seu representante legal devem representar contra o seu agressor. Trata-se de uma **condição específica de procedibilidade**:

TÍTULO III
Da ação penal
CPP, art. 24. Nos crimes de ação pública, esta será promovida por denúncia do Ministério Público, mas dependerá, quando a lei o exigir, de requisição do Ministro da Justiça, ou de representação do ofendido ou de quem tiver qualidade para representá-lo.

A título de exemplo, são crimes que exigem a representação da vítima ou do seu representante legal os crimes contra o patrimônio quando não é de roubo ou de extorsão, ou, em geral, quando haja emprego de grave ameaça ou violência à pessoa quando se trata do cônjuge desquitado ou judicialmente separado; de irmão, legítimo ou ilegítimo; de tio ou sobrinho, com quem o agente coabita[19]; no crime de ameaça e de perseguição; no crime de lesão

---

[18] STJ, Recurso em *Habeas Corpus* n. 34.233/SP. Disponível em: https://www.jusbrasil.com.br/jurisprudencia/stj/25077756/inteiro-teor-25077757.
[19] "Capítulo VIII. Disposições Gerais
Art. 181. É isento de pena quem comete qualquer dos crimes previstos neste título, em prejuízo:
I – do cônjuge, na constância da sociedade conjugal;
II – de ascendente ou descendente, seja o parentesco legítimo ou ilegítimo, seja civil ou natural.
Art. 182. Somente se procede mediante representação, se o crime previsto neste título é cometido em prejuízo:
I – do cônjuge desquitado ou judicialmente separado;
II – de irmão, legítimo ou ilegítimo;
III – de tio ou sobrinho, com quem o agente coabita.
Art. 183. Não se aplica o disposto nos dois artigos anteriores:
I – se o crime é de roubo ou de extorsão, ou, em geral, quando haja emprego de grave ameaça ou violência à pessoa;
II – ao estranho que participa do crime;
III – se o crime é praticado contra pessoa com idade igual ou superior a 60 (sessenta) anos."

corporal leve ou culposa, desde que não seja crime de violência doméstica[20]; crime de estelionato, salvo se a vítima for a Administração Pública, direta ou indireta, criança ou adolescente; pessoa com deficiência mental; ou maior de 70 anos de idade ou incapaz[21].

Quanto ao **prazo** para a representação criminal na ação penal pública condicionada à representação, o ofendido ou seu representante legal decairá do direito de representação se não o exerce dentro de seis meses, contados do dia em que veio a saber quem é o autor do crime. Observe que se trata de prazo decadencial que se iniciará a partir do conhecimento do autor do delito. Imagine que Maria é ameaçada via bilhete deixado na porta da sua residência e somente após seis meses do fato descobre quem escreveu o bilhete, ou seja, quem foi o autor da ameaça. Nesse caso, teria Maria decaído do direito de representar com o autor da ameaça? Não, pois Maria desconhecia quem era o autor do fato. É o que descreve o art. 103 do Código Penal:

Decadência do direito de queixa ou de representação
Art. 103. Salvo disposição expressa em contrário, o ofendido decai do direito de queixa ou de representação se não o exerce dentro do prazo de **6 (seis) meses**, contado **do dia em que veio a saber quem é o autor do crime**, ou, no caso do § 3º do art. 100 deste Código, do dia em que se esgota o prazo para oferecimento da denúncia (grifos nossos).

Esse prazo decadencial para a representação por crimes de ação penal pública condicionada à representação é o mesmo prazo decadencial da ação penal privada que será estudada logo a seguir.

Prevalece no STJ e no STF[22] que a representação, nos crimes de ação penal pública condicionada, não exige maiores formalidades, sendo suficiente a demonstração inequívoca de que a vítima tem interesse na persecução penal. Dessa forma, não há necessidade de que exista nos autos peça processual com esse título, sendo suficiente que a vítima ou seu representante legal leve ao conhecimento das autoridades o ocorrido.

A **ação penal pública condicionada à requisição de Ministro de Justiça** é ato de **natureza política** pelo qual o Ministro da Justiça autoriza a propositura da ação penal por parte do Ministério Público em determinados crimes.

---

[20] Lei n. 9.099/1995. Seção VI. Disposições Finais. "Art. 88. Além das hipóteses do Código Penal e da legislação especial, dependerá de representação a ação penal relativa aos crimes de lesões corporais leves e lesões culposas". Súmula 542 do STJ: "A ação penal relativa ao crime de lesão corporal resultante de violência doméstica contra a mulher é pública incondicionada – Súmula 542 do STJ".

[21] Art. 171, § 5º, do Código Penal: "Somente se procede mediante representação, salvo se a vítima for:
I – a Administração Pública, direta ou indireta;
II – criança ou adolescente;
III – pessoa com deficiência mental; ou
IV – maior de 70 (setenta) anos de idade ou incapaz".

[22] HC n. 385.345/SC (2017/0006387-9). Disponível em: https://www.jusbrasil.com.br/jurisprudencia/stj/860549575/inteiro-teor-860549585.

A requisição do Ministro de Justiça pode ocorrer até a prescrição do crime praticado. Portanto, ele não fica subordinado ao prazo de seis meses, tal como acontece na representação do ofendido, para fazer essa requisição, ou seja, não se submete ao prazo decadencial. Também se trata de uma **condição específica de procedibilidade** nos termos do art. 24 do Código de Processo Penal.

Hipóteses que exigem requisição de Ministro de Justiça para a propositura de ação penal pelo Ministério Público:

- Crimes cometidos por estrangeiro contra brasileiro fora do Brasil[23].
- Crimes contra a honra praticados contra chefe do governo estrangeiro e Presidente da República[24].

> **ATENÇÃO!** O Ministério Público não se vincula à representação do ofendido nem à requisição do Ministro de Justiça. Logo, não será obrigado a oferecer denúncia só porque a condição de procedibilidade foi preenchida.

A ação penal privada quanto à legitimidade para a peça acusatória é hipótese de substituição processual, pois o ofendido ou seu representante legal agirá em nome próprio para defender interesse alheio (do Estado).

3.3 Da ação penal privada

A ação penal privada pode ser: **ação penal exclusivamente privada, ação penal personalíssima e ação penal privada subsidiária da pública.**

O titular da **ação penal exclusivamente privada** é o ofendido ou seu representante legal nos termos do art. 30 do Código de Processo Penal:

> Art. 30. Ao ofendido ou a quem tenha qualidade para representá-lo caberá intentar a ação privada.

A **ação penal exclusivamente privada ou propriamente dita** é exercida por meio da peça acusatória conhecida por **queixa-crime** e deverá ser promovida pelo ofendido ou seu representante legal:

> Art. 100, § 2º A ação de iniciativa privada é promovida mediante queixa do ofendido ou de quem tenha qualidade para representá-lo.

---

[23] "Art. 7º Ficam sujeitos à lei brasileira, embora cometidos no estrangeiro: (...) § 3º A lei brasileira aplica-se também ao crime cometido por estrangeiro contra brasileiro fora do Brasil, se, reunidas as condições previstas no parágrafo anterior: (...) b) houve requisição do Ministro da Justiça."

[24] "Art. 141. As penas cominadas neste Capítulo aumentam-se de um terço, se qualquer dos crimes é cometido: I – contra o Presidente da República, ou contra chefe de governo estrangeiro; (...) Art. 145. Nos crimes previstos neste Capítulo somente se procede mediante queixa, salvo quando, no caso do art. 140, § 2º, da violência resulta lesão corporal. Parágrafo único. Procede-se mediante requisição do Ministro da Justiça, no caso do inciso I do *caput* do art. 141 deste Código, e mediante representação do ofendido, no caso do inciso II do mesmo artigo, bem como no caso do § 3º do art. 140 deste Código."

No caso de morte do ofendido ou quando declarado ausente por decisão judicial, o direito de oferecer queixa ou prosseguir na ação passará ao cônjuge, ascendente, descendente ou irmão[25]. Se o ofendido for menor de 18 anos, ou mentalmente enfermo, ou retardado mental, e não tiver representante legal, ou colidirem os interesses deste com os daquele, o direito de queixa poderá ser exercido por curador especial, nomeado, de ofício ou a requerimento do Ministério Público, pelo juiz competente para o processo penal[26].

A legitimidade para a propositura da ação penal privada, em regra, é do ofendido, porém é punível a calúnia contra os mortos. Nesse caso, a legitimidade para ajuizar ação penal privada contra o querelado imputando-lhe o crime de calúnia contra pessoa morta, portanto, será do **cônjuge, ascendente, descendente ou irmão**, nos termos do § 1º do art. 24 do Código de Processo Penal:

> Art. 24 (...) § 1º No caso de morte do ofendido ou quando declarado ausente por decisão judicial, o direito de representação passará ao cônjuge, ascendente, descendente ou irmão.

O companheiro ou a companheira do morto também tem legitimidade para a propositura dessa ação penal privada.

A companheira, em união estável homoafetiva reconhecida, goza do mesmo *status* de cônjuge para o processo penal, possuindo legitimidade para ajuizar ação penal privada (STJ, Corte Especial, APn n. 912/RJ, Rel. Min. Laurita Vaz, j. 07.08.2019 [Info 654]).

Faz-se interpretação extensiva da norma processual penal que tem autorização expressa no art. 3.º do Código de Processo Penal:

> Art. 3º A lei processual penal admitirá interpretação extensiva e aplicação analógica, bem como o suplemento dos princípios gerais de direito.

O Supremo Tribunal Federal já reconheceu a "inexistência de hierarquia ou diferença de qualidade jurídica entre as duas formas de constituição de um novo e autonomizado núcleo doméstico", aplicando-se a união estável entre pessoas do mesmo sexo as mesmas regras e mesmas consequências da união estável heteroafetiva[27].

---

[25] Art. 31 do Código de Processo Penal.
[26] Art. 33 do Código de Processo Penal.
[27] STF, RE n. 646.721/RS: "Direito constitucional e civil. Recurso extraordinário. Repercussão geral. Aplicação do artigo 1.790 do Código Civil à sucessão em união estável homoafetiva. Inconstitucionalidade da distinção de regime sucessório entre cônjuges e companheiros. 1. A Constituição brasileira contempla diferentes formas de família legítima, além da que resulta do casamento. Nesse rol incluem-se as famílias formadas mediante união estável, hetero ou homoafetivas. O STF já reconheceu a 'inexistência de hierarquia ou diferença de qualidade jurídica entre as duas formas de constituição de um novo e autonomizado núcleo doméstico', aplicando-se a união estável entre pessoas do mesmo sexo as mesmas regras e mesas consequências da união estável heteroafetiva (ADI 4.277 e ADPF 132, Rel. Min. Ayres Britto, j. 05.05.2011). 2. Não é legítimo desequiparar, para fins sucessórios, os cônjuges e os companheiros, isto é, a família formada pelo casamento e a formada por união estável. Tal hierarquização entre entidades familiares é incompatível com a Constituição de 1988. Assim sendo,

Os requisitos para a propositura da queixa-crime são os mesmos da denúncia e estão descritos no art. 41 do Código de Processo Penal:

> Art. 41. A denúncia ou queixa conterá a exposição do fato criminoso, com todas as suas circunstâncias, a qualificação do acusado ou esclarecimentos pelos quais se possa identificá-lo, a classificação do crime e, quando necessário, o rol das testemunhas.

Na **ação penal privada personalíssima**, a queixa cabe **somente ao ofendido**. Portanto, ela é **intransferível**, não sendo possível nem mesmo a intervenção de representante legal, ou sucessão no caso de ausência ou morte. Portanto, é possível, nessa hipótese, que a morte do ofendido acarrete a extinção da punibilidade.

Segundo Rogério Sanches, na ação penal privada personalíssima, o direito de agir é atribuído única e exclusivamente à vítima. Não há, em nenhuma hipótese, a substituição do titular da ação penal. No caso de morte do ofendido, portanto, extingue-se a punibilidade. Se o ofendido for incapaz, deve-se aguardar a cessação da causa da incapacidade para que ele próprio ajuíze a ação penal[28].

Atualmente, apenas é cabível a ação penal privada personalíssima para o crime de induzimento a erro essencial ou ocultação de impedimento para casamento, constante do art. 236 do Código Penal. Vejamos:

> Art. 236. Contrair casamento, induzindo em erro essencial o outro contraente, ou ocultando-lhe impedimento que não seja casamento anterior:
> Pena – detenção, de seis meses a dois anos.
> Parágrafo único. A ação penal depende de queixa do contraente enganado e não pode ser intentada senão depois de transitar em julgado a sentença que, por motivo de erro ou impedimento, anule o casamento.

A **ação penal privada subsidiária da pública** tem previsão constitucional e é admitida sempre que nos crimes de ação pública, se esta não for intentada no prazo legal[29]. O Código de Processo Penal assim explica:

---

o art. 1.790 do Código Civil, ao revogar as Leis nº 8.971/1994 e nº 9.278/1996 e discriminar a companheira (ou o companheiro), dando-lhe direitos sucessórios bem inferiores aos conferidos à esposa (ou ao marido), entra em contraste com os princípios da igualdade, da dignidade humana, da proporcionalidade como vedação à proteção deficiente e da vedação do retrocesso. 3. Com a finalidade de preservar a segurança jurídica, o entendimento ora firmado é aplicável apenas aos inventários judiciais em que não tenha havido trânsito em julgado da sentença de partilha e às partilhas extrajudiciais em que ainda não haja escritura pública. 4. Provimento do recurso extraordinário. Afirmação, em repercussão geral, da seguinte tese: 'No sistema constitucional vigente, é inconstitucional a distinção de regimes sucessórios entre cônjuges e companheiros, devendo ser aplicado, em ambos os casos, o regime estabelecido no art. 1.829 do CC/2002'" (Disponível em: https://jurisprudencia.s3.amazonaws.com/STF/attachments/STF_RE_646721_964b7.pdf?AWSAccessKeyId=AKIARMMD5JEAO67S-MCVA&Expires=1686587978&Signature=Gd%2FTfOsSvY9FFvyUEzyIE6j%2FQag%3D).

[28] CUNHA, Rogério Sanches. *Manual de direito penal*. 11. ed. São Paulo: JusPodivm, 2022. volume único, p. 786.
[29] Art. 5º, LIX, da Constituição Federal.

Art. 46. O prazo para oferecimento da denúncia, estando o réu preso, será de 5 dias, contado da data em que o órgão do Ministério Público receber os autos do inquérito policial, e de 15 dias, se o réu estiver solto ou afiançado. No último caso, se houver devolução do inquérito à autoridade policial (art. 16), contar-se-á o prazo da data em que o órgão do Ministério Público receber novamente os autos.

Portanto, não cumpridos os prazos supraestabelecidos pelo Ministério Público para oferecimento da denúncia, poderá ser intentada a ação de iniciativa privada nos crimes de ação pública. É o que também descreve o art. 100, § 3º, do Código Penal:

Art. 100, § 3º A ação de iniciativa privada pode intentar-se nos crimes de ação pública, se o Ministério Público não oferece denúncia no prazo legal.

Caso o Ministério Público requeira a realização de uma diligência complementar, não estará autorizada a ação penal privada subsidiária da pública.

O ajuizamento da ação penal privada pode ocorrer após o decurso do prazo legal, sem que seja oferecida denúncia, ou promovido o arquivamento, ou requisitadas diligências externas ao Ministério Público[30].

> **ATENÇÃO!** Para a validade da ação penal nos crimes de ação penal privada, é necessário que o instrumento de mandato seja conferido com poderes especiais expressos, além de fazer menção ao fato criminoso[31], nos termos do art. 44 do Código de Processo Penal:

Art. 44. A queixa poderá ser dada por procurador com poderes especiais, devendo constar do instrumento do mandato o nome do querelante e a menção do fato criminoso, salvo quando tais esclarecimentos dependerem de diligências que devem ser previamente requeridas no juízo criminal.

---

[30] Art. 46 do CPP.
[31] RHC n. 33.790/SP: "Recurso em *habeas corpus*. Processual penal. Ação penal privada. Vício de representação. Procuração originariamente outorgada com poderes da cláusula *ad judicia et extra*. Substabelecimento com reserva de direitos. Inclusão de poderes especiais que não constavam no instrumento de mandato originário. Impossibilidade. Limites objetivos. Requisitos do art. 44 do CPP não preenchidos. Nulidade. Extinção da punibilidade. 1. Para a validade da ação penal nos crimes de ação penal privada, é necessário que o instrumento de mandato seja conferido com poderes especiais expressos, além de fazer menção ao fato criminoso, nos termos do art. 44 do Código de Processo Penal. 2. O substabelecimento, enquanto meio de transferência de poderes anteriormente concedidos em procuração, deve obedecer integralmente ao que consta do instrumento do mandato, porquanto é dele totalmente dependente. Ainda que neste instrumento esteja inserida a cláusula *ad judicia*, há limites objetivos que devem ser observados quando da transmissão desses poderes, visto que o substabelecente lida com direitos de terceiros, e não próprios. 3. Na espécie, como a procuração firmada pela querelante somente conferiu aos advogados os poderes da cláusula *ad judicia et extra*, apenas estes foram objeto de transferência aos substabelecidos, razão pela qual deve ser tida por inexistente a inclusão de poderes especiais para a propositura de ação penal privada, uma vez que eles não constavam do mandato originário. 4. Nula é a queixa-crime, por vício de representação, se a procuração outorgada para a sua propositura não atende às exigências do art. 44 do Código de Processo Penal. 5. Recurso provido para conceder a ordem de *habeas corpus*, a fim de declarar a nulidade *ab initio* da queixa-crime, tendo como consequência a extinção da punibilidade do querelado, nos termos do art. 107, IV, do Código Penal" (Disponível em: https://www.jusbrasil.com.br/jurisprudencia/stj/25227291/inteiro-teor-25227292).

Para fins de fixação, vejamos a seguinte tabela explicativa:

MAPA MENTAL

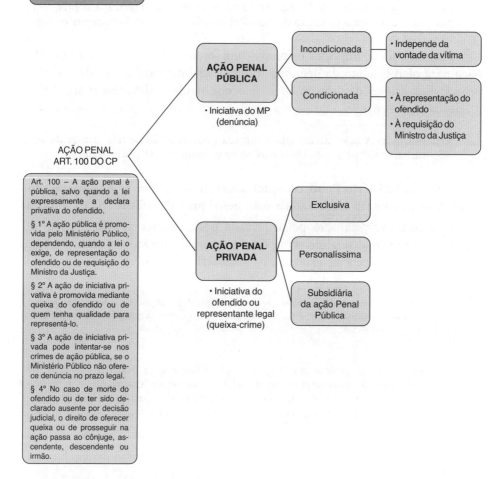

Segundo o Superior Tribunal de Justiça, é possível condenação em honorários advocatícios em ação penal privada. Conclusão que se extrai da incidência dos princípios da sucumbência e da causalidade, o que permite a aplicação analógica do art. 20 do Código de Processo Civil, conforme previsão constante no art. 3º do Código de Processo Penal[32]:

> Agravo regimental. Recurso especial. Calúnia, injúria e difamação. Ação penal privada. Honorários advocatícios. Cabimento. Atuação da defesa. Princípios da sucumbência e da causalidade. Advogado em causa própria. Ausência de base de cálculo. Apreciação equitativa. Princípios constitucionais. Inovação recursal. Impossibilidade. Inviabilidade de análise de matéria constitucional. Súmula

---
[32] STJ, AgRg no REsp n. 1.218.726/RJ. Disponível em: https://www.lexml.gov.br/urn/urn:lex:br:superior.tribunal.justica;turma.6:acordao;resp:2013-02-05;1218726-1248402.

Vinculante 10/STF. Não incidência. 1. **É possível haver condenação em honorários advocatícios em ação penal privada**. Conclusão que se extrai da incidência dos princípios da sucumbência e da causalidade, o que permite a aplicação analógica do art. 20 do Código de Processo Civil, conforme previsão constante no art. 3º do Código de Processo Penal. Precedentes. 2. Independente do *nomen iuris* do ato processual em que foi apresentada a defesa pelo querelado (audiência de conciliação ou de instrução e julgamento), não se pode ignorar a sua participação no processo, causada pela ação penal privada ajuizada pelo querelante. 3. A defesa do querelado não é ato inexistente, uma vez que foi apresentada numa relação jurídico-processual válida, tendo sido, inclusive, expostos argumentos que acabaram acatados pelo Juízo sentenciante. Assim, o fato de ter sido espontaneamente apresentada não ilide, por si só, a necessidade de considerar o trabalho efetuado pelo advogado. Ademais, foi determinada pelo juízo a citação do querelado, de sorte que o seu comparecimento à audiência apenas pode ser considerado espontâneo em razão do não cumprimento da diligência citatória. 4. O só fato de não ter sido julgado o mérito da demanda não afasta a possibilidade de condenação em honorários advocatícios, desde que incidente, como no caso, o princípio da causalidade. Precedentes. 5. É possível haver o pagamento de honorários ao advogado quando este atua em causa própria (art. 20, *caput*, parte final, do CPC). 6. **Não há arbitrariedade na fixação de honorários advocatícios, quando esta ocorre consoante apreciação equitativa do juiz (art. 20, § 4º, do CPC).** 7. A alegada incidência de princípios constitucionais não foi suscitada oportunamente no recurso especial, tornando-se, portanto, preclusa, uma vez que não se admite inovação argumentativa em sede de agravo regimental. Precedentes. Ademais, trata-se de matéria que não pode ser alegada em sede de recurso especial, por não ser este o instrumento processual adequado à análise de fundamento constitucional, matéria reservada à competência do Supremo Tribunal Federal. 8. Em nenhum momento, na decisão que negou seguimento ao recurso especial interposto, houve afastamento da incidência do art. 804 do Código de Processo Penal. O que houve, na verdade, foi a adoção de entendimento contrário ao defendido pelo recorrente, de sorte que não incide no caso a vedação prevista na Súmula Vinculante 10/STF. 9. Agravo regimental improvido (grifos nossos).

Mesmo que não exista sentença de mérito, será possível condenar o querelante em honorários advocatícios sucumbenciais na hipótese de rejeição de queixa-crime por ausência de justa causa.

4. QUESTÕES DE CONCURSOS

Questão 1

(FGV – TJ-DFT – 2022 – Técnico Judiciário – Área Administrativa) Nos crimes de ação penal pública condicionada à representação, é correto afirmar que a representação:

A) Depende de formalidade expressa, consistente em manifestação expressa por meio de termo para inaugurar a investigação preliminar.

B) Prescinde de qualquer formalidade, sendo necessária apenas a vontade inequívoca da vítima de representar contra o autor do fato.

C) Depende de formalidade expressa, consistente em manifestação expressa da vítima ou de seu representante legal em audiência específica.

D) Prescinde de qualquer formalidade, sendo necessária apenas a vontade inequívoca da vítima ou de seu representante legal de representar contra o autor do fato.

E) Depende de formalidade expressa, consistente em manifestação expressa da vítima ou de seu representante legal em audiência preliminar.

Questão 2

(CESPE/CEBRASPE – DPE-DF – 2022 – Analista de Apoio à Assistência Judiciária – Direito) "No intuito de se apropriar de joias e dólares, Raí, réu primário e sem antecedentes, ameaçou a vítima e a manteve sob sua vigilância até conseguir arrombar o cofre da residência dela. Após a regular tramitação processual, a condenação de Raí transitou em julgado". A partir dessa situação hipotética, julgue o item a seguir.

A modalidade de crime praticada nessa situação admite ação penal privada subsidiária da pública caso o Ministério Público deixe de oferecer a denúncia no prazo legalmente estabelecido.

( ) Certo
( ) Errado

Questão 3

(CESPE/CEBRASPE – DPE-RO – 2023 – Defensor Público Substituto) Será necessária representação para que se proceda à ação penal no crime de

A) Receptação, cuja vítima seja o irmão do agente.
B) Roubo praticado pelo filho contra o pai.
C) Extorsão praticada pelo pai contra o filho homem.
D) Furto praticado por sobrinho contra o tio que possua, à época dos fatos, sessenta e dois anos de idade.
E) Estelionato praticado contra o cônjuge na constância da sociedade conjugal.

GABARITO: 1. D; 2. Certo; 3. A.

Capítulo 38

Punibilidade

Ruth Araújo Viana

1. CONCEITO

A punibilidade consiste no direito do Estado de aplicar a sanção penal contra quem transgrediu a norma incriminadora. A punibilidade, conforme a teoria tripartida do crime, não integra o conceito analítico do delito. Portanto, extinta a punibilidade, os efeitos do crime desaparecem, mas não o delito.

2. CAUSAS DE EXTINÇÃO DA PUNIBILIDADE

As causas de extinção da punibilidade estão delineadas no art. 107 do Código Penal:

Extinção da punibilidade
Art. 107. Extingue-se a punibilidade

I – pela morte do agente;

II – pela anistia, graça ou indulto;

III – pela retroatividade de lei que não mais considera o fato como criminoso;

IV – pela prescrição, decadência ou peremção;

V – pela renúncia do direito de queixa ou pelo perdão aceito, nos crimes de ação privada;

VI – pela retratação do agente, nos casos em que a lei a admite;

VII – (Revogado pela Lei n. 11.106, de 2005.);

VIII – (Revogado pela Lei n. 11.106, de 2005.);

IX – pelo perdão judicial, nos casos previstos em lei.

A extinção da punibilidade de crime que é pressuposto, elemento constitutivo ou circunstância agravante de outro, não se estende a este. Nos crimes conexos, a extinção da punibilidade de um deles não impede, quanto aos outros, a agravação da pena resultante da conexão[1].

> **ATENÇÃO!** Em qualquer fase do processo, o juiz, se reconhecer extinta a punibilidade, deverá declará-lo de ofício[2].

> **ATENÇÃO!** No caso de concurso de crimes, a extinção da punibilidade incidirá sobre a pena de cada um, isoladamente, ressalvada a hipótese de continuidade delitiva que desconsiderará a aplicação da causa de aumento[3]. Assim, caso João tenha sido condenado por lesão corporal e crime de furto, sendo aplicada a ele uma pena definitiva de dois anos para cada delito, dever-se-á, para calcular a prescrição, considerar a pena imposta para cada delito (três anos), e não somar as duas penas.

O direito de punir não é absoluto e o rol descrito no art. 107 do Código Penal é exemplificativo. A título de exemplo, existem outras formas de extinção da punibilidade descritas no Código Penal para os crimes de **apropriação indébita previdenciária, peculato** e **sonegação de contribuição previdenciária**:

Apropriação indébita previdenciária

Art. 168-A. Deixar de repassar à previdência social as contribuições recolhidas dos contribuintes, no prazo e forma legal ou convencional:

Pena – reclusão, de 2 (dois) a 5 (cinco) anos, e multa. (...)

§ 2º É extinta a punibilidade se o agente, espontaneamente, declara, confessa e efetua o pagamento das contribuições, importâncias ou valores e presta as informações devidas à previdência social, na forma definida em lei ou regulamento, antes do início da ação fiscal.

Peculato

Art. 312. Apropriar-se o funcionário público de dinheiro, valor ou qualquer outro bem móvel, público ou particular, de que tem a posse em razão do cargo, ou desviá-lo, em proveito próprio ou alheio:

Pena – reclusão, de dois a doze anos, e multa. (...)

§ 3º No caso do parágrafo anterior, a reparação do dano, se precede à sentença irrecorrível, extingue a punibilidade; se lhe é posterior, reduz de metade a pena imposta.

Sonegação de contribuição previdenciária

Art. 337-A. Suprimir ou reduzir contribuição social previdenciária e qualquer acessório, mediante as seguintes condutas:

---

[1] Art. 108 do Código Penal.
[2] Art. 60 do Código de Processo Penal.
[3] Art. 119 do Código Penal. Súmula n. 497, STF: "Quando se tratar de crime continuado, a prescrição regula-se pela pena imposta na sentença, não se computando o acréscimo decorrente da continuação".

I – omitir de folha de pagamento da empresa ou de documento de informações previsto pela legislação previdenciária segurados empregado, empresário, trabalhador avulso ou trabalhador autônomo ou a este equiparado que lhe prestem serviços;

II – deixar de lançar mensalmente nos títulos próprios da contabilidade da empresa as quantias descontadas dos segurados ou as devidas pelo empregador ou pelo tomador de serviços;

III – omitir, total ou parcialmente, receitas ou lucros auferidos, remunerações pagas ou creditadas e demais fatos geradores de contribuições sociais previdenciárias:

Pena – reclusão, de 2 (dois) a 5 (cinco) anos, e multa.

§ 1º É extinta a punibilidade se o agente, espontaneamente, declara e confessa as contribuições, importâncias ou valores e presta as informações devidas à previdência social, na forma definida em lei ou regulamento, antes do início da ação fiscal.

De acordo com a Lei dos Juizados Especiais Criminais, o cumprimento da suspensão condicional do processo também extingue a punibilidade (art. 89, § 5º, da Lei n. 9.099/1995.

Também é possível que exista causa supralegal de extinção da punibilidade, tal como descreve a Súmula n. 554 do Supremo Tribunal Federal que conduz à extinção da punibilidade do crime de estelionato na modalidade de emissão de cheque sem provisão de fundos sempre que houver o pagamento dos títulos antes do recebimento da denúncia:

Súmula n. 554 do STF: O pagamento de cheque emitido sem provisão de fundos, após o recebimento da denúncia, não obsta ao prosseguimento da ação penal.

2.1 Morte do agente

A punibilidade será extinta pela morte do agente (art. 107, I, do Código Penal). A morte do agente é **incomunicável** aos demais coautores e partícipes do processo criminal. Para que seja possível provar a morte do agente, é necessária a juntada da certidão de óbito:

Código de Processo Penal
Art. 62. No caso de morte do acusado, o juiz somente à vista da certidão de óbito, e depois de ouvido o Ministério Público, declarará extinta a punibilidade.

Existe hipótese em que a morte da vítima resultará na extinção da punibilidade do agente: na ação penal privada personalíssima[4].

É possível que a pessoa jurídica incorporada tenha contra ela decretada a extinção da punibilidade por morte do agente nos casos de crises ambientais.

Primeiro, é necessário recordar que no Brasil existe a responsabilidade penal das pessoas jurídicas por crimes ambientais. Essa previsão está descrita na Constituição Federal:

---

4 Tópico aprofundado no capítulo de ação penal.

Art. 225 (...) § 3º As condutas e atividades consideradas lesivas ao meio ambiente sujeitarão os infratores, pessoas físicas ou jurídicas, a sanções penais e administrativas, independentemente da obrigação de reparar os danos causados.

A Lei n. 9.605/1998, que dispõe sobre as sanções penais e administrativas derivadas de condutas e atividades lesivas ao meio ambiente, e dá outras providências, e regulamentou o dispositivo constitucional, estabeleceu que:

Art. 3º As pessoas jurídicas serão responsabilizadas administrativa, civil e penalmente conforme o disposto nesta Lei, nos casos em que a infração seja cometida por decisão de seu representante legal ou contratual, ou de seu órgão colegiado, no interesse ou benefício da sua entidade.
Parágrafo único. A responsabilidade das pessoas jurídicas não exclui a das pessoas físicas, autoras, coautoras ou partícipes do mesmo fato.

Prosseguindo, é necessário rememorar que a incorporação é a operação pela qual uma ou mais sociedades são absorvidas por outra, que lhes sucede em todos os direitos e obrigações[5]. Segundo a Lei n. 6.404/1976, que dispõe sobre a sociedade por ações, extingue-se a companhia pela incorporação ou fusão, e pela cisão com versão de todo o patrimônio em outras sociedades[6].

Analisando esse conjunto normativo, conforme o Superior Tribunal de Justiça, a responsabilização penal de empresa incorporada não pode ser transferida à sociedade incorporadora. O colegiado fixou o entendimento de que o princípio da intranscendência da pena, previsto no art. 5º, XLV, da Constituição Federal, pode ser aplicado às pessoas jurídicas. No caso concreto analisado, o Ministério Público sustentou que tanto o princípio da intranscendência da pena quanto o art. 107, I, do Código Penal têm incidência restrita às pessoas naturais, únicas capazes de morrer, sobretudo porque as penas patrimoniais previstas na Lei n. 9.605/1998 poderiam ser assumidas pela incorporadora. No entanto, a incorporação é uma operação societária típica, por meio da qual apenas a sociedade empresária incorporadora continuará a existir, na qualidade de sucessora de todas as relações patrimoniais da incorporada, cuja personalidade jurídica é extinta. Assim, a sucessão da incorporada pela incorporadora se opera quanto a direitos e obrigações compatíveis com a natureza da incorporação, conforme se conclui a partir dos arts. 1.116 do Código Civil e 227 da Lei n. 6.404/1976, de modo que a pretensão punitiva estatal não se enquadra no conceito jurídico-dogmático de obrigação patrimonial transmissível, tampouco se confunde com o direito à reparação civil dos danos causados ao meio ambiente. Assim, a extinção legal da pessoa jurídica ré, sem nenhum indício de fraude, leva à aplicação analógica do art. 107, I, do Código Penal, com o consequente término da punibilidade[7].

---

[5] Art. 227 da Lei n. 6.404/1976.
[6] Art. 219, II, da Lei n. 6.404/1976.
[7] REsp n. 1.977.172/PR (2021/0379224-3): "Penal e processual penal. Recurso especial. Crime de poluição (art. 54, § 2º, V, da Lei 9.605/1998). Conduta praticada por sociedade empresária posteriormente incorporada por

2.2 Anistia, graça e indulto

A anistia, a graça e o indulto são formas de renúncia do Estado ao seu direito de punir classificadas como causas de extinção da punibilidade (art. 107, II, Código Penal).

2.2.1 A anistia

A anistia é concedida pelo **Poder Legislativo** e gerará a extinção da punibilidade com a decisão judicial. Segundo a Constituição Federal, o benefício será outorgado pelo Congresso Nacional, com a sanção do Presidente da República (art. 48, VIII, CF/1988). Ela extinguirá, portanto, os efeitos penais principais e secundários do crime, contudo os efeitos de natureza civil permanecerão íntegros.

A anistia poderá ser concedida antes do trânsito em julgado, conhecida como anistia própria, ou depois do trânsito em julgado, conhecida como anistia imprópria. Ela depende de lei federal ordinária.

Ela poderá ser, ainda, restrita ou irrestrita. Será irrestrita quando atingir indistintamente todos os autores do fato punível. Será restrita quando exigir condição pessoal do autor do fato punível. Também poderá ser incondicionada quando não exigir condição para a sua concessão e condicionada quando exigir condição para a sua concessão.

2.2.2 Graça e indulto

O sistema de freios e contrapesos determina mecanismos de controle do Executivo sobre o Poder Judiciário, como a possibilidade de concessão de graça,

---

outra. Extinção da incorporada. Art. 1.118 do CC. Pretensão de responsabilização penal da incorporadora. Descabimento. Princípio da intranscendência da pena. Aplicação analógica do art. 107, I, do CP. Extinção da punibilidade mantida. Recurso especial desprovido. 1. A conduta descrita na denúncia foi supostamente praticada pela sociedade empresária Agrícola Jandelle S.A., posteriormente incorporada por Seara Alimentos Ltda. 2. A incorporação gera a extinção da sociedade incorporada, transmitindo-se à incorporadora os direitos e obrigações que cabiam à primeira. Inteligência dos arts. 1.116 e 1.118 do CC, bem como do art. 227 da Lei 6.404/1976. 3. A pretensão punitiva estatal não se enquadra no conceito jurídico-dogmático de obrigação patrimonial transmissível, tampouco se confunde com o direito à reparação civil dos danos causados ao meio ambiente. Logo, não há norma que autorize a transferência da responsabilidade penal à incorporadora. 4. O princípio da intranscendência da pena, previsto no art. 5º, XLV, da CR/1988, tem aplicação às pessoas jurídicas. Afinal, se o direito penal brasileiro optou por permitir a responsabilização criminal dos entes coletivos, mesmo com suas peculiaridades decorrentes da ausência de um corpo biológico, não pode negar-lhes a aplicação de garantias fundamentais utilizando-se dessas mesmas peculiaridades como argumento. 5. Extinta legalmente a pessoa jurídica ré – sem nenhum indício de fraude, como expressamente afirmou o acórdão recorrido –, aplica-se analogicamente o art. 107, I, do CP, com a consequente extinção de sua punibilidade. 6. Este julgamento tratou de situação em que a ação penal foi extinta pouco após o recebimento da denúncia, muito antes da prolação da sentença. Ocorrendo fraude na incorporação (ou, mesmo sem fraude, a realização da incorporação como forma de escapar ao cumprimento de uma pena aplicada em sentença definitiva), haverá evidente distinção em face do precedente ora firmado, com a aplicação de consequência jurídica diversa. É possível pensar, em tais casos, na desconsideração ou ineficácia da incorporação em face do Poder Público, a fim de garantir o cumprimento da pena. 7. Diversamente, a responsabilidade civil pelos danos causados ao meio ambiente ou a terceiros, bem como os efeitos extrapenais de uma sentença condenatória eventualmente já proferida quando realizada a incorporação, são transmissíveis à incorporadora. 8. Recurso especial desprovido" (Disponível em: https://processo.stj.jus.br/processo/julgamento/eletronico/documento/mediado/?documento_tipo=integra&documento_sequencial=164969033&registro_numero=202103792243&peticao_numero=&publicacao_data=20220920&formato=PDF).

indulto ou comutação de penas (CF, art. 84, XII). Segundo o Supremo Tribunal Federal, em regra, portanto, compete ao Presidente da República definir a concessão ou não do indulto, bem como seus requisitos e a extensão desse verdadeiro ato de clemência constitucional, a partir de critérios de conveniência e oportunidade; deve ser, por inoportuna, afastada qualquer alegação de desrespeito à Separação de Poderes ou ilícita ingerência do Executivo na política criminal, estabelecida, genericamente, pelo Legislativo e aplicada, concretamente, pelo Judiciário. Ademais, a concessão de indulto não está vinculada à política criminal fixada pelo Legislativo, tampouco adstrita à jurisprudência formada pela aplicação da legislação penal, muito menos ao prévio parecer consultivo do Conselho Nacional de Política Criminal e Penitenciária, sob pena de total esvaziamento do instituto, que configura tradicional mecanismo de freios e contrapesos na tripartição de poderes[8].

A graça (também conhecida como indulto individual) e o indulto são concedidos, então, por **decreto do Presidente da República**. Trata-se de exercício do **poder discricionário privativo** do Presidente da República[9].

Isso não significa dizer que o decreto de indulto é imune ao controle jurisdicional. É possível o controle, conforme as limitações descritas no art. 5º, XLIII, da CF/1988:

> Art. 5º (...) XLIII – a lei considerará crimes inafiançáveis e insuscetíveis de graça ou anistia a prática da tortura , o tráfico ilícito de entorpecentes e drogas afins, o terrorismo e os definidos como crimes hediondos, por eles respondendo os mandantes, os executores e os que, podendo evitá-los, se omitirem.

Assim, não é possível a concessão de indulto para crimes hediondos e equiparados, pois, apesar de o indulto ser **considerado um ato discricionário e privativo do Presidente da República, ele está limitado ao texto constitucional (art. 5º, XLIII, da CF/1988).**

É possível a concessão de indulto para crimes de corrupção (em sentido amplo) e lavagem de dinheiro. Não há vedação na Constituição Federal.

Quanto à classificação, a graça e o indulto podem ser: plenos, quando extinguir totalmente a pena; ou parciais, quando somente se diminui ou substitui a pena. Também poderá ser incondicionados, quando não se impõe qualquer condição para a concessão; ou condicionados, quando se impõe condição para sua concessão. Também poderão ser restritos, quando se exigir o preenchimento de condições pessoais do agente, como a primariedade; ou irrestritos, quando não se exigir qualquer condição pessoal do agente para a concessão.

---

[8] STF, ADI n. 5.874/DF. Disponível em: https://www.stf.jus.br/arquivo/cms/noticiaNoticiaStf/anexo/ADI5874voto-AMfinal.PDF.
[9] STF, ADI n. 2.795/MC. Disponível em: https://redir.stf.jus.br/paginadorpub/paginador.jsp?docTP=AC&docID=387203.

A graça e o indulto só extinguem o efeito principal do crime, ou seja, a pena. Permanecem, portanto, os efeitos penais secundários e os efeitos de natureza civil.

Inteligência da Súmula n. 631 do STJ:

> O indulto extingue os efeitos primários da condenação (pretensão executória), mas não atinge os efeitos secundários, penais ou extrapenais.

Assim, é possível que sejam mantidas as devidas anotações nos cartórios e ofícios distribuidores acerca da existência do feito e a reincidência, por exemplo[10]. O indulto gera, portanto, a **extinção dos efeitos penais primários, mas não os secundários**, permanecendo íntegros, também, os efeitos civis da condenação.

A jurisprudência do Superior Tribunal de Justiça é firme no sentido de que o período ao qual o decreto presidencial se refere, para fins de indulto, é aquele correspondente à prisão penal, não se computando, para o preenchimento do requisito objetivo, o período relativo à detração penal, que se opera diante de constrição por medida cautelar[11].

O descumprimento das condições impostas para o livramento condicional pode ser invocado para impedir a concessão do indulto.

Inicialmente, é necessário analisar o art. 4º do Decreto n. 7.873/2012 que assim descreve:

> Art. 4º A declaração do indulto e da comutação de penas previstos neste Decreto fica condicionada à inexistência de aplicação de sanção, homologada pelo juízo competente, em audiência de justificação, garantido o direito ao contraditório e à

---

[10] STJ, AgRg no HC n. 614.267/PE 2020/0244896-8: "Penal. Agravo regimental no *habeas corpus*. Tráfico de drogas. Agravante da reincidência. Delito cometido no período depurador do art. 64, I, do Código Penal. Cômputo do livramento condicional. Tema não debatido na Corte de origem. Supressão de instância. Agravo não provido. 1. É firme o entendimento desta Corte no sentido de que 'a extinção da punibilidade pelo indulto não afasta os efeitos da condenação, dentre eles a reincidência, uma vez que só atinge a pretensão executória' (AgRg no HC 409.588/SP, Rel. Ministro Sebastião Reis Júnior, 6ª Turma, DJe 19.12.2017). 2. A teor do art. 64, I, do Código Penal, 'não prevalece a condenação anterior, se entre a data do cumprimento ou extinção da pena e a infração posterior tiver decorrido período de tempo superior a 5 (cinco) anos, computado o período de prova da suspensão ou do livramento condicional, se não ocorrer revogação'. 3. O tema relativo ao cômputo do tempo de livramento condicional para esse fim não foi submetido à análise da Corte de origem, o que impede o seu exame diretamente neste Tribunal Superior, sob pena de indevida supressão de instância. 4. Agravo regimental não provido" (Disponível em: https://www.jusbrasil.com.br/jurisprudencia/stj/1273332610).

[11] STJ, AgRg no AREsp n. 1.789.603/GO (2020/0301823-4), 5ª Turma, Rel. Min. Reynaldo Soares da Fonseca, j. 13.04.2021: "Agravo regimental no agravo em recurso especial. Execução penal. Indulto natalino. Decreto Presidencial n. 9.246/2017. Cômputo do tempo de prisão cautelar para fins de concessão da benesse. Detração penal. Impossibilidade. Agravo regimental não provido. 1. É firme a jurisprudência desta Corte Superior no sentido de que o período ao qual o Decreto Presidencial se refere, para fins de indulto, é aquele correspondente à prisão pena, não se computando, para o preenchimento do requisito objetivo, o período relativo à detração penal, que se opera diante de constrição por medida cautelar. Precedentes.
2. Na espécie, o Tribunal de origem concluiu pela possibilidade de cômputo da detração do tempo de prisão provisória como pena cumprida, para fins de concessão do indulto natalino previsto no Decreto Presidencial n. 9.246/2017, extinguindo, consequentemente, a punibilidade do apenado em relação aos fatos objeto da execução penal em questão. Diante da dissonância entre referido entendimento e a jurisprudência consolidada deste Superior Tribunal de Justiça, o benefício do indulto concedido ao apenado foi afastado no decisum monocrático agravado, o que não merece reparos.
3. Agravo regimental não provido" (Disponível em: https://www.jusbrasil.com.br/jurisprudencia/stj/1205776595/inteiro-teor-1205776605).

ampla defesa, por falta disciplinar de natureza grave, prevista na Lei de Execução Penal, cometida nos doze meses de cumprimento da pena, contados retroativamente à data de publicação deste Decreto.

Observa-se que o Decreto n. 7.873/2012 dispõe que apenas a prática de falta disciplinar de natureza grave prevista na Lei de Execução Penal, cometida nos 12 meses anteriores à data de publicação do decreto, pode obstar a concessão do indulto. O art. 50 da Lei de Execuções Penais elenca de forma taxativa as faltas graves. Vejamos:

Art. 50. Comete falta grave o condenado à pena privativa de liberdade que:

I – incitar ou participar de movimento para subverter a ordem ou a disciplina;

II – fugir;

III – possuir, indevidamente, instrumento capaz de ofender a integridade física de outrem;

IV – provocar acidente de trabalho;

V – descumprir, no regime aberto, as condições impostas;

VI – inobservar os deveres previstos nos incisos II e V, do artigo 39, desta Lei;

VII – tiver em sua posse, utilizar ou fornecer aparelho telefônico, de rádio ou similar, que permita a comunicação com outros presos ou com o ambiente externo;

VIII – recusar submeter-se ao procedimento de identificação do perfil genético.
Parágrafo único. O disposto neste artigo aplica-se, no que couber, ao preso provisório.

Assim, o descumprimento das condições impostas para o livramento condicional não é considerado falta grave e, portanto, pode ser invocado para impedir a concessão do indulto, a título de não preenchimento do requisito subjetivo, porque não encontra previsão no art. 50 da Lei de Execuções Penais, o qual elenca de forma taxativa as faltas graves[12].

---

[12] STJ, AgRg no HC n. 537.982/DF 2019/0300654-5: "Agravo regimental no *habeas corpus*. Execução penal. Indulto. Decreto n. 7.873/2012. Indeferimento. Requisito subjetivo não preenchido. Livramento condicional. Descumprimento das condições. Conduta não prevista como falta grave na Lei de Execução Penal. Ordem concedida de ofício. Agravo do Ministério Público Federal desprovido. 1. Segundo a jurisprudência deste Tribunal Superior, para a análise do pedido de indulto ou de comutação de penas, o magistrado deve restringir-se ao exame do preenchimento dos requisitos previstos no decreto presidencial, no caso, o Decreto n. 7.873/2012, uma vez que os pressupostos para a concessão da benesse são da competência privativa do Presidente da República. 2. O art. 3º do Decreto n. 7.873/2012 prevê que apenas falta disciplinar de natureza grave prevista na Lei de Execução Penal cometida nos 12 (doze) meses anteriores à data de publicação do decreto pode obstar a concessão do indulto. 3. O descumprimento das condições impostas para o livramento condicional não pode ser invocado para impedir a concessão do indulto, a título de não preenchimento do requisito subjetivo, porque não encontra previsão no art. 50 da Lei de Execuções Penais, o qual elenca de forma taxativa as faltas graves. 4. Mantém-se a decisão singular que não conheceu do *habeas corpus*, por se afigurar manifestamente incabível, e concedeu a ordem de ofício para determinar que o pedido de indulto seja novamente analisado pelo Juízo da execução, afastado o óbice quanto ao reconhecimento de falta grave por descumprimento das condições do livramento condicional. 5. Agravo regimental do Ministério Público Federal desprovido" (Disponível em: https://www.jusbrasil.com.br/jurisprudencia/stj/856374803).

O indulto ou a comutação da pena privativa de liberdade ou restritiva de direitos alcança a pena de multa aplicada cumulativamente, mas não a pena de multa quando ela tiver sido objeto de parcelamento espontaneamente assumido pelo sentenciado[13]:

> Execução penal. Agravo regimental. Indulto da pena privativa de liberdade. Impossibilidade de extensão à multa objeto de parcelamento. 1. O indulto da pena privativa de liberdade não alcança a pena de multa que tenha sido objeto de parcelamento espontaneamente assumido pelo sentenciado. 2. O acordo de pagamento parcelado da sanção pecuniária deve ser rigorosamente cumprido sob pena de descumprimento de decisão judicial, violação ao princípio da isonomia e da boa-fé objetiva. 3. Hipótese em que o requerente não comprovou impossibilidade econômica que justificasse o descumprimento do ajuste. 4. Agravo regimental desprovido.

O indulto não é aplicado de forma automática, pois o benefício necessita de um pronunciamento judicial quanto a sua aplicabilidade no caso em concreto. A extinção da pena pelo indulto deve ser analisada pelo Juízo das Execuções.

2.3 Abolitio criminis

A *abolitio criminis* é a extinção do crime em virtude da publicação de lei que extingue o delito anteriormente previsto no ordenamento jurídico. Nesse sentido, o art. 2º do Código Penal: "Ninguém pode ser punido por fato que lei posterior deixa de considerar crime, cessando em virtude dela a execução e os efeitos penais da sentença condenatória". O Código Penal, em seu art. 107, III, assim dispõe:

> Art. 107. Extingue-se a punibilidade: (...) III – pela retroatividade de lei que não mais considera o fato como criminoso; (...)

Assim, a extinção da punibilidade ocorrerá mesmo após o trânsito em julgado da sentença penal condenatória, extinguindo os efeitos penais (primários e secundários) da sentença condenatória. Permanecem, no entanto, os efeitos de natureza civil.

A título de exemplo, o emprego de arma branca deixou de ser majorante do crime de roubo com a modificação operada pela Lei n. 13.654/2018, que revogou o inciso I do § 2º do art. 157 do Código Penal[14]. Em seguida, a Lei

---

[13] STF, AgReg no indulto ou comutação na execução penal. Disponível em: https://redir.stf.jus.br/paginadorpub/paginador.jsp?docTP=TP&docID=14217606.

[14] STJ, REsp n. 1.519.860/RJ 2015/0055504-0: "Recurso especial. Roubo majorado. Princípio da correlação entre a denúncia e a sentença. Ofensa. Não ocorrência. Descrição. Roubo consumado. Posse mansa e pacífica. Desnecessidade. Recurso provido. 1. O acusado se defende dos fatos que lhe são atribuídos na denúncia, de tal sorte que o magistrado não está vinculado à qualificação jurídica atribuída pela acusação, tendo em vista que no momento da prolação da decisão repressiva, sem modificar a descrição dos fatos narrados na exordial, poderá atribuir-lhe definição jurídica diversa, ainda que, em consequência, tenha de aplicar pena mais grave, nos exatos termos do art. 383 do Código de Processo Penal. 2. O princípio da correlação entre a denúncia e a sentença condenatória representa no sistema processual penal uma das mais importantes garantias ao acusado,

n. 13.964/2019 voltou a prever que o emprego de arma branca é causa de aumento do crime de roubo, porém durante todo o período em que a Lei n. 13.654/2018 esteve em vigor foi abolida a causa de aumento.

Deve-se ter cuidado para não confundir a *abolitio criminis* com a continuidade normativo-típica. Nesta última, a norma penal é revogada, porém a mesma conduta continua sendo crime no tipo penal revogador, ou seja, a infração penal continua tipificada em outro dispositivo, ainda que topologicamente ou normativamente diverso do originário. Vejamos um exemplo[15]:

> Agravo regimental no agravo em recurso especial. Estatuto do Estrangeiro. Declaração falsa em pedido de residência provisória. Alteração da capitulação jurídica. Art. 299 do CP. Recurso desprovido. 1. **A conduta de fazer declaração falsa em processo de transformação de visto, de registro, de alteração de assentamentos, de naturalização, ou para a obtenção de passaporte para estrangeiro,** *laissez-passer* **ou, quando exigido, visto de saída, não deixou de ser crime no Brasil com a revogação da Lei 6.815/1980, não havendo que se falar em** *abolitio criminis*, **mas subsume-se agora ao art. 299 do Código Penal.** 2. Operou-se, na espécie, o princípio da continuidade normativa típica, que ocorre quando uma norma penal é revogada, mas a mesma conduta continua sendo crime no tipo penal revogador, ou seja, a infração penal continua tipificada em outro dispositivo, ainda que topologicamente ou normativamente diverso do originário (HC n. 204.416/SP, 5ª Turma, Rel. Min. Gilson Dipp, DJe 24.05.2012).

2.4 Decadência

Extingue-se a punibilidade pela decadência (art. 107, IV, do Código Penal). A perda do direito de ação impedirá o direito de punir do Estado. Sobre a decadência o Código Penal assim dispõe:

Decadência do direito de queixa ou de representação

Art. 103. Salvo disposição expressa em contrário, o ofendido decai do direito de queixa ou de representação se não o exerce dentro do prazo de 6 (seis) meses, contado do dia em que veio a saber quem é o autor do crime, ou, no caso do

---

porquanto descreve balizas para a prolação do édito repressivo ao dispor que deve haver precisa correlação entre o fato imputado ao réu e a sua responsabilidade penal reconhecida na sentença. 3. A Terceira Seção desta Corte, por ocasião do julgamento do Recurso Especial Repetitivo n. 1.499.050/RJ, firmou entendimento segundo o qual 'consuma-se o crime de roubo com a inversão da posse do bem, mediante emprego de violência ou grave ameaça, ainda que por breve tempo e em seguida a perseguição imediata ao agente e recuperação da coisa roubada, sendo prescindível a posse mansa e pacífica ou desvigiada' (Rel. Ministro Rogério Schietti Cruz, DJe 09.11.2015). 4. *In casu*, a denúncia descreve a inversão da posse da *res furtiva*, o que é suficiente para a consumação do crime, em adoção à teoria da *amotio* ou *apprehensio*, nos termos da Súmula n. 582 do STJ. 5. Extrai-se dos autos, ainda, que o delito foi praticado com emprego de arma branca, situação não mais abrangida pela majorante do roubo, cujo dispositivo de regência foi recentemente modificado pela Lei n. 13.654/2018, que revogou o inciso I do § 2º do art. 157 do Código Penal. 6. Diante da *abolitio criminis* promovida pela lei mencionada e tendo em vista o disposto no art. 5º, XL, da Constituição Federal, de rigor a aplicação da *novatio legis in mellius*, excluindo-se a causa de aumento do cálculo dosimétrico. 7. Recurso provido para reconhecer a forma consumada do delito de roubo, com a concessão de ordem de *habeas corpus* de ofício para readequação da pena" (Disponível em: https://www.jusbrasil.com.br/jurisprudencia/stj/860122660/inteiro-teor-860122672).

[15] STJ, AgRg no AREsp n. 1.422.129/SP. Disponível em: https://www.jusbrasil.com.br/jurisprudencia/stj/859898504/inteiro-teor-859898514.

§ 3º do art. 100 deste Código, do dia em que se esgota o prazo para oferecimento da denúncia.

Já o Código de Processo Penal afirma:

> Art. 38. Salvo disposição em contrário, o ofendido, ou seu representante legal, decairá no direito de queixa ou de representação, se não o exercer dentro do prazo de seis meses, contado do dia em que vier a saber quem é o autor do crime, ou, no caso do art. 29, do dia em que se esgotar o prazo para o oferecimento da denúncia.

Assim, o ofendido decairá ou seu representante legal decairá do direito de queixa ou representação se não o exercer no dentro do prazo de seis meses, contado do dia em que vier a saber quem é o autor do crime. Quando se tratar de ação penal privada subsidiária da pública, decairá em seis meses do dia em que se esgotar o prazo para o oferecimento da denúncia pelo Ministério Público.

O termo decadencial é contado nos termos do art. 10 do Código Penal: "O dia do começo inclui-se no cômputo do prazo. Contam-se os dias, os meses e os anos pelo calendário comum". Esse prazo é improrrogável e não fica sujeito a hipóteses de suspensão e interrupção.

2.5 Perempção

Extingue-se a punibilidade pela perempção (art. 107, IV, do Código Penal). A perempção é aplicada ao ofendido pela sua inércia nas hipóteses de crime de ação penal privada, que impede o prosseguimento da ação penal. O Código de Processo Penal assim descreve as causas de perempção:

> Art. 60. Nos casos em que somente se procede mediante queixa, considerar-se-á perempta a ação penal:
>
> I – quando, iniciada esta, o querelante deixar de promover o andamento do processo durante 30 dias seguidos;
>
> II – quando, falecendo o querelante, ou sobrevindo sua incapacidade, não comparecer em juízo, para prosseguir no processo, dentro do prazo de 60 (sessenta) dias, qualquer das pessoas a quem couber fazê-lo, ressalvado o disposto no art. 36;
>
> III – quando o querelante deixar de comparecer, sem motivo justificado, a qualquer ato do processo a que deva estar presente, ou deixar de formular o pedido de condenação nas alegações finais;
>
> IV – quando, sendo o querelante pessoa jurídica, esta se extinguir sem deixar sucessor.

Observa-se que, uma vez iniciada a ação penal privada, o querelante não poderá deixar de dar andamento ao processo durante 30 dias seguidos. A perempção configura-se depois de iniciada a ação penal, o que só se verifica com o recebimento da queixa-crime ou denúncia pelo Poder Judiciário.

O falecimento do querelante ou a sua incapacidade não extinguirá automaticamente o processo de ação penal privada propriamente dita. Existirá um prazo de 60 dias para qualquer das pessoas indicadas comparecer ao processo. Quando o querelante for pessoa jurídica, haverá perempção se esta se extinguir sem deixar sucessor.

São causas de perempção quando o querelante deixar de comparecer, sem motivo justificado, a qualquer ato do processo a que deva estar presente, ou deixar de formular o pedido de condenação nas alegações finais.

2.6 Prescrição

Extingue-se a punibilidade pela prescrição (art. 107, IV, do Código Penal). Segundo Rogério Sanches Cunha,[16] a prescrição é a perda em face do decurso do tempo do direito do Estado punir ou executar uma punição já imposta. É um limite temporal ao exercício do *ius puniendi* estatal e deve ser reconhecida de ofício pelo julgador já que é matéria de ordem pública. É o que descreve o art. 61 do Código de Processo Penal:

> Art. 61. Em qualquer fase do processo, o juiz, se reconhecer extinta a punibilidade, deverá declará-lo de ofício.

Para fins de fixação, recorde-se com a tabela a seguir a diferença entre os institutos da prescrição, decadência e perempção.

PRESCRIÇÃO	DECADÊNCIA	PEREMPÇÃO
É a perda da pretensão punitiva do Estado. É a perda do direito de punir do Estado.	É a perda do direito de queixa ou de representação em face da inércia do titular do direito.	É a perda do direito na ação penal privada, quando por inércia, o querelante deixa de promover o andamento processual devido.
Está prevista como regra geral no art. 109 do CP.	Exposto como regra no art. 103 do CP.	Descrito no art. 60 do CPP.
São todas causas extintivas da punibilidade (art. 107, IV, do CP)		

2.6.1 Crimes imprescritíveis

A regra é que os crimes possuem limitação temporal para a persecução penal pelo Estado. Assim, há uma **garantia implícita constitucional da prescritibilidade dos crimes**.

Há, contudo, algumas exceções delimitadas pela Constituição Federal. Portanto, alguns delitos são imprescritíveis. São eles: o crime de **racismo** tipificado na Lei n. 7.716/1989 e previsto no art. 5º, XLII, da CF/1988:

> Art. 5º, XLII – a prática do racismo constitui crime inafiançável e imprescritível, sujeito à pena de reclusão, nos termos da lei.

---
[16] SANCHES, Rogério. *Manual de direito penal: parte geral*. Salvador: Juspodivm, 2022.

As Cortes Superiores entendem que a **injúria racial** também é imprescritível. Vejamos:

> *Habeas corpus.* Matéria criminal. Injúria racial (art. 140, § 3º, do Código Penal). Espécie do gênero racismo. Imprescritibilidade. Denegação da ordem. 1. Depreende-se das normas do texto constitucional, de **compromissos internacionais e de julgados do Supremo Tribunal Federal** o reconhecimento objetivo do **racismo estrutural** como dado da realidade brasileira ainda a ser superado por meio da soma de esforços do Poder Supremo Tribunal Federal 2. O **crime de injúria racial reúne todos os elementos necessários à sua caracterização como uma das espécies de racismo**, seja diante da definição constante do voto condutor do julgamento do HC 82.424/RS, seja diante do **conceito de discriminação racial previsto na Convenção Internacional sobre a Eliminação de Todas as Formas de Discriminação Racial**. 3. A simples distinção topológica entre os crimes previstos na Lei 7.716/1989 e o art. 140, § 3º, do Código Penal não tem o condão de fazer deste uma conduta delituosa diversa do racismo, até porque o rol previsto na legislação extravagante não é exaustivo. 4. Por ser **espécie do gênero racismo, o crime de injúria racial é imprescritível**. 5. Ordem de *habeas corpus* denegada (grifos nossos)[17].

Os **delitos praticados por grupos armados civis ou militares, contra a ordem constitucional e o Estado Democrático**, segundo o art. 5º, XLIV, da CF/1988:

> Art. 5º, XLIV – constitui crime inafiançável e imprescritível a ação de grupos armados, civis ou militares, contra a ordem constitucional e o Estado Democrático.

São imprescritíveis de acordo com a CF/1988: o crime de racismo e os delitos praticados por grupos armados civis ou militares, contra a ordem constitucional e o Estado Democrático.

CRIMES E PRESCRIÇÃO	
ART. 5º, XLII E XLIV, DA CF/1988	**ART. 109 DO CÓDIGO PENAL**
Art. 5º, XLII – a prática do racismo constitui crime inafiançável e imprescritível, sujeito à pena de reclusão, nos termos da lei. **Inclui-se o crime de injúria racial** (HC n. 154.248 do DF). Art. 5º, XLIV – constitui crime inafiançável e imprescritível a ação de grupos armados, civis ou militares, contra a ordem constitucional e o Estado Democrático.	Art. 109. A prescrição, antes de transitar em julgado a sentença final, salvo o disposto no § 1º do art. 110 deste Código, regula-se pelo máximo da pena privativa de liberdade cominada ao crime, verificando-se: I – em vinte anos, se o máximo da pena é superior a doze; II – em dezesseis anos, se o máximo da pena é superior a oito anos e não excede a doze; III – em doze anos, se o máximo da pena é superior a quatro anos e não excede a oito; IV – em oito anos, se o máximo da pena é superior a dois anos e não excede a quatro;

---

[17] STF, HC n. 154.248/DF. Disponível em: https://redir.stf.jus.br/paginadorpub/paginador.jsp?docTP=TP&docID=759332240.

CRIMES E PRESCRIÇÃO	
ART. 5º, XLII E XLIV, DA CF/1988	ART. 109 DO CÓDIGO PENAL
	V – em quatro anos, se o máximo da pena é igual a um ano ou, sendo superior, não excede a dois; VI – em 3 (três) anos, se o máximo da pena é inferior a 1 (um) ano.
São crimes imprescritíveis: O crime de racismo (inclui-se injúria racial) e delitos praticados por grupos armados civis ou militares, contra a ordem constitucional e o Estado Democrático.	**São crimes prescritíveis:** Todos os demais crimes. O direito penal de punir do Estado é limitado por lei. Obs.: Quando fixada a pena na sentença, deverá ser utilizado o novo *quantum* de pena em concreto para definir se houve prescrição ou não.

2.6.2 Espécies de prescrição

Existem duas espécies de prescrição:

1. *Da pretensão punitiva*
2. *Da pretensão executória*

A prescrição da pretensão executória decorre da perda do direito de o estado executar uma punição já imposta, enquanto a prescrição da pretensão punitiva decorre do decurso do tempo em que o estado possui para punir determinada conduta criminosa durante a investigação e o processo criminal.

PRESCRIÇÃO	
Prescrição da pretensão punitiva	Prescrição da pretensão executória
Não há trânsito em julgado definitivo. Pode ser: 1. Em abstrato ou propriamente dita. 2. Superveniente ou intercorrente. 3. Retroativa.	Somente ocorre quando há o trânsito em julgado definitivo. Prevista no art. 110, *caput*, do Código Penal.

2.6.2.1 Da prescrição da pretensão punitiva

A prescrição da pretensão punitiva possui quatro modalidades ou quatro formas. São elas: a prescrição da pretensão punitiva **propriamente dita ou em abstrato** que é aquela definida no art. 109 do Código Penal; a prescrição da pretensão punitiva **superveniente ou intercorrente**, aquela descrita no art. 110, § 1º, do Código Penal; a prescrição da pretensão punitiva **retroativa** prevista no art. 110, § 1º. do Código Penal também; e a prescrição da pretensão punitiva **virtual ou antecipada** sem previsão legal.

Estudemos cada uma delas.

2.6.2.2 Prescrição da pretensão punitiva propriamente dita ou em abstrato

É a prescrição que decorrerá durante o decurso do processo penal, enquanto inexistente definição de pena. Assim, sendo incerto o *quantum* da pena que somente será fixado pelo juiz no momento da sentença, o prazo prescricional será o resultado da pena máxima prevista abstratamente no preceito secundário do tipo penal, utilizando-se a escala descrita no art. 109 do Código Penal:

> Art. 109. A prescrição, **antes** de transitar em julgado a sentença final, salvo o disposto no § 1º do art. 110 deste Código, regula-se pelo **máximo da pena privativa de liberdade cominada ao crime**, verificando-se:
>
> I – em **vinte anos**, se o máximo da pena é *superior* **a doze**;
>
> II – em **dezesseis anos**, se o máximo da pena é *superior* **a oito** anos e não excede a doze;
>
> III – em **doze anos**, se o máximo da pena é *superior* **a quatro** anos e não excede a oito;
>
> IV – em **oito anos**, se o máximo da pena é *superior* **a dois** anos e não excede a quatro;
>
> V – em **quatro anos**, se o máximo da pena é *igual* a **um ano** ou, **sendo superior, não excede a dois**;
>
> VI – em **3 (três) anos**, se o máximo da pena é *inferior* **a 1 (um) ano** (grifos nossos).

Lembre-se que várias circunstâncias podem alterar a quantidade da pena em abstrato, razão pela qual deve ser feita uma leitura atenta da descrição da conduta para fins de imputação do preceito secundário de pena adequado. Por exemplo, existente uma qualificadora, haverá mudança da pena abstrata do crime na sua modalidade simples para *quantum* superior. É o que ocorre: no crime de homicídio simples e no crime de homicídio qualificado; no crime de lesão corporal simples e no crime de lesão corporal qualificada; e no crime de furto simples e no crime de furto qualificado.

Do mesmo modo, deve-se ter especial atenção às atenuantes **da menoridade e da senilidade** descritas no art. 65, I, do Código Penal, pois estas reduzem o prazo prescricional pela **metade**. É o que dispõe o art. 115 do Código Penal:

> **Redução dos prazos de prescrição**
>
> Art. 115. São reduzidos de metade os prazos de prescrição quando o criminoso era, ao tempo do crime, menor de 21 (vinte e um) anos, ou, na data da sentença, maior de 70 (setenta) anos.

O termo "sentença" contido no art. 115 do Código Penal refere-se à primeira decisão condenatória, seja a do juiz singular ou a proferida pelo Tribunal, não se operando a redução do prazo prescricional quando o édito repressivo é confirmado em sede de apelação ou de recurso de natureza extraordinária[18].

Assim, caso Roberto seja condenado com 69 anos e apele da decisão e quando do julgamento da apelação tiver completado 70 anos, Roberto não terá direito à redução descrita no art. 115 do Código Penal. Segundo o STJ, a redução do prazo prescricional prevista no art. 115 do Código Penal não se relaciona com as causas interruptivas da prescrição previstas no art. 117[19] do mesmo diploma legal, tratando-se de fenômenos distintos e que repercutem de maneira diversa[20]. Vejamos:

> *Habeas corpus*. Prescrição. Réu que completou 70 anos depois da sentença condenatória. Redução do prazo prescricional. Impossibilidade de aplicação do art. 115 do CP. Ordem denegada.
>
> 1. É inadequado confundir as circunstâncias de redução dos prazos prescricionais com as causas interruptivas da prescrição, porquanto se trata de fenômenos distintos e que repercutem de maneira diversa, embora o reconhecimento de um possa influenciar na admissão do outro.
>
> 2. Os prazos prescricionais se relacionam com os pilares que sustentam o instituto da prescrição, isto é, com o decurso do tempo, que pode levar ao esquecimento do fato, e a circunstância de que eventual inércia deve ser suportada pelo Estado, mercê de sua atuação basear-se no *ius puniendi*. Já a redução dos prazos prescricionais pela idade avançada do agente orienta-se pelo vetor constitucional da dignidade da pessoa humana, representada pela necessidade de proteção à velhice, a qual merece tratamento especial, à vista dos efeitos deletérios decorrentes da longa duração do processo.
>
> 3. Por expressa previsão do art. 115 do CP, são reduzidos pela metade os prazos de prescrição quando o criminoso era, na data da sentença, maior de 70 anos. O termo sentença deve ser compreendido como a primeira decisão condenatória, seja sentença ou acórdão proferido em apelação. Precedentes.
>
> 4. Ordem denegada.

Se Roberto completar 70 anos quando do julgamento de embargos de declaração, será cabível a redução do art. 115 do Código Penal se, entre a sentença condenatória e o julgamento dos embargos, o réu atinge idade superior a 70 anos.

---

[18] STJ, HC n. 503.356/SP, 6ª Turma, Rel. Min. Nefi Cordeiro, j. 13.08.2019.
[19] "Causas interruptivas da prescrição
Art. 117. O curso da prescrição interrompe-se:
I – pelo recebimento da denúncia ou da queixa;
II – pela pronúncia;
III – pela decisão confirmatória da pronúncia;
IV – pela publicação da sentença ou acórdão condenatórios recorríveis;
V – pelo início ou continuação do cumprimento da pena;
VI – pela reincidência."
[20] HC n. 316.110/SP, 6ª Turma, Rel. Min. Rogério Schietti Cruz, por unanimidade, j. 25.06.2019, *DJe* 1º.07.2019.

Segundo o Superior Tribunal de Justiça, é cabível a redução do prazo prescricional pela metade (art. 115 do Código Penal) se, entre a sentença condenatória e o julgamento dos embargos de declaração, o réu atinge a idade superior a 70 anos, tendo em vista que a decisão que julga os embargos integra a própria sentença condenatória[21].

A Corte Superior entende que, por expressa previsão do art. 115 do Código Penal, são reduzidos pela metade os prazos de prescrição quando o criminoso era, na data da sentença, maior de 70 anos. Assim, sendo opostos embargos de declaração contra a sentença condenatória, e entre a sentença condenatória e o julgamento dos embargos o réu atinge a idade superior a 70 anos, é possível aplicar o art. 115 do Código Penal, tendo em vista que a **decisão que julga os embargos integra a própria sentença condenatória**. No caso, o sentenciado completou 70 anos em 13.02.2020, de modo que na data da sentença (16.01.2018), ainda não possuía a referida idade, o que, portanto, afasta a aplicação da redução pela metade do prazo prescricional. Ademais, é irrelevante o fato de o Tribunal ter mantido ou modificado a pena do réu, tendo em vista que o Código Penal é expresso em determinar que a aferição da idade deve ser feita na data da sentença condenatória.

Deve-se também ter especial atenção às hipóteses de causa de aumento e diminuição de pena, trabalhando-se com a **teoria da pior das hipóteses**. Em outras palavras, utiliza-se a causa que mais aumenta e a causa que menos diminui para fins de análise da prescrição da pretensão punitiva propriamente dita ou em abstrato. Assim, existindo, por exemplo, a causa de aumento de pena que possa ser aumentada de um terço a dois terços, deve ser aplicada a causa de aumento de dois terços, pois é a pior hipótese prevista. Do mesmo modo, existindo uma causa de diminuição de pena de um terço a dois terços, deve ser aplicada a menor redução, qual seja um terço, pois é a pior hipótese de diminuição possível.

> **ATENÇÃO!** Quando presente o **concurso de crimes**, a extinção da punibilidade incidirá sobre a pena de cada um, isoladamente (art. 119 do Código Penal). Lembre-se que, quando se tratar de crime continuado, a prescrição regula-se pela pena imposta na sentença, não se computando o acréscimo decorrente da continuação (Súmula n. 497 do STF).

2.6.2.3 Prescrição da pretensão punitiva superveniente ou intercorrente

Nesse momento, há uma pena definida por sentença e o trânsito em julgado para a acusação, em que pese a sentença não ter transitado em julgado para ambas as partes. Logo, não se utiliza mais como parâmetro a pena máxima cominada em abstrato, pois há uma pena definida para o caso em concreto na sentença condenatória.

---

[21] EDcl no AgRg no REsp n. 1.877.388/CE, 6ª Turma, Rel. Min. Antonio Saldanha Palheiro, por unanimidade, j. 02.05.2023, DJe 05.05.2023. Disponível em: https://processo.stj.jus.br/jurisprudencia/externo/informativo/?acao=pesquisarumaedicao&livre=%270773%27.cod.

Assim, a pena terá transitado em julgado para a acusação, mas não terá para a defesa. Será, portanto, utilizada a pena fixada na sentença ainda sujeita a recurso para análise da prescrição, considerando os prazos prescricionais estabelecidos no art. 109 do Código Penal.

É o que decorre da **Súmula n. 146 do STF**: "A prescrição da ação penal regula-se pela pena concretizada na sentença, quando não há recurso da acusação".

Esse tipo de prescrição está previsto no art. 110, § 1º, do Código Penal:

> Art. 110, § 1º A prescrição, depois da sentença condenatória **com trânsito em julgado para a acusação ou depois de improvido seu recurso**, regula-se pela pena aplicada, não podendo, em nenhuma hipótese, ter por termo inicial data anterior à da denúncia ou queixa (grifo nosso).

2.6.2.4 Prescrição da pretensão punitiva retroativa

Esse tipo de prescrição da pretensão punitiva também utiliza como parâmetro a **pena em concreto**. Ela também é reconhecida após o trânsito em julgado, porém ela contabiliza o prazo prescricional retroativamente, ou seja, da **data do recebimento da denúncia ou da queixa até a publicação da sentença condenatória**.

Assim, caso o julgador fixe como pena em concreto um ano e seis meses na sentença com trânsito em julgado para a acusação, será considerado o art. 109 do Código Penal que determina no inciso V que a prescrição ocorrerá em quatro anos. A persecução penal estará prescrita, portanto, se decorridos mais de quatro anos entre o recebimento da denúncia ou da queixa e da publicação da sentença condenatória.

Nessa situação, desaparecerá para o Estado o direito de punir, de modo que a sentença condenatória provisória será rescindida e nenhum efeito penal ou extrapenal vai permanecer. Também não existirá cobrança de custas processuais e o acusado terá direito à restituição integral da fiança caso a tenha pagado.

2.6.3 Prescrição da pretensão punitiva em perspectiva, virtual, por prognose ou antecipada

Essa última hipótese de prescrição não está prevista na lei, porém é uma criação jurisprudencial. É importante mencionar, no entanto, que o Superior Tribunal de Justiça firmou seu posicionamento por meio da Súmula n. 438 pela impossibilidade de aplicação da prescrição virtual. Vejamos: "É inadmissível a extinção da punibilidade pela prescrição da pretensão punitiva com fundamento em pena hipotética, independentemente da existência ou sorte do processo penal".

O fundamento que sustenta a criação da prescrição da pretensão punitiva por prognose é a **falta de interesse do agir** do estado no prosseguimento da ação penal, pois, dadas as circunstâncias do crime, confirma-se de forma antecipada que a pena será fixada em patamar que conduzirá ao futuro reconhecimento da prescrição retroativa.

2.6.4 Termo inicial da prescrição da pretensão punitiva

O **termo inicial** da prescrição da pretensão punitiva em abstrato está prevista no art. 111 do Código Penal e ela pode ser iniciada no dia em que o crime se consumou; no caso da tentativa no dia em que se verificou o último ato configurador da tentativa; no crime permanente do dia em que cessou essa permanência; nos crimes de bigamia e falsificação alteração de assentamento do registro civil, a prescrição começa a correr desde a data em que o crime se tornou conhecido; nos crimes contra a dignidade sexual ou que envolvam violência contra a criança e o adolescente, previstos neste Código ou em legislação especial, da data em que a vítima completar 18 anos, salvo se a esse tempo já houver sido proposta a ação penal. Vamos relembrar:

Termo inicial da prescrição antes de transitar em julgado a sentença final

Art. 111. A prescrição, antes de transitar em julgado a sentença final, começa a correr:

I – do dia em que o crime se consumou;

II – no caso de tentativa, do dia em que cessou a atividade criminosa;

III – nos crimes permanentes, do dia em que cessou a permanência;

IV – nos de bigamia e nos de falsificação ou alteração de assentamento do registro civil, da data em que o fato se tornou conhecido;

V – nos crimes contra a dignidade sexual ou que envolvam violência contra a criança e o adolescente, previstos neste Código ou em legislação especial, da data em que a vítima completar 18 (dezoito) anos, salvo se a esse tempo já houver sido proposta a ação penal.

No caso do inciso V do art. 111 do Código Penal, caso a vítima venha a falecer, o prazo prescricional começará a contar da data do óbito, e não de quando completaria 18 anos. A seguir esquema para fins de fixação:

TERMO INICIAL DA PRESCRIÇÃO DA PRETENSÃO PUNITIVA	
Para os crimes **consumados**	Começa a correr do dia da consumação
Para os crimes **tentados**	Começa a correr do dia em que cessar a atividade criminosa
Para os crimes **permanentes**	Começa a correr do dia em que cessar a permanência
Para os crimes de **bigamia e falsificação** ou **alteração** de **assentamento do registro civil**	Começa a correr do dia em que o fato se tornar conhecido
Para os crimes contra a **dignidade sexual** ou que envolvam violência contra a criança e o adolescente	Começa a correr do dia em que a vítima completar 18 anos, salvo se a esse tempo já houver sido proposta a ação penal

Para os **crimes previstos na Lei de Falências**, o art. 182, parágrafo único, determina que o prazo da prescrição começa a correr a partir do dia da decretação da falência, da concessão da recuperação judicial ou com a homologação do plano de recuperação extrajudicial. Vejamos:

> Art. 182. A prescrição dos crimes previstos nesta Lei reger-se-á pelas disposições do Decreto-lei nº 2.848, de 7 de dezembro de 1940 – Código Penal, começando a correr do dia da decretação da falência, da concessão da recuperação judicial ou da homologação do plano de recuperação extrajudicial.
> Parágrafo único. A decretação da falência do devedor interrompe a prescrição cuja contagem tenha iniciado com a concessão da recuperação judicial ou com a homologação do plano de recuperação extrajudicial.

Nos **crimes habituais**, o prazo prescricional começa a partir da data da última das ações que constituem fato típico, pois nesse tipo de delito há um crime único que atinge a consumação apenas com o último ato executório.

2.6.5 Termo inicial da prescrição da pretensão executória

Conforme já estudado, a prescrição da pretensão executória ocorre quando o Estado perde o seu poder-dever de executar uma sanção penal já definitivamente imposta pelo Poder Judiciário em razão de não ter agido nos prazos previstos em lei. O termo inicial dessa prescrição está descrita no art. 112, I, do Código Penal:

> Art. 112. No caso do art. 110 deste Código [que trata da prescrição executória], a prescrição começa a correr:
> I – do dia em que transita em julgado a sentença condenatória, para a acusação, ou a que revoga a suspensão condicional da pena ou o livramento condicional;
> (...)

Mediante uma leitura literal do art. 112, I, do Código Penal, o início do prazo da prescrição executória é a data do trânsito em julgado da sentença condenatória para a acusação, ainda que a defesa tenha recorrido e que se esteja aguardando o julgamento desse recurso. Inclusive, essa era a antiga posição do Superior Tribunal de Justiça.[22] No entanto, o Supremo Tribunal Federal, em análise desse dispositivo, compreendeu que o art. 112, I, do Código Penal merece uma interpretação sistemática no sentido de que somente é possível a execução da decisão condenatória depois do trânsito em julgado. Segundo a Corte Suprema, se o Estado não pode executar a pena, não se pode dizer que o prazo prescricional já está correndo. Vejamos[23]:

---
[22] STJ, AgRg no HC n. 555.043/SC, 6ª Turma, Rel. Min. Nefi Cordeiro, j. 05.05.2020.
[23] STF, RE n. 696.533/SC, 1ª Turma, Rel. Min. Luiz Fux, red. p/ o ac. Min. Roberto Barroso, j. 06.02.2018 (Info 890). Disponível em: https://redir.stf.jus.br/paginadorpub/paginador.jsp?docTP=TP&docID=14438926.

Recurso especial. Prerrogativa de foro. Prescrição. Inocorrência. Termo inicial. Demais teses recursais rejeitadas. Imediata execução da pena. I – Termo inicial da prescrição da pretensão executória. 1. **A prescrição da pretensão executória pressupõe a inércia do titular do direito de punir.** Se o seu titular se encontrava impossibilitado de exercê-lo em razão do entendimento anterior do Supremo Tribunal Federal que vedava a execução provisória da pena, não há falar-se em inércia do titular da pretensão executória. 2. **O entendimento defensivo de que a prescrição da pretensão executória se inicia com o trânsito em julgado para a acusação viola o direito fundamental à inafastabilidade da jurisdição, que pressupõe a existência de uma tutela jurisdicional efetiva, ou melhor, uma justiça efetiva.** 3. **A verificação, em concreto, de manobras procrastinatórias, como sucessiva oposição de embargos de declaração e a renúncia do recorrente ao cargo de prefeito que ocupava, apenas reforça a ideia de que é absolutamente desarrazoada a tese de que o início da contagem do prazo prescricional deve se dar a partir do trânsito em julgado para a acusação.** Em verdade, tal entendimento apenas fomenta a interposição de recursos com fim meramente procrastinatório, frustrando a efetividade da jurisdição penal. 4. Desse modo, se não houve ainda o trânsito em julgado para ambas as partes, não há falar-se em prescrição da pretensão executória. II – Demais teses ventiladas no recurso especial. 5. As teses de mérito do recurso especial já foram examinadas pelo Supremo Tribunal Federal por duas vezes. Uma, em sessão virtual posteriormente anulada pela Turma para trazer a matéria à discussão presencial. Outra, pelo Ministro Luiz Fux, em *habeas corpus* impetrado pelo ora recorrente. 6. Ressalto, no ponto, que os tipos penais em análise não exigem a ocorrência de dano ao erário. Como se sabe, a regra para a contratação pelo poder público é que os contratos sejam precedidos de procedimento licitatório, assegurando a concorrência entre os participantes, com o objetivo de obter a proposta mais vantajosa para a Administração Pública. Por esta razão, as hipóteses de inexigibilidade ou dispensa de licitação são taxativas e não podem ser ampliadas. O bem jurídico tutelado aqui é, em última instância, a própria moralidade administrativa e o interesse público, prescindindo a consumação dos delitos em análise, repita-se, da ocorrência de dano ao erário, uma vez que o interesse público já foi lesado pela ausência de higidez no procedimento licitatório. 7. De todo modo, a análise acerca da ocorrência de dano ao erário ou da presença de dolo específico exigem o revolvimento de fatos e provas, o que é vedado no âmbito dos recursos excepcionais (Súmula 7/STJ e Súmula 279/STF). III – Conclusão. 8. Recurso especial não conhecido. Determinação de imediata. execução da pena imposta pelo Tribunal Regional Federal da 4ª Região, a quem delegada a execução da pena. Expedição de mandado de prisão (grifos nossos).

Desse modo, mesmo que tenha havido trânsito em julgado para a acusação, se o Estado ainda não pode executar a pena porque a defesa recorreu, por exemplo, não se iniciará a contagem do prazo para a prescrição executória.

2.6.6 Causas interruptivas da prescrição

O art. 117 do Código Penal descreve os marcos interruptivos, ou seja, que zeram a contagem do prazo prescricional. Em outras palavras, a interrupção da prescrição consiste em zerar o prazo prescricional e recomeçar a contá-lo a partir daquela data. Vejamos os marcos interruptivos:

Art. 117. O curso da prescrição interrompe-se:

I – pelo recebimento da denúncia ou da queixa;

II – pela pronúncia;

III – pela decisão confirmatória da pronúncia;

IV – pela publicação da sentença ou acórdão condenatórios recorríveis;

V – pelo início ou continuação do cumprimento da pena;

VI – pela reincidência.

A título de exemplo sobre a interrupção da prescrição, imagine que Lucas João praticou um furto consumado em 23.01.2015. Ele foi denunciado e a denúncia foi recebida em 08.06.2015. No dia 08.06.2015, portanto, houve a interrupção da prescrição nos termos do art. 117, I, do Código Penal. Agora, imagine que o processo prosseguiu e Lucas foi condenado, em 1ª instância, a uma pena de um ano de reclusão no dia 10.01.2017. A sentença foi publicada somente em 28.02.2017. Assim, a partir da publicação da sentença condenatória, o prazo da prescrição foi novamente interrompido (art. 117, IV, do Código Penal), ou seja, começou a contar do zero.

Prosseguindo com nosso caso hipotético, imagine que o Ministério Público não recorreu da sentença, mas a defesa, sim. A defesa interpôs apelação e o Tribunal de Justiça manteve a sentença, confirmando a condenação. O acórdão foi publicado em 28.01.2018. Novamente, portanto, foi interrompida a prescrição (art. 117, IV, do Código Penal). O acórdão condenatório sempre interrompe a prescrição, inclusive quando confirmatório da sentença de 1º grau, seja mantendo, reduzindo ou aumentando a pena anteriormente imposta[24].

O art. 117, V, descreve que a prescrição também será interrompida pela reincidência. Verifica-se a reincidência quando o agente comete novo crime, depois de transitar em julgado a sentença, no País ou no estrangeiro, que o tenha condenado por crime anterior.

A condenação pelo art. 28 da Lei n. 11.343/2006 – Lei de Drogas, por porte de droga para uso próprio não configura reincidência.

---

[24] STF, HC n. 176.473/RR: *Habeas corpus*. Alegada prescrição da pretensão punitiva. Inocorrência. Interrupção da prescrição pelo acórdão confirmatório de sentença condenatória. 1. A prescrição é o perecimento da pretensão punitiva ou da pretensão executória pela inércia do próprio Estado; prendendo-se à noção de perda do direito de punir por sua negligência, ineficiência ou incompetência em determinado lapso de tempo. 2. O Código Penal não faz distinção entre acórdão condenatório inicial ou confirmatório da decisão para fins de interrupção da prescrição. O acórdão que confirma a sentença condenatória, justamente por revelar pleno exercício da jurisdição penal, é marco interruptivo do prazo prescricional, nos termos do art. 117, IV, do Código Penal. 3. *Habeas corpus* indeferido, com a seguinte tese: Nos termos do inciso IV do artigo 117 do Código Penal, o Acórdão condenatório sempre interrompe a prescrição, inclusive quando confirmatório da sentença de 1º grau, seja mantendo, reduzindo ou aumentando a pena anteriormente imposta" (Disponível em: https://redir.stf.jus.br/paginadorpub/paginador.jsp?docTP=TP&docID=753767837).

Segundo o Supremo Tribunal Federal, revela-se desproporcional considerar condenação anterior pela prática de porte de droga para consumo próprio como causa hábil a configurar reincidência[25].

> **ATENÇÃO!** A comunicabilidade da interrupção do prazo prescricional alcança tão somente os **corréus do mesmo processo**. Desse modo, havendo desmembramento, os feitos passam a tramitar de forma autônoma, possuindo seus próprios prazos, inclusive em relação à prescrição[26].

No caso de **crimes conexos que sejam objeto do mesmo processo**, havendo sentença condenatória para um dos crimes e acórdão condenatório para o outro delito, tem-se que a prescrição da pretensão punitiva de ambos é interrompida a cada provimento jurisdicional (art. 117, § 1º, do Código Penal)[27].

2.6.7 Causas impeditivas da prescrição

As causas impeditivas da prescrição **suspendem** o prazo prescricional. Elas estão previstas no art. 116 do Código Penal. Assim, somente quando resolvida a causa suspensiva, o prazo prescricional voltará a correr considerando-se o tempo já decorrido. Vejamos:

Causas impeditivas da prescrição

Art. 116. Antes de passar em julgado a sentença final, a prescrição não corre:

I – enquanto não resolvida, em outro processo, questão de que dependa o reconhecimento da existência do crime;

---

[25] STF, RHC n. 178.512 AgR/SP, 2ª Turma: "Agravo regimental em recurso ordinário em *habeas corpus*. Processo penal. Tráfico de entorpecentes. Dosimetria. Reincidência assentada em anterior registro de incidência ao art. 28 da Lei 11.343/2006. Ilegalidade. Ausência de fundamentação apta a justificar a majoração da reprimenda. Desproporcionalidade. Ordem concedida. Recurso do Ministério Público Federal. Manutenção do *decisum*. Agravo regimental desprovido. 1. A inexistência de argumentação apta a infirmar o julgamento monocrático conduz à manutenção da decisão agravada. 2. Conquanto não ultimado o julgamento do RE 635.659 (Relator Ministro Gilmar Mendes), que discute a constitucionalidade do art. 28 da Lei 11.343/2006, revela-se desproporcional considerar condenação anterior pela prática de porte de droga para consumo próprio como causa hábil a configurar reincidência e afastar a incidência do redutor do art. 33, § 4º, da Lei de Drogas. 3. Não se afigura razoável permitir que uma conduta que possui vedação legal quanto à imposição de prisão, a fim de evitar a estigmatização do usuário de drogas, possa dar azo a posterior configuração de reincidência 4. Além de aparente contrariedade com a própria teleologia da Lei 11.343/2006, no que diz respeito à forma de tratamento que deve ser conferida ao usuário de drogas, deve-se ponderar ainda que a reincidência depende, segundo consolidada jurisprudência desta Corte, da constatação de que houve condenação criminal com trânsito em julgado, o que, em grande parte dos casos de incidência do art. 28 da Lei 11.343/2006 não ocorre. 5. Cumpre registrar que, nos termos do art. 63 do Código Penal, verifica-se a reincidência 'quando o agente comete novo crime, depois de transitar em julgado a sentença que, no País ou no estrangeiro, o tenha condenado por crime anterior'. Portanto, o conceito de reincidência reclama a condenação pela prática de um segundo crime após anterior com trânsito em julgado – e não contravenção penal, por exemplo. 6. O art. 28 da Lei 11.343/2006, por não cominar pena de reclusão ou detenção, não configura crime nos termos da definição contida na Lei de Introdução ao Código Penal, e, assim, não tem a condão de gerar reincidência, instituto disciplinado no Código Penal. 7. Agravo regimental desprovido" (Disponível em: https://www.lexml.gov.br/urn/urn:lex:br:supremo.tribunal.federal;turma.2:acordao;rhc:2022-03-22;178512-6090686).

[26] STJ, AgRg no RHC n. 121.697/SP, 5ª Turma, Rel. Min. Joel Ilan Paciornik, j. 19.10.2021.

[27] STJ, RHC n. 40.177/PR, 5ª Turma, Rel. Min. Reynaldo Soares da Fonseca, j. 25.08.2015 (Info 568). Disponível em: https://www.jusbrasil.com.br/jurisprudencia/stj/864045649/inteiro-teor-864045659.

II – enquanto o agente cumpre pena no exterior;

III – na pendência de embargos de declaração ou de recursos aos Tribunais Superiores, quando inadmissíveis; e

IV – enquanto não cumprido ou não rescindido o acordo de não persecução penal.

Parágrafo único. Depois de passada em julgado a sentença condenatória, a prescrição não corre durante o tempo em que o condenado está preso por outro motivo.

O crucial neste estudo é compreender que a causa impeditiva da prescrição corresponde a verdadeiro obstáculo à contagem do prazo prescricional, ou seja, enquanto elas figurarem, não há que falar em cômputo do prazo prescricional. Nos termos do art. 116, I, do Código Penal, enquanto não resolvidas em outro processo questões prejudiciais, não poderá correr o prazo prescricional. As questões prejudiciais estão descritas nos arts. 92 a 94 do Código de Processo Penal:

TÍTULO VI

Das questões e processos incidentes

CAPÍTULO I

Das questões prejudiciais

Art. 92. Se a decisão sobre a existência da infração depender da solução de controvérsia, que o juiz repute séria e fundada, sobre o estado civil das pessoas, o curso da ação penal ficará suspenso até que no juízo cível seja a controvérsia dirimida por sentença passada em julgado, sem prejuízo, entretanto, da inquirição das testemunhas e de outras provas de natureza urgente.

Parágrafo único. Se for o crime de ação pública, o Ministério Público, quando necessário, promoverá a ação civil ou prosseguirá na que tiver sido iniciada, com a citação dos interessados.

Art. 93. Se o reconhecimento da existência da infração penal depender de decisão sobre questão diversa da prevista no artigo anterior, da competência do juízo cível, e se neste houver sido proposta ação para resolvê-la, o juiz criminal poderá, desde que essa questão seja de difícil solução e não verse sobre direito cuja prova a lei civil limite, suspender o curso do processo, após a inquirição das testemunhas e realização das outras provas de natureza urgente.

§ 1º O juiz marcará o prazo da suspensão, que poderá ser razoavelmente prorrogado, se a demora não for imputável à parte. Expirado o prazo, sem que o juiz cível tenha proferido decisão, o juiz criminal fará prosseguir o processo, retomando sua competência para resolver, de fato e de direito, toda a matéria da acusação ou da defesa.

§ 2º Do despacho que denegar a suspensão não caberá recurso.

§ 3º Suspenso o processo, e tratando-se de crime de ação pública, incumbirá ao Ministério Público intervir imediatamente na causa cível, para o fim de promover-lhe o rápido andamento.

Art. 94. A suspensão do curso da ação penal, nos casos dos artigos anteriores, será decretada pelo juiz, de ofício ou a requerimento das partes.

Também estará suspensa a prescrição enquanto o agente cumprir pena no exterior. De acordo com o art. 116, III, do Código Penal, também estará suspensa a prescrição na pendência de embargos de declaração ou de recursos aos tribunais superiores quando inadmissíveis. Vamos estudar essas duas hipóteses introduzidas pelo pacote anticrime.

Os embargos de declaração correspondem ao recurso criminal oposto no prazo de dois dias contado da publicação, quando houver pontos em que o acórdão é ambíguo, obscuro, contraditório ou omisso (arts. 619 e 620 do Código Penal). Os embargos de declaração não se prestam para reexame de provas ou para reformar a decisão censurada, devendo a parte valer-se do recurso apropriado. Nesses termos, é possível que a parte interessada oponha embargos de declaração no processo criminal e, enquanto eles perdurarem, não correrá o prazo prescricional.

Do mesmo modo, qualquer outro recurso dirigido aos Tribunais Superiores impedirá o prazo prescricional. O objetivo do legislador com essa previsão foi limitar a utilização de recursos meramente protelatórios para fins de inibir a concretização do *jus puniendi*. Ocorre que há uma exceção legal dentro dessa previsão de impedimento do prazo prescricional: o recurso deverá ser obrigatoriamente inadmissível. Caso admissível, a interpretação é no sentido de que a prescrição fluirá normalmente, retroagindo no tempo, desde o momento em que a decisão foi objeto de recurso.

A quarta hipótese descrita no art. 116 do Código Penal descreve que não corre a prescrição enquanto não cumprido ou não rescindido o acordo de não persecução penal[28]. O acordo de não persecução penal consiste em um tipo de justiça penal negociada em que o Ministério Público poderá deixar de oferecer a denúncia ou continuar a persecução processual penal, quando não for caso de arquivamento e tendo o investigado confessado formal e circunstancialmente a prática de infração penal sem violência ou grave ameaça e com pena mínima inferior a quatro anos, desde que necessário e suficiente para reprovação e prevenção do crime, mediante condições ajustadas (art. 28-A do Código de Processo Penal).

---

[28] "Art. 28-A. Não sendo caso de arquivamento e tendo o investigado confessado formal e circunstancialmente a prática de infração penal sem violência ou grave ameaça e com pena mínima inferior a 4 (quatro) anos, o Ministério Público poderá propor acordo de não persecução penal, desde que necessário e suficiente para reprovação e prevenção do crime, mediante as seguintes condições ajustadas cumulativa e alternativamente:
I – reparar o dano ou restituir a coisa à vítima, exceto na impossibilidade de fazê-lo;
II – renunciar voluntariamente a bens e direitos indicados pelo Ministério Público como instrumentos, produto ou proveito do crime;
III – prestar serviço à comunidade ou a entidades públicas por período correspondente à pena mínima cominada ao delito diminuída de um a dois terços, em local a ser indicado pelo juízo da execução, na forma do art. 46 do Decreto-lei nº 2.848, de 7 de dezembro de 1940 (Código Penal);
IV – pagar prestação pecuniária, a ser estipulada nos termos do art. 45 do Decreto-lei nº 2.848, de 7 de dezembro de 1940 (Código Penal), a entidade pública ou de interesse social, a ser indicada pelo juízo da execução, que tenha, preferencialmente, como função proteger bens jurídicos iguais ou semelhantes aos aparentemente lesados pelo delito; ou
V – cumprir, por prazo determinado, outra condição indicada pelo Ministério Público, desde que proporcional e compatível com a infração penal imputada."

Nesse caso, as condições a serem ajustadas entre o *Parquet* e o interessado poderão se protrair no tempo e do mesmo modo a contagem do prazo prescricional será impedida, enquanto não cumpridos os termos do acordo. Também existe a hipótese de o prazo voltar a correr normalmente, quando o interessado descumprir o acordo, motivo que dará ensejo à respectiva rescisão do ANPP:

> Art. 28-A, (...) § 10. Descumpridas quaisquer das condições estipuladas no acordo de não persecução penal, o Ministério Público deverá comunicar ao juízo, para fins de sua rescisão e posterior oferecimento de denúncia.

O art. 116 do Código Penal não traz rol taxativo.

Há outras hipóteses legais previstas na legislação, como a suspensão condicional do processo, quando o réu é citado por edital e não apresenta advogado constituído, quando o acusado se encontra no estrangeiro, entre outros:

> Lei n. 9.099/1995, art. 89. Nos crimes em que a pena mínima cominada for igual ou inferior a um ano, abrangidas ou não por esta Lei, o Ministério Público, ao oferecer a denúncia, poderá propor a suspensão do processo, por dois a quatro anos, desde que o acusado não esteja sendo processado ou não tenha sido condenado por outro crime, presentes os demais requisitos que autorizariam a suspensão condicional da pena (art. 77 do Código Penal). (...)
> § 6º Não correrá a prescrição durante o prazo de suspensão do processo.
>
> Art. 366 do CPP. Se o acusado, citado por edital, não comparecer, nem constituir advogado, ficarão suspensos o processo e o curso do prazo prescricional, podendo o juiz determinar a produção antecipada das provas consideradas urgentes e, se for o caso, decretar prisão preventiva, nos termos do disposto no art. 312.
>
> Art. 368. Estando o acusado no estrangeiro, em lugar sabido, será citado mediante carta rogatória, suspendendo-se o curso do prazo de prescrição até o seu cumprimento.

Por fim, estudar-se-á a última hipótese descrita no art. 116 do Código Penal que afirma no seu parágrafo único que, depois de passada em julgado a sentença condenatória, a **prescrição não corre durante o tempo em que o condenado está preso por outro motivo.**

É condição necessária para o cômputo do prazo prescricional que o condenado possa ser preso para o cumprimento da sentença condenatória que transitou em julgado. Assim, se o condenado está preso por outro motivo e o Estado não pode cumprir a pena, a prescrição não deve correr.

Nesse sentido, entendeu o Superior Tribunal de Justiça que o cumprimento de pena imposta em outro processo, ainda que em regime aberto ou em prisão domiciliar, impede o curso da prescrição executória[29]. Vejamos:

---

[29] STJ, AgRg no RHC n. 123.523/SP, 5ª Turma, Rel. Min. Jorge Mussi, j. 13.04.2020 (Info 670). Disponível em: https://www.jusbrasil.com.br/jurisprudencia/stj/856374801/inteiro-teor-856374811.

Agravo regimental. Recurso ordinário em *habeas corpus*. Receptação e posse ilegal de arma de fogo de uso permitido. Prescrição da pretensão executória. Impossibilidade de início da contagem do prazo em razão de o acusado estar cumprindo pena decorrente de condenação imposta em outro processo. Inteligência do artigo 116 do Código Penal. Coação ilegal inexistente. Desprovimento do reclamo. 1. Ao interpretar o parágrafo único do artigo 116 do Código Penal, esta Corte Superior de Justiça pacificou o entendimento de que o cumprimento de pena imposta em outro processo, ainda que em regime aberto ou em prisão domiciliar, impede o curso da prescrição executória. 2. No caso dos autos, o paciente cumpria pena referente a outro processo, situação que obsta o início da contagem do prazo da prescrição executória da sanção que lhe foi cominada no presente feito, e que impede o reconhecimento da extinção de sua punibilidade, como pretendido. Precedentes. 3. Agravo regimental desprovido.

Assim, mesmo que se trate de imposição condenatória para o regime aberto ou prisão domiciliar, impede-se o curso da prescrição executória.

2.6.8 A prescrição da pena de multa

A prescrição da pena de multa ocorrerá em **dois** anos, quando a multa for a **única** cominada ou aplicada. Quando a pena de multa não for a única aplicada, ou seja, quando for alternativa ou cumulativamente cominada ou cumulativamente aplicada, ela prescreverá no mesmo prazo estabelecido para prescrição da pena privativa de liberdade:

Prescrição da multa
Art. 114. A prescrição da pena de multa ocorrerá:
I – em 2 (dois) anos, quando a multa for a única cominada ou aplicada;
II – no mesmo prazo estabelecido para prescrição da pena privativa de liberdade, quando a multa for alternativa ou cumulativamente cominada ou cumulativamente aplicada.

2.7 Da renúncia do direito de queixa

A renúncia do direito de queixa é causa extintiva da punibilidade (art. 107, V, do Código Penal). Trata-se de instituto **pré-processual e unilateral**, uma vez que se refere à renúncia do ofendido ou seu representante legal, ao seu direito de ingressar com a queixa-crime. O Código Penal assim dispõe:

Renúncia expressa ou tácita do direito de queixa
Art. 104. O direito de queixa não pode ser exercido quando renunciado expressa ou tacitamente.
Parágrafo único. Importa renúncia tácita ao direito de queixa a prática de ato incompatível com a vontade de exercê-lo; não a implica, todavia, o fato de receber o ofendido a indenização do dano causado pelo crime.

A renúncia poderá ser expressa ou tácita. O art. 49 do Código de Processo Penal assim declara: "Art. 49. A renúncia ao exercício do direito de queixa, em relação a um dos autores do crime, a todos se estenderá". Nesse sentido, o Superior Tribunal de Justiça[30]:

> Agravo regimental no agravo em recurso especial. Crimes contra a honra. Recurso especial interposto pela alínea c do permissivo constitucional. Dissídio não demonstrado. Queixa-crime proposta contra alguns dos autores. Renúncia. Tácita. Agravo improvido. 1. O recorrente não demonstrou a divergência jurisprudencial nos moldes exigidos pelos artigos 541, parágrafo único, do CPC e 255, §§ 1º e 2º, do RISTJ. Isso porque a interposição de recurso especial pela alínea c do permissivo constitucional reclama o cotejo analítico dos julgados confrontados a fim de ficarem demonstradas a similitude fática e a adoção de teses divergentes. **2. A não inclusão na queixa, dentro do prazo decadencial de todos os corréus – embora possível – importa em renúncia tácita do direito de ação quanto aos excluídos. Por força do princípio da indivisibilidade da ação penal (art. 49 do CPP), deve tal renúncia produzir efeitos em relação aos demais possíveis autores do crime (Precedentes**) (HC 12.815/SP, Rel. Min. Felix Fischer, 5ª Turma, *DJ* de 19.11.2001). 3. Agravo regimental improvido (grifo nosso).

Assim, a não inclusão na queixa, dentro do prazo decadencial de todos os corréus quando possível, importa em renúncia tácita do direito de ação para todos com fundamento no princípio da indivisibilidade.

A renúncia expressa constará de declaração assinada pelo ofendido, por seu representante legal ou procurador com poderes especiais. A renúncia do representante legal do menor que houver completado 18 anos não privará este do direito de queixa, nem a renúncia do último excluirá o direito do primeiro[31].

No caso de morte do ofendido ou quando declarado ausente por decisão judicial, o direito de oferecer queixa ou prosseguir na ação passará ao cônjuge, ascendente, descendente ou irmão. Assim, a renúncia de direito de queixa por um dos sucessores não impedirá a propositura da ação penal pelos demais.

2.8 Do perdão aceito

O perdão do ofendido aceito é causa extintiva da punibilidade (art. 107, V, 2ª parte, do Código Penal). Diferentemente da renúncia, o perdão só se opera após o oferecimento da ação penal privada e antes do trânsito em julgado da sentença penal condenatória. Trata-se de uma desistência de prosseguir com a ação penal privada, razão pela qual é necessário o aceite. Trata-se de ato bilateral portanto. Assim dispõe o Código de Processo Penal:

> Art. 51. O perdão concedido a um dos querelados aproveitará a todos, sem que produza, todavia, efeito em relação ao que o recusar.
>
> Art. 52. Se o querelante for menor de 21 e maior de 18 anos, o direito de perdão poderá ser exercido por ele ou por seu representante legal, mas o perdão concedido por um, havendo oposição do outro, não produzirá efeito.

---

[30] STJ, AgRg no AREsp n. 1.810.118/AL 2020/0349665-9. Disponível em: https://www.jusbrasil.com.br/jurisprudencia/stj/1212228861.
[31] Art. 50 do Código de Processo Penal.

Art. 53. Se o querelado for mentalmente enfermo ou retardado mental e não tiver representante legal, ou colidirem os interesses deste com os do querelado, a aceitação do perdão caberá ao curador que o juiz lhe nomear.

Art. 54. Se o querelado for menor de 21 anos, observar-se-á, quanto à aceitação do perdão, o disposto no art. 52.

Art. 55. O perdão poderá ser aceito por procurador com poderes especiais.

Art. 56. Aplicar-se-á ao perdão extraprocessual expresso o disposto no art. 50.

Art. 57. A renúncia tácita e o perdão tácito admitirão todos os meios de prova.

Art. 58. Concedido o perdão, mediante declaração expressa nos autos, o querelado será intimado a dizer, dentro de três dias, se o aceita, devendo, ao mesmo tempo, ser cientificado de que o seu silêncio importará aceitação.

Parágrafo único. Aceito o perdão, o juiz julgará extinta a punibilidade.

Art. 59. A aceitação do perdão fora do processo constará de declaração assinada pelo querelado, por seu representante legal ou procurador com poderes especiais.

O perdão e o aceite devem ser incondicionados. Não é admitido o perdão depois do trânsito em julgado:

Art. 106, § 2º Não é admissível o perdão depois que passa em julgado a sentença condenatória.

O perdão também pode ser expresso ou tácito. Perdão tácito é o que resulta da prática de ato incompatível com a vontade de prosseguir na ação[32]. O perdão, se concedido a qualquer dos querelados, a todos aproveita; se concedido por um dos ofendidos, não prejudica o direito dos outros; se o querelado o recusa, não produz efeito.[33]

2.9 Da retratação

Trata-se de causa extintiva da punibilidade (art. 107, VI, do Código Penal). Consiste em retirar o que foi dito. Observe que nem todo crime admitirá retratação. É necessário que a lei diga quando é cabível. A retratação como regra dispensa a concordância (ato unilateral). A título de exemplo, o crime de calúnia e difamação admite a retratação:

Retratação
Art. 143. O querelado que, antes da sentença, se retrata cabalmente da calúnia ou da difamação, fica isento de pena.

Segundo o STJ, o art. 143 do Código Penal exige apenas que a retratação seja feita antes da sentença, de forma clara, completa, definitiva e irrestrita, sem remanescer nenhuma dúvida ou ambiguidade quanto ao seu alcance[34].

---
[32] Art. 106, § 1º, do Código Penal.
[33] Art. 106 do Código Penal.
[34] Ação Penal n. 912/RJ (2018/0242438-5): "Ação penal. Queixa-crime. Acusação contra desembargadora do TJRJ. Crime de calúnia contra pessoa morta. Retratação cabal antes da sentença (art. 143 do CP). Ato unilateral.

No caso em que o querelado tenha praticado a calúnia ou a difamação utilizando-se de meios de comunicação, a retratação dar-se-á, se assim desejar o ofendido, pelos mesmos meios em que se praticou a ofensa[35]. O STJ, ao analisar a temática, entendeu que a norma penal, ao abrir ao ofendido a possibilidade de exigir que a retratação seja feita pelo mesmo meio em que se praticou a ofensa, não transmudou a natureza do ato, que é essencialmente unilateral.

Também é admitida a retratação no crime de falso testemunho ou falsa perícia. Vejamos:

> Art. 342. Fazer afirmação falsa, ou negar ou calar a verdade como testemunha, perito, contador, tradutor ou intérprete em processo judicial, ou administrativo, inquérito policial, ou em juízo arbitral:
> Pena – reclusão, de 2 (dois) a 4 (quatro) anos, e multa.
> (...) § 2º O fato deixa de ser punível se, antes da sentença no processo em que ocorreu o ilícito, o agente se retrata ou declara a verdade.

2.10 DO PERDÃO JUDICIAL

Trata-se de hipótese extintiva da punibilidade (art. 107, IX, do Código Penal). No caso do perdão judicial, mesmo quando se apresentam provas suficientes para condenar o réu, não será a ele aplicada nenhuma pena. O julgador declarará extinta a sua punibilidade. A título de exemplo, o pai, ao dirigir o veículo na garagem, não observa seu filho atrás do carro e o atropela, ocasionando a sua morte. A sentença que conceder perdão judicial não será considerada para efeitos de reincidência[36]. O perdão judicial consiste em uma declaração de extinção da punibilidade:

> **Súmula n. 18 do STJ:** A sentença concessiva do perdão judicial é declaratória da extinção da punibilidade, não subsistindo qualquer efeito condenatório.

Em caso de concurso formal de crimes por homicídio culposo na direção de veículo automotor, o perdão judicial concedido para um deles nem sempre deverá abranger o outro.

---

[35] Extinção da punibilidade (art. 107, VI, do CP). 1. A retratação cabal da calúnia, feita antes da sentença, de forma clara, completa, definitiva e irrestrita, sem remanescer nenhuma dúvida ou ambiguidade quanto ao seu alcance – que é justamente o de desdizer as palavras ofensivas à honra, retratando-se o ofensor do malfeito –, implica a extinção da punibilidade do agente e independe de aceitação do ofendido. Inteligência do art. 143, c.c. o art. 107, VI, do CP. 2. Em se tratando de ofensa irrogada por meios de comunicação – como no caso, que foi por postagem em rede social na internet –, 'a retratação dar-se-á, se assim **desejar o ofendido**, pelos mesmos meios em que se praticou a ofensa' (art. 143, parágrafo único, do CP – grifo nosso). 3. A norma penal, ao abrir ao ofendido a possibilidade de exigir que a retratação seja feita pelo mesmo meio em que se praticou a ofensa, não transmudou a natureza do ato, que é essencialmente unilateral. Apenas permitiu que o ofendido exerça uma faculdade. 4. Se o ofensor, desde logo, mesmo sem consultar o ofendido, já se utiliza do mesmo veículo de comunicação para apresentar a retratação, não há razão para desmerecê-la, porque o ato já atingiu sua finalidade legal. 5. Declarada a extinção da punibilidade da Querelada".

[35] Art. 143, parágrafo único, do Código Penal. Disponível em: https://www.jusbrasil.com.br/jurisprudencia/stj/1205683852/inteiro-teor-1205683864.

[36] Art. 120 do Código Penal.

Observe que o perdão judicial tem **índole excepcional** e, portanto, apenas pode ser concedido quando presentes os seus requisitos, devendo-se analisar cada delito de per si, e não de forma generalizada[37]. Segundo o Superior Tribunal de Justiça[38], malgrado a instituição do concurso formal de crimes tenha intensão de beneficiar o acusado, estabelecendo o legislador um sistema de exasperação da pena que fixa a punição com base em somente um dos crimes, não se deixou de acrescentar a previsão de imposição de uma cota-parte, apta a representar a correção também pelos demais delitos. Ainda assim, não há referência à hipótese de extensão da absolvição, da extinção da punibilidade, ou mesmo da redução da pena pela prática de nenhum dos delitos, tanto que dispõe o art. 108 do Código Penal, *in fine*, que, "nos crimes conexos, a extinção da punibilidade de um deles não impede, quanto aos outros, a agravação da pena resultante da conexão". Portanto, não autoriza a extensão dos efeitos do perdão judicial concedido para um dos crimes, se não restou comprovada, quanto ao outro, a existência do liame subjetivo entre o infrator e a outra vítima fatal.

O perdão judicial não se confunde com o perdão dos crimes de ação penal privada. Apesar de ambos serem causas extintivas da punibilidade, aquele é aplicado pelo julgador e tem previsão legal específica para determinados crimes. O perdão do ofendido, no entanto, independe do julgador, mas depende do aceite. Vejamos a seguinte tabela explicativa:

PERDÃO JUDICIAL	PERDÃO ACEITO
É concedido pelo julgador.	É concedido pela vítima ou seu representante legal.
É ato unilateral.	É ato bilateral.
Tem previsão legal para alguns crimes.	Hipótese cabível somente na ação penal privada.

É cabível o perdão judicial nos crimes de homicídio culposo e lesão corporal culposa no trânsito.

Sobre o tema, é necessário mencionar que o Código de Trânsito Brasileiro assim dispõe:

> Art. 291. Aos crimes cometidos na direção de veículos automotores, previstos neste Código, aplicam-se as normas gerais do Código Penal e do Código de Processo Penal, se este Capítulo não dispuser de modo diverso, bem como a Lei nº 9.099, de 26 de setembro de 1995, no que couber.

---

[37] STJ, REsp n. 1.444.699/RS. Disponível em: https://www.stj.jus.br/websecstj/cgi/revista/REJ.cgi/ATC?seq=72155466&tipo=91&nreg=201400714206&SeqCgrmaSessao=&CodOrgaoJgdr=&dt=20170609&formato=PDF&salvar=false.
[38] STJ, 6ª Turma, REsp n. 1.444.699/RS.

Nota-se que pela simples leitura do art. 291 do CTB não há qualquer alusão à parte especial do Código Penal de modo a aferir a possibilidade de perdão judicial descrita nos crimes de lesão corporal culposa e homicídio culposo do Código Penal respectivamente (art. 129, § 1º, I e II, do Código Penal e art. 121, § 5º, do Código Penal).

Apesar da ausência de previsão legal, o Superior Tribunal de Justiça[39] vem aplicando o perdão judicial aos crimes de trânsito. Segundo a Corte de Justiça, não há empecilho a que se aplique o perdão judicial nos casos em que o agente do homicídio culposo – mais especificamente nas hipóteses de crime de trânsito – sofra sequelas físicas gravíssimas e permanentes, por exemplo, ficar tetraplégico, em estado vegetativo, ou incapacitado para o trabalho. Vejamos:

> Recurso especial. Homicídios doloso e culposo. Perdão judicial. Art. 121, § 5º, do Código Penal. Vínculo afetivo entre réu e vítima. Ocorrência. Extinção de punibilidade. Recurso especial provido. 1. O texto do § 5º do art. 121 do Código Penal não definiu o caráter das consequências, mas não deixa dúvidas quanto à forma grave com que essas devem atingir o agente, a ponto de tornar desnecessária a sanção penal. 2. Não há empecilho a que se aplique o perdão judicial nos casos em que o agente do homicídio culposo – mais especificamente nas hipóteses de crime de trânsito – sofra sequelas físicas gravíssimas e permanentes, como, por exemplo, ficar tetraplégico, em estado vegetativo, ou incapacitado para o trabalho. 3. A análise do grave sofrimento, apto a ensejar, também, a inutilidade da função retributiva da pena, deve ser aferido de acordo com o estado emocional de que é acometido o sujeito ativo do crime, em decorrência da sua ação culposa. 4. A melhor doutrina, quando a avaliação está voltada para o sofrimento psicológico do agente, enxerga no § 5º a exigência de um vínculo, de um laço prévio de conhecimento entre os envolvidos, para que seja "tão grave" a consequência do crime ao agente. A interpretação dada, na maior parte das vezes, é no sentido de que só sofre intensamente o réu que, de forma culposa, matou alguém conhecido e com quem mantinha laços afetivos. 5. O que se pretende é conferir à lei interpretação mais razoável e humana, sem jamais perder de vista o desgaste emocional (talvez perene) que sofrerá o acusado dessa espécie de delito, uma vez que era irmão da vítima. 6. Recurso especial a que se dá provimento, para declarar extinta a punibilidade do réu pelo homicídio culposo do irmão (...).

Seguem algumas hipóteses em que o perdão judicial é cabível:

- ✓ Homicídio culposo (art. 121, § 5º, do CP).
- ✓ Homicídio culposo no trânsito (art. 302 do CTB).
- ✓ Lesão corporal culposa (art. 129, § 1º, I e II, do CP).
- ✓ Lesão corporal culposa no trânsito (art. 303 do CTB).
- ✓ Injúria (art. 140, § 5º, do CP).

---

[39] REsp n. 1.871.697/MA (2020/0095646-5). Disponível em: https://www.jusbrasil.com.br/jurisprudencia/stj/1101121763/inteiro-teor-1101121776.

- ✓ Apropriação indébita previdenciária (art. 168-A, § 3º, primeira parte, do CP).
- ✓ Fraude de tomar refeição em restaurante, alojar-se em hotel ou utilizar-se de meio de transporte sem dispor de recursos para efetuar o pagamento (art. 176, parágrafo único, do CP).
- ✓ Receptação culposa (art. 180, § 5º, do CP).
- ✓ Parto suposto. Supressão ou alteração de direito inerente ao estado civil de recém-nascido (art. 242, parágrafo único, do CP).
- ✓ Subtração de incapazes (art. 249, § 2º, do CP).
- ✓ Sonegação de contribuição previdenciária (art. 337-A, § 2º, do CP).
- ✓ Lei de contravenções penais (art. 8º do Decreto-lei n. 3.688).
- ✓ Colaboração descrita na Lei de Organizações Criminosas (art. 4º da Lei n. 12.850, de 02.08.2013).
- ✓ Colaboração descrita na Lei que rege a organização e a manutenção de programas especiais de proteção a vítimas e a testemunhas ameaçadas (Lei n. 9.807 de 13.07.1999).

3. QUESTÕES DE CONCURSOS

Questão 1

(FAPEC – PC-MS – 2021 – Perito Papiloscopista) São causas de extinção da punibilidade previstas no art. 107 do Código Penal brasileiro, EXCETO:

A) A retroatividade de lei, que não mais considera o fato como criminoso.
B) A prescrição, decadência ou peremção.
C) A retratação do agente, nos casos em que a lei a admite.
D) O cumprimento das condições impostas para a suspensão condicional da pena.
E) A renúncia do direito de queixa ou pelo perdão aceito, nos crimes de ação privada.

Questão 2

(CESPE/CEBRASPE – DPE-RO – 2022 – Analista da Defensoria Pública – Jurídica) Um servidor público foi processado e julgado por crime de peculato culposo, todavia, antes do trânsito em julgado da sentença, ele ressarciu o erário do prejuízo causado. Nessa situação hipotética, a reparação do dano pelo servidor constitui:

A) Causa excludente da culpabilidade.
B) Causa supralegal de antijuridicidade.
C) Causa atenuante da pena.
D) Causa extintiva de punibilidade.
E) Excludente de ilicitude.

Questão 3

(FGV – TJGO – 2022 – Juiz Leigo) Em relação à prescrição como causa de extinção da punibilidade, é correto afirmar que:

A) O curso do prazo não se interrompe pelo recebimento da denúncia.

B) A prescrição da pena de multa ocorrerá em um ano quando a multa for a única pena cominada ou aplicada.

C) Os prazos se reduzem de 1/3 se o criminoso era, ao tempo do crime, menor de 21 anos.

D) Às penas restritivas de direito não se aplicam os mesmos prazos prescricionais previstos para as penas privativas de liberdade.

E) Antes da sentença transitada em julgado, o prazo começa a correr, nos crimes permanentes, do dia em que cessou a permanência.

GABARITO: 1. D; 2. D; 3. E.

Referências

ALMEIDA, André Vinícius. *Erro e concurso de pessoas no direito penal*. Curitiba: Juruá, 2013.

AZEVEDO, Marcelo André de; SALIM, Alexandre. *Direito Penal*: parte geral. 8. ed. Salvador: Juspodivm, 2018.

BADARÓ, Gustavo Henrique. *Processo penal*. 3. ed. rev., atual. e ampl. São Paulo: RT, 2015.

BITENCOURT, Cezar Roberto. Princípio da continuidade normativo-típica e suas limitações. *Conjur*, 10 mar. 2022. Disponível em: https://www.conjur.com.br/2022-mar-10/cezar-bitencourt-irretroatividade-lei-penal-grave. Acesso em: 13 set. 2023.

BITENCOURT, Cezar Roberto. *Tratado de direito penal – Parte especial*: crimes contra a pessoa. 20. ed. São Paulo: Saraiva, 2020. v. 2. E-book.

BUSATO, Paulo César. *Direito penal*: parte geral. 2. ed. São Paulo: Ed. Atlas, 2015. v. 1. E-book.

CAPEZ, Fernando. *Curso de direito penal*: parte geral – arts. 1º a 120. 24. ed. São Paulo: Saraiva Educação, 2020. E-book.

CAPEZ, Fernando. *Curso de direito penal*: parte geral. 24. ed. São Paulo: Saraiva, 2020.

CAPEZ, Fernando; PRADO, Stela. *Código Penal comentado*. 5. ed. São Paulo: Saraiva, 2014.

CHAIM, Jamil. *Manual de Direito Penal:* parte geral e parte especial. Salvador: Juspodivm, 2020.

CONSELHO NACIONAL DE JUSTIÇA. *Regras de Mandela: regras mínimas das Nações Unidas para o tratamento de presos*. Coord. Luís Geraldo Sant'Ana Lanfredi. Brasília: CNJ, 2016.

CUNHA, Rogério Sanches. *Manual de direito penal – volume único*. Parte especial (arts. 121 ao 361). 14. ed. São Paulo: Juspodivm, 2021.

CUNHA, Rogério Sanches. *Manual de direito penal*. 11. ed. São Paulo: JusPodivm, 2022. Volume único.

CUNHA, Rogério Sanches. *Manual de direito penal*: parte especial (arts. 121 ao 361). 14. ed. São Paulo: JusPodivm, 2021. Volume único.

CUNHA, Rogério Sanches. *Manual de direito penal*: parte geral (arts. 1º ao 120). Volume único. 10. ed. Salvador: Juspodivm, 2021.

CUNHA, Rogério Sanches. *Manual de direito penal*: parte geral. Salvador: Juspodivm, 2022.

DAMÁSIO, Antônio. *O mistério da consciência*: do corpo e das emoções ao conhecimento de si. São Paulo: Companhia das Letras, 2000. E-book.

DOTTI, René Ariel. *Curso de direito penal*. 8. ed. São Paulo: Revista dos Tribunais, 2022.

EXPLOSIVO. In: DICIO. *Dicionário Priberam online de português*. Lisboa: Priberam Informática, 2023. Disponível em: https://dicionario.priberam.org/explosivo. Acesso em: 20 dez. 2022.

FERRAJOLI, Luigi. *Direito e razão*: teoria do garantismo penal. São Paulo: Revista dos Tribunais, 2002.

FLEISCHFRESSER, Leonardo. O confisco alargado, referibilidade e seu comparativo europeu. *Conjur*. 5 out. 2022. Disponível em: https://www.conjur.com.br/2022-out-05/leonardo-fleischfresser-confisco-alargado. Acesso em: 20 dez. 2022.

GOMES, Luiz Flávio. *Direito penal*: parte geral. São Paulo: Revista dos Tribunais, 2007. v. 2.

GRECO, Rogério. *Curso de direito penal*: parte geral. 15. ed. Niterói: Impetus, 2013.

GRECO, Rogério. *Curso de direito penal*: parte geral. 23. ed. Niterói: Impetus, 2021. v. 1.

JESUS, Damásio de. *Direito penal*: parte geral. Atualização de André Estefam. 37. ed. São Paulo: Saraiva Educação, 2020. v. 1. E-book.

JESUS, Damásio E. de. *Direito penal*: parte especial. 24. ed. São Paulo: Saraiva, 2020. v. 3. E-book.

JESUS, Damásio E. de. *Direito penal*: parte geral. 37. ed. atual. por André Estefam. São Paulo: Saraiva, 2020. v. 1. E-book.

KELLING, George L.; WILSON, James Q. Broken Windows. The police and neighborhood safety. *The Atlantic*, mar. 1982. Disponível em: https://www.theatlantic.com/magazine/archive/1982/03/broken-windows/304465/. Acesso em: 13 set. 2023.

LINS, Regina Navarro. *O livro do amor*: da Pré-História à Renascença. Rio de Janeiro: BestSeller, 2021.

MARQUES, José Frederico *apud* GRECO, Rogério. *Curso de direito penal*: parte geral. 23. ed. Niterói: Impetus, 2021. v. 1.

MASSON, Cleber. *Código Penal comentado*. 7. ed. São Paulo: Método, 2019.

MASSON, Cleber. *Direito penal esquematizado*. São Paulo: Método, 2012.

MASSON, Cleber. *Direito penal*: parte geral (arts. 1º a 120). 14. ed. São Paulo: Método, 2020. v. 1.

MASSON, Cleber. *Direito penal*: parte geral (arts. 1º a 120). 15. ed. Rio de Janeiro: Forense/Método, 2021. v. 1.

MEZGER, Edmund. *Tratado de derecho penal*. Buenos Aires: Editorial Hammurabi SRL, 2010. v. 1.

NUCCI, Guilherme de Sousa. *Manual de direito penal*: volume único. 19. ed. Rio de Janeiro: Forense, 2023.

NUCCI, Guilherme de Souza. *Curso de direito penal*: parte especial – arts. 213 a 361 do Código Penal. 3. ed. Rio de Janeiro: Forense, 2019. v. 3. *E-book*.

NUCCI, Guilherme de Souza. *Individualização da pena*. 6. ed. Rio de Janeiro: Forense, 2014.

NUCCI, Guilherme de Souza. *Manual de direito penal*. 16. ed. rev. e atual. Rio de Janeiro: Forense, 2020.

NUCCI, Guilherme de Souza. *Manual de direito penal*. 9. ed. São Paulo: RT, 2013.

OFÍCIO. *In*: DICIO. *Dicionário brasileiro da língua portuguesa*. São Paulo: Melhoramentos, 2015. Disponível em: https://michaelis.uol.com.br/moderno-portugues/busca/portugues-brasileiro/of%C3%ADcio/. Acesso em: 10 jan. 2023.

PACELLI, Eugênio. *Curso de processo penal*. 25. ed. rev. e atual. São Paulo: Atlas, 2021.

PENTEADO FILHO, Nestor Sampaio. *Manual esquemático de criminologia*. São Paulo: Saraiva Jur, 2012.

PRADO, Luiz Regis. *Curso de direito penal brasileiro*: parte geral e parte especial. 17. ed. Rio de Janeiro: Forense, 2019. *E-book*.

PROFISSÃO. *In*: DICIO. *Dicionário brasileiro da língua portuguesa*. São Paulo: Melhoramentos, 2015. Disponível em: https://michaelis.uol.com.br/moderno-portugues/busca/portugues-brasileiro/profiss%C3%A3o/. Acesso em: 10 jan. 2023.

QUEIROZ, Paulo. *Curso de direito penal*: parte geral. 11. ed. rev., ampl. e atual. Salvador: Juspodivm, 2015. v. 1.

QUEIROZ, Paulo. *Direito Penal*: Parte Geral. 2. ed. São Paulo: Saraiva, 2005.

QUEIROZ, Paulo. *Direito penal*: parte geral. 13. ed. Salvador: JusPodivm, 2018. v. 1.

RAZABONI JUNIOR, Ricardo Bispo; LAZARI, Rafael José Nadim de. Sistema Penal Funcionalista e o Direito Penal do Inimigo. *Cadernos do Progra-*

ma de Pós-Graduação em Direito UFRGS, Porto Alegre, v. XII, n. 1, p. 379-398, 2017.

REALE, Miguel. *Filosofia do direito*. 11. ed. São Paulo: Saraiva, 1986.

SANCHES, Rogério. *Manual de direito penal*: parte geral. Salvador: Juspodivm, 2022.

SANTOS, Juarez Cirino dos. *Direito penal*: parte geral. 6. ed. Curitiba: ICPC, 2014.

SANTOS, Juarez Cirino dos. *Direito penal*: parte geral. 9. ed. rev., atual. e ampl. São Paulo: Tirant lo Blanch, 2020. p. 403-404. *E-book*.

SCHMITT, Ricardo Augusto. *Sentença penal condenatória*: teoria e prática. 8. ed. Salvador: JusPodivm, 2013.

SILVA SÁNCHEZ, Jesús-María. *A expansão do direito penal*: aspectos da política criminal nas sociedades pós-industriais. 3. ed. São Paulo: Revista dos Tribunais, 2013.

VENENO. *In*: DICIO. *Dicionário brasileiro da língua portuguesa*. São Paulo: Melhoramentos, 2015. Disponível em: https://michaelis.uol.com.br/moderno-portugues/busca/portugues-brasileiro/veneno/. Acesso em: 20 dez. 2022.

ZAFFARONI, Eugenio Raúl; ALAGIA, Alejandro; SLOKAR, Alejandro. *Derecho penal*: parte general. 2. ed. Buenos Aires: Ediar, 2002.

ZAFFARONI, Eugenio Raúl; PIERANGELI, José Henrique. *Manual de direito penal brasileiro*: parte geral. 11. ed. São Paulo: RT, 2015. v. 1.

ZAFFARONI, Eugenio Raúl; PIERANGELI, José Henrique. *Manual de direito penal brasileiro*: parte geral. 14. ed. São Paulo: Thomson Reuters Brasil, 2021. v. 1.